Mirjam Sigmund
Die Allegorese als Ambiguierungsverfahren

Beihefte zur Zeitschrift für romanische Philologie

Herausgegeben von
Claudia Polzin-Haumann und Wolfgang Schweickard

Band 423

Mirjam Sigmund

Die Allegorese als Ambiguierungsverfahren

Eine kognitiv-semantische und diskurstraditionelle
Analyse mittelalterlicher romanischer Predigten

DE GRUYTER

Gedruckt mit freundlicher Unterstützung der Geschwister Boehringer Ingelheim Stiftung für Geisteswissenschaften in Ingelheim am Rhein.

ISBN 978-3-11-058372-4
e-ISBN (PDF) 978-3-11-058641-1
e-ISBN (EPUB) 978-3-11-058421-9

Library of Congress Control Number: 2018949263

Bibliografische Information der Deutsche Nationalbibliothek
Die Deutsche Nationalbibliothek verzeichnet diese Publikation in der Deutschen Nationalbibliografie; detaillierte bibliografische Daten sind im Internet über http://dnb.dnb.de abrufbar.

Typesetting: Meta Systems Publishing & Printservices GmbH, Wustermark
Printing and binding: CPI books GmbH, Leck

www.degruyter.com

MIX
Papier aus verantwor-
tungsvollen Quellen
FSC
www.fsc.org   FSC® C083411

Danksagung

Bei der vorliegenden Arbeit handelt es sich um die leicht überarbeitete Fassung meiner Dissertation, die im März 2017 an der Philosophischen Fakultät der Eberhard Karls Universität Tübingen eingereicht wurde.

Der weite Weg von der ersten Idee, die geistliche Schriftauslegung in frühen romanischen Texten zu analysieren, bis zur Fertigstellung dieses Buches wurde von vielen Personen begleitet, denen ich an dieser Stelle herzlich danken möchte.

An erster Stelle ist Peter Koch zu nennen, der die Arbeit in der ersten Phase bis zu seinem plötzlichen Tod im Juli 2014 anregte und betreute. Mit großer Begeisterung und der ihm eigenen Offenheit für den Blick über den romanistisch-linguistischen Tellerrand ermutigte er mich zur Auseinandersetzung mit der Allegorese, einem für unsere Disziplin neuen Themenfeld, unterstützte mich dabei stets mit hilfreichen Impulsen, ließ mir aber auch immer große gestalterische Freiheit. Esme Winter-Froemel, die nach Peter Kochs Tod bereitwillig die Betreuung der Arbeit übernahm, möchte ich herzlich danken für die intensive Begleitung auf dem langen Weg bis zur Fertigstellung. Mit ihrer kritischen Lektüre einzelner Kapitel, Ratschlägen bei zentralen Weichenstellungen für die Gesamtkomposition und stetiger Ermutigung hat sie mich sehr unterstützt. Auch Sarah Dessì Schmid bin ich sehr dankbar für die Bereitschaft, zentrale inhaltliche Punkte mit mir zu diskutieren und die Arbeit zu begutachten. Des Weiteren gilt mein Dank Christof Landmesser, der die Arbeit von Beginn an mit großem Interesse begleitete, dabei aus theologisch-hermeneutischer Perspektive wichtige Denkanstöße lieferte und sich dazu bereit erklärte, die Dissertation zu begutachten.

Wichtige Impulse bekam ich zudem als assoziiertes Mitglied des Tübinger Graduiertenkollegs 1808 *Ambiguität – Produktion und Rezeption* im Austausch mit anderen KollegiatInnen sowie BetreuerInnen, sei es bei offiziellen Kollegsveranstaltungen, sei es bei informellen Flur- und Bürogesprächen, vielen Dank hierfür! Auch den TeilnehmerInnen des Tübinger Oberseminars sowie des Trierer germanistisch-romanistischen Kolloquiums danke ich für hilfreiche inhaltliche Anregungen.

Mein Dank gilt außerdem Julia Pandtle und Jeanette Hannibal für das sorgfältige Korrekturlesen.

Dem Evangelischen Studienwerk Villigst danke ich für die großzügige finanzielle Förderung, die mir Kopf und Rücken für die Forschung freihielt.

Den Reihenherausgebern Claudia Polzin-Haumann und Wolfgang Schweickard danke ich für die Aufnahme meiner Arbeit in die Beihefte zur Zeitschrift für romanische Philologie. Gabrielle Cornefert und Anna Hofsäß von de Gruy-

https://doi.org/10.1515/9783110586411-202

ter danke ich für die kompetente Betreuung des Bandes sowie die angenehme Zusammenarbeit.

Mein Großvater Karl Stackmann verfolgte die Anfangsphase meiner Arbeit intensiv mit, sei es durch das akribische Korrekturlesen der ersten Exposéfassung, die besorgten Nachfragen nach Fortschritten, das Vermitteln von Kontakten aus der germanistischen Mediävistik oder Literaturempfehlungen. Leider hat er die Fertigstellung meiner Dissertation nicht mehr erleben können.

Für das Rückenfreihalten in den (Fast-)Endphasen danke ich besonders Chris, meiner Mutter und Sara, für die Ablenkung, die mir geholfen hat, mich immer wieder produktiv an den Schreibtisch zu setzen, Jonathan und Paula!

Tübingen im Mai 2018

Abkürzungsverzeichnis

FM   Formulierungsmuster

Eine Übersicht über die verschiedenen Formulierungsmuster findet sich in den folgenden beiden Tabellen.
Die Funktionen der typographischen Hervorhebungen in Tabelle 1 sind folgendermaßen zu bestimmen:

- einfach unterstrichen: Markierung der Lexeme (Lexem$_A$, Lexem$_Z$, Lexem$_Ü$), die im Rahmen der Allegorese miteinander verknüpft werden
- grau hinterlegt: Deutungsverben (cf. FM$_{allgemDeut}$), die Lexem$_A$ und Lexem$_Z$ bzw. Lexem$_Ü$ miteinander verknüpfen
- wellenförmig unterstrichen: Lexeme des FM$_{geistlich-leiblich}$

Tab. 1: Deutungs-FM ohne Hinweis auf kognitive Assoziationsrelation.

FM	Beispiel	allgemeine Struktur
FM$_{allgemDeut}$1a	Li olies senefie carité (107_Mau64)	Lexem$_A$ senefie/significa/ signifia/signefie Lexem$_Z$
FM$_{allgemDeut}$1b	La vie e les uevres sont senefiies par la vesteure nuptial (087_Mau42)	Lexem$_Z$ est senefié/sont senefiies par Lexem$_A$
FM$_{allgemDeut}$1c	Per la f‹emna› qi clamave merce a N‹ostre› S‹einor›, devem entendre qe pos la Pasió e la Resurecció e la Ascensió de J‹hesu› Grist, per la predicado deis Apostóte credeg tot lo poblé qi ere paga. [...] Aizô porta significanza de tot peccador qi está en peca‹d› e en males obres, audir no'l vol N‹ostre› S‹èinei*› ; mas can él se part de pecad e de males obres e pren sa penitencia fermament, sempre li és perdonad tot son pecad. (005_Org06)	Lexem$_A$ porta significanza de Lexem$_Z$
FM$_{allgemDeut}$2a	Les puceles sont li crestien (105_Mau64)	Lexem$_A$ est/sont Lexem$_Z$
FM$_{allgemDeut}$2b	Li voisin e les voisines [...], ço sont li angele e les vertus del ciel (028_Mau23)	Lexem$_A$ ço est/sont Lexem$_Z$
FM$_{allgemDeut}$2c	Car qui ne po eser leignam que no marz, per castità, sea argent per almosna, qui est clara davan De e esteig lo fo de luxuria. (010_Sub05)	sea Lexem$_A$ per Lexem$_Z$
FM$_{allgemDeut}$3	per la asina entendem los Juzeus (010_LimB.02)	per Lexem$_A$ entendem Lexem$_Z$

https://doi.org/10.1515/9783110586411-203

Tab. 1 (fortgesetzt)

FM	Beispiel	allgemeine Struktur
$FM_{allgemDeut}4$	Zo que lur venc en semblanza [de foc] demostra que il devion èsser escomprés de la amor de Deu. (019_Tor12)	Phrase$_A$ demostra que Phrase$_Z$
$FM_{allgemDeut}5a$	Aizeles gentz qi menazaven al ceg qe calàs, porta figura dels fols pensamentz de les cures d'aqest segle, qi.ns destorben en oracions e en bones obres. (002_Org03)	Lexem$_A$ porta figura de Lexem$_Z$
$FM_{allgemDeut}5b$	Or, seignor, esvardai d'aquesta nostra mare Ecclesia, la qual se met en figura de vigna (070_Sub14)	Lexem$_A$ se met en figura de Lexem$_Z$
$FM_{etymDeut}1$	Betleem domus panis interpretatur (001_Tor01)	Lexem$_A$ Lexem$_U$ interpretatur
$FM_{etymDeut}2$	Betleem maison de pa es apelada (001_Tor01)	Lexem$_A$ Lexem$_U$ es apelada
$FM_{etymDeut}3$	Syon speculacio dicitur. (050_Sub09)	Lexem$_A$ Lexem$_U$ dicitur
$FM_{etymDeut}4$	Betphage, zo sona en nostra lengua meisun de boca. (083_Sub22)	Lexem$_A$ zo sona en nostra lengua Lexem$_U$
$FM_{geistlich-leiblich}$	si seromes circuncis esperitelment, si com nos senefie la circuncisions Nostre Segnor, par coi il fu circoncis corporelment (001_Mau01)	esperitelment ... corporelment

Die Funktionen der typographischen Hervorhebungen in Tabelle 2 sind folgendermaßen zu bestimmen:
- doppelt unterstrichen: $FM_{Sim}1a$
- *kursiviert*: $FM_{Sim}1b$ + $FM_{Sim}2$

Tab. 2: Similaritätsbasierte Deutungs-FM.

FM	Beispiel	allgemeine Struktur
$FM_{Sim}1$		Markierung von Similarität auf Lexemebene
$FM_{Sim}1a.1$	Li encens senefie buene proiere; quar si comme la fumee de l'encens, quant il est mis el feu de l'encensier, monte amont vers le ciel e vers Deu, ausi monte a Deu la bone proiere del cuer al crestien, quant ele est faite por l'amor Deu nomeement. (003_Mau02)	vergleichende Konjunktion, z. B. «si comme [...] ausi»

Tab. 2 (fortgesetzt)

FM	Beispiel	allgemeine Struktur
FM$_{Sim}$1a.2	Li gra[i]ns de forment caï en la terre, quant Deus prist car en la Virgene Marie. (099_Mau61)	Konjunktion «quant»
FM$_{Sim}$1b.1	Li vins qui naturelement est *caus*, e *escauffe* tos ceus qui le boivent, senefie les buens crestiens, qui sont *escaufé* de l'amor de Deu, e tos cels *escauffent* qui les vuelent croire. (006_Mau03)	Wiederholung eines oder mehrerer Lexeme
FM$_{Sim}$1b.2	Samaritanus, qui est en nostre langage *garderes*, ço est Nostre Sire Deus qui *garde* cels qu'il aime (057_Mau35)	Verwendung zweier Lexeme aus der gleichen Wortfamilie
FM$_{Sim}$1b.3	Lores prenons nos les lus, les bars e les autres buens poisons: [...] e les metons rostir au *feu*, quant nos par nos beles paroles les *escaufons* de Deu amer e de lui servir. (042_Mau27)	Verwendung mehrere Lexeme des gleichen Wortfeldes
FM$_{Sim}$2	*Il portavon las flors* que prometon los temporals fruz; *e nos devem* aver e nos las vertuz que nos donon la vida perpetual. (016_Tor10) *Il portavon las palmas* ab las cals coronava hom aquels que vencion; *e nos fazam* victoria sobre nostres enemics qui volunt nos perdere, et hereditatem nostram auferre. (018_Tor10)	Syntaktischer Parallelismus

Konv.C	gleiche oder ähnliche Verknüpfungsmuster in mindestens einer Predigt des Corpus sowie in mittelalterlichen Nachschlagewerken wie z. B. den *Etymologiae* des Isidor von Sevilla
Lexem$_A$	bei der Allegorese verwendetes Lexem, das auf Ausgangskonzept verweist
Lexem$_Z$	bei der Allegorese verwendetes Lexem, das auf finales Zielkonzept verweist
Lexem$_U$	bei etymologischer Deutung verwendetes Lexem, das auf (Pseudo-)Übersetzung verweist
Lim	Sermons limousins
Mau	Maurice de Sully, *Sermons*
Obj	Objekt (nach Peirce)
Org	Homilies d'Organyà
PD	Plausibilisierung der Deutung
PD$_0$	Deutung wird nicht plausibilisiert
PD$_{1\_Fr\text{-}Sim}$	Deutung wird durch Frame-Similarität plausibilisiert
PD$_{2\_etymDplaus}$	Deutung wird durch begründete etymologische Deutung plausibilisiert
PD$_{2\_KE\text{-}Sim}$	Deutung wird durch Konzepteigenschafts-Similarität plausibilisiert
PD$_{2\_Sonstiges}$	Deutung wird durch eine Assoziationsrelation plausibilisiert, die auf der gleichen Komplexitätsstufe zu verorten ist wie Konzepteigenschafts-Similarität, z. B. durch Kontiguität oder taxonomische Super- bzw. Subordination
PD$_{3\_komplex}$	Deutung wird durch Verknüpfungen unterschiedlicher Assoziationsrelationen plausibilisiert
R	Referent
Repr	Repräsentamen
S	Signifikant
Sub	Sermoni subalpini
Tor	Homilies de Tortosa
T	Liturgischer Anlass (nach Schiewer 2008)
TF	Textframe
Wal	Sermons de carême en dialecte wallon
Z	Zeichenträger

Abbildungsverzeichnis

https://doi.org/10.1515/9783110586411-204

Tabellenverzeichnis

https://doi.org/10.1515/9783110586411-205

Inhalt

Teil A: Theoretische Grundlagen der Allegorese aus theologischer, semiotischer und kognitiv-semantischer Perspektive

Teil B: Analyse der Allegorese in romanischen Predigten des 12. und 13. Jahrhunderts

1 Einleitung

In der christlich geprägten Kultur des europäischen Mittelalters stellten die Annahmen, dass der Löwe für Christus steht, die Turteltaube für Keuschheit oder Jerusalem für Frieden, Allgemeinplätze dar. Der Löwe, die Taube oder die Stadt Jerusalem sind als Zeichen zu betrachten, die innerhalb eines bestimmten Systems nach gewissen Regeln funktionieren. Dieses System, das Brinkmann in Analogie zur menschlichen Sprache als «Sprache der Dinge» (1980, 25) bezeichnet, beruht auf der Annahme, dass alles Irdische auf Transzendentes verweisen kann (cf. 1 Kor 13,12). Eine wesentliche theoretische Grundlegung hierfür findet sich in Augustins Hermeneutik *De doctrina christiana*, in der er in Bezug auf die Auslegung der Heiligen Schrift beschreibt, dass bestimmte Sachverhalte (*res*), auf die *verba* verweisen, wiederum als *signa* fungieren können (cf. Kapitel 3.2). Bei Texten, in denen auf einen Löwen, eine Turteltaube oder Jerusalem verwiesen wird, kann folglich eine zweite Semiose angenommen werden, die sich an die erste Semiose des sprachlichen Zeichens anschließt. Die zweigestufte Semiose stellt ein Ambiguierungsverfahren dar, mit dessen Hilfe neben dem wörtlichen auf einen übertragenen geistlichen Schriftsinn verwiesen wird. Die genaue Funktionsweise dieses Verfahrens soll am Beispiel der Diskurstradition «Predigt» in der Romania des 12./13. Jahrhunderts untersucht werden. Damit werden Texte, die in der romanistischen Sprachwissenschaft bisher vor allem zur Erforschung der älteren romanischen Sprachstufen und der Verschriftlichung dieser Sprachen herangezogen wurden, unter einer ganz neuen Fragestellung betrachtet, wenn das ambiguierende Auslegungsverfahren untersucht wird und somit eine textlinguistische Fragestellung an sie herangetragen wird. Die Textlinguistik befasst sich mit der Bedeutungskonstitution oder auch dem Sinn von Texten und weist damit ein hermeneutisches Interesse auf (cf. Coseriu 2007, 200), welches sie in Bezug auf die Auslegung der Heiligen Schrift mit der Theologie teilt.

Für eine Beschreibung der Allegorese als Textauslegungsverfahren ist zum einen eine semiotische Analyse des Interpretationsprozesses des Textes als Zeichen, zum anderen eine semantische Beschreibung der Bedeutungsverknüpfungen vorzunehmen. Da bei der Allegorese unterschiedliche Bedeutungen miteinander verknüpft werden, bietet es sich an, mithilfe eines kognitiv-semantischen Ansatzes die Funktionsweise des Auslegungsverfahrens über die Art der konzeptuellen Verknüpfungen zu beschreiben. So ist davon auszugehen, dass diese, wenn sie kognitiv plausibel sind, auf Assoziationsrelationen wie Similarität, Kontiguität oder Kontrast basieren. Die kognitiv-semantische Methodik, die in der bisherigen Forschung insbesondere Bedeutungswandel im Lexikon einer Sprache sowie Wortbildungsverfahren untersucht, wird in dieser

https://doi.org/10.1515/9783110586411-001

Arbeit auf ein neues Feld angewendet, wenn mit ihrer Hilfe Verknüpfungen zwischen unterschiedlichen Interpretationen eines Textes oder Textelementes untersucht werden. Dieser Zugang zu den mittelalterlichen Predigttexten verspricht eine präzise Beschreibung der Verknüpfungsvorgänge. Auch wenn bekannt ist, dass die mittelalterliche Allegorese in erster Linie über Analogiebildungen funktioniert, erscheint es sinnvoll, dieses Auslegungsverfahrens genauer zu analysieren, da zum einen zu überprüfen ist, ob wirklich immer Analogiebildungen vorliegen oder ob auch Kontiguität oder Kontrast eine Rolle bei der konzeptuellen Verknüpfung spielen. Zum anderen stellt sich die Frage, wie die similaritätsbasierten Verknüpfungen genau gestaltet und sprachlich realisiert sind. Die Plausibilisierung der Verknüpfungsrelation ist von besonderem Interesse, da sie erlaubt, Schlüsse auf die didaktische Intention und die Adressatenschaft des Predigers[1] zu ziehen.

Die theoretischen Grundlagen zur Allegorese und ihrer Entstehung werden in Teil A dargelegt: Hierzu wird in Kapitel 2 die Allegorese als spezifisch theologisches Ambiguierungsverfahren reflektiert, welches auf Texte angewendet wird, die als «heilig» betrachtet werden. Nach einer begrifflichen Klärung und der Kontrastierung der *allegoria* als Tropus mit der *allegoria* als Auslegungsverfahren, welches auch als «Allegorese» bezeichnet werden kann, wird die Kontrastierung von geistlichem und leiblichem Schriftsinn in den Blick genommen. Hierzu wird insbesondere in Rückgriff auf den hellenistischen jüdischen Theologen Philo von Alexandria und Origenes, der aus christlicher Perspektive den Umgang mit problematischen Textstellen erörtert, die Ambiguierung der wörtlichen Textbedeutung betrachtet, die – wie schon bei Origenes zu sehen – nicht auf zwei Bedeutungen beschränkt sein muss, sondern in mehrere geistliche Schriftsinne unterteilt werden kann. Das Kapitel endet mit einer Beschreibung der Modelle der Auslegung nach dem drei- und vierfachen Schriftsinn. Daraufhin erfolgt in Kapitel 3 eine semiotische Betrachtung der Allegorese. In einem ersten Schritt werden hierzu zwei semiotische Modelle zur allgemeinen Beschreibung von (Text-)Interpretationsprozessen vorgestellt, die dabei helfen sollen, das spezifische Auslegungsverfahren der Allegorese, das mit einer bestimmten christlichen Hermeneutik verknüpft ist, allgemein im Kontext von Auslegungsverfahren zu verorten. Bei diesen Modellen handelt es sich um die zur Klärung textlinguistischer Fragestellungen entworfene strukturalistische Modellierung Coserius sowie um die Beschreibung der «unendliche Semiose» nach Peirce. In Anschluss daran wird die augustinische Zeichenlehre und in

---

1 Mit Prediger bezeichne ich in dieser Arbeit den Sender, der die Predigt als Botschaft an ein bestimmtes Publikum adressiert, unabhängig davon, ob die Predigten tatsächlich gehalten wurden oder nicht.

Zusammenhang damit die Modellierung des zweistufigen semiotischen Auslegungsprozesses, in dessen Rahmen *res*, auf die *verba* verweisen, wiederum zu *signa* werden können, welche andere *res* bezeichnen, dargelegt. Darauf folgt die Diskussion aktueller semiotischer Entwürfe zur Beschreibung der Allegorese und die Entwicklung eines Modells, welches als Grundlage für die in dieser Arbeit durchgeführte Analyse herangezogen werden kann.

Die auf Augustins Zeichenlehre zurückgehende Differenzierung zwischen *voces* und *res*, die eine zentrale Rolle in der mittelalterlichen Hermeneutik einnimmt, wird in Kapitel 4 noch einmal aufgegriffen. In einem ersten Schritt werden die beiden konträren Positionen zur Frage, ob bei zeichenhaften *res* zwischen der *res1* als Zeichenträger und der *res2*, die das Referenzobjekt darstellt, eine wesensmäßige Analogie oder eine Analogie zweier ontologisch getrennter Bereiche zu konstatieren ist, dargestellt. Daraufhin wird die Gegenüberstellung von *res* und *voces* als zwei verschiedenen Zeichentypen, die unterschiedlichen Systemen zuzuordnen sind, wie sie in der zentralen Hermeneutik des Mittelalters, dem *Didascalion* Hugos von St. Viktor, vorgenommen wird, thematisiert. Schließlich wird eine Weiterentwicklung der in Kapitel 3.3.3 dargelegten Modellierung zur Beschreibung der gestuften Semiose bei der Allegorese vorgenommen. Des Weiteren werden die Abgrenzung zwischen dem «Literalsinn» und geistlichen Schriftsinnen sowie die Frage, auf welcher Ebene rhetorische Tropen zu verorten sind, behandelt. Schließlich wird am Ende des Kapitels ein Blick auf die etymologischen Deutungen geworfen, die in der exegetischen Praxis häufig mit der Allegorese kombiniert werden.

In Kapitel 5 werden die für die Analyse der Allegorese wesentlichen kognitiv-semantischen Grundlagen dargelegt, damit die auf Konzeptebene stattfindenden Verknüpfungen beschrieben werden können. Hierzu ist in einem ersten Schritt der Frame-Begriff zu klären, bevor die Verknüpfungsrelationen beschrieben werden. In diesem Zusammenhang wird ausgehend von den Wahrnehmungsprinzipien, die von den Gestaltpsychologen formuliert wurden, die Anwendung von Verknüpfungsrelationen in der Kognitiven Semantik beschrieben. Am Ende des Kapitels erfolgt eine Modellierung der verschiedenen Schriftsinne mit Textframes, Deutungsrahmen und Interpretationsmodi, in denen die für die Analyse der Allegorese relevanten Konzepte und ihre Verknüpfungen darzustellen sind.

In Anschluss an diese theoretische Grundlegung erfolgt in Teil B eine Betrachtung des zu analysierenden Textcorpus. Hierzu werden in Kapitel 6 wesentliche Charakteristika der mittelalterlichen Diskurstradition «Predigt» am Beispiel der romanischen Predigt im 12./13. Jahrhundert beschrieben. In diesem Zusammenhang wird zum einen der Frage nach medialer und konzeptioneller Mündlich- bzw. Schriftlichkeit nachgegangen, zum anderen werden einige Predigten exemplarisch in Hinblick auf wiederkehrende diskurstraditionelle Muster untersucht. Schließlich wird das zu analysierende Textcorpus vorgestellt.

Die darauf folgenden Analysekapitel sind folgendermaßen zu beschreiben: In einem ersten Schritt erfolgt in Kapitel 7 ein Querschnittsvergleich verschiedener Predigten aus unterschiedlichen Homiliaren, die jeweils den selben Evangelientext auslegen, das Tagesevangelium des Palmsonntags. In diesem Kapitel werden Analysekriterien entwickelt, die den Analysen der einzelnen Homiliare in den Kapiteln 8–10 zu Grunde gelegt werden. Des Weiteren werden in diesem Kapitel auf Grundlage der Unterschiede zwischen den einzelnen Predigten Hypothesen bezüglich der vorherrschenden Tendenzen bei der Allegorese und der didaktischen Intention des jeweiligen Predigers entwickelt, die im Anschluss an die Analyse der Kapitel 8–10 zu veri- bzw. falsifizieren sind. Da die analysierten Allegoresen der *Sermons* des Maurice de Sully (Kapitel 8) und der *Sermoni subalpini* (Kapitel 10) deutlich umfangreicher sind als die der übrigen vier Homiliare, sind diese beiden Homiliare jeweils separat in einem Kapitel zu untersuchen, wohingegen die Analysen der *Homilies de Tortosa*, der *Sermons limousins*, der *Homilies d'Organyà* sowie der *Sermons de carême en dialecte wallon* gemeinsam in einem Kapitel erfolgen. Auf die Gesamtauswertung der Predigtanalysen in Kapitel 11 folgt in Kapitel 12 eine Synthese, in der wesentliche Erkenntnisse aus Teil A und Teil B dargestellt werden.

Teil A: Theoretische Grundlagen der Allegorese aus theologischer, semiotischer und kognitiv-semantischer Perspektive

2 Die Allegorese als theologisch begründetes Ambiguierungsverfahren

Bei der Allegorese handelt es sich um ein Ambiguierungsverfahren, mit dessen Hilfe Interpreten Texte, die als heilig[1] gelten und die aus diesem Grund aus theologischer Perspektive von Interesse sind, umdeuten können, wenn der wörtliche Textsinn problematisch erscheint, da er beispielsweise zentralen Glaubensgrundsätzen widerspricht.[2] Die Ambiguierung geht aus einer strategischen Rezeption eines Textes hervor, die in eine strategische Produktion mündet, insofern als mindestens eine alternative Lesart zum wörtlichen Textverständnis geliefert wird. Ein frühes Beispiel dieser Art findet sich bei Theagenes von Rhegion, der im ausgehenden 6. Jahrhundert die von Homer beschriebenen Götterkämpfe als Kampf der Elemente deutete. Bezeichnet wurde dieses Verfahren anfangs als ὑπόνοια/*hypónoia* ('Hintersinn'), ab dem 1. Jahrhundert v. Chr. findet sich dann auch der im Mittelalter viel gebrauchte Terminus ἀλληγορία/*allegoría* ('Anderssagen'). Dieser Begriff bezeichnet aber nicht nur das soeben beschriebene Textinterpretationsverfahren, sondern ursprünglich in erster Linie einen Tropus[3] sowie eine Textgattung, die jeweils zwei Bedeu-

---

1 Zur Frage nach der Heiligkeit von Texten cf. Gemeinhardt (2016).
2 Die Besonderheit der Allegorese als Ambiguierungsverfahren besteht darin, dass die Ambiguierung aus einer strategischen Rezeption eines Textes hervorgeht, die in eine strategische Produktion mündet, insofern, als mindestens eine alternative Lesart zum wörtlichen Textverständnis geliefert wird. Ambiguierungsverfahren, die nicht in Verbindung mit einer Textrezeption stehen, finden sich beispielsweise in der literarischen Textproduktion (cf. Knape/Winkler 2015) oder in der Werbesprache (cf. Gehringer 2013). Zur Modellierung der strategischen bzw. nicht-strategischen Rezeption und Produktion von Ambiguität cf. Winkler (2015).
3 Die Definition des Tropus Allegorie ist sehr weit gefasst, wie bei Freytag (2009, 330) zu erkennen ist: «Die *sprachliche Aussageform der Allegorie* wird häufig zuerst als rhetorischer Tropus verstanden, als etwas unklare, durch Bedeutungsveränderung schwierige Wortkombination, die Eines sagt, ein Anderes meint, und wie alle Tropen einen Gedankensprung erfordert, Sinnübertragung (*translatio*) vom gesagten Bedeutenden (*significans*) zum gemeinten Bedeuteten (*significatum*). Der gedankliche Schritt, in dem die Allegorie von Sprecher und Hörer konstituiert wird, vollzieht sich [...] als eine Art Vergleich (*similitudo*) oder Gegensatz (*contrarium*) zwischen dem allegorisch Bedeutenden und Bedeuteten.» Häufig wird in der Diskussion um den Tropus Allegorie auf die Definition Quintilians verwiesen, der die folgenden Horazverse aus *Carmen* 1,14,1–3 als Allegorie bezeichnet: «O nauis, referent in mare te noui fluctus: o quid agis? Fortiter occupa portum» (cf. Quintilian, *Institutio oratoria* 8,6,44). Das in dem Zitat beschriebene Schiff kann Quintilian zufolge im übertragenen Sinne auch als Staat verstanden werden, der sich im Bürgerkrieg befindet.

https://doi.org/10.1515/9783110586411-002

tungsebenen aufweisen (cf. Walter Blank 1997, 44; Freytag 2009, 330–332), welche durch eine Similaritätsrelation verknüpft sind.[4]

Im Gegensatz zur Allegorese müssen beim Tropus und der Gattung nicht erst neue Bedeutungen im Ambiguierungsprozess generiert werden, sondern in beiden Fällen besteht bereits insofern Ambiguität, als zwei Bedeutungsebenen vorliegen. So ist davon auszugehen, dass beim Tropus und der Gattung der Autor einen ambigen Text produziert, während im Falle der Allegorese der Rezipient eines Textes zum Produzenten wird, wenn er eine Ambiguierung der wörtlichen Textbedeutung des zu interpretierenden Textes vornimmt und mindestens eine alternative Textbedeutung aufzeigt.

Im Folgenden wird die für die christliche Allegorese zentrale Grundlegung der Gegenüberstellung von «leiblichem» und «geistlichem» Schriftsinn (cf. Kapitel 2.1) sowie die daraus resultierende Entwicklung des drei- oder vierfachen Schriftsinns (cf. Kapitel 2.2) in den Blick genommen.

2.1 Leiblicher vs. geistlicher Schriftsinn. Ambiguierung im Rahmen der Auslegung heiliger Texte bei Philo und Origenes

Die Allegorese stellt eine Ambiguierung der Textbedeutung dar, die unabhängig davon geschehen kann, ob der Text vom Autor als mehrdeutig intendiert war oder nicht. Sowohl der jüdische Theologe Philo als auch christliche Autoren wie Paulus, Origenes oder Augustin allegorisieren Texte der Heiligen Schrift, da sie sie als göttlich inspiriert betrachten. Grundlegend ist also die Beurteilung eines Textes als «heilig» (cf. Kapitel 2, Anm. 1). Ob der jeweilige Autor den Text als ambig konzipierte, spielt dabei keine Rolle (cf. Hellgardt 1979, 28). Die Annahme der göttlichen Inspiriertheit der Heiligen Schrift ist ganz wesentlich verantwortlich für die Entwicklung der Allegorese, da sie dazu führt, dass Passagen, die insofern als problematisch betrachtet werden, als sie beispielsweise zentralen Glaubensgrundsätzen entgegenstehen, nicht getilgt werden können, sondern sie aufgrund ihrer göttlichen Inspiration trotzdem für gültig erachtet werden.[5] Da die Gültigkeit in diesen Fällen aber nicht in der

---

4 Beim rhetorischen Tropus können die beiden Bedeutungen auch durch eine Kontrastrelation gekennzeichnet sein, wie aus der Definition von Freytag (2009, 330, Anm. 2) ersichtlich wird. Da Kontrast aber immer mit Similarität kombiniert ist (cf. Andreas Blank 1997, 142), kann man auch in diesem Fall davon sprechen, dass Similarität eine wichtige Rolle spielt.
5 In Hinblick auf die Inspiriertheit der Schrift cf. Görgemanns/Karpp in der Origenes-Ausgabe (1976, 14).

wörtlichen Textbedeutung liegen kann, muss eine Ambiguierung vorgenommen werden, so dass mindestens eine alternative relevante Lesart aufgezeigt werden kann. Das zeigt sich auch in der im 3. Jahrhundert von Origenes verfassten Hermeneutik *Peri archon*, der ersten theoretischen Begründung der christlichen Allegorese: Die Annahme der göttlichen Inspiriertheit der Schrift veranlasst Origenes dazu – ähnlich wie der hellenistische jüdische Theologe Philo von Alexandria im 1. Jahrhundert n. Chr. –, neben dem «offensichtlichen» oder «leiblichen Sinn» der Schrift einen «verborgenen» anzunehmen.[6] Widerstände des wörtlichen Sinns können Origenes zufolge mithilfe der geistlichen Schriftauslegung überwunden werden, die er als einen Aufstieg vom wörtlichen zum geistlichen Schriftsinn beschreibt. Ein solcher Widerstand kann beispielsweise vorliegen, wenn die Faktualität des auszulegenden Textes fraglich erscheint oder der christliche Ausleger sich fragt, ob eine in der Tora enthaltene Vorschrift auch von ihm zu befolgen ist, wie in *De principiis* 4,3,5 beschrieben.

Das Resultat der Allegorese als Ambiguierungsprozess kann nicht-aufgelöste Ambiguität (cf. Winter-Froemel 2013, 151) sein, die sich in der Koexistenz mehrerer Lesarten des auszulegenden Textes äußert (cf. Bauer et al. 2010, 35s.). Deutlich zeigt sich eine solche Ambiguität bei dem hellenistisch geprägten jüdischen Theologen Philo von Alexandria, der im 1. Jahrhundert n. Chr. die Allegorese auf die Tora anwendet.[7] Im Gegensatz zu den Exegeten heidnischer Mythen lässt er den «Literalsinn» unangetastet und erklärt diesen nicht für aufgehoben (cf. Freytag 2009, 338). Das Bestehenbleiben der Ambiguität ist auch häufig in der Exegese des jungen Christentums zu konstatieren, welches sich vor die hermeneutische Herausforderung gestellt sieht, die jüdischen Toratexte so zu lesen, dass sie mit der christlichen Lehre kompatibel und für Lebensführung und Glauben eines Christen relevant sind.[8] Ein Beispiel hierfür zeigt sich bei Paulus, der den Terminus *allegoria* in Zusammenhang mit der Suche nach einem geistlichen, übertragenen Sinn verwendet, wenn er in Gal 4,22–26 eine allegorische Deutung von Hagar und Sarah (Gen 16) vor-

---

6 Die grundlegende Unterscheidung von «leiblichem» und «seelischem» Sinn findet sich auch bei Philo (*De vita contemplativa* 78). Bezüglich der Beeinflussung Origenes' durch Philo cf. Görgemanns/Karpp in der Origenes-Ausgabe (1976, 709, Anm. 14).

7 Philo gilt als wichtiger Wegbereiter für die Anwendung der Allegorese im jungen Christentum. Insbesondere bei Origenes lässt sich eine starke Beeinflussung durch Philo erkennen (cf. Görgemanns/Karpp in der Origenes-Ausgabe von 1976, 709, Anm. 14).

8 Meier (1977, 30) spricht bezüglich der christlichen Deutung alttestamentlicher Texte von «dem Dilemma, daß als Heilige Schriften erhaltene Texte (Altes Testament) in einer geistesgeschichtlich vollkommen neuen Situation neu auf diese Situation hin interpretiert werden müssen.»

nimmt. Die beiden Frauen werden aufgrund der konträren Eigenschaften 'gefangen' vs. 'frei' auf die zwei unterschiedlichen Bundesschlüsse Gottes mit den Menschen hin gedeutet: So wird Hagar mit den Juden in Verbindung gebracht, die nicht frei sind, da sie unter dem Gesetz leben, während Sarah mit der Freiheit des Evangeliums verknüpft wird. Der Apostel schreibt so der Genesis-Erzählung – neben dem «Literalsinn» – eine übertragene christlich-heilsgeschichtliche Bedeutung zu und legt die Relevanz der alttestamentlichen Passage für die Christen dar.[9]

Neben dem soeben beschriebenen Fall nicht-aufgelöster Ambiguität sind im Rahmen der Allegorese auch Fälle zu beobachten, bei denen sich an die im Rahmen der Allegorese vorgenommene Ambiguierung eine Disambiguierung anschließt. Die Gültigkeit des heiligen Textes wird so auch in Passagen, deren wörtliches Verständnis unsinnig erscheint, nicht aufgehoben, da sie einen geistlichen Sinn aufweisen. Origenes' Auffassung, dass immer ein geistlicher Schriftsinn gegeben sein muss, aber nicht immer ein wörtlicher Schriftsinn (*De principiis* 4,3,5), legt nahe, dass ausgehend vom wörtlichen Textverständnis immer eine Ambiguierung vorgenommen werden kann, die aber, wenn der wörtliche Sinn keine Gültigkeit zu haben scheint, zu einer Disambiguierung führt. Daran zeigt sich, dass die göttliche Inspiriertheit der Schrift nicht unweigerlich bedeuten muss, dass die Ausgangsbedeutung nicht getilgt werden darf und keine Disambiguierung vorgenommen werden darf, da der Text weiterhin als göttlich inspiriert gilt, wenn er einen geistlichen Schriftsinn aufweist. Prinzipiell liegt aber der Fokus bei der christlichen Allegorese nicht auf der Disambiguierung, sondern auf der Ambiguierung.

2.2 Vom zweifachen Sinn der Schrift zum drei- und vierfachen Schriftsinn

Während Origenes sich in seinen eigenen exegetischen Schriften in erster Linie auf die Unterscheidung zwischen leiblichem und geistlichem Schriftsinn konzentriert (cf. Görgemanns/Karpp in der Origenes-Ausgabe von 1976, 709,

---

9 Cf. diesbezüglich die Untersuchung dieser Allegorese in Augustins *De utilitate credendi* bei Koch/Landmesser (2015, 247–251). Dieser Typ der Allegorese ist auch als typologische Deutung zu beschreiben, im Rahmen derer vor Christus stattfindende Ereignisse oder vor ihm lebende Personen, die im Alten Testament beschrieben werden, christlich gedeutet werden. Es werden also Verknüpfungen im Rahmen der christlichen Heilsgeschichte zwischen Ereignissen und Personen vorchristlicher Zeit und der mit Christus anbrechenden Ära vorgenommen, die im Wesentlichen auf Similarität und/oder Kontrast basieren.

Anm. 14; Lubac 1959a, 201), entfaltet er in seiner Hermeneutik *Peri archon* bzw. *De principiis* die Theorie von drei verschiedenen Schriftsinnen. So legt er in *De principiis* 4,2,4 dar, dass die Einfältigen vom Fleisch der Schrift – der wörtlichen Verstehensweise – erbaut werden sollen, die Fortgeschrittenen von ihrer Seele und die Vollkommenen aus dem geistlichen Gesetz:

> «Tripliciter» ergo describere oportet in anima sua unumquemque divinarum intellegentiam litterarum : id est, ut simpliciores quique aedificentur ab ipso, ut ita dixerim, *corpore scripturarum* (sic enim appellamus communem istum et *historialem intellectum*); si qui vero aliquantum iam proficere coeperunt et possunt amplius aliquid intueri, ab ipsa *scripturae anima* aedificentur; qui vero perfecti sunt et similes his, de quibus apostolus dicit : «Sapientiam autem loquimur inter perfectos, sapientiam vero non huius saeculi neque principum huius saeculi, qui destruentur, sed loquimur dei sapientiam in mysterio absconditam, quam praedestinavit deus ante saecula in gloriam nostram», hi tales ab ipsa «*spiritali lege*», quae «umbram habet futurorum bonorum», tamquam ab spiritu aedificentur. Sicut ergo homo constare dicitur ex *corpore* et *anima* et *spiritu*, ita etiam sancta scriptura, quae ad hominum salutem divina largitione concessa est.[10] (Hervorh. d. Verf.)

Origenes stellt hier dem Leser den Weg vor Augen, den jeder Christ durchlaufen soll – vom wörtlichen Verstehen über das seelische hin zum geistlichen (cf. Reventlow 1990, 177). Grundlage für die drei unterschiedlichen Verstehensweisen der Schrift (leiblich/historisch – seelisch/moralisch – geistlich/mystisch) bildet die Mikrokosmos-Makrokosmos-Analogie zwischen Mensch und Schrift.[11] Fürst (2011, 100) zufolge legt die Verwendung der Zahl drei eine Analogie zwischen der Exegese mit drei Schriftsinnen und der antiken Philosophie, die aus den drei Teilgebieten Physik, Ethik und Logik bestand, nahe.[12] Eine Verknüpfung zwischen Exegese und Philosophie stellt der *logos* dar, den Origenes auf Christus bezieht (cf. Fürst 2011, 95). Ziel der Exegese ist die Einheit mit Gott. Dorthin kann der Exeget den Christen mithilfe ethischer und epistemologischer Erkenntnisvermittlung führen. So erfolgt durch die Auslegung nach dem moralischen Schriftsinn ethische Unterweisung und durch die mystische Schriftauslegung epistemologischer Erkenntnisgewinn (cf. Fürst 2011, 107). Auf

---

10 Eine kurze Synthese der drei Schriftsinne findet sich beispielsweise auch bei Origenes in den *Homiliae in Leviticum* 5,5, wo die Schriftsinnfunktionen, die Körper, Seele und Geist entsprechen, deutlich werden: «Triplicem namque in scripturis divinis intelligentiae inveniri saepe diximus modum : *historicum, moralem, mysticum*; unde et corpus inesse ei et animam ac spiritum intelleximus» (Hervorh. d. Verf.).

11 Cf. Origenes, *De principiis* 4,2,4: «Sicut ergo homo constare dicitur ex corpore et anima et spiritu».

12 Lubac (1968, 186) hingegen wehrt die These, dass die Zahl drei aus der platonischen Anthropologie übernommen wurde, entschieden ab, und will die Verwendung dieser Zahl alleine als biblisch fundiert verstanden wissen.

diese Weise können Bibeltexte, die, wenn sie lediglich wörtlich gelesen werden, keine Relevanz für das Glaubensleben und die praktische Lebensführung der Christen aufweisen, durch eine Interpretation nach einem der geistlichen Schriftsinne für ihre Zuhörer relevant gemacht werden (cf. Fürst 2011, 107). Die Schrift bleibt also aufgrund der Tatsache, dass sie geistlich inspiriert ist, immer relevant für die Menschen (cf. Görgemanns/Karpp in der Origenes-Ausgabe von 1976, 22). Die in Kapitel 2.1 beschriebene Ambiguierung sorgt also dafür, dass die Heilige Schrift in verschiedenen für den Christen relevanten Bereichen angewendet werden kann.[13]

Die drei von Origenes beschriebenen Schriftsinne manifestierten sich in Spätantike und Mittelalter in der Auslegung nach dem drei- oder vierfachen Schriftsinn. Sehr bekannt ist die Auslegung nach dem vierfachen Schriftsinn, die bei Johannes Cassian (360–430/435) als erstem Autor belegt ist und die das folgende im Mittelalter weit verbreitete Distichon beschreibt: «Littera gesta docet / quid credas allegoria / moralis quid agas / quo tendas anagogia» (Augustin von Dakien, zitiert nach Köller 2006, 94). *Littera*, der sogenannte «Literalsinn» ist der wörtliche Sinn der Schrift. Je nach Verständnis umfasst diese Schriftsinnebene auch den *sensus parabolicus*, d. h. rhetorische Tropen, oder nicht (cf. Kapitel 4.4). Die drei geistlichen Schriftsinne sind folgendermaßen zu beschreiben: Die *allegoria* bezieht sich auf die christliche Heilsgeschichte, die mit der in Genesis berichteten Erschaffung der Welt beginnt, das Wirken Jesu, seinen Tod und seine Auferstehung als Schlüsselereignisse und die daran anschließende Geschichte der Kirche umfasst. Was in dem Distichon als *moralis* bezeichnet wird, entspricht dem oft auch als *tropologia* bezeichneten Schriftsinn, der das Handeln des einzelnen Christen in den Blick nimmt. Die *anagogia* nimmt Bezug auf eschatologische Vorstellungen, die sich auf die durch Gott bewirkte Vollendung alles mangelhaften Irdischen beziehen. Bei der Auslegung nach dem dreifachen Schriftsinn wird die *anagogia* häufig auch zur *allegoria* hinzugerechnet.[14] Ein Beispiel für die Auslegung nach dem vierfachen Schriftsinn findet sich bei Cassian in den *Collationes* 14,8:

---

13 Stuhlmacher (1986, 81) verweist darauf, dass «keine dieser Seinsstufen von Gottes Offenbarung ausgenommen werden darf». Es handelt sich ihm zufolge um eine «umfassend[e], ganzheitlich[e] Entfaltung der Offenbarung».

14 Cf. diesbezüglich Hugo von St. Viktor, *De scripturis et scriptoribus sacris* 3 (PL 175, 12AB): «Est autem allegoria, cum per id quod ex littera significatum proponitur aliud aliquid sive in praeterito sive in praesenti sive in futuro factum significatur. Dicitur allegoria quasi alieniloquium, quia aliud dicitur et aliud significatur, quae subdividitur in simplicem allegoriam et anagogen. Et est simplex allegoria, cum per visibile factum aliud invisibile factum significatur. Anagoge id est sursum ductio, cum per visibile invisibile factum declaratur».

igitur praedictae quattuor figurae in unum ita, si uolumus, confluunt, ut una atque eadem Hierusalem quadrifarie possit intellegi: secundum historiam ciuitas Iudaeorum, secundum allegoriam ecclesia Christi, secundum anagogen ciuitas dei illa caelestis, quae est mater omnium nostrum, secundum tropologiam anima hominis, quae frequenter hoc nomine aut increpatur aut laudatur a domino.

Jerusalem kann auf Ebene der *littera* bzw. der *historia* als jüdische Stadt verstanden werden, auf Ebene der *allegoria* als Kirche, auf Ebene der *anagogia* als himmlisches Jerusalem und auf Ebene der *tropologia* als Seele des Menschen. Da die Auslegungsbereiche sich – wie im Falle von *allegoria* und *anagogia* – teilweise überschneiden, schwankt die Zahl der Schriftsinne häufig zwischen drei und vier,[15] bei Joachim von Fiore ist sogar von einem siebenfachen Schriftsinn die Rede (cf. Freytag 1982, 33). Für die in dieser Arbeit untersuchten Predigten bildet der dreifache Schriftsinn, wie er im *Didascalion* Hugos von St. Viktor, der maßgeblichen zeitgenössischen Wissenschaftssystematik zur Zeit der Abfassung der Predigtsammlungen (cf. Brinkmann 1980, 225; Kapitel 4.2), dargelegt wird, die theoretische Grundlage. Es ist aber darauf zu verweisen, dass in der exegetischen Praxis eine Bibelstelle häufig nur eine geistliche Auslegung erfährt und nicht zwei oder drei unterschiedliche, die auf verschiedenen Schriftsinnebenen zu verorten sind. Eine Modellierung der verschiedenen Schriftsinne als Deutungsrahmen, die der Interpret bei seiner Exegese präsent hat, erfolgt in Kapitel 5.3.

Neben der Theorie des mehrfachen Schriftsinns stellt die augustinische Zeichenlehre, die Gegenstand von Kapitel 3.2 ist, ein wesentliches Fundament der mittelalterlichen Allegoresetheorie dar. So findet sich im *Didascalion* Hugos Hugos von St. Viktor auch eine Kombination der augustinischen Zeichenlehre mit der Theorie vom dreifachen Schriftsinn.

---

15 Lubac (1959, 139) verweist darauf, dass der Unterscheidung zwischen drei und vier Verstehensweisen keine entscheidende Bedeutung zukommt.

3 Die Allegorese aus semiotischer Perspektive

Die Ambiguierung der wörtlichen Textbedeutung, die bei der Allegorese vorgenommen wird, ist in diesem Kapitel aus semiotischer Sicht zu beleuchten. Hierzu werden unterschiedliche Beschreibungsmodelle vorgestellt und diskutiert, auf deren Basis schließlich ein eigenes Modell entwickelt wird. Bevor die zentralen theologischen Prämissen dieses Verfahrens, wie sie in Augustins Hermeneutik *De doctrina christiana* dargelegt werden, näher in den Blick genommen werden (cf. Kapitel 3.2), sind in einem ersten Schritt zwei allgemeine semiotische Modelle zur Beschreibung von (Text-)Interpretationsprozessen zu betrachten (cf. Kapitel 3.1). Dabei handelt es sich zum einen um Coserius textlinguistische Beschreibung der zweistufigen Semiose bei Textinterpretation, zum anderen um Peirce' Darlegung der unendlichen Semiose. Die anschließend dargelegte semiotische Beschreibung der Allegorese durch Augustin (cf. Kapitel 3.2) wird schließlich in Hinblick auf ein adäquates Beschreibungsmodell diskutiert (cf. Kapitel 3.3).

3.1 (Text-)Interpretation als mehrstufige Semiose bei Coseriu und Peirce

Bei Eugenio Coseriu findet sich eine textlinguistisch fundierte semiotische Beschreibung von Textinterpretation, die für die Analyse der Allegorese insofern von Interesse ist, als es sich auch dabei um ein Textinterpretationsverfahren handelt. Eine zentrale Rolle spielt für Coseriu die Differenzierung zwischen der virtuellen Bedeutung der sprachlichen Ausdrücke eines Textes und dem tatsächlich aktualisierten Textsinn.[1] Die Sinnkonstitution stellt Coseriu als eine zweigestufte Semiose dar mit dem sprachlichen Zeichen als Ausgangspunkt, dessen Wirksamkeit sich nicht darin erschöpft, dass das *signifiant* auf ein *signifié* verweist, sondern auf einer zweiten semiotischen Ebene, der des Textsinns, kann das *signifié* wiederum als *signifiant* fungieren, welches mit einem weiteren *signifié* verknüpft ist:[2]

---

1 Die Unterscheidung zwischen «Textsinn» und «Textbedeutung» findet sich auch bei Beaugrande/Dressler (1981, 88).
2 Cf. diesbezüglich auch die strukturalistische Modellierung Barthes, die Inhalt von Kapitel 3.3.1 ist.

https://doi.org/10.1515/9783110586411-003

In der Tat ist die Ebene des Sinns sozusagen doppelt semiotisch, weil auf dieser Ebene ein signifiant und ein signifié der Sprache erst eine Reihe von Beziehungen darstellen, auf die eine weitere Reihe folgt, in der die Bedeutung der Sprache (mit dem, was sie bezeichnet) nun ihrerseits zum «signifiant» für den Textinhalt oder «Sinn» wird. Die sprachlichen Bedeutungen (und das, was sie bezeichnen) stellen also den materiellen Teil des literarischen Textes dar, da sie gerade der materielle Teil – das «signifiant» – eines anderen Zeichens sind, dessen «Bedeutung» der Sinn des Textes ist [...]. (Coseriu 1992, 263s.)

Coseriu (1980, 49) beschreibt die zweistufige Semiose am Beispiel von Kafkas Erzählung *Die Verwandlung*: Auf der ersten semiotischen Ebene verortet er die sprachlichen Zeichen, aus denen sich der Text zusammensetzt. Dabei handelt es sich um verschiedene *signifiants*, die jeweils mit unterschiedlichen *signifiés* verknüpft sind, welche innerhalb der *langue* zu verorten sind. Bei diesen Zeichen wird die einzelsprachliche Bedeutung in den Blick genommen, wenn die Relation zwischen den zwei Zeichenkorrelaten *signifiant* und *signifié* betrachtet wird, nicht jedoch das außersprachliche Referenzobjekt, das durch das Zeichen bezeichnet wird (cf. Coseriu 1980, 48). Eine Besonderheit der Textzeichen bei Coseriu besteht nun darin, dass er bei diesen zwar – analog zum sprachlichen Zeichen auf der ersten semiotischen Ebene – zwischen *signifiant* und *signifié* unterscheidet, jedoch eine andere *signifiant*-Auffassung zugrunde legt, wenn er bemerkt, «Bedeutung und Bezeichnung konstituieren zusammen das *signifiant*» (cf. Coseriu 1980, 48). Auf einer zweiten semiotischen Ebene, der des Textsinns, fungiert nun nicht nur die Bedeutung des sprachlichen Zeichens, die in der Relation *signifiant* – *signifié* zum Ausdruck gebracht wird, sondern zusätzlich auch die Bezeichnung, d. h. die Relation zum außersprachlichen Referenzobjekt, als *signifiant*. So ist beispielsweise die Verwandlung des Käfers Gregor Samsa als *signifiant* für den Textsinn, der Coseriu zufolge das *signifié* konstituiert, zu betrachten. Der Textsinn der Verwandlung des Käfers wäre folglich die Interpretation des Verwandlungsvorgangs. Für das tatsächliche Verständnis des Textsinns literarischer Texte ist Coseriu zufolge also die zweite semiotische Ebene zu entschlüsseln:

Die sprachlichen Zeichen, die den Text konstituieren, bedeuten und bezeichnen zunächst etwas, was wir als Kenner eben dieser Zeichen und der Regeln für ihre Verwendung verstehen; das ist das erste semiotische Verhältnis. Es ist theoretisch möglich, daß man auf der ersten semiotischen Ebene alles versteht, ohne das Geringste auf der zweiten semiotischen Ebene zu begreifen. Anders ausgedrückt: Es ist möglich, daß man die Verwandlung ganz genau nacherzählen kann, daß man sie sogar auswendig kann, ohne daß man ein Wort darüber zu sagen vermöchte, was denn diese Verwandlung nun ihrerseits zu «sagen» hat, welches ihr «Sinn» ist. (Coseriu 1980, 49)

Auch wenn die christliche Allegorese als Textauslegungsverfahren durch ganz spezifische Regeln festgelegt ist (cf. Kapitel 2; 5.3), erscheint es sinnvoll, die Unterscheidung zweier unterschiedlicher Semioseebenen auch für dieses Verfahren anzunehmen, denn auch hier kann zwischen einer ersten Ebene unterschieden werden, die die wörtliche Bedeutung der sprachlichen Zeichen umfasst, der Ebene des sogenannten «Literalsinns», sowie mindestens einer weiteren Ebene, die auf einer bestimmten Uminterpretation des «Literalsinns» beruht. Problematisch erscheint jedoch die Anwendung des dyadischen strukturalistischen Zeichenbegriffs auf ein Textinterpretationsverfahren, wie im Folgenden zu zeigen ist. Der dyadische Zeichenbegriff umfasst mit *signifiant* und *signifié* zwei abstrakte/virtuelle Zeichenkorrelate und berücksichtigt das konkrete Referenzobjekt der außersprachlichen Wirklichkeit nicht. Dass die Berücksichtigung eines solchen konkreten/aktuellen Zeichenkorrelats für die Beschreibung eines Textinterpretationsprozesses von Bedeutung ist, zeigt sich auch bei Coseriu, der auf zweiter semiotische Ebene nicht nur die Bedeutung, sondern zusätzlich auch die Bezeichnung als *signifiant* betrachtet. Somit kommen in der von ihm beschriebenen zweistufigen Semiose zwei unterschiedliche Zeichenbegriffe zur Anwendung: auf erster Ebene der auf Saussure zurückgehende sprachliche Zeichenbegriff, der innerhalb der *langue* zu verorten ist, und auf zweiter semiotischer Ebene ein Zeichenbegriff, der mit einem *signifant*, welches sowohl die virtuelle Bedeutung im Sprachsystem als auch die konkrete Bezeichnung eines außersprachlichen Sachverhaltes umfasst, nicht mehr rein innerhalb der *langue* zu verorten ist. Für eine präzise Beschreibung von mehrstufigen Interpretationsprozessen, wie sie bei der Textinterpretation im Allgemeinen und der Allegorese im Speziellen vorliegen, erscheint es sinnvoll, auch schon bei der Beschreibung der ersten Semiosestufe auf ein Zeichenmodell zu rekurrieren, welches zum einen zwischen mentaler Vorstellung vom Zeicheninhalt und konkretem außersprachlichen Referenten unterscheidet[3] und auch beide Korrelate umfasst und welches zum anderen nicht

---

3 Eine solche Differenzierung findet sich in dem von Raible (1983, 5) vorgestellten pentadischen Zeichenmodell. Dieses beinhaltet auch die beiden Korrelate des saussureschen Zeichens (*signifiant* und *signifié*). Es fokussiert aber – im Gegensatz zum saussureschen Modell, das mit den Korrelaten *signifiant* und *signifié* bzw. *image acoustique* und *concept* als psychisch bezeichnet wird (cf. Saussure 1972, 29), – nicht nur die Ebene des Möglichen bzw. die abstrakte Ebene, sondern nimmt auch die konkrete Ebene des Wirklichen in den Blick. Eine Berücksichtigung sowohl der drei Korrelate auf virtueller Ebene (Vorstellung von der Lautung, einzelsprachliches Signifikat, außersprachliches Konzept) als auch der zwei auf aktueller Ebene (konkreter Referent, konkrete Lautung) findet sich außerdem bei Blank (2001, 9) und Koch/Landmesser (2015, 232). Besonders hervorzuheben ist auch, dass diese pentadischen Modelle nicht nur die einzelsprachlich festgelegte Bedeutung (*signifié*), sondern zusätzlich die nicht an eine Einzel-

lediglich auf sprachliche Zeichen festgelegt ist, sondern auch auf nicht-sprachliche Zeichen angewendet werden kann, da auf zweiter Semioseebene ein Zeichen vorliegt, dessen Zeichenträger nicht als *image acoustique* zu beschreiben ist. So ist, wenn man bei Coserius Beispiel der kafkaschen *Verwandlung* bleibt, nicht die lautliche Vorstellung dieser Erzählung Zeichenträger auf zweiter Semioseebene, sondern die inhaltliche. Folglich ist auf einen allgemeinen Zeichenbegriff zu rekurrieren, der nicht auf die lautliche Realisierung bzw. die Vorstellung davon festgelegt sein darf, sondern auch andere Formen wie beispielsweise visuelle im Falle von Verkehrsschildern umfasst, und, wie in Bezug auf Coserius Beispiel deutlich wurde, mentale Inhaltsvorstellungen.[4]

Eine semiotische Beschreibung von Interpretationsprozessen, die sogenannte «unendliche Semiose», die auf einem allgemeinen Zeichenmodell basiert, findet sich bei dem amerikanischen Semiotiker Charles Sanders Peirce. Diese soll im Folgenden näher betrachtet und daraufhin untersucht werden, ob sie ein geeignetes Modell für die Beschreibung von Textinterpretationsprozessen im Allgemeinen und der Allegorese im Speziellen darstellt. Grundlage für die Modellierung der unendlichen Semiose ist das Zeichen, das Peirce als triadische Relation aus einem Repräsentamen, einem Interpretanten und einem Objekt betrachtet:[5] «A *Sign*, or *Representamen*, is a First which stands in

---

sprache gebundene Vorstellung vom Referenten beinhalten, die Raible als *designatum*, Blank und Koch/Oesterreicher als Konzept bezeichnen.

4 Da das *signifiant* als Lautvorstellung betrachtet wird, ist das saussuresche Zeichenmodell auf sprachliche Zeichen festgelegt. Die Unterscheidung zwischen konkreter bzw. wirklicher und abstrakter bzw. möglicher Form im pentadischen Modell des sprachlichen Zeichens nach Raible (cf. Kapitel 3, Anm. 1) erscheint insbesondere für die Beschreibung sprachlicher Zeichen von Bedeutung, da die Unterscheidung zwischen *langue* und *parole* darauf basiert. Für die Beschreibung eines allgemeinen Zeichenmodells genügt es jedoch, in einem ersten Schritt von einem Zeichenträger auszugehen, der sowohl in konkreter materieller Gestalt vorliegen kann als auch in Form einer mentalen Vorstellung davon.

5 Eine sehr allgemeine Zeichendefinition findet sich in CP 1.372: «[...] there is a triple connection of sign, thing signified, cognition produced in the mind». Insgesamt schwankt Peirce in der Verwendung seiner Terminologie, und auch in der Peirce-Rezeption finden sich unterschiedliche Termini für die verschiedenen Bestandteile der Semiose (cf. Nöth 1990, 42). Übersichten über die verschiedenen Termini, mit denen die drei Komponenten des Zeichens auch von anderen Autoren bezeichnet werden, finden sich bei Bossuat (1953), Eco (1973, 30) und Nöth (1990, 90). Letzterer ordnet hierzu die verschiedenen Termini für die drei Korrelate den Kategorien *sign vehicle*, *sense* und *referent* zu.

Die im Folgenden zitierten Textpassagen von Peirce werden alle nach den Ausgaben der *Collected Papers* (CP) von Harthshorne/Weiss der Bände 1–5 (1931–1935) sowie der Edition der Bände 7/8 von Burks (1958) zitiert.

such a genuine triadic relation to a Second, called its *Object*, as to be capable of determining a Third, called its *Interpretant*, to assume the same triadic relation to its Object in which it stands itself to the same Object» (CP 2.274). Die Vermittlung zwischen dem Repräsentamen, das als Zeichenträger fungiert[6] und dem Objekt, das durch ersteres bezeichnet wird, erfolgt über eine mentale Vorstellung: «A representation is that character of a thing by virtue of which, for the production of a certain mental effect, it may stand in place of another thing. The thing having this character I term a *representamen*, the mental effect, or thought, its *interpretant*, the thing for which it stands, its *object*» (CP 1.564). An anderer Stelle beschreibt Peirce den Interpretanten auch als *significance* (cf. CP 8.179). Der Terminus «object» ist bei Peirce relativ weit gefasst. So bezeichnet er damit nicht nur materielle Objekte, sondern auch mentale Entitäten.[7]

Graphisch lässt sich die Peircesche Semiose folgendermaßen darstellen:

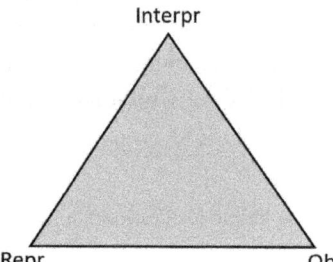

Interpr

Repr   Obj   **Abb. 1:** Das semiotische Modell nach Peirce.

---

6 In CP 1.339 bezeichnet Peirce das Zeichenkorrelat, das er an anderer Stelle Repräsentamen nennt, als «vehicle conveying into the mind something from without».
7 Cf. Nöth (1985); Nöth (1990, 42s.). Eine Erläuterung des mentalen und zeichenhaften Charakters des Objektes findet sich in CP 1.538. Des Weiteren ist darauf zu verweisen, dass Peirce zwischen dem unmittelbaren und dem dynamischen Objekt unterscheidet. Während die unmittelbaren Objekte das Zeichen in einer Hinsicht repräsentieren, umfasst das dynamische Objekt alle in verschiedenen potenziellen Semiosen repräsentierbaren Aspekte (cf. Liszka 1996, 21). Aus diesem Grund betrachtet Alkier (2001, 66) unterschiedliche Interpretationen eines Bibeltextes als unmittelbare Objekte, welche alle demselben dynamischen Objekt zuzuordnen sind. Das kann prinzipiell auch für die in dieser Arbeit analysierten Allegoresen angenommen werden: Wenn mehr als eine Interpretation des gleichen Bibeltextes vorliegt, sind die verschiedenen Interpretationen als unterschiedliche unmittelbare Objekte des gleichen dynamischen Objektes zu betrachten. Cf. diesbezüglich auch die Betrachtung des Charakters Hamlet aus Shakespeares Drama als dynamisches Objekt, welches ganz unterschiedliche Interpretationen und folglich auch unmittelbare Objekte hervorbringen kann, bei Liszka (1996, 22).

Die Semiose eines einzelnen Zeichens ist Peirce zufolge eingebettet in den Prozess einer unendlichen Semiose, im Rahmen derer ein mit einem Repräsentamen (Repr1) verknüpfter Interpretant (Interpr1) zum Repräsentamen (Repr2) einer weiteren Semiose werden kann, welches wiederum mit einem weiteren Interpretanten (Interpr2) verknüpft wird, der auch als Repräsentamen (Repr3) fungieren kann.[8]

Graphisch lässt sich die unendliche Semiose in einer Verkettung verschiedener semiotischer Dreiecke darstellen. Das erste Dreieck wird an der Spitze (Interpr) mit dem linken Endpunkt der Basislinie (Repr) des nächsten semiotischen Dreiecks verknüpft. Potenziell kann jeder Interpretant wiederum zu einem Repräsentamen werden:

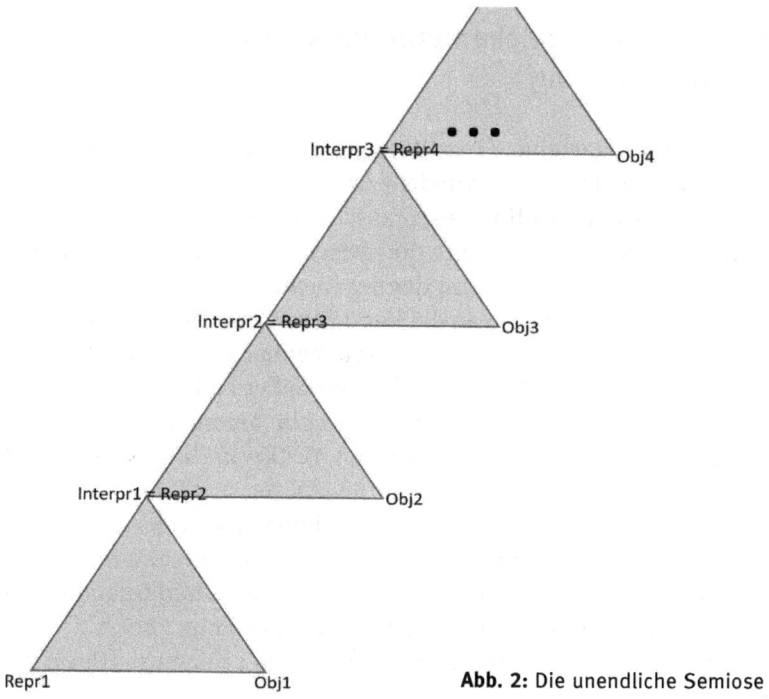

Abb. 2: Die unendliche Semiose nach Peirce.

---

8 Peirce beschreibt den Vorgang der unendlichen Semiose folgendermaßen: «Anything which determines something else (its *interpretant*) to refer to an object to which itself refers (its *object*) in the same way, the interpretant becoming in turn a sign, and so on *ad infinitum*» (CP 2.303). Cf. auch Eco (1985, 73).

Eine Anwendung der von Peirce beschriebenen unendlichen Semiose auf Textinterpretationsprozesse erscheint sinnvoll, da diese sowohl sprachliche Zeichen, die auf der ersten Semioseebene anzunehmen sind, als auch nicht-sprachliche Zeichen, die auf zweiter Semioseebene zu verorten sind, beschrei-ben kann. Somit bietet dieses Modell eine Lösung für das zentrale Problem der coseriuschen Beschreibung. Allgemein ist festzuhalten, dass komplexere Interpretationsprozesse sich semiotisch dadurch auszeichnen, dass ein Zei-chen auf erster Semioseebene mit einem Zeichen auf zweiter Ebene verknüpft wird. Als Bindeglied ist der Zeicheninhalt des ersten Zeichens anzunehmen, der zum Zeichenträger des zweiten Zeichens wird. So wird bei Coseriu das *sig-nifié* zum *signifiant* und bei Peirce der Interpretant zum Repräsentamen einer höheren semiotischen Ebene.

3.2 Die augustinische Zeichenlehre im Kontext der Schriftauslegung

Nach der Betrachtung allgemeiner (Text-)Interpretation aus semiotischer Sicht ist im Folgenden die theologisch begründete Zeichenlehre Augustins näher zu untersuchen, die die Grundlage für die spätantike und mittelalterliche Allego-resetheorie darstellt. Diese findet sich in der zwischen 396 und 426 verfassten Hermeneutik *De doctrina christiana*, mit der der Kirchenvater dem Leser einen Leitfaden für die Bibelinterpretation an die Hand geben möchte. Augustin stellt die Schriftauslegung in den allgemeineren Zusammenhang der Erkenntnis, die immer letztlich darauf abzielt, Gott als *res fruenda* näher zu kommen. Das Ge-nießen wird folgendermaßen definiert: «Frui est enim amore inhaerere alicui rei propter se ipsam» (*De doctrina christiana* 1,4,4). Das *uti* hingegen bezieht sich Augustin zufolge auf den Gebrauch von Dingen, der nicht durch Liebe zu den Dingen motiviert, sondern als Mittel zu einem höheren Zweck zu verstehen ist: «sic in huius mortalitatis vita peregrinantes a domino, si redire in patriam volumus, ubi beati esse possimus, utendum est hoc mundo, non fruendum, ut invisibilia dei per ea quae facta sunt intellecta conspiciantur, hoc est ut de corporalibus temporalibusque rebus aeterna et spiritalia capiamus» (*De doctri-na christiana* 1,4,4). Wesentlich für die Legitimierung der geistlichen Schriftauslegung ist die Annahme, dass die Welt nicht um ihrer selbst willen zu lieben ist, sondern sie zum Zwecke der Gotteserkenntnis zu gebrauchen ist. Erkenntnis wird immer durch Zeichen vermittelt, welche auf *res* verweisen.[9] Die Zeichen sind folglich

---

9 «Omnis doctrina vel rerum est vel signorum, sed res per signa discuntur» (*De doctrina chris-tiana* 1,2,2).

als Hilfsmittel, als *res utendae*, zu betrachten, die im Dienste der Erkenntnis der *res fruenda* stehen.[10] Aufgrund der Tatsache, dass nicht alle Zeichen unmittelbar auf Gott verweisen, ist davon auszugehen, dass diese mittelbar auf Gott verweisen können als *signa translata*.[11] So muss ein *verbum* im Rahmen der geistlichen Schriftauslegung nicht unbedingt als *signum proprium* aufgefasst werden, sondern es kann auch als *signum translatum* fungieren (cf. *De doctrina christiana* 2,10,15), das auf eine *res* verweist, welche wiederum zum *signum* wird. Dieses referiert auf eine transzendente *res* (cf. Mayer 1974, 92), welche in letzter Instanz auf die Liebe zu Gott abzielt.[12] So kommt Augustin zu der Annahme, dass auch *res*, die keine genuinen *signa* sind, d. h. *signa* im eigentlichen Sinne (*proprie*, *De doctrina christiana* 1,2,2), als *signa* betrachtet werden können.[13] Diese Annahme stellt den zentralen semiotischen Aspekt der Allegorese dar und führt zu einer Verknüpfung von Schrift- und Naturexegese.[14] Die

---

10 Bezüglich der Differenzierung zwischen *res utendae* und *res fruendae* cf. *De doctrina christiana* 1,3,3–1,5,5.

11 Zu den *signa* rechnet Augustin sowohl – wie es in der antiken stoischen Tradition üblich war – die *signa naturalia*, wie beispielsweise Rauch oder eine Tierspur, als auch die *signa data*, zu denen die große Gruppe der *verba* gehört. Die Tatsache, dass Augustin *verba* im Rahmen einer Zeichentheorie behandelt, ist als innovativ zu bewerten, wie Markus (1957, 65) und Ticciati (2013, 25) bemerken. Auch Linde (2013, 277) betont die Besonderheit der gemeinsamen Behandlung von *verba* und Indexzeichen unter einem Zeichenbegriff, da in der antiken Rhetorik unter Zeichen nicht primär sprachliche auditiv wahrnehmbare *verba*, sondern nicht-sprachliche visuell wahrnehmbare *signa* verstanden wurden. Augustin verknüpft also Natur und Kultur in seiner Zeichentheorie, während die griechische Semiotik sich nur mit den Zeichen der Natur beschäftigt (cf. Deely 2010). Im Gegensatz zu den *signa naturalia*, die von sich aus bedeuten und bei denen die Absicht eines menschlichen Benutzers nicht maßgeblich für den Zeichencharakter ist (cf. *De doctrina christiana* 2,1,2), verweist das dem *signum* zugeordnete Attribut *datum* darauf, dass der Zeichenbenutzer einem Gegenüber etwas mitteilen möchte (cf. Mayer 1974, 99). In *De doctrina christiana* werden die *signa naturalia* nur im Rahmen der Übersicht über das Klassifikationsschema der *signa* erwähnt, der Fokus der augustinischen Darlegung liegt aber eindeutig auf der Schriftauslegung und damit der Behandlung der *verba* als *signa data*.

12 Bezüglich der Unterscheidung zwischen *signa propria* und *signa translata* cf. *De doctrina christiana* 2,10,15.

13 In Bezug auf die Verwendung des Terminus *res* ist zu berücksichtigen, dass Augustin diesen unterschiedlich gebraucht. So ist prinzipiell alles, was existiert, *res*: «omne signum etiam res aliqua est; quod enim nulla res est, omnino nihil est». (*De doctrina christiana* 1,2,2). Wenn Augustin aber zu Beginn desselben Absatzes sagt, «res per signa discuntur», grenzt er *res* von *signa* ab. In diesem Zusammenhang wird die *res* als ein Zeichenkorrelat betrachtet, als Referenzobjekt. Cf. auch die Diskussion zum augustinischen Zeichenbegriff und seinen Korrelaten in Kapitel 3.3.1.

14 Cf. diesbezüglich Hugo von St. Viktor im *Didascalion* 6,5 (PL 176, 805C): «Omnis natura Deum loquitur» sowie Delègue (1987, 9): «L'univers sensible dans sa totalité est comme un

hermeneutische Leitlinie, dass alle *res* der Welt so zu verwenden sind, dass sie auf Gott verweisen und die Liebe zu ihm fördern, führt dazu, dass ein weiterer Interpretationsschritt anzunehmen ist, falls die *res* nicht die Liebe zu Gott fördert. So können *verba* wie «lapis», «lignum» oder «pecus» nicht nur als *signa* aufgefasst werden, die im eigentlichen Sinne (*proprie*)[15] verwendet werden, um auf eine *res* wie einen bestimmten Stein, ein bestimmtes Holz oder Tier zu verweisen, sondern auch als *signa translata*. In diesem Fall ist eine zweistufige Semiose anzunehmen. Eine solche zeigt sich in Augustins Beschreibungen zeichenhafter *res* in *De doctrina christiana* 1,2,2: Hierzu zählt er das Holz, das Mose ins bittere Wasser warf (Ex 15,23–25), den Stein, auf dem Jakob seinen Kopf lagerte, als er von der Himmelsleiter träumte (Gen 28,10–22) und das Tier, das Abraham anstatt seines Sohnes opferte (Gen 22,13). Auf diese wird mittels eines *verbum* aus der Heiligen Schrift verwiesen. Die *res* sorgen nun aufgrund ihrer Zeichenhaftigkeit dafür, dass der Interpret nach einer zweiten *res* sucht, die auf Gott als *res fruenda* verweist und damit den Zielpunkt der Semiose darstellt.

Der Stein, auf dem Jakob seinen Kopf lagerte, kann folglich als *res1* betrachtet werden, welche auf Christus als *res2* verweist.[16] Die Deutung basiert

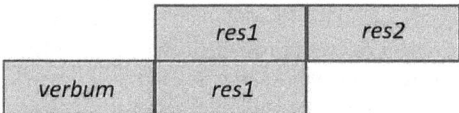

Abb. 3: Ein *verbum* als *signum translatum*.

---

livre écrit par le doigt de Dieu». Grundlage hierfür sind Augustins Erläuterungen zu den *signa ignota*: «Rerum autem ignorantia facit obscuras figuratas locutiones, cum ignoramus vel animantium vel lapidum vel herbarum naturas aliarumve rerum, quae plerumque in scripturis similitudinis alicuius gratia ponuntur» (*De doctrina christiana* 2,16,24).

15 Zur Problematik des Begriffs der «Eigentlichkeit» cf. Kapitel 4.4.

16 Augustin liefert in *De doctrina christiana* 1,2,2 keine direkte Interpretation für die soeben genannten zeichenhaften *res*. Dass der Stein aber beispielsweise als Zeichen für Christus betrachtet werden kann, zeigt sich in seiner Schrift *Contra Faustum* 12,26: «Quis alius lapis positus ad caput Iacob, ut nominatim quodam modo exprimeretur, etiam unctus est, nisi caput viri Christus? quis enim Christum nescit ab unctione appellari? Qui etiam hoc ipsum in Evangelio commemorans, et de se figuratum apertissime testificans, cum quemdam Nathanaelem dixisset vere Israelitam, in quo dolus non esset; et cum ille tamquam lapidem illum habens ad caput, confessus eum esset Filium Dei et Regem Israel, ista confessione quodam modo ungens lapidem, id est, ipsum esse confitens Christum; ibi opportune Dominus etiam illud commemoravit, quod tunc vidit Iacob, qui per benedictionem appellatus est Israel: *Amen dico vobis*, inquit, *videbitis coelum apertum, et Angelos Dei ascendentes et descendentes super Filium hominis*».

auf einer Analogie: Sowohl der Stein als auch Christus können als gesalbt betrachtet werden: der Stein, weil Jakob Öl darüber gießt (Gen 28,18) und Jesus trägt den Beinamen Christus (cf. z. B. Mk 8,29), was Gesalbter bedeutet. So gilt Jesus der lukanischen Christologie zufolge mit der Taufe als gesalbt durch den Geist Gottes (cf. Lk 4,18; Apg 10,37s.).

Die Schriftauslegung lässt sich nach Augustin also folgendermaßen beschreiben: ein *verbum* verweist auf eine *res1*, welche wiederum zum Zeichen für eine *res2* werden kann, die im Dienste der *res fruenda* steht. Wie Coseriu und Peirce geht auch Augustin von einer zweigestuften Semiose im Rahmen eines Interpretationsprozesses aus, bei der das Zeichenkorrelat, auf das der Zeichenträger verweist, auf einer höheren semiotischen Ebene zum neuen Zeichenträger wird.[17] Diese zweistufige Semiose ist bei Augustin aber – im Gegensatz zu Coseriu und Peirce – theologisch motiviert durch eine hermeneutische Leitlinie: *Signa translata* und *signa propria* müssen das Hauptziel der Schriftauslegung fördern, die Gottes- und die Nächstenliebe als Ziel ihres Verweisens, wie sich in *De doctrina christiana* 1,35,39 zeigt: «Omnium igitur quae dicta sunt ex quo de rebus tractamus haec summa est, ut intellegatur legis et omnium divinarum scripturarum plenitudo et finis esse dilectio rei qua fruendum est et rei quae nobiscum ea re frui potest, quia ut se quisque diligat praecepto non opus est». Dabei handelt es sich um «den hermeneutischen Normenhorizont für die *tractatio scripturarum*» (Pollmann 1996, 136).[18] Wird dieses Ziel verfehlt, wurde die Schrift nicht richtig ausgelegt. Insbesondere wenn dem Interpreten nicht klar ist, ob eine Bibelstelle wörtlich oder im übertragenen Sinne zu verstehen ist, ist Augustin zufolge zu untersuchen, ob die wörtliche Bedeutung in Einklang mit der hermeneutischen Leitlinie der *caritas* steht. Im 3. Buch von *De doctrina christiana* konkretisiert Augustin die hermeneutische Leitlinie folgendermaßen:

> Huic autem observationi, qua cavemus figuratam locutionem, id est translatam, quasi propriam sequi, adiungenda etiam illa est, ne propriam quasi figuratam velimus accipere. Demonstrandus est igitur prius modus inveniendae locutionis, propriane an figurata sit. Et iste omnino modus est, ut quidquid in sermone divino neque ad morum honestatem neque ad fidei veritatem proprie referri potest figuratum esse cognoscas. Morum honestas

---

17 Bezüglich des von Augustin verwendeten Zeichenbegriffs cf. Kapitel 3.3.1.

18 Die hermeneutische *caritas*-Norm sorgt dafür, dass Textstellen wie die Salbung der Füße Jesu mit Öl (cf. Lk 7,38; Joh 12,1–7) oder die Aufforderung, den Sünder nicht aufzunehmen (cf. Sir 12,4), als *signa* zu betrachten sind, die ein nicht-wörtliches Verständnis erfordern (cf. *De doctrina christiana* 3,12,18; 3,16,24). In beiden Fällen sieht Augustin die richtigen Moralvorstellungen und die Glaubensregel verletzt. So bemerkt er, es könne weder gut sein, verschwenderisch mit Öl umzugehen, noch, den Sünder zu verstoßen.

ad diligendum deum et proximum, fidei veritas ad cognoscendum deum et proximum pertinet. Spes autem sua cuique est in conscientia propria, quemadmodum se sentit ad dilectionem dei et proximi cognitionemque proficere. (*De doctrina christiana* 3,10,14)

Der Bibelinterpret wird aufgefordert, danach zu fragen, ob sich der zu interpretierende Text auf die moralische Rechtschaffenheit oder eine Glaubenswahrheit bezieht, welche auf die Kenntnis über und die Liebe zu Gott und den Mitmenschen abzielen. Zwar werden hier die Liebe und die Kenntnis Gottes und den Nächsten als zwei unterschiedliche Ziele benannt, doch ist vor dem Hintergrund von *De doctrina christiana* 1,35,39, wo die Liebe als finales Ziel der Schriftauslegung bezeichnet wird, davon auszugehen, dass auch die *cognitio* letztlich auf die *dilectio* abzielt. Zielt eine Textstelle weder auf die *dilectio* noch auf die *cognitio* Gottes und des Mitmenschen ab, so ist sie als *locutio figurata* oder *translata* zu betrachten und umzuinterpretieren, so dass die *caritas* in den Fokus rückt.[19] Augustin fordert also eine strategische Bibelrezeption, die dazu führt, dass die *caritas* als kommunikatives Ziel erreicht werden kann.[20] Der Bibelexeget muss dabei das Ziel verfolgen, den Bibeltext so auszulegen, dass die *caritas* gefördert wird. Kann das kommunikative Ziel mithilfe eines wörtlichen Textverständnisses nicht erreicht werden, schlägt Augustin eine Ambiguierung der Textbedeutung in Form der Allegorese vor, die als zweigestufte Semiose zu beschreiben ist.

3.3 Aktuelle Ansätze zur Analyse der von Augustin beschriebenen Semiose

In der aktuelleren Forschungsliteratur finden sich zwei unterschiedliche Ansätze, die beide versuchen, die von Augustin beschriebene gestufte Semiose mithilfe von Zeichenmodellen zu beschreiben, welche auch im heutigen wissenschaftlichen Diskurs verbreitet sind. Im einen Fall handelt es sich dabei um eine Analyse des mittelalterlichen Allegoreseverfahrens auf der Basis des dyadischen strukturalistischen Zeichenbegriffs durch den Literaturwissenschaftler Yves Delègue. Im anderen Fall untersuchen Peter Koch und Christof Landmesser in einem interdisziplinären linguistisch-theologischen Aufsatz die augustinische Allegorese als Ambiguitätsphänomen auf Grundlage eines triadischen semiotischen Modells, welches die Korrelate Signifikant, Konzept und Referent

---

19 Zur Allegoresebedeutung, welche in Einklang mit der *caritas*-Norm steht, cf. die Modellierung unterschiedlicher Deutungsrahmen in Kapitel 5.3.
20 Bezüglich des Terminus «Strategie» cf. Knape/Becker/Böhme (2009).

umfasst.[21] Die Herangehensweisen von Delègue (1987) und Koch/Landmesser (2015) unterscheiden sich insofern sehr deutlich voneinander, als ersterer eine wahrgenommene Parallele zwischen der mittelalterlichen Allegoresetheorie, die auf Augustin zurückgeht, und der Literatursemiologie von Roland Barthes zum Anlass für eine strukturalistisch inspirierte Darstellung der spätantiken bzw. mittelalterlichen Allegorese-Theorie nimmt. Koch/Landmesser hingegen gehen nicht von der spätantiken Allegorese-Theorie aus, sondern von der Allegorese-Praxis. Sie wählen ein triadisches Zeichenmodell zur Analyse augustinischer Allegoresen, nicht weil Augustin selbst in seinen theoretischen Schriften auf ein solches Modell zurückgegriffen hätte, sondern da sie es für geeignet erachten, um die bei der Allegorese stattfindenden Prozesse aus kognitiv-semantischer Perspektive zu veranschaulichen. Die Diskussion der beiden Ansätze in den Unterkapiteln 3.3.1 und 3.3.2 mündet schließlich in die Entwicklung eines adäquaten semiotischen Modells zur Beschreibung der Allegorese als (Text-)Interpretationsverfahren, wobei auch die in Kapitel 3.1 dargelegten Beschreibungsmodelle berücksichtigt werden.

3.3.1 Eine strukturalistische Analyse der mittelalterlichen Allegorese-Theorie

Delègue (1987) sieht im semiotischen Bereich deutliche Parallelen zwischen der mittelalterlichen Theorie der Allegorese-Semiose, welche auf Augustins Darlegung in *De doctrina christiana* basiert, und der semiologischen Mythos-Beschreibung bei Barthes (1957, 187). Der Mythos stellt Barthes zufolge ein sekundäres semiologisches System dar, welches auf einem primären semiologischen System, beispielsweise der *langue*, basiert. So wie die *langue* sich aus unterschiedlichen Zeichen (*signes*, 3.) zusammensetzt, welche jeweils aus *signifiant* (1.) und *signifié* (2.) bestehen, bilden Barthes (1979, 35) zufolge auch für sekundäre semiologische Systeme wie den Mythos Zeichen (SIGNES, III.), die aus SIGNIFIANT (I.) und SIGNIFIÉ (II.) bestehen, die Grundeinheit (cf. Abbildung 4).

So überträgt Barthes den ursprünglich rein sprachlichen Zeichenbegriff auch auf andere nicht-sprachliche semiologische Systeme. Wie auch bei den in Kapitel 3.1 beschriebenen Modellen liegt bei Barthes eine Verkettung von Semiosen vor.[22]

---

21 Eine genauere Erläuterung dieses semiotischen Modells erfolgt in Kapitel 3.3.2.
22 Barthes bezieht sich damit auf die von Hjelmslev (1974) beschriebene Konnotationssemiotik, bei der die Konnotation auf Ebene des sekundären semiologischen Systems zu verorten ist.

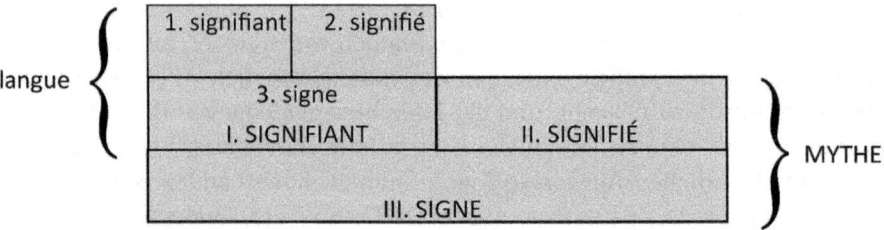

Abb. 4: Semiotische Beschreibung des Mythos nach Barthes (1957, 200).

Auch bei der von Augustin in *De doctrina christiana* vorgestellten Allegorese-Semiose, die die Basis der mittelalterlichen Theorie bildet, lassen sich zwei Semiosestufen erkennen. So ist nicht nur das *verbum* als *signum* auf der primären semiologischen Ebene zu betrachten, sondern auch die *res*, auf welche das *verbum* verweist, kann auf einer sekundären Ebene zum *signum* werden (cf. Kapitel 3, Anm. 9). Dies und die Tatsache, dass bei Augustin zwei Zeichenkorrelate genannt werden, *verbum* und *res* bzw. *signum* und *res*, veranlassen Delègue dazu, die von Augustin entworfene und im Mittelalter weiter entwickelte Theorie in dem zweistufigen strukturalistischen Semiosemodell darzustellen:

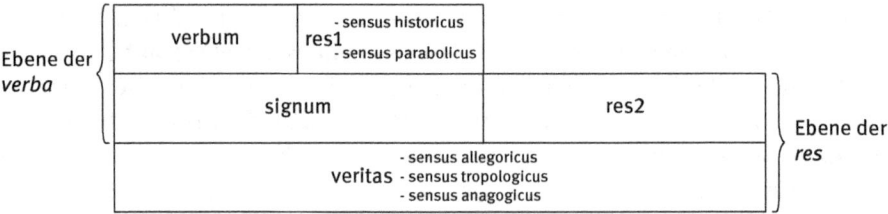

Abb. 5: Die gestufte Semiose der Allegorese nach Delègue (1987, 25).

Dabei wird das *verbum* als *signifiant* und die *res1* als *signifié* behandelt.[23] Auch wenn Parallelen zwischen der von Barthes und Delègue beschriebenen semiotischen Verkettung und der augustinischen Allegoresetheorie vorliegen, insofern

---

[23] Delègue bildet mit seiner Modifizierung zum einen die durch Augustin dargelegte Zeichenlehre, der zufolge durch *verba* bezeichnete *res* zu *signa* werden können (cf. Kapitel 3.2), zum anderen die Theorie des mehrfachen Schriftsinns ab, wenn er die *res* auf erster semiologischer Ebene mit dem *sensus historicus* bzw. dem *sensus parabolicus* gleichsetzt (cf. Kapitel 4.4) sowie das gesamte Zeichen auf zweiter semiologischer Ebene mit der Wahrheit der geistlichen Schriftsinne in Allegorie, Tropologie und Anagogie (cf. Kapitel 2.2).

als in beiden Fällen eine zweite Semiose vorliegt, die auf einer ersten sprachlichen Semiose basiert, und sowohl die Strukturalisten als auch Augustin jeweils mit zwei Zeichenkorrelaten argumentieren, erscheint eine Gleichsetzung problematisch, wie im Folgenden zu zeigen ist: So ist der strukturalistische Zeichenbegriff ein dyadischer, der rein auf der virtuellen Ebene der *langue* zu verorten ist und dabei weder die konkrete Lautung noch den konkreten Referenten in den Blick nimmt.[24] Augustin hingegen legt in der 387 und damit vor *De doctrina christiana* (395–426) verfassten Schrift *De dialectica* einen triadischen Zeichenbegriff in aristotelischer Tradition zugrunde, wenn er beim sprachlichen Zeichen differenziert zwischen dem Zeichenausdruck *dictio*, dem *dicibile*, welches das Verständnis des Zeicheninhalts auf mentaler Ebene darstellt, und der *res* als einem Objekt, das nicht auf mentaler Ebene zu verorten ist (cf. *De dialectica* 5; Meier-Oeser 1997a, 11). In *De doctrina christiana* selbst verweist Augustin nicht explizit auf den triadischen Zeichencharakter. In dieser Schrift findet sich die folgende Zeichendefinition: «Signum est enim res praeter speciem quam ingerit sensibus aliud aliquid ex se faciens in cogitationem venire» (2,1,1).[25] Wie Nöth (1990, 85) bemerkt, findet sich darin nicht die für triadische Zeichenmodelle wesentliche Unterscheidung zwischen *sense* und *reference*.[26] So verweist Augustin in seiner Definition nur auf die zwei Zeichenkorrelate Zeichenausdruck (*species*)[27] und Zeicheninhalt auf mentaler Ebene («faciens in cogitationem venire»), ein konkretes Referenzobjekt in der außersprachlichen Wirklichkeit kommt nicht zur Sprache.[28] Die Verwendung des Terminus *res*, der eine wesentliche Rolle in Zusammenhang mit der semiotischen Beschreibung der Allegorese spielt, kann aber als Hinweis darauf aufgefasst werden, dass das von Augustin verwendete Zeichenmodell auch in *De doctrina christiana* als triadisch zu beschreiben ist, insofern als *res* – ähnlich wie in *De dialecti-*

---

24 Bezüglich der Differenzierung zwischen konkreter und abstrakter Ebene bei der Betrachtung von Zeichen cf. Kapitel 3, Anm. 3 und 4.

25 Eine ähnliche Definition findet sich in der früher verfassten Schrift *De dialectica* 5 (PL 32, 1410): «Signum est et quod seipsum sensui, et praeter se aliquid animo ostendit». Cf. Borsche (1990, 143, Anm. 54); Ruef (1981, 82); Meier-Oeser (1997, 21).

26 Markus (1957, 71s.) betrachtet Augustins Zeichendefinition in *De doctrina christiana* 2,1,1 zwar als triadisch, doch nicht aufgrund der üblicherweise für triadische Zeichen zentralen Referenz auf ein aktuelles Objekt (*reference*), sondern da er neben den beiden Korrelaten Zeichen und *significatum* auch den Zeichenbenutzer als Subjekt einschließt.

27 In diesem Fall rekurriert Augustin auf einen allgemeinen, nicht rein sprachlichen Zeichenbegriff.

28 Grundlegend für diese Vorstellung ist das aristotelische semiotische Grundmodell, dem zufolge das Zeichen nicht unmittelbar eine Sache, die in der Realität auftritt, repräsentiert, sondern über eine gedankliche Vorstellung vermittelt wird. Cf. Trabant (1989, 27–29).

ca – das Referenzobjekt bezeichnet, das nicht virtueller, sondern aktueller Art ist. Auf dieses Referenzobjekt verweist Augustin beispielsweise in *De doctrina christiana* 1,2,2: «res per signa discuntur».

Wichtiger als die Tatsache, dass Augustin mit einem triadischen und Barthes und Delègue mit einem dyadischen Zeichenbegriff arbeiten, erscheint der Unterschied zwischen den Zeichenkorrelaten *signifié* und *res*, die in Barthes und Delègues Schema jeweils die gleiche Position einnehmen. So ist das *signifié* virtueller Art, wohingegen die *res* ein aktuelles Objekt bezeichnet.[29] Aus diesem Grund erscheint eine Gleichsetzung von aktueller *res* und virtuellem *signifié* problematisch.

Die wesentliche Parallele besteht in der Stufung, die sowohl in der mittelalterlichen Theorie als auch in dem strukturalistischen Modell Barthes vorzufinden ist: In beiden Fällen wird ein Zeichen auf der Ebene des Sprachsystems, welches aus *signifiant* und *signifié* besteht, als *signifiant* auf der Ebene eines sekundären Bedeutungssystems verwendet, welches wiederum mit einem *signifié* verknüpft ist. Diesbezüglich liegt auch eine Parallele zu den in Kapitel 3.1 vorgestellten Ansätzen zur semiotischen Beschreibung von (Text-)Interpretationsvorgängen vor. Ein deutlicher Unterschied zeigt sich jedoch in der Art der Verknüpfung, denn während im strukturalistischen Modell ein Zeichen der primären Ebene, welches aus *signifiant* und *signifié* besteht, zum *signifiant* eines Zeichens auf sekundärer Ebene wird, wird der augustinischen Theorie zufolge nicht das ganze Zeichen der primären Ebene zu einem neuen *signum*, sondern lediglich die *res* als Referenzobjekt.

Abschließend sei darauf verwiesen, dass eine strukturalistische Analyse der mittelalterlichen, auf Augustin basierenden, Allegoresetheorie, wie Delègue sie vornimmt, trotz offensichtlicher Parallelen insofern problematisch erscheint, als die Darstellung der spätantiken bzw. mittelalterlichen Theorie und die Analyse derselben mithilfe eines aktuellen semiotischen Ansatzes vermischt werden. So wird nicht mehr die spätantike bzw. mittelalterliche Theorie dargestellt, sondern eine modifizierte strukturalistische Fassung derselben, im Rahmen derer eine Gleichsetzung von Termini erfolgt, die auf ganz unterschiedlichen theoretischen Prämissen basieren.

---

29 Bezüglich der Differenzierung zwischen virtuellen/abstrakten und aktuellen/konkreten Zeichenkorrelaten cf. Kapitel 3, Anm. 3 und 4. Zu den verschiedenen Verwendungsweisen des Terminus *res* bei Augustin cf. Kapitel 3, Anm. 13.

3.3.2 Die Analyse spätantiker Allegorese-Praxis mithilfe eines aktuellen Zeichenmodells nach Koch/Landmesser

Im Gegensatz zu Delègue (1987) analysieren Koch/Landmesser (2015) Allegoresen aus Augustins Schrift *De utilitate credendi* ohne den Anspruch, damit die zur Entstehungszeit vorherrschende Allegoresetheorie abzubilden. Zur semiotischen Beschreibung wählen sie ein triadisches Zeichenmodell, welches eine reduzierte Form des pentadischen semiotischen Modells des sprachlichen Zeichens nach Raible (1983, 5) darstellt. Dieses triadische Modell umfasst den virtuellen Signifikanten (S), das Konzept (K) als abstrakte außersprachliche Vorstellung des durch das sprachliche Zeichen bezeichneten Referenten sowie den Referenten (R), der in der außersprachlichen Wirklichkeit existiert.[30]

Der Signifikant, der den Ausgangspunkt für die ganze Semiose bildet, kann sowohl ein einzelnes Wort sein als auch ein gesamter Text, wenn es sich um ein komplexes Zeichen handelt (cf. Koch/Landmesser 2015, 235). Diesbezüglich ist darauf zu verweisen, dass Augustin selbst in seiner in *De doctrina christiana* entwickelten Zeichenlehre immer von einem einfachen sprachlichen Zeichen, dem *verbum*, als Ausgangspunkt ausgeht. Koch/Landmesser nehmen aber, wie oben bereits erwähnt, nicht die augustinische semiotische Darlegung als Ausgangspunkt, sondern sie analysieren die Allegorese biblischer Erzählungen.[31] Vor diesem Hintergrund erscheint es sinnvoll, die semiotische Analyse nicht

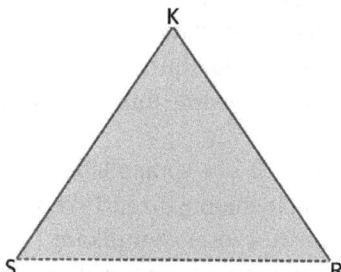

Abb. 6: Das reduzierte triadische semiotische Modell nach Koch/Landmesser (2015, 234).

---

30 Die beiden Autoren erachten sowohl die aktuelle Lautung bzw. das Schriftbild als auch das einzelsprachliche Signifikat, welches mit dem Konzept ein Pendant im außersprachlichen Bereich hat, als irrelevant in Hinblick auf die Analyse der Allegorese. Deshalb klammern sie aktuelle Lautung bzw. Schriftbild sowie Signifikat als Zeichenkorrelate des pentadischen Modells nach Raible (1983) (cf. Kapitel 3, Anm. 3) bei der semiotischen Betrachtung der Allegorese aus.
31 So untersuchen sie die Allegorese der Erzählungen über Jona (Jona 2) und Hagar und Sarah (Gen 16).

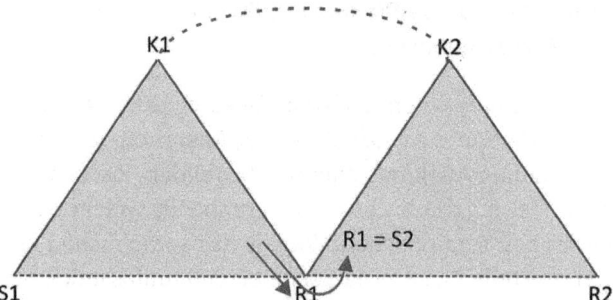

Abb. 7: Die gestufte Semiose bei der Allegorese (cf. Koch/Landmesser 2015, 242).

auf einfache sprachliche Zeichen zu beschränken, sondern – wie auch bei Coseriu (cf. Kapitel 3.1) der Fall – komplexe (Text-)Zeichen in den Blick zu nehmen. Die Analyse des semiotischen Prozesses, der im Rahmen der Auslegung eines (komplexen) Zeichens stattfindet, ähnelt insofern sehr stark der von Augustin beschriebenen Semiose, als in beiden Fällen das Referenzobjekt zum Zeichenträger einer weiteren Semiose wird: Bei Augustin wird die *res* zum *signum* für eine *res* im heilsgeschichtlichen Bereich und in dem von Koch/Landmesser dargestellten Modell wird der Referent zum Signifikanten eines Zeichens «höherer Ordnung», welches im christlichen transzendenten Bereich zu verorten ist (Koch/Landmesser 2015, 242).[32] Es ist aber darauf zu verweisen, dass Koch/Landmesser (2015, 234) – im Gegensatz zu Delègue – keine Gleichsetzung zwischen den von ihnen verwendeten Zeichenkorrelaten und Augustins *verbum* und *res* vornehmen, sondern sie lediglich einen ähnlichen Mechanismus konstatieren, ohne jedoch die augustinische Theorie mithilfe eines selbst gewählten Zeichenmodells zu verzerren.[33]

In Abbildung 7 stellt das erste semiotische Dreieck ein sprachliches Zeichen dar, das komplexer Art sein kann und damit auch einen ganzen Text bzw. einen Textabschnitt als Signifikanten enthalten kann. Dieser Signifikant (S1) verweist über das Konzept (K1) auf einen Referenten in der außersprachlichen Wirklichkeit (R1). So kann beispielsweise die Jona-Erzählung (Jona 2) auf ein Geschehen in der außersprachlichen Wirklichkeit verweisen: Ein Mann verbringt drei Tage und Nächte im Bauch eines Wals. Dieses Geschehen kann wie-

---

32 Ein Unterschied zwischen den Darstellungen der Allegorese-Semiose besteht darin, dass Koch/Landmesser (2015, 234) auf ein triadisches Zeichenmodell mit den Komponenten S, K und R rekurrieren, während Augustin lediglich von zwei Zeichenkomponenten (*verbum* bzw. *signum* und *res*) spricht. Bezüglich des augustinischen Zeichenbegriffs cf. auch Kapitel 3.3.1.
33 Bezüglich der Korrelate des von Augustin verwendeten Zeichenbegriffs cf. Kapitel 3.3.1.

derum als Signifikant (S2) eines weiteren semiotischen Dreiecks fungieren, welcher über K2 auf R2 verweist. So wird R1 zu S2, wenn das Jona-Geschehen auf die drei Tage hin gedeutet wird, an denen Christus nach seiner Kreuzigung tot (R2; cf. Mt 12,39s.). Die zwei Pfeile bei R1 sollen die Ambiguität signalisieren, denn die Interpretation des Zeichens kann entweder an dieser Stelle enden, was bedeuten würde, dass lediglich eine wörtliche Lesart des Textes vorliegt, oder R1 kann als S2 einer zweiten Semiose aufgefasst werden. Die gepunktete Linie zwischen K1 und K2 stellt die konzeptuelle Verknüpfung dar. Im Falle des Jona-Geschehens lässt sich diese als similaritätsbasiert beschreiben, da sowohl Jona drei Tage und Nächte im Bauch des Fisches war als auch Christus drei Tage und Nächte im «Herzen der Erde» (Mt 12,40).

3.3.3 Modellierung der gestuften Semiose bei der Allegorese

Für die Analyse der Allegorese erweist sich das in Kapitel 3.3.2 vorgestellte Modell von Koch/Landmesser (2015) passender als der in Kapitel 3.3.1 beschriebene strukturalistische Ansatz. Zum einen ist die Vermischung spätantiker bzw. mittelalterlicher Theorie mit dem strukturalistischen Zeichenbegriff, die sich in den Darlegungen Delègues zeigt, problematisch, da so die spätantike bzw. mittelalterliche Theorie verzerrt abgebildet wird. Zum anderen sollen die bei der Allegorese stattfindenden Verknüpfungen in dieser Arbeit mit einem kognitiv-semantischen Ansatz auf Konzeptebene untersucht werden.

Für die Analyse der Allegorese erscheint es naheliegend, die Modellierung von Koch/Landmesser mit der von Peirce beschriebenen unendlichen Semiose zusammenzuführen, die als adäquat für die Beschreibung allgemeiner Textinterpretationsprozesse erachtet wurde. Hierfür ist – wie auch bei beiden Modellierungen – ein triadisches Zeichenmodell zugrunde zu legen. Es erscheint sinnvoll, auch für die Beschreibung der Allegorese wie Peirce nicht auf ein sprachliches, sondern auf ein allgemeines Zeichenmodell zu rekurrieren (cf. Kapitel 3.1).[34] Das hat folgenden Grund: Die Semiose, die sich an die erste Se-

---

34 Auch bei Koch/Landmesser (2015, 235) findet sich bereits ein Hinweis darauf, dass die «üblichen linguistischen [semiotischen] Modelle», darunter auch das von den beiden Autoren besprochene pentadische Modell Raibles, in erster Linie Morpheme und Wörter abbilden, bei der Untersuchung der Schriftauslegung jedoch umfangreichere Zeichen in den Fokus rücken. Die Autoren verweisen darauf, dass solche Sachverhalte nicht von einem rein im Sprachsystem verankerten Zeichenbegriff dargestellt werden können, der einzelsprachliche Signifikate in den Blick nimmt (cf. Koch/Landmesser 2015, 234).

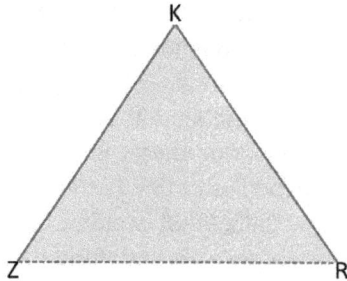

Abb. 8: Ein allgemeines triadisches Zeichenmodell als Basis der Allegorese-Analyse.

miose des sprachlichen Zeichens anschließt, ist als nicht-sprachliche zu beschreiben, da auf dieser zweiten Ebene kein Wort oder Text vorliegt, das bzw. der als Zeichen fungiert, sondern die mentale Vorstellung von einem Gegenstand, einem Lebewesen oder einem Sachverhalt.[35] Folglich ist von einem allgemeinen Zeichenträger (Z)[36] auszugehen, der sowohl sprachlicher als auch nicht-sprachlicher Art sein kann. Da – wie auch bei Koch/Landmesser – die konzeptuellen Verknüpfungen, die im Rahmen der Allegorese stattfinden, analysiert werden sollen, ist als zweites Zeichenkorrelat ein Konzept (K)[37] als außersprachliche abstrakte «Dingvorstellung» (Blank 2001, 9s.) anzunehmen und als drittes Korrelat der Referent (R) (cf. Koch/Landmesser 2015, 234) als in der außersprachlichen Realität existierendes Objekt bzw. Sachverhalt oder auch Fiktion (cf. Peirce, CP 8.178; Eco 1987, 32s.).

In Bezug auf die Verknüpfung zwischen erster und zweiter Semiose erscheint es sinnvoll, die Scharnierstelle auf Konzeptebene anzunehmen, wie im Folgenden zu zeigen ist:

Die erste Semiose (Z1 → K1 → R1) bezieht sich entweder auf ein einzelnes Wort als sprachliches Zeichen oder einen Text.[38] Für diese Zeichenverwendung

---

35 Ein solches Lebewesen, ein Gegenstand oder auch ein Sachverhalt entsprechen der *res* in Augustins Darlegungen in *De doctrina christiana*, auf die ein *verbum* verweist. Diese *res* wiederum ist Zeichen für eine andere *res* (cf. Kapitel 3.2).

36 Wie bei Z handelt es sich auch bei Peirce' Repräsentamen und einen allgemeinen Zeichenträger. Das Repräsentamen ist als konkreter Zeichenträger (cf. Peirce, CP 1.540) zu beschreiben und nicht als Vorstellung von der konkreten Realisierung eines Zeichenträgers, wie beim *signifiant* des sprachlichen Zeichens der Fall, auf welches sich auch Koch/Landmesser (2015, 234) in ihrem reduzierten triadischen Modell mit S (Signifikant) (cf. Kapitel 3.3.2) beziehen.

37 An dieser Stelle ist bei Peirce der Interpretant anzunehmen.

38 Cf. hierzu Ansätze der Textlinguistik, den Text als Zeichen zu betrachten, etwa bei Hartmann (1971) sowie bei Adamzik (2010, 283). Petöfi (1987, 5s.) grenzt sich von den textlinguistischen Ansätzen ab und entwickelt eine «semiotische Textologie». Das hierzu entwickelte Zeichenmodell beinhaltet die verschiedenen, teilweise auch nicht-sprachlichen Aspekte, die bei der Bedeutungskonstitution von Texten eine Rolle spielen. Die Anwendung des sprachlichen

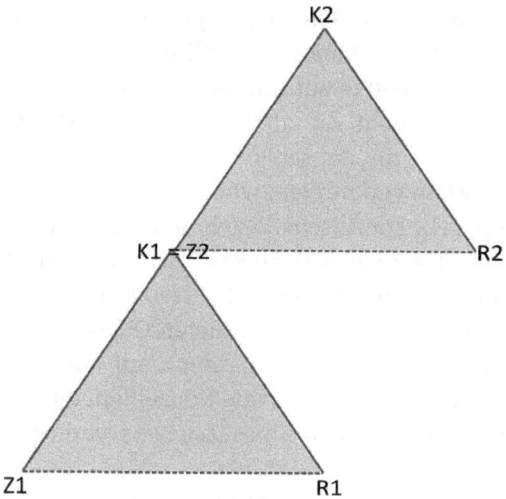

Abb. 9: Die zweigestufte Semiose bei der Allegorese mit der Konzeptebene als Scharnierstelle.

ist lediglich das übliche sprachliche Wissen über die konventionelle Zuordnung von Zeichenträger, Konzept und Referent vonnöten. Die zweite Semiose hingegen stellt eine allegorisierende Interpretation dar, die an die Semiose des ersten Zeichens anschließt. Koch/Landmesser (2015, 242) zufolge wird bei der zweiten Semiosestufe eine außersprachliche Gegebenheit, auf welche im Rahmen der ersten Semiose referiert wird (R1), zu einem *signum* und damit zum Signifikanten einer zweiten Semiose (S2). Das stimmt mit der in *De doctrina christiana* vorliegenden Auffassung überein, der zufolge *res*, auf die *verba* verweisen, wiederum als *signa* fungieren können, die auf andere *res* verweisen (cf. Kapitel 3.2; Koch/Landmesser 2015, 242, Anm. 39). Da es sich bei der Allegorese von Bibeltexten um einen Textinterpretationsprozess handelt, bei dem verschiedene Interpretationen miteinander verknüpft werden, erscheint es jedoch sinnvoll, wie oben bereits erwähnt, das Konzept und nicht den Referenten als Scharnierstelle zur zweiten Semiose anzunehmen, da nicht der konkrete außersprachliche Referent, sondern die mentale Vorstellung davon zum Zei-

---

Zeichenbegriffs Saussures auch auf nicht-sprachliche semiologische Zeichen durch Roland Barthes (1979, 35) ist grundlegend für eine strukturalistische Textbetrachtung, wie sie auch bei Coseriu (1971) unter textlinguistischer Fragestellung zu beobachten ist. Des Weiteren findet sich auch bei Koch/Landmesser (2015) eine semiotische Textbetrachtung, wenn sie die augustinischen Allegoresen von Bibeltexten mithilfe des von Raible entworfenen pentadischen Modells des sprachlichen Zeichens analysieren, das sie zu ihren Zwecken auf ein triadisches Modell reduzieren (cf. Koch/Landmesser 2015, 232; Kapitel 3.3.2).

chenträger wird, welcher wiederum auf ein weiteres Konzept2 (K2) verweist, das schließlich mit einem Referenten2 (R2) verbunden ist. Mit dieser Präzisierung lässt sich die im Mittelalter weit verbreitete auf Augustin zurückgehende Vorstellung von den *res*, die als *signa* fungieren, die zur Annahme einer «Sprache der Dinge» (Brinkmann 1980, 25) führt, mit der semiotischen Beschreibung allgemeiner (Text-)Interpretationsprozesse verknüpfen, wobei natürlich zu berücksichtigen ist, dass die Allegorese sehr spezifische Regeln aufweist, da der Zielbereich der Deutung festgelegt ist (cf. Kapitel 5.3). So kann man, wie Peirce das allgemein für Interpretationsgänge tut (cf. Kapitel 3.1), davon ausgehen, dass die Vorstellung von einem durch ein Zeichen bezeichneten Objekt selbst zum Zeichenträger eines weiteren Zeichens werden kann, denn auf mentaler Ebene erfolgen Assoziierungen zwischen unterschiedlichen Konzepten, die dafür sorgen, dass unterschiedliche Interpretationen eines Zeichens vorliegen können.

Exemplarisch ist die Verknüpfung unterschiedlicher Semiosen bei der Allegorese anhand des folgenden Beispiels aus dem *Bestiario valdese* (15. Jahrhundert) darzustellen:

> Lo leon ha 4 propiotas e naturas. La prumiera de las calse s aytal, que cant *el deysent de* la cima de li aut mont, si el sent li caçador *el cuebre las soas peas* au la coa, que lo caçador non trobe lo seo luoc, *ni lo poysa saber ni conoyser.* Dont per aquesta natura es entendu Dio: cant *el deysende de* cel, ço es en la vergena Maria, *el resconde lo seo annament* ni la mayson, ço es la vergena. Nos deven far enaysi a ensegre la doctrina e li eysemple del nostre redemptor, que nos deven usar enysi las cosas mondanas, que lo caçador, ço es los diavol, *non sega* li nostra annament. (Borghi Cedrini 1976, 38, Hervorh. d. Verf.)

Die Bestiarien enthalten – in Rückgriff auf den *Physiologus* aus dem 2. Jahrhundert – Tierbeschreibungen mit Allegoresen. Dabei kann jede Eigenschaft, die einem Tier zugeschrieben wird, als Grundlage für eine Allegorese dienen. In dem zitierten Beispiel wird der Löwe auf Grundlage der Verhaltensweise, dass er seine Spuren mit dem Schwanz verwischt, wenn er vom Berg hinabsteigt, damit der Jäger ihn nicht findet, auf Christus hin gedeutet, der sich, als er vom Himmel auf die Erde hinabkommt, in Maria verbirgt. An diese allegorische Auslegung schließt sich noch eine tropologische Deutung an, die auf das Handeln des einzelnen Christen Bezug nimmt: Dieser soll sich so wie Christus verhalten, damit der Teufel als Jäger ihn nicht verfolgen kann. Semiotisch sind diese Allegoresen folgendermaßen zu beschreiben: Der *leon* (Z1) verweist über LÖWE (K1) auf einen konkreten 'Löwen' als Referenten in der außersprachlichen Wirklichkeit (R1). Der LÖWE (K1) kann auch als Zeichenträger (Z2) einer zweiten Semiose betrachtet werden. So kann er auf CHRISTUS als K2 verweisen, welches wiederum 'Christus' (R2) zum Referenten in der außersprachlichen

Wirklichkeit hat. In diesem Fall liegt ein komplexerer Fall vor als in Abbildung 9 dargestellt, da an die allegorische Deutung eine tropologische anschließt, in der CHRISTUS zum Zeichenträger einer dritten Semiose werden kann, im Rahmen derer über das Konzept CHRIST auf den 'Christen' als Referent verwiesen wird.

4 Die mittelalterliche «Sprache der Dinge» und ihr Verhältnis zu den *voces*

Augustins Unterscheidung zwischen *signa* in Form von *verba* und von *res* wurde im Mittelalter sehr stark rezipiert und führte zu einer Betonung der «Sprache der Dinge» (Brinkmann 1980, 25) und damit einem großen Interesse an enzyklopädischen Werken, die sich mit den *res* befassten. Wenn für das Mittelalter von *voces* statt von *verba* die Rede ist, die den *res* gegenübergestellt werden, so hängt das lediglich damit zusammen, dass in der mittelalterlichen Theorie, insbesondere im *Didascalion* Hugos von St. Viktor, der Terminus *voces* für sprachliche Zeichen verwendet wird, wohingegen Augustin von *verba* spricht. Die beiden Termini werden in dieser Arbeit jedoch gleichbedeutend verwendet.

In diesem Kapitel wird die im Mittelalter geführte Diskussion um die durch Augustin grundgelegte zweigestufte Semiose, in deren Rahmen durch *verba* bezeichnete *res* zu *signa* werden können (cf. Kapitel 3.2) genauer betrachtet. In diesem Zusammenhang werden in Unterkapitel 4.1 zwei unterschiedliche Auffassungen der Vertreter von Symbolismus und Allegorese über die Beschaffenheit der Analogie (seinsmäßig vs. nicht-seinsmäßig, rein äußerlich) zwischen *res1* und *res2* betrachtet. In Unterkapitel 4.2 wird die Behandlung von *voces* und *res* im *Didascalion* Hugos von St. Viktor untersucht. Aufbauend darauf wird in Unterkapitel 4.3 eine Präzisierung des in Kapitel 3.3.3 dargelegten semiotischen Modells vorgenommen. Der Frage, ob Tropen auf Ebene des «Literalsinns» oder auf Ebene der geistlichen Schriftsinne zu verorten sind, die in Spätantike und Mittelalter ganz unterschiedlich beantwortet wurde, wird in Unterkapitel 4.4 nachgegangen. Eine einstufige semiotische Modellierung rhetorischer Tropen, die von den semiotisch zweistufigen Allegoresen deutlich zu unterscheiden ist, wird schließlich zur Klärung vorgeschlagen. Abschließend wird in Unterkapitel 4.5 ein Blick auf die Etymologie geworfen, die im Mittelalter eng mit der Allegorese verknüpft ist.

4.1 Die Diskussion um die Beschaffenheit der Analogie zwischen weltimmanenter und transzendenter *res*

Das gesamte Universum wurde im christlichen Mittelalter als Zeichensystem betrachtet, als *vox Dei* oder auch *liber naturae*. So heißt es im *Didascalion* 6,5 (PL 176, 805): «Omnis natura Deum loquitur». Die Suche nach dem verborgenen geistlichen Schriftsinn wird – vor allem im Bereich der Weltauslegung – häufig mit dem Verweis auf Röm 1,20 legitimiert: «Invisibilia enim ipsius, a

https://doi.org/10.1515/9783110586411-004

creatura mundi, per ea quae facta sunt, intellecta, conspiciuntur» (cf. z. B. Augustin, *De trinitate* 6,10,12). Hugo von St. Viktor stellt in *De arca Noe morali* 2,16 (PL 176, 643B) wohl auch in Rückgriff auf Paulus die «sapientia [...] invisibilis» als «intrinsecum verbum» dem «opus [...] visibile» als «extrinsecum verbum» gegenüber, welches als die veränderliche Schöpfung Gottes zu deuten ist. Aus den unterschiedlichen Interpretationen dieses Zitats entwickelten sich zwei Auslegungsarten, zum einen die Allegorese und zum anderen der Symbolismus (cf. Meier 1977, 31; Bruyne 1975, 339–358; Schmidtke 1968, 124). Beide Richtungen nehmen zwar eine Analogierelation zwischen der zeichenhaften weltimmanenten *res* und der transzendenten *res* als Referenzobjekt an, doch unterscheiden sich diese darin, dass die Vertreter des neuplatonisch inspirierten Symbolismus der Ansicht sind, dass zwischen göttlicher und menschlicher Sphäre eine seinsmäßige Analogie besteht, wohingegen die Vertreter der Naturallegorese nur eine äußerliche und keine seinsmäßige Analogie zwischen Gott und weltimmanenter *res* annehmen.[1] In der Auslegung äußert sich das folgendermaßen: Während bei der Allegorese *res*, die unterschiedlichen Gattungen (cf. Bruyne 1975, 345) oder Bereichen (cf. Meier 1977, 33) angehören, aufgrund gleicher oder ähnlicher konkreter Eigenschaften (cf. Meier 1977, 33; Schmidtke 1968, 124) miteinander verknüpft werden, sind bei der symbolischen Deutung generelle Merkmale (cf. Meier 1977, 33) oder die Zugehörigkeit zu einer Gattung ausschlaggebend. Bruyne (1975, 345) hebt hervor, dass der Verknüpfungsvorgang sich bei der allegorischen Deutung auf horizontaler Ebene abspielt, wohingegen er bei der symbolischen Deutung auf vertikaler Ebene zu verorten ist. Während bei der Naturallegorese also zwei ontologisch voneinander getrennte Bereiche vorliegen, spielt im Symbolismus der Gedanke der Teilhabe oder «Wesensverwandtschaft» Schmidtke (1968, 125) zufolge eine zentrale Rolle. Auch wenn die für die Analyse der Allegorese heranzuziehenden kognitiv-semantischen Kategorien erst in Kapitel 5 erläutert werden, sei bereits an dieser Stelle darauf verwiesen, dass eine kognitiv-semantische Beschreibung der beiden Positionen terminologische Klarheit bringen und eine präzisere Beschreibung der Ansätze erlauben dürfte durch die Modellierung von Frames, in denen Konzepte zu verorten sind, die räumlich, zeitlich oder logisch aufeinander folgen und somit in Kontiguität zueinander stehen. Während für die Position der Vertreter der Naturallegorese, die von zwei ontologischen Bereichen ausgehen, welche

---

1 Zur Diskussion um die Wesensverwandtschaft cf. auch das folgende Zitat aus der *Glossa ordinaria* (*Liber Genesis*), in dem betont wird, dass durch die Analogierelation zwei ontologisch voneinander getrennte Bereiche miteinander verknüpft werden: «Sed ne adoratores hujus solis intumescant, sciant ita Christum significari per solem sicut per leonem, per agnum, per lapidem, similitudinis causa, non proprietatis substantia» (PL 113, 111C).

durch Analogie miteinander verknüpft werden, zwei getrennte Frames anzunehmen sind, die durch eine similaritätsbasierte Verknüpfung zwischen zwei Konzepten aus den unterschiedlichen Frames miteinander verbunden werden, legt die Annahme einer Wesensverwandtschaft seitens der Vertreter des Symbolismus nahe, dass zwei Konzepte, die in Kontiguität zueinander stehen, da sie beide die gleiche *substantia* aufweisen, innerhalb eines Frames miteinander verknüpft werden.

Für die untersuchten romanischen Predigten ist die allegorische Auslegung mit der Verknüpfung unterschiedlicher Bereiche aufgrund von Similarität bzw. einer äußerlichen, nicht-seinsmäßigen Analogie relevant, während die symbolische viel eher für den Bereich der mystischen Schriften eine Rolle spielt (cf. Schmidtke 1968, 123).

4.2 Die Gegenüberstellung von *voces* und *res* bei Hugo von St. Viktor

Eine für das Mittelalter wesentliche Fundierung der Dingallegorese[2] findet sich bei dem im 12. Jahrhundert wirkenden Theologen Hugo von St. Viktor, der in seiner Wissenschaftssystematik mit dem Titel *Didascalion*, der bedeutendsten Hermeneutik des Mittelalters (cf. Brinkmann 1980, 25), die christliche Theorie der Allegorese in der Tradition Augustins mit einer Beschreibung des Wissenschaftssystems verknüpft.[3]

Geistesgeschichtlich ist die Entstehungszeit des *Didascalion* durch zwei konträre Positionen gekennzeichnet: Während auf der einen Seite konservative Theologen, die in der Tradition der Kirchenväter verhaftet sind und an der tradierten Glaubensregel festhalten, monastische Exegese betreiben, wie sie von Origenes theoretisch für das Christentum begründet und von Augustin se-

---

2 Chenu (1957, 172) bezeichnet das *Didascalion* als «refonte complète et fidèle» von *De doctrina christiana*.

3 Offergeld verweist in seiner Einleitung zum *Didascalion* Hugos (1997, 76) darauf, dass die beiden Systeme, das (weltliche) Wissenschaftssystem und das System der geistlichen Schriftauslegung hier unverbunden nebeneinander stehen und an keiner Stelle im Text explizit eine Verknüpfung vorgenommen wird. Vor dem Hintergrund der Tatsache, dass Hugo nicht nur auf die drei Schriftsinnebenen verweist, sondern er in Bezug auf den Unterschied zwischen «Literalsinn» und geistlichen Schriftsinnebenen Augustins Differenzierung von *res* und *verba* aufnimmt und diese in Zusammenhang mit den *artes liberales* bringt, erscheint Offergelds Annahme, dass der wissenschaftliche und der die Bibelexegese betreffende Teil unverbunden nebeneinander stehen, aber widerlegt. Auf die Verknüpfung der beiden Teile, die die Bibelexegese und die sieben *artes liberales* betreffen, verweist auch Smalley (1964, 86s.).

miotisch fundiert wurde, hinterfragen Vertreter der neuen dialektischen Wissenschaftlichkeit althergebrachte Glaubensgrundsätze und durchdenken sie neu (cf. Offergeld 1997, 15). Eine Persönlichkeit, die exemplarisch für die «Aufwertung der menschlichen Rationalität» (Offergeld 1997, 15) dieser Zeit stand, war Peter Abaelard, der sowohl mit seinen Lehrern Anselm von Laon und Wilhelm von Champeaux, die beide der neuen dialektisch-rationalen Denkrichtung zuzuordnen sind, heftige dialektische Auseinandersetzungen führte, als auch mit dem konservativen monastischen Exegeten Bernhard von Clairvaux. Des Weiteren ist die Denkrichtung der Schule von Chartres für Innovationen im Bereich der Naturbetrachtung verantwortlich. Angeregt durch die Lektüre von Platons *Timaios* begann man sich intensiver mit naturwissenschaftlichen Fragestellungen auseinanderzusetzen. Die bisher vorherrschende negative Sicht auf die materielle Welt als Zeichen des Sündenverfalls wurde in der Schule von Chartres abgelöst durch positives Interesse an dem von Gott durchdrungenen Kosmos, der in seinen einzelnen Bestandteilen auf Gott als Schöpfer verweist, was schließlich zu einer geistlich motivierten Allegorese der verschiedenen *res* der Natur führte. Jedoch brachten die Bestrebungen, die Natur rational naturwissenschaftlich mittels logischer Naturgesetze zu erklären, auf der anderen Seite eine Ablehnung der allegorischen Naturdeutung mit sich, die bei Autoren wie Thierry von Chartres zu beobachten ist. Das heißt jedoch nicht, dass sich die Chartrianer gegen die Vorstellung von der Welt als Schöpfung Gottes richten. Lediglich ihre Betrachtungs- und Erklärungsweise ist eine andere: Bei ihnen herrscht nicht die diachrone Sicht auf die christliche Heilsgeschichte der göttlichen Schöpfung vor, sondern eine synchrone Betrachtung, die die Zusammenhänge der Natur zum aktuellen Zeitpunkt beschreibt und erklärt (cf. Offergeld 1997, 16–18). Auch wenn Hugo eher der konservativen Richtung zuzuordnen ist, ist doch darauf zu verweisen, dass er der dialektischen Wissenschaft seiner Zeit nicht vollkommen ablehnend gegenüberstand. So verweist er in seinem *Didascalion* sowohl auf das Wissenschaftssystem der sieben freien Künste als auch auf die Schriftauslegung nach dem dreifachen Schriftsinn.

Hugo betont zwar – in Anlehnung an die von Augustin beschriebene Semiose der Schriftauslegung – das Aufeinanderbezogensein von *voces* und *res*, legt andererseits den Fokus aber auf den Kontrast der beiden unterschiedlichen Zeichensysteme.[4] Diese beruhen auf fundamentalen Unterschieden be-

---

4 Bezüglich des Zusammenhangs zwischen dem System der *verba* und dem der *res* cf. auch Delègue (1987, 9): «Les écritures saintes ne font que redoubler ce premier système de signes qu'est la Création, et tout le problème consiste à retrouver l'accord d'un système à l'autre. Or de nouveaux ‹litterati› prétendaient recomposer avec leur raison un ordre intellectuel autre, qui ne reposait plus sur une lecture de signes universels. On lira (Eruditionis didascaliae III,

züglich der Funktionsweise der beiden Zeichentypen *verbum* und *res*: Während die menschliche Sprache aus *voces* besteht, deren Bedeutung Hugo zufolge nicht motiviert, sondern rein konventionell festgelegt ist, gilt das Zeichensystem der *res* als durch die Natur bestimmt: «Philosophus in aliis scripturis solum vocum novit significationem; sed in sacra pagina excellentior valde est rerum significatio quam vocum : quia hanc usus instituit, illam natura dictavit. Haec hominum vox est, illa Dei ad homines. Significatio vocum est ex placito hominum : significatio rerum naturalis est, et ex operatione Creatoris volentis quasdam res per alias significari» (Hugo von St. Viktor, *De scripturis et scriptoribus sacris* 14, PL 175, 20D-21A).[5]

Grundlegend für die Benutzung der Zeichen ist ein Konsens unter den Zeichenbenutzern, damit Zeichen auch entschlüsselt werden können, wenn sie nicht kausal oder durch Similarität motiviert sind.[6]

Bei den *res*-Zeichen kann jede Eigenschaft, die der *res* von Natur aus anhaftet, Grundlage für eine motivierte Deutung sein. So verweist Hugo von St. Viktor in *De Scripturis et Scriptoribus sacris* 14 (PL 175, 21A) darauf, dass. jede *res* so viele unterschiedliche Bedeutungen tragen kann, wie sie Eigenschaften umfasst: «Est enim longe multiplicior significatio rerum quam vocum. Nam paucae voces plusquam duas aut tres significationes habent ; res autem quaelibet tam multiplex potest esse in significatione aliarum rerum, quot in se proprietates visibiles aut invisibiles habet communes aliis rebus. Hae autem res primae per voces significatae, et res secundas significantes».[7]

Die Unterscheidung zwischen *res* und *voces* führt schließlich auch zu einer Differenzierung zwischen heiligen und profanen Schriften, die auf der Annah-

---

IV, 53) les traits qu'Hugues décoche à ces ‹nouveaux philosophes› qu'il range très bas dans la hiérarchie du savoir, parce qu'ils ne sont qu'‹amphigouri› ou galimatias (*longis verborum ambagibus*)».

5 Cf. auch Hugo von St. Viktor, *Didascalion* 5,3.

6 Cf. hierzu die Behandlung der *signa data* bei Augustin in *De doctrina christiana* 2,2,3: «Data vero signa sunt quae sibi quaeque viventia invicem dant ad demonstrandos quantum possunt motus animi sui vel sensa aut intellecta quaelibet. Nec ulla causa est nobis significandi, id est signi dandi, nisi ad depromendum et traiciendum in alterius animum id quod animo gerit is qui signum dat». Zur Diskussion über die Arbitrarität und die Konventionalität der Zeichen bei Augustin cf. Meier-Oeser (1997, 27s.), der sich unter anderem auf das folgende Zitat Augustins bezieht, in dem anhand des Graphems ‹X› ein Beispiel für ein *signum datum* besprochen wird: «Sicut enim verbi gratia una figura litterae quae decusatim notatur aliud apud Graecos, aliud apud Latinos valet, non natura sed placito et consensione significandi, et ideo qui utramque linguam novit, si homini Graeco velit aliquid significare scribendo, non in ea significatione ponit hanc litteram in qua eam ponit cum homini scribit Latino» (*De doctrina christiana* 2,24,37).

7 Cf. auch Kapitel 3.3.3.

me basiert, dass erstere neben *voces* auch *res* als Zeichen, letztere hingegen nur *voces* enthalten (cf. Kapitel 4.4; Brinkmann 1980, 24; Hugo von St. Viktor, *De scripturis et scriptoribus sacris* 4; *Didascalion* 5,3).[8] Folglich ist nur für heilige Schriften eine zweistufige Semiose anzunehmen. Wenn in profanen Schriften ein nicht-wörtlicher Sinn anzunehmen ist, da beispielsweise Tropen verwendet werden oder eine Gattung wie eine Parabel vorliegt, ist hingegen eine einstufige Semiose anzunehmen (cf. Kapitel 4.4).

Des Weiteren prägt die Dichotomie *verba-res* die Aufteilung des gesamten mittelalterlichen Wissenschaftssystems. So beschäftigt sich das Trivium (Grammatik, Dialektik, Rhetorik) mit den *voces*, während sich das Quadrivium (Arithmetik, Geometrie, Astronomie und Musik) mit den *res* befasst,[9] denen Hugo weitaus mehr Gewicht beimisst als den *voces*, da sie der göttlichen Sprache angehören und sie zur göttlichen Wahrheit führen.[10] Von daher nimmt naturkundliche Kenntnis, wie sie in enzyklopädischen Werken und in den Wissenschaften des Quadriviums vermittelt wird, eine wichtige Funktion im Dienste der Gotteserkenntnis ein. So findet eine Ausweitung des ursprünglich am Text der Bibel orientierten hermeneutischen Ansatzes auf die gesamte Schöpfung statt, was insbesondere für das starke Interesse an Enzyklopädien, Bestiarien etc. zur Entstehungszeit des *Didascalion* verantwortlich ist (cf. Chenu 1957, 162 sowie Kapitel 3, Anm. 14).

4.3 Modifikationen der Modellierung der gestuften Semiose bei der Allegorese

Wie im Rahmen der Gegenüberstellung von *voces* und *res* im vorherigen Unterkapitel deutlich wurde, handelt es sich bei *voces-signa* und *res-signa* um zwei

---

8 Johannes Scotus hingegen betont die Ähnlichkeit zwischen weltlichen und geistlichen Schriften, da in beiden Fällen der Inhalt, auf den es eigentlich ankommt, in einer bestimmten sprachlichen Form verhüllt ist: «Quemadmodum ars poetica per fictas fabulas allegoricasque similitudines moralem doctrinam seu physicam componit ad humanorum animorum exercitationem, hoc enim proprium est heroicorum poetarum, qui virorum fortium facta et mores figurate laudant: ita theologica veluti quaedam poetria sanctam Scripturam fictis imaginationibus ad consultum nostri animi et reductionem corporalibus sensibus exterioribus, veluti ex quadam imperfecta pueritia in rerum intelligibilium perfectam cognitionem, tanquam in quandam interioris hominis grandaevitatem conformat» (*Expositiones super hierarchiam caelestem* 2, PL 122, 146BC).

9 Cf. *Didascalion* 2,21 (PL 176, 760A): «trivium de vocibus quae extrinsecus sunt, et quadrivium de intellectibus qui intrinsecus concepti sunt pertractat».

10 Offergeld (1997, 45) beschreibt die Innovativität in Bezug auf den Erkenntnisgewinn folgendermaßen: «Daß die Philosophie, daß intellektuelle Betätigung überhaupt dem Menschen den

unterschiedliche Zeichentypen, die in der mittelalterlichen Allegoresetheorie einander kontrastiv gegenübergestellt wurden. Neben den Unterschieden ist aber auch ihr Zusammenspiel im Rahmen der Allegorese nicht zu vernachlässigen. Die in Unterkapitel 4.2 herausgearbeiteten Eigenschaften der beiden Zeichentypen sind auch auf die Modellierung der gestuften Semiose bei der Allegorese anzuwenden und erlauben eine Präzisierung des in Kapitel 3.3.3 vorgestellten Modells.

So ist das erste Zeichen (Z1 → K1 → R1) bei einer zweistufigen Semiose im Rahmen einer Allegorese als ein sprachliches und damit als symbolisches Zeichen (cf. Peirce 1983, 65) zu beschreiben, das auf einer nicht-motivierten konventionellen Verknüpfung zwischen Z und R beruht. Grundlegend für die Benutzung der Zeichen ist ein Konsens unter den Zeichenbenutzern, damit Zeichen auch entschlüsselt werden können, wenn sie nicht kausal oder durch Similarität motiviert sind. Das zweite Zeichen (Z2 → K2 → R2) hingegen, das der mittelalterlichen Vorstellung zufolge der *vox Dei* zuzuordnen ist, ist ein nicht-sprachliches Zeichen. Ein deutlicher Unterschied zu den sprachlichen Zeichen auf Ebene der *vox hominum*, d. h. der ersten Semioseebene, zeigt sich darin, dass bei sprachlichen Zeichen Zeichenträger und Konzept unterschiedlichen Kategorien zuzuordnen sind, insofern als der Zeichenträger, wenn er im peirceschen Sinn als konkrete Form (cf. Kapitel 3, Anm. 36) verstanden wird, eine Realisierung von Schallwellen darstellt, das Konzept hingegen die abstrakte Vorstellung von einem konkreten Referenten.[11] Bei nicht-sprachlichen Zeichen hingegen, die auf Ebene der *vox Dei* vorliegen, sind Zeichenträger und Konzept insofern der gleichen Kategorie zuzuordnen, als es sich in beiden Fällen um eine «Dingvorstellung» (Blank 2001, 8) handelt. Diesen Dingvorstellungen kommen jedoch unterschiedliche Funktionen zu, denn die eine Dingvorstellung fungiert als Zeichenträger, die andere als mentale Repräsentation des zu bezeichnenden Referenten. Im Unterschied zu den sprachlichen Zeichen sind die im semiotischen Prozess miteinander verknüpften Dingvorstellungen in der Regel motiviert, weshalb davon auszugehen ist, dass es sich dabei nicht um symbolische Zeichen handelt. Dennoch ist darauf zu verweisen, dass auch der im Mittelalter vorherrschende Umgang mit *res* im Zusammenhang der Alle-

---

Zugang zur Welt des Geistigen und Göttlichen eröffnet, daß sie letztlich Teilhabe an Gottes Geist, ja Angleichung an die göttliche Existenz bedeutet, ist keine Eigenheit des hugonischen Denkens, sondern Kernbestandteil der neuplatonisch-christlichen Tradition seit Augustinus. Doch bezieht Hugo diese Grundorientierung in einer neuen, systematisch ausgearbeiteten Weise auf die konkreten Wissenschaften».

11 In Bezug auf die Differenzierung virtuell-aktuell/abstrakt-konkret/möglich-wirklich cf. Koch/Landmesser (2015, 232); Blank (2001, 9); Raible (1983, 5).

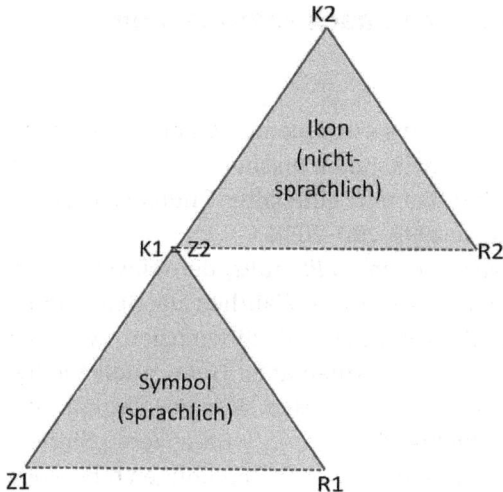

Abb. 10: Die Verknüpfung von Symbol und Ikon im Rahmen der Allegorese.

gorese hochgradig konventionalisiert ist (cf. Kapitel 12). Die Zeichen der zweiten Semiosestufe ($Z2 \rightarrow K2 \rightarrow R2$) sind aber nicht zu verwechseln mit den von Augustin in *De doctrina christiana* 2,1,2 beschriebenen *signa naturalia* wie beispielsweise Rauch oder einer Tierspur, welche indexikalischen Charakter aufweisen (cf. Meier-Oeser 1997a, 26). Während die *signa naturalia* im innerweltlichen Bereich zu verorten sind und sie alleine mit naturkundlichem Wissen gedeutet werden können, ist bei den Zeichen der zweiten Semiosestufe zusätzlich theologisches Wissen zur Entschlüsselung heranzuziehen, da die Referenten jeweils im transzendenten Bereich zu verorten sind.[12] Sowohl bei Augustin als auch bei späteren Autoren ist deutlich zu erkennen, dass im Wesentlichen eine angenommene Analogierelation[13] für die Entschlüsselung der Zeichen relevant ist. Aus diesem Grund ist davon auszugehen, dass es sich bei den Zeichen der zweiten Semiosestufe um Ikone handelt.

Wie sich das auf die Allegorese-Praxis auswirkt, ist in den Kapiteln 7–10 zu untersuchen.

---

12 Cf. auch Köller (2011, 78) in Hinblick auf die Gegenüberstellung von «Wortzeichen» (*voces*, *signa data*) und «Dingzeichen» (*res*, *signa naturalia*).

13 Freytag (2009, 330) verweist darauf, dass bei der Kreation einer Allegorie von Seiten des Sprechers oder des Hörers Bedeutendes und Bedeutetes durch einen Vergleich (*similitudo*) oder einen Gegensatz (*contrarium*) miteinander verknüpft werden. Cf. auch Brinkmann (1980, 46): «Die jeweilige Beziehung zwischen *res* und *significatio* kommt durch Analogie zustande». Cf. des Weiteren Augustin, *De doctrina christiana* 2,16,24.

4.4 Der «Literalsinn» und die Frage nach rhetorischen Tropen

Eine genaue Beschreibung des «Literalsinns» und damit zusammenhängend eine Abgrenzung von den geistlichen Schriftsinnen erscheint fundamental für eine Analyse der Allegorese. In Spätantike und Mittelalter finden sich unterschiedliche Positionen dazu (cf. Racine 1999, 200–203).

In Bezug auf die Frage, inwieweit der *sensus litteralis*, der teilweise auch als *sensus historicus*[14] bezeichnet wird, historische Wahrheit darstellt, findet sich bei Hugo von St. Viktor folgende Auffassung: Er differenziert zwischen *historia* im engeren und im weiteren Sinne. Faktualität ist Hugo zufolge lediglich für die biblischen Bücher Genesis, Exodus, Josua, Könige, Chronik, die vier Evangelien und die Apostelgeschichte, die *historia* – im engeren Sinne – zum Inhalt haben, anzunehmen (cf. *Didascalion* 6,3). In den übrigen biblischen Büchern findet sich ihm zufolge *historia* im weiteren Sinne. Das bedeutet, dass das in diesen Büchern Berichtete nicht unbedingt als historisch wahr, d. h. faktual, aufzufassen ist (cf. Evans 1983, 230). Unter *historia* im weiteren Sinne ist Hugo zufolge die erste oder eigentliche Bedeutung einer Erzählung zu verstehen.[15]

Für die Unterscheidung zwischen nicht-figurativer Bedeutung, wie sie auf Ebene der *historia* im weiteren Sinne vorliegt, und figurativer Bedeutung erscheint Hugos Differenzierung zwischen *littera*, *sensus* und *sententia* in *Didascalion* 6,8 grundlegend: In jeder *narratio* ist ihm zufolge *littera* enthalten, da die *voces* mit *littera* zusammenfallen. Jede *narratio* müsse aber neben der *littera* zumindest eine weitere Komponente enthalten, entweder *sensus* oder *sententia*, in manchen Fällen können auch beide vorhanden sein. *Littera* und *sensus* liegen vor, wenn die Bedeutung des Gesagten offenkundig ist und nicht nach einer weiteren Bedeutung gesucht werden muss. Mit *sensus* ist die wörtliche, nicht-figurative Bedeutung eines sprachlichen Ausdrucks zu verstehen (cf. auch Nöth 1990, 335; Brinkmann 1980, 236). Koexistieren hingegen *littera* und

---

14 Auch Origenes spricht in *De principiis* 4,2,4 von *historialis intellectus*.

15 Hugo äußert sich im *Didascalion* 6,3 (PL 176, 801AB) folgendermaßen zur *historia*: «Si tamen hujus vocabuli significatione largius utimur, nullum est inconveniens, ut scilicet ‹historiam› esse dicamus, ‹non tantum rerum gestarum narrationem ; sed illam primam significationem cujuslibet narrationis, quae secundum proprietatem verborum exprimitur.› Secundum quam acceptionem omnes utriusque Testamenti libros eo ordine quo supra enumerati sunt ad hanc lectionem secundum litteralem sensum pertinere puto». Cf. des Weiteren Hugo von St. Viktor, *De scripturis et scriptoribus sacris praenotiunculae* 1. In Bezug auf die Frage nach Wörtlichkeit bzw. Historizität cf. Koch/Landmesser (2015, 230s.)

sententia, ohne dass *sensus* vorliegt, heißt das, dass der Rezipient die Bedeutung nur durch eine zusätzliche Auslegung entschlüsseln kann, da die wörtliche *littera*-Auslegung keinen Sinn ergibt.

Eine klare Unterscheidung zwischen dem «Literalsinn», der keine Tropen enthält, und den geistlichen Schriftsinnebenen findet sich bei Origenes, wenn er in *De principiis* 4,2 darstellt, dass die Einfältigen lediglich den wörtlichen oder physischen Sinn der Schrift verstehen und nicht in der Lage sind, Metaphern oder Parabeln zu entschlüsseln, was impliziert, dass der «Literalsinn» bei ihm keine Metaphern beinhaltet. Im Gegensatz dazu zählen die Antiochener, die die Unterteilung in wörtlichen und geistlichen Schriftsinn ablehnen, auch Metaphern zum «Literalsinn». Ähnlich betrachtet auch Thomas von Aquin den «Literalsinn», wenn er auch den *sensus parabolicus* diesem zurechnet und darauf verweist, dass auf dieser Schriftsinnebene sowohl das wörtliche (*proprie*) als auch das figurative Verständnis der *voces* zu verorten ist:

> Ad tertium dicendum quod sensus parabolicus sub litterali continetur: nam per voces significatur aliquid proprie, et aliquid figurative; nec est litteralis sensus ipsa figura, sed id quod est figuratum. Non enim cum Scriptura nominat Dei brachium, est litteralis sensus quod in Deo sit membrum huiusmodi corporale: sed id quod per hoc membrum significatur, scilicet virtus operativa. In quo patet quod sensui litterali sacrae Scripturae numquam potest subesse falsum. (Thomas von Aquin, *Summa Theologiae* 1, q. 1,10, ad 3)

Seiner Auffassung zufolge kann uneigentliche Bedeutung also auch auf «Literalsinn»-Ebene vorliegen. Dieses Verständnis von «Literalsinn» ist insbesondere auch für die Unterscheidung von profanen und heiligen Texten grundlegend: So liegt bei ersteren nie eine Überschreitung des «Literalsinns» vor, denn solche Texte bestehen lediglich aus bedeutungstragenden *voces*, deren Referenzobjekte (*res*) nicht bedeutungstragend sind (cf. Kapitel 4.2; Brinkmann 1980, 223s.). Bei heiligen Texten hingegen können figurative Aussagen entweder dem *sensus parabolicus* zugeordnet werden oder sie werden, was in der exegetischen Praxis häufig geschah, genauso behandelt wie nicht-figurative Aussagen, bei denen im Rahmen der Allegorese eine geistliche Bedeutung gesucht wird.

Dass die in Kapitel 2.2 beschriebenen geistlichen Schriftsinne nicht von allen Autoren automatisch als geistliche Schriftsinne verstanden wurden, sondern diese teilweise auch auf Ebene der *voces* verortet werden konnten, zeigt sich deutlich bei Beda. Dieser vertritt die Auffassung, dass nicht nur Aussagen auf Ebene der *historia* wörtlich verstanden werden können, sondern auch auf den Ebenen der *typologia*, *tropologia* und *anagogia* (cf. *De schematibus et tropis* 12). Das hängt damit zusammen, dass Bedas Konzeption zufolge die Schriftsinnebenen *typologia*, *tropologia* und *anagogia* lediglich semantisch festgelegt sind (cf. Kapitel 5.3). So kann eine Aussage mit tropologischem Inhalt, beispielsweise eine Darstellung sündigen Verhaltens, auch dann, wenn sie nichtfigurativ verwendet wird, auf Ebene der *tropologia* verortet werden. Somit handelt es sich bei den Schriftsinnen *typologia*, *tropologia* und *anagogia* bei Beda nicht zwangsläufig um geistliche Schriftsinne, die sich dadurch auszeichnen, dass ihre Bedeutung im Rahmen einer gestuften Semiose auf der Konzeptebene des zweiten Zeichens (cf. Abbildung 9 und 10) zu verorten sind, sondern die Schriftsinne umfassen auch die Bedeutung auf Konzeptebene des ersten Zeichens.

Des Weiteren zeigt sich auch in der mittelalterlichen exegetischen Praxis keine klare Trennung zwischen der Entschlüsselung rhetorischer Tropen, die aufgrund textueller Bezüge zu interpretieren sind, und der Allegorese. In beiden Fällen wird die jeweils zu untersuchende Textpassage nicht wörtlich verstanden, sondern im Falle der rhetorischen Tropen wird nach einer «eigentlichen» Bedeutung gesucht, im Falle der Allegorese nach einer geistlichen. Aus semiotischer Perspektive sind hier unterschiedliche Ebenen involviert, wie im weiteren Verlauf des Kapitels noch näher herauszuarbeiten ist. Auf Konzeptebene können aber ähnliche oder gleiche Verknüpfungsprozesse vorliegen, wie der Vergleich des Tropus Metapher und der Allegorese deutlich macht. So werden in beiden Fällen Ausgangs- und Zielkonzept über eine (angenommene) Similaritätsrelation miteinander verknüpft. Diese ist – wie Koch (1994, 212, Anm. 20) bemerkt – nicht als ontisch vorgegeben zu betrachten, sondern sie hängt von Kontext, Diskurstraditionen und involvierten Frames ab (cf. auch Lakoff/Johnson 1980, 147).

Eine klare Unterscheidung zwischen der Ebene der «Literalsinns» und den Ebenen der geistlichen Schriftsinne lässt sich mithilfe eines semiotischen Ansatzes treffen, wenn nur die Bedeutung von einstufigen Semiosen als «Literalsinn» bezeichnet wird. Bei zweistufigen Semiosen hingegen, bei denen ein Zeichenkorrelat der ersten Semiose zum Zeichenträger einer zweiten Semiose wird, ist die Bedeutung der zweiten Semiose nicht auf «Literalsinn»-Ebene zu verorten, sondern im Bereich der geistlichen Schriftsinne. Rhetorische Tropen sind – wie im Folgenden darzulegen ist – als einstufige Semiosen zu beschreiben. So werden Tropen in rhetorischer Tradition als rhetorische Figuren betrachtet, bei denen eine uneigentliche Sprachverwendung vorliegt, da ein Wort durch ein anderes ersetzt wird. Diese Substitutionsvorstellung wurde insbesondere in der Metaphernforschung von Vertretern der Interaktionstheorie sehr stark kritisiert, da die Ausgangsbedeutung nicht einfach von der Zielbedeutung abgelöst wird, sondern die beiden Bedeutungen weiterhin miteinander interagieren. Black (1983, 69) zufolge kommt es in der Metapher nicht zu einer einfachen Ersetzung eines Wortes durch ein anderes, welche keine weiteren Konsequenzen mit sich zieht, sondern in der Metapher ist seiner Auffassung zufolge eine Interaktion unterschiedlicher Vorstellungen zu konstatieren. Folglich ist auch in vielen Fällen gar kein «eigentliches» Wort zu finden, welches den Metapherninhalt adäquat beschreibt (cf. Black 1983, 60–65; Weinrich 1976, 324; Koch 1994, 201s.). Der Begriff der Uneigentlichkeit erscheint auch insofern problematisch, als er eine von Natur gegebene Korrelation zwischen sprachlichem Ausdruck und damit verknüpftem Konzept nahelegt (cf. Koch 1994, 201–203). Es kann aber festgehalten werden, dass es sich bei einem Tropus um ein sprachliches Zeichen handelt, das abweichend vom üblichen Sprachgebrauch verwendet wird.[16] Dabei kann es sich um eine ad hoc-Bildung handeln oder auch um eine bereits konventionalisierte Verwendungsweise. Für eine Beschreibung dieses Prozesses ist auf ein sprachliches Zeichenmodell zu rekurrieren. Hierzu beziehe ich mich auf das triadische Zeichenmodell von Koch/Landmesser (2015, 234) mit den Komponenten Signifikant, Konzept und Referent. Dieses semiotische Modell, das bereits in Kapitel 3.3.2 in reduzierter Form beschrieben wurde, ist im Zusammenhang mit der Frage nach Tropen um die Differenzierung zwischen virtuellen und aktuellen Zeichenaspekten zu erweitern, die sich bei Koch/Landmesser (2015, 236) findet.

Wie in Abbildung 11 zu erkennen, sind Konzepte (K1 und K2) nicht nur auf virtueller Ebene zu verorten,[17] sondern auch auf aktueller Ebene. Das begründen die Autoren damit, dass Konzepte nicht nur so verwendet werden, wie sie innerhalb einer *langue* eingebettet sind, d. h. in Konzeptsystemen, welche in bestimmten Relationen zu Signifikanten stehen, sondern dass sich im aktuellen Diskurs auf Konzeptebene Verschiebungen ergeben können, die den Bezug auf einen ganz anderen aktuellen Referenten mit sich bringen (cf. Koch/Landmesser 2015, 234). Für die Frage nach rhetorischen Tropen ist das insofern eine

---

16 Eine Betrachtung der Auffälligkeit eines bestimmten Tropus, der Metapher, aus linguistischer Sicht findet sich bei Koch (1994). Er verweist darauf, dass bei der Verwendung von Metaphern Auffälligkeit erzeugt werde, jedoch nur wenn es sich dabei nicht um habitualisierte Metaphern handle (cf. Koch 1994, 203). Bei der Verwendung einer Metapher werden bestimmte Regeln angewandt. Je nach Habitualisierungsgrad sind diese auf einer anderen Ebene des Sprachlichen zu verorten. Koch (1994, 204–209) beschreibt hierzu folgende Typen: 1) «Auffällige ad hoc-Metapher im Diskurs auf der Grundlage von Sprachregeln», 2) «Ansätze zur Habitualisierung der Metapher in Form von Diskursregeln», 3) «Habitualisierung der Metapher bis zur Konventionalisierung in Form von Diskursregeln», 4) «Lexikalisierung der Metapher in den Sprachregeln einer Einzelsprache», 5) «Absterben der Ursprungsbedeutung des betreffenden Lexems». Relevant für die rhetorischen Tropen, die in diesem Kapitel behandelt werden, sind die Stufen 1–3.
17 Das ist beispielsweise in den semiotischen Modellen von Raible (1983, 5) und Blank (2001, 9) der Fall.

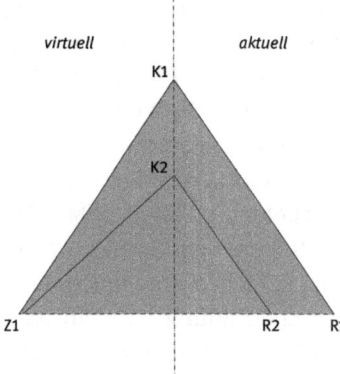

Abb. 11: Die semiotische Darstellung eines rhetorischen Tropus nach Koch/Landmesser (2015, 236).

wesentliche Feststellung, als bei ad hoc-Bildungen ein anderes Konzept mit dem Signifikanten verknüpft wird als im System vorgesehen. Virtuell besteht die Möglichkeit, dass ein Signifikant (S) auch mit anderen Konzepten verknüpft wird als üblicherweise. Das wird in Abbildung 11 dadurch dargestellt, dass S virtuell nicht nur mit K1, sondern auch mit K2 verknüpft werden kann. Je nachdem, ob K1 oder K2 das aktuelle mit S verknüpfte Konzept darstellt, ist R2 oder R1 aktueller Referent. Koch/Landmesser (2015, 235) exemplifizieren das anhand zweier möglicher Interpretationen für den Signifikanten *Fenster* in (1):

(1) Öffnen Sie bitte mal das Fenster da!

Der Signifikant *Fenster* könne nicht nur auf das Fenster eines Hauses (K1) verweisen, sondern auch auf eine Desktopinteraktionsfläche (K2), welche mit unterschiedlichen Referenten verbunden sind. Zwischen den beiden Konzepten kann eine Similaritätsrelation angenommen werden. So ist davon auszugehen, dass eine Similarität der äußeren Form dazu führte, dass im Rahmen eines «metaphorischen Kippeffektes» (Blank 2001, 74–77) neben K1 auch K2 mit dem Signifikanten *Fenster* verbunden wurde.

Wesentlich für die semiotische Betrachtung von Tropen ist, dass bei diesen eine bestimmte Verwendungsweise eines sprachlichen Zeichens vorliegt, die wie in Abbildung 11 zu beschreiben ist: Ein Signifikant kann virtuell mit unterschiedlichen Konzepten verknüpft werden. Während bei der semiotischen Beschreibung von Tropen Koch/Landmesser (2015) zufolge der Fokus darauf liegt, dass ein Signifikant – je nach aktuellem Kommunikationskontext – mit unterschiedlichen Konzepten verknüpft sein kann, liegt bei der geistlichen Schriftauslegung der Fokus nicht auf der «referentielle[n] Bifurkation» (Koch/Landmesser 2015, 235) innerhalb des sprachlichen Zeichens, die dadurch bedingt ist, dass der Signifikant über K1 bzw. K2 auf unterschiedliche Referenten verweist, sondern das sprachliche Zeichen als Ausgangspunkt der Allegorese kann prinzipiell als eindeutig betrachtet werden. Da es im Prozess der Allegorese eine zweite Semiose in Gang setzt, die von dem Konzept (K1) des sprachlichen Zeichens ausgeht und die einen separaten Referenten (R2) aufweist, liegen aber auch bei der Allegorese zwei Referenten vor. Der wesentliche Unterschied zwischen einem Tropus und einer Allegorese besteht darin, dass im ersten Fall ein Signifikant über unterschiedliche Konzepte mit unterschiedlichen Referenten verknüpft werden kann, wohingegen im zweiten Fall ein Zeichenträger (Z1) über die Konzeptebene mit einem anderen Zeichenträger (Z2) verknüpft wird und jeder dieser beiden Zeichenträger mit einem anderen Konzept und damit auch einem anderen Referenten (R1, R2) verbunden ist (cf. Abbildung 9). Bei der Allegorese wird das sprachliche Zeichen also mit einem weiteren Zeichen auf mentaler Ebene verknüpft, wohingegen beim Tropus ein sprachliches Zeichen anders verwendet wird als im Normalfall. Mithilfe der von Koch/Landmesser (2015) herausgearbeiteten Unterscheidung zwischen der auf referentieller Bifurkation beruhenden einstufigen Ambiguität rhetorischer Tropen und der Ambiguität im Rahmen einer zweistufigen Semiose, die bei der Allegorese zu konstatieren ist, kann die in der Forschung zur mittelalterlichen Allegorese immer wieder thematisierte Unterscheidung zwischen rhetorischer und hermeneutischer Allegorie (cf. Brinkmann 1980, 214–226) bzw. *allegoria in verbis* und *allegoria in factis* (cf. Beda, *De schematibus et tropis* 12) semiotisch fundiert beschrieben werden.

Somit ist ein «Literalsinn» in der Konzeption des Thomas von Aquin anzunehmen, der auch die Bedeutung von rhetorischen Tropen als *sensus parabolicus* dem «Literalsinn» zuordnet. Für die Analyse stellt sich dabei folgendes Problem: Liegt ein Tropus vor, kann der Interpret versuchen, diesen mithilfe des unmittelbaren Kotextes adäquat zu erfassen, so dass die Aussage sinnhaft erscheint (cf. Meyer 2010, 198s.). Eine solche Deutung wäre auf «Literalsinn»-Ebene zu verorten. Da sich aber in mittelalterlichen exegetischen Texten nicht selten der Fall findet, dass der Exeget einen Tropus nicht vor dem Hintergrund des Kotextes adäquat entschlüsselt, sondern er ohne Berücksichtigung desselben den Tropus allegorisiert, können auch die Auslegungen von Tropen im Bereich des geistlichen Schriftsinns erfolgen. So können beispielsweise in den Psalmen auftretende Metaphern als prophetisch aufgefasst werden, auch wenn diese vom Verfasser sicherlich nicht so intendiert waren (cf. Meyer 2010, 198s.). Dem Interpreten, der eine solche Metapher prophetisch deutet, geht es nicht darum, einen wörtlichen Sinn zu rekonstruieren, sondern er verfolgt das Ziel, heilsgeschichtliche Zusammenhänge aufzuzeigen. In solchen Fällen liegt also ein sprachliches Zeichen vor, das eine nicht-wörtliche Lesart nahelegt. In der

Regel handelt es sich dabei um sprachliche Zeichen, die potenziell ambig erscheinen, deren Ambiguität jedoch durch den Kotext auch wieder aufgelöst werden kann. Ein solches Zeichen wird nun nicht innerhalb des Sprachsystems gedeutet, sondern ausgehend von dem sprachlichen Zeichen wird eine Verknüpfung mit einem nicht-sprachlichen Zeichen auf der zweiten semiotischen Ebene hergestellt. Auffällig ist dabei, dass nicht versucht wird, den Zeichenträger des sprachlichen Zeichens mit einem zum Kotext passenden Konzept zu verknüpfen, sondern dass das Konzept (K1), das üblicherweise mit dem Zeichenträger verknüpft ist, die Ausgangsbasis für die Allegorese bildet und damit zum Zeichenträger eines anderen nicht-sprachlichen Zeichens wird. In solchen Fällen wird also die *allegoria in verbis* nicht kotextgemäß entschlüsselt, sondern die Textstelle, die als nicht-wörtlich aufgefasst wird, wird wie eine *allegoria in factis* behandelt.

Die Differenzierung zwischen ein- und zweistufigen Semiosen und die Frage nach Eindeutigkeit bzw. Ambiguität ist in folgendem Schema zusammengefasst:

Tab. 3: Ambiguität und Eindeutigkeit bei ein- und zweistufigen Semiosen.

	einstufige Semiose (*voces**)		zweistufige Semiose (*voces** + *res***)	
1. Semiose (*voces*)	nicht-ambig: **R***	potenzielle Ambiguität: **R1*** (wörtlich) vs. **R2*** (figurativ)	nicht-ambig: **R***	nicht aufzulösende Ambiguität: **R1*** (wörtlich) vs. **R2 *** (figurativ)
2. Semiose (*res*)	---		→ Ambiguierung, da **R1*** (wörtlich) vs. **R2**** (geistlich)	

In Bezug auf die typographische Markierung mit Asterisken ist anzumerken, dass das jeweilige Element auf der ersten Semioseebene zu verorten ist, d. h. der Ebene der *voces*-Zeichen, wenn eine Markierung durch einen Asterisk erfolgt, bei einer Markierung mit zwei Asterisken hingegen auf der zweiten Semioseebene der *res*-Zeichen. Weist ein Zeichen nur einen Referenten (R*) auf, ist es nicht als ambig zu beschreiben. Eine potenzielle Ambiguität kann auf *voces*-Ebene erkannt werden, wenn neben einer wörtlichen Verwendungsweise, die auf R1* rekurriert, bedingt durch den Gebrauch eines Tropus eine figurative Verwendungsweise vorliegt, die auf R2* Bezug nimmt. Endet der Interpretationsprozess eines sprachlichen Zeichens bei R1* bzw. R2*, ist das Zeichen lediglich auf Ebene der *voces* zu verorten und es liegt keine Allegorese vor. Ist das nicht der Fall und wird die erste Semiose mit einer zweiten verknüpft, die auf einen R2** rekurriert, liegt eine Allegorese vor. Dabei handelt es sich um eine Ambiguierung, die von Seiten des Textinterpreten vorgenommen wird, da neben der wörtlichen Textbedeutung, die auf einen R1* verweist, der auch weiterhin bestehen bleibt, eine weitere geistliche Bedeutung dargelegt wird, welche auf einen R2** rekurriert (cf. Kapitel 3.3, Abbildung 9). Werden hingegen Tropen auf der ersten Semiosestufe interpretiert, wird eine Disambiguierung vorgenommen, da der Interpret nur einen aktuellen Referenten, d. h. entweder R1* oder R2*, auswählt (cf. Abbildung 11).

Die Trennung zwischen der Ebene der *voces* und der der *res* kann auch mit der Unterscheidung zwischen «Literalsinn» und geistlichem Schriftsinn bzw. geistlichen Schriftsinnen gleichgesetzt werden. Die geistlichen Schriftsinnebenen wie *allegoria* oder *tropologia*[18] (cf. auch Kapitel 5.3) sind als semantische Bereiche oder auch Frames zu beschreiben, innerhalb derer jeweils das K2 einer zweistufigen Semiose zu verorten ist (cf. Abbildung 9). Diese Auffassung basiert im Wesentlichen auf der origenischen Differenzierung zwischen leiblichem und geistlichem bzw. geistlichen Schriftsinn(en) und Augustins Unterscheidung zwischen *verba* und *res* als *signa*.

4.5 Die Verknüpfung von Allegorese und etymologischer Deutung

Die etymologische Deutung stellt eine im Mittelalter viel verwendete Auslegungsart dar, die häufig mit der Allegorese kombiniert wird, jedoch als separates Verfahren zu betrachten ist (cf. Klinck 1969, 62). Das Etymologisieren, das auch immer wieder in den analysierten Predigten zu beobachten ist, geht auf die Stoiker zurück und basiert auf der Annahme, dass Bezeichnungen natürlich motiviert sind. Daneben ist aber auch – vor allem in vielen aristotelisch geprägten sprachtheoretischen Schriften – die Auffassung verbreitet, dass sprachliche Zeichen nicht natürlich motiviert sind, sondern auf konventioneller Übereinkunft basieren. Die in der Exegesepraxis dominante stoische Positi-

---

18 Im 12./13. Jahrhundert wird vor allem nach dem dreifachen Schriftsinn ausgelegt. Die Schriftsinne variieren in Inhalt und Bezeichnung, wie sich exemplarisch bei Hugo von St. Viktor zeigt, der im *Didascalion* von *historia*, *allegoria* und *tropologia* und in *De scripturis et scriptoribus sacris* 3 von *historia*, *allegoria* und *anagogia* spricht. Bezüglich einer inhaltlichen Beschreibung der Schriftsinnebenen cf. Kapitel 5.3. Die Erweiterung des dreifachen Schriftsinns zum vierfachen, die von Cassian, Rabanus Maurus u. a. verwendet wurde, spielte zu dieser Zeit keine bedeutende Rolle (cf. Zink 1982, 280).

on führt zu einer Vielzahl an etymologischen Deutungen, die mit dem Ziel durchgeführt werden, zur Wahrheitserkenntnis zu führen (cf. Grubmüller 1975, 209).[19] Diese etymologischen Deutungen unterscheiden sich darin grundlegend von der etymologischen Forschung der heutigen Linguistik, dass versucht wurde, die semantische Motiviertheit eines Wortes zu erklären und nicht die Form einer oder die semantische Relation zu einer lexikalischen Vorgängerform einer vorhergehenden Sprachstufe oder einer anderen Sprache (cf. Bußmann 2008, 179; Klinck 1969, 8; Ohly 1977, 16).

Der Übergang zwischen Etymologie und geistlicher Schriftauslegung erscheint bisweilen fließend. Dennoch ist darauf zu verweisen, dass die Etymologie sich in erster Linie mit den *voces* bzw. *verba* befasst. So heißt es bei Isidor: «Etymologia est origo vocabulorum, cum vis verbi vel nominis per interpretationem colligitur» (*Etymologiae* 1,29, PL 82, 105B). Isidor zufolge handelt es sich bei der Etymologie also um die Suche nach der ursprünglichen Wortbedeutung. Darüber, ob es sich dabei aber um die Bedeutung handelt, die lediglich auf Ebene der *voces* und damit im Rahmen einer einstufigen Semiose zu verorten ist, oder ob in Zusammenhang mit einer etymologischen Untersuchung eine zweistufige Semiose in den Blick genommen wird, im Rahmen derer die geistlichen Bedeutungen der durch die *vox* bezeichneten *res* betrachtet werden, zeigen sich in mittelalterlichen Schriften unterschiedliche Auffassungen.[20] Dass die Ebenen häufig miteinander vermischt werden, liegt sicherlich auch daran, dass nicht nur für die geistliche Schriftauslegung, sondern auch für die etymologische Forschung die *res*, auf welche die *vox* verweist, eine zentrale Rolle spielt. So vermitteln im Rahmen etymologischer Untersuchungen die Eigenschaften einer *res* zwischen der Wortbedeutung und der Benennungsursache.[21] Auch für die Allegorese sind die Eigenschaften der *res* von zentraler

---

19 Isidor von Sevilla, der mit seinen *Etymologiae* ein zentrales Referenzwerk für die mittelalterliche Etymologie verfasst hat, unterscheidet zwischen etymologisierbaren und nicht-etymologisierbaren Wörtern. Dass einige Wörter nicht etymologisierbar sind, hängt damit zusammen, dass diese nicht «secundum naturam», d. h. aufgrund natürlicher Motiviertheit, sondern «secundum placitum», d. h. aufgrund des menschlichen Willens, entstanden seien (*Etymologiae* 1,29, PL 82, 105B).

20 So verweist Grubmüller (1975, 210) darauf, dass Bernhard Silvestris in seinem Aeneiskommentar die Etymologie als Werkzeug betrachtet, das göttliche Erkenntnis vermittelt, wohingegen Otto von Freising zwischen der *ethimologia vocis* auf der einen Seite und der *ratio rei* auf der anderen Seite differenziert (cf. *Gesta Friderici I. imperatoris*, 77). Eine Trennung zwischen *vox*- und *res*-Ebene zeigt sich auch deutlich bei Abaelard, wenn er im 2. Buch seiner *Dialectica* im Kapitel *De interpretatione* zwischen Definitionen, die sich auf das *nomen* beziehen und solchen, die sich auf die *res* beziehen, unterscheidet.

21 Cf. Grubmüller (1975, 225). Das zeigt sich in den von Isidor dargelegten Ableitungsmodi, wenn er phonetisch ähnliche Lexeme über eine Gemeinsamkeit der *res* miteinander assoziiert.

Bedeutung, da über diese similaritätsbasierte Verknüpfungen zu *res* aus dem Bereich der christlichen Heilsgeschichte, Dogmatik oder Ethik hergestellt werden. Der Unterschied besteht aber darin, dass die Ausgangsbedeutung bei der Allegorese immer über eine Similaritätsrelation (bzw. die Verknüpfung zwischen Similaritätsrelation und anderen Verknüpfungsrelationen) mit der Zielbedeutung erfolgt, wobei der inhaltliche Rahmen für die Zielbedeutung feststeht. Bei der Etymologie hingegen ist die Verknüpfung von Ausgangs- und Zielbedeutung anders motiviert: Häufig spielt eine phonetische Similarität zwischen dem zu untersuchenden Lexem und einem Lexem, von dem es (vermeintlich) abgeleitet wurde, eine zentrale Rolle. Die phonetische Similarität liefert den Anlass dafür, nach semantischen Relationen zwischen den beiden Lexemen zu suchen, die aber nicht unbedingt similaritätsbasiert sein müssen, sondern auch auf Kontiguität oder Kontrast (cf. Kapitel 5.2) basieren können.[22] Neben der phonetischen Similarität zweier Lexeme als Ausgangspunkt für etymologische Deutungen und der Aufspaltung von Komposita in einzelne Lexeme[23] sind (Pseudo-)Übersetzungen (*interpretationes*) aus anderen Sprachen von zentraler Bedeutung für die etymologischen Untersuchungen des Mittelalters.

Gerade die Namensetymologie spielt im Zusammenhang der Allegorese biblischer Texte eine zentrale Rolle.[24] Wesentliche Referenzwerke für die mittelalterlichen etymologischen Namensdeutungen, die auch in einigen der analysierten Predigten auftreten, stellen der *Liber interpretationis Hebraicorum nominum* des Hieronymus sowie Isidors *Etymologiae* dar.

Etymologische Namensdeutungen zeichnen sich formal häufig dadurch aus, dass sie durch das Deutungsverb *interpretatur* markiert werden (cf. Klinck 1969, 11; Kapitel 10.3.5.1). Der Interpret versucht in diesen Fällen, seinen Adressaten mithilfe der Übersetzung die semantische Transparenz der entsprechen-

---

So verknüpft er beispielsweise *homo* mit *humus*, da der Mensch aus Erde entstanden sei (cf. Isidor, *Etymologiae* 1,29, PL 82, 105C).

22 Die in Kapitel 4, Anm. 21 beschriebene etymologische Verknüpfung von *homo* und *humus* ist als kontiguitätsbasiert zu beschreiben, da der Mensch als aus Erde bestehend betrachtet wird. Als Beispiel für eine kontrastbasierte Verknüpfung kann *lucus – lucere* betrachtet werden, da ein Wald gerade nicht hell ist (cf. Isidor, *Etymologiae* 1,29, PL 82, 105C). In Bezug auf similaritätsbasierte Verknüpfungen sei auf Augustin verwiesen, der in *De dialectica* 6 (PL 32, 1412) *crus* als Ableitung des Urwortes *crux* betrachtet. Sowohl das Kreuz als auch das Bein zeichnen sich ihm zufolge dadurch aus, dass sie lang und hart sind.

23 Cf. das Beispiel *sacerdos*, das sich aus *sacer* und *dare* zusammensetzt, bei Abaelard, *Dialectica* 2, 583.

24 Einen kurzen Abriss über die mittelalterliche Namensetymologie liefert Klinck (1969, 59–65).

den Namen plausibel zu machen. So wird beispielsweise der Stadt Jerusalem durch die *interpretatio* die Eigenschaft 'friedlich' zugeschrieben (cf. Kapitel 10.3.5.2). Somit erfolgt die besondere Akzentuierung eines Bedeutungsaspekts. Bei dem Jerusalem-Beispiel zeigt sich besonders deutlich, dass die *interpretatio* den Fokus auf eine bestimmte *res*-Eigenschaft legt, die als Ausgangspunkt für eine Allegorisierung dienen kann. So kann die Stadt Jerusalem, der durch die *interpretatio* die Eigenschaft 'friedlich' zugeschrieben wird, mit dem himmlischen Jerusalem (cf. Cassian, *Collationes* 14,8) verknüpft werden, welches als ewiges Friedenreich betrachtet wird (cf. Offb 21).

Die Betrachtung der etymologischen Namensdeutungen in den romanischen Predigten ist in dieser Arbeit vor allem von Interesse, wenn eine Kombination mit einer Allegorese vorliegt, die dazu führt, dass die Deutung als komplex zu beschreiben ist (cf. Kapitel 10.3.5).

5 Die Allegorese aus kognitiv-semantischer Perspektive

Die Analyse eines theologischen Auslegungsverfahren mit Mitteln der Kognitiven Semantik, die der Linguist Peter Koch und der Theologe Christof Landmesser in dem 2015 erschienenen Sammelband *Ambiguity. Language and Communication* (ed. Winkler) vornehmen, stellt einen innovativen und gewinnbringenden Transfer des kognitiv-semantischen Ansatzes auf eine nicht originär sprachwissenschaftliche Fragestellung dar. Die Anwendung dieses aus der Linguistik stammenden Verfahrens, mit dessen Hilfe beispielsweise Bedeutungswandelphänomene untersucht werden, auf hermeneutisch-theologische Sachverhalte erweist sich als sehr produktiv, da mithilfe dieser Methodik die bei der Allegorese stattfindenden Verknüpfungsvorgänge präzise beschrieben werden können und zudem Parallelen zwischen Phänomenen, die traditionellerweise Untersuchungsgegenstand der Sprachwissenschaft sind, wie beispielsweise metaphorischem Bedeutungswandel, und dem hermeneutischen Auslegungsverfahren der Allegorese sichtbar werden. Damit eröffnen sich für den Bereich der mittelalterlichen geistlichen Schriftauslegung, die bisher in erster Linie in der germanistischen Mediävistik untersucht wurde, insbesondere von Friedrich Ohly (1977) und den in seinem Umfeld in Münster entstandenen Arbeiten, am Rande auch in der romanistischen Literaturwissenschaft im Rahmen der Dante-Forschung von Jean Pépin (1971; 1987) und Erich Auerbach (1967) sowie in der Theologie mit dem umfangreichen Kompendium zum mehrfachen Schriftsinn von Henri de Lubac (1959–1964), neue Perspektiven.

Auch in dieser Arbeit sollen die in mittelalterlichen romanischen Predigten verwendeten Allegoresen mithilfe des kognitiv-semantischen Ansatzes analysiert werden, da diese Methode es ermöglicht, die Verknüpfungswege zwischen Ausgangs- und Allegoresekonzept auf Konzeptebene (cf. Abbildung 9) genau darzustellen. Somit kann der terminologischen Unschärfe Abhilfe geschaffen werden, die bisweilen in der mediävistischen Allegorese-Forschung vorherrschte und die sich exemplarisch in dem folgenden Zitat zeigt: «Das Verhältnis von bezeichnendem Ding und Bezeichnetem beschreiben in diesem Analogiedenken Begriffe wie Teilhabe, Ähnlichkeit, die durch den Grad der Vollkommenheit modifiziert ist, Korrespondenz, Verknüpfung, Stufung» (Meier 1977, 33). Für eine präzisere Abgrenzung zwischen Begriffen wie Teilhabe, Verknüpfung und Stufung auf der einen Seite und Ähnlichkeit auf der anderen Seite bietet sich der Rückgriff auf kognitiv-semantische Assoziationsrelationen, insbesondere Kontiguität und Similarität, an.

Die theoretischen Grundlagen hierzu werden in Kapitel 5.1, das die Modellierung von Frames zum Inhalt hat, welche verschiedene Konzepte umfassen,

https://doi.org/10.1515/9783110586411-005

und Kapitel 5.2, wo eine Beschreibung der Assoziationsrelationen erfolgt, dargelegt. In Kapitel 5.3 wird schließlich ein Modell entwickelt, mit dem der sogenannte «Literalsinn» und die verschiedenen «geistlichen» Schriftsinne als Interpretationsrahmen beschrieben werden können, die vom Interpreten an Bibeltexte herangetragen werden.

5.1 Frames als Organisationseinheiten für Konzepte

Konzepte sind in Konzeptframes (KF)[1] enthalten, bei denen es sich um strukturiertes Wissen, etwa um stereotype Handlungsabläufe, handelt.[2] Ein Beispiel hierfür ist der *KF-KINDERGEBURTSTAG*, der in unserem Kulturkreis üblicherweise mit ganz bestimmten Konzepten wie z. B. GEBURTSTAGSKUCHEN, EINLADUNG, GESCHENKEN, SPIELEN etc. gefüllt ist (cf. Minsky 1975, 243). Ein Konzeptframe oder auch Frame kann allgemein als Zusammenfassung verschiedener gemeinsam auftretender Konzepte betrachtet werden. Den ursprünglich auf standardmäßige Situationen bezogenen Frame-Begriff fasst Fillmore (1985) schließlich weiter, wenn er auf Basis des Frame-Begriffs eine «semantics of understanding» (Fillmore 1985, 222) entwickelt, zu der er nicht nur standardisierte Handlungsabläufe zählt, sondern auch andere Wissenskontexte und Themen (cf. Andreas Blank 1997, 87), wie z. B. das Wissen um die verschiedenen Wochentage einer Woche, die zusammen gruppiert werden. Als wesentliches Merkmal für die Gruppierung von Konzepten in einem Frame ist nicht Ähnlichkeit, sondern gemeinsames Auftreten bzw. direkte Aufeinanderfolge, d. h. Kontiguität, zu betrachten (cf. Koch 2005, 6; 2004, 7; 1995, 29; 1999, 146–149; Waltereit 1998, 16–19).

Für die Analyse der mittelalterlichen Allegorese ist ein weiter Frame-Begriff zugrunde zu legen, der Konzepte umfasst, die in räumlicher, zeitlicher und/oder logischer Kontiguitätsrelation zueinander stehen.[3] Die relevanten

---

1 In Hinblick auf die allgemeine Fundierung des Frame-Begriffs cf. Minsky (1975, 212): «When one encounters a new situation (or makes a substantial change in one's view of the present problem) one selects from memory a structure called a *Frame*. This is a remembered framework to be adapted to fit reality by changing details as necessary. A *frame* is a data-structure for representing a stereotyped situation, like being in a certain kind of living room, or going to a child's birthday party».

Typographisch werden Konzepte in Kapitälchen dargestellt, Konzeptframes durch eine kursivierte Auszeichnung in Kapitälchen.

2 Während ein enger Frame-Begriff in erster Linie statisch gruppierte Konzepte umfasst, lege ich einen weiten Frame-Begriff zugrunde, der auch Handlungsabläufe umfasst, welche von manchen Autoren als Scripts oder Scenes bezeichnet werden (cf. Blank 2001, 54–56).

3 In der Weiterentwicklung der Frame-Theorie kam es zu begrifflichen Differenzierungen. So werden Begriffe wie *script*, *scenario*, *domain* etc. eingeführt, die zum Teil eher dynamisch als

Frames umfassen religiöses Wissen. So kann von einem sehr allgemeinen *KF-CHRISTENTUM ALLGEMEIN* ausgegangen werden, der das Wissen um die Inhalte der biblischen Schriften und die in der kirchlichen Tradition überlieferten dogmatischen und ethischen Grundsätze beinhaltet. Für die konkreten Analysen ist dieser Frame aber viel zu umfassend, so dass hierfür Subframes dieses allgemeinen Frames anzunehmen sind. Dabei handelt es sich zum einen um Frames, die Inhalte einer bestimmten Erzählung in Form eines Handlungsablaufs umfassen. Dabei geht es jedoch, im Unterschied zu dem oben beschriebenen engen Frame-Begriff, nicht um standardisierte Handlungsabläufe. Zum anderen sind Frames, die verschiedene Konzepte umfassen, welche im Rahmen der christlichen Heilsgeschichte eine zentrale Rolle spielen (z. B. JESUS, KREUZ, AUFERSTEHUNG, MARIA etc.), von Bedeutung sowie Frames mit Konzepten, die in Zusammenhang mit der «richtigen» Lebensführung eines Christen stehen (cf. die Deutungsrahmen in Kapitel 5.3).

5.2 Die Untersuchung konzeptueller Verknüpfungen: Gestaltpsychologische Grundlagen und Kognitive Semantik

Für die Betrachtung konzeptueller Verknüpfungen sind die Erkenntnisse aus der Gestaltpsychologie des 20. Jahrhunderts zentral, die in die Linguistik übernommen wurden (cf. Raible 1981).[4] Ein zentrales Anliegen der Gestaltpsychologie ist die Beschreibung der Organisation von Wahrnehmung. Einen wichtigen Ausgangspunkt für die gestaltpsychologischen Forschungen stellt die Annahme dar, dass verschiedene Einzelphänomene gemeinsam zu einer Gestalt gruppiert werden können. Die räumliche oder zeitliche Nachbarschaft ist dabei der wesentliche Faktor, der dafür sorgt, dass der Betrachter die Einzelphänomene miteinander kombiniert (cf. Blank 2001, 38). Die Gestaltpsychologen formulieren unterschiedliche Wahrnehmungsprinzipien, die Auskunft darüber geben, wie verschiedene Einzelphänomene zu Gestalten gruppiert werden und worauf der Fokus bei der Wahrnehmung liegt.

So besagt das *Prinzip der Übersummativität* (cf. Abbildung 12), dass das Ganze mehr ist als die Summe seiner Teile. Folglich setzt sich die Wahrneh-

---

Handlungsabläufe (*script*, *scenario*), zum Teil eher statisch (*domain*) akzentuiert sind (cf. Blank 2001, 54). Im Folgenden wird jedoch der Terminus 'Frame' beibehalten (cf. Andreas Blank 1997; 2001; Koch 1999; 2001).

4 In Bezug auf die Grundlegung der Gestaltprinzipien cf. Wertheimer (1925).

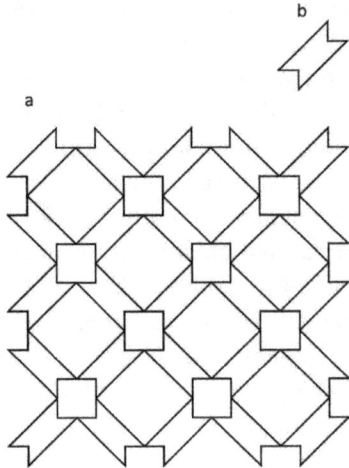

Abb. 12: Gestaltpsychologische Grundlagen –
das Prinzip der Übersummativität (cf. Andreas Blank
1997, 135).

mung eines komplexen Phänomens nicht einfach aus der Addition der Wahrnehmung der unterschiedlichen Bestandteile zusammen.

Wichtig ist auch das *Prinzip der Prägnanz oder der guten Gestalt*, demzufolge ein komplexes Gebilde auf eine möglichst einfache Struktur reduziert wird. So ist die Wahrscheinlichkeit höher, dass ein Betrachter das abgebildete Muster in Abbildung 12 als Rautengitter wahrnimmt, als dass er darin einen Komplex von einzelnen Spulen (b ist eine einzelne Spule) sieht.

Dem *Prinzip der Ähnlichkeit* zufolge werden ähnliche Elemente gemeinsam gruppiert. So können die in Abbildung 13 abgebildeten Kreise und Rauten aufgrund von Similarität in Farbe und Form in a) als Reihen und in b) als Spalten wahrgenommen werden. An diesem Beispiel zeigt sich gut, dass Similarität immer in Bezug zu Kontrast zu erfassen ist, denn nur aufgrund des Kontrastes zu den Kreisen können die Rauten als zusammengehörig und daher als zu einer Reihe gehörend betrachtet werden.

Das *Prinzip der Nähe* besagt, dass Elemente, die räumlich nah beieinander liegen, gemeinsam gruppiert werden. So werden in Abbildung 14 jeweils die zwei am nächsten beieinanderliegenden Linien zu einer Gestalt gruppiert. Entscheidend ist hier zum einen die Kontiguität, also die räumliche Nähe, zum anderen die Distanz, denn diese sorgt dafür, dass die verschiedenen Gestalten voneinander abgegrenzt werden (cf. Andreas Blank 1997, 136s.; Raible 1981, 5).

Der *Figur-Grund-Effekt*, der in Abbildung 15 zum Tragen kommt, lässt sich folgendermaßen beschreiben: Je nach Perspektive stellen die weißen Dreiecke eine Figur dar, die sich in Form eines Kreuzes von dem schwarzen Grund abheben bzw. die schwarzen Dreiecke, die sich in Form eines Kreuzes von dem weißen Grund abheben.

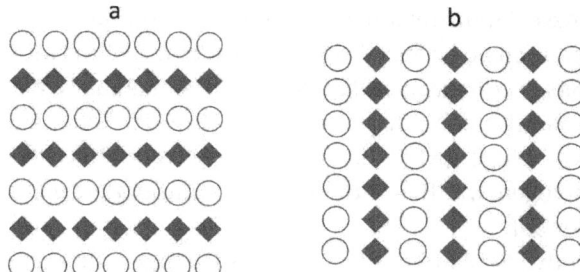

Abb. 13: Gestaltpsychologische Grundlagen – das Prinzip der Ähnlichkeit (cf. Andreas Blank 1997, 136).

Abb. 14: Gestaltpsychologische Grundlagen – das Prinzip der Nähe (cf. Andreas Blank 1997, 136).

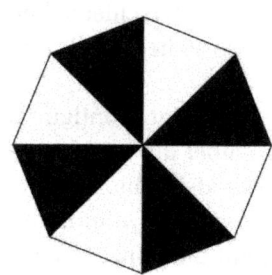

Abb. 15: Gestaltpsychologische Grundlagen – der Figur-Grund-Effekt (cf. Andreas Blank 2001, 41).

Diese Prinzipien der visuellen Wahrnehmung können auch auf die mentale Anordnung und Verknüpfung von Konzepten in einem oder mehreren unterschiedlichen Frames angewandt werden, die lautlich durch Signifikanten geäußert werden. So stellt Andreas Blank (1997) dar, wie Bedeutungswandel aufgrund konzeptueller Verknüpfungen, die auf Similarität, Kontiguität und Kontrast basieren, stattfindet.[5] Die Similaritätsrelation entspricht dabei dem Prinzip der Ähnlichkeit in der Gestaltpsychologie, wobei hier immer auch Kontrast beinhaltet ist (cf. Raible 1981, 5) und die Kontiguitätsrelation dem

---

5 Dabei bezieht er sich auf die Behandlung der Assoziationsrelationen bei Raible (1981).

Prinzip der Nähe. Die drei Assoziationsrelationen sind aber schon lange vor der Formulierung der gestaltpsychologischen Prinzipien bekannt. So verwies bereits Aristoteles in *De memoria et remeniscentia* 451b in Zusammenhang mit der Erläuterung der Funktionsweise des Erinnerns darauf, dass ähnliche, gegensätzliche oder benachbarte Dinge gedanklich miteinander verknüpft werden, und Assoziationspsychologen wie Bain griffen im 19. Jahrhundert diese Assoziationsprinzipien wieder auf.

Die amerikanische Kognitive Semantik geht in Untersuchungen zu Metapher und Metonymie kaum auf die Assoziationsrelationen Kontiguität und Similarität, die diesen sprachlichen Formen traditionellerweise zugeordnet werden, ein. Eine zentrale Rolle spielen sie aber in der deutschen romanistischen Forschung (cf. Raible 1981, 10–15; Andreas Blank 1997, 138–144; 2001, 43s.; Koch 1995, 29; 1999, 146–149). Während die Relationen der Similarität und des Kontrastes unproblematisch erscheinen, gilt das nicht für die Kontiguität (cf. Koch 1999, 145). Neben der räumlichen Nähe, die ursprünglich durch *contiguitas* bezeichnet wird, verstanden Assoziationspsychologen wie Bain (1868, 85) auch die zeitliche Abfolge sowie Ursache – Wirkung als Kontiguität. Dieses Kontiguitätsverständnis vertreten auch Koch (1999, 164) und Blank (2001, 42), die die Kontiguität als Relation betrachten, die zwischen den verschiedenen Konzepten eines Frames oder zwischen dem Frame und den in ihm vorhandenen Konzepten existiert.[6] Werden hingegen Konzepte aus unterschiedlichen Erfahrungsbereichen oder Frames miteinander verknüpft, so stehen Similarität und Kontrast im Fokus (cf. Koch 2004, 8).

Auf der Grundlage der drei Assoziationsrelationen Similarität, Kontiguität und Kontrast entwickelt Blank (2001, 43s.) eine Übersicht über die verschiedenen Assoziationsrelationen, mit deren Hilfe Bedeutungswandelphänomene im Lexikon einer Sprache erklärt werden können. Er listet insgesamt zehn unterschiedliche Assoziationsrelationen auf, die sich sowohl auf die Konzeptebene als auch auf die Ebene der Zeichenträger bzw. Signifikanten beziehen, wenn die Form der Lexeme in den Blick genommen wird. Im Folgenden werden die Assoziationsrelationen, die für konzeptuelle Verknüpfungen – unabhängig vom Lexikon einer Einzelsprache – relevant erscheinen, beschrieben:

Andreas Blank (1997, 157–172; 207; 2001, 43) unterscheidet zwischen zwei similaritätsbasierten Verknüpfungstypen. Dabei handelt es sich zum einen um die *metaphorische Similarität*, zum anderen um *kotaxonomische Similarität*. In

---

6 Koch (2001, 202) grenzt sich diesbezüglich deutlich von strukturellen Semantikern wie Ullmann ab, die Kontiguität als eine Relation betrachten, die zwischen zwei *signifiés* besteht (cf. Ullmann 1962, 211; 218), und stellt Kontiguität als zentrales Merkmal für die Zuordnung zu einem Frame dar (cf. Koch 1999, 146).

ersterem Fall handelt es sich um die Similaritätsrelation, die für die Entstehung von Metaphern verantwortlich ist. Hierzu werden Konzepte aus zwei unterschiedlichen Frames miteinander in Verbindung gebracht. So kann im Rahmen eines «metaphorischen Kippeffektes» (Blank 2001, 74–77) das Zielkonzept als Quellkonzept interpretiert werden, etwa die DESKTOPINTERAKTIONSFLÄCHE als FENSTER (cf. Kapitel 4.4) was dazu führt, dass das Lexem *Fenster* nicht nur für das FENSTER, sondern auch für die DESKTOPINTERAKTIONSFLÄCHE verwendet werden kann. Während in solchen Fällen Konzepte aus zwei unterschiedlichen Frames, die in der Realität nicht als zusammengehörig erfahren werden, verknüpft werden, werden bei Verknüpfungen, die auf kotaxonomischer Similarität basieren, Konzepte miteinander verbunden, die unter das gleiche übergeordnete Konzept subordiniert sind (cf. Kapitel 8.2.1). Des Weiteren sind die *taxonomische Super- und Subordination* zu erwähnen, bei denen eine Genus-Species- oder Species-Genus-Übertragung stattfindet, die in der traditionellen Rhetorik dem Tropus der Synekdoche zugeschrieben wird. Im Gegensatz zur Teil-Ganzes-Übertragung (z. B. BEIN – FUß), die auch der Synekdoche zugerechnet wird und die als kontiguitätsbasiert betrachtet werden kann (cf. Koch/ Winter-Froemel 2009, 362s.), liegen bei der Genus-Species Verknüpfung keine Konzepte vor, die gemeinsam auftreten und deshalb dem gleichen Frame zuzuordnen sind, sondern Konzepte, die auf unterschiedlichen hierarchischen Ebenen zu verorten sind, wie Rosch (1975) mit den *basic level terms* herausgearbeitet hat. Zwar spielt bei taxonomischer Super- oder Subordination Similarität am Rande eine Rolle, da die beiden miteinander verknüpften viele ähnliche Eigenschaften aufweisen, doch hebt Blank (2001, 43) hervor, dass in erster Linie die Inklusionsrelation und das taxonomische Verhältnis relevant sind für die Beschreibung dieser Verknüpfungsart. Als Beispiel hierfür kann die Verknüpfung der Konzepte HUND und TIER angeführt werden: Ein HUND ist als TIER zu klassifizieren und der Klasse der TIERE zu subordinieren und umgekehrt ist ein TIER dem HUND superordiniert. In Bezug auf die Assoziationsrelation der Kontiguität ist für die Untersuchung der Allegorese nur die von Blank (2001, 44) als *konzeptuelle Kontiguität* beschriebene Verknüpfungsrelation relevant und hinsichtlich des Kontrastes lassen sich wieder – ähnlich wie bei der Similarität – zwei Typen unterscheiden: auf der einen Seite der *kotaxonomische Kontrast*, durch den zwei Konzepte miteinander verknüpft werden, die unter das gleiche übergeordnete Konzept subordiniert sind, und auf der anderen Seite der *antiphrastische Kontrast*, der zwei Konzepte miteinander verknüpft, die nicht im gleichen Frame zu verorten sind.

5.3 Die geistlichen Schriftsinne als Deutungsrahmen auf Konzeptebene

Die bei der Allegorese stattfindenden Verknüpfungsprozesse sind durch einen bestimmten hermeneutischen Ansatz gesteuert, der in allen untersuchten Predigtsammlungen zu erkennen ist: die Auslegung nach dem dreifachen Schriftsinn, wie sie Hugo von St. Viktor im *Didascalion* 5,2 beschreibt mit *historia*, *allegoria* und *tropologia* als Schriftsinnebenen (cf. Kapitel 2.2). Hierfür bietet sich eine allgemeine Modellierung an, mit deren Hilfe sich alle einzelnen Allegoresen beschreiben lassen.

Ausgangspunkt ist immer der auszulegende Bibeltext. Bei der Analyse der Allegorese als Textinterpretationsverfahren geht es nicht darum, die Bedeutung, die der Text trägt, zu untersuchen, sondern die Bedeutung, die der Interpret ihm zuschreibt.[7] Diese lässt sich in zwei unterschiedlichen Verstehensmodi darstellen, einem *direkten* und einem *allegorisierenden Verstehensmodus*. Während der Interpret im direkten Verstehensmodus, der der Schrift-

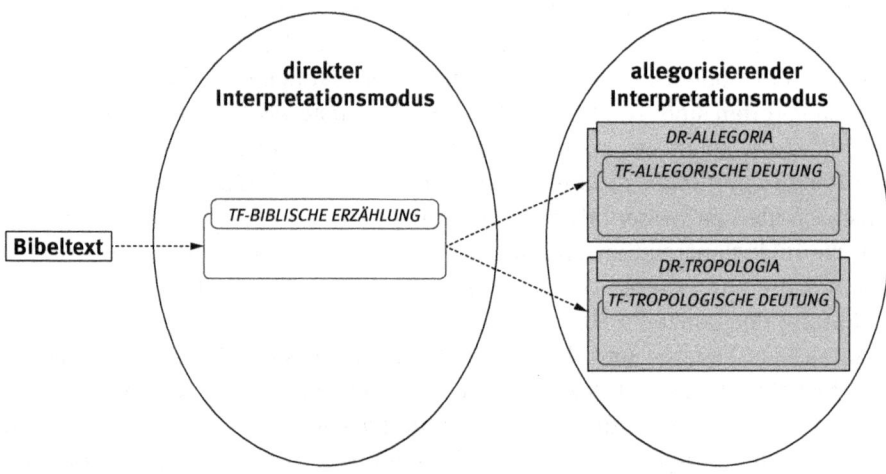

Abb. 16: Interpretationsmodi, Deutungsrahmen und Textframes.

---

7 Cf. diesbezüglich auch die Differenzierung zwischen *meaning* als stabiler Textbedeutung und *significance* als je nach Rezeptionskontext variierender Bedeutsamkeit des Textes bei Hirsch (1967, 211). Die Annahme einer stabilen Textbedeutung erscheint jedoch insofern problematisch, als auch das wörtliche Textverständnis sehr stark durch den Rezeptionskontext beeinflusst sein kann und beispielsweise der Bedeutungswandel eines Lexems dazu führen kann, dass die Textbedeutung gerade nicht stabil bleibt. Gegen die Annahme einer stabilen Textbedeutung wendet sich auch die Hermeneutik des 20. Jahrhunderts (cf. Jannidis et al. 2003, 10).

sinnebene der *historia* (cf. Kapitel 4.4) entspricht, den Text wörtlich versteht und keine weiteren Interpretationen vornimmt, nimmt er im allegorisierenden Verstehensmodus Deutungen des Bibeltextes vor, die sich innerhalb der Deutungsrahmen der *allegoria* und der *tropologia* (*DR-ALLEGORIA* und *DR-TROPO-LOGIA*) bewegen. Dabei handelt es sich um Rahmen, die auf konzeptueller Ebene zu verorten sind[8] und die auch als Frames bezeichnet werden können, insofern als die darin enthaltenen Konzepte dem gleichen Thema zuzuordnen und durch Kontiguität miteinander verknüpft sind.[9] Die als Deutungsrahmen bezeichneten Frames sind insofern näher spezifiziert, als sie zur Deutung bestimmter Ereignisse herangezogen werden und damit einen dezidiert hermeneutischen Charakter aufweisen. Sie umfassen das Repertoire der möglichen Zielbedeutungen des Deutungsvorgangs.[10] So umfasst der *DR-ALLEGORIA* alle Konzepte, die sich auf die christliche Heilsgeschichte beziehen.[11] Exemplarisch seien hier nur einige wie ERZVÄTER, PROPHETEN und CHRISTUS genannt. Der *DR-TROPOLOGIA* hingegen enthält Konzepte, die sich auf christliche Lebensführung beziehen wie beispielsweise SÜNDE, GUTE WERKE etc. Die Deutungsrahmen enthalten also entweder dogmatische oder moralische Aspekte der christlichen Lehre. Häufig wird bei der konkreten Auslegung nicht zwischen unterschiedlichen *modi intellegendi* differenziert, sondern es finden sich fließende Übergänge.[12] Das hängt mit einer Kontiguität der Inhalte zusammen, denn die christliche Moral ist durch die Glaubensinhalte bedingt. Im Rahmen der Deutung werden im allegorisierenden Verstehensmodus einige der in den Deutungsrahmen präsenten Konzepte für eine konkrete Deutung ausgewählt. Diese lassen sich in einem Frame darstellen, der als Textframe (TF) zu bezeichnen ist und nur die konkreten Konzepte enthält, auf die in einem bestimmten Text bei der Allegorese rekurriert wird. So ist der *TF-BIBLISCHE ERZÄHLUNG* im

---

8 Zur semiotischen Verortung cf. die semiotischen Modelle in Kapitel 3.3.2 und 3.3.3.

9 Cf. das Ende von Kapitel 5.1 bezüglich des hier verwendeten Frame-Begriffs.

10 Cf. diesbezüglich auch den von Goffman (1980, 18) verwendeten sehr allgemein gefassten Frame-Begriff, der die zentralen Rahmen beschreibt, mit deren Hilfe Ereignisse interpretiert werden können, sowie Lüders (1994).

11 Auch das typologische Denken, das Präfiguration und Erfüllung in den Blick nimmt (cf. Brinkmann 1980, 251), ist dem *DR-ALLEGORIA* zuzuordnen.

12 Hugo von St. Viktor, der den dreifachen Schriftsinn in origenischer Tradition annimmt (historisch, allegorisch und tropologisch), betont im 5. Buch des *Didascalion*, dass nie alle Verstehensweisen gegeben sein müssen. Ihm zufolge ist der sinnvolle oder auch kognitiv gesteuerte Umgang mit zu interpretierenden Stellen wichtig: «Oportet ergo sic tractare divinam scripturam, ut nec ubique historiam, nec ubique allegoriam, nec ubique quaeramus tropologiam; sed singula in locis suis, prout ratio postulat, competenter assignare» (*Didascalion* 5,2, PL 176, 790B).

direkten Interpretationsmodus zu verorten und im allegorisierenden Interpretationsmodus der *TF-ALLEGORISCHE DEUTUNG* sowie der *TF-TROPOLOGISCHE DEUTUNG*.

Im allegorisierenden Verstehensmodus trägt der Interpret also den *DR-ALLEGORIA* oder den *DR-TROPOLOGIA* zu Deutungszwecken an den auszulegenden Text heran. In bestimmten Fällen, etwa bei der Auslegung des Hohenliedes oder neutestamentlicher Gleichnisse, legt der Gattungstyp nahe, dass die Textbedeutung nicht alleine im direkten Interpretationsmodus liegt. Hier ist anzunehmen, dass schon auf der ersten Semiosestufe Ambiguität vorliegt (cf. Kapitel 4.4, Tabelle 3). Solche Texte werden besonders häufig allegorisiert, was sich insbesondere an der Vielzahl der Hoheslied-Allegoresen im Mittelalter zeigt. Im Gegensatz zur historisch-kritischen Auslegung geht es bei der Allegorese nicht darum, den Entstehungskontext des Textes zu berücksichtigen, um Rückschlüsse über die ursprüngliche Funktion daraus ableiten zu können, was einer Disambiguierung auf der ersten Semiosestufe gleichkommt (cf. Kapitel 4.4, Tabelle 3), sondern unabhängig vom Entstehungskontext und dem Text innewohnenden Merkmalen trägt der Interpret Deutungsrahmen an den Text heran (cf. Körtner 1994, 12), die entweder eine heilsgeschichtliche Orientierung oder Handlungsanweisungen aufweisen und damit für den angesprochenen Rezipienten relevant werden.[13]

---

13 Körtner (1994, 13) bemerkt diesbezüglich, dass die drei von der Hermeneutik beschriebenen Schritte Verstehen, Auslegen und Anwenden des Textes insofern abgewandelt werden, als die Anwendung des Textes Verstehen und Auslegen ersetzt.

Teil B: Analyse der Allegorese in romanischen Predigten des 12. und 13. Jahrhunderts

6 Die Diskurstradition «Predigt» im 12./13. Jahrhundert am Beispiel romanischer Texte

Bei der Allegorese handelt es sich um ein hochgradig konventionalisiertes Verfahren, das sich im Mittelalter typischerweise in Diskurstraditionen wie «Predigt» oder «Bibelkommentar» zeigt. Mit dem in der romanistischen Linguistik geprägten Begriff «Diskurstradition»[1] werden sprachliche Äußerungen bezeichnet, die in einer Tradition mit Äußerungen eines ähnlichen Typs stehen. Diese können in Gattungen, Texttypen o. Ä. auftreten, aber auch in Redetraditionen wie der «Berliner Schnauze» (cf. Koch 1997, 45).[2] Innerhalb einer Diskurstradition lassen sich konventionelle Diskursmuster erkennen, die auch übereinzelsprachliche Reichweite haben können.[3] Diese werden im Unterschied zu den Regeln einer Einzelsprache, die immer von der Sprechergemeinschaft tradiert werden, durch «kulturell[e] Gruppen» (Koch 1997, 49), die über Sprachgemeinschaften hinweg agieren, verbreitet. Im Falle der mittelalterlichen Predigt geschieht dies durch Kleriker, die christliche Glaubensinhalte an die Gottesdienstbesucher vermitteln wollen. Dabei werden bestimmte Regeln sprachlicher sowie nichtsprachlicher Art (cf. Koch 1997, 50) in Predigten unterschiedli-

---

1 Maßgeblich für die Begründung des Terminus ist die unveröffentlichte Habilitationsschrift von Peter Koch (1987) sowie sein 1997 veröffentlichter Aufsatz zu dieser Thematik. Er knüpft dabei an die Überlegungen von Coseriu (2007) und Schlieben-Lange (1983) zu Texttraditionen an. Bezüglich der weiteren Diskussion cf. die Beiträge in den Sammelbänden von Aschenberg/Wilhelm (2003) und Winter-Froemel et al. (2015) sowie López Serena (2011); (2012). Eine Gattung wie bspw. die Predigt kann, wenn sie historisch verortet ist, als Diskurstradition betrachtet werden (cf. Koch 1997, 51).

2 Der Begriff «Diskurstradition» ist dem sehr uneinheitlich verwendeten Terminus «Textsorte» vorzuziehen (cf. Gansel/Jürgens 2007, Kapitel 3 sowie Koch 1997, 53). Dabei wird insbesondere die Konventionalität, die durch Tradition nahegelegt ist, in den Blick genommen. Diese ist auch bei den hier untersuchten Predigten von großer Bedeutung.

3 Zu verorten sind die Diskurstraditionen mit ihren Konventionen – wie es bereits der Terminus «Tradition» nahelegt – im Coseriuschen Modell der drei Ebenen des Sprachlichen (universal, historisch, individuell; cf. Coseriu 2000, 89) auf der historischen Ebene. Regeln oder Normen und Konventionen, die die Kommunikation leiten, lassen sich sowohl auf universeller als auch auf historischer Ebene des Sprachlichen finden. Nur auf individueller Ebene sind keine Regeln festzustellen, da hier nur ein einzelner Text betrachtet wird und es keinen Sinn ergibt, die Regelhaftigkeit einer einzelnen sprachlichen Äußerung zu untersuchen (cf. Koch 1997, 46). Während Coseriu selbst lediglich Einzelsprachen betrachtet, nimmt Koch (1997, 45) eine Erweiterung des Coseriuschen Modells vor und verortet auch die übereinzelsprachlichen Diskurstraditionen oder «Sprechtraditionen» (Schlieben-Lange 1983, 138–148) auf historischer Ebene.

https://doi.org/10.1515/9783110586411-006

cher Sprachen befolgt. Dass sich konventionelle Regeln herausbilden, hängt vor allem damit zusammen, dass Kommunikationsbedingungen und -absichten für ein und dieselbe Diskurstradition zu einer bestimmten Zeit relativ ähnlich sind.

Eine komprimierte Darstellung der Kommunikationssituation und -intention für die mittelalterliche Predigt findet sich bei Kienzle 2000, 151: «1) The sermon is essentially an oral discourse, spoken in the voice of a preacher who addresses an audience, 2) to instruct and exhort them, 3) on a topic concerned with faith and morals based on a sacred text».

In Bezug auf die Adressatenschaft kann noch ergänzt werden, dass das Publikum – in der Regel[4] – gläubig war und mit zentralen Glaubensinhalten des Christentums vertraut gewesen dürfte.[5] Mit Punkt 2) geht Kienzle auf die pragmatische Dimension ein, die kommunikative Absicht, die der Prediger verfolgt, d. h. Illokution und Perlokution (cf. Austin 1962; Searle 1969). Zur näheren Bestimmung der kommunikativen Intention sei ein kurzer Blick auf die von Brinker (2010, 98) dargestellten textuellen Grundfunktionen, die auf Searles Klassifikation unterschiedlicher Illokutionen basieren, geworfen. Brinker differenziert zwischen Informations-, Appell-, Obligations- Kontakt- und Deklarationsfunktion. Von diesen sind die Informations- und die Appellfunktion für die mittelalterliche Predigt als zentral zu betrachten, denn der Glaubende soll – wie aus Kienzles Punkt 3) ersichtlich – zum einen in der christlichen Lehre, die die Heilsgeschichte, Dogmatik und Ethik umfasst, unterwiesen werden. Zum anderen spielt der häufig moralisch fokussierte Appell[6] als Konklusion aus den zuvor dargestellten Inhalten eine zentrale Rolle in der mittelalterlichen Predigt.

Zusätzlich präzisiert werden kann die Beschreibung der mittelalterlichen Predigt mithilfe der von Koch/Oesterreicher (1985, 23) dargelegten Kommunikationsbedingungen, die mit bestimmten Versprachlichungsstrategien korrelieren. Diese werden in Kapitel 6.1 in Zusammenhang mit der Darlegung des Nähe-Distanz-Kontinuum erörtert. In diesem Zusammenhang werden neben der Frage bezüglich der Verortung der Predigten in Richtung Nähe- bzw. Distanzpol insbesondere die mediale Realisierung der Predigten (phonisch vs.

---

4 Eine Ausnahme diesbezüglich bildet die Missionspredigt.

5 Auch wenn bei den im Analysecorpus enthaltenen Predigten in allen Fällen ein gläubiges Publikum anzunehmen ist, zeigen sich deutliche Differenzen in der Gestaltung der Homiliare und der einzelnen Predigten, die auf unterschiedliche Bildungsniveaus des Zielpublikums zurückzuführen sind (cf. Kapitel 11).

6 Brinker (2010, 102) verweist auf eine appellative Grundfunktion der Textsorte «Predigt». Diese ist aber, im Gegensatz zu einer diskurstraditionellen Betrachtung der «Predigt», wie sie in diesem Kapitel in Bezug auf das Mittelalter vorgenommen wird, nicht historisch verortet.

graphisch) sowie die Diglossiesituation Latein – Volkssprache thematisiert. In Kapitel 6.2 erfolgt eine exemplarische Analyse diskurstraditioneller Verfahren in mittelalterlichen Predigten und in Kapitel 6.3 wird das im Analyseteil untersuchte Corpus der romanischen Predigtsammlungen näher vorgestellt.

6.1 Die Verortung der mittelalterlichen Predigt auf dem Nähe-Distanz-Kontinuum

Koch/Oesterreicher (1985, 23) entwickeln, ausgehend von der Beobachtung, dass die Termini Mündlichkeit und Schriftlichkeit häufig unpräzise verwendet werden und damit teilweise auf die mediale Realisierung (phonisch, graphisch), teilweise aber auch die Konzeption verwiesen wird, das sogenannte Nähe-Distanz-Kontinuum, das in vereinfachter Form folgendermaßen dargestellt werden kann:

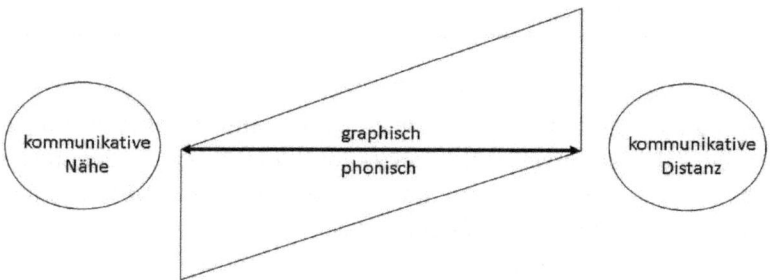

Abb. 17: Nähe-Distanz-Kontinuum nach Koch/Oesterreicher (1985).

Sprachliche Äußerungen können in Hinblick auf die kommunikative Nähe oder Distanz, die zwei Pole eines Kontinuums darstellen, bestimmt werden. Die kommunikative Nähe lässt sich auch als konzeptionelle Mündlichkeit beschreiben, während die kommunikative Distanz als konzeptionelle Schriftlichkeit zu verstehen ist. Diese sind nicht zu verwechseln mit medialer Mündlichkeit (unterer Teil: phonisch) bzw. medialer Schriftlichkeit (oberer Teil: graphisch). Die Grafik zeigt die Korrelationen, die zwischen medialer und konzeptioneller Mündlich- bzw. Schriftlichkeit vorliegen, deutlich auf: So liegen konzeptionell schriftliche bzw. distanzsprachliche Äußerungen in den meisten Fällen im graphischen Code vor, während für konzeptionell mündliche bzw. nähesprachliche Äußerungen der umgekehrte Fall gilt.

Eine sprachliche Äußerung kann ausgehend von den Kommunikationsbedingungen, die sie charakterisieren, auf einem Kontinuum zwischen den beiden Polen der kommunikativen Nähe und Distanz verortet werden (cf. Koch/Oesterreicher 2011, 7):

Tab. 4: Kommunikationsbedingungen für sprachliche Äußerungen nach Koch/Oesterreicher (2011, 7).

NÄHE			DISTANZ
niedrig	a)	Grad der Öffentlichkeit	hoch
hoch	b)	Grad der Vertrautheit der Partner	niedrig
hoch	c)	Grad der emotionalen Beteiligung	niedrig
hoch	d)	Grad der Situations- und Handlungseinbindung	niedrig
stark	e)	Referenzbezug	schwach
ja	f)	physische Nähe der Kommunikationspartner	nein
hoch	g)	Grad der Kooperation	niedrig
hoch	h)	Grad der Dialogizität	niedrig
hoch	i)	Grad der Spontaneität der Kommunikation	niedrig
niedrig	j)	Grad der Themenfixierung	hoch

Mit den Kommunikationsbedingungen gehen bestimmte Versprachlichungsstrategien einher, die der Sprecher anwendet, um erfolgreich zu kommunizieren. Während bei Kommunikationssituationen, die dem Pol der Distanz zugeordnet werden können, ein höherer Planungsgrad und damit auch im Bereich der Syntax eine stärkere Tendenz zu hypotaktischen Strukturen zu erkennen ist, liegt bei Nähe-Kommunikationssituationen der umgekehrte Fall vor, d. h. ein geringerer Planungsgrad, vermehrt parataktische Strukturen etc. (cf. Koch/Oesterreicher 2011, 12).

In Bezug auf Diskurstraditionen ist das insofern relevant, als diese jeweils durch bestimmte Kommunikationsparameter charakterisiert sind, welche mit ganz bestimmten Formulierungsmustern korrelieren (cf. Oesterreicher 1997, 22). Neben allgemeinen Tendenzen im Bereich der Versprachlichung, wie bspw. der Verwendung hypotaktischer Strukturen in Äußerungen, die einen hohen Planungsgrad aufweisen, lassen sich für bestimmte Diskurstraditionen typische Muster in Bezug auf «Disposition, Diskurseinleitung, Diskursende, sprachliche Verfahren in der Gestaltung von Makro- und Mikrostruktur [oder] Aufbau der diskursiven Illokution(en)» (Aschenberg 2003, 6) erkennen. Solche Muster sind nicht nur durch die allgemeinen Kommunikationsparameter bedingt, wie sie von Koch/Oesterreicher (2011, 7) beschrieben werden, sondern sie haben sich im Laufe der Zeit als diskurstraditionelle Elemente für bestimmte Diskurstraditionen herausgebildet, welche aber wiederum durch ganz bestimmte Kommunikationsbedingungen gekennzeichnet sind. Wie solche diskurstraditionellen Elemente in der mittelalterlichen Predigt aussehen können, wird in Kapitel 6.2 näher untersucht.

Dass konzeptionelle Schriftlichkeit nicht mit medialer Schriftlichkeit korrelieren muss, zeigt sich deutlich am Beispiel der Predigt. Koch/Oesterreicher (1990, 9) nehmen eine Charakterisierung der Predigt in Hinblick auf ihre Kommunikationsbedingungen vor, die im Folgenden in leicht modifizierter Version auf die hier zu untersuchende in der Volkssprache gehaltene mittelalterliche Predigt angewandt wird. Hierzu werden die einzelnen Parameter aus Tabelle 4, die in diesem Zusammenhang beschrieben werden, für die Predigt analysiert. So ist für die mittelalterliche Predigt ist in der Regel Öffentlichkeit (a) anzunehmen. Jedoch sind auch Predigten in einem intimeren Rahmen innerhalb einer klösterlichen Gemeinschaft denkbar. Die Verwendung der Volkssprache legt aber nahe, dass ein breiteres, nicht nur ein klösterliches Publikum angesprochen werden soll. Vor diesem Hintergrund ist auch für die in dieser Arbeit untersuchte volkssprachliche Predigt des Mittelalters Öffentlichkeit anzunehmen. Der Grad der Vertrautheit der Partner (b) wird bei Koch/Oesterreicher als «keine absolute Fremdheit» beschrieben, was damit zu begründen ist, dass ein Prediger, der mehrmals in einer Gemeinde predigt, den regelmäßigen Gottesdienstbesuchern bekannt ist. Diese Feststellung lässt sich auch auf den spezifischen mittelalterlichen Fall übertragen. Emotionale Beteiligung (c) spielt in der Predigt durchaus eine wichtige Rolle, etwa wenn der Zuhörer durch abschreckende Darstellungen dazu gebracht werden soll, von Sünde abzulassen. Situations- und Handlungseinbindung (d) ist insofern gegeben, als die Predigt in das Gottesdienstgeschehen eingebettet ist. Dabei handelt es sich um eine konventionalisierte Form der Situations- und Handlungseinbindung, die deutlich schwächer ist als beispielsweise eine Aufforderung im Gespräch zwischen Schüler und Lehrer, die einander gegenüberstehen. Der Referenzbezug auf die Sprecher-*origo* (e) spielt kaum eine Rolle, da der Fokus auf der Darstellung biblischer Erzählungen und christlicher Glaubensgrundsätze liegt, die nicht in unmittelbarem Zusammenhang mit der Sprecher-*origo* stehen. Prediger und Gemeinde befinden sich in einem Raum, jedoch besteht immer noch ein deutlicher Abstand zwischen ihnen (f). Kooperation (g) ist auch bei der mittelalterlichen Predigt nicht gegeben, da die Predigt keine dialogische Form aufweist (h), sondern der Prediger sie in monologischer Form der Gemeinde vorträgt. Der Grad der Spontaneität der Kommunikation (i) ist als gering zu bewerten, da dem Prediger durch die Verortung der Predigt innerhalb des Gottesdienstablaufs, die liturgische Festlegung der auszulegenden Bibeltexte, die üblichen Schemata, nach denen Predigten üblicherweise strukturiert werden, etc. wenig Spielraum für spontane Äußerungen bleibt. Der Grad der Themenfixierung (j) ist als relativ hoch zu beschreiben, schon alleine deswegen, weil liturgisch bestimmte auszulegende Bibeltexte vorgegeben sind. Jedoch ist bei diesem Punkt zu berücksichtigen, dass insbesondere die Allegorese teilweise dazu führt, dass die Themenfixierung abnimmt und Verknüpfungen zwischen unterschiedlichen Themen (cf. Kapitel 10.1) vorgenommen werden.

Ein Punkt, der in Bezug auf die Analyse der Predigten eine zentrale Rolle spielt, jedoch in den von Koch/Oesterreicher dargelegten Kommunikationsbedingungen nicht abgebildet wird, ist die inhaltliche Komplexität des Predigtinhaltes. Prinzipiell ist diesbezüglich anzumerken, dass ein niedriger Komplexitätsgrad stärker mit kommunikativer Nähe und ein hoher Komplexitätsgrad eher mit kommunikativer Distanz korreliert. Es ist aber darauf zu verweisen, dass niedrige inhaltliche Komplexität bei entsprechender didaktischer Aufbereitung auch mit einem hohen Planungsgrad verknüpft sein kann, der wiederum eine Verschiebung in Richtung Distanzpol implizieren würde.[7]

Graphisch lässt sich die soeben beschriebene konzeptionelle Gestaltung der Predigt folgendermaßen darstellen (cf. Koch/Oesterreicher 2011, 9):

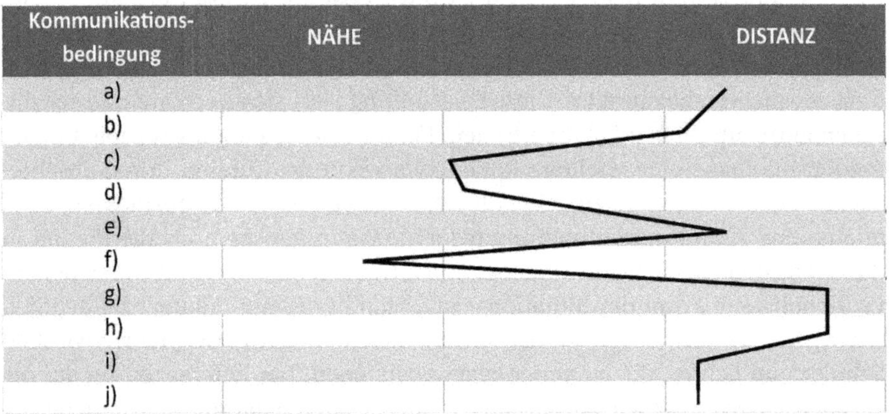

Abb. 18: Profil der mittelalterlichen volkssprachlichen Predigt in Hinblick auf ihre Kommunikationsbedingungen.

Die volkssprachliche an Laien gerichtete Predigt ist eher in Richtung des Distanz-Pols zu verorten, sie weist aber durchaus auch einige Parameter auf (c, d, f), die stärker in Richtung Nähe oder ziemlich genau in der Mitte des Kontinuums zu verorten sind.

---

7 Cf. das Ende von Kapitel 6.3.3.1.

Für die Predigt sind sowohl eine graphische als auch eine phonische Realisierung anzunehmen: So wird diese in der Regel in Manuskriptform niedergeschrieben und anschließend in phonischer Form im Gottesdienst realisiert. Kienzle (2000, 145) verweist im Rahmen der Gattungsbestimmung der Predigt darauf, dass, wenn man Gattung als Kategorie eines (medial) schriftlichen Textes versteht, in Bezug auf die Predigt der mündliche Charakter besonders zu berücksichtigen ist. Auch in der sonstigen Forschungsliteratur zur Predigt wird immer wieder der mündliche Charakter der Predigt betont, ohne dass dabei zwischen medialer und konzeptioneller Mündlichkeit differenziert würde. Predigten mögen – beispielsweise aufgrund der emotionalen Involviertheit des Predigers – konzeptionell mündliche Elemente aufweisen, jedoch ist davon auszugehen, dass der überwiegende Teil als konzeptionell schriftlich zu beurteilen ist.

Im Folgenden ist auf das Verhältnis zwischen graphischem und phonischem Code bei mittelalterlichen Predigten näher einzugehen,[8] denn zum einen können wir heute natürlich nur auf die graphische Form zurückgreifen, wobei sich die Frage stellt, in welchem Verhältnis diese zur phonisch realisierten Predigt stand, und zum anderen ist davon auszugehen, dass in der mittelalterlichen Diglossiesituation, in der Latein als High Variety und die Volkssprachen als Low Variety galten (cf. Ferguson 1959; Fishman 1967), phonisch in der Volkssprache realisierte Predigten auf Latein niedergeschrieben wurden.

Bezüglich der graphisch realisierten Predigten ist zu unterscheiden zwischen zwei Typen: Zum einen liegen Texte vor, die nicht in (unmittelbarem) Zusammenhang mit einem Übergang vom graphischen ins phonische Medium stehen, wie Lesepredigten (cf. Zink 1982, 48) oder die in Predigtsammlungen enthaltenen Musterpredigten. Zum anderen finden sich Texte, die in unmittelbarem Zusammenhang mit phonisch realisierten Predigten stehen (cf. Wetzel/ Flückiger 2010, 13; Zink 1982, 19). Letzter Fall liegt sowohl bei Manuskripten, d. h. graphischen Realisierungen, die anschließend ins phonische Medium übertragen werden, vor, als auch bei *reportationes*, den Predigtmitschriften von Gottesdienstbesuchern, bei denen der Text vom phonischen ins graphische Medium transponiert wird. Es ist nicht davon auszugehen, dass bei der medialen Transkodierung der Dokumente des zweiten Typs inhaltliche oder konzeptionelle Verschiebungen erfolgen. Die Texte des ersten Typs hingegen können

---

8 Koch (1993, 44) untersucht das Verhältnis medialer und konzeptioneller Mündlichkeit und Schriftlichkeit bei den ältesten romanischen Schriftzeugnissen und klassifiziert von den in dieser Arbeit analysierten Predigten *Lim*, *Sub*, *Org* und *Tor* als konzeptionell schriftliche Texte, die aber nur verschriftet wurden, um phonisch realisiert zu werden, was er als «scripturalité à destin vocal» bezeichnet. *Mau* und *Wal* berücksichtigt er in seiner Klassifikation nicht.

zwar in Zusammenhang stehen mit tatsächlich gehaltenen Predigten (cf. Zink 1982, 48), doch handelt es sich hierbei nicht um unmittelbare Transpositionen vom einen Medium ins andere.

Bei den untersuchten Homiliaren ist davon auszugehen, dass jeweils ein Herausgeber eine Sammlung von Muster- oder Lesepredigten zusammengestellt hat,[9] die primär das Ziel verfolgt, Klerikern als Inspirationsquelle zu dienen.[10] Es ist durchaus denkbar, dass die Muster- oder Lesepredigten teilweise auch auf tatsächlich gehaltene Predigten zurückgehen. In diesen Fällen können konzeptionelle und inhaltliche Verschiebungen zwischen phonischer und graphischer Form vorliegen. Dann ist davon auszugehen, dass die Lese- und Musterpredigten überarbeitete Fassungen der *reportationes* darstellen (cf. Czerwon 2011, 69). Es ist aber auch möglich, dass die Predigten zum Teil in kaum veränderter Form von Klerikern vorgetragen wurden, die in Besitz einer Predigtsammlung waren (cf. Moran i Ocerinjauregui 1990, 76). Von daher ist in solchen Fällen eine mediale Transposition vom graphischen ins phonische Medium ohne konzeptionelle Verschiebungen vorstellbar.[11]

Die Bestimmung des Verhältnisses zwischen phonischer und graphischer Realisierung von Predigten wird zusätzlich durch die im Mittelalter vorherrschende Diglossiesituation erschwert, in der die Volkssprache kaum im Bereich der kommunikativen Distanz verwendet wurde, sondern dieser dem Lateinischen vorbehalten war. So ist zu berücksichtigen, dass bei phonisch in der Volkssprache realisierten Predigten lange Zeit keine direkte Verschriftung in der Volkssprache erfolgte bzw. auch umgekehrt die volkssprachliche Predigt keine direkte Verlautlichung eines in der Volkssprache niedergeschriebenen Predigtmanuskriptes darstellte (cf. Kapitel 6, Anm. 14). Zwar ist davon auszugehen, dass an das Volk gerichtete Predigten schon ab dem Konzil von Tours 813[12] zunehmend in der Volkssprache vorgetragen wurden (cf. Lecoy de

---

9 Bei den in dieser Arbeit untersuchten Predigtsammlungen liegt im Falle von *Mau* eindeutig eine Sammlung von Musterpredigten vor, die einen Predigtzyklus umfasst, der ein ganzes Kirchenjahr abdeckt (cf. Schneyer 1969, 111s.). Auch wenn die Struktur der einzelnen Predigten und die Gesamtkomposition des jeweiligen Homiliars nicht ganz so strukturiert erscheint wie bei *Mau*, so ist doch anzunehmen, dass auch im Falle von *Lim*, *Org*, *Tor* und *Wal* Musterpredigten vorliegen. Lediglich bei *Sub* stellt sich die Frage, ob es sich bei den Predigten nicht zum Teil um Lesepredigten handelt, die eher der Erbauung eines schriftkundigen Lesers dienen sollten als dem Vortrag vor einer Gemeinde.

10 Das Verwenden von beispielhaften Homiliaren wurde beim Konzil von Tours 813 im 17. Kanon vorgeschrieben (cf. *Concilia aevi Karolini* 2,1, 288).

11 Eine genauere Beschreibung der Funktionen der einzelnen in dieser Arbeit analysierten Homiliare findet sich in Unterkapitel 6.3.

12 «Visum est unanimitati nostrae, ut quilibet episcopus habeat homilias continentes necessarias ammonitiones, quibus subiecti erudiantur [...]. Et ut easdem homilias quisque aperte

la Marche, Albert 1868, 221),[13] doch wurden diese nicht graphisch konserviert. Dafür sind folgende Gründe anzunehmen: Zum einen richteten sich diese Predigten an das einfache Volk und waren nicht so prestigeträchtig, als dass es sich gelohnt hätte, sie für die Nachwelt zu konservieren – im Gegensatz zu vielen lateinischen Predigten (cf. Zink 1982, 91). Zum anderen ist davon auszugehen, dass das Lateinische als Sprache der medialen Schriftlichkeit (cf. Czerwon 2011, 68) lange Zeit verwendet wurde, um Predigten niederzuschreiben, egal ob sie in Latein oder in der Volkssprache realisiert wurden. Mit dem Jonas-Fragment aus dem 10. Jahrhundert liegt uns das erste Textdokument vor, das einen Predigttext enthält, der nicht mehr rein auf Latein verfasst ist, sondern in einer Mischsprache Latein-*volgare*.[14] Hinweise darauf, dass die Predigten ursprünglich in der Volkssprache gehalten wurden, finden sich in der Verwendung von Sprachbezeichnungen wie *gallice* und *vulgari*, die teils in lateinischen Predigten auftreten (cf. Hauréau 1873, 388). Ein deutlicher Verweis auf die Praxis des Übersetzens volkssprachlicher Predigten findet sich auch in *Sermo* 65 des Petrus von Blois (PL 207, 750D): «Petis a me, charissime frater, ut habitum sermonem ad populum scribendi officio tibi communicem: et quae laicis satis crude et insipide (sicut eorum capacitatis erat) proposui, in Latinum sermonem studeam transferre.»

---

transferre studeat in rusticam Romanam linguam aut Theotiscam, quo facilius cuncti possunt intelligere quae dicuntur» (*Concilia aevi Karolini* 2,1, 288).

13 An Kleriker adressierte stärker distanzsprachliche Predigten hingegen wurden noch lange auch im phonischen Medium auf Latein realisiert. Hauréau (1873, 388) verweist darauf, dass nicht alle vor Klerikern gehaltenen Predigten wirklich auf Latein formuliert gewesen sein müssen, sondern dass durchaus davon auszugehen ist, dass auch in den Klöstern in der Volkssprache gepredigt wurde, wenn die Adressaten nicht alphabetisierte Kleriker waren. Tendenziell ist aber anzunehmen, dass Predigten an Kleriker eher auf Latein und Predigten an Laien eher in der Volkssprache gehalten wurden. Damit einher geht ein konzeptioneller Unterschied zwischen der phonisch lateinisch und der phonisch volksprachlich realisierten Predigt: In ersterer wurden komplexe theologische Überlegungen in der Regel rhetorisch sehr ausgefeilt vermittelt, während die Predigten an das Volk tendenziell einfacher gehalten waren (cf. Zink 1982, 9; 17). Neben der Tatsache, dass bei letzteren kein theologisch gebildetes Publikum vorliegt, ist auch anzumerken, dass die Predigtaufgabe im Laufe der Zeit auch einfacheren Priestern übertragen wurde und nicht mehr nur die Bischöfe prediken durften (cf. Zink 1982, 86).

14 Dieser Text enthält lateinische Bibelzitate, die vor allem in tironischen Noten dargestellt sind (cf. Wunderli 1965, 58). Folglich kann in diesem Zusammenhang nicht davon gesprochen werden, dass der graphische Predigttext einfach 'verlautlicht' wird, denn neben der medialen Transkodierung muss noch ein Übersetzungsvorgang angenommen werden. Bezüglich der Termini 'Verlautlichung' und 'Verschriftung' sowie 'Vermündlichung' und 'Verschriftlichung' cf. Oesterreicher (1998, 271), der sich auf die unveröffentlichte Habilitationsschrift von Koch (1987, 94s.) bezieht. Sabatini (1968, 332) spricht in Hinblick auf Texte mit semilateinischer Graphie, die wohl zum Vorlesen in der Volkssprache konzipiert waren, von einer «lettura attualizzante».

Erste Predigtsammlungen in den romanischen Volkssprachen liegen uns ab dem 12. Jahrhundert vor. Auch wenn die Textmenge im Vergleich zu derjenigen der lateinischen Predigtsammlungen in graphischer Form noch vergleichsweise gering ist, so stellt alleine die Tatsache, dass ab dieser Zeit vermehrt volkssprachliche Predigtsammlungen konserviert werden, einen wichtigen Einschnitt in der Geschichte der romanischen Sprachen dar. Zum einen muss eine Verschiebung in der Diglossiesituation erfolgt sein, so dass die Volkssprache nun auch im Bereich der medialen Schriftlichkeit verwendet werden kann von Personen, die es eigentlich gewohnt sind, auf Latein zu schreiben. Zum anderen muss eine pragmatische Notwendigkeit eingetreten sein, die Predigten in der Volkssprache niederzuschreiben, denn anders ist es nicht zu erklären, dass Kleriker, die üblicherweise auf Latein schrieben, nun in die Volkssprache wechselten, in der sie sich aufgrund des noch nicht so weit fortgeschrittenen Sprachausbaus und mangelnder Praxis sicherlich nicht so gut ausdrücken konnten wie im Lateinischen. Eine wichtige Rolle spielt in diesem Zusammenhang auch das zunehmende Interesse der Kirche an Laien und der damit einhergehenden Aufwertung der Laienpredigt. So entstanden im 13. Jahrhundert die beiden großen Bettelorden der Franziskaner und der Dominikaner, die eine bedeutende Rolle für die volkssprachliche Predigt spielten. Auch die Rolle der Augustiner-Chorherren ist für die Verbreitung der volkssprachlichen Predigt nicht zu unterschätzen (cf. Moran i Ocerinjauregui 1990, 77). So setzte sich die um 1213 unter Dominikus in Toulouse gegründete Predigergemeinschaft, die erst a posteriori zum Dominikaner-Orden wurde, aus Augustiner-Chorherren zusammen (cf. Spieralska 2007, 17).

6.2 Analyse diskurstraditioneller Verfahren

Im Folgenden werden sechs mittelalterliche Predigten miteinander verglichen, die alle diesbezüglich übereinstimmen, dass sie für den gleichen Anlass, den Palmsonntag, verfasst wurden und dass sie die gleiche Evangelienperikope (Mt 21,1–11) nach dem geistlichen Schriftsinn auslegen: Ausgewählt wurden diese Predigten, da der Palmsonntag innerhalb des untersuchten Textcorpus den liturgischen Anlass darstellt, zu dem die größte Zahl an Predigten in unterschiedlichen Homiliaren vorliegt.[15] Dabei handelt es sich um drei altokzitanische Predigten (Tor19, LimA.14, LimB.02) und die in einer Mischsprache aus Piemontesisch, Okzitanisch, Altfranzösisch und Latein abgefasste Predigt

---

15 Eine nähere Beschreibung des in dieser Arbeit analysierten Textcorpus findet sich in Kapitel 6.3.

Sub22.[16] Um die übereinzelsprachliche Wirkungsweise der Diskurstradition «Predigt» noch besser untersuchen können, werden zusätzlich zwei Predigten aus zwei weiteren Sprachen (Latein und Mittelhochdeutsch) untersucht, eine lateinische Predigt Bedas (*Sermo* 23, PL 94, 120–125) und eine mittelhochdeutsche Predigt des Honorius Augustodonensis aus dem *Speculum Ecclesiae* (19. *Palmarum*). Da Beda23 zeitlich deutlich vor den volkssprachlichen Predigten zu verorten ist und es sich bei der Predigtsammlung Bedas um eine weit verbreitete und prestigeträchtige handelt, ist davon auszugehen, dass die Verfasser der volkssprachlichen Predigtsammlungen diese teilweise kannten und sich unter Umständen auch von den Deutungen Bedas inspirieren ließen.

Die sechs analysierten Predigten lassen sich folgendermaßen beschreiben:
- Beda Venerabilis, *Homiliae genuinae*: 23. *In dominica palmarum* (7./8. Jh., lateinisch): im Folgenden als Beda23 bezeichnet
- Honorius Augustodonensis, *Speculum Ecclesiae*: 19. *Palmarum* (12. Jh., mittelhochdeutsch): im Folgenden als SE19 bezeichnet
- *Homilies de Tortosa*: 10. *Sermo in ramis palmarum* (13. Jh., altokzitanisch): im Folgenden als Tor10 bezeichnet
- *Sermoni subalpini*: 22 *Sermo in Ramis Palmarum* (12./13. Jh., piemontesisch, altokzitanisch, altfranzösisch und lateinisch): im Folgenden als Sub22 bezeichnet
- *Sermons limousins*: A.14 (12. Jh., altokzitanisch): im Folgenden als LimA.14 bezeichnet
- *Sermons limousins*: B.02 (12. Jh., altokzitanisch): im Folgenden als LimB.02 bezeichnet

Untersucht werden diese Predigten in Hinblick auf die Verwendung diskurstraditioneller Elemente (cf. Aschenberg 2003, 6). Bei allen vorliegenden Texten handelt es sich um einen ganz bestimmten Predigttypus, eine Homilie,[17] die das liturgisch vorgegebene Tagesevangelium für den Palmsonntag (Mt 21,1–11) mit dem Verfahren der Allegorese auslegt. Da der Kern dieser Arbeit auf der

---

16 *Sermo* 14 des Maurice de Sully ist zwar auch eine Palmsonntagspredigt, doch wird diese nicht in die hier vorgenommene Analyse einbezogen, da sie keine Allegorisierung des Perikopentextes Mt 21,1–11 aufweist, sondern diesen mit anderen Parabeln verknüpft, welche wiederum ausgelegt werden (cf. auch Kapitel 7.1.2).

17 Klassischerweise werden Homilien als Predigten aufgefasst, die einen Bibeltext als Grundlage haben, während *Sermones* ein Thema ausführlich erörtern (cf. Charland 1936, 112; Cruel 1966, 2) Eine sehr detaillierte Differenzierung verschiedener Typen von Homilien und *Sermones* findet sich bei Cruel (1966, 3s.).

Untersuchung der Allegorese als diskurstraditionellem Verfahren liegt, erscheint es sinnvoll, vor der Analyse der einzelnen Predigtteile eine grobe Untergliederung der folgenden beiden Ebenen vorzunehmen:

- Darlegung des Bibeltextes: direkter Interpretationsmodus («Literalsinn»)[18]
- Allegorisierender Interpretationsmodus (allegorisch oder tropologisch)

6.2.1 Darlegung des Bibeltextes – direkter Interpretationsmodus

Alle sechs Predigten beginnen mit einem Initium,[19] das aus einem einleitenden lateinischen Bibelzitat oder der Paraphrase eines Bibelzitats besteht, welches – abgesehen von Tor10 – immer dem Tagesevangelium Mt 21,1–11 entnommen ist.

Tab. 5: Initia der Palmsonntagspredigten.

Beda23	(MATTH. XXI, MARC. XI, LUC. XIX, JOAN. XII.) In illo tempore cum appropinquasset Jesus Hierosolymis, et venisset Bethphage ad montem Oliveti, tunc misit duos de discipulis suis dicens eis: Ite in castellum, quod contra vos est, et statim invenietis asinam alligatam et pullum cum ea, solvite et adducite mihi, etc. (Mt 21,1s.)
SE19	Turba multa, que conuenerat ad diem festum, clamabant domino: 'Benedictus, qui venit in nomine domini' (Mt 21,9)
Tor10	Quando Adam ejectus fuit de paradiso, posuit Deus cherubin cum gladio fla[m]me qui non permitteret aliquem intrare in paradisum. (Gen 3,23)
Mau14	Cum appropinquaret Jesus Jerosolimis, et venisset Bethfage ad montem Oliveti, tunc misit duos discipulos suos, dicens eis: 'Ite in castellum quod contra vos est, et statim invenietis asinam alligatam et pullum cum ea: solvite et adducite mihi'. (Mt 21,1s.)
Sub22	Cum appropinquasset Dominus Ierusalem et venisset Betphage ad montem Oliveti. (Mt 21,1)
LimA.14	Dicite filie Sion: Ecce rex tuus venit tibi mansuetus, sedens super asinam et super pullum filium subjugalis. (Mt 21,5)
LimB.02	Cum appropinquavisset Jhesus Jherosolimis et venisset Bethfage ad montem Oliveti, mittens duos discipulos ait: ite in castellum. (Mt 21,1)

---

18 Cf. Kapitel 5.3.
19 Den Terminus 'Initium' verwende ich hier nach Schiewer (2008, 43).

Eine ausführlichere Schilderung der im Tagesevangelium berichteten Ereignisse erfolgt anschließend. Hierzu wird das Tagesevangelium in den nicht-lateinischen Predigten in die Volkssprache übersetzt oder in dieser paraphrasiert, teils auch mit eingewobenen lateinischen Zitaten des Tagesevangeliums.[20] Auffällig ist, dass in allen volkssprachlichen Predigten die Aufteilung Latein – Volkssprache auf ganz ähnliche Weise erfolgt: Bibelzitate werden auf Latein angeführt und der restliche Text ist weitgehend in der Volkssprache verfasst.[21] Die ausführlichere Darlegung des auszulegenden Bibeltextes kann entweder im Block geschehen (cf. LimA.14, LimB.02, Tor10) und der geistlichen Auslegung vorangestellt werden oder Passagen, in denen der Bibeltext dargelegt wird, wechseln sich mit Allegorese-Passagen ab (cf. SE19, Beda23, Sub22).[22]

In SE19, Beda23, Sub22 und Tor10 wird das Tagesevangelium vor der eigentlichen Auslegung schon in Hinblick auf seine Gesamtaussage bewertet, sei es in Bezug auf seine Stellung innerhalb der christlichen Heilsgeschichte (cf. Tor10,[23] Beda23[24]), in Bezug auf seine (geistliche) Bedeutung für die Zuhörer (cf. Sub22[25]) oder die Bedeutung des Bibeltextes im direkten Interpretationsmodus für die Predigtzuhörer (cf. SE19[26]).

Die Struktur von Tor10 unterscheidet sich dahingehend von derjenigen der übrigen Predigten, dass das Initium (lateinische Paraphrase von Gen 3,23) nicht das Tagesevangelium zitiert, sondern die Vertreibung Adams aus dem Paradies. Durch eine argumentative Verknüpfung wird dieses Initium mit einer

---

20 Cf. z. B. SE19 sowie Tor10 und Sub22.
21 Eine Ausnahme scheint diesbezüglich Sub22 zu bilden, denn diese Predigt weist sehr viele lateinische Versatzstücke auf.
22 Cf. diesbezüglich die Differenzierung bei Cruel (1966, 3), der zwischen regelmäßigen Homilien, in denen chronologisch Vers nach Vers ausgelegt wird, und erzählenden Homilien, in denen auf eine zusammenhängende Evangelienerzählung eine zusammenhängende Deutung erfolgt, differenziert.
23 Cf. Kapitel 7.1.1.
24 «Mediator Dei et hominum, homo Christus Jesus, qui pro humani generis salute passurus de coelo descenderat ad terras, appropinquante hora passionis, appropinquare voluit loco passionis, ut etiam per hoc claresceret quia non invitus sed sponte pateretur. In asino venire, et a turbis rex appellari et laudari voluit, ut etiam per hoc eruditus quisque agnosceret [*Al.*, cognosceret] ipsum esse Christum, quem sic illo venturum prophetia olim praemissa signaverat» (121A).
25 «Li fait del nostre criator no sun solament fait, mais sun antreseigne, zo est signifiance». (Sub22, Z.2–4).
26 «Min lieben, nv enphahen wir hivte vnfern herren, von div daz er dvrh vnf komen ift ze der marter. Idoch fvln wir e vbel gedanche vz vnferm herzen vertriben vnde beiehen alle ein andern vnfer fvnde vnde beten inneklichen vmbe vnf felben vnde vmbe alle kriftenheit vnde gehvgen, waz vnf daz heilige evangelium fage». (SE19, 46, Z.21–26)

volkssprachlichen Paraphrase des Tagesevangeliums inklusive lateinischer Zitate des Evangelientextes verbunden.

Bezüglich des metatextuellen Verweises auf den zugrunde liegenden Evangelientext lassen sich auf Lexemebene Ähnlichkeiten erkennen: So wird in einigen der Predigten explizit Bezug auf den Evangelientext genommen durch Formulierungen wie «waz vnſ daz heilige evangelium ſage» (SE19, 46, Z.26), «Car zo diz l'Avangelis que» (Tor10, 106), «Audit avem quens retra Lucas evangelista» (LimB.02, 133, Z.3) sowie «Pullum quoque alligatum fuisse alii evangelistae testantur» (Beda23, 122B).

Alle Predigten folgen also einem bestimmten Muster in Bezug auf die Darlegung des Bibeltextes (Initium + Paraphrase), das – wie dargelegt – aber in unterschiedlichen Varianten realisiert werden kann. Auch auf lexikalischer Ebene lassen sich stereotype Formulierungen finden. Diese Elemente mit Wiedererkennungswert in anderen Predigttexten sind als diskurstraditionell zu betrachten.

6.2.2 Allegorisierender Interpretationsmodus

Der allegorisierende Interpretationsmodus umfasst allegorische und/oder moralische Deutungen der der Predigt zugrunde gelegten Evangelienperikope, die im Folgenden in Hinblick auf die sprachliche Gestaltung und die Konventionalität der konzeptuellen Verknüpfungen zu analysieren sind.

In einem ersten Schritt ist zu untersuchen, mit welchen sprachlichen Mitteln ein bestimmtes Element der biblischen Erzählung mit einem Element auf Ebene des geistlichen Schriftsinns verknüpft wird. Diesbezüglich ist zu unterscheiden zwischen Fällen, in denen explizit gedeutet wird, in der Regel durch die Verwendung von Verben wie *signifiar* o. Ä. und Fällen, in denen eine Gleichsetzung der Elemente auf den zwei Ebenen entweder durch Lexeme, die einen Äquativ zum Ausdruck bringen, wie beispielsweise die vergleichende Konjunktion *si comme*, oder durch syntaktische Muster wie Parallelismen zum Ausdruck gebracht wird.

Explizite Deutungen finden sich in allen hier untersuchten Predigten durch Verwendung folgender Verben:

– Kopula *esse* bzw. entsprechende romanische oder mittelhochdeutsche Formen (mit und ohne Demonstrativpronomen *zo* bzw. *daz*) als Bindeglied zwischen Prädikatsnomen und seinem Bezugswort: *zo es/zo ſo* (Tor10); *zo es* (LimB.02), *sunt/hoc est, quod* (Beda23), *est* (Sub22), *furerunt* (Sub22), *daz ſint* (SE19)
– Verben des Bezeichnens oder Bedeutens: *designa(n)t* (2x in Beda23), *bezaichent* (6x in SE19), *signifia* (Sub22), *signifio* (LimA.14), *dicta sunt* (Beda23), *insinuatur* (Beda23)

- Verben des Übersetzens: *interpretatur* (Beda23, Sub22, SE19), *geantfriſtet* (SE19), *zo sona en nostra lengua* (Sub22)
- Verb des Deutens: *entendre/entendem* (4x in LimB.02)

Neben den expliziten Deutungen zeigt sich in Tor10 eine implizite Deutung, wenn zwei Sätze mit paralleler syntaktischer Struktur miteinander verknüpft werden. Dabei entsteht der Eindruck, dass der syntaktische Parallelismus Similarität zum Ausdruck bringt.[27]

Des Weiteren zeigt sich in Beda23 eine implizite Verknüpfung, die dadurch charakterisiert ist, dass eine Kontraststruktur auf Ebene der Darlegung der biblischen Erzählung (*praecedebant* vs. *sequebantur* bzw. *praeibant* vs. *sequuntur*) auf Ebene der Darlegung des allegorischen Schriftsinns (*ante* vs. *postea*) wieder aufgegriffen wird (im folgenden Zitat grau hinterlegt):

(2) Turbae autem, quae praecedebant et quae sequebantur, clamabant dicentes: Hosanna filio David! Una eademque confessionis et laudationis voce Dominum, qui praeibant et qui sequuntur exaltant: quia una nimirum fides est eorum qui ante incarnationem Dominicam, et qui postea fuere probati [...]. (123D)

In Bezug auf die Verknüpfung der Elemente auf Ebene der Darlegung der biblischen Erzählung und der Ebene des geistlichen Schriftsinns ist also zu konstatieren, dass hierfür bestimmte Versprachlichungsstrategien in allen Predigten vorliegen, die so beschaffen sind, dass im expliziten Fall bestimmte Verben verwendet werden, um in der Regel zwei Substantive miteinander zu verknüpfen. Im impliziten Fall wird kein explizit deutendes Verb verwendet, sondern hier kann die Deutung etwa durch syntaktische Parallelität oder antithetische Strukturen zum Ausdruck gebracht werden.

Neben diesen konventionellen Versprachlichungsstrategien zeigen sich aber auch auf Konzeptebene in mehreren Predigten auftretende Verknüpfungsmuster, die aufgrund ihrer Konventionalität als diskurstraditionelle Elemente zu beschreiben sind:[28]

- ESELIN und FÜLLEN – JUDEN und HEIDEN (Beda23, SE19, LimB.02, Tor10)
- TÖCHTER ZIONS – GLÄUBIGE der KIRCHE (Beda23, LimB.02)
- JERUSALEM – FRIEDENSVISION (Beda23, SE19, Sub22)
- ABLEGEN der KLEIDER auf dem WEG – ERLEIDEN eines MARTYRIUMS (Beda23, LimA.14, LimB.02, Tor10, Sub22)

---

27 Cf. die Besprechung von 015_Tor10 in Kapitel 7.2.1.6.
28 In Anhang 1 findet sich eine Auflistung aller Deutungen, die in den sechs Predigten vorgenommen werden.

- ABREIßEN der ZWEIGE – BEISPIELNEHMEN an wichtigen PERSONEN der CHRISTLICHEN HEILSGESCHICHTE (Beda23, Sub22) bzw. ABREIßEN der ZWEIGE – wichtige PERSONEN der CHRISTLICHEN HEILSGESCHICHTE (LimA.14, LimB.02)
- MENSCHEN vor und hinter JESUS – MENSCHEN, die vor und die nach der INKARNATION glaubten (Beda23, SE19)
- PALME – SIEG (SE19, Tor10)

6.2.3 Moralische Aufforderungen in der Predigt

In der Regel ist in den Homilien die kommunikative Intention des Predigers zu erkennen, die Gläubigen zu einem bestimmten moralischen Verhalten aufzufordern (cf. Charland 1936, 112). Eine solche moralische Aufforderung kann im Rahmen der Allegorese erfolgen, wenn der Prediger eine Auslegung nach dem tropologischen Schriftsinn vornimmt (z. B. wenn das ABLEGEN der KLEIDER auf dem WEG als ERLEIDEN eines MARTYRIUMS gedeutet wird, cf. Beda23, LimA.14, LimB.02, Tor10, Sub22) und/oder durch eine abschließende moralische Aufforderung am Ende der Predigt. Während in LimB.02 und LimA.14 abschließende moralische Aufforderungen vorliegen, die nicht mit der Allegorese verknüpft sind, steht die moralische Aufforderung in den übrigen Predigten in direktem Zusammenhang mit der geistlichen Auslegung nach dem tropologischen Schriftsinn. In Bezug auf diskurstraditionelle Versprachlichungsstrategien der moralischen Aufforderung ist im Wesentlichen zu konstatieren, dass alle Predigten (kurz) vor der Schlussformel oder in einigen Fällen auch die ganze Auslegung über adhortative Sprechakte enthalten. Sprachlich können diese durch die folgenden drei Formulierungsmuster ($FM_{MoralAuff}$) zum Ausdruck gebracht werden, wie sich in den grau unterlegten Textausschnitten von (3)–(8) zeigt:

- $FM_{MoralAuff}1$: Modalverb in der 1. Person Plural (LimA.14) bzw. in der 2. Person Plural (SE19), das Notwendigkeit oder Verpflichtung ausdrückt + Infinitiv (LimA.14, SE19)
- $FM_{MoralAuff}2$: Verwendung eines jussiven Konjunktivs in der 3. Person Singular oder Plural im Präsens (Beda23)
- $FM_{MoralAuff}3$: Verwendung eines adhortativen Konjunktivs in der 1. Person Plural Präsens (LimA.14, LimB.02, Sub22).

(3) Quicumque ergo, fratres dilectissimi, continentiae carnis armis accincti ab initio jam Quadragesimae cum tentatore superbo certare coeperunt, videant caute ne coepta deserant, priusquam hoste prostrato ministeriis donentur angelicis. Qui vero hactenus armatura virtutum se non induit, vel hodie incipiat, hodie cum turbis illis fidelibus fidei opera

assumat, imploret pietatem ejus qui in nomine Patris adveniens benedictionem mundo attulit, et Hosanna in altissimis proclamans, salvari se superna in patria flagitet. Sternat vestimenta sua in via, id est, membra sui corporis humiliet in praesenti, ut exaltet Deus in futuro, memor illius Davidici quia exsultabunt ossa humiliata. Ramos de arboribus caedat, et sibi sternat in via, id est, sanctorum scripta sedulus ad memoriam revocet, quibus stantes ne cadant roborant, lapsos ne diutius jaceant hortantur, resurgentes ut virtutibus exerceantur instruunt, exercitatos virtutibus praemia in coelis ut sperent, erigunt: sicque gressus suae actionis, ne in lapidem offensionis et petram scandali offendant, praemuniat [...]. (Beda23, 125AB)

(4) Aquesta genz glorificava e laudava Nostre S[ennor] nos devem querre saluz de nostres corses e de nostras ànimas. (Tor10, 106)

(5) Da mit fvlt ir daz garnen, daz ir dem tievel angefiget, vnde fvlt hivte komen engegen vnferm herren mit dvrnæhtiger bekerde, mit waren riwen vnde flizzet ivch nv dife tage mit kirchgengen, mit wachenne, mit almŭfen, mit andern gŭten werchen, daz wir lvterli-che komen ze der fronen vrftende, da wir erften fvln mit fele vnde mit libe ze den ewigen gnaden. (SE19, 48, Z.3–9)

(6) Cedamus autem ramos de arboribus. Fructuose arbores fuerunt patriarche, prophete, apostoli, martyres, confessores, virgines et omnes electi Dei. De istis arboribus ramos tolli-mus, quando de eorum vita et conversatione exempla accipimus. E si noi zo fasem, ben porrem ander encontra Dominidè e intrarem cum luj in illam beatam civitatem Ierusalem celestem cum angelis et sanctis eius cantantes in excelsis: Osanna. Benedictus qui venit in nomine Domini. (Sub22, Z.58–67)

(7) Auzit avez cossi Nostre S. s'umiliet per nos; eisement nos nos devem umiliar per s'amor, que zo diz l'evangelia: «Omnis qui se exaltat humiliabitur, et qui se humiliat exaltabitur.» Zo diz que Nostre S. amerma e abaisa los orgols dels omes fols e creis et alza los umils e bins. E nos, umiliem nos vas lui si co fez lo laire e la croz, si com avez auzit e la passio. Pregem N. S. Deu qu'el perdo a nos, si co fez al lairo quel clamet misericordia. (LimA.14, Z.24–31)

(8) [...] e per aiso ab gauh asesmem nostres coratgues que recepiam Nostre Seinor [...]. (LimB.02, Z.27s.)

6.2.4 Lateinische Schlussformel

Alle untersuchten Predigten enden mit einer lateinischen Schlussformel.

(9) a) Jesus Christus Dominus noster, qui vivit et regnat cum Patre in unitate Spiritus sancti Deus per omnia saecula saeculorum. Amen. (Beda23, 125C)

   b) Qui vivit et regnat per omnia secula seculorum. Amen. (LimA.14, Z.31s.)

   c) [...] qui cum Patre et Spiritu Sancto vivit et regnat [in] secula seculorum. Amen. (LimB.02, Z.29s.)

(10)   Per Chriſtum deum. (SE19, 48, Z.10)

(11)   a)   Qui ipse prestare [...]. (Tor10, S.107)
       b)   Quod nobis ipse prestare dignetur. (Sub22, Z.70s.)

Bei diesen Schlussformeln handelt es sich um stark standardisierte formelhafte Wendungen, die nicht nur in vielen lateinischen Predigten des Mittelalters vorzufinden sind, sondern auch in anderen liturgischen Texten. Exemplarisch sei darauf verwiesen, dass «per omnia saecula saeculorum» in ganz unterschiedlichen liturgischen Texten verwendet wird. So findet sich bei Deshusses (1992) eine Vielzahl von Belegen dieser Formel, darunter beispielsweise im Gloria als Teil der Messe (cf. Deshusses 1992, 86).[29]

6.2.5 Sprachwechsel Latein – Volkssprache

Eine Gemeinsamkeit in Bezug auf die Sprachverwendung lässt sich für die volkssprachlichen Predigten SE19, LimA.14, LimB.02 sowie Tor10 festhalten, die alle auch einzelne lateinische Wendungen oder Zitate enthalten.[30] Dabei handelt es sich immer um Bibelzitate (sowohl im Initium als auch im weiteren Verlauf der Predigt) oder im Falle von SE19 auch um Zitate, die etymologische Deutungen belegen sollen.[31] Des Weiteren sind in allen Predigten die Schlussformeln auf Latein verfasst (cf. Kapitel 6.2.4). Bei den lateinischen Phrasen in den vier Predigten handelt es sich folglich immer um sehr stark konventionalisierte Elemente, die häufig zitiert werden. Die Verwendung des Lateinischen scheint immer zu markieren, dass die Aussage durch eine Autorität legitimiert wird. Somit kann auch der Wechsel von der Volkssprache ins Lateinische als diskurstraditionelles Verfahren betrachtet werden.

6.2.6 Fazit: Diskurstraditionelle Muster der mittelalterlichen Predigt

Die Analyse der sechs mittelalterlichen Predigten ergab, dass sich in Bezug auf den Predigtaufbau Übereinstimmungen feststellen lassen, die darauf schließen

---

29 In diesem Zusammenhang wäre eine korpuslinguistische Untersuchung, die die Funktion dieser Formel in unterschiedlichen Diskurstraditionen in den Blick nimmt, von Interesse.
30 Die Predigt Sub22 sticht in *Sub* dadurch hervor, dass sie zu großen Teilen auf Latein verfasst ist. Da hier nicht nur einzelne Zitate o. Ä. auf Latein wiedergegeben werden, sondern längere Passagen, unterscheidet sich die Funktion der lateinischen Sprachverwendung deutlich von der in den übrigen vier untersuchten volkssprachlichen Predigten.
31 Cf. z. B. «Bethania interpretatur domuſ obedientie» (SE19, 47, Z.22).

lassen, dass es sich dabei um konventionelle Strukturen handelt. So enthalten alle Predigten ein Initium mit lateinischem Bibelzitat, auf das anschließend eine Paraphrase der Perikope folgt, die in allen nicht-lateinischen Predigten in der Volkssprache formuliert ist. In allen Predigten erfolgt eine Auslegung nach dem geistlichen Schriftsinn, die teilweise auch moralische Aufforderungen beinhaltet. Zum Teil stehen diese moralischen Aufforderungen aber auch separat. Schließlich enden alle Predigten mit einer lateinischen formelhaften Wendung.

Insbesondere im Verfahren der Allegorese, das in allen Predigten auftritt, zeigen sich sowohl auf konzeptueller (z. B. ESELIN und FÜLLEN – JUDEN und HEIDEN) als auch auf lexikalischer Ebene (*designa(n)t, bezaichent, signifia, signifio*) wiederkehrende Muster. Bezüglich der konzeptuellen Verknüpfungen verschiedener Konzepte im Rahmen der Allegorese ist die Rolle Bedas hervorzuheben, da seine Predigt als älteste der in diesem Kapitel untersuchten Homilien als Vorlage für die übrigen gedient haben könnte. Dafür spricht, dass alle konzeptuellen Verknüpfungen, die in mindestens zwei Predigten auftreten, auch bei Beda zu finden sind, teilweise auch in leicht modifizierter Form.

Als weiteres diskurstraditionelles Verfahren ist der Sprachwechsel von der Volkssprache ins Lateinische zu betrachten, der die Funktion hat, durch Autoritäten legitimierte Aussagen zu untermauern.

Dass die hier untersuchten Predigten sich in Bezug auf die dargestellten Punkte sehr stark ähneln, hängt insbesondere damit zusammen, dass für alle Predigten ähnliche Rahmenbedingungen herrschen: Bei allen Predigten ist denkbar, dass sie in ähnlicher Form am Palmsonntag gehalten wurden. Die Tatsache, dass der Predigtanlass in allen Predigten der gleiche ist, ist ausschlaggebend dafür, dass sich starke inhaltliche Übereinstimmungen in Bezug auf den zugrunde gelegten Bibeltext sowie in Bezug auf die Ausführung der Allegorese erkennen lassen. Diskursnormen und -regeln (cf. Gleßgen 2005, 209), die für die Diskurstradition «Predigt» oder insbesondere die ans Volk gerichtete Homilie im Mittelalter grundlegend sind, bestimmen maßgeblich den Aufbau und das Verfahren der Allegorese.

6.3 Das romanische Predigtcorpus

Für die im Rahmen dieser Arbeit durchgeführte Analyse wurde ein Corpus von sechs romanischen Predigtsammlungen aus dem 12./13. Jahrhundert zugrunde gelegt, in dem die Durchführung der Allegorese untersucht werden soll. Die darin enthaltenen Texte stellen erste graphische Realisierungen von Predigten in den romanischen Volkssprachen dar, bei denen davon auszugehen ist, dass sie – im Gegensatz zu reinen Lesepredigten[32] (cf. Zink 1982, 48) – tatsächlich in ähnlicher Form gehalten wurden.[33] Abgesehen von den *Sermoni subalpini*, die in Bezug auf die Komposition eine Sonderstellung einnehmen, enthalten die übrigen Homiliare eine Abfolge von *sermones de tempore*, Predigten anlässlich der verschiedenen Sonn- und Feiertage im Kirchenjahr, und *sermones de sanctis*,[34] die Heiligen gewidmet sind und an den ihnen gewidmeten Festtagen gehalten wurden. In beiden Fällen handelt es sich um Predigten, die für einen bestimmten Termin im Kirchenjahr vorgesehen sind.

Das umfangreichste Homiliar ist *Mau*, die Predigtsammlung des Pariser Bischofs Maurice de Sully, die nach der vorangestellten Synodalpredigt, welche sich explizit an Kleriker richtet («Segnor provoire») und Auslegungen des Credo und des Vaterunser, einen Zyklus von 64 *sermones de tempore* und *sermones de sanctis* enthält, die ein gesamtes liturgisches Jahr abdecken (*omeliae per circulum anni dominicis diebus et singulis festivitatibus aptae*[35]). Abgefasst wurde die ursprüngliche Fassung wohl zwischen 1168 und 1175 (cf. Zink 1982, 33). Das Homiliar nimmt in verschiedener Hinsicht eine Sonderstellung ein. So handelt es sich dabei um die einzige Sammlung, die mit insgesamt 64 *sermones de tempore* und *de sanctis* ein gesamtes liturgisches Jahr abdeckt. Als außergewöhnlich ist die Manuskriptsituation zu beschreiben, denn während von den übrigen volkssprachlichen Predigtsammlungen des Corpus jeweils nur ein Manuskript vorliegt, sind die Predigten des Maurice in einer Vielzahl von Manuskripten enthalten (cf. Zink 1982, 21). Grundlage meiner Analyse bildet die auf dem *Sens*-Manuskript basierende Ausgabe von Charles A. Robson (1952). Eine weitere Besonderheit dieses Homiliars im Vergleich zu den übrigen Predigtsammlungen des Corpus besteht darin, dass neben der volkssprachlichen altfranzösischen Fassung auch eine lateinische vorliegt (cf. Robson 1952,

---

32 Lediglich bei den *Sermoni subalpini* stellt sich die Frage, ob es sich dabei nicht (nur) um Musterpredigten, sondern (auch) um Lesepredigten handelt, die zur Erbauung eines klerikalen Publikums verfasst wurden. Cf. diesbezüglich auch Kapitel 6, Anm. 9.

33 Das Jonas-Fragment, das zu den bekannten frühen altfranzösischen Textzeugnissen zählt, ist nicht Teil des Corpus, da dieses Predigtfragment keine Allegorese enthält.

34 Beim Vergleich der unterschiedlichen Predigtsammlungen des Corpus zeigt sich, dass das Verständnis von *sermo de sanctis* bzw. *sermo de tempore* variiert. So wird z. B. in *Tor* der Anlass des Mariä Lichtmess-Festes als Grundlage für einen *sermo de tempore* genommen, während die entsprechende Predigt in *Mau* dem Block der *sermones de sanctis* zuzuordnen ist.

35 Cf. Maurice de Sully, i, 57s. Im Gegensatz zu den anderen romanischen Predigtsammlungen werden hier nicht nur einzelne Sonn- oder Feiertage abgedeckt, sondern die Predigten erstrecken sich über ein ganzes liturgisches Jahr, was der Predigtsammlung Zink (1982, 221) zufolge einen noch stärkeren Modellcharakter verleiht.

33–36).[36] Des Weiteren ist hervorzuheben, dass *Mau* die einzige Predigtsammlung des Corpus ist, deren Verfasser bekannt ist: der Pariser Bischof Maurice de Sully.[37]

Die *Homilies d'Organyà*, im Folgenden als *Org* bezeichnet, stellen eine relativ kleine Sammlung dar mit lediglich acht Predigten zur Fastenzeit. Da jedoch von der letzten Predigt nur die ersten beiden Zeilen überliefert sind und von der achten Predigt lediglich das *Initium*, liegen nur sechs vollständige Predigten vor.[38] Alle Predigten sind *sermones de tempore* zur Fastenzeit, die in chronologischer Abfolge des liturgischen Zyklus angeordnet sind.[39] Enthalten sind sie in dem wohl Ende des 12./Anfang des 13. Jahrhunderts kopierten Manuskript Nr. 289 der Biblioteca de Catalunya (cf. Molho 1961, 188). Bei der Analyse stütze ich mich auf die Edition von Maurice Molho (1961), die unter dem Titel *Les Homélies d'Organyà* im *Bulletin Hispanique* 63, 186–210 erschienen ist. Die Predigten sind auf Katalanisch verfasst, enthalten jedoch auch einige Okzitanismen.

Die Sammlung der 22 altokzitanischen Predigten aus Tortosa, im Folgenden als *Tor* bezeichnet, beginnt mit 12 *sermones de tempore* (Weihnachten bis Pfingsten),[40] auf die neun *sermones de sanctis* (Geburt Johannes' des Täufers bis Allerheiligen) folgen, und schließt mit einer Predigt zum Kreuzesfund, die für den 3. Mai konzipiert ist. Die vom Anfang des 13. Jahrhunderts überlieferten Predigten sind in dem Manuskript *Tortosa 106* überliefert, von dem die letzten Blätter fehlen, was dazu führt, dass die letzte Predigt nicht vollständig erhalten ist (cf. Zink 1982, 27). Es ist davon auszugehen, dass das Manuskript, wenn nicht in Tortosa selbst, so doch zumindest auch in Katalonien niedergeschrie-

---

36 In Bezug auf die Frage des Verhältnisses der beiden Fassungen zueinander cf. Kapitel 6.3.4.

37 Maurice de Sully, ein Vertreter des Weltklerus, der 1160 als Nachfolger des Petrus Lombardus Bischof von Paris wurde, gilt als Verfasser der Predigten. Er scheint als Prediger großen Ruhm genossen zu haben (cf. Spieralska 2007, 17). So ist bei Innozenz III. zu lesen: «capellani ad episcopales synodos accedebant [...] ad audiendos sermones Mauritii, quondam Parisiensis episcopi» (Mortet 1889, 132). Er verstand es, als *vulgarisateur* christliche Glaubensinhalte einem breiten Publikum verständlich zu machen (cf. Robson 1952, 6; Kleinhans 1993, 50).

38 Die Zählung bei der Analyse orientiert sich lediglich an den kompletten Predigten, d.h. dass die erste und die letzte Predigt, von denen nur ein Ende bzw. Anfang überliefert sind, nicht berücksichtigt werden.

39 Auffällig ist in *Org* jedoch, dass die fünfte Predigt wohl versehentlich eine falsche Überschrift enthält, die die chronologische Abfolge durchbrechen würde. Der ausgelegte Bibeltext müsste richtigerweise dem zweiten Sonntag der Fastenzeit zugeordnet werden, wie das bspw. auch in Mau10 der Fall ist.

40 In dieser Predigtsammlung werden auch die anlässlich des Festes der unschuldigen Kinder, Mariä Lichtmess und Mariä Verkündigung gehaltenen Predigten zu den *sermones de tempore* gerechnet.

ben wurde. Ediert wurde die Predigtsammlung zum einen 1897 in dem Aufsatz *Homélies provençales. Tirées d'un manuscrit de Tortosa* in den *Annales du midi* 9, 369–418. Eine neuere Edition findet sich in der Monographie von Josep Moran i Ocerinjauregui (1990) mit dem Titel *Les homilies de Tortosa* (Montserrat, Curial Ed. Catalanes). Auf diese stütze ich mich bei der Analyse. Die Sprache dieser Predigtsammlung lässt sich als altokzitanisch beschreiben, das von einigen Katalanismen durchdrungen ist (cf. Zink 1982, 26s.).

Nicht nur in Hinblick auf die Tatsache, dass in *Tor* und *Org* okzitanisch-katalanischer Sprachkontakt sichtbar wird, liegt eine Gemeinsamkeit zwischen den Homiliaren vor, die beide aus katalonischen Augustiner-Chorherren-Klöstern stammen,[41] welche großen Wert auf den *sermo ad populum* legten. Besonders offensichtlich wird eine Verbindung zwischen den beiden Sammlungen dadurch, dass sowohl in *Tor* als auch in *Org* eine durch *Convertimini ad me* eingeleitete Aschermittwochspredigt enthalten ist (Org04, Tor05), die vermutlich auf die gleiche Vorlage zurückgeht.[42]

Eine weitere okzitanische Textsammlung stellen die *Sermons limousins* dar, die im Folgenden als *Lim* bezeichnet werden. Dabei handelt es sich um zwei Predigtreihen, die in dem aus St. Martial de Limoges stammenden Manuskript *B.N. lat. 3548b* vom Anfang des 13. Jahrhunderts enthalten sind. Ediert wurden die Predigten 1880 von Camille Chabaneau unter dem Titel *Sermons et préceptes religieux en langue d'oc du XIIe siècle* in der *Revue des Langues Romanes* 18, 105–146. Während die 18 Predigten der ersten Serie (*LimA*) um 1120 zu datieren sind, ist bei den 12 Predigten der zweiten Serie (*LimB*) anzunehmen, dass sie um 1170 niedergeschrieben wurden (cf. Chabaneau 1880, 107). Es ist davon auszugehen, dass beide Predigtgruppen – teilweise sicherlich auch in modifizierter Form – von einer größeren Modellpredigtsammlung abgeschrieben wurden (cf. Chabaneau 1880, 110). Zwischen den beiden Sammlungen sind deutliche Überschneidungen zu konstatieren. *LimB* stammt aus einer Quelle und enthält eine chronologische Abfolge von sechs *sermones de tempore*, die für Sonn- und Feiertage ab dem Passionssonntag bis einschließlich Pfingsten bestimmt sind, auf die schließlich fünf *sermones de sanctis* folgen. Lediglich die zwölfte Predigt fällt insofern aus dem Rahmen, als sie für den ersten Sonntag

---

41 Molho (1961, 191) hebt hervor, dass die Predigten in *Org* stark augustinisch geprägt sind, sei es durch eine namentliche Anrufung Augustins, sei es durch die starke Bezugnahme auf augustinisches Gedankengut wie *caritas*, *avaritia* und Wissen um *bonum* und *malum*.

42 Cf. Moran i Ocerinjauregui (1990, 78). Es ist nicht davon auszugehen, dass es sich bei der gemeinsam in *Org* und *Tor* überlieferten Predigt um die Übersetzung aus der jeweils anderen Sammlung handelt (cf. Zink 1982, 28).

nach Pfingsten bestimmt ist.[43] Bei den Predigten in *LimA* hingegen lässt sich kein einheitliches Schema wie die Abfolge *sermones de tempore* – *sermones de sanctis* feststellen. Die Predigten stammen aus vier unterschiedlichen Quellen, die folgendermaßen angeordnet werden können (cf. Chabaneau 1880, 110):

– A.1–5 korrespondieren mit 6–10 aus der Gruppe B. Dabei handelt es sich um einen *sermo de tempore*, auf welchen vier *sermones de sanctis* – in der gleichen Reihenfolge wie in der Gruppe B – folgen.
– Die Texte A.6 und A.7 scheinen Auszüge aus einem liturgischen Handbuch darzustellen und sind somit nicht als *sermones* zu klassifizieren. A.8, eine Bußpredigt, klassifiziert Chabaneau (1880, 108) als *sermo de diversis*, d. h. als Predigt, die keiner bestimmten Kategorie zuzuordnen ist. Dabei könnte es sich aber auch um einen *sermo de tempore* handeln, denn das gleiche Bibelzitat (*Convertimini ad me*, Joel 2,12) wird beispielsweise in Org04 und Tor05 zur Einleitung für die Aschermittwochspredigt verwendet. Im Folgenden zähle ich diese Predigt daher zu den *sermones de tempore*.
– Bei A.9 und A.10 handelt es sich um *sermones de tempore*, A.11 ist unvollständig und könnte Chabaneau (1880, 108) zufolge einen *sermo de diversis* darstellen. Bei A.12–18 handelt es sich um *sermones de sanctis* und *sermones de tempore*, die chronologisch aufeinander folgen von Mariä Lichtmess bis einschließlich Ostermontag. Während A.14 mit B.02 korrespondiert (Palmsonntagspredigt), korrespondiert A.17 mit B.04 (Ostersonntagspredigt).

Insgesamt ergibt sich folgendes Bild: Von den 30 Texten in der Predigtsammlung können insgesamt 28 als Predigten bestimmt werden.[44] Von LimA.11 fehlt der Anfang, so dass diese Predigt nicht näher klassifiziert werden kann. LimB.12 bereitet Chabaneau (1880, 107) zufolge Schwierigkeiten bei der Klassifizierung, da es sich hierbei nicht um einen *sermo de sanctis* zu handeln scheint wie bei den vorhergehenden Predigten. Aufgrund des zugrundeliegenden Evangelientextes wäre es möglich, diese Predigt als *sermo de tempore* einzuordnen, der sich auf den ersten Sonntag nach Pfingsten bezieht. Chabaneau (1880, 107) verweist jedoch darauf, dass mit dieser Predigt auch eine Reihe verschiedener *sermones de diversis* beginnen könnte, von der nur die erste Predigt erhalten ist. Somit lassen sich 26 Predigten der Sammlung gut bestimmen:

---

43 Chabaneau (1880, 107) nimmt an, dass mit dieser zwölften Predigt eine neue Predigtgruppe begonnen wird, da in Predigtsammlungen normalerweise auf die *sermones de tempore* *sermones de sanctis* und daraufhin *sermones de diversis* folgen.
44 Bei LimA.06 und LimA.07 handelt es sich nicht um Predigten, sondern um Auszüge aus liturgischen Handbüchern.

Der Schwerpunkt der *sermones de tempore* mit den Anlässen Beschneidung, Aschermittwoch (2x?[45]), Passionssonntag (2x), Palmsonntag (2x), Karfreitag, Ostern (3x), Ostermontag, Himmelfahrt und Pfingsten (2x) liegt dabei auf der Fasten- und Osterzeit (11 von 15 *sermones de tempore*). Daneben können elf *sermones de sanctis* bestimmt werden: sechs Marienpredigten und fünf weitere (zu Johannes, Petrus und Michael).

Die *Sermons de carême en dialecte wallon*, im Folgenden als *Wal* bezeichnet, stellen eine Sammlung von zehn Fastenpredigten, d. h. *sermones de tempore*, dar, die in chronologischer Abfolge angeordnet sind. Die Predigten sind in einem Manuskript der Université de Gand (*fonds serrure* n°1) enthalten, welches aus der Abtei Saint-Jacques in Lüttich stammt. Es ist davon auszugehen, dass die Fastenpredigten nicht nach der ersten Hälfte des 13. Jahrhunderts entstanden sind (cf. Pasquet 1887, 4s.). Ediert wurde das Homilar von Emmanuel Pasquet (1887) unter dem Titel *Sermons de carême en dialecte wallon. Texte inédit du XIIIe siècle publié.*

Die aus dem Piemont stammenden *Sermoni subalpini*, im Folgenden als *Sub* bezeichnet, bilden eine Sammlung von 22[46] Predigten, die sich dahingehend deutlich von den übrigen Homiliaren unterscheidet, dass nicht in erster Linie liturgisch verankerte *sermones de tempore* oder *sermones de sanctis* vorliegen, sondern lediglich 12 Predigten *sermones de tempore* sind. Bei den übrigen zehn Predigten handelt es sich in sechs Fällen um *sermones de scriptura* (Sub05, Sub06, Sub08, Sub09, Sub13, Sub16), die teilweise vergleichsweise lange Textpassagen ähnlich wie ein Kommentar allegorisieren und in keinem Zusammenhang mit liturgischen Lesungen stehen.[47] Vier der Predigten sind als *sermones de diversis* zu klassifizieren, die unterschiedliche Themen behandeln, wie beispielsweise die Abgabe des Zehnten oder Simonie. Neben der Tatsache, dass die Predigten dieser Sammlung viel schwächer liturgisch verankert sind, als das bei allen übrigen Predigtsammlungen der Fall ist, sticht sie dadurch hervor, dass die Anordnung der Predigten keine erkennbare Ordnung aufweist, wohingegen in allen übrigen Predigtsammlungen eine chronologische Abfolge dominiert. Enthalten ist das Homiliar im Manuskript *B.N., D VI,10,*

---

45 Cf. oben die Erläuterung zu LimA.08.

46 Zwar legt die Tatsache, dass in *Sub* – wie auch in *Tor* – 22 Predigten enthalten sind, einen Modellcharakter und eine bewusste Komposition nahe, da diese Zahl aus dem Grund, dass das Alte Testament nach der Zählung des Hieronymus 22 Bücher enthält und das hebräische Alphabet 22 Buchstaben umfasst, im Mittelalter häufig für die Einteilung von Schriften verwendet wurde, doch schlägt diese sich bei *Sub* nicht in einer internen klaren Struktur nieder.

47 Diesbezüglich stellt sich die Frage, ob es sich dabei um Lesepredigten handelt (cf. Kapitel 6, Anm. 32).

das vermutlich Anfang des 13. Jahrhunderts in der Diözese Vercelli entstanden ist (cf. Wunderli 1971, 15s.). Die in *Sub* vorkommenden volkssprachlichen Passagen sind nicht einer einzigen diatopischen Varietät zuzuordnen, sondern es handelt sich dabei um eine Mischsprache (cf. Tressel 2004, 21; Wunderli 1971, 420), die sich aus Formen unterschiedlicher Sprachen zusammensetzt. Über die genaue Bestimmung der Sprache der *Sermoni subalpini* wurde viel diskutiert.[48] Festhalten lässt sich zweifelsohne, dass sich einerseits (gallo-)italische Spuren[49] (v. a. Piemontesisch[50]), andererseits aber altfranzösische und altokzitanische Spuren erkennen lassen, was mit dem hohen literarischen Prestige dieser beiden romanischen Sprachen und den engen politischen und wirtschaftlichen Beziehungen zwischen Norditalien und Frankreich erklärt werden kann (cf. Babilas 1968, 14; Migliorini 1988, 119–122; Wolf 1990, 239).[51] Ähnlich wie im Falle lateinisch niedergeschriebener Predigten, die sich an das Volk richteten, ist auch bei *Sub* davon auszugehen, dass die Predigten, falls sie wirklich einem Publikum vorgetragen wurden, nicht in dieser hybriden Sprachmischung direkt verlautlicht wurden, sondern sie dem Publikum in der jeweils von ihm gesprochenen Sprache vorgetragen wurden (cf. Babilas 1968, 14).[52] Damit spricht die Predigtsammlung potenziell unterschiedliche Adressatenkreise an.

Die Tatsache, dass zwei der Predigtsammlungen, *Wal* und *Org*, lediglich *sermones de tempore* zur Fastenzeit enthalten, ist nicht ungewöhnlich. So verweist auch Delcorno (2000, 502) darauf, dass Predigtsammlungen dieser Art im Mittelalter am weitesten verbreitet waren. In Bezug auf die Modellhaftigkeit sticht die Sammlung *Mau* mit ihrer Gesamtkomposition insofern hervor, als diese Sammlung dem Kleriker als Handbuch für das gesamte liturgische Jahr dient. *LimB*, *Org*, *Wal* und *Tor* weisen zwar nicht dieselbe Vollständigkeit wie *Mau* auf, sind aber insofern modellhaft, als sie sich an dem typischen Muster für Homiliare orientieren: einer chronologischen Abfolge von *sermones de tem-*

---

48 Eine detaillierte Darstellung findet sich bei Tressel (2004, 19–23).
49 Cf. Danesi (1976); Foerster (1879). Wolf (1990, 249) vertritt die Auffassung, dass die *Sermoni subalpini* nicht auf Piemontesisch, sondern auf Franko-Italisch verfasst sind. Ebenso rechnet Holtus (1998, 715) *Sub* zu den franko-italischen Texten.
50 Cf. Tressel (2004, 21). Wunderli (1979, 303s.) distanziert sich in diesem Zusammenhang von der Differenzierung, die Danesi (1976) vornimmt, wenn er alles als galloromanisch bezeichnet, was nicht piemontesisch ist und dabei außer Acht lässt, dass das Galloromanische und das Piemontesische gemeinsame Züge aufweisen, die er aber nur dem Piemontesischen zuschreibt.
51 Cf. auch Stengel (1873, 3), der davon spricht, dass die Sprache der *Sermoni subalpini* in der Mitte zwischen provenzalisch und französisch zu verorten sei.
52 Hier wäre mit Sabatini (1968, 332) wiederum von einer «lettura attualizzante» zu sprechen.

pore im Rahmen des liturgischen Jahres und eventuell darauf folgend *sermones de sanctis*, auch nach dem liturgischen Jahresablauf angeordnet. *LimA* und *Sub* hingegen orientieren sich nicht an dem modellhaften Schema. In Bezug auf die Funktion der jeweiligen Sammlung gehen damit folglich auch Unterschiede einher: So weisen die wohlgeordneten Sammlungen *LimB*, *Org*, *Wal* und *Tor* stärkeren Handbuchcharakter auf, da der Kleriker sie leicht benutzen kann und für den jeweiligen Sonntag gut nach der entsprechenden Predigt suchen und diese gegebenenfalls einfach vorlesen kann. *LimA* und *Sub* hingegen sind von ihrer Anordnung her nicht so klar auf den unmittelbaren praktischen Gebrauch ausgerichtet. Auch hier ist zwar davon auszugehen, dass Kleriker die Predigten lasen und sie als Inspiration für eigene Predigten nahmen. Ob sie aber für das unmittelbare Vortragen im Gottesdienst konzipiert waren, erscheint fraglich, da sie nicht die klare Handbuchstruktur aufweisen (cf. Kapitel 6.3.3).[53]

6.3.1 Die allgemeinen Kommunikationsbedingungen für Predigtsammlungen

Die Kommunikationsbedingungen, die für die volkssprachlichen Predigten des 12. und 13. Jahrhunderts anzunehmen sind, sind nur vor dem Hintergrund der Diglossiesituation Latein – Volkssprache zu verstehen. So wurden *sermones ad populum* schon seit dem 9. Jahrhundert phonisch in der Volkssprache realisiert, da die Predigtzuhörer lateinische Predigten nicht mehr verstanden (cf. Kapitel 6, Anm. 12). Graphische Realisierungen der volkssprachlichen Predigt finden sich aber erst deutlich später. So handelt es sich bei *Lim*, *Mau*, *Org*, *Tor*, *Sub* und *Wal* um erste volkssprachliche graphische Realisierungen von Predigtsammlungen, die auch tatsächlich konserviert wurden. Da die Kommunikationssituation der Predigtsammlungen sich als relativ komplex darstellt, reicht es nicht aus, zu konstatieren, dass die einzelnen Predigten aufgrund der Verwendung der Volkssprache an ein laikales Publikum gerichtet gewesen sein müssen. So ergibt sich aufgrund der Tatsache, dass die Predigten nicht in ihrer genuinen phonisch realisierten Form, in der sich der Prediger an die Gemeinde wendete, vorliegen, sondern in graphischer Form[54] in einer Sammlung, eine komplexere Kommunikationssituation. Es ist davon auszugehen, dass eine ge-

---

53 Zink (1982, 89) unterscheidet zwischen Predigtsammlungen, die als Handbücher intendiert waren und solchen, die zwar nicht als solche intendiert waren, jedoch als Handbücher benutzt wurden. Bei den hier untersuchten Homiliaren ist zu vermuten, dass die sehr strukturierten Homiliare wie *Mau* auch wirklich als Predigthandbücher intendiert waren, während das bei *Sub* und *LimA* eher fraglich erscheint.

54 Bezüglich des Verhältnisses graphisch-phonisch cf. Unterkapitel 6.1.

samte Sammlung sich nicht in erster Linie an Laien, sondern an Kleriker richtet, die sie als eine Art Handbuch zur Inspiration für eigene Predigten benutzten (cf. Kapitel 6, Anm. 10; Zink 1982, 19). Warum wurden aber nun solche Predigtsammlungen an Kleriker adressiert, die selbst des Lateins mächtig waren? Ein Grund könnte darin liegen, dass die Kleriker Schwierigkeiten hatten, theologische Inhalte in der Volkssprache zu vermitteln, da das Lateinische die Sprache der wissenschaftlichen Theologie war.[55] Insofern sind die volkssprachlichen Predigtsammlungen als praktische Handreichung für Prediger zu betrachten,[56] die dem einfachen Volk predigen, welches nicht lateinkundig ist.[57] So ist davon auszugehen, dass an Kleriker adressierte Predigten, die im 12./ 13. Jahrhundert in der Regel auf Latein gehalten wurden, eher wissenschaftlich ausgerichtet sind und einen gehobenen Stil aufweisen, während an das Volk adressierte Predigten tendenziell eher einfache, praktische Ratschläge enthalten.[58] Die Kommunikationssituation, die für diese Sammlungen anzunehmen ist, lässt sich mit dem folgenden Modell beschreiben:

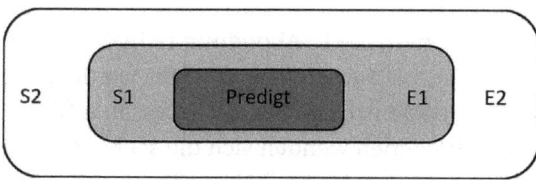

Abb. 19: Kommunikationssituation der Predigtsammlungen.

---

55 Cf. Babilas (1968, 15) sowie Moran i Ocerinjauregui (1990, 74), der darauf verweist, dass bis ins 12. Jahrhundert keine volkssprachlichen Predigtsammlungen vorlagen, die das Predigen in der Volkssprache erleichtert hätten.

56 Cf. auch Moran i Ocerinjauregui (1990, 77), der davon ausgeht, dass Kathedralen und Kanoniker die Predigtsammlungen mit von Prälaten gehaltenen Predigten in Umlauf brachten, um den Priestern eine praktische Hilfestellung für die Predigt in ihren Gemeinden an die Hand zu geben.

57 Eine Ausnahme diesbezüglich scheint in dem hier analysierten Corpus *Sub* darzustellen, denn diese Predigtsammlung weist ein deutlich höheres Niveau in Hinblick auf theologische und metaphysische Abhandlungen auf als die übrigen untersuchten Homiliare (cf. Zink 1982, 140).

58 Cf. diesbezüglich Lecoy de la Marche, Albert (1868, 194): «Les auditoires se composent soit de clercs, soit de laïques. C'est là une distinction essentielle dont tiennent compte tous les prédicateurs, variant leur enseignement et leur méthode selon qu'ils s'adressent aux uns ou aux autres, réservant pour les premiers la science et le style élevé, pour les seconds les explications familières, pratiques, improvisées».

Ein Herausgeber komponiert die verschiedenen Predigten in einer Sammlung (hellgrauer Kasten) und wendet sich mit allen Predigten als Sender (S2)
an mittelalterliche Kleriker als Adressaten (E2). Diese können die Sammlung
zum einen als inspirierende Lektüre für sich selbst verwenden. Zum anderen
können sie die Homiliare, was vor dem Hintergrund der Verwendung der Volkssprache wahrscheinlicher erscheint, als Grundlage für die Vorbereitung eigener
Predigten oder als Manuskript für «Wiedergebrauchsreden»,[59] die in mehr oder
weniger modifizierter Form abgelesen werden, verwenden. Hinweise auf eine
solche Verwendung der Predigtsammlung finden sich in *Sub*: So deuten die
Überschriften «Sermo in dominicis diebus vel cum volueris» (Sub09), «Sermo
in Nativitate Domini vel cotidianus» (Sub10), «Sermo communis vel cum volueris» (Sub16) darauf hin, dass diese Predigten vom Herausgeber der Sammlung
als wirklich zu haltende, also als Wiedergebrauchsreden, konzipiert waren und
dass dabei dem Prediger, der diese Texte entweder als Grundlage für eine eigene Predigt verwendete oder sie in eventuell auch leicht modifizierter Form vor-
las, eine Wahloption gelassen wurde, zu welchem Anlass die Predigt zu halten
ist (cf. Zink 1982, 89).

Des Weiteren kann eine einzelne Predigt, die in Abbildung 19 in dem inne-
ren dunkelgrauen Kasten dargestellt ist, als Botschaft betrachtet werden, die
ein Prediger als Sender (S1) an die Gottesdienstbesucher als Adressaten (E1) in
Form einer «Verbrauchsrede» richtet. Potentiell wenden sich die sechs romanischen Predigtsammlungen also an zwei unterschiedliche Adressatenkreise:
Kleriker als Benutzer der Sammlungen (E2) und Laien als Adressaten (E1) der
einzelnen Predigten im Gottesdienst.

Aufgrund dessen ist im Folgenden genauer zu untersuchen, ob sich in den
Predigten Indizien dafür finden lassen, ob sie eher an Kleriker oder eher an
Laien als Adressaten gerichtet waren. Die Verwendung der Volkssprache kann
bereits als Indiz dafür gewertet werden, dass die Predigten sich an ein laikales
Publikum richten. Darüber hinaus ist aber zu untersuchen, welche Schlüsse

---

59 Cf. Stolt (1988, 15s.), die in Anlehnung an Lausbergs Differenzierung zwischen Verbrauchs-
und Wiedergebrauchsrede (cf. Lausberg 1967, 16s.) zwischen der Predigt als Verbrauchsrede
und der liturgischen Wiedergebrauchsrede unterscheidet. In der Tat ist die Predigt – auch die
mittelalterliche, die in einer an Kleriker adressierten Sammlung enthalten ist – deutlich zu
unterscheiden von der liturgischen Wiedergebrauchsrede, die einen rituellen Charakter aufweist und von Klerikern und Gottesdienstbesuchern als Wiedergebrauchsrede gekannt und
verwendet wird. Bei der Predigt hingegen kann es sich aus Sicht des Predigers oder des Herausgebers der Predigtsammlung um eine Wiedergebrauchsrede handeln, die jedoch von den
Zuhörern nicht als solche wahrgenommen wurde.

sich aus verwendeten Anreden, der Gesamtkomposition sowie dem allgemeinen inhaltlichen Niveau ziehen lassen.[60]

6.3.2 Anreden als Hinweise auf die Adressatenschaft der einzelnen Predigten (E1)

In der Forschung zu den frühen romanischen Predigten wurden die für das Publikum verwendeten Anreden immer wieder als Indikatoren betrachtet, die Auskunft über das Zielpublikum geben (cf. Lecoy de la Marche, Albert 1868, 238; Babilas 1968, 13s.; Chabaneau 1880, 112; Meyer 1866, 77; Zink 1982, 140). Mit Zielpublikum ist hier die in Abbildung 19 als E1 bezeichnete Adressatenschaft der einzelnen Predigten gemeint. Die verschiedenen Varianten des Lexems *segnor*[61] sowie *baro*[62] wurden üblicherweise als Laienanrede aufgefasst (cf. Lecoy de la Marche, Albert 1886, 238; Babilas 1968, 13; Meyer 1866, 77), die Formen von *fratres/fraire*[63] hingegen als Anrede für Laienbrüder (cf. Chabaneau 1880, 112) oder für Mönche im Allgemeinen (cf. Blaise 1975, 401). In Bezug auf *fratres/fraire* ist aber zu berücksichtigen, dass es sich dabei auch um eine Anrede handeln kann, mit der sich Christen gegenseitig ansprechen, was wiederum dagegen spricht, *fratres* oder *fraire* als eindeutige klerikale Anrede zu definieren.[64] Vor allem die Tatsachen, dass in *Lim*, *Org* und *Sub* beide Anreden verwendet werden und in *Sub* auch eine Kombination aus beiden Anredeformen vorliegt,[65] lassen es nicht ratsam erscheinen, aufgrund der Anrede *fratres/fraire* mit Gewissheit von E1 (cf. Abbildung 19) als einem klerikalen Publikum zu sprechen. Von einem solchen kann lediglich in einem Fall ganz eindeutig ausgegangen werden: In der Synodalpredigt des Maurice de Sully, die den 64 Predigten des liturgischen Jahres vorangestellt ist, wendet sich der Prediger

---

60 In Bezug auf das sprachliche Register lassen sich bei diesen frühen romanischen Predigten kaum Aussagen über die Adressatenschaft treffen, da der Sprachausbau noch nicht weit genug fortgeschritten ist.

61 Varianten des Lexems *segnor* finden sich in allen Predigtsammlungen: *Lim*: *senor*, *seinor*; *Mau*: *segnor*, *segnor e dames*; *Org*: *S<enniors>*; *Tor*: *sennor*, *seinors*, *seinor*, *senor*, *sennor*; *Sub*: *seignor*; *Wal*: *seignor*.

62 Die Anrede *baro* findet sich nur in *Lim*.

63 Varianten von *fratres/fraire* liegen in *Lim*, *Org* und *Sub* vor. So finden sich in *Lim fraire*, *fratres*, *fratres karissimi* und *fraire karissimi*, in *Org frares cars* sowie in *Sub fratres karissimi*.

64 Cf. Du Cange, Charles du Fresne (1710, 586) sowie das in Sub03, Z.1–3 verwendet Pauluszitat (Röm 13,11): «Fratres, hora est iam nos de sompno surgere. Freres, zo dit l'Apostol, ben est hora que nos levem de dormir», mit dem sich der Apostel an die ganze Gemeinde in Rom wendet und nicht an ein ausschließlich klerikales Publikum.

65 In dieser Predigtsammlung finden sich die Formen *seignor frere(s)/seignor frare*.

an die «Segnor provoire», d. h. an Priester, und empfiehlt ihnen die Verwendung eines Homiliars. Die Tatsache, dass die Synodalpredigt der kompletten Predigtsammlung mit den 64 *sermones ad populum*, die ein ganzes Kirchenjahr abdecken, vorangestellt ist, lässt vermuten, dass E1 in der Synodalpredigt mit E2 der gesamten Predigtsammlung gleichzusetzen ist. Die einzelnen 64 *sermones de tempore* bzw. *de sanctis* hingegen sind nicht an *segnor provoire*, sondern an einfache *segnor*, vermutlich ein Laienpublikum als E1, adressiert.[66] Aus der Gegenüberstellung der Anreden *segnor provoire* und *segnor* in *Mau* könnte in Analogie gefolgert werden, dass auch in einzelnen Predigten der übrigen untersuchten Predigtsammlungen Laien als Adressaten angesprochen werden, da die Anrede *segnor* bzw. die verschiedenen Varianten dieses Lexems in den unterschiedlichen Sprachen (cf. Kapitel 6, Anm. 61) in allen Sammlungen – wenn auch nicht in jeder einzelnen Predigt – zu finden sind.[67] Babilas (1968, 13) plädiert aber dafür, dass *Sub* sich an ein klerikales Publikum E1 richtet. Als Argument dafür zieht er die Allegorese in Sub09 heran, in deren Rahmen die Priesterschaft allegorisch auf die aktuelle Priesterschaft hin gedeutet wird.[68] Diesbezüglich kann eingewendet werden, dass das im Rahmen der allegorischen Deutung verwendete *nos* sich nicht unbedingt auf Prediger und Zuhörer beziehen muss, sondern es auch denkbar ist, dass der Prediger mit der 1. Person Plural entweder nur auf sich alleine oder auch auf sich und andere Prediger referieren kann.[69]

---

66 Cf. Moran i Ocerinjauregui (1990, 77), der darauf verweist, dass die Predigten dieser Sammlungen dazu gedacht waren, dass Kleriker sie vorlasen.

67 Moran i Ocerinjauregui (1990, 78) geht davon aus, dass die katalanischen Augustiner-Chorherren, von denen *Org* und *Tor* stammen, wichtige Impulse aus der Abtei Saint-Ruf in Avignon erhielten und dass sie auch von dort stammende Predigten sammelten und niederschrieben, die vermutlich an ein Laienpublikum adressiert waren.

68 «Le tube que li prever sonerent signifiquen que nos devem crier e ysalcer nostra voz per predicaciun e mostrer que nos portem l'arca, zo est la temor e l'amor de Deu en nostre coratge» (Sub09, Z.139–142).

69 Cf. bezüglich der Verwendung der 1. Person Plural auch die Aussagen «Or avem dita l'estoria, or vos diren lo sen e que significa» (Sub09, Z.92s.) oder «Or vos direm qui est aquest rei c'um apella Salomun» (Sub05, Z.20s.). Auch in den lateinischen Homilien Gregors findet sich eine solche Verwendungsweise: «Haec nos, fratres charissimi, idcirco dicimus, ut [....]» (*Homiliarum in Evangelia* 1,1, PL 76, 1078C). Des Weiteren liegt in Mau32 eine allegorische Auslegung vor, in der ein Sachverhalt aus der biblischen Erzählung (Weinen Jesu) auf die Priester im allegorischen Schriftsinn bezogen wird.: «E nos provoire qui somes el leu Damedeu en terre, se nos estions si sage e si buen comme nos devrions estre: nos devrions de tele ame plorer <nos le devrions apeler, e nos li devrions ço dire que Nostre Sire dist a la cité de Jerusalem» (Mau32, Z.34–37). Da in *Mau* die oben dargelegte doppelte Adressatenschaft vorliegt (Kleriker als Adressaten der Synodalpredigt und damit auch des gesamten Homiliars [E2] und Laien als Adressaten der einzelnen 64 Predigten [E1]), ist nicht davon auszugehen, dass Maurice in die-

Die in den einzelnen Predigten verwendeten Anreden können also keine endgültige Klärung in Bezug auf die Frage nach den Adressaten der Predigten (E1) bringen. Eine Untersuchung der Komplexität der Predigten im Rahmen der Allegorese-Analyse in den Kapiteln 8–10 soll aber dabei helfen, die Adressatenschaft in Hinblick auf ihr Bildungsniveau näher zu beschreiben.

6.3.3 Die Gesamtkomposition der einzelnen Predigtsammlungen als Handbücher für Kleriker (E2)

Die Gesamtkomposition der einzelnen Homiliare ist im Folgenden näher zu untersuchen, da sie Hinweise auf die Intention des Herausgebers (S2) und damit auf die Funktion der jeweiligen Predigtsammlung liefert.

In Hinblick auf den Aufbau der einzelnen Homiliare, der zu Beginn von Kapitel 6.3 beschrieben wurde, ist zu konstatieren, dass sich ein gemeinsames Ordnungsprinzip für alle Homiliare – mit Ausnahme von *LimA*, das aus vier einzelnen Gruppen besteht, die kein übergeordnetes Ordnungsprinzip erkennen lassen, und *Sub* – zeigt. Dieses Ordnungsprinzip lässt sich als chronologische Abfolge von *sermones de tempore* beschreiben, auf die eine chronologische Abfolge von *sermones de sanctis* folgt.[70] Besonders auffällig ist, dass in *Mau* so ein ganzes Kirchenjahr abgedeckt wird. Von daher ist *Mau* als besonders modellhaft zu beschreiben, da die Sammlung nicht nur wohlgeordnet ist, sondern sie sich auch durch Vollständigkeit auszeichnet. In *LimA* hingegen lassen sich nur innerhalb der einzelnen Gruppierungen Ordnungsprinzipien erkennen und *Sub* weist keine geordnete Struktur auf und ist folglich in dieser Hinsicht nicht modellhaft.

Neben der Anordnung aller Predigten innerhalb der Sammlung ist aber auch der Aufbau der einzelnen Predigten, der Umgang mit Bibeltexten sowie der Argumentationsgang relevant für die Bewertung der Gesamtkomposition des Homiliars. Hierfür wird keine exhaustive Analyse aller in den Homiliaren enthaltenen Predigten vorgenommen, sondern lediglich der Predigten, die in Hinblick auf die Allegorese analysiert werden.[71] Abgesehen von *Sub* ist in allen

---

ser einzelnen Predigt ein aus Klerikern bestehendes Publikum anspricht, sondern weiterhin eine Gemeinde aus Laien.

70 Lediglich bei *Tor* und *Lim* ist insofern eine Ausnahme zu konstatieren, als in diesen Homiliaren relativ am Anfang bereits eine Predigt auftritt, die als S21 (*In purificatione BMV*) zu klassifizieren ist, d. h. als *sermo de sanctis*, und anschließend weitere *sermones de tempore* folgen. Dabei wird aber die chronologische Abfolge des Kirchenjahrs beibehalten, da das Fest zum Anlass von S21 relativ zu Beginn des Kirchenjahres zu verorten ist.
71 In Bezug auf die Analysekriterien cf. Kapitel 7.4.

Homiliaren zu erkennen, dass den einzelnen Predigten die liturgisch vorgegebenen Perikopen zugrunde gelegt werden, die in Lektionaren überliefert wurden. Den verschiedenen Sonn- und Feiertagen sind in der Regel Tagesevangelium, Tagesepistel sowie alttestamentliche Textabschnitte zugeordnet (cf. Schiewer 2008).[72] Welche Perikopentexte und liturgischen Anlässe den einzelnen Predigtsammlungen zugrunde liegen, zeigt eine Übersicht zu Beginn der Unterkapitel 6.3.3.1–6.3.3.6. Der liturgische Anlass wird mit der üblichen Zählung, wie sie in Übersichten über die liturgischen Anlässe und die verwendeten Bibeltexte bei Schneyer (1978) und Schiewer (2008) zu finden ist, angegeben. Bei dieser Zählung werden die *sermones de tempore* von T1, dem ersten Adventssonntag, bis T65, dem 25. Sonntag nach Pfingsten, in chronologischer Reihenfolge der Anlässe, d. h. der Sonn- und Feiertage des Kirchenjahrs, nummeriert. In einigen der hier analysierten Predigten, die mit C und anschließender Ziffer gekennzeichnet sind, stellt ein Fest, das einer bestimmten Person oder Personengruppe innerhalb der Kirche gewidmet ist (*sermones de communi Sanctorum et de occasionibus*) den Predigtanlass dar.[73] Diesbezüglich ist darauf zu verweisen, dass die von Schneyer (1978) und Schiewer (2008) vorgenommene Unterscheidung zwischen *sermones de communi Sanctorum et de occasionibus* (C) und *sermones de sanctis* (S) hier nur zum Zwecke der Bestimmung des liturgischen Anlasses übernommen wird. Ansonsten werden die *sermones de communi Sanctorum et de occasionibus* in dieser Arbeit den *sermones de sanctis* zugerechnet.

Des Weiteren ist jede Predigt in Hinblick auf den Umgang mit Bibeltexten zu charakterisieren. Hierfür wurde folgende Typisierung zugrunde gelegt:
– A Perikopenpredigt (Predigt, die auf einer biblischen Textgrundlage basiert)
  – A.1: nur Perikopentext bildet Grundlage
  – A.2: Fokus auf Perikopentext, aber Stützung der Deutung durch andere Bibelzitate
  – A.3: Perikopentext plus vertikale[74] Verknüpfungen zu anderen Texten (Bibeltexte, *exempla*, Heiligenlegenden, Bestiarienauszüge etc.), die eingehend besprochen werden

---

72 Eine größere Freiheit bezüglich der Lesung ist bei den von Schiewer (2008) als *Sermones de Communi Sanctorum et de occasionibus* bezeichneten Predigten zu erkennen.

73 Schneyer (1978) listet 19 verschiedene Typen von *Sermones de communi Sanctorum et de occasionibus* auf. Die Kategorie der 85 *Sermones de Sanctis*, die jeweils einem Heiligen gewidmet sind, findet hier keine Berücksichtigung, da keine der analysierten Predigten dieser Kategorie zuzuordnen ist.

74 Zur Verwendung des Terminus 'vertikal' in Zusammenhang mit der Verknüpfung unterschiedlicher Bibeltexte cf. auch Kapitel 10.1.

– B Themenpredigt (ein bestimmtes Thema und nicht ein Bibeltext bildet den Ausgangspunkt)

Bei den Perikopenpredigten ist für A.2 und A.3 ein höherer Komplexitätsgrad anzunehmen als für A.1, da intertextuelle Bezüge hergestellt werden.

6.3.3.1 Charakterisierung von *Mau* in Hinblick auf den Umgang mit Bibeltexten, Aufbau und Argumentationsgang

Bei den Predigten des Maurice fällt auf, dass diese alle das jeweilige Tagesevangelium zur Grundlage haben und keinen anderen Bibeltext. So sind die im Initium zitierten Bibelverse allesamt dem jeweiligen Tagesevangelium entnommen, welches den zentralen Bibeltext der Predigt darstellt. Die Tatsache, dass Maurice immer nur Evangelientexte als Grundlage nimmt, kann durch die Adressatenschaft begründet sein, denn die konkreten und anschaulichen Erzählungen der Evangelien sind als einfacher zu bewerten als abstrakte theoretische Überlegungen einer Paulusepistel (cf. Zink 1982, 222). Somit ist in Bezug auf die Wahl des Tagesevangeliums als Textgrundlage zum einen eine große Homogenität innerhalb der Predigtsammlung gegeben, zum anderen kein hoher Schwierigkeitsgrad. Unterstützt wird das zusätzlich durch die starke Dominanz des Predigttyps A.1, in dem nur ein Bibeltext, im Fall von *Mau* also immer ein Evangelientext, die Grundlage bildet. Lediglich in zwei Fällen (Mau14, Mau61) ist insofern eine höhere Komplexität zu erkennen, als hier auch vertikale Verknüpfungen zwischen einzelnen Texten vorliegen, d. h. dass nicht nur konzeptuelle Verknüpfungen zwischen Ausgangs- und Allegoresebedeutung vorgenommen werden, sondern auch zwischen unterschiedlichen Bibeltexten auf Ebene der Ausgangsbedeutungen (cf. Kapitel 10.1).

Tab. 6: Liturgischer Anlass und Verwendung von Bibeltexten in *Mau*.

Predigt	Titel	liturgischer Anlass	Initium	zentrales Thema/ zentraler Bibeltext	Umgang mit Bibeltexten
Mau01	In circumcisione Domini	T8: E[75]: Lk 2,21	Postquam consummati sunt dies octo, ut circumcideretur puer, vocatum est nomen ejus Jesus. (Lk 2,21)	Beschneidung Jesu	A.1
Mau02	In epiphania Domini	T10: E: Mt 2,1–11	Cum natus esset Jesus in Bethleem in diebus Herodis regis, ecce magi venerunt ab Oriente Jerosolymam dicentes: Ubi est qui natus est rex Judeorum? Vidimus enim stellam eius in Oriente et venimus adorare eum. (Mt 2,1)	Die Weisen aus dem Morgenland	A.1
Mau03	Dominica prima post epiphaniam Domini	T11: E: Joh 2,1–11[76]	Nuptie facte sunt in Cana Gali[l]jee et erat mater Jesu ibi. Vocatus est autem Jesus et discipuli ejus ad nuptias. (Joh 2,1s.)	Hochzeit zu Kana	A.1
Mau04	Dominica secunda post epiphaniam Domini	T12: E: Mt 8,1–4[77]	Cum descendisset Jesus de monte, secute sunt eum turbe multe. Et ecce leprosus veniens adorabat eum, dicens: 'Domine, si vis, potes me mundar'. (Mt 8,1s.)	Heilung eines Leprakranken	A.1

75 Mit E wird in dieser und den folgenden Tabellen das Tagesevangelium bezeichnet. Dieses wird in dieser Spalte immer angegeben, wenn durch Hinweise in Schiewer (2008) darauf geschlossen werden kann, dass es sich dabei um das liturgisch verankerte Tagesevangelium handelt, das auch in den von ihr untersuchten Predigtsammlungen als Grundlage dient. Finden sich bei Schiewer keine Hinweise auf die Verwendung der entsprechenden Perikope zu dem jeweiligen Anlass, wird die Textstelle in der Spalte «zentrales Thema/zentraler Bibeltext» angegeben.

76 Bei Schiewer (2008, 167) wird dieses Tagesevangelium für T12 (Dominica secunda post epiphaniam Domini) angeführt.

77 Bei Schiewer (2008, 171) wird dieses Tagesevangelium für T13 (Dominica tertia post epiphaniam Domini) angeführt.

Mau06	Dominica in Septuagesima	T16: E: Mt 20,1–16	Simile est regnum celorum homini patrifamilias qui exiit primo mane conducere operarios in vineam suam. (Mt 20,1)	Gleichnis von den Arbeitern im Weinberg	A.1
Mau08	Dominica in Quinquagesima	T18: E: Lk 18,31–43	Assumpsit Jesus duodecim discipulos suos, et ait illis: 'Ecce ascendimus Jerosolimam, et consummabuntur omnia que scripta sunt per prophetas de Filio hominis'. (Lk 18,31)	Heilung eines Blinden	A.1
Mau10	Dominica secunda in Quadragesima	T20 E: Mt 15,21–28	Secessit Jesus in partes Tyri et Sydonis. Et ecce mulier Cananea, a finibus illis egressa, clamavit dicens: 'Miserere mei, fili David; filia mea male a demonio vexatur'. (Mt 15,21s.)	Die kanaanäische Frau	A.1
Mau11	Dominica tertia in Quadragesima	T21: E: Lk 11,14–28	Erat Jesus eiciens demonium et illud erat mutum. Et cum ejecisset demonium, locutus est mutus, et admirate sunt turbe. (Lk 11,14)	Heilung eines Stummen	A.1
Mau12	Dominica quarta in Quadragesima	T22: E: Joh 6,1–15	Cum sublevasset oculos suos Jesus, et vidisset quia multitudo maxima venisset ad eum, dixit ad Philip[p]um: 'Unde ·ememus panes, ut manducent hii?' Hec autem dicebat temptans eum; ipse enim sciebat quid esset facturus. (Joh 6,5s.)	Speisung der 5000	A.1
Mau14	Dominica in palmis	T24: E: Mt 21,1–11	Cum appropinquaret Jesus Jerosolimis, et venisset Bethfage ad montem Oliveti, tunc misit duos discipulos suos, dicens eis: 'Ite in castellum quod contra vos est, et statim invenietis asinam alligatam et pullum cum ea: solvite et adducite mihi'. (Mt 21,1s.)	Einzug in Jerusalem	A.3

Tab. 6 (fortgesetzt)

Predigt	Titel	liturgischer Anlass	Initium	zentrales Thema/zentraler Bibeltext	Umgang mit Bibeltexten
Mau23	Dominica prima post pentecosten	T41: E: Lk 15,1–10[78]	Erant appropinquantes ad Jesum publicani et peccatores. (Lk 15,1)	Gleichnis vom verlorenen Schaf und vom verlorenen Groschen	A.1
Mau25	Dominica tertia post pentecosten	T43: E: Lk 14,15–24[79]	Homo quidam fecit cenam magnam, et vocavit multos. (Lk 14,16)	Gleichnis vom großen Abendmahl	A.1
Mau27	Dominica quinta post pentecosten	T45: E: Lk 5,1–11	Preceptor, per totam noctem laborantes, nichil cepimus; in verbo autem tuo laxabo rete. (Lk 5,5)	Fischfang des Petrus	A.1
Mau29	Dominica septima post pentecosten	T47: E: Mk 8,1–9	‹Cum turba plurima esset cum Jesu, nec‧haberent quid manducarent, convocatis dicipulis suis, ait illis:›'Misereor super turbam, quia ecce jam triduo sustinent me, nec habent quid manducent. (Mk 8,1s.)	Speisung der 4000	A.1
Mau31	Dominica nona post pentecosten	T49: E: Lk 16,1–9	Homo quidam erat dives, qui habuit villicum, et ille diffamatus est aput illum, quasi dissipasset bona illius. (Lk 16,1)	Gleichnis vom unehrlichen Verwalter	A.1
Mau32	Dominica decima post pentecosten	T50: E: Lk 19,41–46	Cum appropinquasset Jesus Jerusalem, videns civitatem flevit super illam, dicens: ,Quia si cognovisses et tu […].' (Lk 19,41s.)	Jesus weint über Jerusalem	A.1

78 Bei Schiewer (2008, 340) wird dieses Tagesevangelium für T43 (Dominica tertia post pentecosten) angeführt.
79 Bei Schiewer (2008, 335) wird dieses Tagesevangelium für T42 (Dominica secunda post pentecosten) angeführt.

Mau34	Dominica duodecima post pentecosten	T52: E: Mk 7,31–37	Exiens Jesus de finibus Tyri venit per Sydonem ad mare Galilee inter medios fines Decapoleos. Et adducunt ei surdum et mutum, et deprecabantur eum ut imponat illi manum. (Mk 7,31s.)	Heilung eines Taubstummen	A.1
Mau35	Dominica tertia decima post pentecosten	T53: E: Lk 10,23–37	Beati occuli, qui vident que vos videtis. Dico vobis, quod multi prophete et reges voluerunt videre que vos videtis, et non aiderunt; et audire que vos auditis : et non audierunt. (Lk 10,23s.)	Gleichnis vom barmherzigen Samariter	A.1
Mau36	Dominica quarta decima post pentecosten	T54: E: Lk 17,12–19	Cum ingrederetur Jesus quo[d]dam castellum, occurrerunt ei decem viri leprosi, qui steterunt a longe; et levaverunt vocem suam, dicentes: 'Jesu preceptor, miserere nostri'. (Lk 17,12s.)	Heilung der zehn Leprakranken	A.1
Mau38	Dominica sexta decima post pentecosten	T56: E: Lk 7,11–16	Ibat Jesus in civitatem que vocatur Naym, et ibant discipuli ejus cum eo. (Lk 7,11)	Totenauferweckung des Jünglings zu Naim	A.1
Mau39	Dominica septima decima post pentecosten	T57: E: Lk 14,1–6	Intravit Jesus in domum cujusdam principis phariseorum manducare panem, et ipsi observabant eum. (Lk 14,1)	Heilung eines Wassersüchtigen	A.1
Mau41	Dominica nona decima post pentecosten	T59: E: Mt 9,1–8	Confide, fili; remittuntur tibi peccata tua. (Mt 9,2)	Heilung eines Gelähmten	A.1
Mau42	Dominica vicesima post pentecosten	T60: E: Mt 22,1–14	Simile factum est regnum celorum homini regi, qui fecit nuptias filio suo. (Mt 22,2)	Gleichnis von der königlichen Hochzeit	A.1

Tab. 6 (fortgesetzt)

Predigt	Titel	liturgischer Anlass	Initium	zentrales Thema/ zentraler Bibeltext	Umgang mit Bibeltexten
Mau43	Dominica vicesima prima post pentecosten	T61: E: Joh 4,47–54	Erat quidam regulus cuius filius infirmabatur Capharnaum. (Joh 4,46)	Heilung eines Beamtensohnes	A.1
Mau44	Dominica vicesima secunda post pentecosten	T62 E: Mt 18,21–35	Simile est regnum selorum homini regi qui voluit rationem ponere cum servis suis. (Mt 18,23)	Gleichnis von der Vergebung («Der Schalksknecht»)	A.1
Mau46	Dominica vicesima quarta post pentecosten	T64: E: Mt 9,18–26	Loquente Jesu ad turbas : ecce princeps unus adoravit eum, dicens: 'Domine, filia mea modo defuncta est; sed veni et impone manum tuam, et vivet'. (Mt 9,18)	Heilung der blutflüssigen Frau	A.1
Mau60	De sancto apostolo	C2	Simile est regnum celorum sagene misse in mari, et ex omni genere piscium congreganti. (Mt 13,47)	Gleichnis vom Fischernetz (Mt 13,47s.)	A.1
Mau61	De uno martyre	C4	Nisi granum frumenti cadens in terra mortuum fuerit, ipsum solum manet; si autem mortuum fuerit, multum fructum affert. (Mt 12,24s.)	Gleichnis vom Weizenkorn (Joh 12,24s.)	A.3
Mau63	De uno confessore et de pluribus confessoribus	C6/C7	Homo quidam peregre proficiscens vocavit servos suos, et tradidit illis bona sua. (Mt 25,14)	Gleichnis von den anvertrauten Zentnern (Mt 25,14–29)	A.1
Mau64	De pluribus virginibus	C9: E: Mt 25,1–13	Simile est regnum celorum decem virginibus, qui accipientes lampades suas, exierunt obviam sponso et sponse. (Mt 25,1)	Gleichnis von den klugen und den törichten Jungfrauen	A.1

Auch in Hinblick auf den Aufbau der einzelnen Predigten zeigt sich ein sehr starkes Ordnungsprinzip, das folgendermaßen beschrieben werden kann: Eingeleitet werden alle Predigten durch das Initium, welches ein bis zwei Verse aus dem jeweiligen Tagesevangelium anzitiert. Anschließend wird in vielen Fällen die volkssprachliche Übersetzung oder Paraphrase der gesamten Perikope durch eine Wendung wie «Nos lisomes en le sainte evangile d'ui» (Mau02), «Nos trovons lisant en la sainte evangile d'ui / Nos trovons lisant en l'evangile d'ui» (Mau01, Mau12, Mau27, Mau29, Mau43), «ço trovons nos lisant en l'evangile d'ui» (Mau10), «Li (sains) evangiles d'ui nos reconte» (Mau03, Mau35) oder «Un glorios miracle nos reconte li evangiles d'ui» (Mau10), zum Teil auch in leicht abgewandelter Form, eingeleitet.[80] Der Übergang zwischen der Darlegung des biblischen Textes, der die Grundlage für die Predigt bildet, und der geistlichen Auslegung wird in einigen Fällen explizit thematisiert, was exemplarisch an folgenden Beispielen gezeigt werden kann:

(12) Or avés oïe le miracle, or oiés le senefiance. (Mau03, Z.30)

(13) Ore segnor, tels [est] li miracles que li evangiles nos raconte. Molt est grans li miracles, mais plus est grans li senefiance. (Mau04, Z.11s.)

(14) Segnor, c'est li bels miracles que li evangiles d'ui nos raconte; ore oiés que ço senefie. (Mau08, Z.24s.)

(15) Segnor, grans est li miracles que Nostre Sire fist, mais molt est graindre la senefiance; ore oiés que ço senefie. (Mau10, Z.37s.)

Diese Beispiele zeigen nicht nur, dass die Predigten wiederkehrende Formulierungsmuster aufweisen, sondern auch dass der Prediger eine starke Adressatenführung vornimmt, indem er immer wieder darauf verweist, welcher Schritt innerhalb der Predigt erfolgt.

In Anschluss an die Allegorese des Tagesevangeliums folgt die daraus gefolgerte abschließende moralische Aufforderung (cf. Zink 1982, 222),[81] die in der Regel die Allegorese noch einmal aufgreift, was sich in den im Folgenden exemplarisch untersuchten abschließenden moralischen Aufforderungen in den Predigten Mau01–Mau04 zeigt:

(16) <Segnor, or avés oïe la senefiance de la circuncision Nostre Segnor, que nos devons oster de nos corages totes manieres de pechiés. Or esgardés en vos meisme, savoir mon se vos avés desevré e esloingnié de vos, par la repentance de vos corages, totes iceles

---

80 Cf. Mau10–12; Mau34, wo jeweils auf die Bedeutung des zu allegorisierenden Wunders verwiesen wird.
81 Diesem Schema folgen auch die Viktoriner (cf. Zink 1982, 223).

coses qui a Deu desplaisent; e se vos veés que vos na l'aiés mie bien fait dusques ci : ore en cest An Renues, a l'onor de le circuncision Nostre Segnor, trenciés e ostés de vos les vi[e]ls coses, ço sont li pecié; e par sainte vie e par bones uevres vos renovelés, que vos puisiés estre digne d'avoir le glorie que Deus otroie a cels qui lui aiment.> (Mau01, Z.28–37)

(17) Segnor, or avés oïe la senefiance de l'offrande que li troi roi; firent, vos avés offert a Deu de vostre argent e de vostre bien terrien. Offrés li, ne mie solement ui, mais trestos les jors de vostre vie, or e encens e myrre, si com jo vos ai mostré; or par bone ferme creance, encens par sainte orison, myrre par buene uevre. Ço sont les offrandes que Deus requiert tos jors a son crestien, e par quoi li crestiens dessert e conquiert la glorie pardurable. <E Damesdeus Nostre Sire, qui por nos degna naistre en terre, e qui hui fu aorés des trois rois paiens e honerés, il nos doinst la grasie del Saint Esperit en nos corages, par quoi nos puisons haïr iceles coses qu'il het, e laisier iceles coses qu'il deffent, e amer iceles coses qu'il aime, e faire iceles coses qu'il commande, e lui issi croire e amer e servir en terre : par quoi nos puisons parvenir tot e totes a la glorie> [...]. (Mau02, Z.67–80)

(18) Or aves oïe le senefiance del miracle, or gart cascuns vers soi meisme, quels il est, savoir mon se il est vins, c'est s'il est escaufés de l'amor de Deu, u s'il est aigue, c'est s'il est refroidiés de l'amor de Deu. Se vos estes malvais, soufrés que Deus face ses beles vertus en vos, qu'il vos tort de mal a bien, qu'il vos doinst tels uevres faire que vos puisiés avoir la soie glorie [...]. (Mau03, Z.47–52)

(19) Ore avés oïe la miracle e la senefiance, or esgardés se vos estes net de ceste liepre; e se vos este net, gardés que vos n'i encaois par malvaise uevre, ne par malvaise volenté, que vos ne soiés desevré de la compaignie Damedeu; e se vos estes liepros par pecié dampnable, criés merci a Deu, qui al liepros dona le santé corporel, qu'il vos doinst la santé esperitel. Venés a confession e deguerpissiés vos pechiés, e en soiés asols, e en recevés penitance, e si le faciés issi qu'ele vos porfit, e issi avrés la santé e la vie pardurable [...]. (Mau04, Z.26–34)

In allen vier abschließenden Aufforderungen zeigt sich in dem Verweis darauf, dass die Bedeutung des jeweiligen Bibeltextes gehört wurde (einfach unterstrichene Passagen), die Verknüpfung mit der Allegorese. Zudem wird in allen vier abschließenden Aufforderungen auf den konkreten Allegorese-Inhalt Bezug genommen (graue Unterlegung des Textes). So wird in (16) das Beschneiden der Sünde aus der Allegorese im Hauptteil (cf. 001_Mau01) wieder aufgegriffen, in (17) die Allegorese von Gold, Weihrauch und Myrrhe (002_Mau02, 003_Mau02, 004_Mau02), in (18) die Allegorese von Wein (006_Mau03) und Wasser (005_Mau03) und in (19) die Allegorese von Lepra (008_Mau04). Die Aufforderung an die Predigthörer, die aus der Allegorese abgeleitet wird, manifestiert sich in allen vier Predigten durch die Verwendung von Verben im Imperativ Plural (wellenförmige Unterstreichung). Die mithilfe dieser Verbformen ausgedrückte Forderung nach einem bestimmten Verhalten wird am Ende in Mau01,

Mau03 und Mau04 durch einen durch *que* eingeleiteten Finalsatz (doppelte Unterstreichung) und ein Verb im Konjunktiv in Hinblick auf ihr Ziel bestimmt. Lediglich in Mau02 zeigt sich eine abweichende Formulierung mit *par quoi*. Ein weiteres wiederkehrendes Element in Hinblick auf die Zielbestimmung ist die Verwendung des Lexems *glorie* (gestrichelte Unterstreichung) in Mau01–Mau03. Inhaltlich zeigen sich Parallelen zwischen der in Mau01–03 dargelegten Erlangung des göttlichen Ruhms und dem ewigen Leben (Mau04), denn in beiden Fällen geht es um das vollkommene Leben bei Gott.

An die abschließende moralische Aufforderung schließt sich immer noch eine finale lateinische Schlussformel an (cf. auch Unterkapitel 6.2.4).

Die dargelegten wiederkehrenden Elemente zeigen, dass der Prediger immer wieder auf das gleiche relativ simpel aufgebaute Gerüst rekurriert, mit dem er seine Predigten strukturiert:

1. Initium
2. Paraphrase/Übersetzung des gesamten Bibeltextes
3. Allegorese
4. Abschließende moralische Aufforderung

Nur wenige Predigten weichen deutlich von diesem einfachen Schema ab und enthalten zusätzliche Teile. Dabei handelt es sich unter anderem um die Palmsonntagspredigt Mau14, die einen deutlich komplexeren Aufbau aufweist und mit 1797 Wörtern wesentlich länger ist als der Durchschnitt der Predigten mit 753 Wörtern. Nimmt man ein durchschnittliches Sprechtempo von 100 Wörtern pro Minute an, wie es üblicherweise für Vorträge angenommen werden kann (cf. Franck 2017, 179), dürfte die Redezeit der durchschnittlichen Predigt bei *Mau* 7,5 Minuten betragen haben. Mit knapp 18 Minuten ist die für Mau14 errechnete Redezeit also auffällig hoch. Auch die in den Predigten zu erkennende Argumentationsstruktur ist, abgesehen von Mau14, sehr einfach und stringent gehalten.

Besonders auffällig erscheint in *Mau* die Verwendung bestimmter Formulierungsmuster in mehreren Predigten, wie etwa die Überleitung von der Darlegung des Perikopentextes zur Allegorese oder auch die wiederkehrenden Muster innerhalb der abschließenden moralischen Aufforderung.[82] Diese korreliert mit der Homogenität in Bezug auf den Aufbau und die Wahl des gleichen Bibeltexttyps für alle Predigten, das jeweilige Tagesevangelium. Die konstatierte starke Strukturierung und Homogenität in Kombination mit einer einfachen Argumentationsstruktur und der Wahl des Tagesevangeliums als einem einfa-

---

[82] Die bei der Allegorese verwendeten Muster sind Inhalt von Kapitel 8.3.

chen Bibeltexttyp lassen darauf schließen, dass Maurice seine Predigten bewusst didaktisch aufbereitet.

In Bezug auf die Predigten des Maurice de Sully erscheint der Planungsgrad als ein Punkt, der näher zu diskutieren ist. Er stellt eines der Kriterien dar, welches Koch/Oesterreicher (2011, 7) zufolge eine Verortung von sprachlichen Äußerungen auf dem Nähe-Distanz-Kontinuum erlaubt. Prinzipiell ist davon auszugehen, dass ein hoher Planungsgrad und Distanzsprache auf der einen Seite und ein niedriger Planungsgrad und Nähesprache auf der anderen Seite korrelieren (cf. Koch/Oesterreicher 1985, 23). Nun stellt sich die Frage, ob bei einfach gestalteten Predigten mit einfachen Inhalten, wie sie in *Mau* vorliegen, ein niedriger Planungsgrad anzunehmen ist, was wiederum mit Nähesprache korrelieren würde. In Hinblick auf *Mau* ist diese Frage aber zu verneinen, da davon auszugehen ist, dass die didaktische Aufbereitung des Stoffes einen hohen Planungsgrad erfordert.[83]

6.3.3.2 Charakterisierung von *Tor* in Hinblick auf den Umgang mit Bibeltexten, Aufbau und Argumentationsgang

Die lateinischen Initia bei *Tor* zeichnen sich durch eine relativ starke Heterogenität aus. So werden teils Bibelverse zitiert (Tor03, Tor08, Tor10), in Tor01 wird ein Bibelvers paraphrasiert, in Tor06 und Tor12 werden ganze Perikopen im Initium zusammengefasst und in Tor19 wird der Predigtanlass, die Geburt Marias, beschrieben. In Bezug auf das Verhältnis zwischen Initium und zentralem Thema bzw. zentralem Bibeltext ist bei Tor10 insofern eine Besonderheit zu konstatieren, als das Initium hier nicht den zentralen Bibeltext bzw. das zentrale Thema anzitiert oder mit einer Paraphrase darauf Bezug nimmt, sondern hier im Initium ein alttestamentlicher Genesis-Vers zitiert wird, während das zentrale Thema im Hauptteil die neutestamentliche Erzählung vom Einzug Jesu in Jerusalem ist. In dieser Predigt werden also zwei Bibeltexte miteinander verknüpft, weshalb sie dem Typ A.3 zuzuordnen ist. Auch Tor08 ist dem Predigttyp A.3 zuzuordnen, da in dieser Predigt eine Verknüpfung zwischen der Perikope von der Bepflanzung des Paradieses in Gen 2,8–14 mit einer Legende von Adam, der Christus am Kreuz sieht, verknüpft wird. T19 stellt insofern einen Sonderfall dar, als hier keine Perikope, sondern ein bestimmtes Thema, die Geburt Marias, den Ausgangspunkt der Predigt darstellt. Da in allen Predigten

---

83 Eine Parallele hierzu findet sich in der fingierten Mündlichkeit in der Literatur, die sich gerade durch einen hohen Planungsgrad auszeichnet, der typisch ist für literarische Werke (cf. Blank 1991, 26s.).

Tab. 7: Liturgischer Anlass und Verwendung von Bibeltexten in *Tor*.

Predigt	Titel	liturgischer Anlass	Initium	zentrales Thema/ zentraler Bibeltext	Umgang mit Bibeltexten
Tor01	S(ermo) in natalem Domini	T5 E: Lk 2,1–20	Lux orta est super nos quia natus est nobis hodie salvator. (cf. Lk 2,11)	Geburt Jesu	A.2
Tor03	S(ermo) in purificatione S. Marie	S21 E: Lk 2,22–32	Postquam impleti sunt dies purgacionis Marie secundum legem Moysi, tulerunt puerum Jhesum in Jherusalem ut sisterent eum Domino sicut scriptum est in lege Domini. (Lk 2,22s.)	Jesu Darstellung im Tempel	A.2
Tor06	Sermo dominicale (*sic!*)	T22 E: Joh 6,1–15	De quinque panibus et duobus piscibus saciavit Dominus quinque milia hominum. (cf. Mt 14,15–21, Mk 6,35–44, Lk 12,9–17, Joh 6,5–13)	Speisung der 5000	A.2
Tor08	Sermo dominicale (*sic!*)	?	Plantaverat autem Dominus Deus paradisum voluptatis a principio, in quo posuit hominem quem formaverat. (Gen 2,8)	Bepflanzung des Paradieses	A.3
Tor10	Sermo in ramis palmarum	T24 E: Mt 21,1–11	Quando Adam ejectus fuit de paradiso, posuit Deus cherubin cum gladio fla[m]me qui non permitteret aliquem intrare in paradisum. (Gen 3,24)	Einzug Jesu in Jerusalem	A.3
Tor12	Sermo de Pentecosten (*sic!*)	T39 Lectio: Apg 2,1–17	Hodie completi sunt dies Pentecostes, hodie Spiritus Sanctus in igneis linguis discipulis apparuit, et tribuens eis karismatum dona, misit eos in universum mundum predicare et testificare; qui crediderit et baptizatus erit, salvus erit.	Pfingsten	B
Tor19	Sermo sancta Marie de nativitate	S65	Hodie nata est beata virgo Maria, ex progenie Davit, per quam laus mundi credentibus apparuit.	Geburt Marias	A.2

intertextuelle Bezüge in Form von Bibelzitaten vorliegen, ist keine der Predigten dem einfachen Typ A.1 zuzuordnen. Die Tatsache, dass hier so unterschiedliche Typen vorliegen, führt auch dazu, dass sich kein dominantes prägnantes Aufbauschema zeigt: Nach dem Initium, das wie oben bereits dargelegt, sehr unterschiedlich ausfällt, erfolgt in vier Predigten eine kurze Überleitung, die inhaltliche Parallelen aufweist, insofern als sie immer auf die Schrift verweist. Von mehrfach auftretenden Formulierungsmustern, wie sie bei Maurice vorliegen, kann hier jedoch nicht die Rede sein:

(20) Aujaz, sennor, quan gran gaug nos demostra aissí l'Escriptura. (Tor01, 92)

(21) Seniors, zo diut sen Luch en l'evangeli que ara avets oït [...]. (Tor03, 95)

(22) Zo nos retra l'Escriptura, sennor [...]. (Tor10, 105)

(23) Aujats, sennor, qué nos demostra aicí l'Ascriptura. (Tor12, 107)

Abgesehen von Tor10 weisen alle Predigten eine abschließende moralische Aufforderung auf.[84] Auch für diese Aufforderungen kann man kaum von wiederkehrenden Mustern innerhalb der Predigtsammlung sprechen: Lediglich kleine Parallelen lassen sich konstatieren wie «E per aisò, sennor» (Tor01) – «E per aizò, sennor» (Tor12) oder die adhortative Verwendung der 1. Person Singular.

In Bezug auf die durchschnittliche Länge der Predigten ist kein großer Unterschied zu *Mau* festzustellen. Die Predigten sind mit 841 Wörtern im Durchschnitt, was bei einem Sprechtempo von 100 Wörtern pro Minute 8,4 Minuten Redezeit entspricht, etwas länger als die Predigten des Maurice. Die Argumentationsstruktur ist etwas komplexer als in *Mau*. So scheint es dem Prediger hier nicht lediglich darum zu gehen, möglichst einfach und schnell den Bibeltext zu allegorisieren und daraus eine moralische Aufforderung abzuleiten, sondern er berücksichtigt auch Aspekte, die über den Perikopentext hinausgehen, zum Beispiel dadurch, dass er intertextuelle Bezüge herstellt.

Für *Tor* ist folglich ein höherer Komplexitätsgrad und eine stärkere Heterogenität als bei *Mau* zu konstatieren.

---

84 Tor10 endet mit den Einzeldeutungen, die insofern eine besondere Struktur aufweisen, als sie kein Deutungsverb und auch keinen Similaritätsmarker aufweisen, sondern lediglich einen syntaktischen Parallelismus. Cf. Kapitel 9.1.1.

6.3.3.3 Charakterisierung von *Lim* in Hinblick auf den Umgang mit Bibeltexten, Aufbau und Argumentationsgang

Alle analysierten Predigten weisen ein lateinisches Initium auf, welches einen alt- oder neutestamentlichen Bibelvers zitiert. Das Initium in LimA.16 weist die Besonderheit auf, dass der Verfasser hier zwei unterschiedliche alttestamentliche Bibelverse miteinander kombiniert. Es ist durchaus denkbar, dass er sich dessen nicht bewusst ist, da er anschließend nur auf Jeremia verweist und nicht auf den Weisheitstext. Das Initium ist nicht in allen Predigten dem zentralen Bibeltext oder Thema der Predigt zuzuordnen. So werden in LimA.16 die beiden alttestamentlichen Zitate des Initiums mit der Passion Christi in Verbindung gebracht, in LimB.05 wird das im Initium angeführte Habakuk-Zitat mit der Himmelfahrt Jesu verknüpft und in LimB.12 das Zitat aus dem 1. Johannesbrief mit der Paradiesbeschreibung. Neben diesen drei Fällen ist auch LimB.03 dem Predigttyp A.3 zuzuordnen, da hier die Passionserzählung, die den zentralen Inhalt der Predigt darstellt, mit Ps 102,7 (VUL Ps 101,7) verknüpft wird. Diesem Zitat kommt eine relativ wichtige Rolle zu, da es ausführlich allegorisiert wird. Aus diesem Grund ist LimB.03 nicht dem Typ A.2, sondern dem Typ A.3 zuzuordnen. Abgesehen von LimA.09 sind die übrigen Predigten dem Typ A.2 zuzuordnen, da der Verfasser weitere Bibelverse zitiert. Die Verknüpfung alt- und neutestamentlicher Textstellen miteinander spielt in einigen Predigten eine zentrale Rolle, da so der heilsgeschichtliche Zusammenhang mit dem Zusammenspiel von Prophezeiung in alttestamentlichen Texten und der Erfüllung der Prophezeiung durch Jesus (LimA.16, LimB.03, LimB.05) deutlich wird.

In Bezug auf den Aufbau lassen sich in *Lim* – abgesehen von lateinischem Initium und finaler lateinischer Schlussformel (cf. Kapitel 6.2.4) – keine Muster erkennen, die als charakteristisch für diese Predigtsammlung zu beschreiben wären.

Die Predigten sind auffällig kurz mit einer durchschnittlichen Länge von 378 Wörtern, was bei einem Sprechtempo von 100 Wörtern pro Minute einer Zeit von knapp vier Minuten entspricht. Entsprechend dieser Knappheit sind die Argumentationsgänge auch relativ einfach gehalten, doch ist der Komplexitätsgrad dennoch nicht ganz niedrig, da – abgesehen von LimA.12 – in allen Predigten durch Zitation oder Paraphrase intertextuelle Bezüge zwischen der grundlegenden Perikope und weiteren Bibeltexten hergestellt werden.

Die Predigten dieser Sammlung erscheinen im Gegensatz zu *Mau* relativ heterogen und aufgrund der Verknüpfungen zwischen unterschiedlichen Bibeltexten etwas komplexer.

Tab. 8: Liturgischer Anlass und Verwendung von Bibeltexten in *Lim*.

Predigt	Titel	liturgischer Anlass	Initium	zentrales Thema/ zentraler Bibeltext	Umgang mit Bibeltexten
LimA.09	In circumcisione Domini	T8 E: Lk 2,21	Postquam consummati sunt dies octo usque circumcideretur. (Lk 2,21)	Beschneidung Jesu	A.2
LimA.12	In purificatione BMV	S21 E: Lk 2,22–32	Postquam impleti sunt dies purgationis Marie secundum legem Moysi, tulerunt illum in Jerusalem ut sisterent eum Domino, sicut scriptum est in lege Domini. (Lk 2,22s.)	Darstellung Jesu im Tempel	A.1
LimA.14	Dominica in palmis	T24 E: Mt 21,1–11	Dicite filie Sion: Ecce rex tuus venit tibi mansuetus, sedens super asinam et super pullum filium subjugalis. (Mt 21,5)	Einzug Jesu in Jerusalem	A.2
LimA.16	Dominica prima in passione Domini	T23, evtl. auch T26	Viri impii dixerunt: venite, opprimamus justum injuste (Weish 2,10), mitamus lignum in panem ejus et eradamus eum de terra vivencium. (Jer 11,19)	Kreuzigung Jesu (Lk 23,32–43)	A.3
LimB.02	Dominica in palmis (cf. A.14)	T24	Cum appropinquavisset Jhesus Jherosolimis et venisset Bethfage ad montem Oliveti, mittens duos discipulos ait: ite in castellum. (Lk 19,1s.)	Einzug Jesu in Jerusalem	A.2
LimB.03	Feria sexta in parasceve	= Feria sexta in parasceve	Egressus [est] Dominus Jhesus trans torrentem Cedron ubi erat ortus in quo introivit ipse et discipuli ejus. (Joh 18,1)	Passion Jesu	A.3
LimB.05	In ascensione Domini	T36	[E]levatus es[t] sol in celo et luna stetit in ordine suo. (Hab 3,11)	Himmelfahrt Jesu	A.3
LimB.12	?	?	Deus caritas est, et qui manet in caritate in Deo manet et Deo in eo. (1 Joh 4,16)	Paradiesbeschreibung	A.3

6.3.3.4 Charakterisierung von *Org* in Hinblick auf den Umgang mit Bibeltexten, Aufbau und Argumentationsgang

In den beiden Predigten dieses Homiliars wird im Initium das Tagesevangelium anzitiert, welches im weiteren Verlauf der Predigt dargelegt und allegorisiert wird. In dieser Hinsicht sind die beiden Predigten also als relativ einfach zu beschreiben. In Bezug auf den Aufbau lässt sich für die beiden analysierten Predigten folgendes Schema konstatieren: Die Predigt beginnt mit dem lateinischen Initium, das dem Tagesevangelium entnommen ist. Der darauf folgende Übergang in die Volkssprache wird in beiden Fällen durch *<S>enniors* eingeleitet. In Org03 wird die anfangs volkssprachliche Darlegung des Evangelientextes noch einmal unterbrochen durch eine zweite Zitation des anfänglichen Zitats auf Latein. In beiden Predigten folgt auf die volkssprachliche Darlegung der gesamten Perikope die Allegorese einzelner Elemente, an welche sich die moralische Aufforderung anschließt. In Org06 ist diese relativ lang und nimmt im ersten Teil deutlich Bezug auf die Allegorese. Der zweite Teil ähnelt aber sehr stark der abschließenden moralischen Aufforderung in Org06: Beide abschließenden moralischen Aufforderungen werden eingeleitet durch «E per aizô, S<enniors>, (nos) clamem mercé e misericordia a N<ostre> S<einor> J<hesu> Crist, qe [...]».

Die Tatsache, dass zwischen den beiden Predigten einige Parallelen vorliegen, spricht dafür, dass der Verfasser für den Predigtaufbau ein allgemeines grobes Gerüst zugrunde legt – ähnlich wie bei *Mau*. Doch scheint das Modell nicht so strikt befolgt zu werden wie in *Mau*, denn in *Org* wird das Initium zweimal zitiert und auch die Darlegung des Perikopentextes in den beiden Predigten unterscheidet sich voneinander. So wird in Org03 der gesamte Perikopentext dargelegt, bevor die Allegorese folgt. In Org06 hingegen wird die Darlegung des Perikopentextes durch eine Allegorisierung unterbrochen. Auch wenn die beiden Predigten in Hinblick auf den Umgang mit Bibeltexten als einfach beschrieben werden und sie beide ein ähnliches Aufbauschema aufweisen, sind sie nicht als didaktisch so durchdacht und einfach strukturiert zu beschreiben wie die Predigten in *Mau*, da der Argumentationsgang nicht so stringent ist, sondern sich hier auch «Umwege» finden lassen, wie die zweifache Zitation des Initiums in Org03 oder auch die mehrfache Deutung von MUTTER und TOCHTER im Zuge der Allegorese in Org06 (cf. Kapitel 9.3.2.1). Die durchschnittliche Länge von 902 Wörtern, was bei einem Sprechtempo von 100 Wörtern pro Minute ca. neun Minuten Sprechzeit entspricht, ist etwas länger als bei *Mau*.

Tab. 9: Liturgischer Anlass und Verwendung von Bibeltexten in *Org.*

Predigt	Titel	liturgischer Anlass	Initium	zentrales Thema/ zentraler Bibeltext	Umgang mit Bibeltexten
Org03	Dominica in L[a]	T18	Egressus Jhesus ssecessit in partes Tiri et Sidonis. Et ecce mulier cananea a finibus illis egresa clamavit dicens : Miserere m‹ei›, Domine, f‹ili› M‹arie› e D‹avid›, f‹ilia› m‹ea› m‹ale› a D‹emonio› vexatur. (Mt 15,21s.)	Die kanaanäische Frau	A.1
Org06	Dominica in LXagesima	T20	In illo t‹empore›, ecce ascendimus Jerosilimam et consumabuntur omnia qe scripta sunt per profetas de filio hominis. (Lk 18,31)	Heilung eines Blinden	A.1

6.3.3.5 Charakterisierung von *Wal* in Hinblick auf den Umgang mit Bibeltexten, Aufbau und Argumentationsgang

Die Initia der analysierten Predigten enthalten bis auf Wal06 alle ein Epistelzitat, wohingegen das zentrale Thema bzw. der zentrale Bibeltext, der im Hauptteil behandelt wird, ein Evangelientext ist, zu dem der Prediger im Laufe der Predigt argumentativ den Bogen schlagen muss. Folglich weisen diese Predigten, die dem Typ A.3 zuzuordnen sind, sowohl in Hinblick auf den Umgang mit Bibeltexten als auch in Hinblick auf den Argumentationsgang innerhalb der Predigt einen höheren Komplexitätsgrad auf als *Mau*. Auch die Predigt Wal06, bei der die im Initium zitierten Bibelverse dem zentralen Perikopentext, der der Predigt zugrunde liegt, entnommen sind, weist intertextuelle Bezüge zu anderen Bibelstellen auf und ist deshalb dem Typ A.2 zuzuordnen und folglich auch als nicht ganz einfach zu beschreiben.[85] Mit dem insgesamt höheren Komplexitätsgrad in dieser Predigtsammlung scheint auch ein größerer Textumfang zu korrelieren. So umfassen die Predigten im Durchschnitt 1259 Wörter, was bei einem Sprechtempo von 100 Wörtern pro Minute einer Redezeit von ca. 12,6 Minuten entspricht. Die Predigt Wal06, die bereits in Hinblick auf den Umgang mit Bibeltexten auffällt, da sie kein Epistelzitat im Initium enthält, sondern Verse aus dem Tagesevangelium, das im Hauptteil ausgelegt wird, sticht auch in Bezug auf die Länge heraus, da sie mit 751 Wörtern einen deutlich geringeren Umfang aufweist als die komplexeren Predigten mit den Epistel-Initia. Weder in Bezug auf Überleitungen noch in Bezug auf den Predigtschluss sind einheitliche Muster zu erkennen. Folglich ist für diese Predigtsammlung in Hinblick auf die Argumentationsstruktur und den Umgang mit Bibeltexten eine deutlich größere Komplexität gegeben als bei Maurice. Ein Ordnungsprinzip liegt in diesem Homiliar darin, dass anfangs (oder in Wal06 kurz nach dem Initium) eine Paulusepistel zitiert wird, welche mit dem jeweiligen Tagesevangelium als Perikopentext verknüpft wird. Wiederkehrende Formulierungsmuster, wie sie insbesondere für *Mau* konstatiert wurden, konnten für *Wal* jedoch nicht gefunden werden. Das spricht dafür, dass der Prediger in Hinblick auf die Gestaltung der einzelnen Predigten nicht allzu stark festgelegt ist. Er erstellt seine Predigten mit größerer Freiheit und es geht ihm nicht darum, möglichst schnell vom Perikopentext zur abschließenden moralischen Aufforderung zu gelangen.

---

85 Auch diese Predigt weist ein Epistelzitat auf, doch steht dieses nicht im Initium, sondern erst kurz danach.

Tab. 10: Liturgischer Anlass und Verwendung von Bibeltexten in *Wal*.

Predigt	Titel	liturgischer Anlass	Initium	zentrales Thema/ zentraler Bibeltext	Umgang mit Bibeltexten
Wal04	Dominica IIa epistola	T20 E: Mt 15,21–28	Rogamus uos et obsecramus in domino Jhesu ut quemadmodum accepistis a nobis quomodo uos oporteat ambulare et placere deo sicut et habundetis mag[is]. (1 Thess 4,1)	Die kanaanäische Frau	A.3
Wal05	Dominica IIIa epistola	T21 E: Lk 11,14–28	Fratres, estote immitatores dei sicut filii karissimi : et ambul[ate] in dilectione sicut Christus dil[exit] uos et trad[idit] semet i[psum] pro nobis obl[ati]onem et host[iam] deo in odoribus suauitatis. (Eph 5,2)	Heilung eines Stummen	A.3
Wal06	Dominica IIIIa. S. Johannes	T22 E: Joh 6,1–15	Abiit Jesus trans mare Galilaeae et sequebatur illum maxima turba quia v[idebant] s[igna] q[uae] f[aciebat] s[uper] h[is] q[ui] inf[irmabantur]. (Joh 6,1s.)	Speisung der 5000	A.2
Wal09	Dominica in palmis epistola	T24	Fratres, hoc sentite in uobis quod et in Christo Jhesu. (Phil 2,5)	Passion Jesu	A.3

6.3.3.6 Charakterisierung von *Sub* in Hinblick auf den Umgang
mit Bibeltexten, Aufbau und Argumentationsgang

Bei *Sub* fällt auf, dass nur wenige Predigten liturgisch fest verankert sind (cf. Babilas 1968, 17). Die Initia fallen sehr unterschiedlich aus: Teilweise bestehen sie aus lateinischen Bibelzitaten. In Sub17 liegt eine anfangs lateinische Einleitung in die Fastenzeitthematik vor, die schließlich in die Volkssprache übergeht und im volkssprachlichen Teil ein lateinisches Bibelzitat enthält, das aber nicht den grundlegenden Bibeltext bildet. In Sub09 findet sich eine lateinische Zusammenfassung des Bibeltextes und in den übrigen Predigten steht vor dem Bibelzitat, das die Grundlage der Predigt bildet, eine lateinische Einleitung, die insbesondere bei den Hoheslied-Predigten den Rahmen für die Allegorese vorgibt, wenn das Zitat Christus oder der Kirche in den Mund gelegt wird. Auch für die Hauptteile der Predigten lässt sich kein einheitliches Schema konstatieren. So finden sich sieben Predigten des Typs A.3, die mehrere unterschiedliche biblische Passagen enthalten, welche wichtige Funktionen im Argumentationsverlauf einnehmen. Diese Predigten weisen einen relativ hohen Komplexitätsgrad auf. In den übrigen fünf analysierten Predigten, in denen nur ein zentraler Text die Predigtgrundlage bildet, werden zusätzlich verschiedene andere Bibelzitate angeführt, die für eine größere Komplexität sorgen. Für den Predigtaufbau bei *Sub* ist kein allgemeines Schema auszumachen. Lediglich in Bezug auf den Schluss sind Gemeinsamkeiten zu konstatieren. Zum einen wird in den meisten Fällen die abschließende Aufforderung durch *or* und/oder die Anrede *seignor* bzw. *seignor frere* und/oder ein adhortativ verwendetes Verb (in vielen Fällen *varder*) in der 1. Person Plural eingeleitet. So findet sich in Sub05, Sub06, Sub09, Sub12 und Sub16 «Or, seignor (frere)», in Sub13 «Or gardem, seignor» (Sub13), in Sub08 «Seignor, or», in Sub14 «Or nos vardem» sowie in Sub20 «Or vardem» (Sub20) und in Sub03 und Sub17 lediglich die adhortative Verwendung des Verbs in der 1. Person Singular. Lediglich in Sub22 ist diese Schlussformel nicht zu finden. Dafür ist hier – wie auch in allen Predigten, abgesehen von Sub08, Sub14 und Sub16, – die Schlussformel «Quod ipse prestare dignetur»[86] vorhanden. Somit liegt in *Sub* keine starke Einheitlichkeit in Bezug auf den Predigtaufbau vor. Die Tatsache, dass in allen Predigten Schlusselemente vorliegen, die in mehreren Predigten auftreten, spricht dafür, dass der Prediger sich an üblichen Schemata orientiert, diese aber nicht starr anwendet, sondern variiert. Des Weiteren sind diese Predigten in ihrem Aufbau nicht so knapp gehalten wie die Predigten des Maurice.

---

86 Teilweise wird diese Formel auch mit einem Zusatz angeführt. So heißt es in Sub12 «qui cum Patre et Spiritu sancto vivit et regnat» (Z.117s.), in Sub13 «qui vjvit» (Z.72) und in Sub20 «qui vivit et regnat» (Z.66). In Sub14 heißt es lediglich «qui cum Patre et Spiritu sancto» (Z.84). Cf. diesbezüglich auch Kapitel 6.2.4.

Tab. 11: Liturgischer Anlass und Verwendung von Bibeltexten in *Sub*.

Predigt	Titel	liturgischer Anlass	Initium	zentrales Thema/zentraler Bibeltext	Umgang mit Bibeltexten
Sub03	Sermo de adventu domini	T1	Fratres, hora est iam nos de sompno surgere. (Röm 13,11)	1) Schlaf – Sünde (verschiedene Schriftzitate) 2) David-Barsellai-Erzählung (2 Sam 19)	A.3
Sub05	Sermo cotidianus	---	In Canticis canticorum loquitur Spiritus sanctus de gradibus sancte Ecclesie, ita dicendo: Ferculum fecit sibi rex Salomon de lignis Libani, columpnas eius fecit argenteas, reclinatorium aureum, ascensum purpureum, media caritate construavit propter filias Ierusalem. (Hld 3,9s.)	Sänfte Salomos (Hld 3,9s.)	A.2
Sub06	Sermo in dominicis diebus	---	Christus docuit orare discipulos suos, quia ipsi rogaverunt eum dicentes: Domine, doce nos orare. (Lk 11,1)	Vaterunser (Mt 6,9–13)	A.2
Sub08	Sermo in dominicis diebus	---	Christus loquitur in Canticis canticorum, ita dicendo: Ibo michi ad montem mirre et ad colles Libani, et loquar sponse mee. (Hld 4,6)	1) Hld 6,6–8 (Weg zum Myrrheberg etc.) 2) Hld 2,11–13 (Frühlingserwachen) 3) Hld 1,3 (Duft)	A.3
Sub09	Sermo in dominicis diebus vel cum volueris	---	Legimus in Pentateuco Moysi quod Iosue post mortem Moysi miserit ad explorandam terram promissionis duos homines, quia volebat scire esse et vires hominum Iherico, que erat civitas magna et dives ultra flumen Iordanem. (cf. Jos 2,1)	Eroberung Jerichos (Jos 2,1–4,6)	A.2

Sub12	Sermo in die sancte Pentecosten	T39 Lectio: Apg 2,1–17	Spiritus sanctus loquitur per la bocha del propheta David in tricesimo secundo psalmo dicens: Verbo Domini celi firmati sunt, et spiritu oris eius omnis virtus eorum. (Ps 33,6, VUL Ps 32,6)	Pfingsten	A.3
Sub13	Sermo in dominicis diebus	…	Sancta Ecclesia loquitur in Canticis canticorum, ita dicendo: Nigra sum, set formosa, filie Ierusalem, sicut tabernacula Cedar, sicut pelles Salomonis. Nolite me considerare quod fusca sim, quia decoloravit me sol. Filij matris mee pugnaverunt contra me, ‹posuerunt me› custodem in vineis, vineam meam ‹non› custodivi. (Hld 1,4s.)	Hld 1,4s.	A.2
Sub14	Sermo in dominicis diebus	T50 E: Lk 19,41–46	Audite, filij lucis, qui Deum pre oculis semper habetis et matrem vestram sanctam Ecclesiam catholicam agnoscitis, audite, quid Christus, sponsus matris vestre, de eadem dicat. Quando templum iudaicum intravit, sicut Evangelista narrat, fecit flagellum de resticulis, et eos qui emebant et vendebant eiecit, ita dicendo: Domus mea domus orationis est, vos autem fecistis illam speluncam latronum. (Lk 19,46)	1) Tempelreinigung (E) 2) *exemplum* vom Zauberer Simon (Apg 8,9–25)	A.3
Sub16	Sermo comunis vel cum volueris	…	Legimus in libris Regum quod, quando Philistijm ceperunt archam dei, inmisit in eos Dominus dolorem natium, qui penitencia ducti reduxerunt archam Dei cum plaustro novo, et duas vaccas, que habebant vitulos, iunxerunt ad plaustrum, et vitulos earum clauserunt domi. Jbant autem vacce retro itinere per viam Bethsamis, pergentes et mugientes, non declinantes ad dexteram vel sinistram. (cf. 1 Sam 4–6)	1 Sam 4–6 (Rückführung der geraubten Bundeslade)	A.3

Tab. 11 (fortgesetzt)

Predigt	Titel	liturgischer Anlass	Initium	zentrales Thema/zentraler Bibeltext	Umgang mit Bibeltexten
Sub17	Sermo in Quadragesima	---	Quadragesime diebus, fratres karissimi, oportet nos humiliare et abstinere a vicijs et a cibis corporalibus, qui administrant vicia corpori, id est superfluitas ciborum, zo est trop beivre e trop manger, et de multiloquio et de scurrilitate, e de trop parler e dir vane parole qui tornent a escerne e a ris, et de mendacio – car ben sapiae: qui usa trop mentir, non s'en po atenir, e zo est munt grant pecà, si cum dit lo Vangeli: Os quod mentitur occidit animam (Weish 1,11) – et de luxuria et de invidia et de superbia e de covetisia e d'aquesti e deil autre pecai que noi no poem aora tuit nomener, nos devem garder e restreigner.	1) Ex 12,11 (Lenden gürten) 2) Mt 25,13 (zwei Mahlende in einer Mühle)	A.3
Sub20	Sermo in Natale Domini	---	Lo prophete David si dis el psalme deseoiten de Christ, aisi disent: Exultavit ut gigas ad currendam viam, a summo celo egressio eius. (Ps 19,6, VUL Ps 18,6)	Verschiedene Bibelzitate zur Inkarnation Christi	A.3
Sub22	Sermo in Ramis Palmarum	T24: E: Mt 21,1–11	Cum appropinquasset Dominus Ierusalem et venisset Betphage ad montem Oliveti. (Mt 21,1)	Mt 21,1–9 (Einzug Jesu in Jerusalem)	A.2

Dennoch weisen sie mit durchschnittlich 986 Wörtern, was bei einem Sprech-tempo von 100 Wörtern pro Minute knapp zehn Minuten entspricht, keine auf-fällige Länge auf. In Bezug auf den Argumentationsgang sticht ins Auge, dass der Verfasser auf relativ komplexe Sachverhalte verweist, die im Gegensatz zu den übrigen Homiliaren des Corpus nicht lediglich einfache heilsgeschichtli-che Zusammenhänge und Allegoresen betreffen, sondern Inhalte wissenschaft-licher theologischer Diskussionen (cf. Babilas 1968, 12). Die Predigten dieses Homiliars lassen zwar kein starres Aufbauschema erkennen, doch aufgrund der Tatsache, dass sich in abschließenden Aufforderungen der meisten Predig-ten wiederkehrende Elemente finden, ist davon auszugehen, dass der Prediger ein allgemeines Schema im Kopf hat, dieses jedoch sehr stark variiert. Im Ge-gensatz zur Predigtsammlung des Maurice erscheint *Sub* aufgrund seiner Hete-rogenität nicht besonders modellhaft. Die Intention des Herausgebers dieser Predigtsammlung scheint eine ganz andere zu sein als die des Herausgebers von *Mau*, denn die Predigten in *Sub* sind nicht für ein einfaches Publikum (E1) konzipiert und sie sind nicht so gestaltet, dass der Prediger, der *Sub* benutzt, die Predigten quasi unverändert im Gottesdienst vorlesen kann, da sie in einer Mischsprache geschrieben sind, die für ein konkretes Publikum noch in eine bestimmte Sprache übersetzt werden müsste.

6.3.3.7 Zusammenfassende Bewertung der einzelnen Predigtsammlungen in Hinblick auf Komplexität und Modellcharakter

In Bezug auf den Umgang mit Bibelstellen zeigt sich, dass *Mau* und *Org* auf-grund der Dominanz von Predigten des Typs A.1, bei dem keine weiteren expli-ziten intertextuellen Bezüge in Form von Zitaten o. Ä. vorliegen, einen niedri-gen Komplexitätsgrad aufweisen. Dieser ist in den übrigen Homiliaren deutlich höher, sei es durch die einfache Zitation von Bibelversen zur Stützung der Ar-gumentation (A.2) oder durch die Verknüpfung mehrerer zentraler Perikopen-texte miteinander (A.3). Des Weiteren erscheint der Komplexitätsgrad in vielen Predigten höher, wenn der Aufbau nicht so stringent ist wie bei *Mau* und der Verfasser vom Hauptargumentationsstrang abweicht. In *Mau* schreitet der Ver-fasser zügig vom Initium über die Darlegung des gesamten Perikopentextes zur Allegorese und der daraus folgenden moralischen Aufforderung fort. Folglich ist die Argumentation sehr knapp und stringent. Zudem liegt ein höherer Kom-plexitätsgrad vor, wenn schwierigere Sachverhalte behandelt werden, was sich insbesondere in *Sub* zeigt. Allgemein ist zu konstatieren, dass ein höherer Komplexitätsgrad einen größeren kognitiven Aufwand seitens der Adressaten erfordert. Dieser kann dadurch bedingt sein, dass der Prediger als Sender von einem Publikum ausgeht, dem ein höherer kognitiver Aufwand aufgrund sei-ner kognitiven Leistungsfähigkeit zuzumuten ist. Andererseits können aber auch bei Predigten, die didaktisch nicht speziell auf die intellektuelle Leistungsfähigkeit der jeweiligen Adressatenschaft zugeschnitten sind, Passagen vorliegen, die einen höheren kognitiven Aufwand erfordern. In solchen Fällen ist davon auszugehen, dass eine mangelnde didaktische Aufbereitung seitens des Senders vorliegt.

Ein weiteres Kriterium, in Bezug auf das *Mau* hervorsticht, ist die starke Homogenität der Sammlung. Die übrigen Homiliare weisen eine deutlich größere Heterogenität auf. Diese äußert sich darin, dass sich keine so dominanten wiederkehrenden Formulierungsmuster finden lassen wie in *Mau* und sich – abgesehen von den beiden *Org*-Predigten – keine so große Homogenität in Bezug auf die verwendeten Bibelzitate im Initium und die zugrunde gelegten Perikopentexte findet. Am größten ist die Heterogenität in *Sub*, wo den Predigten ganz unterschiedliche Bibeltexte zugrunde gelegt werden, Verknüpfungen zwischen unterschiedlichen Bibeltexten innerhalb der Predigten hergestellt werden und sich sehr unterschiedliche Gestaltungen der Initia finden.

Es ist davon auszugehen, dass *Mau* sehr bewusst als homogene modellhafte Predigtsammlung gestaltet wurde. Bei allen anderen Predigtsammlungen ist keine so große Homogenität zu erkennen. Während bei *Mau* davon auszugehen ist, dass eine bewusste didaktische Reduktion vorgenommen wurde, ist das bei den übrigen Predigtsammlungen nicht so deutlich zu erkennen. Die Sammlung *Lim* mit ihren teilweise sehr kurzen Predigten erscheint inhaltlich verhältnismäßig einfach, jedoch längst nicht so didaktisch durchdacht wie *Mau*. In Bezug auf das intellektuelle Niveau scheint *Sub* eine Sonderstellung einzunehmen, da die Komplexität dieses Homiliars nicht nur etwas höher ist als in *Mau*, sondern deutlich höher.

6.3.4 Die Verwendung von Latein und Volkssprachen in den untersuchten Predigtsammlungen

Alle Predigten des hier untersuchten Corpus sind zwar – abgesehen von Sub22 (cf. Babilas 1968, 14s.) – größtenteils in der Volkssprache verfasst, doch finden sich überall auch Spuren des Lateinischen: So werden Zitate immer in lateinischer Sprache angeführt. In den meisten Fällen handelt es sich dabei um Bibelzitate, in einigen aber auch um Zitate namhafter Autoren. Es ist davon auszugehen, dass die lateinischen Bibelzitate, die sich in allen sechs Predigtsammlungen finden, für das Publikum übersetzt wurden, wenn die Predigten tatsächlich gehalten wurden (cf. Babilas 1968, 14). In den schriftlich vorliegenden Predigten folgt auf das lateinische Zitat häufig eine volkssprachliche Übersetzung.

Zudem enthalten die meisten analysierten Predigten eine lateinische Schlussformel.[87] Lediglich in *Lim* und *Sub* sind auch Stellen in Latein verfasst, die weder Zitat noch Schlussformel darstellen.[88] Hier zeigen sich teilweise fließende Übergänge zwischen den beiden Sprachen.[89] Das ist beispielsweise in Sub05, Z.104–107 der Fall:

(24) [...] e per afflictiun de son cors en ieunes e'n viatges deit crucifier sa carn cum vicijs et concupiscences. Car sine ferro martyres esse possumus.

Dass der Verfasser hier von der Volkssprache ins Lateinische wechselt, hängt damit zusammen, dass mit «sine ferro martyres esse possumus» ein abgewandeltes lateinisches Zitat folgt. Die Sprache des Zitats scheint also auf den vorherigen Satz «abzufärben».

Die volkssprachliche Fassung des Maurice de Sully weist lediglich im üblichen Maße, d. h. in Zitaten und der Schlussformel, lateinische Phrasen auf. Doch existiert neben der volkssprachlichen Fassung der Predigtsammlung auch eine lateinische. So kommt *Mau* bezüglich der Frage des Verhältnisses zum Lateinischen eine Sonderrolle zu, denn es handelt sich hierbei um die einzige Predigtsammlung des Textcorpus, die auch in einer vollständigen lateinischen Fassung vorliegt.[90] Bezüglich der Abhängigkeit zwischen lateinischer

---

87 Cf. z. B. «qui [cum patre et Spiritu Sancto] vivit et regnat» (LimA.14, LimB.02, LimB.03, LimB.04, LimB.05, LimB.06, Sub12), «in qua vivit et regnat» (Mau02, Mau41), «quod nobis prestare dignetur» (Mau01, Mau07, Mau11, Mau12, Mau27, Mau29, Mau34, Mau35, Mau36, Mau38, Mau39), «quod ipse prestare dignetur» (Tor03, Tor06, Tor10, Mau10, Mau43, Sub03, Sub05, Sub09, Sub12, Sub13, Sub17, Sub18). Cf. auch Kapitel 6.2.4.

88 So bemerkt Tressel (2004, 17): «Leggendo i Sermoni Subalpini si nota una forte presenza del latino che interrompe costantemente il testo romanzo».

89 Sabatini (1968, 347) spricht diesbezüglich von der gegenseitigen Durchdringung der beiden Sprachen, die dadurch bedingt ist, dass der Prediger einerseits die Sprache der Zuhörer verwendet, andererseits aber auch viel mit dem biblischen Latein argumentiert.

90 Von den übrigen Predigtsammlungen liegen keine lateinischen Fassungen vor. In Bezug auf *Sub* geht Babilas (1968, 15) nicht davon aus, dass es sich um die Übersetzung einer komplett lateinischen Predigtsammlung handelt. Er verweist lediglich darauf, dass viele Textstellen Zitate oder Adaptionen anderer Texte sind, die auf Latein niedergeschrieben wurden. Bezüglich *Lim* liegen unterschiedliche Meinungen vor: So verweist Chabaneau (1880, 110) darauf, dass die Überschneidungen zwischen Serie A und Serie B der Predigtsammlung dadurch begründet sein können, dass die Verfasser sich in beiden Fällen an einer gemeinsamen umfangreicheren okzitanischen Vorlage orientieren. Er hält es jedoch für noch wahrscheinlicher, dass die beiden Schreiber sich auf eine lateinische Predigtsammlung beziehen, die sie übersetzen. Als Indiz hierfür betrachtet er lateinische Wörter oder auch kurze Phrasen als Zitateinleitung, die teils übersetzt werden, teils aber auch unübersetzt bleiben. Lecoy de la Marche, Albert (1868, 224) und Meyer (1866, 75) hingegen sind der Ansicht, dass es sich auf jeden Fall um originär romanische Predigten handelt und nicht um Übersetzungen lateinischer Predigten. So

und französischer Fassung sind folgende drei Möglichkeiten denkbar: Zum einen könnte es sich bei der französischen Fassung um die Übersetzung einer lateinischen Originalversion handeln (cf. Bossuat 1953, 299s.), zum anderen könnte es sich aber auch bei der französischen Fassung um das Original handeln, das ins Lateinische übersetzt wurde (cf. Paris 1838, 100–104). Schließlich bleibt als dritte Möglichkeit, dass Maurice de Sully zwei eigenständige Redaktionen vornahm, eine lateinische und eine volkssprachliche, wobei er letztere später noch erweiterte und modifizierte.[91] Dieser Erklärungsansatz erscheint mir aus zwei Gründen am sinnvollsten: Zum einen lässt sich die Frage nach der ursprünglichen Fassung nicht abschließend klären, denn die Tatsache, dass eine Fassung deutlich längere Passagen aufweist als die andere, kann sowohl dadurch bedingt sein, dass bei der späteren übersetzten Fassung Textteile weggelassen wurden als auch dadurch, dass neue Textpassagen hinzukamen. Außerdem finden sich sowohl in der lateinischen als auch in der volkssprachlichen Fassung Passagen, die länger sind als in der jeweils anderen Version.[92] Zum anderen handelt es sich bei den beiden Fassungen der Predigten des Pariser Bischofs nicht um einfache Übersetzungen, wie sie beispielsweise von den Predigten Bernhards von Clairvaux, Gregors des Großen oder Haymos von Auxerre vorgenommen wurden, da deutliche Unterschiede zwischen lateinischer und altfranzösischer Fassung vorliegen. Aus diesem Grund kann die volkssprachliche Version, auch wenn sie auf der lateinischen basieren sollte, wie Zink (1982, 20) annimmt,[93] als eigenständige Predigtsammlung betrachtet werden.[94] Die Unterschiede in den beiden Fassungen, insbesondere

---

lange keine lateinische Vorlage für die in *Lim* enthaltenen Predigten gefunden wird, kann keine definitive Aussage über die ursprüngliche Fassung von *Lim* getroffen werden. Dass aber lateinische Predigten im Hintergrund eine bedeutende Rolle gespielt haben dürften, legen die einzelnen lateinischen Lexeme und auch Phrasen nahe, denn – im Gegensatz zu *Mau*, wo lateinische Passagen immer Bibelzitate oder formelhafte Wendungen am Predigtende darstellen – liegt in *Lim* keine einheitliche Verwendungsweise lateinischer Textpassagen vor.

91 Cf. Zink (1982, 33); Robson (1952). Da aber kein Originalmanuskript vorliegt, sondern die ältesten Manuskripte auf das 2. Viertel des 13. Jahrhunderts zu datieren sind, erscheinen die Vorbehalte von Bossuat (1953, 297) gegenüber dieser Hypothese begründet.

92 Spieralska (2007, 13) konstatiert bei einem exemplarischen Vergleich von zwölf Predigten der volkssprachlichen und der lateinischen Fassung teilweise deutliche Unterschiede in Bezug auf die Länge: So fallen zwei Passagen in der volkssprachlichen Version deutlich länger aus als in der lateinischen und in einigen Fällen ist die lateinische Version etwas länger als die französische.

93 Etwas später im Text verweist Zink (1982, 28) aber darauf, dass es schwer ist, zu beurteilen, ob die längere oder die kürzere Version die ursprüngliche ist.

94 Zink (1982) bespricht aufgrund dieser Tatsache die Predigten des Maurice de Sully in Kapitel 1 «Sermons *de tempore* et sermons *de diversis* en rapport avec une prédication effective» und nicht in Kapitel 3 «Sermons traduits».

zusätzliche erklärende Einschübe in der volkssprachlichen Fassung, die einem einfacheren Publikum verständnisrelevante Erläuterungen liefern, welche für ein gebildeteres Publikum überflüssig wären, führt Zink (1982, 20) auf unterschiedliche Adressatenkreise zurück. Er geht davon aus, dass die volkssprachliche Version sich stärker an einem laikalen nicht-lateinkundigen Publikum orientiert, während die lateinische Fassung sich an Kleriker als Adressaten richtet. Diese Zuordnung erscheint mir nicht zutreffend, wenn man davon ausgeht, dass die Homiliare in erster Linie von Klerikern als Hilfsmittel für eigene Predigten benutzt wurden und sie sich folglich in einem ersten Schritt an diese richteten. Eine deutliche Erleichterung für Kleriker stellten volkssprachliche Homiliare insofern dar (cf. Babilas 1968, 15), als sie die jeweiligen Predigten nun nicht mehr für ihre Zuhörer übersetzen mussten und sie diese sogar ablesen konnten. Diese Arbeitserleichterung für den Prediger ist bei der lateinischen Fassung der Maurice-Predigten nicht gegeben, denn es ist davon auszugehen, dass auch diese sich an ein eher einfaches Publikum richtete, welches nicht lateinkundig war. Auch wenn deutliche Modifikationen zwischen den beiden Versionen vorliegen, ist nicht davon auszugehen, dass die lateinische Fassung, die den gleichen Typ der einfach aufgebauten Homilie beinhaltet, sich an ein intellektuelles lateinkundiges Publikum richtet, denn ein solches Publikum würde einen deutlich anspruchsvolleren und komplexeren Predigttyp erwarten. Insofern ist die volkssprachliche Fassung vor allem als eine Erleichterung für den Kleriker zu verstehen, der den Predigttext für die tatsächlich zu haltende Predigt viel weniger modifizieren muss, als wenn er die lateinische Fassung benutzt. Vor diesem Hintergrund ist anzunehmen, dass die lateinische Fassung die ursprüngliche ist und Maurice oder auch eine andere Person das Homiliar noch stärker an den Erfordernissen der Kommunikationssituation ausrichtet, d. h. dass er die Sprache an das Publikum des Predigers anpasst und weitere Erläuterungen hinzufügt, die den Text für dieses besser verständlich machen.

7 Vergleich verschiedener Palmsonntagspredigten

In einem Querschnittsvergleich werden im Folgenden nun fünf Predigten aus dem zugrundegelegten Corpus (cf. Kapitel 6.3) analysiert, die alle für den Palmsonntag konzipiert waren und das gleiche Tagesevangelium (Jesu Einzug in Jerusalem bzw. die Vorbereitung seines Einzugs, Mt 21,1–9 bzw. Joh 12,12–17) zum Inhalt haben. Während diese Predigten in Kapitel 6.2 – abgesehen von Mau14 – allgemein in Hinblick auf diskurstraditionelle Elemente untersucht wurden, liegt der Fokus hier auf der genauen Ausführung der Allegorese sowie den pragmatischen Funktionen[1] des zugrunde gelegten Perikopentextes und dessen Allegorisierung im Rahmen der (rhetorischen) Strategie, die der Prediger mit seiner Predigt verfolgt. Die Strategie lässt sich beschreiben als planvolles Vorgehen zur Erlangung eines kommunikativen Ziels, das auch die Überwindung von Widerständen beinhaltet, welche der Erreichung dieses Ziels entgegenstehen (cf. Knape/Becker/Böhme 2009, 162–165). Beim Verfahren der geistlichen Schriftauslegung ist davon auszugehen, dass der Prediger einen Text vorliegen hat, der die Basis für seine Predigt bildet. Mithilfe der Auslegung dieses Textes gelangt er zu einer Konklusion, die in der Regel verknüpft ist mit dem kommunikativen Ziel, welches er mit seiner Homilie verfolgt. Dabei handelt es sich in vielen Fällen um die Aufforderung an die Gläubigen, sich moralisch zu bessern. Da diese häufig nicht aus direkt aus dem Bibeltext abgeleitet werden kann und das wörtliche Verständnis des Textes insofern als Widerstand gegen die Erlangung des kommunikativen Ziels betrachtet werden kann, wendet der Prediger das Verfahren der Allegorese an. Hierzu interpretiert er den Bibeltext nach den Regeln der Allegorese so um, dass er sein kommunikatives Ziel erreichen kann.

7.1 Die Funktion von Initium und Tagesevangelium im Rahmen der Predigt

Das in den hier analysierten Predigten zugrunde liegende Tagesevangelium übernimmt unterschiedliche Funktionen in den Predigten. In drei Predigten (LimA.14, LimB.02, Sub22) stellt es den Kern der Predigt dar, insofern als hier

---

1 Im Rahmen der Besprechung allgemeiner Predigtcharakteristika erfolgt am Anfang von Kapitel 6 auch eine Erläuterung der pragmatischen Funktion. Cf. außerdem Hasebrink (1992).

https://doi.org/10.1515/9783110586411-007

lediglich dieser Text in Initium und Paraphrase dargelegt und anschließend nach dem geistlichen Schriftsinn ausgelegt wird. In Mau14 und Tor10 hingegen berufen sich die Prediger zwar auch auf das Tagesevangelium – sei es in der üblichen Form von entsprechendem Initium und anschließender volkssprachlicher Paraphrase in Mau14, sei es in Form einer Paraphrase, die nicht am Anfang der Predigt steht, in Tor10 –, doch daneben dienen auch weitere Texte als Erörterungsgrundlage.[2] So wird in Tor10 anstelle des Tagesevangeliums ein alttestamentlicher Text als Initium verwendet: Dabei handelt es sich um Gen 3,24, die Vertreibung Adams aus dem Paradies und das Aufstellen eines Cherubs, der den Paradieseingang mit einem Flammenschwert bewacht, welches die Menschen am Zugang hindert. Im Laufe der Predigt erfolgt eine argumentative Verknüpfung dieser Bibelstelle mit dem Tagesevangelium, ohne dass die Genesis-Stelle allegorisch ausgelegt würde.[3] In Mau14 wird hingegen erst im Anschluss an das Tagesevangelium im Laufe der Argumentation auf zwei weitere Texte rekurriert: die alttestamentliche Erzählung von Kain und Abel (Gen 4) sowie die außerbiblische Parabel vom Teufel als Kaufmann. Allegorisiert wird aber nur die Kain-und-Abel-Erzählung. Tor10 und Mau14 wenden also in Hinblick auf die Verwendung von Bibeltexten kein ganz einfaches Predigtschema an (cf. Kapitel 6.3.3.7).

In allen fünf Predigten erfolgt in Anschluss an das Initium, welches lediglich ein bis zwei Verse der der Predigt zugrunde liegenden Perikope auf Latein zitiert, eine ausführlichere volkssprachliche Übersetzung oder Paraphrase der Perikope.[4] Im Falle von Mau14 und Tor10 werden auch die zusätzlichen Texte, die nicht am Anfang der Predigt stehen, paraphrasiert. Die Paraphrasen sind unterschiedlich gestaltet: So liegt in LimA.14 eine reine Paraphrase vor, in LimB.02 und Tor10 enthalten die Paraphrasen auch einzelne lateinische Zitate, in Mau14 sind in die Paraphrase Erläuterungen eingewoben,[5] die auf ein

---

2 Dabei kann es sich sowohl um biblische als auch um nicht-biblische Texte handeln, die allegorisiert werden können, aber nicht müssen.

3 Moran i Ocerinjauregui (1990, 134) verweist diesbezüglich darauf, dass auch die beiden vorhergehenden Predigten in *Tor* nicht das Tagesevangelium als Initium aufweisen. Daraus folgert er, dass in der Liturgie der Abtei von Saint-Ruf zur Fasten- und Passionszeit Genesistexte vorgesehen gewesen sein könnten.

4 In Bezug auf Mau14 und Tor10 ist anzumerken, dass hier der Fokus nicht auf der geistlichen Auslegung des im Initium anzitierten Bibeltextes liegt, sondern auf der Allegorese anderer Bibeltexte, auf die im Verlauf der Predigt verwiesen wird.

5 Hier wird die Verwendung der Termini *castel* und *encontre* näher kommentiert. Der Prediger bezieht *castel* nicht auf einen kleinen Ort, was der griechische Urtext mit εἰς τὴν κώμην (Mt 21,2) nahelegt, sondern auf die Stadt Jerusalem. Die Tatsache, dass die Stadt hier mit dem Attribut *castel* verbunden sein soll, lässt den Prediger folgern, dass eine Degradierung Jerusalems vollzogen werden soll, die damit begründet wird, dass die Bewohner der Stadt Jesus nicht

besseres Verständnis des zugrunde gelegten Bibeltextes abzielen, und in Sub22 wird die Paraphrase immer wieder durch die geistliche Auslegung unterbrochen.

Die Funktion von Initium und anschließender Paraphrase in LimA.14, LimB.02 sowie in Sub22 lässt sich ganz einfach beschreiben. In diesen Fällen wird darin einfach das Tagesevangelium dargelegt, also der Text, der die argumentative Grundlage der Predigt bildet, über die der Prediger sein kommunikatives Ziel zu erreichen sucht.[6] Die beiden komplexeren Fälle von Tor10 und Mau14 werden in den folgenden beiden Unterkapiteln näher untersucht.

7.1.1 Tor10: Der Bogen zwischen der Vertreibung aus dem Paradies und dem Tagesevangelium

Aufgrund des in Initium und Paraphrase dargelegten Sachverhalts, der Vertreibung des Menschen aus dem Paradies (Gen 3,24), besteht die Notwendigkeit – wie der Prediger darlegt –, dass der Sohn Gottes auf die Erde kommt, um mit seinem Blut die Flamme zu löschen, die den Menschen den Zutritt zum Paradies verwehrt. Der Prediger verwendet hier also einen alttestamentlichen Perikopentext als argumentative Basis für seine Predigt. Von hier spannt er den heilsgeschichtlichen Bogen auf und legt den Zusammenhang zwischen der Vertreibung Adams aus dem Paradies (Gen 3,24) und der Erlösung der Menschen durch Christus (Mt 21,1–11) dar: Die Verknüpfung zwischen den beiden Texten erfolgt argumentativ mittels kausaler und adversativer präpositionaler Wendungen und Konjunktionen wie *per aizò, mais, car, per zo que, per zo quar* sowie durch die negierte Konjunktion *si*, die im folgenden Zitat grau unterlegt sind.

(25) Et aisò conogron li bon omen el saint ome del Vel Testament & aisò conog Abraams, & per aizò cor o conog, fer sanc per confusió. Car el crezia & entendia que per sanc d'ome devia èsser estancada aquela flamma. E per aizò fez sanc per sacrifici zo fez de bèstias, de bous e de fedas e de bocs e de cabras. Mais, sennor, per lo sanc dels omes que fez & ensennet Abraams, ni per lo sanc de las bèstias que {que} fez & ensennet Moisés, aquela flamma non poc èsser estancada. E per aizò venc le Fils de Deu e donet lo seu preciós

---

glauben wollen. Auf ähnliche Weise wird auch die Präposition *(en)contre* gedeutet, die der Prediger nicht im lokalen Sinne auffasst, sondern metaphorisch als «feindlich gesinnt».

6 Bezüglich der Frage, inwieweit das Tagesevangelium als textuelles Hindernis im Rahmen der Gesamtstrategie zu betrachten ist, cf. Kapitel 7.3.

sanc & esteis aquela flamma. Ara vejats, sennor, can bon metge a en aquest. Car tug l'omen del segle eron malaute & enferm, e non podion èsser sanat si aquest gloriós metges non fezés medicina del seu preciós sanc, et escampet lo seu preciós sanc per zo que pogués sanar los malautes per los quals el era venguts. Car zo diz l'Avangelis, que l'ora de la passió de Nostre S[ennor] Jhesu Crist s'aproismava e per zo quar s'aprosmava, volc lo Nostre S[énner] bons e misericordiós aprosmar del lloc on devia recebre mort e passió per nos. (Tor10, 105s.)

Da den Menschen der Zugang zum Paradies durch das Flammenschwert des Cheruben verwehrt ist, sucht er nach Wegen, um die Flamme des Schwertes zu löschen. Aus diesem Grund opfert er, doch weder tierisches noch menschliches Blut kann die Flamme ersticken. Deswegen muss der Sohn Gottes kommen, um die Flamme zu löschen. Der im Tagesevangelium für den Palmsonntag geschilderte Einzug Jesu in Jerusalem stellt einen wesentlichen Schritt in Richtung Löschung der Flamme dar, da auf den Einzug in Jerusalem das zentrale christliche Heilsgeschehen mit Kreuzigung und Auferstehung Jesu folgt, wodurch den Menschen der Zugang zum Paradies wieder geöffnet wird.

Die appellative Grundfunktion der Predigt (cf. Brinker 2010, 102) zeigt sich zwar in erster Linie in der Allegorese des Bibeltextes mit ihren moralischen Aufforderungen, doch ist auch die heilsgeschichtliche Bedeutung des Tagesevangeliums, die mit dem soeben beschriebenen argumentierenden Verfahren dargelegt wird, als Teil des kommunikativen Ziels zu betrachten, auch wenn diese nicht in einer expliziten Aufforderung an die Hörer artikuliert wird. Von daher ist davon auszugehen, dass der Prediger nicht nur das Ziel verfolgt, den Zuhörer zu einer Verhaltensänderung zu bewegen (appellative Funktion), sondern auch, ihm die theologische Relevanz des Tagesevangeliums zu vermitteln.[7]

7.1.2 Mau14: Tagesevangelium, kommunikatives Ziel und dessen Exemplifizierung anhand anderer Texte

Die Predigt Mau14 nimmt allein aufgrund ihrer auffallenden Länge eine Sonderstellung innerhalb von *Mau* ein.[8] Bedingt ist der außergewöhnliche Charak-

---

7 Damit ist die Informationsfunktion nach Brinker (2010, 98) angesprochen. Cf. diesbezüglich auch den Beginn von Kapitel 6.

8 Während der durchschnittliche Umfang der analysierten Predigten 772 Wörter beträgt, was bei einer Redezeit von 100 Wörtern pro Minute eine Redezeit von knapp acht Minuten bedeutet, umfasst Mau14 1797 Wörter, was hieße, dass die Predigt ca. 10 Minuten länger dauert als der Durchschnitt.

ter sicherlich durch den liturgischen Anlass, den Palmsonntag, an dem die Predigt nicht in der Kirche, sondern im Freien auf dem Prozessionsweg gehalten wurde.[9] Bezüglich des Predigtaufbaus liegt die Besonderheit vor, dass nicht das Tagesevangelium nach dem geistlichen Schriftsinn ausgelegt wird, sondern die Kain-und-Abel-Erzählung aus Gen 4,1–16 sowie eine nicht-biblische Parabel, die Erzählung vom Teufel als Kaufmann. Die Tatsache, dass das Tagesevangelium nicht nach dem geistlichen Schriftsinn ausgelegt wird, impliziert jedoch nicht, dass diesem keine zentrale Bedeutung für die appellative Funktion der Predigt zukommt, wie im Folgenden zu zeigen ist: Ausgangspunkt der Argumentation ist die Verknüpfung zwischen der am Predigtanlass abgehaltenen liturgischen Palmsonntagsprozession und dem Ereignis des Einzugs Jesu in Jerusalem, das im Tagesevangelium geschildert wird, was in dem folgenden Zitat kursiv hervorgehoben wurden:

(26) Entre les autres costumes qui sont establies e tenues en sainte Eglise, si est establie e tenue *ceste sainte proucessions* que tote la crestientés Nostre Segnor fait hui, *por representer e por ramembrer* la *gloriose porcession que li puples de Jerusalem fist hui* a Nostre Segnor quant il vint en Jerusalem. (Mau14, Z.4–9)

Das tertium comparationis für die Verknüpfung zwischen Tagesevangelium und Palmsonntagsprozession ist der WEG. Die Verknüpfung zwischen Tagesevangelium und Prozession wird unmittelbar nach dem Initium verdeutlicht und steht vor einer Paraphrase des Tagesevangeliums. So wird das Tagesevangelium schon vor der Paraphrase als ikonisches Zeichen klassifiziert (cf. Kapitel 4.3).

In Anschluss an die Paraphrase des Tagesevangeliums erfolgt bereits eine erste moralische Aufforderung. Das erstaunt insofern, als eine solche im Großteil der Predigten in *Mau* erst am Ende zu finden ist.[10] An dieser und den fol-

---

9 Cf. Lecoy de la Marche, Albert (1868, 214).

10 In den einfachen kurzen Homilien stehen moralische Aufforderungen, die mit «Ore, bones gens, gardés que» eingeleitet werden, in der Regel am Ende der Predigt. In Mau14 finden sich jedoch über die gesamte Predigt verteilt insgesamt drei dieser Aufforderungen. Die moralische Aufforderung, die Beschreibung der Palmsonntagsprozession und Kain-und-Abel-Erzählung miteinander verknüpft, lautet folgendermaßen: «Ore, bones gens, gardés que vos le faciés ensi que Deus en soit honerés, e qu'ele vos vaille a ues les anmes salver. Quar ço saciés vraiement que pluisor font bones uevres, mais por ço qu'il ne sont mie tel com il devroient estre, <ne sont mie lor uevres receues devant Deu. Maintes gens font offrandes, e Deus nes reçoit mie; maintes gens herbergent povres, revestent nus, visitent malades, regardent cels qui en prison sont, vont en pelerinages, font pluisors autres biens; mais por ço qu'il meisme ne sont mie tel com il devroient estre> e qu'il sont desevré de Deu par aucun pecié dampnable : si ne les aime Deus, ne ne regarde, ne ne reçoit lor bones

genden beiden moralischen Aufforderungen[11] der Predigt zeigt sich deutlich, dass Maurice das kommunikative Ziel verfolgt, die Zuhörer davon zu überzeugen, dass sie in erster Linie Gott gefallen sollen und dass Bußetun in der Karwoche nur sinnvoll ist, wenn die innere Einstellung der Menschen gottgefällig ist (cf. Robson 1952, 34). Da aber das Tagesevangelium keine unmittelbare Verknüpfung mit der richtigen innerlichen Einstellung der Christen in der Karwoche nahelegt, muss der Prediger den textuellen Widerstand des Tagesevangeliums überwinden. Das geschieht in diesem Fall nicht durch Allegorese desselben,[12] das heißt durch die Verknüpfung von Konzepten im *TF-BIBLISCHE ERZÄHLUNG* mit Konzepten im *TF-ALLEGORISCHE DEUTUNG* oder im *TF-TROPOLOGISCHE DEUTUNG*, sondern durch ein komplexeres Verfahren: Neben der oben beschriebenen Verbindung des *TF-BIBLISCHE ERZÄHLUNG* mit dem *KF-PALMSONNTAGSPROZESSION*[13] aufgrund einer Similaritätsrelation (cf. 1. in Tabelle 12) sind folgende Relationen zu konstatieren: Eine auf Kontiguität basierende Verknüpfung liegt vor zwischen dem EINZUG JESU in JERUSALEM und der darauf folgenden PASSION als LEIDENSZEIT JESU (cf. 2. in Tabelle 12). Letztere wiederum steht in Similaritätsrelation zum LEIDEN der CHRISTEN im Rahmen des BUßETUNS in der KARWOCHE.

Da es dem Prediger aber nicht einfach um das BUßETUN geht, sondern um die Kontrastierung von INNERLICHER GOTTGEFÄLLIGER HALTUNG (beim BUßETUN) und den ÄUßERLICHEN WERKEN, die unwirksam sind, wenn sie nicht mit der richtigen innerlichen Haltung einhergehen, stellt er in Anschluss an die entsprechende moralische Aufforderung eine Verknüpfung zwischen dem

---

uevres ne lor proieres en cele maniere que il en puiscent conquerre la vie pardurable». (Mau14, Z.33–44).

11 Die zweite moralische Aufforderung findet sich im Anschluss an die geistliche Auslegung der Kain-und-Abel-Erzählung, die sogleich mit der Prozession verknüpft wird. Schließlich erfolgt ganz am Ende der Predigt eine dritte abschließende moralische Aufforderung, welche an die Parabel vom Teufel als Kaufmann mit geistlicher Deutung anschließt. Auch in diesem Fall wird – wie bei der zweiten moralischen Aufforderung – eine Verknüpfung zwischen geistlicher Auslegung und Prozession hergestellt, bevor die moralische Aufforderung erfolgt.

12 Bei den Kommentierungen von *castel* und *encontre* handelt es sich um keine Allegorisierungen: Im Falle von *castel* wird lediglich die Verwendung eines Lexems bei der Darlegung des Bibeltextes kommentiert, während im Falle der Präposition *encontre* eine zusätzliche metaphorische Deutung als Begründung für die Verwendung dieses Lexems gegeben wird.

13 Dieser Frame wird als KF, d. h. als Konzeptframe (cf. Kapitel 5, Anm. 1), und nicht als TF (Textframe) bezeichnet, da es sich hier – nicht wie bei der Allegorese – um einen Frame handelt, der speziell in biblischen Texten berichtete Ereignisse umfasst. Der Terminus 'Konzeptframe' stellt einen allgemeineren Frame-Begriff dar im Vergleich zum 'Textframe', der auf in Texten vermittelte Inhalte Bezug nimmt.

KF-PALMSONNTAGSPROZESSION und dem *TF-BIBLISCHE ERZÄHLUNG* her, der die Kain-und-Abel-Erzählung beinhaltet. Auch diese Verknüpfung beruht auf einer Similaritätsrelation (cf. 4. in Tabelle 12): In beiden Frames liegt ein Kontrast zwischen GUTEM und SCHLECHTEM VERHALTEN vor, der aber jeweils unterschiedlich beschaffen ist. So befindet sich im *KF-PALMSONNTAGSPROZESSION* das Konzept BUßE. Dieses führt dazu, dass der Christ sich seiner Fehler bewusst wird und folglich von den SCHLECHTEN WERKEN ablässt. Betrachtet man das als Ereignisfolge, so steht die Kontiguitätsrelation zwischen den einzelnen Konzepten im Fokus. Im *TF-BIBLISCHE ERZÄHLUNG* hingegen liegt eine Kontraststruktur vor, die nicht aufgelöst werden kann und bei der keine Kontiguitätsrelation zwischen den einzelnen involvierten Konzepten zu konstatieren ist. Dabei handelt es sich um den Kontrast zwischen INNERLICH und ÄUßERLICH: Äußerlich opfern beide Brüder, was GUTEN ÄUßERLICHEN WERKEN entspricht, doch nur Abel weist die richtige INNERLICHE EINSTELLUNG auf, was dazu führt, dass sein Opfer – im Gegensatz zu dem Kains – von Gott gnädig angesehen wird. Des Weiteren kann das Verhältnis zwischen KAIN und ABEL auch auf GUTE und SCHLECHTE CHRISTEN übertragen werden, weil sie wie BRÜDER, die zur gleichen MUTTER gehören, beide zur KIRCHE gehören.[14] Beide versuchen äußerlich Gott zu gefallen, indem sie gute Werke tun. Der Prediger exemplifiziert also mithilfe der Allegorese der Kain-und-Abel-Erzählung einen zentralen Punkt für sein kommunikatives Ziel, die Kontrastierung von INNERER SCHLECHTER EINSTELLUNG und ÄUßERLICH GUTEN WERKEN, das bereits vor dieser Exemplifizierung in der moralischen Aufforderung benannt wurde. Hier wird also deutlich, dass der Prediger sein kommunikatives Ziel nicht einfach aus dem Bibeltext ableitet, sondern ein komplexerer Verknüpfungsprozess stattfindet, in dessen Rahmen ausgehend vom liturgischen Predigtanlass zu einem wichtigen theologischen Anliegen des Predigers übergeleitet wird, nämlich der Trennung von INNERLICH und ÄUßERLICH GUTEN WERKEN. Die verschiedenen Verknüpfungsschritte zwischen Konzepten, die sich in einem *TF-BIBLISCHE ERZÄHLUNG* bzw. dem unmittelbar mit dem *TF-BIBLISCHE ERZÄHLUNG* verbundenen *KF-PASSION JESU* befinden, und solchen, die sich in einem Frame befinden, der die Lebenswelt der Predigtzuhörer stärker betrifft (*KF-PALMSONNTAGSPROZESSION*, *KF-KARWOCHE*), lassen sich folgendermaßen darstellen:

---

14 Bezüglich der Geschwistermetaphorik bei Paulus cf. Gerber (2005, 33–36).

Tab. 12: Frame-Verknüpfungen in Mau14.

TF-BIBLISCHE ERZÄHLUNG (Mt 21,1–11)		*KF-PALMSONNTAGS-PROZESSION*
1. Konzept: WEG	Verknüpfungsrelation: Similarität	Konzept: WEG

TF-BIBLISCHE ERZÄHLUNG (Mt 21,1–11)		*KF-PASSION JESU*
2. Konzept: EINZUG JESU IN JERUSALEM	Verknüpfungsrelation: Kontiguität	Konzept: PASSION JESU

KF-PASSION JESU		*KF-KARWOCHE*
3. Konzept: LEIDEN JESU	Verknüpfungsrelation: Similarität	Konzept: LEIDEN der CHRISTEN in der KARWOCHE

TF-BIBLISCHE ERZÄHLUNG Gen 4,1–16		*KF-KARWOCHE*
4. Konzepte: SCHLECHTE INNERE VS. GUTE ÄUSSERLICHE WERKE bei KAIN	Verknüpfungsrelation: Similarität	Konzepte: SCHLECHTER VS. GUTER CHRIST BUSSE: SCHLECHTES VERHALTEN → GUTES VERHALTEN

Anschließend wird der Weg, den die Prozessionsteilnehmer laufen und der als Entfernung vom TEUFEL und Annäherung an GOTT gedeutet wird, noch mithilfe einer nicht-biblischen Parabel exemplifiziert, die auch sogleich allegorisiert wird. Hierzu wird eine Similarität der Frame-Strukturen aufgezeigt: Sowohl der TEUFEL als auch der KAUFMANN sind in der WELT unterwegs und beide werden kurz vor dem ZIEL (der HEIMATSTADT/der HÖLLE) der SACHEN, die sie mit sich tragen (WAREN/SEELEN), beraubt von RÄUBERN/PRIESTERN.

Die Predigt sticht in Bezug auf die Allegorese insofern unter den übrigen analysierten *Mau*-Predigten hervor, als nicht die geistliche Auslegung dem Zweck dient, das kommunikative Ziel mit moralischer Unterweisung zu erreichen, sondern der liturgische Anlass den Prediger zu einer moralischen Aufforderung führt, welche schon mitten in der Predigt genannt wird und welche durch weitere Erzählungen mit anschließender moralischer Auslegung exemplifiziert wird.

7.2 Die Allegorese des Tagesevangeliums im Rahmen der Strategie des Predigers

Die Allegorese des Bibeltextes kann – wie am Anfang von Kapitel 7 bereits dargelegt – im Rahmen der Gesamtstrategie des Predigers genutzt werden, um ein ganz bestimmtes kommunikatives Ziel zu erreichen, was ohne Uminterpretation des Bibeltextes nicht möglich wäre, da der zugrunde gelegte Bibeltext nicht (unmittelbar) die vom Prediger intendierte Aussage enthält. In solchen Fällen ist der zugrunde gelegte Bibeltext als Widerstand textueller Art aufzufassen, den es – hier mithilfe des Allegorese-Verfahrens – zu überwinden gilt (cf. Anfang von Kapitel 7).

Im Folgenden ist die Allegorese von Mt 21,1–11 in den Predigten LimA.14, LimB.02, Tor10 sowie Sub22[15] in Zusammenhang mit der kommunikativen Absicht des Predigers zu untersuchen.

7.2.1 Vorgehen bei der Analyse der Allegorese

Die Analyse der Allegorese erfolgt in dieser Arbeit immer nach folgendem Schema: In einem ersten Schritt sind die beiden Lexeme, die im Rahmen der Allegorese miteinander verknüpft werden, zu identifizieren. Diese beiden Lexeme verweisen auf Konzepte, die in unterschiedlichen Frames zu verorten sind. So verweist Lexem$_A$ auf ein Konzept, das im *TF-BIBLISCHE ERZÄHLUNG* zu verorten ist und Lexem$_Z$ auf ein Konzept im *TF-ALLEGORISCHE DEUTUNG* oder im *TF-TROPOLOGISCHE DEUTUNG*. Auf Textebene kann differenziert werden zwischen der Darlegung der biblischen Erzählung auf der einen Seite, die der *historia* (im weiten Sinne) bei Hugo von St. Viktor entspricht (cf. Kapitel 4.4) und der Lexem$_A$ zuzuordnen ist, und der Allegoreseebene (*allegoria* oder *tropologia* in mittelalterlicher Terminologie) auf der anderen Seite, auf welcher Lexem$_Z$ zu verorten ist. Wenn ein komplexerer Deutungsweg vorliegt, können unter Umständen weitere Lexeme zwischen Lexem$_A$ und Lexem$_Z$ auftreten.

In einem zweiten Schritt ist zu untersuchen, wie die beiden Lexeme miteinander verknüpft sind.[16] Die Verknüpfung manifestiert sich im Text häufig

---

15 Wie bereits in Kapitel 7.1.2 gezeigt wurde, liegt in Mau14 keine Allegorese des Tagesevangeliums vor.

16 Die Verknüpfung zweier Lexeme im Rahmen der Allegorese erfolgt in den meisten Fällen durch ein explizites Deutungsverb wie *interpretatur* (Sub22), *sona* in *zo sona en nostra lengua* (Sub22), *entendre* (LimB.02: 6 unterschiedliche Deutungen), *zo es/aizo fo* (LimB.02; Tor10: 3 unterschiedliche Deutungen), *est/fuerunt* (Sub22: 3 unterschiedliche Deutungen), *signifio* (LimA.14: 2 unterschiedliche Deutungen). Eine Besonderheit liegt bei *interpretatur* und *zo sona*

durch ein Deutungsverb, welches noch keinerlei Hinweise auf die zugrunde liegende Assoziationsrelation liefert. Aus diesem Grund ist zusätzlich zum Deutungsverb nach Hinweisen im Text auf die der Verknüpfung zugrunde liegende Assoziationsrelation (cf. Kapitel 5.2) zu suchen. Des Weiteren ist danach zu fragen, ob die Verknüpfung durch Assoziationsrelationen begründet sein kann, auf die sich keine Hinweise im Text finden.

Die konzeptuellen Verknüpfungen werden im Folgenden geordnet nach einzelnen Konzepten betrachtet. Die hierzu angeführten Zitate weisen folgende typographischen Hervorhebungen auf: Die im Rahmen der Allegorese miteinander verknüpften Lexeme sind einfach unterstrichen, die Deutungsverben sind grau hinterlegt und Hinweise auf die zugrunde liegende Assoziationsrelation sind doppelt unterstrichen.[17]

7.2.1.1 Die lokalen Gegebenheiten: Betfage, Jerusalem und der Ölberg

Die lokalen Gegebenheiten, die in der Evangelienpassage vermerkt sind, werden lediglich in zwei der fünf Predigten gedeutet.

JERUSALEM:

(27) a) Anz que Deus venis en carn, si era discordia antre lui e li homes per lo pecà que fis Adam. A la perfin, Dominidè si of pietà de soa creatura e volc li rendre sa pas. Adunc s'aproismè en Ierusalem, qui visio pacis interpretatur. (Sub22, Z.8–13 = 082_Sub22)

   b) Jerusalem namque visio pacis interpretatur, quod erit, quando videbimus eum facie ad faciem sicuti est, qui est vera pax, vera lux, verum gaudium. (Sub22, Z.68–70 = 082_Sub22)

BETFAGE:

(28) Per Betfage devem entendre los predicadors [...]. (LimB.02, Z.17 = 008_LimB.02)

(29) Mas anz qu'el intras en Ierusalem, ven en Betphage. Betphage, zo sona en nostra lengua meisun de boca. Et signifia sancta Ecclesia, in qua cotidie corpus Christi manducatur, et fidelium ore ipse Deus assidue collaudatur. (Sub22, Z.13–17 = 083_Sub22)

Bezüglich der Deutung der Ortsnamen «Jerusalem» und «Betfage» zeigt sich ein deutlicher Unterschied zwischen Sub22 und LimB.02. So liegt in Sub22 hin-

---

en nostra lengua in Sub22 vor, da so Lexeme aus zwei unterschiedlichen Sprachen durch Übersetzung miteinander verknüpft werden. Zur Verwendung von *interpretare* im untersuchten Textcorpus cf. auch Kapitel 10.3.5.1.

17 Diese Markierungen werden nicht einzeln als durch die Verfasserin hervorgehoben markiert.

sichtlich der Deutung Jerusalems und Betfages in beiden Fällen eine (etymologische) Übersetzung vom Hebräischen ins romanische *volgare* vor (cf. Kapitel 4.5). Das zeigt sich bei der Deutung von Jerusalem durch die Verwendung des Verbes *interpretare*,[18] das typischerweise zur Kennzeichnung von Übersetzungen verwendet wird (cf. Kapitel 7, Anm. 16). Auch die Deutung Betfage ist deutlich als Übersetzung von einer Quell- in eine andere Zielsprache gekennzeichnet durch «zo sona en nostra lengua».

Die Verknüpfung von Betfage mit dem Konzept Haus kann folgendermaßen begründet werden: Die erste Silbe «Bet-» von «Betfage» – wie auch von «Betlehem» oder «Bethanien» – geht auf das hebräische בית (*bayit*) zurück, was 'Haus' bedeutet. «-fage» wird konventionellerweise mit 'Mund' oder 'Backe' übersetzt, wie auch das folgende Hieronymus-Zitat zeigt: «Bethphage, domus oris, vallium vel domus buccae. Syrum est, non Aebraeum. Quidam putant domum maxillarum vocari» (*Liber de nominibus hebraicis* PL 23, 876).

Auch die Verknüpfung Jerusalem – Friedensvision in Sub22 ist konventioneller Art und lässt sich beispielsweise bei Isidor von Sevilla in den *Etymologiae* 8,1 (PL 82, 295B) und bei Hieronymus im *Liber de nominibus hebraicis* (PL 23, 885) finden.

Während im Falle der Deutung Jerusalems bei Sub22 nur die (etymologische) Übersetzung dargelegt wird, stellt diese bei der Deutung Betfages den Ausgangspunkt für einen weiteren Verknüpfungsschritt dar. So wird hier in einem ersten Schritt dargelegt, dass der Signifikant «Betfage» nicht nur mit dem K1 Betfage (Ort) verknüpft werden kann, sondern auch mit dem K2 Haus des Mundes. Im Gegensatz zur Allegorese, bei der das Allegoresekonzept im *TF-Allegorische Deutung* oder im *TF-Tropologische Deutung* zu verorten ist, muss das Übersetzungskonzept nicht in einem dieser Frames verortet sein, wie am Beispiel der Deutung Betfages in Sub22 zu sehen ist, wo das Haus des Mundes als Übersetzungskonzept keinem der beiden Frames zuzuordnen ist. In diesem Fall nimmt der Prediger einen weiteren Deutungsschritt vor, um die etymologische Übersetzung in das Verfahren der geistlichen Schriftauslegung zu integrieren. So wird die «meisun de boca» in einem zweiten Deutungsschritt durch *signifia* mit der «sancta Ecclesia» verbunden. Der Verknüpfungsweg lässt sich folgendermaßen beschreiben: Das Konzept Mund als ein Bestandteil des Hauses des Mundes[19] wird über eine Kontiguitätsrelation mit Essen ver-

---

18 Während *interpretari* im Klassischen Latein ein Deponens ist, wird in den *Sermoni subalpini interpretare* mit Aktiv-Endungen verwendet.

19 Da ein Haus des Mundes sicherlich auch für den mittelalterlichen Leser kein geläufiges Konzept war und die Verknüpfung zwischen «Betphage» und «Ecclesia» in erster Linie dadurch begründet ist, dass «-fage» als ein lexikalisches Morphem des als Kompositum aufgefassten Ortnamens 'Mund' bedeutet, wird hier nicht näher auf die Relation zwischen Haus des

knüpft, welches wiederum über eine taxonomische Subordination mit dem
ABENDMAHL als einer bestimmten Form des Essens verknüpft ist, das in Kontiguität zur KIRCHE steht, wo dieses stattfindet. So wird BETFAGE im *TF-BIBLI-
SCHE ERZÄHLUNG* durch eine Kombination aus etymologischer Deutung und
einer Verknüpfung unterschiedlicher kognitiv plausibler Assoziationsrelationen mit dem Konzept KIRCHE im *TF-ALLEGORISCHE DEUTUNG* verbunden. Hier
dient also die (etymologische) Übersetzung als Ausgangspunkt für einen weiteren Verknüpfungsschritt auf Konzeptebene, wodurch sich die Komplexität der
Deutung erhöht.

Die Deutung BETFAGES in LimB.02 hingegen ist weder explizit durch das
Deutungsverb (*entender ... per ...*) noch durch sonstige Hinweise als etymologische Übersetzung markiert. Diesbezüglich sind keine Unterschiede zu üblichen
Allegoresen, die in erster Linie auf einer Similaritätsrelation zwischen wörtlicher Bedeutung und Allegoresebedeutung beruhen, zu erkennen. Lediglich die
Tatsache, dass hier die Deutung eines Ortnamens vorliegt, könnte darauf hinweisen, dass es sich um eine konventionelle etymologische Übersetzung handelt. Da der Prediger jedoch keine solche Markierung vornimmt, ist davon auszugehen, dass es ihm nicht darum geht, zwischen einfachen Allegoresen, die
auf der Verknüpfung zweier Sachverhalte über eine Similaritätsrelation basieren, und etymologischen Übersetzungen zu unterscheiden. Fest steht, dass er
nicht versucht, seinen Adressaten einen nachvollziehbaren Deutungsweg aufzuzeigen. Ähnlich verhält es sich auch mit der Deutung des ÖLBERGS in
LimB.02, die nicht plausibilisiert wird und auf einer ausschließlich konventionellen Deutung zu beruhen scheint.

ÖLBERG:

(30) [...] per <u>montem</u> <u>Oliveti</u> [devem entendre], <u>Ecclesiam</u> [...]. (LimB.02, Z.17s. = 009_
LimB.02)

Neben der Tatsache, dass weder bei der Deutung BETFAGES noch bei der Deutung des ÖLBERGS Hinweise auf den Deutungsweg vorliegen, besteht eine weitere Gemeinsamkeit der beiden Deutungen darin, dass die beiden Allegoresekonzepte PREDIGER und KIRCHE im *DR-ALLEGORIA* enthalten sind. Folglich
kann davon ausgegangen werden, dass der Prediger eine allegorische Deutung
vornimmt, die sich im konventionellen Rahmen bewegt (cf. Kapitel 5.3), aber
nicht plausibilisiert wird.

MUNDES und MUND eingegangen, sondern MUND als Ausgangspunkt für die Betrachtung der
kognitiven Assoziationsrelationen genommen.

7.2.1.2 Losbinden von Eselin und Füllen

ESELIN und FÜLLEN werden lediglich in LimB.02 und Tor10 mit einem Allegoresekonzept verknüpft und folgendermaßen gedeutet:

ESELIN/FÜLLEN (allegorisch):

(31) [...] per la asina entendem los Juzeus ; pel poli, los pagas [...]. (LimB.02, Z.18s. = 010_
LimB.02)

(32) Aquil dui dicípol que Nostre S[énner] tramés per desliar la sauma e·l polin, fo sains
Peire e sainz Felip, & un d'aquelz, zo fo sainz Peire, desliet la sauma, zo es lo pòbols
dels juzeus que era liats ab un greu liam de peccat, & aduis-lo a Nostre S[ennor] Jhesu
Crist. Car de seguentre la ressurrección de Nostre S[ennor] sa {n}ins Peire convertí del
pòbol dels juzeus en un dia «tria milia», & en altre dia V «milia». [...] sainz Phelips, sos
compains ; prediquet en Samaria gran compaina de pagans, & aizò fo lo polins que
desliet sains Phelips. E d'aital guiza, sennor, li dui apòstol preziqueron aquestas doas
ge[n]z a la fe & a la crezensa de Nostre S[ennor], car aitant con foron liat, Deus en els
habitar ni sezer non volc. (Tor10, S.106 = 011_Tor10, 012_Tor10)

ESELIN/FÜLLEN (tropologisch):

(33) E nos, sennor, ja sia aizò que nos siam peccador, comandament avem que nos desliem[20]
las ànimas, las quals le diàbols, nostre enemics mortals, ten liadas [e] devem-las
de[s]liar ab orations & ab sanctas prezications, per zo que Nostre S[énner] venga en
elas. (Tor10, S.106 = 013_Tor10)

Sowohl in (31) als auch in (32) liegen die gleichen Verknüpfungen vor: ESELIN – JUDEN und FÜLLEN – HEIDEN. Das lässt vermuten, dass es sich hier nicht um eine ad hoc-Bildung handelt, sondern um eine verbreitete Deutung.[21] Auch in diesem Fall verhält es sich in LimB.02 ähnlich wie mit der Deutung der lokalen Gegebenheiten: Der Prediger verknüpft ESELIN und JUDEN sowie FÜLLEN und HEIDEN miteinander, ohne dass sich auf sprachlicher Ebene Hinweise auf den Deutungsweg finden und auch hier scheint es ihm wichtiger zu sein, auf bestimmte Konzepte des *DR-ALLEGORIA* zu rekurrieren, als dem Zuhörer plausibel zu machen, wie er zu diesen Konzepten gelangt. Der Verweis auf die Konzepte ESELIN und FÜLLEN im *TF-BIBLISCHE ERZÄHLUNG* sowie JUDEN und HEIDEN im *TF-ALLEGORISCHE DEUTUNG* legt aber nahe, dass Similarität eine Rolle bei der

---

20 Das Lexem *deslier* wird auch etwas weiter oben im Text verwendet: «Aquil dui dicípol que
Nostre S[énner] tramés per desliar la sauma el polin, fo sains Peire e sainz Felip» (Tor10,
S.106).
21 Ein ähnliches Verknüpfungsmuster findet sich auch bei Isidor, der den ESEL als TORHEIT
der JUDEN deutet: «Asinus autem ille insensata est stultitia Iudaeorum» (*Quaestiones in Vetus
Testamentum, In Genesin* 18, PL 83, 250C).

Verknüpfung spielt, da in beiden Fällen auf zwei Konzepte rekurriert wird, die in kotaxonomischer Similaritätsrelation zueinander stehen. Folglich kann für diesen Fall davon ausgegangen werden, dass die Deutung auf einer Similarität der Frame-Strukturen basiert, welche aber nicht explizit plausibilisiert wird.

Die beiden Deutungen in Tor10 hingegen legen folgenden Deutungsweg nahe: Zwischen dem *TF-BIBLISCHE ERZÄHLUNG* und dem *TF-ALLEGORISCHE DEUTUNG* einerseits sowie dem *TF-TROPOLOGISCHE DEUTUNG* andererseits liegt Similarität vor, denn sowohl ESELIN und FÜLLEN (*TF-BIBLISCHE ERZÄHLUNG*) als auch JUDEN und HEIDEN (*TF-ALLEGORISCHE DEUTUNG*, (32)) sowie die SEELEN DER MENSCHEN (*TF-TROPOLOGISCHE DEUTUNG*, (33)) müssen von etwas befreit werden. Die Parallelität der Vorgänge zeigt sich durch die Wiederholung des Lexems *deslier* sowie die Verwendung von *d'aital guiza*. Während eine ausführlichere Deutung für den allegorischen Schriftsinn vorliegt, ist die tropologische Deutung relativ knapp gehalten, doch enthält auch sie die wesentliche Struktur «A befreit B von C». Somit liegt in allen drei Frames (*TF-BIBLISCHE ERZÄHLUNG*, *TF-ALLEGORISCHE DEUTUNG*, *TF-TROPOLOGISCHE DEUTUNG*) eine analoge Struktur vor: «A befreit B von C».

Des Weiteren lässt sich eine Similarität in Bezug auf B erkennen, auf die zwar nicht explizit auf sprachlicher Ebene verwiesen wird, die aber naheliegt, wenn man die entsprechenden Konzeptpaare (B1 und B2) im *TF-BIBLISCHE ERZÄHLUNG* und im *TF-ALLEGORISCHE DEUTUNG* miteinander vergleicht: B kann sowohl im *TF-BIBLISCHE ERZÄHLUNG* in B1 (ESELIN) und B2 (FÜLLEN) aufgeteilt werden als auch im *TF-ALLEGORISCHE DEUTUNG*, wo B1 für die JUDEN und B2 für die HEIDEN steht.[22] Die ESELIN im *TF-BIBLISCHE ERZÄHLUNG* ist die MUTTER des FÜLLENS (Kontiguität), sie ist groß bzw. alt, während das FÜLLEN klein bzw. jung ist (Kontrast). Des Weiteren sind sie beide der gleichen Gruppen von Tieren zuzuordnen und stehen aus diesem Grund in kotaxonomischer Similaritätsrelation zueinander. Diese drei unterschiedlichen Relationen zwischen ESELIN und FÜLLEN werden folgendermaßen auf den *TF-ALLEGORISCHE DEUTUNG* übertragen: Zum einen ist eine Kontiguität zwischen JUDEN und HEIDEN zu erkennen, wenn das JUDENTUM als MUTTERRELIGION des CHRISTENTUMS aufgefasst wird, das ja auch die HEIDENCHRISTEN einschließt, auf die hier verwiesen wird, wenn die Rede davon ist, dass Philippus die HEIDEN bekehrt (cf. Theissen 1991, 331). Eine Kontrastrelation besteht auch zwischen JUDEN und HEIDEN, insbesondere den SAMARITANERN, die sich in Bezug auf ihre Religion unter-

---

22 Lediglich im *TF-TROPOLOGISCHE DEUTUNG* wurde keine Differenzierung zwischen B1 und B2 vorgenommen.

scheiden. Andererseits stehen die beiden Gruppen in kotaxonomischer Similaritätsrelation zueinander, da es sich um zwei in einem Land lebende Bevölkerungsgruppen handelt, die beide religiös bzw. ethnisch klassifiziert und im Zuge der Bekehrung von falschen religiösen Vorstellungen befreit werden.

7.2.1.3 Die Jünger
Die beiden JÜNGER werden lediglich in Tor10 allegorisiert:

(34) Aquil dui dicípol que Nostre S[énner] tramés per desliar la sauma e·l polin, fo sains Peire e sainz Felip, & un d'aquelz, zo fo sains Peire, desliet la sauma, zo es lo pòbols dels Juzeus que era liats ab un greu liam de peccat, & aduis-lo a Nostre S[ennor] Jhesu Crist. Car de seguentre la ressurrección de Nostre S[ennor] sa{n}ins Peire convertí del pòbol dels juzeus en un dia «tria milia», & en altre dia V «milia». E d'aital guisa nostre s[énner] saints Peires desliet la sauma, zo es lo pobols dels juzeus, & aduis-los nostre s[énner] sainz Phelips, sos compains; prediquet en Samaria gran compaina de pagans, & aizò fo lo polins que desliet sains Phelips. E d'aital guiza, sennor, li dui apòstol preziqueron aquestas doas ge[n]z a la fe & a la crezensa de Nostre S[ennor], car aitant con foron liat, Deus en els habitar ne sezer non volc. (Tor10, S.106 = 010_Tor10)

Die Allegorisierung der beiden JÜNGER in Tor10, die als PETRUS und PHILIPPUS gedeutet werden, ist nicht losgelöst zu sehen von der des LOSBINDENS in Kapitel 7.2.1.2. Die dort konstatierte Similaritätsrelation ist auch auf die Jünger zu beziehen, doch zeigt sich hier, dass nicht nur eine Similaritätsrelation, sondern auch eine taxonomische Subordination zu konstatieren ist, denn bei PETRUS und PHILIPPUS handelt es sich jeweils um einen JÜNGER (cf. Lk 6,13s). Der Prediger wählt aber nicht willkürlich zwei Jüngernamen aus, sondern er begründet die Allegorese in dem durch die kausale Konjunktion *car* eingeleiteten Satz folgendermaßen: PETRUS bekehrte nach der Auferstehung Jesu an einem Tag 3000 JUDEN (Apg 2,41), an einem anderen 5000 (Apg 4,4), PHILIPPUS hingegen predigte in SAMARIA den HEIDEN (Apg 8,4–13).

7.2.1.4 Wegbereitung
In Bezug auf das BEREITEN des WEGES JESU finden sich in allen Predigten – abgesehen von Mau14, wo keine geistliche Auslegung der Erzählung erfolgt – Deutungen. In LimA.14 und LimB.02 wird der WEG mit CHRISTUS in Verbindung gebracht:

KLEIDER auf dem WEG ausbreiten:
(35) Aicel que jetavo las vestimentas e la via signifio los san[z] martirs que presero martiri per amor de Deu, quar el era via, aisi con el medeis diz : «Ego sum via et veritas [et] vita ; eu so via e veritaz e vida». (LimA.14, Z.16–19 = 004_LimA.14)

(36) [...] per aquels que estendio lor vestimens per la via devem entendre los sanz martirs, que pervengro a martiri per Nostre Seinor que mostret la via, sicut ipse dixit: «Ego sum via.» (LimB.02, Z.19–21 = 012_LimB.02)

Sowohl in LimA.14 als auch in LimB.02 wird die Verknüpfung von MENSCHEN, die ihre KLEIDER auf den WEG werfen, und MÄRTYRERN kausal durch *car* mit einer weiteren Verknüpfung begründet, der Verknüpfung über JESUS/GOTT und WEG. In beiden Fällen wird die Verknüpfung zwischen WEG und CHRISTUS durch die Worte Jesu «Ego sum via [et veritas et vita]» (Joh 14,6) plausibilisiert. «Via» wird hier metaphorisch verwendet, so ist von einer auf einer Similaritätsrelation basierenden Verknüpfung zwischen zwei Konzepten (einem Ausgangskonzept WEG und einem Allegoresekonzept LEBENSWEISE), die in unterschiedlichen Frames zu verorten sind, auszugehen. Des Weiteren erfolgt eine Verknüpfung aufgrund einer Kontiguitätsrelation, denn der Prediger verbindet CHRISTUS, der den «Weg» (im metaphorischen Sinne) zeigt, mit dem WEG: «Nostre Seior que mostret la via» (LimB.02, Z.20s.). CHRISTUS wiederum kann über Kontiguität mit MÄRTYRERN verknüpft werden, da diese aus LIEBE zu CHRISTUS ein MARTYRIUM erleiden: «los san[z] martirs que presero martiri per amor de Deu» (LimA.14, Z.16s.) bzw. «los sanz martirs, que pervengro a martiri per Nostre Seinor que mostret la via» (LimB.02, Z.20s.). Es ist also zu konstatieren, dass die Verknüpfung zwischen WEG und MÄRTYRERN in LimA.14 und in LimB.02 auf einem komplexen Deutungsweg basiert, der plausibilisiert wird.

7.2.1.5 Weg – Leben vs. Kleider auf dem Weg – Buße
Eine weitere Deutung des WEGES erfolgt in Sub22:

WEG:
(37) Via hec, in qua vestimenta prosternenda sunt, est misera ista vita, in qua modo vivimus. Que merito dicitur via, quia ducit omnes homines, quosdam Ierusalem, quosdam autem Babilonem. (Sub22, Z.37–41 = 085_Sub22)

Der Prediger plausibilisiert[23] auch hier die Deutung mittels einer metaphorischen Verwendung von «via». Im Rahmen eines «metaphorischen Kippeffekts» (cf. Blank 2001, 74) werden WEG und LEBEN, die in Similaritätsrelation zueinander stehen, miteinander verknüpft. Die beiden Konzepte ähneln sich darin, dass sie zu einem Ziel führen. Auffällig ist die kontrastive Gegenüberstellung von JERUSALEM und BABYLON als möglichen konträren Zielen eines WEGES im

---

23 Dass es dem Prediger wichtig ist, die Deutung zu plausibilisieren, zeigt sich an der Verwendung von *merito* (dt. *aus gutem Grunde*).

Rahmen der Erläuterung dieser Metapher. Dabei handelt es sich aber nicht um Allegorese im engeren Sinne, sondern um ein davon ausgehendes Assoziieren. Die Kontrastrelation der beiden Städte, die sich darin zeigt, dass eine Stadt allegorisch für den HIMMEL und die andere für die ERDE stehen kann, findet sich nicht nur in dieser Predigt, sondern sie ist in der antiken und mittelalterlichen Theologie verbreitet.[24] An diesen Verknüpfungen zeigt sich, dass es dem Prediger nicht nur darum geht, ein Ausgangskonzept im *TF-BIBLISCHE ERZÄHLUNG* mit dem Allegoresekonzept im *TF-ALLEGORISCHE DEUTUNG* zu verknüpfen, sondern dass er ausgehend von den eigentlich an der Allegorese beteiligten Konzepten (WEG, LEBEN) Assoziationen zu weiteren Konzepten (JERUSALEM, BABYLON) herstellen kann, anhand derer er ihm wichtig erscheinende theologische Sachverhalte erläutern kann.

Nachdem der Prediger in Sub22 WEG und LEBEN bzw. JERUSALEM/BABYLON miteinander verknüpft hat, assoziiert er das ABLEGEN der KLEIDER mit BUßE:

ABLEGEN der KLEIDER:
(38)   Proiciat vestimenta sua in via. Vestimentum anime est corpus nostrum. Car aisì cum lo corp est vestì de lin e de lano, eisament l'arma est vestia de la carn. Or devem giter lo corp en la via encontra nostre Seignor, que nos possam dire cum saint Pol l'apostol: Castigo corpus meum et in servitutem redigo. Adunc gitem nos lo corp en mei la via, quant el vol manger e beivre e far folie e nos ieiunem e avem abstinencia e sofrem fam e sei per amor Deu e de nostra arma, ut dicatur de nobis: Ecce electi Dei carnem domant, spiritum roborant, demonibus imperant. (Sub22, Z.45–58 = 084_Sub22)

Dabei fällt auf, dass bei der Deutung des Ablegens der KLEIDER die zuvor in Sub22, Z.37–41 vorgenommene WEG-LEBEN-Verknüpfung keine Rolle spielt, sondern dass die Deutung des WEGES und die des ABLEGENS der KLEIDER auf dem WEG separat erfolgen. Der Verfasser scheint den Fokus stärker auf ihm salient erscheinende separate Deutungen zu legen (WEG – LEBEN, KLEIDER – KÖRPER) als auf eine gemeinsame Übertragung der Konzepte WEG und KLEIDER auf den *TF-TROPOLOGISCHE DEUTUNG*.

Der Deutungsweg von KLEIDERABLEGEN zu BUßETUN lässt sich folgendermaßen beschreiben: Die KLEIDER werden aufgrund einer Similaritätsrelation mit dem KÖRPER verknüpft, die sich auf sprachlicher Ebene in der Verwendung der vergleichenden Konjunktionen *aisì cum* und *eisament* zeigt (FM1a) sowie an der

---

24 Cf. van Oort (1991, 120), der auf die für die augustinische Theologie typische Antithese zwischen Babylon und Jerusalem verweist. Eine Volksetymologie für den Stadtnamen «Babylon», der in Verbindung mit Verwirrung gebracht wird, findet sich bereits in Gen 11,9. In Rückgriff auf das AT verwendeten auch die Kirchenväter diese etymologische Deutung als Grundlage für ihre allegorische Interpretation der Stadt, die als Stadt des Teufels und der Sünde betrachtet wird, während Jerusalem im Gegenzug mit dem Himmel assoziiert wird.

Lexemwiederholung «vesti(a) de» (FM1b). Die Verknüpfung KLEIDER – KÖRPER basiert auf einer konventionellen Metapher, die sich zum Beispiel auch bei Hieronymus findet: «Unde multi translationis falsitate decepti, ad resurrectionem corporis comprobandam, hoc utuntur testimonio, quo scilicet vestimentum animae corpus accipi velint, quod in die resurrectionis oriatur» (Hieronymus, *Commentaria in Isaiam prophetam* 16,58, PL 24, 589C). Diese konventionelle Metapher basiert auf einer Similarität der Konzepteigenschaften, denn sowohl die KLEIDER als auch der KÖRPER bedecken etwas. Die durchaus saliente Kontiguitätsrelation von KLEIDERN und KÖRPER wird nicht explizit thematisiert. Eine weitere Verknüpfung nimmt der Prediger anschließend zwischen dem KÖRPER und BUßE vor. Hierzu wird ein Pauluszitat (1 Kor 9,27) angeführt, in dem es heißt, dass der KÖRPER bezwungen und gezähmt wird, was eine Art der BUßE ist. Zwischen dem KÖRPER und BUßE besteht folglich eine Kontiguitätsrelation. Von den KLEIDERN zur BUßE gelangt der Prediger also über eine Verknüpfung von Similarität und Kontiguität. Auf sprachlicher Ebene liegt der Fokus aber deutlich auf der Similaritätsrelation: So verbindet die Wendung «adunc [...] quant» den Vorgang des ABWERFENS der KLEIDER mit dem BUßETUN und setzt die beiden parallel. Des Weiteren wird das BUßETUN metaphorisch in Form von «giter lo corp en la via» bzw. «gitem lo corp en mei la via» zum Ausdruck gebracht.

Eine ähnliche Konzept-Verbindung erfolgt in Tor10, wo das AUSBREITEN der KLEIDER als ABLEGEN von SÜNDE gedeutet wird, was auch mit dem der Karwoche übergeordneten Thema Buße zusammenhängt:

(39)   Il estenderon lur vestimens en la via; e domens que em en aquesta fragil vida, estendam nostres vestimenz, zo [es], mortifiquem & aflaqueziam nostres vizis e las nostras ànimas en vigílias, en dejunis & en altras bonas obras. (Tor10, S.106 = 014_Tor10)

Metaphorisch wird der Vorgang des Kleiderausbreitens auch auf Ebene des tropologischen Schriftsinns im fast gleichen Wortlaut wie bei der Darlegung der biblischen Erzählung wieder aufgegriffen, in diesem Fall aber mit dem Verb in der 1. Person Plural: Die Metapher wird durch einen erläuternden, mit *zo [es]* eingeleiteten Satz sogleich entschlüsselt. Die Lexemwiederholung legt eine Similaritätsrelation zwischen Ausgangs- und Allegoresekonzept nahe. Auf Konzeptebene ist tatsächlich eine Similarität der Frame-Strukturen erkennen, die aber nicht besonders salient erscheint: In beiden Fällen wird etwas entfernt: sowohl im *TF-BIBLISCHE ERZÄHLUNG* als auch im *TF-TROPOLOGISCHE DEUTUNG* liegt folgendes Muster vor: «A wird von B entfernt». Der Deutungsweg in Tor10 ist also ein anderer als in Sub22, wo KLEIDER und KÖRPER aufgrund einer Konzepteigenschafts-Similarität miteinander verknüpft werden, an die sich ein weiterer kontiguitätsbasierter Verknüpfungsschritt anschließt. Eine Übersicht über die unterschiedlichen Deutungswege findet sich in Tabelle 13.

Tab. 13: Konventionelle Verknüpfungen – individuelle Deutungswege: KLEIDERABLEGEN – BUßETUN.

Predigt	Ausgangskonzept	Deutungsweg	Allegorese-konzept
Sub22	KLEIDERABLEGEN	1) KLEIDER – KÖRPER: Similaritätsrelation: Similarität der Konzepteigenschaften (KLEIDER und KÖRPER bedecken beide etwas) 2) KÖRPER – BUßE: Kontiguität	BUßETUN
Tor10	KLEIDERABLEGEN	KLEIDERABLEGEN – BUßETUN: Similarität der Frame-Strukturen: A (KLEIDER/SÜNDE) wird von Mensch entfernt	BUßETUN

Die Tatsache, dass sowohl in den *Lim*-Predigten (cf. Kapitel 7.2.1.4) als auch in Sub22 und Tor10 das KLEIDERABLEGEN mit BUßE (in unterschiedlichen Spielarten) verknüpft wird, legt nahe, dass es sich dabei um eine konventionelle Deutung handelt, die, wie dargelegt wurde, unterschiedlich plausibilisiert werden kann. Es ist nicht verwunderlich, dass unterschiedliche Deutungswege aufgezeigt werden, da es dem Prediger selbst überlassen bleibt, ob er den Deutungsweg dem Zuhörer überhaupt darlegt und wenn ja, wie er diesen begründet.

7.2.1.6 Bäume, Zweige

Auch in Bezug auf die Deutung der BÄUME, deren ZWEIGE auf dem WEG ausgebreitet werden, scheint eine konventionelle Deutung vorzuliegen: So werden sowohl in den beiden *Lim*-Predigten als auch in Sub22 VORBILDHAFTE PERSONENGRUPPEN der CHRISTLICHEN HEILSGESCHICHTE bei der Deutung erwähnt (PROPHETEN in LimA.14, HEILIGE VÄTER in LimB.02, PATRIARCHEN, PROPHETEN, APOSTEL, MÄRTYRER, BEKENNER, JUNGFRAUEN und ALLE AUSERWÄHLTEN GOTTES in Sub22).

(40) Fructuose arbores fuerunt patriarche, prophete, apostoli, martyres, confessores, virgines et omnes electi Dei. De istis arboribus ramos tollimus, quando de eorum vita et conversatione exempla accipimus. E si noi zo faisem, ben porrem ander encontra Dominidè e intrarem cum luj in illam beatam civitatem Ierusalem celestem cum angelis et sanctis eius cantantes in excelsis: Osanna. (Sub22, Z.59–67 = 086_Sub22)

(41) «Cil que jetavo los rams dels arbres signifio las prophetas que donero los bos esemples.]» (LimA.14, Z.19s. = 005_LimA.14)

(42) Per aquels [que] estendio los rams, entendem lo[s] sanhz paires. (LimB.02, Z.22s. = 013_LimB.02)

Tab. 14: Konventionelle Verknüpfungen mit kleinen Differenzen.

Predigt	Gemeinsamer Quellbereich	Spezifisches Ausgangskonzept	Gemeinsamer Allegoresebereich	Spezifische Allegoresekonzepte
Sub22	BÄUME	FRUCHTBRINGENDE BÄUME	VORBILDLICHE PERSONEN DER CHRISTLICHEN HEILSGESCHICHTE	PATRIARCHEN, PROPHETEN, APOSTEL, MÄRTYRER, BEKENNER, JUNGFRAUEN und ALLE AUSERWÄHLTEN GOTTES
LimA.14		LEUTE, DIE ZWEIGE AUF DEN WEG WERFEN		PROPHETEN
LimB.02		LEUTE, DIE ZWEIGE AUF DEN WEG WERFEN		HEILIGE VÄTER

Auffällig ist, dass die entsprechenden Ausgangskonzepte, von denen aus die Verknüpfung zu den VORBILDLICHEN PERSONENGRUPPEN der CHRISTLICHEN HEILSGESCHICHTE hergestellt wird, in den verschiedenen Predigten nicht die gleichen sind. So sind in den *Lim*-Predigten die MENSCHEN, die die ZWEIGE auf dem Weg ausbreiten, Ausgangskonzept, während in Sub22 die BÄUME selbst Ausgangskonzept sind. Eine Übersicht über die unterschiedlichen konzeptuellen Verknüpfungen findet sich in Tabelle 14.

Diese Beobachtung legt nahe, dass Verknüpfungen bestimmter Frames üblich waren, dass aber bezüglich der genauen Ausführung der Verknüpfung deutliche Unterschiede vorliegen können – wie auch im oben beschriebenen Fall, wo KLEIDER und BUßE über unterschiedliche Deutungswege miteinander verknüpft werden können.

In Sub22 ist in Bezug auf die Verknüpfung der BÄUME, deren ZWEIGE abgebrochen werden, mit PERSONEN der CHRISTLICHEN HEILSGESCHICHTE (PATRIARCHEN, PROPHETEN, APOSTEL, MÄRTYRER, BEKENNER, JUNGFRAUEN etc.) eine Similarität der Frame-Strukturen, zu erkennen. Mittels eines *quando*-Satzes wird das ENTFERNEN der ZWEIGE von den BÄUMEN auf die CHRISTEN im *TF-ALLEGORISCHE DEUTUNG* bezogen. So ist sowohl im *TF-BIBLISCHE ERZÄHLUNG* als auch im *TF-TROPOLOGISCHE DEUTUNG* die Struktur: «A macht sich B zunutze» zu finden. Dabei ist das «Zunutzemachen» sehr weit gefasst, was dazu führt, dass Frame-Similarität hier nicht besonders salient erscheint. Auf diese Weise entsteht der Eindruck, dass der Prediger dem Zuhörer eine Similaritätsrelation mit sprachlichen Mitteln vor Augen führen will, die kognitiv nicht unbedingt naheliegend ist. Neben der Similarität der Frame-Strukturen ist auch eine Similarität der Konzepteigenschaften zu erkennen, denn sowohl der BAUM als auch die PERSON bringt etwas Positives hervor.

In LimA.14 werden nicht die BÄUME selbst, sondern die MENSCHEN, die die ZWEIGE von den BÄUMEN entfernen, mit den PROPHETEN in Verbindung gebracht. Interessanterweise wird auch hier – ähnlich wie in Sub22 – ihr Beispielcharakter erwähnt. Von daher ist davon auszugehen, dass eine konventionelle Verknüpfung von BAUM und VORBILDHAFTEN PERSONENGRUPPEN der HEILSGESCHICHTE vorliegt. Auf sprachlicher Ebene liegt Parallelität zwischen der Darlegung des Bibeltextes und der damit durch *signifio* verknüpften tropologischen Allegorese vor, insofern als das Subjekt in beiden Fällen durch einen attributiven Relativsatz näher erläutert wird. Im Fall von LimA.14 liegt also – ähnlich wie in Sub22 – eine nicht besonders saliente Similarität der Frame-Strukturen vor.

Eine ähnliche Deutung wie in LimA.14 findet sich auch in LimB.02, doch werden die LEUTE, die die ZWEIGE von den BÄUMEN entfernen, hier nicht mit den PROPHETEN, sondern mit den HEILIGEN VÄTERN verknüpft. Bei beiden Zielkonzepten handelt es sich aber um VORBILDLICHE PERSONEN der CHRISTLICHEN HEILSGESCHICHTE, weshalb davon auszugehen ist, dass auch hier die konventionelle Verknüpfung bestimmter Konzeptbereiche ausschlaggebend ist. Aus der Deutung in LimB.02 selbst wird jedoch nicht ersichtlich, wie diese zustande kommt, denn hier wird lediglich durch das neutrale Verknüpfungsverb *entendre* konstatiert, dass zwei Elemente miteinander verknüpft werden, es finden sich jedoch keine näheren Anhaltspunkte über die Art der Verknüpfung.

In Tor10 wird im Gegensatz zu den *Lim*-Predigten das ENTFERNEN der ZWEIGE nicht mit einer bestimmten VORBILDLICHEN PERSONENGRUPPE der CHRISTLICHEN HEILSGESCHICHTE verknüpft, sondern hier wird – ähnlich wie bei der Deutung des KLEIDERABLEGENS – eine Verknüpfung mit BUSSE hergestellt. Letztlich kann man auch diese beiden Vorgänge, d. h. das KLEIDERABLEGEN und das ZWEIGEENTFERNEN, der Verknüpfung der beiden Konzeptbereiche WEGBEREITEN – BUSSE zuordnen.

(43) Il trencavon los rams dels arbres e gitavon-los en la via. E nos devem de nos trencar les vizis e las malezas e las iniquitaz. (Tor10, S.106 = 015_Tor10)

Auf Allegoreseebene zeigt sich die Wiederholung des Verbs *trencar*, das bereits bei der Darlegung der biblischen Erzählung verwendet wurde, wobei die Verwendungsweise auf tropologischer Ebene aber metaphorisch ist. Auf Konzeptebene liegt in beiden Fällen das folgende Muster vor: «A wird von B entfernt». Folglich basiert die Verknüpfung auf einer Similarität der Frame-Strukturen.

Des Weiteren nimmt der Prediger in Tor10 eine Erweiterung der biblischen Erzählung vor, denn er verweist nicht nur auf die ZWEIGE, sondern auch auf

BLUMEN, OLIVEN und PALMEN, die die Menschen tragen. Von PALMZWEIGEN ist auch im Bibeltext in Joh 12,13 die Rede, OLIVEN und BLÜTEN werden jedoch in keinem der Evangelientexte erwähnt.

BLUMEN, OLIVEN, PALMEN:

(44) Il portavon las flors que prometon los temporals fruz; e nos devem aver e[n] nos las vertuz que nos donon la vida perpetual. Il portavon las olivas en lur mans; e nos ajam la misericòrdia e caritat & altras bonas obras. Car així con oli va sobre totas altres lugors ab las quals es pausats, així caritat e misericòrdia son sobre totas altras vertuz. Qui aquestas doas [non] a, deguna non a. Il portavon las palmas ab las cals coronava hom aquels que vencion. E nos fazam victòria sobre nostres enemics «qui volunt nos perde-re & hereditatem nostram auferre». (Tor10, 106s. = 016_Tor10, 017_Tor10, 018_Tor10).

Auf sprachlicher Ebene wird eine Gleichsetzung der Vorgänge des TRAGENS von BLUMEN und OLIVEN im *TF-BIBLISCHE ERZÄHLUNG* und dem AUFWEISEN von TUGENDEN, MITLEID, LIEBE sowie GUTEN WERKEN, dem PALMZWEIGETRA-GEN und dem SIEGEN über FEINDE durch die folgende Konstruktion vorgenom-men: *Il + portavon + Akk.Obj.* (Darlegung der biblischen Erzählung) – *e nos +* Verb (1. Pers. Pl.) ... + Akk.Obj. ... (Ebene des tropologischen Schriftsinns). Da-bei handelt es sich um ein implizites Deutungsmuster, da hier kein explizites Deutungsverb verwendet wird, sondern eine Phrase, die einen Sachverhalt der biblischen Erzählung schildert und eine Phrase, die die entsprechende tropolo-gische Auslegung enthält, welche durch die Konjunktion *e* miteinander ver-knüpft werden. Durch dieses Muster wird bei allen drei Auslegungen eine Simi-larität der Frame-Strukturen suggeriert.

Die Verknüpfung BLUMEN – TUGENDEN zeichnet sich zudem auf sprachli-cher Ebene durch Parallelität aus, insofern als in beiden Fällen ein Relativsatz mit folgender Struktur vorliegt: *que* + Verb (3. Pers. Pl.) + Akk.Obj. Neben der so zum Ausdruck gebrachten Similarität der Frame-Strukturen ist auch eine Similarität der Konzepteigenschaften zu erkennen, denn sowohl BLUMEN als auch TUGENDEN lassen ein positives Resultat in Zukunft erwarten, in einem Fall die FRUCHT, im anderen Fall das EWIGE LEBEN. Andererseits lässt sich bei der Verknüpfung BLUMEN – TUGENDEN auch eine Kontrastrelation feststellen, die sich sprachlich in der parallelen Struktur der Relativsätze bzw. in den bei-den Antonymen *temporals* und *perpetual* widerspiegelt. Der Kontrast besteht darin, dass die FRÜCHTE ZEITLICH, d. h. VERGÄNGLICH, sind, während das EWI-GE LEBEN UNVERGÄNGLICH ist. Diese Kontraststruktur ist aber der Similaritäts-relation untergeordnet.

Im Falle der Verknüpfung zwischen OLIVEN und GUTEN WERKEN wird Simi-larität zusätzlich durch die vergleichende Konjunktion *aixi con ... aixi* explizit gemacht. Hier liegt eine Similarität der Konzepteigenschaften vor, da sowohl

Oliven als auch gute Werke über etwas anderem stehen bzw. wertvoller als etwas anderes sind.[25] Die sprachlich aufgezeigte Similaritätsstruktur ist auf Konzeptebene nicht besonders salient, aber nachvollziehbar.

Im Falle der Palmen, die mit Sieg verknüpft werden, erscheint aus kognitiv-semantischer Sicht die Kontiguitätsrelation, durch die Palme und Sieg miteinander verknüpft sind, besonders salient. Dabei handelt es sich um eine konventionelle Verknüpfung, die auch bei Isidor zu erkennen ist:

> Dies Palmarum ideo celebratur quia in eo Dominus et Salvator noster, sicut propheta cecinit, Jerusalem tendens, asellum sedisse perhibetur. Tunc gradiens cum ramis palmarum multitudo plebium obviam ei clamabat: *Osanna, benedictus qui venit in nomine Domini Rex Israel* (*Zach IX; Matth XXI*), in ramis enim palmarum significabatur victoria qua erat Dominus mortem moriendo superaturus et trophaeo crucis de diabolo mortis principe triumphaturus. (Isidor, *De ecclesiasticis officiis* 1,28, PL 83, 763)

Geht man davon aus, dass Sieger üblicherweise mit Palmen bekränzt wurden, kann eine Kontiguitätsrelation zwischen Palme und Sieg gefolgert werden. Ein allgemeines Konzept Sieg ist wiederum über eine taxonomische Subordination mit dem spezifischen Konzept des Sieges der Christen über ihre Feinde zu verknüpfen.

7.2.2 Konventionalität in den analysierten Predigten

Ein wichtiges Ergebnis der Analyse der geistlichen Schriftauslegung in den vier Predigten ist die erkennbare Konventionalität, die sich auf unterschiedliche Weise manifestiert. Konventionalität lässt sich konstatieren, wenn gleiche oder ähnliche Verknüpfungsmuster in unterschiedlichen Predigten verschiedener Sammlungen[26] des Corpus (Konv.A), in einer Predigt und einem Bibelzitat (Konv.B) oder in mindestens einer Predigt des Corpus sowie in mittelalterlichen Nachschlagewerken wie z. B. den *Etymologiae* des Isidor von Sevilla (Konv.C) auftreten. Bei Konv.B und Konv.C muss es sich bei den konzeptuellen Verknüpfungen nicht um Allegoresen handeln, sondern diese können auch in Metaphern auftreten oder in Argumentationszusammenhängen.

---

25 Die Olive wird als höherwertig als andere *lugors* beschrieben, mit denen sie niedergelegt wird. Die gängige Bedeutung für *lugor* 'Licht' scheint in diesem Fall nicht zutreffend zu sein. Naheliegender wäre hier, dass sich *lugor* auf die übrigen Dinge bezieht, die auch niedergelegt werden, wie Blumen und Palmen.
26 Im Gegensatz zu diesen Fällen sind Übereinstimmungen zwischen LimA.14 und LimB.02 noch nicht besonders aussagekräftig, da beide Predigten aus der gleichen Sammlung stammen und sie vermutlich auf eine gemeinsame Vorlage zurückgehen.

Konv.A zeigt sich deutlich in LimB.02 und Tor10, wo jeweils die Eselin mit den Juden und das Füllen mit den Heiden verknüpft werden. Zudem zeigt Konv.A sich in einem wiederkehrenden Muster, das sich nicht auf die Verknüpfung einzelner Konzepte, sondern auf die Verknüpfung ganzer Konzeptbereiche oder Frames bezieht, in allen vier untersuchten Predigten: So wird in allen Predigten ein Zusammenhang zwischen Wegbereiten (*TF-Biblische Erzählung*) und Leiden (*TF-Allegorische Deutung* oder *TF-Tropologische Deutung*) hergestellt. Dieses Verknüpfungsmuster ist in Zusammenhang mit dem kommunikativen Ziel des Predigers zu sehen. Liturgischer Anlass der vier Predigten ist der Palmsonntag, der die Karwoche einleitet, die die Passion Christi zum Thema hat. Von daher liegt eine saliente Kontiguitätsrelation zwischen den Konzepten im *TF-Biblische Erzählung* und dem Leiden Christi vor. Da es den Predigern in der Regel darum geht, den Zuhörern nicht nur Glaubensinhalte nahe zu bringen, sondern ihnen auch Handlungsanweisungen zu geben, ist auch das Thema Leid auf das Leben der Zuhörer zu übertragen, was sich in der similaritätsbasiertenVerknüpfung zwischen dem Leiden Christi und dem Leiden der Christen zeigt. Konv.A zeigt sich auch in allen vier Predigten in Bezug auf die Allegorese des Zweigeabreißens, das immer positiv gedeutet wird. So wird es in Tor10 mit Guten Werken und Worten verknüpft, die der Christ tun bzw. äußern soll. In den beiden *Lim*-Predigten sowie in Sub22 werden die Bäume, deren Zweige abgerissen werden, in Zusammenhang mit Vorbildhaften Menschen der christlichen Heilsgeschichte gebracht (Propheten, heilige Väter, Patriarchen etc.).

Konv.B zeigt sich in LimA.14 und in LimB.02, wo unter Rückgriff auf Joh 14,6 Christus und Weg miteinander verknüpft werden und in Sub22, wo Weg und Leben miteinander verbunden werden. Dieses Muster ist auch in Joh 14,6 zu finden.[27] Des Weiteren ist auch die Verknüpfung Körper – Buße in Sub22 der Kategorie Konv.B zuzuordnen, da sie in 1 Kor 9,27 zu finden ist.

Die Assoziation von Kleidern und Körper in Sub22 ist Konv.C zuzuordnen, da sie sich beispielsweise bei Hieronymus in den *Commentarii in Isaiam* 16,58 finden lässt. Auch die etymologischen Übersetzungen in Sub22 sind Konv.C zuzuordnen.

Sicherlich würden sich für deutlich mehr Verknüpfungen Hinweise auf Konventionalität finden lassen, wenn man die hier untersuchten Predigten mit weiteren Predigten oder Kommentaren vergliche, doch geht es nicht darum, vollständig den Konventionalitätsgrad der Predigten nachzuweisen, sondern in

---

27 Die Verknüpfung von Weg und Leben findet sich auch heute noch in Metaphern (cf. Lakoff 1987, 439; Lakoff/Turner 1989, 11; Kövecses 2015, 2; Nasalski 2004, 265).

erster Linie sollen an dieser Stelle wiederkehrende Muster in unterschiedlichen Predigten des gleichen Corpus nachgewiesen werden.

Die Analyse der Allegoresen in den Palmsonntagspredigten zeigt, dass in unterschiedlichen Predigten ähnliche konzeptuelle Verknüpfungen vorliegen können, welche durch Konventionalität begründet sind. Die Tatsache aber, dass die Deutungswege zwischen den unterschiedlichen Predigten differieren, zeugt von der individuellen Herangehensweise des jeweiligen Verfassers und zeigt, wie lohnend eine Untersuchung der Allegorese trotz ihrer hohen Konventionalität ist. Die Verfasser der einzelnen Predigten können selbst wählen, wie sie ihrem Publikum die Allegorese im Rahmen der Allegorese-Regeln und der bereits konventionalisierten Bedeutungen vermitteln.

7.2.3 Formulierungsmuster zum Ausdruck von Similarität

In vielen Fällen werden Lexem$_A$ und Lexem$_Z$ nicht lediglich durch ein Deutungsverb verknüpft, sondern es liegen Hinweise auf die Art des Deutungsweges, das heißt auf die zugrunde liegende Assoziationsrelation, vor (cf. Kapitel 5.2). Explizite Hinweise finden sich in erster Linie für die Similaritätsrelation. Diese treten so häufig auf, dass sich diesbezüglich folgende Muster, die als Formulierungsmuster für Similarität (FM$_{Sim}$) zu betrachten sind, beschreiben lassen:

- FM$_{Sim}$1: Markierung von Similarität auf Lexemebene
    - FM$_{Sim}$1a: Lexeme (Konjunktionen, Adverbien und Entsprechungen) als Similaritätsmarker

        z. B. *d'aital guiza* (Tor10), *aisì cum ... eisament* (Sub22), *adunc ... quant* (Sub22), *quando* (Sub22), *aixi con ...aixi* (Tor10)
    - FM$_{Sim}$1b: Lexemwiederholung: Wiederaufgriff eines Lexems auf Allegoreseebene, das bereits in Zusammenhang mit der Darlegung der biblischen Erzählung verwendet wurde

        z. B. Tor10: *desliar – desliet – desliem – de[s]liar, estenderon – estendam, trencavan los rams dels arbres e gitavon-los* [...] *en la via – trencavon los rams dels arbres e gitavon-los en la via*, Sub22: *vestì de – vestia de* (Sub22)
- FM$_{Sim}$2: Syntaktischer Parallelismus ohne Lexemwiederholung[28]

    z. B. LimA.14: Cil que jetavo los rams dels arbres signifio las prophetas que donero los bos esemples.

---

28 In den folgenden zitierten Beispielen werden einander entsprechende parallele Elemente auf die gleiche Art ausgezeichnet.

Tor10:

Il portavon las flors que prometon los temporals fruz;	e nos devem aver e[n] nos las vertuz que nos donon la vida perpetual.
Il portavon las olivas en lur mans;	e nos ajam la misericòrdia e caritat & altras bonas obras.
Il portavon las palmas ab las cals coronava hom aquels que vencion.	E nos fazam victòria sobre nostres enemics qui volunt nos perdere & hereditatem nostram auferre.

Bei FM_{Sim}1a liegen typischerweise Konjunktionen für Äquativvergleiche (cf. Thurmair 2001, 26) vor, das heißt Vergleiche, bei denen keine Komparation vorliegt, sondern bei denen die Ähnlichkeit der beiden Vergleichsglieder betont wird, wie z. B. der Fall bei *aisì cum ... eisament* (Sub22), *aixi con ... aixi* (Tor10) oder auch der Präpositionalphrase *d'aital guiza* (Tor10), die in grammatikalisierter Form auch als koordinierende Konjunktion betrachtet werden kann. Similarität kann des Weiteren auch durch temporale Konjunktionen wie *quando* (Sub22) oder *adunc ... quant* (Sub22) zum Ausdruck gebracht werden, die eine temporale Gleichsetzung zwischen zwei Handlungen beschreiben. Bezüglich der Verwendung von FM_{Sim}1b, der Lexemwiederholung, ist darauf zu verweisen, dass bei allen in den Palmsonntagspredigten auftretenden Formen der Wiederaufgriff des Lexems auf Allegoreseebene in metaphorischer Verwendungsweise geschieht, während das entsprechende Lexem bei der Darlegung der biblischen Erzählung nicht metaphorisch verwendet wird. Auf Konzeptebene sind also Verknüpfungen zu konstatieren, die auf metaphorischer Similarität basieren. Die Similarität, die durch FM_{Sim}2 zum Ausdruck gebracht wird, erscheint weniger explizit. Sie ist nicht auf lexikalischer, sondern auf syntaktischer Ebene zu verorten.

Kontrast kann durch Antonyme zum Ausdruck gebracht werden (*temporals* vs. *perpetual*, Tor10). Da diese Relation jedoch deutlich seltener auftritt als Similarität und sie bei der Allegorese in der Regel auch einer Similaritätsrelation untergeordnet ist, wird hierfür kein eigenes FM aufgelistet. Eine Kontiguitätsrelation zwischen zwei Konzepten kann beispielsweise durch die Verwendung einer kausalen Konjunktion zum Ausdruck gebracht werden. Für ein wiederkehrendes Muster liegt in den Palmsonntagspredigten aber keine Evidenz vor, was zum einen damit zusammenhängen mag, dass Kontiguität keine dominante Rolle im Rahmen der Allegorese spielt, zum anderen aber auch damit, dass der Kontiguitäts-Zusammenhang zwischen zwei Konzepten auf ganz unterschiedliche Weise dargelegt werden kann. Es muss deutlich werden, dass zwei Konzepte demselben Frame zuzuordnen sind. Die entsprechenden Lexeme müssen aber deshalb nicht unbedingt mit einer kausalen Konjunktion o. Ä. verknüpft sein.

Auch wenn kein expliziter Hinweis auf die zugrunde liegende Assoziationsrelation vorliegt, wie im Falle der oben beschriebenen FM_{Sim}, kann aus dem Argumentationszusammenhang hervorgehen, auf welcher Assoziationsrelation die Deutung basiert. Das ist beispielsweise in LimB.02 der Fall, wenn zuerst die ESELIN ohne weitere Erläuterung mit den JUDEN verknüpft wird und daraufhin das FÜLLEN mit den HEIDEN. Auch ohne explizite Similaritätsmarker o. Ä. kann der Adressat der Predigt hier alleine aufgrund der Konzepte, auf die der Prediger rekurriert, folgern, dass die Verknüpfung auf Similarität basiert. Diese Folgerung basiert auf der Grundannahme, dass der Prediger ihm eine relevante Deutung präsentiert.[29] Relevant ist diese insofern, als sie ihm Erkenntnisse in Bezug auf christliche Glaubensinhalte und/oder Lebensführung offenbart. Dass diese Erkenntnis in der Regel über das Herstellen einer Analogierelation erfolgt, dürfte dem regelmäßigen Gottesdienstbesucher auch ohne Kenntnis des theoretischen Hintergrundes vertraut sein. Vor dem Hintergrund der Relevanz der Deutung ist davon auszugehen, dass der Gottesdienstbesucher in der Lage ist, die kognitive Plausibilität der Verknüpfungen zu erkennen, auch wenn diese nicht explizit gemacht wird. So ist davon auszugehen, dass er durch das ihm zur Verfügung stehende Weltwissen und das Wissen um Inhalte der christlichen Heilsgeschichte und Glaubenslehre erkennen können müsste, dass ESELIN und FÜLLEN in einer ähnlichen Relation zueinander stehen wie JUDEN und HEIDEN.

7.2.4 Plausibilisierung der Deutung

Bezüglich der Plausibilisierung der Deutung (im Folgenden PD) ist zu unterscheiden zwischen folgenden vier Fällen: Zum einen liegen Fälle vor, in denen zwei Konzepte (bzw. Lexeme) miteinander verknüpft werden, ohne dass argumentativ nahegelegt würde, durch welche kognitive Assoziationsrelation die Verknüpfung plausibilisiert wird (PD_0). Eine sehr einfache und klare Art der Plausibilisierung stellt die *Similarität der Frame-Strukturen* dar, wenn sich im *TF-BIBLISCHE ERZÄHLUNG* und im *TF-ALLEGORISCHE DEUTUNG* oder im *TF-TROPOLOGISCHE DEUTUNG* ähnliche Strukturen zeigen. Diese Art der Plausibilisierung wird im Folgenden als $PD_{1\_Fr\text{-}Sim}$ bezeichnet, wenn die Verknüpfung lediglich durch Frame-Similarität begründet ist. Eine solche Frame-Similarität ist beispielsweise in Tor10 zu erkennen bei der Allegorese des LOSBINDENS von ESELIN und FÜLLEN, die sich folgendermaßen beschreiben lässt: Sowohl im *TF-BIBLISCHE ERZÄHLUNG* als auch im *TF-ALLEGORISCHE DEUTUNG* und im *TF-TROPOLOGISCHE DEUTUNG* zeigt sich die Struktur «A bindet B los und führt es

---

29 In Bezug auf die Annahme der Relevanz sprachlicher Äußerungen cf. Sperber/Wilson (1986).

Tab. 15: Frame-Similarität (LOSBINDEN von ESELIN und FÜLLEN, Tor10).

Allegorese-element	analoge Struktur	*TF-BIBLISCHE ERZÄHLUNG*	*TF-ALLEGORISCHE DEUTUNG*	*TF-TROPOLOGISCHE DEUTUNG*
LOSBINDEN von ESELIN und FÜLLEN	A bindet B los und führt es zu C	A = 2 JÜNGER, B1 = ESELIN, B2 = FÜLLEN, C = JESUS	A1 = PETRUS, B1 = JUDEN, A2 = PHILIPPUS, B2 = HEIDEN, C = CHRISTUS	A = CHRISTEN, B = SEELE, C = GOTT

zu C». Im *TF-BIBLISCHE ERZÄHLUNG* und im *TF-ALLEGORISCHE DEUTUNG* kann B noch einmal in zwei Elemente unterteilt werden (ESELIN und FÜLLEN bzw. JUDEN und HEIDEN).

Eine höherer Komplexitätsgrad ist für Verknüpfungsfälle anzunehmen, in denen *Konzepteigenschafts-Similarität* ausschlaggebend ist, da hier der Adressat nicht nur die Strukturen der biblischen Erzählung präsent haben muss, um Analogien zur christlichen Glaubenslehre (*DR-ALLEGORIA*) oder Lebensweise (*DR-TROPOLOGIA*) herstellen zu können, sondern er über spezifisches Wissen zum Ausgangskonzept verfügen muss, auf das nicht explizit in der biblischen Erzählung verwiesen wird. Bei Verknüpfungen aufgrund von Konzepteigenschafts-Similarität wird also nicht nur, wie bei der einfachen Frame-Similarität der Fall, auf zwei Frames rekurriert, den *TF-BIBLISCHE ERZÄHLUNG* und den *TF-ALLEGORISCHE DEUTUNG* bzw. den *TF-TROPOLOGISCHE DEUTUNG*, sondern hier ist zusätzlich als dritter Frame ein Subframe zu einem Konzept aus dem *TF-BIBLISCHE ERZÄHLUNG* anzunehmen. Von daher ist ein größerer kognitiver Verarbeitungsaufwand anzunehmen.[30] Eine Gemeinsamkeit der beiden bei der Allegorese verwendeten Similaritäts-Arten besteht darin, dass sie beide Verknüpfungen zwischen unterschiedlichen Frames darstellen und aus diesem Grund beide der metaphorischen Similarität zuzurechnen sind (cf. Kapitel 5.2).

Eine Verknüpfung aufgrund von *Konzepteigenschafts-Similarität* liegt beispielsweise bei der Deutung der BÄUME in Sub22 vor, die über eine Similaritätsrelation mit den PATRIARCHEN verknüpft werden können, da beide FRUCHT bringen, wobei die Frucht der Patriarchen im metaphorischen Sinne zu verstehen ist. Auf dieses Wissen, das in Subframes zu einzelnen Konzepten des *TF-*

---

30 Cf. diesbezüglich auch den Zusammenhang zwischen «kognitiver Komplexität» (Mandl/Huber 1978) der jeweiligen Predigt bzw. Predigtsammlung und der adressatenbezogenen didaktischen Aufbereitung, auf den in Kapitel 6.3.3.7 verwiesen wird. Cf. diesbezüglich auch die Frage nach der in Kapitel 6.3.1 diskutierten inhaltlichen Komplexität, welche gleichzusetzen ist mit der kognitiven Komplexität.

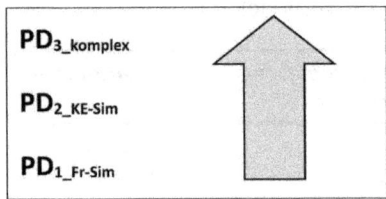

PD$_{3\_komplex}$

PD$_{2\_KE\text{-}Sim}$

PD$_{1\_Fr\text{-}Sim}$

Abb. 20: Komplexität der konzeptuellen Verknüpfungen.

BIBLISCHE ERZÄHLUNG zu verorten ist, nimmt der Prediger in der Predigt Bezug. Die Plausibilisierung der Deutung alleine aufgrund von *Konzepteigenschafts-Similarität* wird im Folgenden als PD$_{2\_KE\text{-}Sim}$ bezeichnet.

Die höchste Komplexitätsstufe ist anzunehmen, wenn Konzepte über unterschiedliche Assoziationsrelationen miteinander verknüpft werden. Die Verknüpfung mehrerer Verknüpfungsschritte ist im Folgenden als PD$_{3\_komplex}$ zu bezeichnen.

Ein zunehmender Komplexitätsgrad ist also festzustellen von PD$_{1\_Fr\text{-}Sim}$ zu PD$_{2\_KE\text{-}Sim}$ zu PD$_{3\_komplex}$, wie in Abbildung 20 zu sehen.

Bei PD$_0$ hingegen ist keine Aussage über den Komplexitätsgrad der Deutung zu treffen, da der Deutungsweg nicht klar ist.

Die Plausibilisierungen der Deutungen in den Palmsonntagspredigten lassen sich in der folgenden Tabelle veranschaulichen. Liegen zwei alternative Deutungswege vor, wird die Kategorie des dominanteren gewählt und der alternative in Klammern vermerkt.

Auffällig ist, dass in LimB.02 drei Fälle von PD$_0$ vorliegen. In diesen Fällen erfolgt eine Verknüpfung zweier Lexeme durch ein Deutungsverb, ohne dass diese näher plausibilisiert wird, sei es durch explizite Verweise auf die zugrunde liegende Assoziationsrelation auf sprachlicher Ebene, sei es implizit durch das Aufzeigen konzeptueller Strukturen, die beispielsweise als similaritätsbasiert zu beschreiben sind, ohne dass explizite sprachliche Similaritätsmarker vorhanden wären, wie beispielsweise in LimB.02 bei der Verknüpfung von JUDEN und ESELIN sowie FÜLLEN und HEIDEN (cf. Unterkapitel 7.2.3). Auch eine Einzeldeutung aus Sub22, die Deutung JERUSALEMS, ist dieser Kategorie zuzuordnen, doch handelt es sich hierbei insofern um einen Sonderfall, als durch das Deutungsverb bereits zum Ausdruck gebracht wird, dass eine (etymologische) Übersetzung vorliegt.[31] Die auffällige Verwendung von Einzeldeutungen

---

31 Auch bei den etymologischen Deutungen erscheint es sinnvoll, zwischen solchen, die plausibilisiert werden, und solchen, die nicht plausibilisiert werden, zu differenzieren. Während letztere PD$_0$ zuzuordnen sind, ist für erstere die Kategorie PD$_{2\_etymDplaus}$ anzunehmen, die zwar bei keiner der in diesem Kapitel untersuchten Deutungen vorliegt, jedoch bei der Deutung von *virga*, welche am Ende von Kapitel 9.1.2.6 analysiert wird.

	LimA.14	LimB.02	Tor10	Sub22
PD$_{3\_komplex}$	LEUTE, die KLEIDER ausbreiten – WEG – CHRISTUS – MÄRTYRER	LEUTE, die KLEIDER ausbreiten – WEG – CHRISTUS – MÄRTYRER	PALMEN – SIEGER – SIEG über FEINDE (zusätzlich auch Frame-Similarität)	1) BETFAGE – HAUS DES BROTES – KIRCHE 2) KLEIDER – KÖRPER – BUßE
PD$_{2\_KE\text{-}Sim}$			1) BLUMEN – TUGENDEN (zusätzlich auch Frame-Similarität) 2) OLIVEN – LIEBE, DEMUT (zusätzlich auch Frame-Similarität)	WEG – LEBEN
PD$_{1\_Fr\text{-}Sim}$ (Komplexität)	LEUTE, die ZWEIGE ausbreiten – PROPHETEN (zusätzlich Konzept-eigentschafts-Similarität)	ESELIN und FÜLLEN – JUDEN und HEIDEN	1) JÜNGER – PETRUS, PHILIPPUS (zusätzlich taxonomische Subordination) 2) ESELIN und FÜLLEN – JUDEN und HEIDEN (zusätzlich auch Konzept-eigentschafts-Similarität) 3) LOSBINDEN von ESELIN und FÜLLEN – BEFREIEN von SÜNDE 4) KLEIDER – SÜNDE 5) ZWEIGE – SÜNDE	BÄUME – PATRIARCHEN, PROPHETEN etc. (zusätzlich auch Konzept-eigentschafts-Similarität)
PD$_0$			1) BETFAGE – PREDIGER 2) ÖLBERG – KIRCHE 3) LEUTE, die ZWEIGE ausbreiten – HEILIGE VÄTER	JERUSALEM – FRIEDENSVISION

Abb. 21: Plausibilisierung der Deutungen in den Palmsonntagspredigten.

der Kategorie PD_0 in LimB.02 lässt vermuten, dass der Verfasser der Predigt keinen hohen didaktischen Anspruch verfolgt, da er den Deutungsweg in mehreren Fällen nicht plausibilisiert. Die Tatsache, dass diese Predigt – neben den nicht plausibilisierten Deutungswegen – einen Fall von $PD_{3\_komplex}$ aufweist und so nicht plausibilisierte Deutungen neben einer komplexen plausibilisierten Deutung stehen, zeigt, dass die Allegoresen nicht homogen sind. Die Predigt LimA.14, die eng verwandt ist mit LimB.02, enthält deutlich weniger Einzeldeutungen, dafür aber nur plausibilisierte, die $PD_{1\_Fr\text{-}Sim}$ und $PD_{3\_komplex}$ zuzuordnen sind. Da hier aber insgesamt nur zwei Einzeldeutungen vorliegen, ist es schwer, allgemeinere Schlussfolgerungen für diese Predigt anzustellen.

Frame-Similarität ist in allen Einzeldeutungen von Tor10, teilweise gemeinsam mit *Konzepteigenschafts-Similarität* oder einer Kombination mit weiteren Verknüpfungsschritten zu erkennen, was darauf schließen lässt, dass diese Predigt relativ einfache und gut verständliche Allegoresen aufweist mit einem hohen didaktischen Anspruch.

Sub22 weist im Vergleich zu Tor10 eine höhere Komplexität auf, denn die Predigt enthält zwei Einzeldeutungen des Typs $PD_{3\_komplex}$, eine des Typs $PD_{2\_KE\text{-}Sim}$, nur eine des Typs $PD_{1\_Fr\text{-}Sim}$ sowie die bereits oben erwähnte etymologische Übersetzung des Typs PD_0. In Sub22 zeigt sich zudem mit der Verknüpfung der Allegorese WEG – LEBEN mit JERUSALEM und BABYLON und der anschließenden Verknüpfung mit HIMMEL und HÖLLE, die Tendenz, dass nicht nur unidirektional allegorisiert wird, sondern, dass der Verfasser ihm salient erscheinende Assoziationen mit Konzepten aufgreift und sie in die Argumentation seiner Predigt einbaut, auch wenn es sich dabei nicht um einfache Allegoresen handelt. Das oberste Ziel scheint nicht immer eine einfache, zielgerichtete Deutung zu sein. Dass die Deutung teilweise auch inkohärent ist wie im Falle der separaten Deutung des WEGES und des ABLEGENS der KLEIDUNG (auf dem WEG) scheint bei Sub22 jedoch eine andere Ursache zu haben als die mangelnde Plausibilisierung in LimB.02. Während bei LimB.02 davon auszugehen ist, dass der Verfasser eher nachlässig ist und er sich nicht besonders darum bemüht, seinem (eher einfachen) Publikum die Allegoresen verständlich zu machen, ist bei Sub22 anzunehmen, dass der Verfasser sich an ein intellektuelleres Publikum wendet, welches in der Lage ist sowohl komplexere Verknüpfungen ($PD_{3\_komplex}$) nachzuvollziehen als auch Assoziationen, die quer zur eigentlichen Allegorese verlaufen. Es ist davon auszugehen, dass der Verfasser von *Sub* ein gebildetes Publikum vor Augen hat, das die Predigten versteht, auch wenn sie keinen ganz stringenten Argumentationsgang in Bezug auf die Allegorese aufweisen, der unmittelbar zum Ziel führt.

In Bezug auf die sprachliche Gestaltung der Allegoresen ist hervorzuheben, dass in Tor10 und in Sub22 mehrfach die typischen Formulierungsmuster zur Markierung von Similarität auftreten, wohingegen diese Muster weder in LimA.14 noch in LimB.02 angewandt werden und Similarität hier auch nicht durch sonstige Mittel, wie die Verwendung von Metaphern o. Ä., zum Ausdruck gebracht wird. Folglich ist davon auszugehen, dass die Verfasser von *Sub* und *Tor* sich darum bemühen, ihren Adressaten den Deutungsweg plausibel zu machen und sie einen gewissen didaktischen Anspruch aufweisen – im Gegensatz zu den Verfassern von *Lim*. In Bezug auf das intellektuelle Niveau kann aufgrund der Komplexitätsstufen der Deutungen angenommen werden, dass *Tor* sich an ein einfacheres Publikum richtet als *Sub*. Da die Allegoresen von *Lim* nicht besonders durchdacht erscheinen und neben der Auffälligkeit von PD$_0$ keine eindeutige Tendenz in Bezug auf die Komplexitätsgrade vorliegt, ist keine Aussage über den Bildungsgrad der Adressatenschaft von *Lim* zu treffen.

7.2.5 Bewertung der allegorischen und der moralischen Auslegung in den einzelnen Predigten

Die Einzeldeutungen der Palmsonntagspredigten sind teilweise auf Ebene des allegorischen Schriftsinns zu verorten, zum Teil aber auch auf Ebene des tropologischen Schriftsinns. Neben der Zuordnung der jeweiligen Allegoresekonzepte zum *DR-ALLEGORIA* oder zum *DR-TROPOLOGIA* und damit zum *TF-ALLEGORISCHE DEUTUNG* oder zum *TF-TROPOLOGISCHE DEUTUNG* kann auch die Verwendung von Imperativen, adhortativen Formen oder Pronomina der 1. oder 2. Person darauf hinweisen, dass der Prediger eine moralische Aufforderung an sein Publikum richtet und die Allegorese folglich auf tropologischer Ebene zu verorten ist.

Ein Fall von separater aufeinander folgender allegorischer und tropologischer Auslegung findet sich in Tor10, wo das Losbinden der Esel zuerst allegorisch (a) und dann moralisch (b) gedeutet wird:

(45) a) Aquil dui dicípol que Nostre S[énner] tramés per desliar la sauma el polin, fo sains Peire e sainz Felip, & un d'aquelz, zo fo sainz Peire, desliet la sauma, zo es lo pòbols dels juzeus que era liats ab un greu liam de peccat, & aduis-lo a Nostre S[ennor] Jhesu Crist. Car de seguentre la ressurrección de Nostre S[ennor] sa{n}ins Peire convertí del pòbol dels juzeus en un dia «tria milia» & en altre dia V «milia». E d'aital guisa nostre s[énner] saints Peires desliet la sauma, zo es lo pòbols dels juzeus, & aduis-los nostre s[énner] sainz Phelips, sos compains; prediquet en Samaria gran compaina de pagans, & aizò fo lo polins que desliet sains Phelips. E d'aital guiza, sennor, li dui apòstol preziqueron aquestas doas ge[n]z a la fe & a la crezensa de Nostre S[ennor], car aitant con foron liat, Deus en els habitar ni sezer non volc. (Tor10, S.106).

b) Aquil dui dicípol que Nostre S[énner] tramés per desliar la sauma el polin, fo sains Peire e sainz Felip [...] E nos, sennor, ja sia aizò que nos siam peccador, comandament avem que nos desliem las ànimas, las quals le diàbols, nostre enemics mortals, ten liadas [e] devem-las de[s]liar ab orations & ab sanctas prezications, per zo que Nostre S[énner] venga en elas. (013_Tor10, S.106).

Die Struktur «A befreit B von etwas», die sich im *TF-Biblische Erzählung* findet, wird sowohl auf Ebene des allegorischen als auch auf Ebene des tropologischen Schriftsinns wieder aufgegriffen. Somit beruht die Verknüpfung in beiden Fällen auf Frame-Similarität. Der Verfasser deutet das Losbinden der Eselin auf allegorischer Ebene als metaphorisches «Losbinden» der Juden durch Petrus und das Losbinden des Fohlens als metaphorisches «Losbinden» der Heiden durch Philippus. Bei der tropologischen Auslegung hingegen wird eine allgemeine Deutung für das Losbinden angeboten: die Befreiung der Seele von Sünde. Von daher besteht – ebenso wie im Falle der allegorischen Auslegung – eine Frame-Similarität. Die unterschiedlichen Deutungen des Befreiten auf Ebene des geistlichen Schriftsinns – einmal Juden und Heiden, das andere Mal die Seele – rekurrieren auf typische Konzepte der *DR-ALLEGORIA* und *-TROPOLOGIA*. Dabei handelt es sich um den einzigen Fall in den Palmsonntagspredigten, bei dem eine Auslegung nach dem mehrfachen Schriftsinn vorliegt, insofern als ein Element der biblischen Erzählung auf zwei unterschiedlichen Schriftsinnebenen gedeutet wird.

Die tropologischen Deutungen in Tor10 zeichnen sich alle durch eine auffällige Struktur aus, denn im Gegensatz zur allegorischen Deutung und den Allegoresen in den übrigen Predigten liegt in Tor10 das typische Muster «Lexem$_A$ + Deutungsverb + Lexem$_Z$» bei keiner einzigen tropologischen Allegorese vor. Hier ist stattdessen jeweils folgendes Muster zu finden: Die koordinierende Konjunktion *e* verknüpft im Falle der tropologischen Deutung des Losbindens die allegorische Auslegung mit der tropologischen, in den übrigen Fällen verknüpft sie die Darlegung bestimmter Elemente des Bibeltextes mit der tropologischen Auslegung, die – anders als die allegorische Auslegung oder die Darlegung des Bibelextes keine Verben in der 3. Person Singular oder Plural verwendet, sondern Verben in der 1. Person Plural oder auch Personal- und Possessivpronomina der 1. Person Plural. In einigen Fällen wird das bei der Darlegung des Bibeltextes verwendete Verb auf Ebene des tropologischen Schriftsinns wieder aufgegriffen (Lexemwiederholung), hier aber in der 1. Person Plural verwendet. Die Bestandteile des soeben beschriebenen Musters sind in den Zitaten (46)–(50) grau unterlegt:

(46) Il estenderon lur vestimens en la via; e domens que em en aquesta fragil vida, estendam nostres vestimenz, zo [es], mortifiquem & aflaqueziam nostres vizis e las nostras ànimas en vigílias, en dejunis & en altras bonas obras. (014_Tor10, S.106)

(47) Il trencavon los rams dels arbres e gitavon-los en la via. E nos devem de nos trencar les vizis e las malezas e las iniquitaz. (015_Tor10, S.106).

(48) Il portavon las flors que prometon los temporals fruz; e nos devem aver e[n] nos las vertuz que nos donon la vida perpetual. (016_Tor10, S.106)

(49) Il portavon las olivas en lur mans; e nos ajam la misericòrdia e caritat & altras bonas obras. Car així con oli va sobre totas altres lugors ab las quals es pausats, així caritat e misericòrdia son sobre totas altras vertuz. Qui aquestas doas [non] a, deguna non a. (017_Tor10, S.106)

(50) Il portavon las palmas ab las cals coronava hom aquels que vencion. E nos fazam victòria sobre nostres enemics «qui volunt nos perdere & hereditatem nostram auferre». (018_Tor10, S.106s.).

Unterschiedliche Strukturen auf sprachlicher Ebenen finden sich auch in Sub22: Hier erfolgen anfangs die zwei etymologischen Deutungen von BETFAGE und JERUSALEM, die beide in die Paraphrase und Erläuterung des Bibeltextes integriert sind. Die zu BETFAGE und JERUSALEM gehörigen Allegoresekonzepte KIRCHE und FRIEDENSVISION sind beide im *DR-ALLEGORIA* zu verorten.[32] Die Allegoresekonzepte der darauf folgenden Einzeldeutungen sind hingegen im *DR-TROPOLOGIA* zu verorten. Dieser Wechsel zwischen den Auslegungsebenen zeigt sich im Text daran, dass der Prediger sich nun mit direktiven Sprechakten an sein Publikum wendet. Dazu greift er vermehrt auf Verbformen in der 1. Person Plural oder Konjunktivformen mit adhortativer Funktion in der 3. Person Singular zurück, die im folgenden Zitat wellenförmig unterstrichen sind:

(51) Proiciamus, fratres karissimi, vestimenta nostra in via, non quidem vestimenta corporis, set vestimenta anime, ut nudi nudum sequamur crucifixum. Car lo nostre Seignor Iesu Christ cascaun ior ven vers noi. Or li andem encontra, et prosternamus vestimenta nostra in via. Via hec, in qua vestimenta prosternenda sunt, est misera ista vita, in qua modo vivimus. Que merito dicitur via, quia ducit omnes homines, quosdam Ierusalem, quosdam autem Babilonem. Alij enim cum angelis in gloriam post mortem vadunt in excelsum, alij in penam cum diabolis in infernum. Set qui voluerit ad gloriam pergere, faciat, sicut diximus, ut pueri Hebreorum fecerunt. Proiciat vestimenta sua in via. Vestimentum anime est corpus nostrum. Car aisí cum lo corp est vestí de lin e de lano, eisament l'arma est vestia de la carn. Or devem giter lo corp en la via encontra nostre Seignor, que nos possam dire cum saint Pol l'apostol: Castigo corpus meum et in servitutem

---

32 Je nachdem, ob man von drei oder vier Schriftsinnen ausgeht, wäre die FRIEDENSVISION entweder dem allegorischen, oder bei vier Schriftsinnen dem anagogischen Schriftsinn zuzuordnen. Ich orientiere mich diesbezüglich an Hugo von St. Viktor, der die *allegoria* noch einmal in *allegoria* und *anagogia* unterteilt (*De Scripturis et scriptoribus sacris* 3, PL 175, 12AB) und ordne das Konzept der FRIEDENSVISION deshalb dem allgemeinen allegorischen Schriftsinn zu. Cf. auch Lubac (1959, 140), der keinen großen Wert auf die Differenzierung zwischen drei oder vier Schriftsinnen legt, sowie Brinkmann (1980, 244).

redigo. Adunc gitem nos lo corp en mei la via, quant el vol manger e beivre e far folie e nos ieiunem e avem abstinencia e sofrem fam e sei per amor Deu e de nostra arma, ut dicatur de nobis: Ecce electi Dei carnem domant, spiritum roborant, demonibus imperant. Cedamus autem ramos de arboribus. Fructuose arbores fuerunt patriarche, prophete, apostoli, martyres, confessores, virgines et omnes electi Dei. De istis arboribus ramos tollimus, quando de eorum vita et conversatione exempla accipimus. E si noi zo fasem, ben porrem ander encontra Dominidè e intrarem cum luj in illam beatam civitatem Ierusalem celestem cum angelis et sanctis eius cantantes in excelsis: Osanna. Benedictus qui venit in nomine Domini. Jerusalem namque visio pacis interpretatur, quod erit, quando videbimus eum facie ad faciem sicuti est, qui est vera pax, vera lux, verum gaudium. (Sub22, Z.32–70)

In dieser Predigt liegt der Fokus deutlich auf der tropologischen Deutung mit den Allegoresekonzepten Körper, diesseitiges Leben, Bußetun und Fasten im *DR-TROPOLOGIA*, die mit direktiven Sprechakten verknüpft ist. Der Prediger rekurriert aber im Rahmen seiner unter (51) zitierten Allegoresen auch auf Konzepte, die typischerweise dem *DR-ALLEGORIA* zuzurechnen sind, wenn die Bäume mit Patriarchen, Propheten etc. verknüpft werden. Dass der Prediger bei seiner Auslegung nicht deutlich zwischen der tropologischen und der allegorischen Ebene unterscheidet, zeigt sich in dem folgenden Argumentationszusammenhang: Christen sollen sich ein Beispiel nehmen an Patriarchen, Propheten etc. (üblicherweise *DR-ALLEGORIA*). Das Beispielnehmen an sich und das daraus resultierende Verhalten sind hingegen im *DR-TROPOLOGIA* zu verorten. Daran zeigt sich also sehr deutlich, dass der Prediger die Konzepte aus dem *DR-TROPOLOGIA* und dem *DR-ALLEGORIA* gemeinsam in einem Argumentationszusammenhang benutzt, in welchem sie durch Kontiguität verbunden sind. Das ist insofern nicht verwunderlich, als beide *DR* unterschiedliche Aspekte der gesamten christlichen Lehre umfassen.

In den beiden *Lim*-Predigten erfolgt jeweils eine rein allegorische Auslegung, bei der die Zielkonzepte ganz klar im *DR-ALLEGORIA* zu verorten sind (LimA.14: Märtyrer, Propheten; LimB.02: Prediger, Kirche, Juden, Heiden, Märtyrer, heilige Väter sowie Gläubige[33]). Da der Prediger seine Auslegung in der Regel ja verwendet, um zu einer Aufforderung zu kommen, die das Leben der Predigtzuhörer betrifft, erstaunt in den beiden *Lim*-Predigten die Tatsache, dass der Prediger die Auslegung nicht mit einer moralischen Aufforderung verknüpft. So schließt er in LimB.02 die Predigt mit der Aussage, dass Grund zur Freude bestehe, da die Sacharja-Prophetie, dass der König auf einem Esel reiten werde, erfüllt worden sei. Für diese Konklusion hätte es aber nicht der allegori-

---

33 Dabei handelt es sich jedoch nicht um ein Allegoresekonzept, das mit einem Ausgangskonzept aus dem *TF-BIBLISCHE ERZÄHLUNG* der Erzählung vom Einzug Jesu in Jerusalem verbunden ist.

schen Auslegung des Bibeltextes bedurft. Ähnlich verhält es sich mit der Konklusion in LimA.14. Hier wird abschließend bekräftigt, dass Gott sich erniedrigt hat, was daraus gefolgert werden kann, dass Jesus auf einem Esel ritt. Die daraus folgende Aufforderung an die Predigtzuhörer, sich selbst zu erniedrigen, steht aber in keinem direkten Zusammenhang mit der Auslegung der Predigt. So erscheint die allegorische Auslegung in den beiden *Lim*-Predigten nicht dem eigentlichen kommunikativen Ziel des Predigers untergeordnet zu sein. Es entsteht der Eindruck, dass der Prediger allegorisiert, weil es sich dabei um ein übliches diskurstraditionelles Verfahren handelt, er aber keinen Wert darauf legt, die Allegorese als Stütze seiner Argumentation zu verwenden.

7.3 Die Gestaltung der Predigt vor dem Hintergrund der Gesamtstrategie

Wie bereits zu Beginn von Kapitel 7 dargelegt, ist davon auszugehen, dass der Prediger seine Predigt strategisch aufbaut mit dem Ziel, beim Zuhörer eine bestimmte Überzeugung und Verhaltensänderung zu bewirken. Diesbezüglich ist zu untersuchen, welche kommunikative Absicht der Prediger mit seiner Predigt verfolgt, welche Funktion das Tagesevangelium oder auch andere der Diskussion in der Predigt zugrunde gelegte Texte im Rahmen der Strategie übernehmen und welche Rolle die Allegorese in diesem Rahmen spielt.

Die kommunikative Absicht des Predigers lässt sich zum einen in den expliziten direktiven Sprechakten erkennen, die dieser entweder über die ganze Predigt hinweg oder erst am Ende der Predigt äußert. Dabei handelt es sich um (moralische) Aufforderungen, die sich auf den Lebendwandel oder die Einstellung der Predigtzuhörer beziehen. Neben dieser primären Funktion spielt aber auch die Informationsfunktion der Predigt eine wichtige Rolle. Sie bildet die Basis für die Appellfunktion, denn nur wenn der Predigtzuhörer die dargestellten heilsgeschichtlichen Zusammenhänge versteht, wird er sich dessen bewusst, dass er sein Verhalten ändern muss.

Im Vergleich zu den übrigen Predigten spielt in Tor10 die Informationsfunktion im Rahmen des kommunikativen Ziels eine besondere Rolle. Diese Predigt sticht dadurch hervor, dass sie nicht mit dem Tagesevangelium beginnt, sondern mit einer Genesis-Passage, die jedoch durch eine heilsgeschichtliche Begründung mit dem Tagesevangelium verknüpft wird. Zwischen den beiden biblischen Erzählungen, die in zwei unterschiedlichen TF-BIBLISCHE ERZÄHLUNG dargestellt werden können, besteht eine Kontiguitätsrelation: Die in Initium und folgender Paraphrase geschilderte Versperrung des Zugangs zum Paradies für die Menschen bildet die Grundlage dafür, dass Jesus als Retter kommen muss, um diesen Zugang wieder zu ermöglichen. Somit wird die Heilsrelevanz des im Tagesevangelium geschilderten Einzugs Jesu in Jerusalem betont. Gemeinsam mit der allegorischen Auslegung des Tagesevangeliums (cf. Kapitel 7.2.5) erfüllt die argumentative Verknüpfung der Bibeltexte eine Informationsfunktion: der Predigtzuhörer wird so über heilsgeschichtliche Zusammenhänge unterrichtet. Eine appellative Funktion hingegen erfüllt die tropologische Auslegung. Sowohl die Allegorese als auch die argumentative Verknüpfung des Genesis-Textes mit dem Tagesevangelium in Tor10 weisen eine gut nachvollziehbare Argumentationsstruktur[34] auf. Bei der Allegorese legt die sprachliche Gestaltung in den meisten Fällen eine Similaritätsrelation nahe, auch wenn diesbezüglich zu beachten ist, dass eine solche auf konzeptueller Ebene nicht in allen Fällen besonders salient ist. So entsteht der Eindruck, dass dem Prediger daran gelegen ist, dem Rezipienten Analogien zwischen der biblischen Erzählung und ihrer Allegorese verständlich zu machen und nicht nur moralische Aufforderungen zu formulieren, die nicht weiter begründet werden. Die Tatsache, dass die tropologische Auslegung samt Handlungsanweisungen mit der Verwendung von Verben der 1. Person Plural auf die allegorische Auslegung und die heilsgeschichtliche Einbettung des Tagesevangeliums folgt, spricht dafür, dass die Vermittlung des heilgeschichtlichen Zusammenhangs im Rahmen der Gesamtstrategie ein Teilziel bildet, das jedoch von geringerer Bedeutung ist als die tropologische Auslegung und die darauf aufbauende Aufforderung am Ende der Predigt.

Bei LimB.02 und LimA.14 fällt auf, dass das Tagesevangelium in beiden Fällen nach dem allegorischen und nicht nach dem tropologischen Schriftsinn ausgelegt wird. Das trägt aber nicht dazu bei, die abschließende moralische Aufforderung zu stützen, durch welche in erster Linie das kommunikative Ziel erreicht werden soll. So wird in LimB.02 das im Tagesevangelium geschilderte Geschehen als Erfüllung der Sacharja-Prophezeiung[35] betrachtet. Das heißt, dass auch hier – ähnlich wie in Tor10 – eine heilsgeschichtliche Einordnung erfolgt. Den Prediger veranlasst das zu der Aufforderung an die Zuhörer, sich zu freuen und Gott zu empfangen. Die allegorischen Auslegungen von BETFAGE, ÖLBERG, ESELIN, FÜLLEN, KLEIDER- und ZWEIGEAUSBREITEN werden weder in Hinblick auf den Deutungsweg argumentativ nachvollziehbar dargestellt

---

34 Unter Argumentationsstruktur ist in Bezug auf die Allegorese die Plausibilisierung des Deutungsweges auf sprachlicher Ebene zu verstehen.

35 Cf. Sach 9,9: «exulta satis filia Sion jubila filia Hierusalem ecce rex tuus veniet tibi iustus et salvator ipse pauperet ascendens super asinum et super pullum filium asinæ». Auf diese Verheißung wird in Mt 21,5 verwiesen, wo es heißt: «dicite filiæ Sion ecce rex tuus venit tibi mansuetus sedens super asinam et pullum filium subiugalis».

noch wird die Funktion der Allegorese ersichtlich, die in keinem erkennbaren Zusammenhang mit der abschließenden Aufforderung steht. Ähnlich verhält es sich auch in LimA.14, wo kein direkter Zusammenhang zwischen der allegorischen Deutung einzelner Elemente des Tagesevangeliums (KLEIDERAUSBREITEN, ZWEIGEENTFERNEN) und der abschließenden Aufforderung zu erkennen ist. Das Fazit, das der Prediger im Anschluss an die Allegorese zieht, ist die Erkenntnis, dass Gott sich erniedrigt hat, woraus die Aufforderung an die Predigtzuhörer erfolgt, sich zu erniedrigen. Ein Zusammenhang zwischen allegorischer Auslegung und abschließender Aufforderung kann jedoch darin gesehen werden, dass die MÄRTYRER, ein Zielkonzept der allegorischen Auslegung, in Kontiguität stehen zum SICH-ERNIEDRIGEN, was in der abschließenden Aufforderung verlangt wird. Da aber nicht explizit argumentativ auf den Zusammenhang zwischen allegorischer Deutung und abschließender Aufforderung eingegangen wird und der Deutungsweg nicht nachvollziehbar gemacht wird, ist davon auszugehen, dass der Prediger die Allegorese hier nicht strategisch, im Sinne von didaktisch durchdacht, einsetzt, um ein bestimmtes kommunikatives Ziel zu erreichen. Die Allegorese scheint hier viel eher verwendet worden zu sein, da es sich um ein übliches in Predigten verwendetes Verfahren handelte. In diesem Fall trifft die Vermutung nicht zu, dass Allegorese strategisch eingesetzt wird, um einen textuellen Widerstand zu überwinden, denn das kommunikative Ziel, d. h. die Verdeutlichung des heilsgeschichtlichen Zusammenhangs zwischen Sacharja-Prophetie und Erfüllung und die damit zusammenhängende Aufforderung, Gott mit Freude zu empfangen, wird in LimB.02 auch ohne die Allegorese erreicht. Ebensowenig bedarf es in LimA.14 der Allegorese zur Erreichung des kommunikativen Ziels, des Verständnisses des Tagesevangeliums als Beispiel für die Erniedrigung Gottes, welches mit der Aufforderung an die Predigtzuhörer einhergeht, sich selbst zu erniedrigen. In Sub22 hingegen, wo wie in LimA.14 und LimB.02 nur das Tagesevangelium als Bibeltext zugrunde gelegt wird, übernimmt die Allegorese eine wichtige strategische Funktion, insofern als hier mithilfe dieses Verfahrens der textuelle Widerstand überwunden werden kann und das kommunikative Ziel erreicht wird, das hier einen deutlich stärkeren moralischen Fokus aufweist und nicht so sehr auf die Informationsfunktion in Bezug auf heilsgeschichtliche Zusammenhänge abhebt, wie in den *Lim*-Predigten der Fall. Die geistliche Auslegung der einzelnen Elemente enthält entweder Allegoresekonzepte aus dem *DR-ALLEGORIA* oder dem *DR-TROPOLOGIA*, welche anschließend in moralische Aufforderungen integriert werden. Die Deutungswege der einzelnen Allegoresen erscheinen plausibel und werden begründet, ähnlich wie in Tor10 der Fall. Sie sind aber vielfältiger und komplexer als in Tor10, wo fast ausschließlich Similaritätsrelationen vorliegen, während hier beispielsweise eine etymologische Deutung zu finden ist, die in einen komplexen Deutungsweg eingebunden ist.

Wie bereits oben angemerkt, stellt Mau14 einen Sonderfall dar, insofern als diese Predigt keine Allegorese des Tagesevangeliums enthält. Damit ist der Evangelientext hier auch nicht als textueller Widerstand zu betrachten, den es mithilfe der Allegorese zu überwinden gilt, um das kommunikative Ziel zu erreichen, wie in Tor10 und Sub22 der Fall.[36] Das kommunikative Ziel dieser Predigt besteht in erster Linie darin, die Zuhörer dazu zu bringen, das in der Karwoche übliche Bußetun mit der richtigen Gesinnung zu verbinden. Zu Argumentationszwecken wird das Tagesevangelium mit der liturgischen Palmsonntagsprozession verknüpft. Des Weiteren werden zwei exemplifizierende Texte (ein biblischer und ein nicht-biblischer) herangezogen, die allegorisch ausgelegt werden und dabei helfen sollen, das strategische Ziel, die Aufforderung, gottgefällige Buße zu tun, zu erreichen.

7.4 Ausblick auf die Analysen der einzelnen Predigtsammlungen

Die Analyse der Palmsonntagspredigten verdeutlichte insbesondere, dass die Prediger für die Allegorese auf konventionalisierte Deutungen zurückgreifen, dass sie diese aber vor dem Hintergrund ihrer Gesamtstrategie im Rahmen ihres eigenen didaktischen Anspruchs und abhängig vom jeweiligen Zielpublikum individuell plausibilisieren können. Im Folgenden ist zu untersuchen, ob die bei der Analyse der Palmsonntagspredigten herausgearbeiteten Tendenzen für die beiden *Lim*-Predigten sowie Tor10 und Sub22 jeweils auch auf das gesamte Homiliar zu übertragen sind. In Bezug auf *Lim* ist also zu überprüfen, ob auch in den übrigen Predigten des Homiliars die Deutungen häufig nicht plausibilisiert werden und die Gesamtargumentation der Predigt wenig stringent erscheint, was impliziert, dass hier kein hoher didaktischer Anspruch vorliegt. Bei *Tor* ist zu überprüfen, ob auch in den anderen Predigten des Homiliars gut plausibilisiert wird und ein nicht allzu hoher Komplexitätsgrad vorliegt, der auf einen hohen didaktischen Anspruch und eine eher einfache Adressatenschaft schließen lässt. In Bezug auf *Sub* ist zu verifizieren, ob auch im restlichen Homiliar aufgrund guter Plausibilisierung und der höheren Komplexität von einem gebildeteren Publikum auszugehen ist, das der Prediger didaktisch angemessen adressiert.

---

36 In LimA.14 und LimB.02 ist das Tagesevangelium zwar nicht als zu überwindender textueller Widerstand zu betrachten, doch wird das Verfahren der Allegorese hier trotzdem angewendet.

Hierzu sind in den Kapiteln 8–10 die sechs romanischen Homiliare bezüglich ihrer Allegoresen zu analysieren. Grundlage der Analyse bilden die Textstellen, in denen ein oder mehrere Elemente eines in der Bibel geschilderten Sachverhaltes allegorisiert werden. Dabei werden auch Spezifizierungen von Elementen der biblischen Erzählung berücksichtigt wie beispielsweise in Mau27, wo der Fischzug des Petrus (Lk 5,1–11) ausgelegt wird. Hier ist im biblischen Text nur allgemein die Rede von FISCHEN, während Maurice auf einen bestimmten Fischtyp verweist, der häufig durch die Netze schlüpft, den AAL:

(52) L' anguile, qui se fice el tai, e qui ne vient mie volentiers en la clarté ; escape tele ore est de nos rois [...]. (Mau27, 143)

Nicht analysiert werden die Allegoresen außerbiblischer Erzählungen (cf. z. B. Sub07: *Exemplum de tribus amicis*, die Physiologuserzählung vom Elefant in Sub10 sowie die Deutung der einzelnen Steine im Rahmen des Apostel-Lapidars in Sub09).[37] Des Weiteren ist in Hinblick auf Metaphern eine Eingrenzung vorzunehmen: Bei der Allegorese handelt es sich um einen Auslegungsprozess, der sich insofern deutlich von der üblichen Entschlüsselung einer Metapher unterscheidet, als die Allegorese unabhängig vom Satzkontext stattfindet (cf. Kapitel 4.4). Will der Leser eines Textes eine darin verwendete Metapher hingegen richtig entschlüsseln, gelingt ihm dies nur, wenn er den Kontext des gesamten Satzes betrachtet. Die mittelalterlichen Predigten enthalten in vielen Fällen auch die Auslegung figurativer Bibelstellen, die häufig nicht einfach eine wörtliche Paraphrase der figurativen Aussage darstellt, sondern eine Allegorese, die den Satzkontext nicht betrachtet. Vor diesem Hintergrund erscheint es prinzipiell legitim, auch figurative Sprache in Bezug auf die Allegorese zu untersuchen. In dem vorliegenden Corpus wurde aber in Hinblick auf die neutestamentlichen Texte eine Einschränkung vorgenommen: So wurden im Neuen Testament verwendete Metaphern (z. B. der Körper als Gefäß [*vas*] des Menschen, cf. 1 Thess 4,4) nicht bei der Analyse berücksichtigt, da hier der Übergang zwischen einfacher Tropenentschlüsselung und Allegorese nicht immer klar zu erkennen ist. Im Gegensatz dazu ist bei der Auslegung von Tropen, die in alttestamentlichen Texten vorliegen, deutlich zu erkennen, dass eine Allegorese vorliegt und keine einfache Paraphrase der wörtlichen Lesart, wenn die Texte christlich-tropologisch oder -allegorisch gedeutet werden. Des Weite-

---

37 Ausgeschlossen von der Analyse der Allegorese wird auch die KERZE in Tor03, da nicht vom Bibeltext auf sie rekurriert wird, sondern diese im Rahmen des liturgischen Brauches, der zur *Purificatio Mariae* durchgeführt wird, relevant ist. Zu diesem Anlass wird eine Lichterprozession vollzogen, daher auch der Name «Mariä Lichtmess». Bezüglich der Allegorese der im Tagesevangelium für diesen Anlass enthaltenen Elemente cf. auch Maurice de Sully, *Sermo 54*.

ren wurden Gleichnistexte, die bereits in der Bibel eine Auslegung enthalten, von der Analyse ausgeschlossen, da deren Wiederaufgriff von mittelalterlichen Predigern keinen Erkenntnisgewinn verspricht. Die in den Anhängen 2–7 aufgelisteten geistlichen Deutungen einzelner Elemente der biblischen Erzählungen oder Spezifizierungen letzterer stellen die Grundlage für die Analyse der Predigtsammlungen in den Kapiteln 8–10 dar.[38]

Die Untersuchungen bestehen alle in einem ersten Schritt aus einer Analyse der sprachlichen Gestaltung der Allegorese. Eine zentrale Rolle spielt dabei neben der Analyse der Deutungsverben die Betrachtung der in Kapitel 7.2.3 erarbeiteten Kategorien in Bezug auf Formulierungsmuster (FM). Diesbezüglich ist darauf zu verweisen, dass Formulierungsmuster von übereinzelsprachlicher Reichweite zu erkennen sind. Neben den in Kapitel 7.2.3 herausgearbeiteten FM in Bezug auf Similarität sind in den folgenden Analysekapiteln weitere FM herauszuarbeiten, die sich unter anderem auch auf die einfache Verknüpfung von Lexem$_A$ und Lexem$_Z$ beziehen. Die verschiedenen FM werden jeweils nur beim ersten Auftreten näher erläutert. Beim Vergleich der in unterschiedlichen Sprachen abgefassten Predigtsammlungen zeigt sich, dass als äquivalent zu bewertende Lexeme, die auf das gleiche Etymon zurückgehen und auf dasselbe Konzept verweisen, wie beispielsweise *significar* und *senefier* dem gleichen FM zugeordnet werden können. Vor diesem Hintergrund ist also von übereinzelsprachlichen FM auszugehen, die typischerweise innerhalb einer Diskurstradition auftreten.

In einem zweiten Schritt werden die konzeptuellen Verknüpfungen betrachtet. Hierzu ist zu unterscheiden zwischen den beiden zentralen Kategorien der *Frame-Similarität* sowie der *Konzepteigenschafts-Similarität*, deren Bedeutung in Kapitel 7.2.4 deutlich wurde. Des Weiteren ist zu untersuchen, ob auch Kontiguität und Kontrast oder taxonomische Subordination eine Rolle bei der Deutung spielen. Zudem ist die Rolle etymologischer Übersetzungen und stützender Bibelzitate für die Deutung zu untersuchen. Die Komplexität der Deutungen ist in Kapitel 11 mithilfe der in Kapitel 7.2.4 erarbeiteten Kategorien zu bewerten. Die Plausibilisierungsmuster sind abschließend in Zusammenhang mit dem didaktischen Anspruch des Predigers zu bringen.

---

38 Die Deutung der Krätze in Mau04 und Mau36 und die Deutung der Weihrauchschale in Mau02 werden nicht separat als Einzeldeutungen aufgelistet, da die Krätze keine Spezifizierung der Inhalte der biblischen Erzählung darstellt, sondern ein Konzept, das in kotaxonomischer Similaritäts- und gleichzeitig in Kontrastrelation zu dem Konzept Lepra steht, auf das im Bibeltext rekurriert wird. Krätze wird folglich in Zusammenhang mit der Einzelallegorese von Lepra behandelt. Auch die Weihrauschale wird in Zusammenhang mit der Einzelallegorese von Weihrauch behandelt, da es sich hier lediglich um eine Auffächerung in unterschiedliche Bestandteile handelt.

8 Analyse der Allegorese in den *Sermons* des Maurice de Sully

8.1 Die sprachliche Gestaltung der Einzeldeutungen

Insgesamt konnten in den 30 untersuchten Predigten des Maurice de Sully 107 Einzeldeutungen festgestellt werden. Bei diesen lassen sich in Bezug auf die Verknüpfung von $Lexem_A$ und $Lexem_Z$, die auf $Konzept_A$ bzw. $Konzept_Z$ rekurrieren, verschiedene Formulierungsmuster erkennen: Sehr häufig tritt das $FM_{allgemDeut}1$ auf, bei dem die Verknüpfung der beiden im Rahmen der Allegorese miteinander zu verbindenden Lexeme mittels des Deutungsverbs *senefier* erfolgt. Diesbezüglich kann noch eine Differenzierung vorgenommen werden zwischen den 74 Fällen, in denen *senefier* im Aktiv verwendet wird ($FM_{allgemDeut}1a$) und den vier Fällen, in denen *senefier* in einer passivischen Konstruktion auftritt ($FM_{allgemDeut}1b$):

Tab. 16: Beispiele für $FM_{allgemDeut}1$ *(Mau)*.

(53) Li olies senefie carité [...]. (107_Mau64)	$FM_{allgemDeut}1a$
(54) La vie e les uevres sont senefiies par la vesteure nuptial [...]. (087_Mau42)	$FM_{allgemDeut}1b$

Bei $FM_{allgemDeut}1a$ stellt $Lexem_A$ das Subjekt dar und $Lexem_Z$ das Prädikatsnomen. Bei $FM_{allgemDeut}1b$ hingegen übernimmt $Lexem_Z$ – bzw. übernehmen wie in (54) der Fall mehrere $Lexeme_Z$ – Subjektfunktion und $Lexem_A$ ist in einer durch *par* eingeleiteten Präpositionalphrase enthalten.[1]

Des Weiteren zeigt sich in 29 Fällen eine Verknüpfung von $Lexem_A$ und $Lexem_Z$ durch *estre* im $FM_{allgemDeut}2$:

Tab. 17: Beispiele für $FM_{allgemDeut}2$ *(Mau)*.

(55) Les puceles sont li crestien [...]. (105_Mau64)	$FM_{allgemDeut}2a$
(56) Li voisin e les voisines qui *firent la joie* de la nosche e de l'oëille trovee, ço sont li angele e les vertus del ciel qui *s'esjoïrent* de le salvation de l'umaine lingnie. (028_Mau23)	$FM_{allgemDeut}2b$

---

1 Cf. 040_Mau27, 041_Mau27, 058_Mau35 sowie 087_Mau42.

https://doi.org/10.1515/9783110586411-008

Auch hier sind wieder zwei Subtypen zu unterscheiden, denn bei $FM_{allgemDeut}2a$ erfolgt die Verknüpfung lediglich durch *estre*, was in elf Einzeldeutungen der Fall ist, wohingegen bei $FM_{allgemDeut}2b$ für die Verknüpfung von $Lexem_A$ und $Lexem_Z$ die Kombination *ço + estre* verwendet wird. Diese findet sich in insgesamt 18 Einzeldeutungen.

Zusätzlich zu den soeben dargelegten Fällen, in denen entweder $FM_{allgemDeut}1$ oder $FM_{allgemDeut}2$ vorliegt, finden sich zwei Einzeldeutungen, in denen sowohl $FM_{allgemDeut}1$ als auch $FM_{allgemDeut}2$ auftreten, wie in (57) und (58):

Tab. 18: Beispiele für Verknüpfung unterschiedlicher $FM_{allgemDeut}$ (*Mau*).

(57)	La vie e les uevres sont senefiies par la vesteure nuptial: cil est belement vestus qui bele vie demaine, qui buenes uevres fait en la creance; e cil est laidement vestus qui ne fait se mal non. La vesteure nuptiaus est carités: qui carité a, si a bone vesteure devant Deu e plaist a Deu, e qui carité n'a si a malvaise vesteure devant Deu e ne plaira ja a Deu. (087_Mau42)	$FM_{allgemDeut}1b$ + $FM_{allgemDeut}2a$
(58)	Ses fils qui estoit mors senefioit les malvais crestiens qui sont en pechié [...] li pecieres ço est li mors [...]. (066_Mau38)	$FM_{allgemDeut}1a$ + $FM_{allgemDeut}2b$

Während die Verwendung zweier FM in (57) dadurch begründet ist, dass das Ausgangskonzept HOCHZEITSKLEIDUNG sowohl auf die Allegoresekonzepte LEBEN und WERKE als auch auf das Allegoresekonzept LIEBE bezogen werden kann und somit zwei Deutungsvorgänge vorliegen, die durch unterschiedliche FM realisiert werden, wird die Verknüpfung TOTER – SÜNDER in (58) zweimal in unterschiedlichem Wortlaut wiedergegeben, wobei auch zwei unterschiedliche FM zum Einsatz kommen.

Eine andere Art der sprachlichen Markierung der Allegorese stellt die Verwendung der Antonyme *esperitelment* und *corporelment* dar, die dem $FM_{geistlich\text{-}leiblich}$ zuzuordnen ist, welches neben dem in (59) zitierten Beispiel aus Mau01 in sieben weiteren Predigten[2] zu erkennen ist. Die dem

Tab. 19: Beispiel für $FM_{geistlich\text{-}leiblich}$ (*Mau*).

(59)	[...] e se nos le faisons ensi, si seromes circuncis esperitelment, si com nos senefie la circuncisions Nostre Segnor, par coi il fu circoncis corporelment [...]. (001_Mau01)	$FM_{geistlich\text{-}leiblich}$

---

2 Cf. Mau08, Mau29, Mau34, Mau35, Mau42, Mau43 und Mau44.

$FM_{geistlich-leiblich}$ zuzuordnenden Lexeme werden jeweils durch eine gestrichelte Unterstreichung typographisch markiert.

Mithilfe dieses FM wird der direkte Interpretationsmodus der biblischen Erzählung vom allegorisierenden Interpretationsmodus abgegrenzt. Bezüglich der Verwendung der Lexeme *esperitelment* und *corporelment* ist darauf zu verweisen, dass diese in vielen Fällen gar nicht im Rahmen der eigentlichen Allegorese auftreten, sondern erst an einer späteren Stelle in der Predigt, wenn der Prediger auf die praktische Umsetzung der geistlichen Deutung eingeht.

Durch die hier beschriebenen $FM_{allgemDeut}1a$, $FM_{allgemDeut}1b$, $FM_{allgemDeut}2a$, $FM_{allgemDeut}2b$ sowie $FM_{geistlich-leiblich}$ wird jeweils die Verknüpfung zweier Konzepte oder Frames zum Ausdruck gebracht, die noch nicht näher in Bezug auf die zugrunde liegende Assoziationsrelation markiert ist. Markierungen für similaritätsbasierte Assoziationsrelationen werden in den folgenden Unterkapiteln 8.1.1–8.1.3 näher betrachtet.

8.1.1 Konjunktionen und Adverbien als Similaritätsmarker ($FM_{Sim}1a$)

Das $FM_{Sim}1a$[3] zeigt sich unter anderem bei der in 20 Einzeldeutungen eingesetzten vergleichenden Konjunktion *(au)si com(me)*, die eine Similaritätsrelation zwischen $Konzept_A$ und $Konzept_Z$, auf die von $Lexem_A$ und $Lexem_Z$ verwiesen wird, zum Ausdruck bringt. Die Verwendung dieser Konjunktion wird im Folgenden als $FM_{Sim}1a.1$ bezeichnet. In einigen Predigten markiert Maurice durch ein dem *(au)si com(me)* vorangestelltes kausales *quar* (im Folgenden durch Punkt-Strich unterstrichen), dass die bereits vorgenommene Deutung plausibel gemacht werden soll,[4] wie in (60) deutlich zu sehen ist.[5]

Des Weiteren erfolgt die Verknüpfung eines Satzes, der die biblische Erzählung zum Inhalt hat mit einem Satz, der die Allegorese der biblischen Erzählung enthält, in sechs Fällen durch die Konjunktion *quant*,[6] zweimal durch die Kombination von *quant* mit dem Adverb *lores*[7] sowie zweimal durch *totes les*

---

3 Cf. die Darlegung zu den Formulierungsmustern in Kapitel 7.2.3.

4 Das ist in 003_Mau02, 005_Mau03, 013_Mau06, 015_Mau08, 036_Mau27, 047_Mau31 und 058_Mau35 der Fall. In 071_Mau38 wird die Deutung MÄDCHEN – SÜNDER durch die Formulierung «quar ausi est de la male voleteé» plausibilisiert.

5 Bei den folgenden Zitaten, die als Beispiele für FM_{Sim} angeführt werden, werden lediglich $Lexem_A$ und $Lexem_Z$ durch einfache Unterstreichung und das jeweils besprochene FM_{Sim} durch die jeweils dafür vorgesehene Auszeichnung typographisch markiert. Liegen mehrere FM_{Sim} vor, so wird das FM_{Sim}, das nicht im Fokus steht, weder vermerkt noch typographisch hervorgehoben.

6 Cf. 014_Mau06, 024_Mau23, 042_Mau27, 058_Mau35, 099_Mau61 und 102_Mau63.

7 Cf. 041_Mau27 und 102_Mau63.

Tab. 20: Beispiel für FM$_{Sim}$1a.1 (*Mau*).

(60) Li encens senefie buene proiere; quar si comme la fumee de l'encens, quant il est mis el feu de l'encensier, monte amont vers le ciel e vers Deu, ausi monte a Deu la bone proiere del cuer al crestien, quant ele est faite por l'amor Deu nomeement. (003_Mau02)	FM$_{Sim}$1a.1

(h)ores que,[8] was im Folgenden als FM$_{Sim}$1a.2 bezeichnet wird. In all diesen Fällen liegt der Fokus nicht auf der ursprünglich temporalen Bedeutung (Gleichzeitigkeit), sondern auf dem Vergleichscharakter.[9] So liegt beispielsweise in (61) der Fokus nicht darauf, dass das SAATKORN zur gleichen Zeit auf die ERDE fällt, wie GOTT in MARIA MENSCH wird, sondern darauf, dass diese beiden Sachverhalte in einer Similaritätsrelation zueinander stehen.

Tab. 21: Beispiel für FM$_{Sim}$1a.2 (*Mau*).

(61) Li gra[i]ns de forment caï en la terre, quant Deus prist car en la Virgene Marie. (099_Mau61)	FM$_{Sim}$1a.2

In Mau06 zeigt sich insofern eine Besonderheit, als hier in dem Hauptsatz vor dem *quant*-Satz eine Kombination von Lexemen, die der zu allegorisierenden Gleichniserzählung zuzuordnen sind (*loa, ovriers, vigne*) und einem Lexem, das der Allegoreseebene zuzuordnen ist (*Nostre Sire*), vorliegt:[10]

(62) ‹Par matin loa Nostres Sire ovriers en sa vigne, quant il mist les patriarches al commencement de cest siecle en son servise, qui par bone creance le servirent, e disent le suen ensegnemens a cels a cui il l'avoient a dire. (Mau06, Z.33–36)

---

8 Cf. 039_Mau27 und 074_Mau39.

9 In diesem Fall ist von einem kontiguitätsbasierten Bedeutungswandel auszugehen: Die temporale Gleichzeitigkeit impliziert, dass zumindest zwei unterschiedliche Ereignisse oder Geschehen parallel ablaufen, die miteinander verglichen werden können. Der Fokus der Betrachtung der beiden Ereignisse bzw. Geschehen verschiebt sich von der temporalen auf die vergleichende Perspektive.

10 Die entsprechenden Lexeme wurden im Zitat mit wellenförmiger Unterstreichung hervorgehoben. Des Weiteren wurden die Lexeme, die auf Allegoreseebene anzuordnen sind, grau hinterlegt.

So wird *Nostre Sire* mit dem Weinbergbesitzer gleichgesetzt, wenn gesagt wird, dass er die Arbeiter in seinem Weinberg anheuert. Hier erfolgt also eine metaphorische Durchdringung der Allegoresedarlegung mit Lexemen, die aus der Gleichniserzählung stammen bzw. aus ihr abgeleitet werden.

8.1.2 Similaritätsmarkierung durch Lexemwiederholungen, Verwendung von Lexemen aus der gleichen Wortfamilie oder dem gleichen Wortfeld (FM$_{Sim}$1b)

In den Fällen, die unter dem Muster FM$_{Sim}$1b zu subsumieren sind, wird jeweils ein Lexem, das bei der Darlegung der biblischen Erzählung verwendet wird oder eine nähere Erläuterung eines der Konzepte, auf welche in der biblischen Erzählung rekurriert wird, auf Allegoreseebene entweder in Form der Wiederholung des gleichen Lexems (FM$_{Sim}$1b.1) oder in Form eines Lexems aus der gleichen Wortfamilie (FM$_{Sim}$1b.2) oder in Form eines Lexems aus dem gleichen Wortfeld (FM$_{Sim}$1b.3) wieder aufgegriffen.

In insgesamt 52 Einzeldeutungen liegt eine Lexemwiederholung (FM$_{Sim}$1b.1) vor, wie exemplarisch in (63) deutlich wird, wo *escauffe* in Form von *escaufé* und *escauffent* auf Allegoreseebene wieder aufgegriffen wird. *escauffer* und das aus der gleichen Wortfamilie stammende *caus* werden zwar nicht im Bibeltext verwendet, doch schreibt der Prediger dem WEIN, auf den im Bibeltext rekurriert wird, die Eigenschaft 'warm' zu, die den Ausgangspunkt für seine Allegorese darstellt.[11]

Tab. 22: Beispiel für FM$_{Sim}$1b.1 (*Mau*).

(63) Li vins qui naturelment est *caus*, e *escauffe* tos ceus qui le boivent, senefie les buens crestiens, qui sont *escaufé* de l'amor de Deu, e tos cels *escauffent* qui les vuelent croire. (006_Mau03)	FM$_{Sim}$1b.1

Fälle wie (63), in denen neben Lexemwiederholungen auf Ebene der Darlegung der biblischen Erzählung und auf Allegoreseebene zwei unterschiedliche Lexeme[12] verwendet werden, die aber der gleichen Wortfamilie (*caus*, *escauffer*)

---

11 Diese mehrfach eingesetzte Technik, dass ein Konzept, auf das im Bibeltext rekurriert wird, mit bestimmten Eigenschaften verknüpft wird, welche als Ausgangspunkt für die Allegorese dient, wird in Kapitel 8.2.3 näher untersucht.
12 Hier wird ein enger Lexembegriff zugrunde gelegt, der die verschiedenen Flexionsformen eines Wortes umfasst.

oder dem gleichen Wortfeld zuzuordnen sind, werden nur dem explizitesten der drei Typen von FM$_{Sim}$1b zugerechnet, der Lexemwiederholung (FM$_{Sim}$1b.1).

In sechs Fällen ist nicht die direkte Wiederholung eines Lexems zu erkennen, sondern die Verwendung zweier Lexeme mit der gleichen Wurzel, d. h. zweier Lexeme aus der gleichen Wortfamilie, was im Folgenden als FM$_{Sim}$1b.2 bezeichnet wird. So wird in (64) *Samaritanus* mit *garderes* übersetzt, was wiederum auf Allegoreseebene mit dem Verb *garde*, welches die gleiche Wurzel (*gard-*) aufweist, aufgegriffen wird.

Tab. 23: Beispiel für FM$_{Sim}$1b.2 (*Mau*).

(64)	*Samaritanus*, qui est en nostre langage *garderes*, ço est Nostre Sire Deus qui *garde* cels qu'il aime. (057_Mau35)	FM$_{Sim}$1b.2

Ein weiteres Muster, das einen Subtyp von FM$_{Sim}$1b darstellt, ist FM$_{Sim}$1b.3, das insgesamt viermal in *Mau* zu konstatieren ist. Dabei handelt es sich um den Aufgriff eines oder mehrerer Lexeme, die im Rahmen der Darlegung der biblischen Erzählung verwendet wurden, durch ein oder mehrere Lexeme des gleichen Wortfeldes, wie in 042_Mau27 der Fall, wo *rostir au feu* auf Ebene der Darlegung der biblischen Erzählung verwendet wird und auf Allegoreseebene *escaufons*, das dem gleichen semantischen Bereich zuzuordnen ist.

Tab. 24: Beispiel für FM$_{Sim}$1b.3 (*Mau*).

(65)	Quant nos preeçons a cels le bien, qui volentiers l'oent e entendent, e font volentiers ço c'on lor commande [...]. Lores prenons nos les lus, les bars e les autres buens poisons: ce sont cil qui par nos sont bon homme en sainte Eglise, e qui maintes beles uevres font; si lor traions l'amer dedens les cuers, quant nos lor tolons la male volenté qu'il ont eue ça en arriere; [...] e les metons *rostir au feu*, quant nos par nos beles paroles les *escaufons* de Deu amer e de lui servir. (042_Mau27)	FM$_{Sim}$1b.3

Insgesamt ist bezüglich der drei Subtypen von FM$_{Sim}$1b eine Staffelung in Bezug auf die Markierung der Similarität zu konstatieren: Bei FM$_{Sim}$1b.1 ist diese am deutlichsten, wenn das gleiche Lexem wieder aufgegriffen wird. Auch in FM$_{Sim}$1b.2 ist die Similarität durch die Verwendung der gleichen Wurzel noch relativ gut zu erkennen. Bei FM$_{Sim}$1b.3 hingegen ist sie weniger explizit, da keine äußerliche Similarität oder Gleichheit der Lexeme vorliegt, sondern lediglich eine semantische.

Bei den verschiedenen Verwendungsweisen des $FM_{Sim}1b$ zeigt sich auf Allegoreseebene häufig eine metaphorische Verwendungsweise, wie auch in (63) oder (65) zu erkennen ist. Metaphern liegen vor allem dann vor, wenn ein abstrakter geistlicher Sachverhalt erläutert werden soll.[13] Da die geistlichen Sachverhalte zum Teil aber auch sehr konkret beschrieben werden, wie in (66) der Fall, wo sowohl auf der Ebene der Darlegung der biblischen Erzählung als auch auf Allegoreseebene die Rede davon ist, dass jemand sich freut, muss es sich bei Lexemwiederholung oder Wiederaufgriff eines Lexems durch ein Lexem der gleichen Wortfamilie oder des gleichen Wortfeldes nicht zwangsläufig um eine metaphorische Verwendungsweise handeln.

(66)   Li voisin e les voisines qui *firent la joie* de la nosche e de l'oëille trovee, ço sont li angele
       e les vertus del ciel qui *s'esjoïrent* de le salvation de l'umaine lingnie. (028_Mau23)

Teilweise dient die Verwendung einer Metapher auch dem Ziel, dem Adressaten eine Similaritätsrelation aufzuzeigen, die nicht auf den ersten Blick salient erscheint. Das ist zum Beispiel in (67) der Fall, wo GUTE FISCHE und das LEBEN von APOSTELN, MÄRTYRERN etc. miteinander verknüpft werden. Die parallele Verwendung von *estre en* sowohl bei der Darlegung der biblischen Erzählung als auch bei der Allegoresedarlegung[14] macht den Adressaten darauf aufmerksam, dass zwischen den beiden Gruppen eine Similaritätsrelation erkannt werden kann:

(67)   Li poiscon senefient la vie des apostres, e des sains martyrs, e des confés e des autres
       buens amis Nostre Segnor, qui jadis *furent en* l'amertume e el barat de cest siecle, si
       comme li piscon *sont en* la mer. (045_Mau29)

8.1.3 Bewertung der sprachlichen Gestaltung

Bei der Analyse der Predigtsammlung des Maurice de Sully zeigte sich, dass Similarität zwischen der Ebene der Darlegung der biblischen Erzählung und der Allegoreseebene in allen Predigten zum Ausdruck gebracht wird. Diese manifestiert sich durch Formulierungsmuster, welche Similarität entweder durch

---

13 Cf. bezüglich der in der Kognitiven Semantik vorherrschenden Auffassung, dass ein abstrakter Sachverhalt (*source*) mithilfe eines konkreten Sachverhaltes (*target*) erklärt wird, auch Sinding (2002, 503) und Rasch (2006, 139).
14 Diese wird im Zitat durch graue Hinterlegung der entsprechenden Lexeme markiert.

bestimmte Lexeme wie beispielsweise vergleichende Konjunktionen (FM$_{Sim}$1a) zum Ausdruck bringen oder aber durch Wiederholungen des gleichen Lexems (FM$_{Sim}$1b.1), die Verwendung zweier unterschiedlicher Lexeme aus der gleichen Wortfamilie (FM$_{Sim}$1b.2) oder dem gleichen Wortfeld (FM$_{Sim}$1b.3), jeweils einmal auf Ebene der Darlegung der biblischen Erzählung und das andere Mal auf Allegoreseebene. In Bezug auf die Explizitheit der Similaritätsmarkierung ist festzuhalten, dass diese bei FM$_{Sim}$1a am stärksten und bei FM$_{Sim}$1b.3 am schwächsten ausgeprägt ist. In 65 Einzeldeutungen, d. h. in 60,7 %, liegt durch die Verwendung eines FM$_{Sim}$ ein expliziter Hinweis darauf vor, dass der Deutungsweg der Allegorese durch Similarität begründet ist. Somit ist zu konstatieren, dass Similarität ein wichtiges Merkmal der Allegorese in *Mau* darstellt. Im Rahmen der Untersuchung der konzeptuellen Verknüpfungen in Kapitel 8.2 ist zu untersuchen, wie die durch die FM$_{Sim}$ zum Ausdruck gebrachte Similarität sich frame-semantisch beschreiben lässt, ob sich zusätzlich andere Assoziationsrelationen feststellen lassen und ob sich durch die Betrachtung der Frame-Strukturen Hinweise auf die Motivation der Einzeldeutungen finden lassen, die kein FM$_{Sim}$ aufweisen.

8.2 Untersuchung der konzeptuellen Verknüpfungen

8.2.1 Kotaxonomische oder metaphorische Similarität?

Das typische Schema, das sich in Kapitel 7.2 deutlich zeigte, dass zwei Konzepte, die in zwei unterschiedlichen Frames zu verorten sind, dem *TF-BIBLISCHE ERZÄHLUNG* auf der einen Seite und dem *TF-ALLEGORISCHE DEUTUNG* bzw. dem *TF-TROPOLOGISCHE DEUTUNG* auf der anderen Seite, aufgrund einer Similaritätsrelation miteinander verknüpft werden, zeigt sich in *Mau* teilweise insofern in modifizierter Form, als hier deutlich wird, dass auch ein gemeinsamer Superframe anzunehmen ist, in dem das Konzept JESUS zu verorten ist, welches sowohl im *TF-BIBLISCHE ERZÄHLUNG* als auch im *DR-ALLEGORIA* bzw. im *DR-TROPOLOGIA* auftritt. Diesbezüglich ist natürlich zu berücksichtigen, dass zwischen dem MENSCHEN JESUS im *TF-BIBLISCHE ERZÄHLUNG* und dem HIMMLISCHEN JESUS im *DR-ALLEGORIA* bzw. im *DR-TROPOLOGIA* unterschieden werden kann. Maurice scheint aber nicht an einer Differenzierung gelegen zu sein. So verwendet er bei der Darlegung der biblischen Erzählung in der Regel die Bezeichnung *Nostre Sire Deus*, selten auch nur *Nostre Sire*, wenn er vom Wirken Jesu berichtet, und bei der allegorischen oder tropologischen Auslegung spricht er von *Deu*, *Deus* oder auch von *Diex Nostre Sire* (Mau10). Da hier konzeptuelle Identität (cf. Blank 2001, 44) vorliegt, bedarf es in diesem Fall keiner

Allegorisierung in Form der Verknüpfung eines Lexems$_A$ durch *senefie, ço est* o. Ä. (FM$_{allgemDeut}$) mit einem Lexem$_Z$. Gerade die Bezeichnung *Diex Nostre Sire* kann als Argument dafür herangezogen werden, dass auf konzeptueller Ebene die Identität zwischen dem MENSCHEN JESUS im *TF-BIBLISCHE ERZÄHLUNG* und dem HIMMLISCHEN JESUS im *DR-ALLEGORIA* bzw. *DR-TROPOLOGIA* fokussiert wird, da auf lexikalischer Ebene keine klare Differenzierung getroffen wird. Exemplarisch soll das im Folgenden anhand der in Mau10 vorgenommenen Allegorese gezeigt werden. Die Passagen, die der Darlegung der tropologischen Deutung zuzuordnen sind, sind im zitierten Text grau hinterlegt, während die Darlegung der biblischen Erzählung nicht gesondert markiert wird. Des Weiteren sind die Lexeme, die auf die jeweiligen Personen verweisen, welche am Geschehen beteiligt sind, wellenförmig unterstrichen.

(68)   Or si comme la femme proia por sa fille, que Nostre Sire le delivrast del diable qui corporelment le travelloit : ausi sainte Eglise prie de jor e de nuit par la bouce des provoires e par la bouce des sains eslis, que Diex Nostre Sire delivre les peceors crestiens e les peceresses [...] sovent de lor peciés; quar totes iceles ores que Deus apele le cuer al malvais home e a le malvaise femme : a bien, e il s'en repentent de lor pecié e vienent a voire confession, si jete Deus le diable d'els e lor done santé. E Deus, qui oï la parole a la bone femme paiene e sa fille delivra del diable, il oie la proiere de sainte Eglise e delivre les anmes peceresses de pecié par coi li diables les a souprises [...]. (016_Mau10)

Während MUTTER (*femme*) und TOCHTER (*fille*) nur dem *TF-BIBLISCHE ERZÄHLUNG* und PRIESTER (*provoires*) und ERWÄHLTE (*eslis*) sowie SÜNDER (*peceors* [...] *e peceresses*) bzw. SEELEN DER SÜNDER (*anmes peceresses*) nur dem *TF-TROPOLOGISCHE DEUTUNG* zuzuordnen sind, sind sowohl der TEUFEL (*diable, diables*) als auch GOTT (*Nostre Sire, Diex Nostre Sire, Deus*) sowohl bei dem in der biblischen Erzählung berichteten Geschehen als auch bei der tropologischen Auslegung präsent. Das lässt sich in einem zusätzlichen Superframe darstellen, der in Abbildung 22 als *KF-CHRISTENTUM ALLGEMEIN* bezeichnet wird. Dieser Frame umfasst die Konzepte des *DR-ALLEGORIA*, des *DR-TROPOLOGIA* sowie auch alle Konzepte, auf die in biblischen Erzählungen Bezug genommen wird. Dieser Superframe kann immer bei der Allegorese angenommen werden, doch erscheint er für die Analyse nur dann essentiell, wenn Konzepte, auf die im Rahmen der Darlegung der biblischen Erzählung rekurriert wird und Konzepte, auf die im Rahmen der Allegorese verwiesen wird, identisch sind, wie in Mau10, wo GOTT in beiden Frames Akteur ist. Die Similaritätsstruktur, die sich in Abbildung 22 zeigt, erscheint insofern kotaxonomisch, als im Rahmen der Allegorese Konzepte miteinander verknüpft werden, die in einem gemeinsamen (Super-)Frame zu verorten sind: Die MUTTER wird mit den PRIESTERN und ERWÄHLTEN verknüpft, die – wie sie – GOTT um Heilung bitten für einen

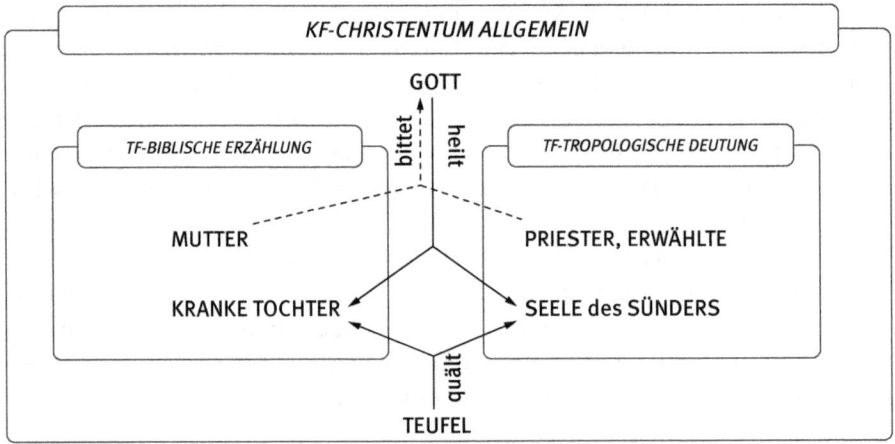

Abb. 22: Superframe mit Konzepten Gott und Teufel (Mau10).

oder mehrere Menschen, um die sie sich sorgen: die Tochter bzw. die Seele des Sünders, welche vom Teufel gequält wird. Gott erhört schließlich die Bitten und befreit die kranke Tochter von der Krankheit und die Seele von der Sünde. Da aber neben dem Superframe zwei deutlich voneinander zu unterscheidende Frames (*TF-Biblische Erzählung*, *TF-Tropologische Deutung*) anzunehmen sind und Gott das eine Mal in Gestalt des irdischen Jesus agiert, das andere Mal als auferstandener Christus, kann die Similaritätsrelation auch als metaphorisch beschrieben werden.[15]

Der Verweis auf das gleiche Konzept auf Ebene der Darlegung der biblischen Erzählung und Allegoreseebene liegt im untersuchten Corpus nur bei Predigten vor, die eine Evangelienerzählung mit Jesus und/oder dem Teufel als Akteuren allegorisieren, wie den *Mau*-Predigten, die eine Heilungs- oder Totenauferweckungserzählung zur Grundlage haben.

8.2.2 Frame-Similarität

Abgesehen von zwei Predigten[16] liegt in allen anderen analysierten Predigten Frame-Similarität vor: Dabei wird eine Analogie zwischen Strukturen des *TF-*

---

15 Bezüglich der Unterscheidung von kotaxonomischer und metaphorischer Similarität cf. Kapitel 5.2.

16 Mau04 und Mau36 sind die einzigen Predigten, in denen keine Similarität der Strukturen von *TF-Biblische Erzählung* und *TF-Tropologische Deutung* vorliegt. In beiden Predigten werden Lepra und Krätze allegorisiert. Die Similarität, die in diesen beiden Predigten vor-

BIBLISCHE ERZÄHLUNG und des *DR-ALLEGORIA* oder *DR-TROPOLOGIA* aufgezeigt. Insbesondere in den elf Fällen, in denen ein Gleichnis allegorisiert wird, legt bereits die Gattungsbezeichnung *essample*,[17] *samblance*[18] oder die Zitation der Gleichniseinleitung «simile (factum) est regnum celorum»[19] nahe, dass die Struktur der Erzählung in Similaritätsrelation zu der der Auslegung steht.[20] Dabei wird immer ein Sachverhalt aus der menschlichen Welt mittels einer Analogierelation mit einem aus der göttlichen Welt verknüpft (cf. Zimmermann/Dormeyer 2007, 201).

Analoge Strukturen in zwei Frames werden in dieser Arbeit jeweils mithilfe der Variablen A, B, C, ... dargestellt. Die entsprechende sprachliche Realisierung der Similarität mit Verwendung der verschiedenen FM_{Sim} zeigt sich in den im Anhang aufgelisteten Einzeldeutungen. Diesbezüglich ist aber darauf zu verweisen, dass die Verwendung eines FM_{Sim} nicht automatisch bedeutet, dass Frame-Similarität zum Ausdruck gebracht wird, denn auch Konzepteigenschafts-Similarität wird durch FM_{Sim} zum Ausdruck gebracht. Zur Differenzierung zwischen Frame- und Konzepteigenschafts-Similarität ist die Frage zu stellen, ob die Relation zwischen mehreren Konzepten im *TF-BIBLISCHE ERZÄHLUNG* auf den *TF-ALLEGORISCHE DEUTUNG* bzw. den *TF-TROPOLOGISCHE DEUTUNG* übertragen wird (Frame-Similarität), oder ob lediglich ein Merkmal eines einzelnen Konzepts, das auch eine Relation zu anderen Konzepten betreffen kann, die aber im Falle der Konzepteigenschafts-Similarität nicht im *TF-BIBLISCHE ERZÄHLUNG* enthalten sind, auf den *TF-ALLEGORISCHE DEUTUNG* bzw. den *TF-TROPOLOGISCHE DEUTUNG* übertragen wird (Konzepteigenschafts-Similarität).

---

liegt, lässt sich nur mithilfe eines weiteren Frames erklären, der einen Subframe zum *TF-BIBLISCHE ERZÄHLUNG* darstellt, denn zwischen Strukturen dieses Frames und Strukturen des *TF-TROPOLOGISCHE DEUTUNG* kann eine Similaritätsrelation konstatiert werden, da in beiden Fällen ein Kontrast vorliegt zwischen etwas, das zu einem Ausschluss aus der Gemeinschaft führt, und etwas, das nicht so schwerwiegend ist, als dass es zum Ausschluss führte (GROßE SÜNDE VS. KLEINE SÜNDE bzw. LEPRA VS. KRÄTZE). Da die Similarität sich nicht auf die Struktur des *TF-BIBLISCHE ERZÄHLUNG* bezieht, sondern auf den Subframe, in dem einzelne Konzepte des übergeordneten *TF-BIBLISCHE ERZÄHLUNG* näher erläutert werden, ist sie als Konzepteigenschafts-Similarität und nicht als Frame-Similarität zu betrachten.

17 Cf. Mau06, Mau25, Mau31, Mau44 sowie Mau63.

18 Cf. Mau06, Mau23, Mau31, Mau35, Mau42, Mau44, Mau60 sowie Mau64.

19 Cf. Mau06 sowie Mau42.

20 Lediglich in Mau61 erfolgt weder durch das lateinische Bibelzitat noch durch den Prediger eine Gattungsbestimmung, was in diesem Fall wohl damit zusammenhängt, dass es sich bei der zugrunde liegenden Textstelle Joh 12,24 – losgelöst vom Kontext – um eine Spruchweisheit handelt, die erst durch den unmittelbaren Kotext zu einer Parabel wird (cf. Zimmermann 2007, 804).

Ein FM_{Sim} ist in insgesamt 50 von 88 Einzeldeutungen (56,8 %), bei denen Frame-Similarität entweder alleine oder in Kombination mit einer anderen Verknüpfungsrelation vorliegt, zu konstatieren. In den übrigen 38 Einzeldeutungen kommt die Similaritätsmarkierung nicht explizit sprachlich zum Ausdruck, wie beispielsweise in (69):

(69) Les <u>diverses hores</u> senefient les <u>divers tans</u> de cest siecle. (012_Mau06)

In diesem Fall zeigt sich eine Similaritätsmarkierung (FM_{Sim}1a, FM_{Sim}1b.2) aber in einer anderen Einzeldeutung derselben Predigt, die eine Spezifizierung der unterschiedlichen Stunden darstellt und die folglich auch implizit die Similarität derselben markiert:

(70) <Li <u>matins</u> senefie l'aage de .xv. ans u de .xl., quar <u>ausi</u> <u>comme</u> li jor sont plus *caut* entor miedi, ensement l'umaine nature est de gregnor *calor* environ cest eage.> (013_Mau06)

Vor diesem Hintergrund ist in Bezug auf die Frame-Similarität zu konstatieren, dass FM_{Sim} nicht in jeder Einzeldeutung einer Predigt separat zum Ausdruck gebracht werden muss, sondern dass es auch genügen kann, wenn bei einer Analogie der Frame-Relationen lediglich bei einer Einzeldeutung in einer Predigt Similarität explizit zum Ausdruck gebracht wird. Lediglich zwei Predigten (Mau12 und Mau25) enthalten gar keine FM_{Sim} in den Einzeldeutungen, doch finden sich hier Hinweise auf Similarität außerhalb der Einzeldeutungen.[21] Eine Übersicht über die Frame-Similarität in den verschiedenen *Mau*-Predigten liegt in der folgenden Tabelle vor:

---

21 Dabei handelt es sich in Mau25 um die Bezeichnung *essample* des zu allegorisierenden Textes, welche eine Gleichsetzung der Frame-Strukturen impliziert. In Mau12 lässt die in der argumentativen Passage dargelegte metaphorische Verwendung von *faim* darauf schließen, dass auch die mit HUNGER verknüpften Ausgangskonzepte BROTE und FISCHE über eine Similaritätsrelation zu den entsprechenden Allegoresekonzepten, LEHRE DER PSALMEN UND PROPHETEN sowie LEHRE DES GESETZES, stehen, durch welche der metaphorische Hunger des Menschen gestillt wird.

Tab. 25: Frame-Similarität in *Mau*.

Predigt	Thema der biblischen Erzählung	Bibelstelle	analoge Struktur	Ebene der biblischen Erzählung	Allegoreseebene
Mau01	Beschneidung Jesu	Lk 2,21	A wird beseitigt	A = VORHAUT	A = SÜNDE
Mau02	Die Weisen aus dem Morgenland	Mt 2,1–11	A, B und C werden JESUS/GOTT als GESCHENKE gebracht	A = GOLD, B = WEIHRAUCH, C = MYRRHE	A = GUTER GLAUBE, B = GUTE GEBETE, C = GUTE WERKE
Mau03	Hochzeit zu Kana	Joh 2,1–11	A wird zu B	A = WASSER, B = WEIN	A = SCHLECHTER CHRIST, B = GUTER CHRIST
Mau04	Heilung eines Leprakranken	Mt 8,1–4	...	...	...
Mau06	Gleichnis von den Arbeitern im Weinberg	Mt 20,1–16	A stellt VERSCHIEDENE MENSCHEN zu UNTERSCHIEDLICHEN ZEITEN an	A = WEINBERGBESITZER	A = GOTT
Mau08	Heilung eines Blinden	Lk 18,35–41	A wird von B geheilt, so dass er wieder den RICHTIGEN WEG findet	A = BLINDER, B = BLINDHEIT	A = SÜNDER, B = SÜNDE
Mau10	Die kanaanäische Frau	Mt 15,21–28	A betet für B um BEFREIUNG von C	A = MUTTER, B = TOCHTER, C = DÄMON	A = KIRCHE, B = SÜNDIGE CHRISTEN, C = SÜNDE
Mau11	Heilung eines Stummen	Lk 11,14	JESUS/GOTT heilt A von B	A = STUMMER, B = STUMMHEIT	A = SÜNDER, B = SÜNDE
Mau12	Speisung der 5000	Joh 6,5–13	A hungern nach B und C	A = MENSCHEN, B = BROT, C = FISCH	A = CHRISTEN, B = GESETZ, C = LEHRE DER PSALMEN UND PROPHETEN

Tab. 25 (fortgesetzt)

Predigt	Thema der biblischen Erzählung	Bibelstelle	analoge Struktur	Ebene der biblischen Erzählung	Allegoreseebene
Mau14	Kain und Abel	Gen 4,2–5	A und B sind BRÜDER; GOTT sieht wohlwollend auf A, nicht auf B	A = KAIN, B = ABEL	A = SCHLECHTER CHRIST, B = GUTER CHRIST
Mau23	Gleichnis vom verlorenen Schaf und vom verlorenen Groschen	Lk 15,1–8	ein A von vielen geht verloren und wird wiedergefunden, worüber die FREUDE groß ist	A1 = SCHAF, A2 = MÜNZE	A = CHRIST
Mau25	Gleichnis vom großen Abendmahl	Lk 14,16–24	verschiedene PERSONENGRUPPEN werden losgeschickt, um A zu B einzuladen; ein GROßTEIL von A lehnt ab	A = EINGELADENE MENSCHEN, B = FESTMAHL	A = CHRISTEN, B = EWIGES LEBEN
Mau27	Fischfang des Petrus	Lk 5,1–11	A will B einfangen; ein TEIL von B lässt sich nicht einfangen	A = FISCHER, B = FISCHE	A = PREDIGER, B = MENSCHEN
Mau29	Speisung der 4000	Mk 8,1–9	A hungern nach B und C	A = MENSCHEN, B = BROT, C = FISCH	A = CHRISTEN, B = EVANGELIUM, C = LEBEN DER APOSTEL, MÄRTYRER etc.
Mau31	Gleichnis vom unehrlichen Verwalter	Lk 16,1–9	A vertraut B C an	A = GUTSBESITZER, B = VERWALTER, C = GUT	A = GOTT, B = CHRIST, C = GUT
Mau32	Jesus weint über Jerusalem	Lk 19,41–44	A stehen SCHLIMME ZEITEN bevor, weil es von B angegriffen wird	A = JERUSALEM, B = FEINDE	A = SEELE, B = TEUFEL

Mau34	Heilung eines Taubstummen	Mk 7,31–36	JESUS/GOTT heilt A von B	A = TAUBSTUMMER, B = TAUBSTUMMHEIT	A = SÜNDER, B = SÜNDE
Mau35	Gleichnis vom barmherzigen Samariter	Lk 10,23–37	A wird von B ausgeraubt und verletzt; viele VORÜBERGEHENDE haben kein MITLEID, erst C hat MITLEID mit A und versorgt ihn	A = REISENDER, B = RÄUBER, C = SAMARITER	A = MENSCHHEIT, B = TEUFEL, C = GOTT
Mau36	Heilung der 10 Leprakranken	Lk 17,12–19	...	...	...
Mau38	Totenauferweckung des Jünglings zu Nain, Totenauferweckung der Tochter des Jairus, Totenauferweckung des Lazarus	Lk 7,11–16; Lk 5,35–42, Joh 11,1–44	A bittet JESUS/GOTT um BEFREIUNG für B von C, DIESER befreit B von C	A = MUTTER/VATER/ SCHWESTERN, B = TOTE(R) ANGEHÖRIGE(R), C = TOD	A = KIRCHE, B = SÜNDER, C = SÜNDE
Mau39	Heilung eines Wassersüchtigen	Lk 14,1–6	JESUS/GOTT heilt A von B	A = WASSERSÜCHTIGER, B = WASSERSUCHT	A = SÜNDER, B = SÜNDE
Mau41	Heilung eines Gelähmten	Mt 9,2–8	JESUS/GOTT heilt A von B	A = GELÄHMTER, B = LÄHMUNG	A = SÜNDER, B = SÜNDE
Mau42	Gleichnis von der königlichen Hochzeit	Mt 22,2–14	A lädt ein zur HOCHZEIT seines SOHNES; verschiedene EINGELADENE lehnen ab	A = KÖNIG	A = GOTT
Mau43	Heilung des Sohnes eines königlichen Beamten	Joh 4,46–53	A bittet JESUS/GOTT um BEFREIUNG für B von C, JESUS/GOTT befreit B von C	A = KÖNIG, B = SOHN, C = KRANKHEIT	A = PRIESTER, B = CHRISTEN, C = SÜNDE

Tab. 25 (fortgesetzt)

Predigt	Thema der biblischen Erzählung	Bibelstelle	analoge Struktur	Ebene der biblischen Erzählung	Allegoreseebene
Mau44	Gleichnis von der Vergebung («Der Schalksknecht»)	Mt 18,21–35	A hat einen DIENER, der bei ihm in der SCHULD steht und dem er seine GROSSE SCHULD erlässt. der DIENER wiederum erlässt einem ANDEREN, der bei ihm in der SCHULD steht, seine KLEINE SCHULD nicht	A = KÖNIG	A = GOTT
Mau46	Heilung der blutflüssigen Frau	Mt 9,20–22	JESUS/GOTT heilt A von B	A = BLUTFLÜSSIGE FRAU, B = BLUTFLUSS	A = SÜNDER, B = SÜNDE
Mau60	Gleichnis vom Fischernetz	Mt 13,47s.	A will mit B C fangen; einige von C entwischen ihm jedoch	A = FISCHER, B = FISCHERNETZ, C = FISCHE	A = PREDIGER, B = PREDIGT, C = MENSCHEN
Mau61	Gleichnis vom Weizenkorn	Joh 12,24s.	A soll FRUCHT bringen	A = SAATKORN	A = SOHN GOTTES
Mau63	Gleichnis von den anvertrauten Zentnern	Mt 25,14–29	A verteilt sein GUTHABEN während seiner ABWESENHEIT unter seinen DIENERN und fordert nach seiner RÜCKKEHR RECHENSCHAFT	A = GUTSBESITZER	A = GOTT
Mau64	Gleichnis von den klugen und den törichten Jungfrauen	Mt 25,1–13	A und B vereinigen sich; KLUGE und TÖRICHTE C erwarten A und B; die KLUGEN C haben sich um D für E gekümmert, die TÖRICHTEN nicht	A = BRAUT, B = BRÄUTIGAM, C = JUNGFRAUEN, D = ÖL, E = LAMPEN	A = KIRCHE, B = GOTT, C = CHRISTEN, D = LIEBE, E = GUTE WERKE

8.2.3 Konzepteigenschafts-Similarität

In 14 Predigten wird eine bestehende Similarität der Frame-Strukturen zusätzlich durch konzeptuelle Verknüpfungen in Form von Konzepteigenschafts-Similarität begründet, die auch losgelöst vom Kontext der Frame-Struktur plausibel sind, und in zwei weiteren Predigten besteht Konzepteigenschafts-Similarität ohne Frame-Similarität (Mau04, Mau36). Ein Beispiel für eine Einzeldeutung, bei der neben einer Frame-Similarität eine Konzepteigenschafts-Similarität vorliegt, ist in Mau02 zu erkennen, wo das GOLD als Gastgeschenk der Weisen aus dem Morgenland mit GUTEM GLAUBEN verknüpft wird:

(71) Li ors, qui *resprent* e qui *reluist* encontre le rai del soleil; senefie la bone creance, qui *reluist* e *resprent* el corage del bon crestien. Li ors *enlumine* l'air par sa resplendor, e la bone creance *enlumine* le cuer del buen homme. (002_Mau02)

Die Verknüpfung beruht auf ähnlichen oder gleichen Eigenschaften, was hier deutlich wird an den Lexemwiederholungen, wobei auf Allegoreseebene jeweils eine metaphorische Verwendungsweise des Lexems zu konstatieren ist. Die Deutung des GOLDES ist als Konzepteigenschafts-Similarität zu klassifizieren, da hier Eigenschaften des GOLDES, die nicht explizit im Bibeltext thematisiert werden, die aber mit Hintergrundwissen zu dem entsprechenden Konzept und seinen Eigenschaften zu erklären sind, die Deutungsgrundlage bilden. Diese sind in einem Subframe, der in den *TF-BIBLISCHE ERZÄHLUNG* integriert ist, darzustellen (cf. Kapitel 8, Anm. 16). So ist zu dem *TF-BIBLISCHE ERZÄHLUNG*, der die Konzepte umfasst, die in der Erzählung über die Weisen aus dem Morgenland enthalten sind, ein Subframe anzunehmen, der als *KF-GOLD* zu bezeichnen ist und der Eigenschaften von GOLD wie die in 002_Mau02 angesprochene LEUCHTKRAFT enthält. Es ist aber darauf zu verweisen, dass das Vorliegen einer gemeinsamen Eigenschaft nicht eine Teilhabe zweier unterschiedlicher Konzepte an einer gemeinsamen Entität bedeutet, sondern dass die beiden Konzepte im Falle der hier beschriebenen Konzepteigenschafts-Similarität immer in getrennten Frames zu verorten sind.

Im Folgenden werden alle in den analysierten *Mau*-Predigten auftretenden Fälle von Konzepteigenschafts-Similarität betrachtet. Die entsprechenden FM$_{Sim}$, die auf eine Konzepteigenschafts-Similarität schließen lassen, sind in den Zitaten durch Kursivierung hervorgehoben. Liegt kein FM$_{Sim}$ vor und wird lediglich für ein Konzept, d. h. entweder das Quell- oder das Allegoresekonzept, auf eine Eigenschaft verwiesen, die Ausgangspunkt für die Verknüpfung sein dürfte, wird diese grau hinterlegt.[22]

---

22 Die typographischen Hervorhebungen werden, wenn nicht anders vermerkt, auch in den Analysen der übrigen Predigtsammlungen auf die gleiche Art eingesetzt.

Tab. 26: Allgemeine Konzepteigenschafts-Similarität in *Mau* (nicht-metaphorisch).

gemeinsame Eigenschaft	Konzept aus TF-BIBLISCHE ERZÄHLUNG	Konzept aus TF-ALLEGORISCHE/ TROPOLOGISCHE DEUTUNG	Zitat	Beispielnummer
'von Übel befallen, das Ausstoß aus Gemeinschaft bewirkt'	LEPRAKRANKER	SÜNDER	Li liepreus senefie les peceors [...].	007_Mau04
'Ausstoß aus der Gemeinschaft bewirkend'	LEPRA	SÜNDE (GROSS)	[Li liepreus senefie les peceors,] e la liepre les peciés. La roigne senefie les menues peciés pardonables [...]. Par roingne n'est pas hom ne feme *degetés de* la compaignie des gens, ne par les menus pechiés dont nus ne se puet garder n'est nus desevrés pardurablement de Deu ne de Saint[e] Eglise; por liepre est hom *desevrés de la compaignie des* gens, e par peciés dampnables est hom *desevrés de la compaignie de* Deu e de sainte Eglise, quar cil qui muert en pecié dampnable est *desevrés de la compaignie de Deu e de ses angeles.*	008_Mau04
'nicht-sprechend'	STUMMER	SCHLECHTER CHRIST	si dist li evangiles que li *diables* estoit mus, por ço qu'il avoit l'ome *amuï* en cui il estoit <e com Nostre Sire en ot geté le diable, si parla li *mus*, e si s'esmerveilla li puples. [...] Cist hom de cui Nostre Sire jeta le *diable* : senefie les malvais *crestiens* cui *diab[l]es* porsiet [...]. En tels homes regne li diables sovent e si les *amuïst*, quar il ne lor soufre pas qu'il viegne[nt] a voire confession, ne qu'il dient lor pecié en cele maniere qu'il lor soit a porfit e qu'il en soient acordé a Damedeu. <Il nes a pas *amuïs* ne tolue la parole de mentir, ne de mal dire, ne de conseillier autrui de [mal] faire, u de parler d'ordure,	018_Mau11

u de lecerie, u de jurer Nostre Segnor e ses sains e ses saintes, de dire ço qu'il ne devroient – de ço nes a il pas *amués*! Mes il les *amue* de bien dire e d'els faire confés vraiement, d'aorer Damedeu, de crier merci.>

'veränderlich, unruhig'	WASSER	WELT	[L'eve senefie cest siecle] quar ausi com li aigue est *escolorable*, ausi est cis siecles *muables* e *trespassables*; li eve *ondoie e ne puet estre en pais*, e cis siecles est tos jors *en tribol*.	036_Mau27
'nicht-hörend'	TAUBER	SÜNDER	Quar molt a ore es saintes eglises esperitelment *sors* e mus: cil sont *sort* en cors e en ames, qui as commandemens Damedeu ne vuelent obeïr; e cil sont trop *müel* qui a voire confession ne vuelent venir: cil ont les oreilles estoupees e les bouces closes. [...] Cil ont les oreilles serrees, qui sont es pechiés [...] ; e quant il vienent a lor confession, si ne vuelent deguerpir lor peciés ne regehir; se il les regehiscent, nes vuelent il deguerpir, quar li diables les a si *amuïs*, que tels i a qui dient lor pechiés, mais il nen ont cure del laisier. Cil sont *mu*, cil *ont lor bouces closes*: il ne sont mie *mu* de jurer ne de mentir ne de dire leceries ne lor ordures, mais de bien dire e d'els faire confes, de ço sont il *mu*.	051_Mau34
'von geringerem Wert'	STUTE	FLEISCH/LEIBLICHER TEIL CHRISTI	quar par la jument est senefie li cars Nostre Segnor <quar si comme la jumens *vaut mains* e est *mains digne* e *plus basse* que cil qui le cevauce, ausi fu en nostre Segnor li cars *mains digne* que la deités qui est en lui e sor lui>.	058_Mau35
'als Ablageort benutzt'	STALL	KIRCHE	L'estable senefie sainte Eglise; quar ausi comme les bestes *laisent lor fiens* es estables, ausi *laisent li peceor lor pechiés*, qui sont ordes coses, en sainte Eglise, par le confession qu'il font as provoires.	061_Mau35

Tab. 26 (fortgesetzt)

gemeinsame Eigenschaft	Konzept aus *TF-Biblische Erzählung*	Konzept aus *TF-Allegorische/Tropologische Deutung*	Zitat	Beispielnummer
'Ausstoß aus der Gemeinschaft bewirkend'	Lepra	Sünde (groß)	<Si comme roingne senefie les menus peciés> aisi senefie liepre les grans, les peciés criminels, les peciés de dampnation. [...] Por roingne *n'est nus desevrés de* la compaignie des gens, mais por liepre *si est*; ne por les menus pechiés *n'est* nus *desevrés de* Deu, mais por les grans *si est*.>	064_Mau36
'hässlich, schrecklich, furchtbar'	Friedhof	Hölle	Li cimentires u il l'en mainent <est molt lais e molt hisdeus e molt ors e molt eribles, quar > ço est infers. En infer sont enterré e enseveli: li malvais, crestien e les malvaises crestienes [...].	070_Mau38
'innen'	Mädchen	Sünder (dunkel, von Gott entfernt, verschlossen)	La mescine senefie ceus qui sont par male volenté reposte enoscurci *dedens* lor corages e desevré de Deu, e ne se vuelent ne ne pueent mostrer par parole quel il soient dehors, e quel il soient par male volenté; quar ausi est de la male volenté qui est *dedens* l'ome comme de la mescine qui estoit morte *dedens* la maison son pere.	071_Mau38
'außen'	Jüngling	Sünder (offensichtlich)	Li bacelers, qui fu resuscités *dedens* [sic !][23] la porte de la cité, senefie cels qui male volenté ont *dehors* e uevrent apertement.	072_Mau38

---

[23] Hier ist davon auszugehen, dass ein Schreibfehler vorliegt, da der Jüngling außerhalb der Stadtmauern (Lk 7,12) vom Tode auferweckt wurde und die Deutung nur Sinn macht, wenn es *dehors* heißt – in Abgrenzung zur Einzelallegorese des Mädchens, wo sowohl das Quell- als auch das Allegoresekonzept die Eigenschaft <innen> aufweist.

'lang andauernd'	LAZARUS	SÜNDER (LANGJÄHRIG)	Sains Lazeres, qui avoit quatre jors geü el sepulcre, senefie cels qui *longement* ont esté en pechié, e qui sont autresi en pecié comme s'il puïscent, por ço que tos siecles s'espoente de lor malvaise vie qu'il ont *longement* demenee.	073_Mau38
'getötet/gequält'	FLEISCH (GESCHLACHTET)	MARTYRIUM	Li *occisions* des tors e des oisels senefie le martirement des martyrs, qui furent por le creance par coi il creoient en Deu *martyriié.*›	083_Mau42
'gut'	FISCHE	MENSCHEN (GUT)	Li poison senefient les buens homes qui en Deu croient e qui le servent e qui l'aiment.	096_Mau60
'schlecht'	ABSCHAUM	MENSCHEN (SCHLECHT)	La *malvaise* vermine senefient les *malvais* homes ‹les useriers, e tos les autres de *malvaise* vie; quar ja soit ço qu'il soient en la creance avuec les buens homes, si sont il *malvaise* vermine por le *male* vie qu'il demainent.›	097_Mau60
'als Antriebsstoff dienend'	ÖL	LIEBE	Li olies senefie carité: ‹si com la lampe *ne puet luire sans* olie, ausi *ne peut* bone uevre estre aceptable a Deu, quant ele est faite sans carité ço est *sans* l'amor de Deu e de son proisme, quar carités, si est Deu amer sor totes coses e son proisme si com lui meisme.›	107_Mau64

Wie in Tabelle 26 zu erkennen, manifestiert sich die auf Konzeptebene vorliegende Similaritätsrelation in den meisten Fällen durch Lexemwiederholungen (FM$_{Sim}$1b.1: 008_Mau04, 018_Mau11, 051_Mau34, 058_Mau35, 061_Mau35, 064_Mau36, 071_Mau38, 073_Mau38, 097_Mau60, 107_Mau04 und wenn man davon ausgeht, dass in 072_Mau83 fälschlicherweise *dedens* statt *dehors* geschrieben wurde, auch diese Einzeldeutung). Des Weiteren werden in 36_Mau27 Synonyme verwendet und in 083_Mau42 zwei Lexeme des gleichen Wortfeldes (FM$_{Sim}$1b.3). Lediglich in drei Allegoresen liegt kein FM$_{Sim}$1b vor. Dabei handelt es sich zum einen um 070_Mau38, wo nur die Eigenschaften des FRIEDHOFS aufgelistet werden, die in dem darauf folgenden kausalen Konjunktionalsatz plausibilisiert werden sollen, in dem mithilfe von *ço est* der Bogen zum Allegoreseelement geschlagen wird: Der *cimentires* weist bestimmte Eigenschaften auf, da er *infers* ist. Diese Aussage impliziert aber auch – was in den übrigen Fällen durch die Verwendung eines FM$_{Sim}$1b explizit gemacht wird –, dass FRIEDHOF und HÖLLE die gleichen Eigenschaften aufweisen. Des Weiteren handelt es sich dabei um die Deutung der FISCHE, bei der die Eigenschaft *buen* nur in Bezug auf die MENSCHEN, nicht in Bezug auf die FISCHE erwähnt wird, obwohl davon auszugehen ist, dass die beiden Konzepte deshalb miteinander verknüpft werden, weil sie beide diese Eigenschaft aufweisen. Die Erwähnung einer Eigenschaft nur auf einer Ebene, d. h. nur auf Ebene der Darlegung der biblischen Erzählung oder nur auf Allegoreseebene, kann auch dem Ziel dienen, Similaritätsstrukturen zu plausibilisieren. Dieses Verfahren ist jedoch deutlich weniger explizit als die unterschiedlichen FM$_{Sim}$.

Einen Spezialfall der Verknüpfung aufgrund einer gemeinsamen Eigenschaft stellt die Verknüpfung zweier Konzepte dar, die auf der gleichen Zahl basiert.[24]

In zwei in Tabelle 27 aufgelisteten Fällen (026_Mau23/027_Mau23 und 063_Mau35) wird die Deutung durch Lexemwiederholungen von (*nonante*)*nuef* bzw. *dui*/*deus* (FM$_{Sim}$1b) plausibilisiert. Da der Prediger in 063_Mau35 nicht näher ausführt, um welche zwei Gesetze es sich dabei handelt, ist davon auszugehen, dass er voraussetzt, dass sein Publikum weiß, dass es sich dabei um das DOPPELGEBOT DER LIEBE handelt, einen zentralen Inhalt der christlichen Lehre.[25] Die Verknüpfung der GERSTENBROTE (5) und der LEHRE DES GESETZES

---

24 Ausführliche Analysen zur mittelalterlichen Zahlensymbolik oder -allegorese finden sich beispielsweise bei Meyer/Suntrup (1987) oder Meyer (1975).

25 Cf. Prohl (2002, 335); Morgen (2002, 352). Das Doppelgebot der Liebe findet sich in den drei synoptischen Evangelien: Mt 5,43–46, Mk 12,30–33 sowie Lk 10,27.

Tab. 27: Konzepteigenschafts-Similarität in *Mau* (Zahlen).

gemeinsame Eigenschaft	Konzept aus *TF-BIBLISCHE ERZÄHLUNG*	Konzept aus *TF-ALLEGORISCHE/ TROPOLOGISCHE DEUTUNG*	Zitat	Beispiel- nummer
'Zahl 5'	GERSTENBROTE (5)	LEHRE DES GESETZES	Li .v. pain d'orge, dont Nostre Sire soela les .v. mile homes, senefient : la doctrine de la soie sainte loi […].	020_Mau12
'Zahl 2'	FISCHE (2)	LEHRE DER PSALMEN UND PROPHETEN	[…] li doi piscon senefient : la doctrine qui es es psalmes e qui est es livres des prophetes.	021_Mau12
'Zahl 9/99'	MÜNZEN (9)/ SCHAFE (99)	VERNUNFTWESEN (ENGEL UND MENSCHEN)	Si lor respondi Nostrë Sire: ‹Qui est› fist il ‹de vos tos, s'il avait .c. oeilles, e il en perdoit la centisme, qu'il ne laisast les *nonantenuef*, e n'alast querre le centisme qu'il avroit perdue? […] e les *nonantenuef* oëilles e les *nuef* nouches senefient les *nuef* ordenes des angeles qui sont el ciel.	026_Mau23 027_Mau23
'heilig'	BROTE (7)	HEILIGE SCHRIFT DES EVANGELIUMS	Li set pain senefient la sainte Escripture de l'Evangile, qui par la gracie del Saint Espirt est livree as mestres de sainte Eglise.	044_Mau29
'Zahl 2'	DENARE (2)	DOPPELGEBOT DER LIEBE	Li *dui* denier que li prodom dona a l'establier: est le science que li prestres doit avoir de Deu, de *deus* lois a conseillier son puple;	063_Mau35

in 020_Mau12 wird nicht explizit plausibilisiert.[26] In diesem Zusammenhang kann die Zahl 5 als Hinweis für die Plausibilisierung der Deutung verstanden werden, da die aus 5 Büchern bestehende Tora als Gesetz galt (cf. Achenbach 2005, 476). Die 7 BROTE hingegen werden in Mau29 mit den HEILIGEN SCHRIFTEN DES EVANGELIUMS verknüpft. Im Gegensatz zur Deutung der GERSTENBROTE (5) zeigt sich bei dieser Verknüpfung keine Übereinstimmung in Bezug auf die Zahl. Es ist davon auszugehen, dass für die Deutung neben der Frame-Struktur-Similarität relevant gewesen sein dürfte, dass die Zahl 7 als heilig galt. In diesem Fall dient die Zahl selbst also nicht als Konzepteigenschaft, auf der die Deutung basiert, sondern eine Eigenschaft der Zahl stellt den Ausgangspunkt für die Verknüpfung dar. Schließlich wird die Auslegung der Zahl 2 in 021_Mau12 dadurch plausibilisiert, dass zwei durch die Konjunktion «e» miteinander verknüpfte und syntaktisch parallel formulierte Sachverhalte aufgelistet werden, die LEHRE DER PSALMEN und die LEHRE DER PROPHETENBÜCHER.

Insgesamt zeigt sich bei der Konzepteigenschafts-Deutung in Zusammenhang mit Zahlen die Tendenz, nicht explizit zu sagen, wodurch die Verknüpfung bedingt ist.

In der folgenden Tabelle werden weitere auf Konzepteigenschafts-Similarität basierende Deutungen aufgelistet, die sich – im Gegensatz zu den bisher in diesem Kapitel besprochenen Fällen von Konzepteigenschafts-Similarität – dadurch auszeichnen, dass die gemeinsame Eigenschaft auf Ebene der Allegoresebedeutung nicht wörtlich, sondern figurativ zu verstehen ist. Da Maurice eine Analogie zwischen dem *TF-BIBLISCHE ERZÄHLUNG* und dem *TF-ALLEGORISCHE DEUTUNG* bzw. dem *TF-TROPOLOGISCHE DEUTUNG* aufzeigen will, ist davon auszugehen, dass die figurative Verwendungsweise auf Allegoreseebene metaphorisch zu verstehen ist. Dabei handelt es sich um keine ad-hoc-Bildungen, sondern um konventionelle Verknüpfungen bestimmter Konzeptbereiche, wie sie von Lakoff/Johnson (1980) mit den «Conceptual Metaphors» beschrieben werden.[27] So wird beispielsweise die Eigenschaft 'hell', auf der die Deutung in 106_Mau64 beruht, im Rahmen einer weit verbreiteten Conceptual Metaphor (cf. Trim 2011, 139) in Zusammenhang mit etwas Positivem gebracht: 'POSITIVES ist HELL'. Diese Verknüpfung der Konzeptbereiche führt dazu, dass auch auf lexematischer Ebene *clere* metaphorisch verwendet werden kann, um

---

26 Auch Schiewer (2000) konstatiert in den Untersuchungen deutscher Predigten um 1200 in zwei Fällen bei Predigten, die für den gleichen Anlass wie Mau12 verfasst wurden (T22), die Deutung der 5 BROTE auf das GESETZ hin. Des Weiteren findet sich in zwei Predigten die Verknüpfung der GERSTENBROTE mit dem ALTEN BUND MIT HARTEN GESETZEN.

27 Cf. diesbezüglich auch Weinrich (1976, 276–294), der von Bildfeldern spricht.

Tab. 28: Konzepteigenschafts-Similarität in *Mau* (figurativ).

gemeinsame Eigenschaft	Konzept aus *TF-BIBLISCHE ERZÄHLUNG*	Konzept aus *TF-ALLEGORISCHE/ TROPOLOGISCHE DEUTUNG*	Zitat	Beispiel- nummer
'leuchtend'	GOLD	GLAUBE (GUT)	Li ors, qui *resprent* e qui *reluist* encontre le rai del soleil ; senefie la bone creance, qui *reluist* e *resprent* el corage del bon crestien. Li ors *enlumine* l'air par sa *resplendor*, e la bone creance *enlumine* le cuer del buen homme.	002_Mau02
'aufsteigend'	WEIHRAUCH	GEBETE (GUT)	Li encens senefie buene proiere; quar si comme la fumee de l'encens, quant il est mis el feu de l'encensier, *monte amont* vers le ciel e vers Deu, ausi *monte a Deu* la bone proiere del cuer al crestien, quant ele est faite por l'amor Deu nomeement.	003_Mau02
'bitter, verteidigend'	MYRRHE	WERKE (GUT)	Li myrres, qui est espesce *amere*, e par *s'amertume* deffent les cors des vers, qui de lui sont enoint, qu'il nel puiscent malmetre, senefie la buene uevre, qui est *amere* a la malvaistié de nostre car. Li myrres senefie geuner por Deu, veillier, aler em pelerinage, revisiter les povres e les malades e faire tos les biens que l'on puet faire por Deu. Ices coses si sont *ameres* a la malvaise car; mais ausi com li myrres *deffent* les cors qui en sont enoint [des vers], qu'il ne[s] pueent maumetre, ausi nos *deffendent* ices coses de visce e de pechié e de l'amoneste al diable, qu'il ne nos puise malmetre.	004_Mau02
'kalt'	WASSER	CHRIST (SCHLECHT)	L'aigue senefie les malvais crestiens; quar si comme l'aigue est *froide*, e *refroidist* tos ceus qui le boivent, ausi li malvais crestien sont *refroidi* de l'amor Deu, e *refroidiscent* tos ceus entor cui il abitent par le malvaistié qu'il ont en lor cors, si com est fornications, avolteres, prester a usure, e si comme cil qui par despit claiment lor proisme fol	005_Mau03

Tab. 28 (fortgesetzt)

gemeinsame Eigenschaft	Konzept aus TF-BIBLISCHE ERZÄHLUNG	Konzept aus TF-ALLEGORISCHE/ TROPOLOGISCHE DEUTUNG	Zitat	Beispiel-nummer
			u musart – quar par ices coses desert hom e feme le feu d'infer, si comme li boce Deu dist; e tos ceus senefie l'aigue qui par male uevre u par male volenté sont *refroidi* de l'amor de Deu.	
'warm'	WEIN	CHRIST (GUT)	Li vins qui naturelment est *caus*, e *escauffe* tos ceus qui le boivent, senefie les buens crestiens, qui sont *escaufé* de l'amor de Deu, e tos cels *escauffent* qui les vuelent croire.	006_Mau03
'am heißesten'	MORGEN	15–40	‹Li matins senefie l'aage de .xv. ans u de .xl., quar ausi comme li jor sont *plus caut* entor miedi, ensement l'umaine nature est de *gregnor calor* environ cest eage.›	013_Mau06
'nicht-sehend'	BLINDER	HEIDEN, JUDEN, FALSCHE CHRISTEN	Li nonveans senefie les paiens, les juis, les faus crestiens ‹quar ausi com li nonveans a *perdue la veue* del cors, ausi ont li paien, li jui, li faus crestien *perdue la veue des* corages; e ausi com li nonveans foloie, tele ore est, hors de la voie qui le doit mener a son ostel, ausi foloient li paien, li jui, li fauls crestien hors de la voie qui les doit mener a la vie pardurable. Li paien e li jui foloient par lor mescreance, e li faus crestien, ja soit ço qu'il aient bone creance, il foloient par malvaise vie qu'il demainent; les paiens e les juis a diables *avuglés* par mescreance, les malvais crestiens a il *avuglés* par pecié e par lecerie, par glotonie, par covoitise, par usure, par vendre a terme, par larecin, par roberie, par fornication, par avoltere, par les autres peciés de dampnation ; par coi il les encombre. Itel crestien sont *avuglé*, quar diables les fait deliter es peciés del cors ; par quoi il les a	015_Mau08

essorbés, e par coi il sont torné del bien al mal, del servise Deu el servise au diable.

'hell'	TAG	CHRISTEN	Par le *jor* sont senefié cil cui Dex Nostre Sire a porveü a sa *lumiere* e a sa glorie; e de jors getons nos nos rois par le commandement de Nostre Segnor‹.	041_Mau27
'dunkel'	NACHT	SÜNDER	quar par la *nuit* sont senefié li malvais hommes e les malvaises femes cui diables a desevrés de la clarté de Deu e tornés en *tenebres* e en *oscurté*.	040_Mau27
'absteigend'	ABSTIEG	ZUSTIMMUNG ZUM TEUFEL	Li *descendemens*, ço est li avalers, e senefie le consentement au diable, par quoi hom *s'abaisse* de la glorie qu'il avoit en paradis, a la dolor de ceste vie.	055_Mau35
'lindernd'	ÖL	TROST	Il mist uille en ses plaies par la *dolçor* de ses confors, e vin par l'asprece de ses manaces ›quar li uille est *soués* e li vins aspres: por ço senefie li uilles confors e li vins l'asprece des manaces; e li confort e les manaces valent as plaies de nos peciés *saner*.	059_Mau35
'herb, heilsam'	WEIN	HERBHEIT DER BEDROHUNG	Il mist uille en ses plaies par la dolçor de ses confors, e vin par l'asprece de ses manaces ›quar li uille est soués e li vins *aspres*: por ço senefie li uilles confors e li vins l'*asprece* des manaces; e li confort e les *manaces* valent as plaies de nos peciés *saner*.	060_Mau35
'voll'	WASSER-SÜCHTIGER	MENSCH VOLLER BEGIERDE	Hom ydropikes, si est *plains de* malvaises humors e de malvaises aigues, si li put l'alaine. Que senefie donques plus droiturelment li ydropikes que l'ome covoiteus, qui est *plains d*'autrui biens qu'il a gaegniés desloialment, e com il a plus, tant covoit il plus? E tels hom a l'alaine puant, quar il a malvaise odor de malvaise renomee a tos cels que le conoiscent, e tuit s'esloingnent de lui. Ore poons dire que totes les hores que Deus tolt al covoiteus le pecié de covoitise, totes ices hores garist il le idropike de s'enfermeté.	074_Mau39

Tab. 28 (fortgesetzt)

gemeinsame Eigenschaft	Konzept aus TF-Biblische Erzählung	Konzept aus TF-Allegorische/Tropologische Deutung	Zitat	Beispielnummer
'schön'	HOCHZEITSKLEIDUNG	GUTE WERKE, LIEBE	La vie e les uevres sont senefiies par la vesteure nuptial: cil est *belement* vestus qui *bele* vie demaine, qui buenes uevres fait en la creance; e cil est laidement vestus qui ne fait se mal non. La vesteure nuptiaus est carités: qui carité a, si a bone vesteure devant Deu e plaist a Deu, e qui carité n'a si a malvaise vesteure devant Deu e ne plaira ja a Deu.	087_Mau42
'stinkend, aufgeblasen, salzig, unruhig'	MEER	WELT	La mers senefie cest siecle, por ço qu'il a une samblance de la mer: ‹li mondes *put* por les peciés, por les legeries c'on i fait, e *enfle* si com la mers por l'orgueil qui est en lui, e si est *salés* por ses amertumes› e *ne puet estre en païs* plus que la mers por les tribols qu'il demaine.	094_Mau60
'hell'	LAMPEN	GUTE WERKE	Les lampes, qui sont *cleres*, senefient les bones uevres ‹qui sont beles e *cleres*; *clere* cose a en lampe, e bele cose e *clere* a en bone uevre.›	106_Mau64

etwas Positives auszudrücken. Der Prediger als Textproduzent bezieht sich mit der Verwendung solcher Metaphern auf konventionelle Verknüpfungen von Konzeptbereichen, die als similaritätsbasiert betrachtet werden können.[28]

Da aber im Falle der Eigenschaft 'warm' (006_Mau03) eine metonymische Verwendung von *escaufé* vorliegt, weil Wärme und Liebe in Kontiguitätsrelation zueinander stehen,[29] sind nicht alle figurativen Verwendungsweisen als metaphorisch zu klassifizieren. So ist in 006_Mau03 eine zugrunde liegende konventionelle Verknüpfung anzunehmen, die nicht als Conceptual Metaphor, sondern als Conceptual Metonymy zu beschreiben ist.

In Bezug auf die sprachliche Gestaltung aller in diesem Unterkapitel untersuchten Fälle von Konzepteigenschafts-Similarität ist festzuhalten, dass in neun der insgesamt 38 hier beschriebenen Fälle von Konzepteigenschafts-Similarität keine Similaritätsmarkierung mittels eines FM_{Sim} vorliegt. Folglich liegt in 76,3 % der auf Konzepteigenschaft basierenden Einzeldeutungen eine Plausibilisierung durch FM_{Sim} vor. Von den übrigen neun Fällen ist in 007_Mau04 ein expliziter Hinweis auf Similarität zu erkennen, wenn man 008_Mau04 betrachtet, die Deutung der Lepra, von der die Deutung des Leprakranken abhängt. In den anderen acht Fällen muss der Prediger davon ausgehen, dass der Adressat in der Lage ist, entweder die Eigenschaft, die für nur ein Konzept, also entweder Quell- oder Allegoresekonzept erwähnt wird, auch beim jeweils anderen Konzept zu erkennen, oder er muss selbst erschließen, wodurch die Similarität bedingt ist, was insbesondere bei 020_Mau12 (5 Gerstenbrote – Lehre des Gesetzes), 21_Mau12 (2 Fische – Lehre der Psalmen und Propheten) und 044_Mau29 (7 Brote – Heilige Schrift des Evangeliums) der Fall ist.

Insgesamt ist bei 17 der 30 Konzepteigenschafts-Similarität-Fälle zusätzlich von einer Frame-Similarität auszugehen, was bedeutet, dass zwei parallele similaritätsbasierte und damit plausibilisierte Deutungswege vorliegen. Insgesamt sind 13 Fälle als $PD_{2\_KE\text{-}Sim}$ zu beschreiben und 17 Fälle als $PD_{2\_KE\text{-}Sim}$ + $PD_{1\_Fr\text{-}Sim}$.

---

28 Cf. Koch (1994, 212, Anm. 20). In Bezug auf die Rolle der Similarität bei Metaphern ist Lakoff/Johnson (1980, 153) zufolge zu unterscheiden zwischen ontologisch vorgegebenen Similaritäten und solchen, die der Sprachbenutzer in konventionellen Metaphern erkennt. Die beiden Autoren wenden sich damit dezidiert gegen die in der Vergleichstheorie vorherrschende Auffassung, dass die Metapher nur bereits existierende Similaritäten darstellt, sie aber keine neuen kreieren kann. Cf. dazu auch Nöth (1985, 9s.).
29 Eine genauere Analyse der Conceptual Metonymy Emotionale Erregung ist erhöhte Körpertemperatur erfolgt in Kapitel 8.3.

8.2.4 Kontrast im Rahmen similaritätsbasierter Verknüpfungen

An einigen Stellen legt der Prediger den Fokus sehr stark auf Kontraststrukturen, doch sind diese bei der Allegorese immer unter Similarität als Verknüpfungsrelation subordiniert.

Während die in Tabelle 29 dargestellten Kontraststrukturen in Mau14, Mau27 und Mau44 bereits im *TF-BIBLISCHE ERZÄHLUNG* angelegt sind und vom Prediger lediglich besonders betont werden, um dann als Struktur auf den *TF-BIBLISCHE ERZÄHLUNG* übertragen zu werden, liegt bei Mau04, Mau36 und Mau03 insofern ein komplexerer Fall vor, als zusätzlich zum *TF* jeweils ein Subframe anzunehmen ist (*KF-HAUTKRANKHEITEN* in Mau04 und Mau36, *KF-GETRÄNKE* in Mau03), der Eigenschaften der jeweils zu allegorisierenden Konzepte enthält, welche verdeutlichen, dass eine Kontraststruktur anzunehmen ist zwischen LEPRA, die zu Ausschluss aus der Gesellschaft führt, und KRÄTZE, die weniger schlimm ist und deshalb nicht zu gesellschaftlichem Ausschluss führt, sowie zwischen WASSER, das als kalt gilt, und WEIN, dem die Eigenschaft 'warm' zugeschrieben wird. In den folgenden Zitaten werden die Lexeme, zu denen sich ein Antonym findet, bzw. die nicht-negierte und die entsprechende negierte Form wellenförmig unterstrichen.

(72) WASSER VS. WEIN:
> L'aigue senefie les malvais crestiens; quar si comme l'aigue est froide, e refroidist tos ceus qui le boivent, ausi li malvais crestien sont refroidi de l'amor de Deu, e refroidiscent tos ceus entor cui il abitent par le malvaistié qu'il ont en lor cors [...]; e tos ceus senefie l'aigue qui par male uevre u par male volenté sont refroidi de l'amor de Deu. (005_Mau03) Li vins qui naturelment est caus, e escauffe tos ceus qui le boivent, senefie les buens crestiens, qui sont escaufé de l'amor de Deu, e tos cels escauffent qui les vuelent croire. (006_Mau03)

Tab. 29: Kontrastrelationen in *Mau*.

Kontrastrelation im *TF-BIBLISCHE ERZÄHLUNG* bzw. Subframe	Kontrastrelation im *TF-TROPOLOGISCHE DEUTUNG*	Predigt
KAIN VS. ABEL	SCHLECHTER CHRIST VS. GUTER CHRIST	Mau14
LEPRA VS. KRÄTZE	GROßE VS. KLEINE SÜNDEN	Mau04, Mau36
TAG VS. NACHT	CHRISTEN VS. SÜNDER	Mau27
GROßE SCHULD VS. KLEINE SCHULD	GROßE SÜNDE VS. KLEINE SÜNDE	Mau44
WASSER VS. WEIN	IN DER LIEBE GOTTES VS. NICHT IN DER LIEBE GOTTES	Mau03

(73) Lepra vs. Krätze :

a) Par roingné n'est pas hom ne feme degetés de la compaignie des gens, ne par les menus pechiés dont nus ne se puet garder n'est nus desevrés pardurablement de Deu ne de Sain[t]e Eglise; por liepre est hom desevrés de la compaignie des gens, e par peciés dampnables est hom desevrés de la compaingnie de Deu e de sainte Eglise, quar cil qui muert en pecié dampnable est desevrés de la compaignie de Deu e de ses angeles. (008_Mau04)

b) Por roingne n'est nus desevrés de la compaignie des gens, mais por liepre si est; ne por les menus pechiés n'est nus desevrés de Deu, mais por les grans si est.> (064_Mau36)

Nicht nur in Mau03, Mau04 und Mau36, sondern auch in den übrigen in Tabelle 29 aufgelisteten Predigten dient die Herausarbeitung der Kontraststruktur im *TF-Biblische Erzählung* bzw. in den entsprechenden Subframes dem Ziel, eine Kontraststruktur im *TF-Tropologische Deutung* aufzuzeigen, die letztlich immer darauf abzielt, verwerfliches Verhalten mit weniger verwerflichem oder mit positivem Verhalten zu kontrastieren. Die Kontrastierung, die in allen Predigten in die Aufforderung mündet, sich moralisch zu bessern (cf. Kapitel 8.5), ist immer mit einer übergeordneten Similaritätsrelation verknüpft, die die jeweilige Kontrastrelation auf den *TF-Tropologische Deutung* überträgt. Sie stellt ein wichtiges strategisches Mittel des Predigers dar, um die Abkehr von Sünde, die ein übergeordnetes kommunikatives Ziel der gesamten Predigtsammlung darstellt, zu erreichen.

8.2.5 Kontiguität

Die Deutung Tod – Sünde (067_Mau38) kann als kontiguitätsbasiert interpretiert werden. Allegorisiert wird in Mau38 die Totenauferweckung des Jünglings zu Nain (Lk 7,11–16), die die üblichen Gleichsetzungsstrukturen aufweist: Die einzelnen Lexeme werden mittels des Verbs *senefier* ($FM_{allgemDeut}$1a) oder durch *ço est* ($FM_{allgemDeut}$2b) miteinander verknüpft.[30]

(74) <La veve feme senefie sainte Eglise. Ses fils qui estoit mors senefioit les malvais crestiens qui sont en pechié quar li pechiés ço est la mors, li pecieres ço est li mors; si comme la mort ocit le cors, ausi ocit li peciés l'ame>. La biere u li mors gisoit senefie le malvaise acostumance en coi li peciere gist. Li porteor sont li diable qui le malvais home, qui est mors par son pechié, mainent par grant bruit en terre. Li cimentires u il l'en mainent <est molt lais e molt hisdeus e molt ors e molt eribles, quar > ço est infers. (Mau38, Z.17–25)

---

30 Eine Ausführliche Analyse von Mau38 findet sich in Kohler/Sigmund (im Druck).

Von besonderem Interesse ist die Begründung für die Verknüpfung von TO-
TEM SOHN und SCHLECHTEN CHRISTEN durch den Kausalsatz «quar le pechiés
ço est la mors, li pecieres ço est li mors», der Allegoresen des TODES und des
TOTEN enthält. Es fällt auf, dass Maurice mit einem Lexem beginnt, das auf
ein Konzept aus dem *TF-TROPOLOGISCHE DEUTUNG* verweist, da solche Lexeme in der Regel erst hinter dem Deutungsverb stehen. Im Vergleich zu den
vorhergehenden Deutungen, die nach dem Muster 'Lexem$_A$ (Ebene der Darlegung der biblischen Erzählung) *senefie/ço est* Lexem$_Z$ (Allegoreseebene)' auf-
gebaut sind, wird in dem kurzen eingeschobenen erläuternden Abschnitt
zweimal umgekehrt ausgelegt: 'Lexem$_Z$ (Allegoreseebene) *ço est* Lexem$_A$
(Ebene der Darlegung der biblischen Erzählung)'. Somit ergibt sich beim
Übergang von der «üblichen» Deutung zur Allegorese der SÜNDE und des
SÜNDERS eine auffällige chiastische Struktur. Eine mögliche Erklärung dafür
könnte in einer Anlehnung an die Verknüpfung TOD – SÜNDE in Röm 5,12
liegen, wo Paulus das Verhältnis von TOD und SÜNDE beschreibt, das durch
Kontiguität charakterisiert ist, da der TOD als Ursache der SÜNDE betrachtet
wird: «propterea sicut per unum hominem in hunc mundum peccatum intra-
vit et per peccatum mors et ita in omnes homines mors pertransiit in quo
omnes peccaverunt».

Die auffällige chiastische Struktur in Mau38 könnte dadurch begründet
sein, dass markiert werden soll, dass die übliche Verknüpfungsstruktur aufge-
brochen wird. Das ist auf konzeptueller Ebene insofern nachvollziehbar, als
die Verknüpfung bei den übrigen Allegoresen durch Similarität gekennzeichnet
ist, während hier – wie das Pauluszitat zeigt – Kontiguität als verknüpfende
Assoziationsrelation denkbar ist. Doch ist natürlich zu berücksichtigen, dass
bei Maurice selbst nicht explizit auf eine Kontiguitätsrelation verwiesen wird
und in der entsprechenden Textstelle lediglich FM$_{Sim}$ zu konstatieren sind. Aus
diesem Grund ist davon auszugehen, dass Kontiguität nur im Hintergrund der
Allegorese steht, das dominantere Muster, das sich bei der Umsetzung der Allegorese zeigt, aber die Frame-Similarität ist, weshalb dieser Fall in Bezug auf
die Plausibilisierung der Deutung als PD$_{1\_Fr\text{-}Sim}$ zu bewerten ist.

Ein weiterer Fall, für den die Rolle von Kontiguität im Rahmen der Deutung
zu diskutieren ist, ist die Allegorese des BLUTFLUSSES in Mau46:

(75)   \<Segnor, molt i a ore de cels par le monde qui sont enferm e malade de ceste maniere
       d'enferté, ço est de la luxure del cors [...]. Issi se confortent li peçor qui vont as femes
       menestreus e as veves e as camberieres e as filles as prodomes, as puceles e a totes
       celes qui les vuelent consentir a faire lor folies [...]. (093_Mau46)

Die KRANKHEIT der FRAU, der BLUTFLUSS, wird als *luxuria* ('Wollust') bezeichnet. Es ist anzunehmen, dass Blutfluss als Folge und damit als indexikalisches

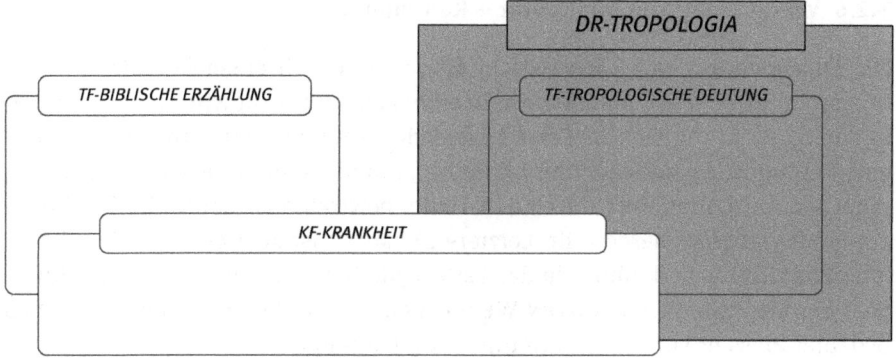

Abb. 23: Überschneidung des *TF-BIBLISCHE ERZÄHLUNG* und des *TF-TROPOLOGISCHE DEUTUNG* durch verbindenden Subframe.

Zeichen von Wollust aufgefasst wurde. Maurice de Sully führt unter anderem als Beispiel sexueller Unzucht an, dass sündige Männer zu Frauen gehen, die ihre Menstruation haben. Laut Lev 15, 19s. gelten auch Frauen, die ihre normalen Menstruationsblutungen haben, als unrein. BLUTFLUSS kann also als Folge von UNREINHEIT und damit auch von SÜNDE betrachtet werden. Insofern besteht zwischen BLUTFLUSS und SÜNDE eine Kontiguitätsrelation. In diesem Fall ist ein Subframe *KF-KRANKHEIT* anzunehmen, der vom *TF-BIBLISCHE ERZÄHLUNG* bis in den *DR-TROPOLOGIA* bzw. den *TF-TROPOLOGISCHE DEUTUNG* hineinreicht, da er sowohl Konzepte enthält, die sich auf die KRANKHEIT beziehen, wie BLUTEN, als auch solche, die innerhalb des *TF-TROPOLOGISCHE DEUTUNG* zu verorten sind, wie UNREINHEIT und SÜNDE.

Auch wenn bei der Einzeldeutung des Blutflusses die Kontiguitätsrelation salient erscheint, ist zu berücksichtigen, dass es sich dabei jeweils nicht um die einzige Verknüpfung handelt, durch die Quell- und Allegoresekonzept miteinander verbunden werden, sondern zusätzlich auch die typische Frame-Similarität, die in Kapitel 8.2.2 beschrieben wird, vorliegt, welche dominanter erscheint. Aus diesem Grund wird auch diese Deutung als PD_{Fr-Sim} gewertet.[31]

---

31 Würde keine dominante Frame-Similarität vorliegen, würde diese Deutung als $PD_{2\_Sonstiges}$ bewertet werden.

8.2.6 Verknüpfung von Similarität + Kontiguität

Die Einzeldeutung der LÄHMUNG in Mau41 ist durch einen komplexen Deutungsweg ($PD_{3\_komplex}$) zu erklären: In einem ersten Schritt wird über eine Similaritätsrelation, die sich in einer Lexemwiederholung ($FM_{Sim}1b$) manifestiert, eine Verknüpfung zwischen der LÄHMUNG, auf die in der biblischen Erzählung rekurriert wird, und einer durch den Teufel bewirkten LÄHMUNG im *TF-TROPOLOGISCHE DEUTUNG* hergestellt. Letztere LÄHMUNG ist über eine Kontiguitätsrelation mit SÜNDE verknüpft, da der TEUFEL die GLIEDER lähmt, was dazu führt, dass der Menschen keine GUTEN WERKE mehr tun und GOTT dienen kann. Das bedeutet, dass er von GOTT getrennt ist und sündigt.

(76)   Ceste enfermetés dont cist hom fu sanés, si est itele que cil qui l'a ne se puet *aidier des membres* en coi ele est, e s'il l'a par tot le cors, si ne se puet de nul de ses *membres aidier*. Que senefie plus convenablement ceste enfermetés que pechié, par coi diables malmet les membres e tot le cors de l'ome, e li tolt qu'il ne puet bien faire ne deu servir? (075_Mau41)

8.2.7 Verknüpfung aufgrund etymologischer Namenserklärung

Eine Sondergruppe im Rahmen der Einzeldeutungen stellen die etymologischen Namenserklärungen dar. Sie zeichnen sich dadurch aus, dass der Prediger seinen Adressaten die Bedeutung des jeweiligen Namens in der Ursprungssprache darlegt. Das Zielkonzept bei diesen Deutungen wird im Gegensatz zu dem der Einzeldeutungen nicht als Konzept$_Z$, sondern als Konzept$_U$ bezeichnet.

Nur 2,8 % der Einzeldeutungen in *Mau* sind etymologische Namenserklärungen. Dabei handelt es sich um drei Fälle, die alle in der gleichen Predigt

Tab. 30: Etymologische Deutungen in *Mau*.

Konzept$_A$	Konzept$_U$	Zitat	Beispiel
JERICHO	ENDE DER WELT	Jerico senefie le definement de cest siecle.	054_Mau35
JERUSALEM	FRIEDENSVISION	Jerusalem senefie en Escripture vision de pais.	053_Mau35
SAMARITER	WÄCHTER > GOTT	Samaritanus, qui est en nostre langage garderes, ço est Nostre Sire Deus qui garde cels qu'il aime.	057_Mau35

(Mau35) auftreten. Die Deutung JERICHOS wird zwar nicht explizit als etymologische Namensdeutung markiert, doch legt zum einen die Tatsache, dass ein Ortsname vorliegt und Ortsnamen im gesamten Predigtcorpus etymologisch gedeutet werden, zum anderen die konventionalisierte Verknüpfung von JERICHO über MOND mit der VERGÄNGLICHKEIT DER WELT, die sich bei Gregor dem Großen als wichtigem Vorbild für die mittelalterliche Allegorese zeigt,[32] nahe, dass es sich bei der Verknüpfung von JERICHO mit dem ENDE DER WELT um eine etymologische Deutung handelt. Ähnlich verhält es sich mit der Deutung JERUSALEMS, die in *Mau* nicht explizit als etymologisch markiert wird. Dieselbe Deutung findet sich aber auch bei Isidor, wo sie durch die Verwendung von *interpretatur* als etymologisch charakterisiert ist, sowie in 03_Sub03, einer anderen Predigt des analysierten Corpus.[33] Lediglich in 057_Mau35 wird mit der Formulierung «qui est en nostre langage garderes» explizit darauf verwiesen, dass eine Übersetzung vorliegt.

Während in den Predigten des Maurice die Allegoresen in der Regel durch eine Similaritätsrelation plausibilisiert werden, liegt bei den etymologischen Deutungen keine semantische Plausibilisierung vor. Diesbezüglich ist anzumerken, dass eine semantische Plausibilisierung etymologischer Deutungen im Mittelalter nicht unüblich war, dass Maurice aber nicht zu diesem Mittel greift. Das hängt vermutlich damit zusammen, dass der einfache Predigtadressat nicht überfordert werden sollte und der Prediger es für ausreichend hielt, ihm die Similarität zwischen biblischer Erzählung und tropologischen Inhalten nahezubringen.[34] Ein Verfahren, das sich auch in *Sub* zeigt, ist die Verknüpfung der etymologischen Übersetzung mit weiteren Deutungsschritten, die im Falle der Deutung des SAMARITERS zu erkennen ist, der im Rahmen der etymologischen Übersetzung mit dem WÄCHTER verknüpft wird.[35] In einem weiteren Deutungsschritt, der auf taxonomischer Subordination beruht, verbindet der PREDIGER den WÄCHTER mit CHRISTUS, der über diejenigen, die er liebt, wacht. Folglich ist die Deutung des SAMARITERS als PD$_{3\_komplex}$ zu klassifizieren, wo-

---

32 «Jericho quippe luna interpretatur, luna autem in sacro eloquio pro defectu carnis ponitur, qui cum menstruis momentis decrescit, defectum nostrae mortalitatis designat». (Gregor, *Homiliarum in Evangelia* 1,2, PL 76, 1082CD)

33 Zur Verwendung von *interpretare* als etymologischem Deutungsverb cf. Kapitel 10.3.5.1. Bei Isidor lautet die entsprechende etymologische Deutung «JERUSALEM visio pacis interpretatur» (*Etymologiae* 8,1, PL 82, 295B).

34 In Bezug auf die Plausibilisierung der etymologischen Übersetzung cf. auch Kapitel 10.3.5.2 und 11.

35 Cf. diesbezüglich Hieronymus, *Liber de nominibus Hebraicis* (PL 23, 852): «Samaria, custos».

hingegen die etymologischen Deutungen JERICHOS und JERUSALEMS als PD_O zu beschreiben sind.

Auffällig ist, dass Maurice in Mau35 überhaupt etymologische Übersetzungen verwendet, da ihm in der Regel sehr daran gelegen ist, den Deutungsweg mit kognitiven Assoziationsrelationen zu plausibilisieren. Vor dem Hintergrund, dass in dieser Predigt – entgegen der stark ausgeprägten Tendenz in *Mau*, die Perikopen tropologisch zu deuten – eine allegorische Auslegung vorgenommen wird (cf. Kapitel 8.4) und die Predigt relativ lang ist (1022 Wörter im Vergleich zum Durchschnitt von 753 Wörtern), ist davon auszugehen, dass es sich bei Mau35 um eine vergleichsweise komplexe Predigt handelt, die im Gegensatz zu den einfacheren Predigten des Homiliars auch etymologische Übersetzungen aufweist.

8.2.8 Zusammenfassende Bewertung der Verknüpfungsrelationen

In diesem Kapitel wurde herausgearbeitet, dass prinzipiell für alle Allegoresen ein gemeinsamer Superframe *TF-CHRISTENTUM* anzunehmen ist, der insbesondere bei der Allegorisierung biblischer Erzählungen mit JESUS oder dem TEUFEL als Akteuren relevant ist, weil diese sowohl im *TF-BIBLISCHE ERZÄHLUNG* als auch im *TF-ALLEGORISCHE DEUTUNG* bzw. im *TF-TROPOLOGISCHE DEUTUNG* auftreten und aufgrund der konzeptuellen Identität ein gemeinsamer Frame anzunehmen ist. Da aber die Geschehnisse, die jeweils im *TF-BIBLISCHE ERZÄHLUNG* und die Sachverhalte, die im *TF-ALLEGORISCHE DEUTUNG* oder im *TF-TROPOLOGISCHE DEUTUNG* zu verorten sind, deutlich voneinander unterschieden werden können, liegt der Fokus bei der Analyse immer auf der Verknüpfung von Konzepten in zwei unterschiedlichen Frames, die für die Beschreibung wichtiger erscheinen als der übergeordnete Superframe. In Bezug auf die Allegoresen biblischer Erzählungen mit JESUS oder dem TEUFEL als Akteuren, kann die Trennung der zwei Frames voneinander mit der Begründung durchgehalten werden, dass unterschiedliche Aspekte zu unterschiedlichen Zeitpunkten relevant sind, so ist beispielsweise im einen Frame der IRDISCHE JESUS enthalten, im anderen hingegen der AUFERSTANDENE, IN DEN HIMMEL AUFGEFAHRENE JESUS. Aus diesem Grund ist eine Similaritätsrelation, die zwischen Konzepten des *TF-BIBLISCHE ERZÄHLUNG* und des *TF-ALLEGORISCHE DEUTUNG* bzw. *TF-TROPOLOGISCHE DEUTUNG* vorliegt, als metaphorisch und nicht als kotaxonomisch zu beschreiben. Das gilt nicht nur für *Mau*, sondern für alle analysierten Allegoresen.

Die Verteilung der Verknüpfungsrelationen lässt sich folgendermaßen beschreiben:

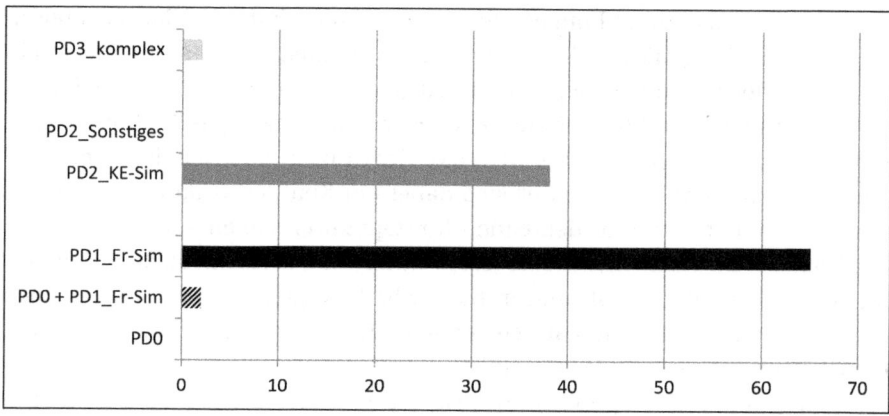

Abb. 24: Verteilung der 107 konzeptuellen Verknüpfungen in *Mau*.

Die dominanteste Verknüpfungsrelation ist Frame-Similarität ($PD_{1\_Fr\text{-}Sim}$). Sie liegt bei 63 Einzeldeutungen und – abgesehen von Mau04 und Mau36 – in allen Predigten vor. Des Weiteren werden zwei Einzeldeutungen, bei denen Kontiguität im Hintergrund eine Rolle spielt, im Vordergrund jedoch eine Frame-Similarität steht, die stärker akzentuiert wird, unter zu $PD_{1\_Fr\text{-}Sim}$ gerechnet (cf. Kapitel 8.2.5). In all diesen Fällen werden Strukturen des *TF-BIBLISCHE ERZÄHLUNG* auf den *TF-TROPOLOGISCHE DEUTUNG* bzw. den *TF-ALLEGORISCHE DEUTUNG* übertragen. Die 23 Fälle, bei denen eine Deutung sowohl durch Frame-Similarität als auch durch Konzepteigenschafts-Similarität begründet sein können, werden hier und auch in den Auswertungen der folgenden Kapitel immer zur Konzepteigenschafts-Similarität gerechnet, da diese einem höheren Komplexitätsgrad ($PD_{2\_KE\text{-}Sim}$) zuzuordnen ist. 15 Einzeldeutungen beruhen lediglich auf Konzepteigenschafts-Similarität. Nur zwei Deutungen werden nicht plausibilisiert, was hier damit zusammenhängt, dass es sich dabei um etymologische Namensdeutungen handelt, die keine Erläuterung bezüglich der semantischen Motivation enthalten. Lediglich in zwei Fällen liegen komplexe Deutungen ($PD_{3\_komplex}$) vor, wobei es sich in einem Fall um eine etymologische Namensdeutung handelt, die mit einer Similaritätsrelation verknüpft ist und im anderen Fall um eine Kombination aus Similarität und Kontiguität. Somit beruhen – abgesehen von den zwei einfachen etymologischen Deutungen – alle Einzeldeutungen entweder ausschließlich (94,4 %) auf einer Similaritätsrelation oder sie weisen neben einer anderen Verknüpfungsrelation Similarität auf (3,7 %).

Die Assoziationsrelation des Kontrastes, die eng verwandt mit der Similarität ist, da sich Kontrast nur bei Similarität zeigt (cf. Kapitel 5.2), ist bei den

Allegoresen immer unter Frame- oder Konzepteigenschafts-Similarität subordiniert und wird aus diesem Grund nicht in Zusammenhang mit den Plausibilisierungen der Deutungen separat aufgelistet. So werden im Falle der Frame-Similarität in der Struktur der biblischen Erzählung angelegte Kontraststrukturen auf den *TF-TROPOLOGISCHE DEUTUNG* übertragen, im Falle der Konzepteigenschafts-Similarität handelt es sich dabei um Kontraststrukturen, die in einem Subframe zu dem zu deutenden Konzept zu erkennen sind. Auch wenn der Kontrast im Rahmen der Allegorese unter die unterschiedlichen Similaritäts-Typen subordiniert ist, und in nur sechs Predigten auftritt, stellt er doch ein wesentliches Mittel für Maurice dar, um sein strategisches Ziel zu erreichen, die Umkehr von der Sünde zu Gott.

Kontiguität spielt bei der Allegorese des Maurice de Sully nur eine marginale Rolle. Nur bei drei Einzeldeutungen kann für den Deutungsweg zwischen Ausgangs- und Allegoresekonzept eine Kontiguitäts- neben einer Similaritätsrelation erkannt werden. Kontiguität kann aber im Hintergrund dazu verwendet werden, eine Similaritätsrelation zu plausibilisieren, auch wenn der eigentliche Deutungsweg sich als rein similaritätsbasiert beschreiben lässt.

Der zahlenmäßige Unterschied zwischen der expliziten Similaritätsmarkierung durch ein FM_{Sim} in 65 Einzeldeutungen, d. h. bei 60,7 %, und similaritätsbasierten Verknüpfungen auf konzeptueller Ebene in 105 Einzeldeutungen, d. h. 98,1 %, ist damit zu erklären, dass – vor allem bei Frame-Similarität – nicht bei jeder Einzelallegorese Similarität durch ein FM_{Sim} zum Ausdruck gebracht werden muss, damit deutlich wird, dass Similarität vorliegt. Somit sind die in über 60 % auftretenden FM_{Sim} als deutlicher Hinweis auf eine bedeutende Rolle der Similarität zu betrachten, doch können Verknüpfungen auch auf Similarität basieren, ohne dass diese explizit in der jeweiligen Einzeldeutung sprachlich zum Ausdruck gebracht wird.

Insgesamt sind die Deutungen in *Mau* aufgrund der starken Dominanz der Frame-Similarität (PD_{1_Fr-Sim}), die in insgesamt 82,2 % der Deutungen entweder alleine oder neben einer anderen Verknüpfungsrelation auftritt, wobei letztere Fälle im Diagramm zu PD_{2_KE-Sim} gerechnet werden, als relativ einfach zu bewerten. Die auf Konzepteigenschafts-Similarität basierenden Verknüpfungsfälle (PD_{2_KE-Sim}), die den zweiten großen Anteil der Verknüpfungen ausmachen, sind als etwas komplexer zu bewerten, doch in der Regel gut nachvollziehbar. Gegenüber diesen beiden dominanten Gruppen fallen die nicht plausibilisierten Deutungen (PD_0) sowie die komplexen Deutungsfälle ($PD_{3\_komplex}$) zahlenmäßig kaum ins Gewicht. Vor diesem Hintergrund kann die Allegorese in *Mau* als relativ einfach und gut nachvollziehbar beschrieben werden.

8.3 Wiederkehrende Deutungsmuster

Bei vielen Allegoresen zeigen sich Verknüpfungen zwischen unterschiedlichen Konzepten oder Frames, die auch als wiederkehrende Muster bezeichnet werden können, da sie entweder innerhalb der Predigtsammlung mehrmals auftreten, in Allegoresen anderer Predigtsammlungen oder enzyklopädischer Werke oder sie auch in biblischen Metaphern erkennbar sind. Letztere unterscheiden sich zwar dahingehend von den Allegoresen, dass auf Zeichenausdrucksebene nur ein Lexem vorliegt, während bei den Allegoresen zwei unterschiedliche Lexeme durch eine Formulierung wie *senefie* oder *ço est* (FM$_{allgemDeut}$) miteinander verknüpft werden. In beiden Fällen liegen aber Verknüpfungen unterschiedlicher Konzepte oder Frames vor, die auf Similarität basieren und auch als Conceptual Metaphors beschrieben werden können.[36]

Die wiederkehrende Verknüpfung bestimmter Konzeptbereiche kann entweder dadurch begründet sein, dass ein bestimmtes Konzept oder ein Konzeptbereich auch in anderen Allegoresen oder in biblischen Metaphern mit einem bestimmten anderen Konzept(bereich) verknüpft wird, oder damit, dass eine Verknüpfung der beiden Konzepte oder Konzeptbereiche besonders salient erscheint. Deutlich häufiger scheint ersterer Fall vorzuliegen, der natürlich auch mit durch eine besondere kognitive Salienz bedingt sein kann. Ganz deutlich erkennbar ist die konventionelle Verknüpfung bestimmter Konzeptbereiche in den Gleichnissen, in denen verschiedene Bereiche des irdischen Lebens wie beispielsweise ACKERBAU oder VIEHZUCHT als Basis dienen, um Aussagen über das REICH GOTTES zu treffen. Insbesondere bei Gleichnistexten, die bereits in der Bibel eine Deutung enthalten und die aus diesem Grund hier nicht näher analysiert wurden, zeigt sich diese Tendenz sehr deutlich: So werden beispielsweise sowohl in Mau07 (Gleichnis vom Sämann: Lk 8,4–8) als auch in Mau62 (Gleichnis vom Unkraut unter dem Weizen: Mt 13,24–30) die GUTE SAAT im Rahmen der Deutung mit dem WORT GOTTES bzw. den GUTEN WEISUNGEN GOTTES verknüpft. In Mau17 (Gleichnis vom guten Hirten: Joh 10,1–30) und Mau23

---

36 Entgegen der weit verbreiteten Auffassung, die Metapher sei lediglich ein rhetorischer Tropus, der einen Sonderfall der poetischen Sprache darstellt, betrachten Lakoff/Johnson (1980) das Konzeptsystem, durch welches das menschliche Denken strukturiert ist, als weitgehend metaphorisch. Sie zeigen, dass die konventionellen Verknüpfungen bestimmter Konzeptbereiche, wie beispielsweise ARGUMENTIEREN und KRIEG in der Conceptual Metaphor «ARGUMENTIEREN ist KRIEG», die Wahrnehmung von ARGUMENTIEREN deutlich beeinflussen, und veranschaulichen das an dem Beispiel, dass ARGUMENTIEREN in einer anderen Kultur theoretisch auch mit TANZEN verbunden werden könnte, was eine ganz andere Vorstellung von ARGUMENTIEREN mit sich bringt (cf. Lakoff/Johnson 1980, 4s.). Cf. außerdem die Behandlung der Conceptual Metaphors in Kapitel 8.2.3.

(Gleichnis vom verlorenen Schaf: Lk 15,1–7) werden jeweils der HIRTE mit GOTT und die SCHAFE mit den MENSCHEN verknüpft. Die Verknüpfung HIRTENWELT – REICH GOTTES ist sehr verbreitet und lässt sich u. a. auch im AT an verschiedenen Stellen finden (cf. Ps 32,1; 80,2; Jes 40,11; Jer 31,9). Auch das in den von Maurice ausgelegten Perikopen häufig anzutreffende Muster HERR – KNECHT,[37] das auf das Verhältnis GOTT – MENSCH übertragen wird, ist zu den Gleichnis-Verknüpfungsmustern zu rechnen, die alle auf der Analogie zwischen IRDISCHEM LEBEN und REICH GOTTES beruhen.

Die Verknüpfung von MISSION und FISCHFANG liegt zum einen in einem Gleichnistext vor, in Mau60 (Gleichnis vom Fischernetz: Mt 13,47s.), und wird auch hier im Sinne einer Analogie zwischen IRDISCHEM LEBEN und REICH GOTTES verwendet. Die Tatsache aber, dass dieses Muster zum anderen auch der Deutung in Mau27 (Fischfang des Petrus: Lk 5,1–11) zugrunde liegt, wo kein Gleichnis, sondern ein Wunder berichtet wird, zeigt, dass die konventionellen Konzeptbereichsverknüpfungen nicht auf Gleichnisse beschränkt sind. Einen deutlichen Hinweis für die Konventionalität dieses Musters stellt die neutestamentliche Menschenfischermetapher dar, die Jesus bei der Jüngerberufung verwendet (Mk 1,17; Mt 4,19; Lk 5,10). So zeigt sich deutlich, dass nicht in erster Linie die vom Text vorgegebenen Strukturen ausschlaggebend für die Allegorese sind, sondern konventionelle Konzeptbereichsverknüpfungen.[38]

Die Verknüpfung WEINBERG – GOTTESDIENST/KIRCHE findet sich nicht nur in Mau06 (Gleichnis von den Arbeitern im Weinberg: Mt 20,1–16), sondern beispielsweise auch an mehreren Stellen in *Sub* (Sub14, Sub13 und Sub14). So liegt in Sub13 ein Jesaja-Zitat zur Begründung der Verknüpfung vor: «Vinea Domini Sabaoth domus Israel est» (cf. Jes 5,7). Dadurch zeigt sich deutlich die Konventionalität des Deutungsmusters. Ähnlich verhält es sich auch mit der Verknüpfung HOCHZEIT – VEREINIGUNG VON CHRISTUS UND KIRCHE, die der Deutung in den Predigten Mau42 (Gleichnis von der königlichen Hochzeit: Mt 22,2–15) und Mau64 (Gleichnis von den klugen und törichten Jungfrauen: Mt 25,1–13) zugrunde liegt. Dabei handelt es sich um ein Muster, das in der

---

37 Diese Muster findet sich in den folgenden Gleichnissen: Gleichnis von den Arbeitern im Weinberg: Mt 20,1–16 (Mau06); Gleichnis vom großen Abendmahl: Lk 14,16–24 (Mau25); Gleichnis vom unehrlichen Verwalter: Lk 16,1–9 (Mau31); Gleichnis von der königlichen Hochzeit: Mt 22,2–14 (Mau42); Gleichnis von der Vergebung: Mt 18,21–35 (Mau44); Gleichnis von den anvertrauten Zentnern: Mt 25,14–29 (Mau63).

38 Münch (2007, 430s.) hingegen verweist darauf, dass die Verknüpfung des Fischens mit Verkündigung und Mission für die Interpretation des Gleichnisses «höchstens am Rande relevant» sei. Seiner Ansicht nach deuten bestimmte Lexeme, die das Sammeln, Hinauswerfen und Sortieren zum Thema haben, darauf hin, dass hier – wie auch in anderen matthäischen Parabeln – auf das Gericht angespielt wird.

gesamten mittelalterlichen Exegese sehr verbreitet ist, was sich insbesondere in der Hoheliedauslegung zeigt.[39] Vergleicht man Mau25 (Gleichnis vom großen Abendmahl: Lk 14,16–24) und Mau42 (Gleichnis von der königlichen Hochzeit: Mt 22,1–14) miteinander, so wird die Bedeutung der Thematik «Hochzeit» für die Deutung sehr deutlich: In beiden Fällen wird im Gleichnis von der Einladung zu einem Gastmahl berichtet, die der Knecht bzw. die Knechte des Einladenden den Gästen übermittelt bzw. übermitteln, welche ablehnen. Als Ersatz lädt der Knecht bzw. laden die Knechte Gäste von der Straße ein, die auch zum Festmahl kommen. Zwischen den beiden Gleichniserzählungen liegen aber auch deutliche Unterschiede vor. Ein wesentlicher Unterschied, der sich auch auf die Deutung auswirkt, ist die Hochzeitsthematik bei Matthäus: Das Fest, zu dem eingeladen wird, ist das Hochzeitsfest des Sohnes. Diese Thematik ist ausschlaggebend für die folgende allegorische Deutung: Die HOCHZEIT wird als VEREINIGUNG JESU mit der KIRCHE gedeutet, die ERSTEN BOTEN werden als MOSE und AARON, die ZWEITEN BOTEN als PROPHETEN und die GELADENEN GÄSTE als VOLK ISRAEL gedeutet. In Mau25 erfolgt hingegen eine tropologische Deutung: Der Prediger deutet das GASTMAHL als EWIGEN RUHM, die KNECHTE als KLERIKER und die GÄSTE, die die Einladung ablehnen, als SCHLECHTE CHRISTEN (cf. auch Kapitel 8, Anm. 48).

Sehr häufig zeigt sich in den untersuchten Predigten auch die Verknüpfung von *SÜNDE* und *KRANKHEIT* bzw. *BEHINDERUNG*. In diesem Fall ist die Verknüpfung der Konzeptbereiche nicht alleine durch Similarität, sondern auch durch Kontiguität begründet, da SÜNDE häufig als Ursache von KRANKHEIT betrachtet wird (cf. Röhser 1987, 73–77; Zimmermann 2009). Die Verknüpfung dieser Konzeptbereiche findet sich in *Mau* in elf Predigten, in denen von Heilungen bzw. Totenauferweckungen Jesu die Rede ist.[40] Im Falle der Deutung der BLINDHEIT als NICHTVERSTEHEN in Mau08 ist die verbreitete Verknüpfung der zwei Konzeptbereiche *DENKEN* und *SEHEN*[41] zu konstatieren, wie die –

---

39 Cf. Otto (2000, 1840). Eine ausführliche Beschreibung der Vorstellung von der Hochzeit zwischen Gott und Mensch findet sich bei Zimmermann (2001). Im untersuchten Predigtcorpus liegen in mehreren *Sub*-Predigten Hoheliedauslegungen vor, die auf der üblichen Verknüpfung HOCHZEIT – VEREINIGUNG VON CHRISTUS UND KIRCHE basieren. Cf. diesbezüglich auch Kapitel 10.3.1.

40 Dabei handelt es sich um die Predigten Mau04, Mau08, Mau10, Mau11, Mau34, Mau36, Mau38, Mau39, Mau41, Mau43 und Mau46.

41 Der amerikanische Ethnologe und Folklorist Alan Dundes (1980, 86s.) verweist darauf, dass Nachdenken in Amerika in Zusammenhang mit der Metapher des Sehens gebracht wird. Cf. außerdem Danesi (1990); Lakoff/Johnson (1980, 48) sowie das folgende Zitat von Goschler (2008, 71): «Unsere Vorstellung von Denken und Verstehen ist unter anderem an das Konzept des Sehens geknüpft. Verstehen ist hell, ist Licht, Nicht-Verstehen ist Dunkelheit. Verstehen ist Sehen, Nicht-Verstehen ist Blindheit».

auch noch heute in vielen sprachlichen Äußerungen erkenntliche – Conceptual Metaphor 'NICHTVERSTEHEN ist BLINDHEIT' zeigt, die bei Maurice zu erkennen ist, wenn er von «veue des corages» (Mau08, Z.27s.) spricht.

Für die im Folgenden beschriebenen konzeptuellen Verknüpfungen scheint die kognitive Salienz eine bedeutendere Rolle zu spielen, als es bei den bisher beschriebenen Verknüpfungsmustern der Fall war. Dabei fällt auf, dass Kontiguität in diesem Zusammenhang eine wesentliche Rolle spielt: So werden beispielsweise EMOTION und TEMPERATUR in Mau03 und Mau27 miteinander verknüpft.[42] Auf diese Weise werden die WÄRME des WEINS bzw. die WÄRME des FEUERS in Zusammenhang gebracht mit der LIEBE GOTTES bzw. einem ANSPORNEN ZUR LIEBE GOTTES:[43]

(77) a)   Li vins qui naturelment est caus, e escauffe tos ceus qui le boivent, senefie les
           buens crestiens, qui sont escaufé de l'amor de Deu, e tos cels escauffent qui les
           vuelent croire. (006_Mau03)

      b)   Lores prenons nos les lus, les bars e les autres buens poisons: ce sont cil qui par
           nos sont bon homme en sainte Eglise, e qui maintes beles uevres font; si lor traions
           l'amer dedens les cuers, quant nos lor tolons la male volenté qu'il ont eue ça en
           arriere [...] e les metons rostir au feu, quant nos par nos beles paroles les escaufons
           de Deu amer e de lui servir. (042_Mau27)

Die hier beschriebenen konzeptuellen Verknüpfungen lassen sich im Gegensatz zu den zuvor beschriebenen auf Similarität basierenden Conceptual Metaphors als Conceptual Metonymies (cf. Panther/Thornburg 2003) beschreiben. Eine Zusammengehörigkeit der Bereiche und damit eine Kontiguitätsrelation zwischen einzelnen Konzepten dieser Bereiche kann damit begründet werden, dass EMOTIONALE ERREGUNG mit einer ERHÖHUNG der KÖRPERTEMPERATUR einhergehen kann und eine ERHÖHTE KÖRPERTEMPERATUR umgekehrt als Indiz für EMOTIONALE ERREGUNG betrachtet werden kann. Das Gleiche gilt auch für die Verknüpfung von HUNGER und VERLANGEN in den Predigten Mau29 (Speisung der 4000: Mk 8,1–9) und Mau12 (Speisung der 5000: Joh 6,1–15). Dieses weit verbreitete Verknüpfungsmuster kann damit begründet werden, dass das PHYSISCHE HUNGERGEFÜHL mit einem VERLANGEN NACH ESSEN einhergeht (cf. Lima 2006, 110). Ebenso liegt bei der Verknüpfung von HELLIGKEIT und GUT, die sich in Mau64 in Zusammenhang mit der Deutung der LAMPEN zeigt, die als GUTE WERKE interpretiert werden, und mit dem TAG in Mau27, der im Gegensatz zur NACHT, welche auf die SÜNDER hin gedeutet wird, mit den CHRIS-

---

42 Cf. diesbezüglich auch die konzeptuelle «EMOTION IS FIRE/HEAT»-Metapher bei Kövecses (2000, 75s.).

43 Die entsprechenden Lexeme sind in dem Zitat durch eine graue Hervorhebung markiert.

TEN verknüpft wird, ein durch Zusammengehörigkeit der Erfahrungsbereiche gekennzeichnetes Muster vor. Es ist aber darauf zu verweisen, dass es sich bei den beschriebenen kontiguitätsbasierten Verknüpfungen jeweils nicht um die Verknüpfung zwischen Quell- und Allegoresekonzept handelt, sondern nur um Teilschritte. Wesentlich für die Allegorese ist bei allen Deutungen in *Mau*, wie in Kapitel 8.2 herausgearbeitet wurde, die Similaritätsrelation, über die das Ausgangskonzept im *TF-Biblische Erzählung* mit dem Allegoresekonzept im *TF-Allegorische Deutung* oder im *TF-Tropologische Deutung* verknüpft wird. Ein Deutungsweg über verschiedene kontiguitätsbasierte Verknüpfungen, wie z. B. im Falle der Allegorese des Weins in Mau03, der mit Wärme über Liebe mit dem Christ verbunden werden kann, wobei unterschiedliche Frames anzunehmen sind, die sich überlagern, ist auch denkbar. Da Maurice den Fokus aber ganz deutlich auf die Similarität zwischen den unterschiedlichen Frames legt, ist in Bezug auf die Conceptual Metonymies festzuhalten, dass sie die Deutung zusätzlich wesentlich plausibilisieren können, die Allegorese eigentlich aber immer mit der Similaritätsrelation begründet wird: So wird die Verknüpfung Wein – guter Christ dadurch plausibilisiert, dass der Wein *caus* und der Christ im metonymischen Sinn *escaufé* ist. Die metonymische Verwendung von *escaufé* ist durch die oben beschriebene Conceptual Metonymy bedingt, durch die emotionale Erregung und eine erhöhte Körpertemperatur miteinander verknüpft werden. Folglich kann für die Allegorese des Weins festgehalten werden, dass diese von Maurice als similaritätsbasiert dargestellt wird, wobei die Similarität wesentlich durch eine Conceptual Metonymy gestützt wird, denn nur vor dem Hintergrund, dass Wärme über Kontiguität mit Liebe verknüpft werden kann, erscheint die aufgezeigt Similarität zwischen warmem Wein und dem Christen plausibel, der, weil er liebt, als warm zu betrachten ist.

Es kann also festgehalten werden, dass viele similaritätsbasierte Verknüpfungen, die in den Predigten des Maurice de Sully analysiert wurden, auf konventionellen Conceptual Metaphors beruhen. Des Weiteren kann die zentrale similaritätsbasierte Verknüpfung von Ausgangs- und Allegoresekonzept teilweise auch zusätzlich durch Conceptual Metonymies plausibilisiert werden.

8.4 Geistlicher Schriftsinn – allegorisch oder tropologisch?

Die Allegorese dient dem Zweck, die biblische Erzählung durch die Ambiguierung des Textsinns für das Leben der Adressaten relevant zu machen. Da das erst durch die allegorische oder tropologische Interpretation geschieht, wird dieser vom Prediger eine besondere Bedeutung («molt est graindre la senefiance»,[44] Mau10, Z.37s.) zugeschrieben, die teilweise auch als größer als die der biblischen Erzählung bezeichnet wird («plus est grans li senefiance»,[45] Mau04, Z.12; «plus est grans e bele la senefiance»,[46] Mau11, Z.10s.).

Für die Allegorese wählt der Prediger einzelne Elemente aus der biblischen Erzählung aus, die er allegorisch oder tropologisch auslegt. Die strategische Selektion dieser Elemente zeigt sich besonders deutlich, wenn man Mau04 und Mau36 miteinander vergleicht. Bei der Allegorese dieser beiden Predigten, in denen jeweils Lepraheilungen berichtet werden (Mau04: Heilung eines Leprakranken, Mt 8,1–4; Mau36: Heilung der 10 Leprakranken, Lk 17,12–19), ist deutlich zu erkennen, dass Maurice zentrale Aspekte der biblischen Erzählung ausklammert und marginale Aspekte hervorhebt.[47] So spielt die Zahl der Geheilten bei der Deutung keine Rolle (Mau04: einer, Mau36: zehn) und in Zusammenhang damit wird auch die Tatsache, dass nur einer von den zehn Geheilten, ein Samariter, sich bei Jesus bedankt, bei der Allegorese in Mau36 nicht berücksichtigt. Maurice geht es bei beiden Allegoresen lediglich darum, seinen Adressaten die abschreckende Wirkung der Lepra und der im Rahmen der Allegorese damit verknüpften Sünde, die beide zum Verstoß aus der Gemeinschaft führen, vor Augen zu führen.

Bei Maurice, der stark von der Exegese der Schule von St. Viktor geprägt ist (cf. Zink 1982, 115), welche einen dreifachen Schriftsinn mit *historia* als wörtlichem Sinn der Schrift und den beiden «geistlichen» Verstehensweisen *tropologia* und *allegoria* annimmt, findet sich eine starke Bevorzugung des tropologischen Schriftsinns, was sicherlich dadurch bedingt ist, dass Maurice sich an ein Publikum wendet, das in Bezug auf die praktische Lebensführung unterwiesen werden will und das nicht so intellektuell ist, dass es sich für dogmatische Darlegungen interessiert (cf. Zink 1982, 281). Daneben finden sich bei ihm aber auch einige Predigten, in denen nach dem allegorischen Schriftsinn ausgelegt wird. Weitestgehend allegorische Deutungen finden sich nur in Mau42 (Mt 22, 2–14: Gleichnis von der königlichen Hochzeit)[48] und Mau35 (Lk 10,23–

---

44 dt. «die Bedeutung ist sehr groß».
45 dt. «die Bedeutung ist größer».
46 dt. «die Bedeutung ist größer und schöner».
47 Cf. diesbezüglich auch den Figur-Grund-Effekt im Rahmen der Metonymie, wenn der Grund betont wird und zur Figur wird (cf. Koch 1999, 152).
48 Vergleicht man diese Predigt mit Mau25 (Lk 14,16–24: Gleichnis vom großen Abendmahl), wo eine Parallelstelle zu der in Mau25 ausgelegten Perikope (Mt 22,2–14) ausgelegt wird, fällt auf, dass die biblische Erzählung einmal allegorisch und das andere Mal tropologisch gedeutet wird. Die tropologische Fokussierung in Mau25 erfolgt dadurch, dass die die Einladung ablehnenden GÄSTE als SCHLECHTE CHRISTEN gedeutet werden, denen IRDISCHE DINGE mehr bedeuten als die LIEBE ZU GOTT. In Mau42 hingegen dient die Hochzeitsmotivik dem Interpreten als Anlass für eine Deutung, in der er die HOCHZEIT als VEREINIGUNG CHRISTI mit der KIRCHE

37: Gleichnis vom barmherzigen Samariter). In Mau35 korrespondiert die allegorische Auslegung mit einer insgesamt höheren Komplexität der Auslegung, wozu unter anderem auch etymologische Deutungen gehören (cf. Kapitel 8.2.7). In Mau42 kann die allegorische Auslegung dadurch motiviert sein, dass in Mau25 bereits eine Parallelstelle ausgelegt wird und der Prediger nicht zweimal eine nahezu identische Auslegung liefern will.

Ein fließender Übergang zwischen allegorischer und tropologischer Deutung findet sich in Mau29, wo FISCHE im Rahmen der Deutung der Speisung der 4000 allegorisch auf das LEBEN DER APOSTEL, MÄRTYRER, BEKENNER etc. gedeutet werden. Der Bogen hin zur tropologischen Deutung wird durch die folgende Aussage geschlagen: «E Nostre Sire paist nos ames de totes les Escriptures, des evangiles que l'on nos reconte, e de totes les bones uevres que li apostele firent; e li buen ami Nostre Segnor, endementres qu'il furent en cest siecle, que vos senefient li .vii. pain e li piscon» (Mau29, Z.37–41). Die Nahrung der Seele, die im tropologischen Bereich zu verorten ist (im Zitat grau hinterlegt), erfolgt durch heilsgeschichtliche Sachverhalte aus dem Bereich der *allegoria* (im Zitat wellenförmig unterstrichen), auf die die Brote und Fische aus der allegorisierten Erzählung (im Zitat einfach unterstrichen) verweisen. Hier zeigt sich der Zusammenhang zwischen allegorischem und tropologischem Bereich bzw. den entsprechenden Deutungsrahmen besonders deutlich. Die Inhalte der christlichen Heilsgeschichte (*DR-ALLEGORIA*) dienen der Erbauung der Christen (*DR-TROPOLOGIA*) und sollen dafür sorgen, dass der einzelne Christ sich ähnlich wie die vorbildlichen Personen der christlichen Heilsgeschichte verhält. Aufgrund der Tatsache, dass die Inhalte des *DR-ALLEGORIA* auf den *DR-TROPOLOGIA* verweisen können, kann in dieser Predigtsammlung eine allegorische Deutung als Zwischenstufe auf dem Weg zum argumentativen Ziel verwendet werden. Das Ziel lässt sich allgemein als Aufforderung an den Sünder, von der Sünde abzulassen, beschreiben. Damit enden alle *Mau*-Predigten.

In wenigen Fällen wird ein Element der biblischen Erzählung sowohl tropologisch als auch allegorisch gedeutet. Eine solche Deutung findet sich einmal in Mau08, wo der BLINDE (015_Mau08) zum einen auf FALSCHE CHRISTEN hin gedeutet wird (*TF-TROPOLOGISCHE DEUTUNG*), zum anderen auf HEIDEN oder JUDEN (*TF-ALLEGORISCHE DEUTUNG*).

---

verknüpft und die die Einladung übermittelnden KNECHTE, die in eine erste und eine zweite Gruppe unterteilt sind, auf MOSE und AARON als ERSTE BOTEN und die ZWEITEN BOTEN auf die PROPHETEN hin deutet. Interessanterweise nimmt Maurice gegen Ende der Predigt wieder eine Verschiebung auf die tropologische Ebene vor, wenn das HOCHZEITSKLEID auf die LIEBE hin gedeutet wird. In der abschließenden moralischen Aufforderung wird auch nur das tropologisch gedeutete HOCHZEITSKLEID in den Blick genommen, der Rest der Deutung wird nicht noch einmal aufgegriffen.

Der Fokus liegt bei diesen beiden Einzeldeutungen klar auf der tropologischen Deutung, da diese ausschlaggebend ist für die Anwendung auf das Leben des einzelnen Christen. Auch in Mau06 werden die verschiedenen TAGES-ZEITEN, zu denen Menschen angestellt werden, einmal allegorisch gedeutet (verschiedene ZEITEN der Heilsgeschichte: ZEIT DER ERZVÄTER, ZEIT VON MOSE, AARON UND DEN PROPHETEN und ZEIT JESU) und einmal tropologisch (JUGEND und ALTER im Leben des einzelnen CHRISTEN). Die doppelte Deutung scheint hier nicht zusätzlich die Hauptaussage der Predigt, die darauf abzielt, dass die Christen im Weinberg, d. h. in der Kirche, bleiben, und nicht außerhalb, zu unterstreichen. So entsteht der Eindruck, dass dem Prediger beide Verknüpfungen plausibel erscheinen und er aufgrund der Tatsache, dass sie der Hauptaussage auch nicht entgegenstehen, beide anführt. Auf diese Weise zeigt sich also, dass Maurice stellenweise auch die allegorische Auslegung verwendet, der Fokus bei ihm aber deutlich auf der tropologischen Allegorese liegt.

8.5 Die Allegorese im Rahmen der Gesamtstrategie des Predigers

Die soeben beschriebenen allegorischen und tropologischen Interpretationen des Bibeltextes stellen eine wesentliche Brücke zwischen Bibeltext und finaler moralischer Aufforderung, mit der die Predigt endet, dar. Abgesehen von Mau10 enthalten alle Predigten am Ende einen direktiven Sprechakt. In neun Fällen[49] geht diesem eine kurze Rekapitulation voraus, in der Maurice darauf verweist, dass die Bedeutung (*senefiance*) der Erzählung dargelegt wurde. So wird der Zusammenhang zwischen der geistlichen Bedeutung des Bibeltextes, d. h. dessen Allegorese, und der Konsequenz, die daraus für den einzelnen Christen erfolgt, welche in diesem abschließenden direktiven Sprechakt thematisiert wird, deutlich. In 19 Predigten zeigt sich an der Verwendung einer oder mehrerer Imperativ-Plural-Formen, dass ein direktiver Sprechakt vorliegt, in sechs Predigten deutet die Verwendung der 1. Person Plural in adhortativer Funktion auf einen direktiven Sprechakt hin, in vier Fällen finden sich beide Phänomene gemeinsam und in einem Fall findet sich neben einer Imperativ-Plural-Form ein jussiver Konjunktiv der 3. Person Singular. Im lexikalischen Bereich ähneln sich die meisten der Predigten, die in dem abschließenden Teil eine oder mehrerer Imperativ-Plural-Formen enthalten, dahingehend, dass sie

---

49 Cf. Mau01, Mau02, Mau03, Mau04, Mau06, Mau08, Mau14, Mau32, Mau36.

die Form *esgardés* oder *gardés* enthalten.[50] Zudem findet sich in Mau23 zweimal die Form *esgardons* und in Mau03 *gart*. Zwei Hauptfunktionen dieses Lexems lassen sich in den Predigten ausmachen: So wird in Aufforderungen vom Typ «esgardés en vos meisme» (Mau01, Z.30) zur Selbstreflexion aufgefordert. Dabei handelt es sich um eine wichtige Grundlage für einen Appell an das moralische Handeln, denn erst wenn der einzelne Christ reflektiert hat, wie es sich mit seinem moralischen Handeln verhält, kann er Maßnahmen ergreifen, um sich zu bessern, falls das vonnöten ist. Des Weiteren kann *(es)garder* zu einer Aufforderung verwendet werden, die sich auf moralisches Handeln bezieht. Der Angesprochene soll dafür sorgen, dass etwas Positives geschieht oder etwas Negatives nicht geschieht. In diesen Fällen kommt der moralische Charakter der Aufforderungen deutlich zum Vorschein. Dabei wird häufig die Schriftauslegung wieder aufgegriffen und positiv konnotierte Elemente aus der biblischen Erzählung werden in die positive Aufforderung eingebaut bzw. von negativen Elementen der biblischen Erzählung wird abgeraten.

(78) [...] gardés que vos aiés olie [...]. (Mau64, Z.71s.)

(79) Gardés que vos ne despendés issi vostre sens el bien terrien conquerre [...]. (Mau63, Z.71s.)

Bei diesen direktiven Sprechakten handelt es sich um den Zielpunkt der Predigt. Der Prediger will die Zuhörer zum Handeln bewegen. Dies erreicht er nicht mithilfe der Nacherzählung des Bibeltextes und auch nicht alleine mithilfe der geistlichen Auslegung des Textes, sondern mit expliziten Aufforderungen, die sich aus der Deutung des Bibeltextes ergeben. Vergleicht man diese abschließenden moralischen Aufforderungen, die abgesehen von einer Predigt (Mau10), in allen anderen Predigten zu finden sind, so lässt sich daraus ableiten, dass Maurice de Sully das kommunikative Ziel verfolgt, die Zuhörer zur Selbstreflexion und zum anschließenden moralischen Handeln zu bewegen. Mau38 sticht hier insofern heraus, als nicht direkt zu einer moralischen Aufforderung aufgerufen wird, sondern zum Gebet. Der Gläubige soll Gott bitten, dass er ihm dabei hilft, gute Werke zu tun:

(80) Bones gens, esgardés vers vos meismes, se vos estes u vif u mort par pechié; se vos estes mort, soffrés que Deus vos doinst vie, e li priiés qu'il vos doint faire tels uevres en ceste mortel vie, que vos puisiés avoir la vie pardurable [...]. (Mau38, Z.79–82)

---

50 Lediglich in Mau02 tritt dieses Lexem gar nicht auf und in Mau03 wird es in der Form *gart* (3. Person Singular Konjunktiv Präsens Aktiv) verwendet.

Aus theologischer Sicht ist deutlich zwischen dieser Aufforderung und den anderen, in denen direkt zu moralischem Handeln aufgefordert wird, zu differenzieren. So wird im Fall von Mau38 deutlich, dass nicht der Gläubige, sondern Gott selbst die guten Werke bewirkt, während in den anderen Predigten darüber keine Aussage getroffen wird. Mau38 hebt sich auch von seiner gesamten Gestaltung her von vielen der übrigen Predigten ab, da hier nicht einfach eine einzelne biblische Erzählung geistlich ausgelegt und daraus eine moralische Aufforderung abgeleitet wird, sondern die geistliche Schriftauslegung der Totenauferweckung des Jünglings zu Nain als «Sprungbrett» für die Erörterung des Gegensatzes LEIBLICHER TOD – GEISTLICHER TOD dient. Im Rahmen dieser Argumentation erfolgt noch eine weitere kurze zusammenfassende geistliche Deutung der übrigen drei in den Evangelien berichteten Totenauferweckungen. Aufgrund dieser aufwendigen Gestaltung ist davon auszugehen, dass Maurice hier fundierter argumentiert, als das in anderen Predigten zum Teil geschieht. Somit ist auch vorstellbar, dass seine theologische Grundeinstellung, dass gutes moralisches Handeln nur von Gott bewirkt werden kann, sich eigentlich in dieser Predigt zeigt. In anderen Predigten fasst er sich kürzer, argumentiert nicht, um den Zuhörer wirklich von etwas zu überzeugen und geht nicht auf Feinheiten ein, wie die, ob der Mensch von sich aus moralisch handeln kann oder ob Gott das richtige Handeln bewirken muss.[51]

Zusammenfassend lässt sich festhalten, dass die Allegorese des Maurice in erster Linie darauf abzielt, den Menschen zu moralischer Besserung aufzufordern. Die Tatsache, dass Maurice die Predigten immer mit einer moralischen Aufforderung schließt, lässt den Eindruck entstehen, dass die Auslegung im Kern moralisch ist, auch wenn teilweise allegorische Allegoresen vorliegen.

8.6 Fazit

Wie in diesem Kapitel herausgearbeitet wurde, zeigt sich in den analysierten Predigten sehr deutlich, dass der Prediger seine Zuhörer mit den in erster Linie tropologischen, teilweise aber auch allegorischen Deutungen zu moralischer Besserung auffordern will. Die Allegorese stellt einen wesentlichen Schritt zur Erreichung dieses Ziels dar, da sie aus dem liturgisch vorgegebenen Evangelientext die abschließende moralische Aufforderung als Zielpunkt der Predigt ableitet. Ihre Funktionsweise kann folgendermaßen beschrieben werden: Der Prediger wählt einzelne Elemente aus der biblischen Erzählung aus, über die

---

51 Bezüglich der Besonderheiten von Mau38 cf. Kohler/Sigmund (im Druck).

er durch eine Analogie zum *DR-TROPOLOGIA* zu einer Aufforderung gelangt, mit der er die Menschen zur Abkehr von Sünde aufruft. Diese Analogierelation kann relativ einfach gestaltet sein, wenn es sich um eine Frame-Similarität handelt, sie kann aber auch insofern komplexer sein, als sie – wie bei der Konzepteigenschafts-Similarität der Fall – auf Weltwissen rekurriert. Auffällig ist, dass viele konventionelle Verknüpfungen unterschiedlicher Konzeptbereiche in erster Linie in Form von Conceptual Metaphors, aber auch in Form von Conceptual Metonymies vorliegen. Etymologische Deutungen spielen in dieser Predigtsammlung eine nur sehr marginale Rolle, was vermutlich damit zusammenhängt, dass die Predigt sich auf gut verständliche Weise an ein einfaches Publikum richtet, welches keine etymologischen Belehrungen erwartet.

9 Analyse der Allegorese in Homiliaren aus katalanischem, limousinischem und wallonischem Gebiet

9.1 Analyse der Allegorese in den *Homilies de Tortosa*

9.1.1 Die sprachliche Gestaltung der Einzeldeutungen

Insgesamt konnten in den sieben untersuchten *Homilies de Tortosa* 21 Einzeldeutungen festgestellt werden. Bei diesen sind in Bezug auf die Verknüpfung von Lexem$_A$ und Lexem$_Z$, die auf Konzept$_A$ bzw. Konzept$_Z$ rekurrieren, folgende Formulierungsmuster zu erkennen:

In fünf Fällen wird lediglich das neutrale Deutungsverb *significar* (FM$_{allgemDeut}$1a) verwendet, in vier Fällen ist nur FM$_{allgemDeut}$2b (*zo + esser*) zu konstatieren, einmal FM$_{allgemDeut}$2a (*esser*) und viermal liegt die Verwendung mehrerer FM$_{allgemDeut}$[1] vor. Hierzu sind auch die zwei Einzeldeutungen zu rechnen, die neben *significar* (FM$_{allgemDeut}$1a) das Deutungsverb *demostrar* (FM$_{allgemDeut}$4) enthalten.

Tab. 31: Beispiel für FM$_{allgemDeut}$4 (*Tor*).

(81) E devez saber zo que significa quel Saint Esperitz venc en semblansa de lengua. Zo demostra que il devion èsser enflamat de prezicar la lei de Nostre S[ennor] Zo que lur venc en semblanza [de foc] demostra que il devion èsser escomprés de la amor de Deu. [...] (019_Tor12)	FM$_{allgemDeut}$1a + FM$_{allgemDeut}$4

In einem Fall (001_Tor01) liegt eine etymologische Deutung vor, bei der sowohl das typischerweise bei etymologischen Übersetzungen verwendete lateinische Deutungsverb *interpretare*[2] (im Folgenden FM$_{etymDeut}$1) als auch das okzitanische Verb *apelar* (FM$_{etymDeut}$2) jeweils im Passiv gebraucht werden:

---

1 Cf. 002_Tor03, 009_Tor08, 019_Tor12 sowie 020_Tor19.
2 Cf. Kapitel 10.3.9.1.

https://doi.org/10.1515/9783110586411-009

Tab. 32: Beispiel für FM$_{etymDeut}$ (*Tor*).

(82) E Nostre S[énner] nasc en aquest dia d'aquesta gloriosa verge en Betleem. E ben convenc que Deu nasquès en Betleem, <quia Betleem <u>domus panis</u> interpretatur>; car Betleem maisón de pa es apelada, per aiçò car aqui nasc Nostre S[énner], le quals es apelats celestial pan, sí con diz en l'Avangeli: <Ego sum panis vivus qui de celo descendit>. Eu son pan vius que dexendei del cel. Pans es apelats Nostre S[énner] per aisò car el paix totas creaturas. El paix los Christians, los judeus, los sarrazins e toz los aucels e las bèstias. Vius és apelats per aixo car tots temps fo e tots temps er e totes creatures vivon per el. Aquest Séner fo nats en Betleem en aquest jorn per nos e fo envolopats en paucs draps, e fo pauprament pausats en las manjadoiras de doas bèstias. (001_Tor01)	FM$_{etymDeut}$1 + FM$_{etymDeut}$2

Die Verwendung zweier FM$_{etymDeut}$ erklärt sich dadurch, dass die lateinische Passage in die romanische Volkssprache übersetzt wird. In diesem Zusammenhang wird – auch wenn *es apelats* als Übersetzung von *interpretatur* betrachtet werden kann – von zwei unterschiedlichen FM gesprochen, da das okzitanische Verb nicht auf das gleiche Etymon zurückgeht wie das lateinische *interpretatur*. In sechs der 21 Einzeldeutungen findet sich weder ein FM$_{allgemDeut}$ noch ein FM$_{etymDeut}$. In diesen Fällen wird also keine explizite Verknüpfung von Lexem$_A$ und Lexem$_Z$ durch ein Deutungsverb vorgenommen, sondern hier liefert lediglich die Markierung der Similarität durch ein FM$_{Sim}$ den Hinweis darauf, dass eine Verknüpfung im Rahmen einer Allegorese stattfindet. Exemplarisch ist das an (83) zu zeigen, wo OLIVEN aufgrund einer Similaritätsrelation mit MITLEID, TUGENDEN und GUTEN WERKEN verknüpft werden, was sich sprachlich in der Verwendung von *així (con)* (FM$_{Sim}$1a.1) manifestiert:

(83) Il portavon las <u>olivas</u> en lur mans; e nos ajam la <u>misericòrdia</u> e <u>caritat</u> & <u>altras bonas obras</u>. Car <u>així con</u> oli va sobre totas altres lugors ab las quals es pausats, <u>així</u> caritat e misericòrdia son sobre totas altras vertuz. Qui aquestas doas [non] a, <u>deguna</u> non a. (017_Tor10)

Similarität wird in insgesamt 16 Fällen (76,2%) durch FM$_{Sim}$1a.1[3], FM$_{Sim}$1b.1, FM$_{Sim}$1b.2, FM$_{Sim}$1b.3 sowie durch FM$_{Sim}$2 zum Ausdruck gebracht. Bei letzterem FM handelt es sich um einen syntaktischen Parallelismus, der keine Le-

---

3 Dabei handelt es sich in Tor um *així com … així* bzw. *aixi col/con …eixament, atressì, d'aital guisa* bzw. *d'aital guiza* sowie *atressì.*

xemwiederholungen (FM_{Sim}1b.1) beinhaltet. Die jeweils einander entsprechenden Satzglieder sind in den folgenden Zitaten in der gleichen Art unterstrichen:

Tab. 33: Beispiele für FM_{Sim}2 (*Tor*).

(84)	Il portavon las flors que prometon los temporals fruz; e nos devem FM_{Sim}2
	aver e[n] nos las vertuz que nos donon la vida perpetual. (016_Tor10)
(85)	Il portavon las palmas ab las cals coronava hom aquels que vencion.
	E nos fazam victòria sobre nostres enemics <qui volunt nos perdere &
	hereditatem nostram auferre>. (018_Tor10)

Sowohl in (84) als auch in (85) zeigt sich die Struktur S (*Il*) – V (3. Pers. Pl.) – O; *e* S (*nos*) – V (– …) – O. Auffällig ist bei diesen beiden Einzeldeutungen, dass sie kein Deutungsverb ($FM_{allgemDeut}$) enthalten. FM_{Sim}2 ist in Bezug auf die Markiertheit der Similarität als schwächer zu bewerten als die übrigen FM_{Sim}, da die Similarität nicht lexikalisch, sondern lediglich syntaktisch zum Ausdruck gebracht wird (cf. auch Kapitel 7.2.3).

Die übrigen Einzeldeutungen sind folgendermaßen zu beschreiben: In drei Fällen sind die Verknüpfungen durch etymologische Deutungen motiviert. Das wird bei der Deutung BETLEHEMS (001_Tor01) durch die passivische Verwendung der Deutungsverben *interpretare* ($FM_{etymDeut}$1) und *apelar* ($FM_{etymDeut}$2) deutlich. In den beiden anderen Fällen erfolgt keine explizite Markierung der Deutung als etymologisch, hier werden allgemeine Deutungsverben verwendet: *esser* ($FM_{allgemDeut}$2a) in 020_Tor19 bei der Deutung des ZWEIGES und *esser* + *zo* ($FM_{allgemDeut}$2b) in 008_Tor08 bei der Deutung des PARADIESES (cf. Kapitel 9.1.2.6). Des Weiteren liegen bei 006_Tor06 (GRAS) und 010_Tor10 (JÜNGER) keine sprachlichen Hinweise auf die der Verknüpfung zugrunde liegende Assoziationsrelation vor. Im folgenden Unterkapitel ist zu untersuchen, wie die durch die FM_{Sim} zum Ausdruck gebrachte Similarität sich frame-semantisch beschreiben lässt, ob sich zusätzlich andere Assoziationsrelationen feststellen lassen, wie die etymologischen Deutungen genau gestaltet sind und ob sich durch die Betrachtung der Frame-Strukturen Hinweise auf die Motivation der Verknüpfungen von 006_Tor06 und 010_Tor10 finden lassen.

9.1.2 Untersuchung der konzeptuellen Verknüpfungen

9.1.2.1 Frame-Similarität

Auf Frame-Similarität basierende Verknüpfungen zeigen sich lediglich in Tor10. Insgesamt sechs Einzeldeutungen sind nur durch Frame-Similarität

Tab. 34: Frame-Similarität (*Tor*).

Tätigkeit	analoge Struktur	Ebene der biblischen Erzählung	Allegorese-ebene$_1$	Allegorese-ebene$_2$
LOSBINDEN von ESEL und FÜLLEN	A bindet B los und führt es zu JESUS	A = 2 JÜNGER, B1 = ESELIN, B2 = FÜLLEN	A1 = PETRUS, B1 = JUDEN, A2 = PHILIPPUS, B2 = HEIDEN	A = CHRISTEN, B = SEELE
AUSBREITEN der KLEIDER	A legt B weg	A = LEUTE, die auf JESUS warten, B = KLEIDER	A = SÜNDER, B = SÜNDE	
SCHNEIDEN der ÄSTE	A wird von B entfernt	A = ZWEIGE, B = BAUM	A = SÜNDE, B = SÜNDER	
TRAGEN von BLUMEN, PALMEN und OLIVEN	A hat B	A = LEUTE, die auf JESUS warten, B = BLUMEN, PALMEN und OLIVEN[4]	A = CHRIST, B = TUGEND	

bedingt (PD$_{1\_Fr\text{-}Sim}$), zwei Einzeldeutungen (BLÜTEN, OLIVEN) weisen neben Frame-Similarität auch Konzepteigenschafts-Similarität auf (PD$_{1\_Fr\text{-}Sim}$ + PD$_{2\_KE\text{-}Sim}$) und eine Einzeldeutung (PALMEN) weist zusätzlich einen komplexen Deutungsweg auf (PD$_{1\_Fr\text{-}Sim}$ + PD$_{3\_komplex}$).

9.1.2.2 Konzepteigenschafts-Similarität

Bei einigen Einzeldeutungen in *Tor* ist davon auszugehen, dass das Vorhandensein der gleichen Zahl bei Quell- und Allegoreseelement den Ausschlag für die Deutung gegeben hat, teilweise auch in Kombination mit anderen Eigenschaften.

In allen in Tabelle 35 aufgelisteten Fällen zeigt sich FM$_{Sim}$1b.1 bzw. FM$_{Sim}$1b.2, teilweise auch gestützt durch FM$_{Sim}$1a.1, was bedeutet, dass auf sprachlicher Ebene eine deutliche Markierung der Similarität erfolgt. Eine relativ einfache Allegorese aufgrund des Auftretens der gleichen Zahl erfolgt in 009_Tor08. Da durch die Wiederholung der Zahl offensichtlich ist, dass eine Ähnlichkeit zwischen den unterschiedlichen miteinander verknüpften Elementen besteht, ist keine zusätzliche Erläuterung vonnöten. Bei den übrigen

---

4 Bezüglich der genauen Deutung cf. Kapitel 9.1.2.2.

Tab. 35: Konzepteigenschafts-Similarität in *Tor* (Zahlen).

gemeinsame Eigenschaft	Konzept aus TF-BIBLISCHE ERZÄHLUNG	Konzept aus TF-ALLEGORISCHE/ TROPOLOGISCHE DEUTUNG	Zitat	Beispielnummer
'Zahl 4'	QUELLEN (4)	VIER EVANGELISTEN, VIER KARDINALTUGENDEN	Devez saber que III [sic] fontainas a en parazís, e devez saber con aun nom. La una a nom Gión e l'altra Sión e l'altra Tigris e l'altra Eufrates. Aquestes IIII fons significon las IIII evangelistas e las IIII vertuz principals que uns quics om deu aver en si, zo es <prudencia, fortitudo, temperancia & justicia>.	009_Tor08
1) 'Zahl 2' 2) 'nicht-zürnend'	TURTELTAUBEN (2)	DOPPELGEBOT DER LIEBE	Lo parel dels coloms devets saber què significa. 1) Los coloms, zo diz, van *de dos en dos* & ensems coon & ensems noiron lur colombons & ensems jazon. Et aizò que il son dos demostra que nos devem aver *dobla* caritat en nos, zo es dilecció de Deu e de[s] son proisme, zo es que nos devem Deu amar sobre tota creatura e nostre proisme atressí co nos meteuses, zo es que tot quant nos non volem que altre no nos faza, nos non li fazam. 2) Lo colom, zo diz, *non a fel ni mal talent ni non porta longament ira a son compainó*: significa que nos *non devem aver mal talén* encontra nostre proisme e *perdonar-li* devem així co nos volem que Deus perdón a nos [...].	002_Tor03
1) 'Zahl 2' 2) 'reich'	FISCHE (2)	DOPPELGEBOT DER LIEBE	1) Li *dui* peixon significon lo[s] comandaments de caritat, e que tug li comandament sion complit, aizò es: <diligere Deum ex toto corde; [deum] proximum tanquam se ipsum; in his *duobus* mandatis tota lex pendet, & prophete>. Aizò que hom non vol a si non volgues [ast]ad altre [...].	005_Tor06

'rau'	GERSTENBROTE (5)	GESETZ		004_Tor06

2) [...] aquestz mandamenz & aquestas amors de[u]rion èsser en toz los cristians del mon. Car *així col* bon peixon e li gran son dolz, e per *riqueza* los aporta hom a ric omen a la taula, *eixament* aquist comandament son plus *ric* dels autres. E qui aquists dos comandamentz ben ten e garda, el ademple [la lei] dels juzeus e dels christijans.

Li V pan de l'ordi significon los comandamens de la lei dels juzeus, car *així com* lo pans del' ordi es *aspres* a manjar, *així* li comandament de la lei vela eron *aspre*, car la leis comandava que quals que hom aja ren forgag a l'altre, fos grans, fos paucs, ja mercé non agués, mais aital con el li avia fait, aital li fezés hom, fos plagats, fos batuz, o mal diz, o morz. Aizo mandava la leis; non avia nula misericòrdia.

Deutungen, bei denen Zahlen als Konzepteigenschaften involviert sind, liegen komplexere Fälle vor, da entweder – wie im Fall der Deutung der GERSTENBRO-TE (5) (004_Tor06) – gar nicht explizit auf die Zahl eingegangen wird, sondern nur auf eine andere gemeinsame Konzepteigenschaft verwiesen wird oder zusätzlich andere gemeinsame Konzepteigenschaften thematisiert werden. Die Zahl 2 wird sowohl im Falle der Deutung des TURTELTAUBENPAARS als auch bei der Auslegung der FISCHE (2) mit dem DOPPELGEBOT DER LIEBE verknüpft. Dabei handelt es sich um ein gebräuchliches Auslegungsmuster, das sich beispielsweise auch in Sub09 zeigt, wenn die KUNDSCHAFTER (2) auf das DOPPEL-GEBOT DER LIEBE hin gedeutet werden oder in 063_Mau35 die DENARE (2) damit in Verbindung gebracht werden. Auch die Deutung der GERSTENBROTE (5) auf das GESETZ hin scheint konventionell zu sein, da sie sich auch in Mau12 findet. Vermutlich liegt auch dieser konventionellen Bedeutungszuschreibung die Konzepteigenschafts-Similarität der Zahl 5 zugrunde, denn sowohl die BROTE sind FÜNF an der Zahl als auch die Bücher des jüdischen Gesetzes, der Tora, doch wird weder in 004_Tor06 noch in Mau12 darauf Bezug genommen. Begründet wird die Deutung in *Tor* mit der gemeinsamen Eigenschaft, dass sowohl das Gesetz als auch die Brote als 'rau' (*aspre*) gelten. Die Deutung des TURTELTAUBENPAARS beruht zusätzlich zur Zahl 2 auf der gemeinsamen Eigenschaft 'nicht-zürnend'. Die Deutung der ZWEI FISCHE wird zusätzlich durch die Eigenschaft 'reich' plausibilisiert. Das könnte damit erklärt werden, dass der FISCH als Zeichen von Reichtum betrachtet wurde und das DOPPELGEBOT DER LIEBE als Zeichen eines nicht-materiellen Reichtums aufgefasst werden konnte.

Die TURTELTAUBEN erfahren neben der in Tabelle 35 angeführten Einzeldeutung 002_Tor03 noch eine weitere Deutung in 003_Tor03 (cf. Tabelle 36). Dabei werden sie in Zusammenhang mit BUßE gebracht: Zum einen wird hierfür der folgende Sachverhalt als Deutungsgrundlage genommen: Sie weisen insofern ein auffälliges Verhalten auf, als bei ihnen TRAUER und SINGEN auf der einen Seite und FREUDE und WEINEN auf der anderen Seite in Kontiguitätsrelation zueinander stehen. Damit liegt eine ungewöhnliche Kombination vor, denn in der Regel ist TRAUER mit WEINEN und FREUDE mit SINGEN verknüpft. Dadurch, dass sowohl im *TF-BIBLISCHE ERZÄHLUNG* als auch im *TF-TROPOLOGI-SCHE DEUTUNG* diese auffällige Verknüpfung von FREUDE und WEINEN festzustellen ist, die sprachlich durch die Verwendung eines $FM_{Sim}1b.1$ markiert ist, das zusätzlich durch ein $FM_{Sim}1a.1$ gestützt wird, kann von einer Konzepteigenschafts-Similarität ausgegangen werden, durch die TURTELTAUBE und CHRIST miteinander verknüpft werden. Des Weiteren wird auf eine Similaritätsrelation verwiesen, die darauf beruht, dass der CHRIST aufgrund des TODES CHRISTI so trauern soll, wie die TURTELTAUBE, die, wenn ihr PARTNER gestorben ist, nicht auf GRÜNEM GRAS ruht, sondern auf TROCKENEM BODEN, was der Pre-

Tab. 36: Konzepteigenschafts-Similarität in *Tor* (zweite Deutung der TURTELTAUBEN).

gemeinsame Eigenschaft	Konzept aus TF-BIBLISCHE ERZÄHLUNG	Konzept aus TF-ALLEGORISCHE/ TROPOLOGISCHE DEUTUNG	Zitat	Beispiel-nummer
1) 'weinend vor Freude' 2) 'traurig über Verlust des Gefährten'	TURTEL-TAUBENPAAR	BUẞE	1) Columba habet pro cantu luctum, zo diz, que cant la columba *s'alegra* e cuja *cantar*, sí *plora*. *Atressí*, zo diz, o devem nos far, que quan nos nos devem *alegrar* en Deu e per la sua amor ad aver, sí devem *plorar* nostres peccats & èsser ver confès & aver sempre remembransa de la mort [...]. 2) Las tortres que Nostra Dona sancta Maria ufrí a Nostre S[ennor] significa[n] la nostra penitència, car la tortre a aital usaje (sic) que cant sos conpains es morts, ja mais non se *pausarà* en erba verd ni en arbre verd, mais en terra secca & en arbre sec; *atressí* o deu far om peccaire que fa laironici o adulteri o perjuri o sacrilegi & altres peccats senblans d'aquest, & aquel a perdud son conpainó. Cal conpainó [es] nostre S[ènner] Deus, que es lo méler conpainó que anc fos ni ja mais sia [...]. E qui perd Deu e la sua ànima, tot a perdud. Ara, sennor, qui tot aisò a perdud, com si [o] pod *alegrar* en est segle? *Així com* fa la tortre en terra secca si deu *pausar*, zo es que deu far penitència in <cinere & cilicio> [...].	003_Tor03

diger in Bezug auf den CHRISTEN als BUẞETUN deutet. Sprachlich kommt auch hier ein FM_{Sim}1b.1 sowie ein FM_{Sim}1a.1 zum Einsatz.

Der Prediger plausibilisiert die Verknüpfung des Ausgangskonzeptes TUR-TELTAUBEN mit den beiden unterschiedlichen Allegoresekonzepten in 002_Tor03 und 003_Tor03 also jeweils durch den Verweis auf mehrere Eigenschaften auf den beiden unterschiedlichen Schriftsinnebenen, die über FM_{Sim}1a und FM_{Sim}1b jeweils miteinander verknüpft werden.

Auch bei der Deutung des FELDES in Tor19 verweist der Prediger auf zwei Konzepteigenschaften, mit deren Hilfe er die Deutung plausibilisiert (cf. Tabelle 37): Das Konzept FELD, auf das in einem Hoheslied-Zitat rekurriert wird, wird mit MARIA verknüpft, da ein *campus* zum einen nicht gepflügt und damit 'unberührt' ist – ebenso wie MARIA, die als JUNGFRAU als 'unberührt' gilt. Zum anderen bringt das FELD GUTES in Form von SCHÖNEN BLUMEN hervor, ebenso wie MARIA GUTES hervorbringt, indem sie den SOHN GOTTES gebiert. Sprachlich wird die similaritätsbasierte Verknüpfung durch FM_{Sim}1a zum Ausdruck gebracht. Da die Eigenschaften auf sprachlicher Ebene nicht in Form eines FM_{Sim}1b wiederholt werden, kommt die Similarität nicht besonders deutlich zum Ausdruck und der Adressat muss sich selbst erschließen, worin diese besteht.

Neben den soeben beschriebenen Einzeldeutungen, die alleine durch Konzepteigenschafts-Similarität motiviert sind, finden sich – wie bereits in Kapitel 9.1.2.1 erwähnt – zwei Einzeldeutungen, die beide im Zusammenhang der Auslegung des Einzuges Jesu in Jerusalem auftreten (cf. diesbezüglich auch Kapitel 7.2.1.6). In den beiden Fällen ist Konzepteigenschafts-Similarität mit Frame-Similarität kombiniert (PD_{1_Fr-Sim} + PD_{2_KE-Sim}). Auch sprachlich liegt bei beiden Einzeldeutungen die gleiche Struktur vor: So werden jeweils zwei Sätze koordiniert, von denen der erste einen Sachverhalt der biblischen Erzählung beschreibt und der zweite einen tropologischen. Im Falle der Deutung der BLÜTEN wird im Text nicht explizit darauf verwiesen, worin die Similarität zwischen den beiden Sachverhalten besteht. Der syntaktische Parallelismus (FM_{Sim}2) legt jedoch nahe, dass die im *KF-BLÜTEN*, einem Subframe zum *TF-BIBLISCHE ERZÄHLUNG*, anzusiedelnde Struktur *BLÜTEN – FRÜCHTE* der Verknüpfung von EWIGEM LEBEN und TUGENDEN im *DR-TROPOLOGIA* ähnelt. Bei der Deutung der OLIVEN verweist der Prediger durch die Wiederholung des Lexems *sobre* (FM_{Sim}1b) auf eine Similarität der Konzepteigenschaften, die wiederum auf einer Ähnlichkeit der Struktur des *TF-OLIVEN*, einem weiteren Subframe zum *TF-BIBLISCHE ERZÄHLUNG*, und dem *DR-TROPOLOGIA* besteht: die OLIVE liegt über anderen *lugors* (cf. Kapitel 7, Anm. 25; Kapitel 7.2.5) – ebenso wie LIEBE und DEMUT über anderen TUGENDEN zu verorten sind.

Tab. 37: Konzepteigenschafts-Similarität in *Tor* (FELD).

gemeinsame Eigenschaft	Konzept aus *TF-BIBLISCHE ERZÄHLUNG*	Konzept aus *TF-ALLEGORISCHE/TROPOLOGISCHE DEUTUNG*	Zitat	Beispiel-nummer
1) 'unberührt' 2) 'Gutes hervorbringend'	FELD	MARIA	‹Campus proprie terra inarata dicitur›. Camp apela om terra que non es arada, en qué aixon belas flors. [...] *eixament* Nostra Dona sancta Maria, que portet Nostre S[ennor] ‹& non fuit corrupta a peccato›. Non perdet sa verginitat ni non fo tocada d'ome [...].	021_Tor19

Tab. 38: Konzepteigenschafts-Similarität in *Tor* (BLÜTEN und OLIVEN).

gemeinsame Eigenschaft	Konzept aus *TF-BIBLISCHE ERZÄHLUNG*	Konzept aus *TF-ALLEGORISCHE/TROPOLOGISCHE DEUTUNG*	Zitat	Beispiel-nummer
'fruchtbringend'	BLÜTEN	TUGENDEN	Il portavon las flors que prometon los temporals fruz; e nos devem aver e[n] nos las vertuz que nos donon la vida perpetual.	016_Tor10
'über etwas befindlich'	OLIVEN	LIEBE, DEMUT	Il portavon las olivas en lur mans; e nos ajam la misericòrdia e caritat & altras bonas obras. Car així con oli va *sobre* totas altres lugors ab las quals es pausats, *així* caritat e misericòrdia son *sobre* totas altras vertuz. Qui aquestas doas [non] a, deguna non a.	017_Tor10

Die Deutung der PALMEN (018_Tor10) erscheint aufgrund ihrer sprachlichen Gestaltung zwar eng mit der der BLÜTEN und der OLIVEN verknüpft zu sein, doch wird sie in Kapitel 9.1.2.5 behandelt, da hier nicht Similarität zwischen Konzepteigenschaften ausschlaggebend ist für die Deutung, sondern in erster Linie Kontiguität.

9.1.2.3 Kontrast

In zwei Fällen verläuft der Deutungsweg offensichtlich über eine Kontrastrelation, die jedoch jeweils unter eine Similaritätsrelation subsumiert werden kann: Dabei handelt es sich im einen Fall um die Auslegung von ESELIN und FÜLLEN in Tor10:

(86) Aquil dui dicípol que Nostre S[énner] tramés per desliar la sauma el polin, fo sains Peire e sainz Felip, & un d'aquelz, zo fo sainz Peire, *desliet* la sauma, zo es lo pòbols dels juzeus que era liats ab un greu *liam* de peccat, & aduis-lo a Nostre S[ennor]. Jhesu Crist. Car de seguentre la ressurrección de Nostre S[ennor] sa[n]ins Peire convertí del pòbol dels juzeus en un dia <tria milia> & en altre dia V. milia. E d'aital guisa nostre s. sains Peire converti del pobol dels Juzeus en un dia tria milia, et en altre dia V. E d'aital guisa nostre s[énner] saints Peires desliet la sauma, zo es lo pòbols dels juzeus, & aduis-los nostre s[ennor] sainz Phelips, sos compains; prediquet en Samaria gran compaina de pagans, & aizò fo lo polins que desliet sains Phelips. E d'aital guiza, sennor, li dui apòstol preziqueron aquestas doas ge[n]z a la fe & a la crezensa de Nostre S[ennor], car aitant con foron *liat*, Deus en els habitar ni sezer non volc. (011_Tor10, 012_Tor10)

Der Prediger akzentuiert eine Kontrastrelation zwischen den beiden Tieren, wenn er sie auf JUDEN und HEIDEN hin deutet, denn die ESELIN ist 'alt', während das FÜLLEN 'jung' ist – ebenso sind die JUDEN im Glauben an Gott 'alt', wohingegen die neu bekehrten HEIDEN in diesem Glauben 'jung' sind. Diese Kontrastrelation wird vom Prediger nicht explizit thematisiert, doch ist sie deutlich zu erkennen, wenn man das Verhältnis von B1 und B2 sowohl im *TF-BIBLISCHE ERZÄHLUNG* als auch im *DR-ALLEGORIA* betrachtet: In beiden Fällen liegt folgende Struktur vor: A1 bindet B1 los und führt es zu C – ebenso wie A2 B2 losbindet und es zu C führt (cf. Kapitel 9.1.2.1). Das Verhältnis zwischen B1 und B2 lässt sich in beiden Fällen durch eine Kontrastrelation beschreiben: Die ESELIN (B1) ist GRÖSSER und ÄLTER als das FÜLLEN (B2) – ebenso wie die JUDEN (B1) ÄLTER im Glauben an Gott sind als die HEIDEN (B2).

Auch bei der Allegorese der TURTELTAUBEN kann eine Kontrastrelation unter eine Similaritätsrelation subsumiert werden, wenn sich in 003_Tor03 zeigt, dass die auffällige Struktur, dass zwei Konzepte (WEINEN und SINGEN), die üblicherweise zwei unterschiedlichen Frames, die in Kontrastrelation zueinander stehen (*KF-FREUDE* und *KF-TRAUER*), zugeordnet werden, nun dem jeweils anderen Frame zugeordnet werden, nämlich Singen dem *KF-Trauer* und Wei-nen dem *KF-Freude* (cf. Kapitel 9.1.2.2). Diese auffällige Verknüpfung findet sich sowohl im *KF-Turteltaube*, dem Subframe zum *TF-Biblische Erzäh-lung*, als auch im *DR-Tropologia*.

9.1.2.4 Kontiguität

Eine Verknüpfung, die rein auf Kontiguität basiert, findet sich nur in einem Fall:

(87) Li XII cophín que foron omplit del relevat de Nostre S[ennor] significon la doctrina dels XII apòstols que nos devem reténer & èsser replet. D'aquest releu que remàs de la taula de Nostre S[ennor] vivon encara li bon ome qui tenon los comandamens de Nostre S[en-nor] e dels apòstols. (007_Tor06)

Bei der Deutung der zwölf Jünger auf die Lehre der Apostel hin (007_Tor06) ist eine Kontiguitätsrelation leitend, denn die zwölf Jünger können in Anlehnung an Lk 6,13 und Mt 10,2 mit den zwölf Aposteln gleichgesetzt wer-den, welche die Lehre verbreiten. Die Tatsache, dass hier nur eine Kontigui-tätsrelation innerhalb eines Frames vorliegt und nicht – wie üblicherweise bei der Allegorese der Fall – die Verknüpfung zweier unterschiedlicher Frames über eine Similaritätsrelation, ist dadurch begründet, dass die biblischen Er-zählungen, auf die im *TF-Biblische Erzählung* rekurriert wird, und der *DR-Allegoria* sowie der *DR-Tropologia* ineinander übergehen können, da die in der Bibel berichteten Ereignisse Teil der christlichen Heilsgeschichte (*DR-Alle-goria*) sind und die christliche Ethik (*DR-Tropologia*) auch auf diesen Erzäh-lungen basiert.[5]

9.1.2.5 Kontiguität + Similarität

Für die Deutung der Palmen in Tor10 ist ein zweischrittiger Deutungsweg, der als PD$_{3\_komplex}$ zu beschreiben ist, anzunehmen mit einer salienten Kontigui-tätsrelation im ersten Deutungsschritt: Sieger werden mit Palmen ge-schmückt.[6] Die Verknüpfung dieser Konzepte erfolgt im *KF-Palmen*, einem

---

5 Cf. diesbezüglich die Überlegungen zum *KF-Christentum* im Allgemeinen in Kapitel 8.2.

6 Cf. diesbezüglich auch das folgende Zitat bei Isidor: «Dies Palmarum ideo celebratur quia in eo Dominus et Salvator noster, sicut propheta cecinit, Jerusalem tendens, asellum sedisse perhibetur. Tunc gradiens cum ramis palmarum multitudo plebium obviam ei clamabat: Osan-na, benedictus qui venit in nomine Domini, Rex Israel (Zach. XI, Matth XXI, Joan. XII). In ramis enim palmarum significabatur victoria, qua erat dominus mortem moriendo superaturus, et trophaeo crucis de diabolo mortis principe triumphaturus» (Isidor von Sevilla, *De ecclesiasticis officiis* 1,28, PL 83, 763B).

Subframe zum *TF-BIBLISCHE ERZÄHLUNG*. Da das Allegoresekonzept aber nicht der SIEG ist, der im *KF-PALMEN* zu verorten ist, sondern der spezifische tropologische SIEG im *DR-TROPOLOGIA*, ist davon auszugehen, dass sich an die Kontiguitätsrelation eine Similaritätsrelation anschließt, über die der Subframe und der *DR-TROPOLOGIA* miteinander verknüpft werden können:

(88) Il portavon las palmas ab las cals coronava hom aquels que vencion. E nos fazam victòria sobre nostres enemics <qui volunt nos perdere & hereditatem nostram auferre>. (018_Tor10)

9.1.2.6 Verknüpfung aufgrund etymologischer Deutung
Bei der Deutung des PARADIESES (008_Tor08) auf die GLÄUBIGEN hin liegt ein mehrstufiger Deutungsprozess ($PD_{3\_komplex}$) vor:

(89) Sennor, Nostre S[énner] fez parazís a salut & a profit de christians ; paradís, zo es repaus; parazís, zo es orts de toz los deleits e de totas las riquezas, & aquí es tota dolzors e tota benenansa, tals que boca d'omen non pot dire ni ols vezer ni cors pensar. Parazís, zo es repaus als fizels de Crist. (008_Tor08)

In einem ersten Schritt verknüpft der Prediger PARADIES mit RUHE über das $FM_{allgemDeut}2b$. Daraufhin folgt eine Verknüpfung von PARADIES mit GARTEN im Rahmen einer etymologischen Übersetzung.[7] Die ausführliche Beschreibung des GARTENS legt nahe, dass man in diesem ruhen kann. Folglich ist eine kontiguitätsbasierte Verknüpfung der etymologischen Übersetzung mit RUHE anzunehmen. Bei der dritten Verwendung des $FM_{allgemDeut}2b$ in Zusammenhang mit der Deutung des PARADIESES nimmt der Prediger eine Spezifizierung der RUHE vor, indem er an *repaus* das indirekte Objekt *als fizels de Crist* anschließt. Der komplette Deutungsweg ist also folgendermaßen zu beschreiben: PARADIES kann im Rahmen einer etymologischen Übersetzung mit GARTEN verknüpft werden. Dieser wiederum wird in einem zweiten Deutungsschritt über eine Kontiguitätsrelation mit RUHE verbunden. Über eine taxonomische Subordination schlägt der Prediger schließlich den Bogen zur RUHE DER GLÄUBIGEN.

Des Weiteren findet sich in Tor01 die Verknüpfung von BETLEHEM mit HAUS DES BROTES im Rahmen einer etymologischen Übersetzung.[8] Daran

---

7 Cf. diesbezüglich auch Isidor von Sevilla, *Etymologiae* 14,3 (PL 82, 496C): «Paradisus est locus in Orientis partibus constitutus, cujus vocabulum ex Graeco in Latinum vertitur hortus ; porro Hebraice Eden dicitur, quod in nostra lingua deliciae interpretatur. Quod utrumque junctum facit hortum deliciarum; est enim omni genere ligni et pomiferarum arberum consitus, habens etiam lignum vitae: non ibi frigus, non aestus, sed perpetua veris temperies».
8 Cf. diesbezüglich auch die etymologische Deutung BETLEHEM – HAUS DES BROTES bei Isidor: «23. Betlehem Juda, civitatis David, quae mundi genuit Salvatorem, a Jebusaeis condita fertur,

schließen sich weitere Verknüpfungsschritte an, weshalb auch diese Verknüpfung als $PD_{3\_komplex}$ einzustufen ist: Über eine Kontiguitätsrelation wird das HAUS DES BROTES mit BROT verknüpft und über eine Similaritätsrelation BROT mit CHRISTUS. Diese zeigt sich auch in der im Rahmen der Allegorese zitierten Metapher «ego sum panis vivus». Des Weiteren ist auch eine Kontiguitätsrelation zwischen CHRISTUS und BETLEHEM zu erkennen, da dieser in BETLEHEM geboren wurde. Der Fokus bei der Darlegung des Deutungsweges liegt aber eindeutig auf der dreistufigen Verknüpfung, die die etymologische Übersetzung als Ausgangspunkt hat.

(90) E ben covenc que Deus nasquès en Betleem, <quia Betleem domus panis interpretatur>; car Betleem maisón de pa es apelada, per aiçò car aquí nasc Nostre S[énner], le quals es apelats celestial pan, sí con diz en l'Avangeli. <Ego sum panis vivus qui de celo descendit>. Eu son pan vius que dexendei del cel. Pans es apelats Nostre S[énner] per aisò car el paix totas creatures. El paix los Christians, los judeus, los sarrazins e toz los aucels e las bèstias. Vius és apelats per aixo car tots temps fo e tots temps er e totes creatures vivon per el. Aquest Séner fo nats en Betleem en aquest jorn per nos e fo envolopats en paucs draps, e fo pauprament pausats en las manjadoiras de doas bèstias. (001_Tor01)

Eine andere Art etymologischer Deutung findet sich in Tor19: Hier wird nicht die Übersetzung eines Namens angeführt, sondern es erfolgt eine Deutung, die offensichtlich auf phonetischer Similarität basiert. So werden *virga* bzw. *verga* (ZWEIG) und *virgo* (JUNGFRAU) miteinander verknüpft.[9] Dabei wird das eigentlich mit *virgo* verknüpfte Konzept JUNGFRAU auch auf das lateinische *virga* sowie das volkssprachliche *verga* angewandt. Die Plausibilisierung dieser Deutung wird als $PD_{2\_etymDplaus}$ beschrieben, da hier – im Gegensatz zu etymologischen Deutungen, bei denen lediglich zwei unterschiedliche Lexeme durch ein Deutungsverb miteinander verknüpft werden und die, wenn sie keine nähere Begründung enthalten, als PD_0 eingestuft werden, – deutlich wird, wie die Deutung zustande kommt:

(91) Egredietur virga de radice Jesse & flos de radice eius ascendent. De la razit de Jessé, zo diz, naiserà una verga, en la cal verga venrà una flors, & en aquela flor repausarà-se l'Espirits de Nostre S[ennor]. <& docto[r]: Virga Dei genetrix virgo est, flos filius eius>. La verga, zo diz, que nasc sobre la verga, que nasc de la gloriosa sancta Maria, zo fo

---

et vocata primum Ephrata. Quando autem Jacob ibi pecora sua pavit, eidem loco Betlehem nomen, quodam vaticinio futuri, imposuit, quod domus panis interpretatur, propter eum panem qui ibi de coelo descendit». (*Etymologiae* 15,1, PL 82, 530A).
9 Auch bei Isidor findet sich die Verknüpfung von *virgo* und *virga*: «Virgo a viridiore aetate dicta est, sicut virga et vitula» (*Etymologiae* 11,2, PL 82, 417B).

Nostre S[énner]. [...] Zo fo la verga d'Aarón, que senes razits folet e florí, e portet fruch: <Jhesum Christum filium Dei. & qui manducaverit ex hoc fructu vivet in eternum>. Qui manjara d'aquel fruit viura ab Deu & ja mais no morrà. (020_Tor19)

9.1.2.7 Kognitiv unplausible Deutung

Einzig für die Deutung des GRASES auf die SÜNDEN hin (006_Tor06) findet sich weder im Text noch durch die Betrachtung dieser Einzeldeutung im Kontext der gesamten Allegorese eine Erklärung für den Deutungsweg. Folglich handelt es sich hierbei um einen Fall von PD_O. Vor dem Hintergrund, dass eine ähnliche Deutung auch in 008_Wal06 vorliegt (GRAS – BEGIERDE), ist davon auszugehen, dass es sich hierbei um eine konventionelle Deutung handelt, die nicht begründet wird:

Le fens sobre que segron e manjeron significa los nostres peccaz. Nos que volem estar a la taula de Ihu Xpi et al seu regne devem nos fort tornar ad el ab bonas obras et ab veras penitencias. (006_Tor06)

9.1.2.8 Zusammenfassende Bewertung der Verknüpfungsrelationen

Die Verteilung der konzeptuellen Verknüpfungsrelationen in *Tor* lässt sich folgendermaßen darstellen:

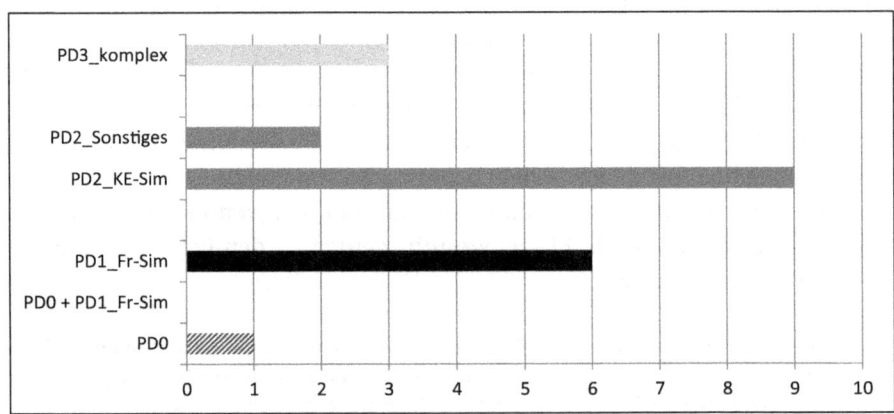

Abb. 25: Verteilung der 21 konzeptuellen Verknüpfungen in *Tor*.

Es zeigt sich, dass die Deutungen in dieser Predigt in erster Linie auf Similarität der Konzepteigenschaften basieren ($PD_{2\_KE\text{-}Sim}$). Dabei erfolgen teilweise relativ ausführliche Darlegungen der Eigenschaften, des Öfteren werden auch mehrere Eigenschaften eines Konzeptes für die Plausibilisierung der Deutung herangezogen, etwa im Falle der TURTELTAUBEN in Tor03. Auf Frame-Similarität basierende Allegoresen finden sich in nur einer Predigt, doch ist dabei zu berücksichtigen, dass die Deutungen zum Teil auch zusätzlich durch Konzepteigenschafts-Similarität und in einem Fall durch eine Kombination von Kontiguität mit Similarität plausibilisiert werden können. In zwei Predigten zeigt sich eine Kontrastrelation, die aber einer Similaritätsrelation untergeordnet ist. Folglich kann auch für *Tor* konstatiert werden, dass Similarität die zentrale Verknüpfungsrelation ist. Jedoch ist darauf zu verweisen, dass es auch einige Fälle gibt, in denen mehrstufige Deutungen vorliegen, in denen Similarität mit anderen Verknüpfungsrelationen kombiniert wird (Kontiguität, etymologische Deutung). Des Weiteren liegt in einem Fall eine Verknüpfung vor, die nur auf Kontiguität basiert. Eine etymologische Deutung weist keine Verknüpfung mit anderen Assoziationsrelationen vor. Bei dieser spielt Similarität aber insofern eine Rolle, als phonetische Similarität ausschlaggebend ist für die Verknüpfung. Lediglich in einem Fall ist keine kognitiv plausible Assoziationsrelation zu erkennen. Im Vergleich zu *Mau* erscheint *Tor* in Bezug auf die konzeptuellen Verknüpfungen abwechslungsreicher, da nicht eine einzige Verknüpfungsrelation so dominant ist wie die Frame-Similarität in *Mau*. Der Komplexitätsgrad der Deutungen erscheint insgesamt höher als in *Mau*, da 52 % der Deutungen auf mittlerer Komplexitätsstufe zu verorten sind, wenn man die 9,5 % einbezieht, in denen die Deutung sowohl durch Konzepteigenschafts- als auch durch Frame-Similarität plausibilisiert werden kann, und in 14,3 % der höchste Komplexitätsgrad vorliegt. Abgesehen von der einen Allegorese, in der keine Plausibilisierung vorliegt, erscheinen die Deutungen relativ gut plausibilisiert. In diesem Zusammenhang ist hervorzuheben, dass in einigen Fällen, in denen aufgrund einer Konzepteigenschafts-Similarität plausibilisiert wird, eine Verknüpfung über mehrere Eigenschaften nachvollziehbar gemacht wird.

9.1.3 Unterstützung der Deutung durch Bibelzitate

Der Prediger verwendet häufig Bibelzitate oder auch Zitate anderer Autoritäten,[10] um seine Argumentation zu stützen. Insbesondere die folgenden drei Zitate sind von Interesse, da der Prediger mit ihnen die Allegorese plausibilisiert:

---

10 So wird das folgende Zitat in Tor06 als Ambrosius-Zitat ausgegeben: «Mundum pugillo continens ventris sub archa clausa est». Ob es wirklich auf Ambrosius zurückgeht, konnte nicht festgestellt werden.

(92) Ego sum panis vivus qui de celo descendit. (Joh 6,51, zit. in Tor01)

(93) diligere Deum ex toto corde; [deum] proximum tanquam se ipsum; in his duobus mandatis tota lex pendet, & prophete. (Lk 10,27, zit. in Tor06)

(94) Virga Dei genetrix virgo est, flos filius eius. (als Zitat eines Lehrers ausgegeben, scheint aus liturgischem Text zu stammen, zit. in Tor19)

Dabei handelt es sich um eine gängige Methode, die auch in anderen Predigten des untersuchten Corpus zum Einsatz kommt. So findet sich beispielsweise auch in Sub06 die Zitation von Joh 6,51, um die Verknüpfung von JESUS und BROT zu untermauern, und in Sub09 wird Lk 10,27 in Zusammenhang mit der Deutung ZWEIER KUNDSCHAFTER zitiert, die auf das DOPPELGEBOT DER LIEBE hin gedeutet werden. Mit (94) liegt insofern ein Sonderfall vor, als hier nicht eine Deutung durch ein Zitat untermauert wird, sondern im Zitat eine Deutung vorgenommen wird.

9.1.4 Geistlicher Schriftsinn – allegorisch oder tropologisch?

In einer Predigt des Homiliars, Tor10, wird sowohl eine allegorische als auch eine tropologische Auslegung vorgenommen. Auch wenn der Prediger insgesamt bei seinen Argumentationen den Fokus auf die Darlegung heilsgeschichtlicher Zusammenhänge zu legen scheint, lässt sich bei der Allegorese keine Tendenz erkennen, dass die Deutungen eher allegorischer Art wären. Abgesehen von Tor19 scheinen die Allegoresen sogar eher tropologischer Art zu sein.

9.1.5 Fazit

Die Allegoresen in *Tor* erscheinen im Vergleich zu *Mau* deutlich komplexer, wie anhand der vorliegenden Verknüpfungsmuster gezeigt werden konnte. Der Prediger scheint aber großen Wert darauf zu legen, die Verknüpfungen zu plausibilisieren, und begründet so Konzepteigenschafts-Similarität teilweise mit dem Verweis auf mehrere Eigenschaften. In Bezug auf die sprachliche Realisierung der Deutungen fällt auf, dass in Tor10 in mehreren Fällen kein Deutungsverb ($FM_{allgemDeut}$) zum Einsatz kommt, sondern lediglich in einem syntaktischen Parallelismus Similarität zum Ausdruck gebracht wird. Dabei handelt es sich um eine auffällig wenig explizite Form der Deutungs- und Similaritätsmarkierung, die mehr Interpretationsarbeit bei den Predigtadressaten voraussetzt. Des Weiteren setzt der Prediger Bibelzitate ein, um die Deutungen zu stützen. Diese intertextuellen Bezüge zu biblischen Schriften werden aber nicht nur in Zusammenhang mit der Allegorese verwendet, sondern auch an anderen Stellen im Predigttext. Allgemein ist zu diesen zu konstatieren, dass sie verdeutlichen, dass der Prediger über umfassendes biblisches Wissen verfügt und folglich viele Assoziationen zu verschiedenen Bibelversen herstellt. Diese Vorgehensweise erhöht den Komplexitätsgrad der Predigten. Die Auslegungen sind – ähnlich wie in *Mau* – überwiegend als tropologisch zu beschreiben, obwohl jenseits der Allegorese die Darlegung heilsgeschichtlicher Zusammenhänge in den Predigten eine bedeutende Rolle zu spielen scheint.

9.2 Analyse der Allegorese in den *Sermons limousins*

9.2.1 Die sprachliche Gestaltung der Einzeldeutungen

In *Lim* ist siebenmal das neutrale Deutungsverb *entender* zu finden, was im Folgenden als $FM_{allgemDeut}3$ bezeichnet wird:

Tab. 39: Beispiel für $FM_{allgemDeut}3$ (*Lim*).

(95) [...] per la <u>asina</u> entendem <u>los Juzeus</u> [...]. (010_LimB.02)	$FM_{allgemDeut}3$

Dieses Deutungsverb wird immer in der 1. Person Plural verwendet. Das $Lexem_A$ steht dabei immer in einer durch *per* eingeleiteten Präpositionalphrase und das $Lexem_Z$ stellt das direkte Objekt dar. Neben dem $FM_{allgemDeut}3$ wird *significar* ($FM_{allgemDeut}1a$) mit sechs Verwendungsweisen relativ häufig gebraucht. In zwei Fällen liegt *zo es* ($FM_{allgemDeut}2b$) vor und in einem Fall (016_LimB.12) findet sich zwar keines dieser Deutungsverben, doch wird hier durch Similaritätsmarker ($FM_{Sim}1a$) zum Ausdruck gebracht, dass die beiden Konzepte miteinander verknüpft werden. Des Weiteren kommen in einer Predigt (LimA.09) auch das Adverb *corporalment* und das Adjektiv *esperital* zum Einsatz ($FM_{geistlich-leiblich}$). Auffällig ist, dass nur in sieben von 16 Einzeldeutungen (43,8 %) Similarität durch ein FM_{Sim} zum Ausdruck gebracht wird. So stellt sich die Frage, ob Similarität hier tatsächlich nicht so dominant ist oder ob sie als zugrunde liegende Verknüpfungsrelation angenommen werden kann, jedoch sprachlich nicht explizit zum Ausdruck gebracht wird.

9.2.2 Untersuchung der konzeptuellen Verknüpfungen

9.2.2.1 Frame-Similarität

Lediglich in zwei Predigten in *Lim* ist von Frame-Similarität auszugehen. Dabei handelt es sich um die Deutung von Eselin und Füllen in LimB.02 (cf. die Analyse in Kapitel 7.2.1.2) sowie um die Deutung der Leute, die Zweige ausbreiten in LimA.14 (cf. die Analyse in Kapitel 7.2.1.6). Auf sprachlicher Ebene findet sich in LimB.02 kein FM_{Sim} und in LimA.14 liegt ein Fall von einem nicht besonders stark markierten syntaktischen Parallelismus ($FM_{Sim}2$) vor.

9.2.2.2 Konzepteigenschafts-Similarität

Bei fünf der Einzeldeutungen ist eine Similarität der Konzepteigenschaften zu konstatieren. In den in Tabelle 40 angeführten Fällen bezieht der Prediger sich auf Tierdeutungen, die auf den Physiologus zurückgehen:[11] Bei der Deutung der Turteltauben in 002_LimA.12 fällt auf, dass das Allegoresekonzept nur kurz erläutert wird, die Turteltauben selbst hingegen gar nicht. Folglich sind Rückschlüsse von den keuschen Menschen auf die Turteltauben zu ziehen, wenn man davon ausgeht, dass die Deutung auf einer kognitiv plausiblen Assoziationsrelation basiert.[12] So ist anzunehmen, dass auch die Turteltauben die Eigenschaft der Keuschheit aufweisen. Auch bei der Deutung des Pelikans wird die Similarität auf sprachlicher Ebene nicht besonders deutlich herausgearbeitet. Sie ist aber zu erkennen, wenn man die Konzeptrelationen, auf die im Subframe (*KF-Pelikan*) rekurriert wird und die im *DR-Allegoria* vorhanden sind, betrachtet: Im Subframe wird folgendes Geschehen geschildert: Der Pelikan baut ein Nest unter einem anderen Nest. Nachdem seine Jungen geschlüpft sind, fliegt er aus, um nach Nahrung zu suchen. Bei seiner Rückkehr findet er seine Jungen getötet durch das andere Nest vor. Daraufhin hebt er seinen linken Flügel und vergießt drei blutige Tränen, mit denen er die Schnäbel der jungen Vögel befeuchtet, die dadurch wieder zum Leben erweckt werden. Das eine Nest wird schließlich als Paradies, das andere als Hölle gedeutet. Diese Deutung beruht auf einer Similarität der Kontraststruktur zwischen zwei ähnlichen Konzepten, von denen das eine 'lebensförderlich' und das andere 'lebensvernichtend' ist. Die Similarität der Kontraststruktur wird aber nicht durch ein FM_{Sim} zum Ausdruck gebracht, sondern sie zeigt sich in der Erläuterung «Lo nius del pellica resembla

---

11 Cf. die Deutungen des Pelikans (4) und der Turteltaube (28, 28a) im *Physiologus*.
12 Deutlich besser nachvollziehbare Deutungen der Turteltauben finden sich in 002_Tor03 sowie 003_Tor03.

Tab. 40: Konzepteigenschafts-Similarität in *Lim* (Tierdeutungen).

gemeinsame Eigenschaft	Konzept aus *TF-BIBLISCHE ERZÄHLUNG*	Konzept aus *TF-ALLEGORISCHE/ TROPOLOGISCHE DEUTUNG*	Zitat	Beispiel-nummer
'keusch'	TURTELTAUBENPAAR	MENSCHEN (KEUSCH)	Per aquel[z] auzelz que foro offert ab N. S., devem entendre aizelz omes et aicelas femenas que teno castitat e ploro lor pechaz.	002_LimA.12
'rettend'	PELIKAN	CHRISTUS	Adonc fo ademplida la profecia de David que dis: «Similis factus sum pellicano solitudinis, factus sum sicut niticorax in domicilio.» Zo ditz Nostre Seiner con el era semblant del pellica. Pellicanus es us auzelz que para so niu de totas bonas erbas que […] pot trobar e fa so niu sotz l'altre, e cum so espelli[t] li ausel del pellica, va queren conduh que lor do, e cant torna troba morz sos auzel[z] de la pudor del altre niu, e plora se e leva la ala senestra e get[a] ne tres lagremas de sanc de so senestre laz e met en als aucels el bec e *fa lor reviure*. Lo nius del pellica resembla paradis e l'altre nius effern. L'ausels signifia Nostre Senor. Lo sanx signifia la sua passio, per la cal los seus amix *trais d'efern*.	014_LimB.03

Tab. 41: Konzepteigenschafts-Similarität in *Lim* (allgemein).

gemeinsame Eigenschaft	Konzept aus *TF-Biblische Erzählung*	Konzept aus *TF-Allegorische/ Tropologische Deutung*	Zitat	Beispiel-nummer
1) 'zu entfernend' 2) 'namens-gebend'	BESCHNEIDUNG	TAUFE	E nos, senor, devem saber que aquella circumcisios corporalment signifia lo nostre babtisme esperital; et en aissi co enn aquella circumcisio er la nomz pausaz de l'efant et la superfluentat de la charn trenchada, tot [eisement] el nostre baptisme es lo nostre nomz pauzaz, e la superflue[n]tat delz vidis devo esser de nos desebrat; quar lo preire enterva l'efant e demanda li d'aital guisa: «Abrenuncias Sathane et omnibus operibus ejus et omnibus pompis ejus? Negas tu diable, zo diz lo preire, e totas sas obras e toz sos senz?» Eil pairi que so fianzas respondo per l'efant, e diz: «Abrenuncio», zo es: «el deveb».	001_LimA.09
'erhoben'	SONNE	CHRISTUS	Abacus propheta, molz dias abanz que Deus fos naz, divinet de la asensio Nostre Senor, e dis quel solelz era levatz el cel e la luna estava e son orde. Si con es aquesta dia, fo levatz lo solelz el cel, zo es quel filz de Deu, ad aital dia, poget à son paire.	015_LimB.05
'fruchtbringend'	PARADIES	KIRCHE	Aquesta paraula es semblansa al sanh christianesme et a la sancta Gleija, qua[r] paradis es us ortz en que plantet Nostre Seiner tos los bos arbres que fruh porto de mais qu'en tot est ma non a. La boneza e la beleza de la frucha non a compte de diser. Mal arbre no i plantet anc Nostre Seiner e i fez inuiase molz qu'en araiguet del angels pecaire, zo es diables, prumeir om que per so peccat fo getaz de paradis. Atretals orz es sancta Gleija e ssemblant de paradis, on a Deus plantaz, cum bos ortolas, totz los arbres que bo fruh porto: las patriarchas de cui linagi esnasc[uz] Nostre Seiner, las prophetas que devinero lo seu enquarnament e Maria Verge el nostre redement, elz apostols elz altres dicipols que prediquero pel mon, los martirs elz confessors e totz omes e totas femenas que so de bo captenement.	016_LimB.12

paradis e l'altre nius effern». Da diese Struktur nicht innerhalb des *TF-BIBLI-SCHE ERZÄHLUNG*, sondern innerhalb des Subframes anzusiedeln ist, kann von einer Konzepteigenschafts-Similarität zwischen dem Konzept PELIKAN, auf das im Bibeltext rekurriert wird, und CHRISTUS im *TF-ALLEGORISCHE DEUTUNG* ausgegangen werden. Des Weiteren wird der PELIKAN aufgrund des Blutes, das er vergießt, und das dafür sorgt, dass jemand errettet wird, auf CHRISTUS hin gedeutet, der mit seinem BLUT die MENSCHEN vor der VERDAMMNIS errettet. Auch diesbezüglich ist eine Konzepteigenschafts-Similarität zwischen dem Vogel und Christus zu erkennen, die sprachlich – nicht besonders explizit – durch die Verwendung von *fa lor revuire* und *trais d'efern* zum Ausdruck gebracht wird.

Neben den Tierdeutungen sind die drei in Tabelle 41 aufgelisteten Allegoresen den auf Konzepteigenschafts-Similarität basierenden Deutungen zuzuschreiben. Auffällig gut plausibilisiert erscheint 001_LimA.09, die Deutung der BESCHNEIDUNG, die über die Darlegung zwei gemeinsamer Eigenschaften erfolgt, wobei jeweils über Lexemwiederholungen (FM$_{Sim}$1b.1) Similarität zum Ausdruck gebracht wird. Auch die Einzeldeutung 016_LimB.12 mit der Verwendung von FM$_{Sim}$1b.1 erscheint gut nachvollziehbar. Weniger deutlich, aber dennoch nachvollziehbar erscheint 015_LimB.05 mit der Verwendung zweier Lexeme aus dem gleichen Wortfeld (FM$_{Sim}$1b.3) zur Markierung der Similarität.

9.2.2.3 Similarität + Kontiguität

In 003_LimA.12 liegt eine komplexere Verkettung vor: Ausgangspunkt ist die Lichtmetapher in der biblischen Erzählung (Lk 2,32: *lumen ad revelationem gentium*), mit der auf JESUS referiert wird. Im Rahmen der Auslegung nimmt der Prediger eine similaritätsbasierte Verknüpfung zwischen einem *KF-KERZE* und dem *DR-ALLEGORIA* vor, die dazu führt, dass das Konzept LICHT über einen metaphorischen Kippeffekt mit dem WIRKEN JESU in Verbindung gebracht werden kann. In einem zweiten Deutungsschritt wird zwischen LICHT und KERZE über eine Kontiguitätsrelation eine Verknüpfung hergestellt und schließlich erfolgt in einem dritten Deutungsschritt eine Verknüpfung zwischen der KERZE und dem CHRISTEN, die auf ähnlichen Konzepteigenschaften basiert, da beide aus drei Bestandteilen bestehen:

(96) Si nos volem aver part en aizela luz que N.S. J. Ch. aporte[t] e donet a tot lo segle, quant vene primierament al temple, a nos coven que aisi siam alumenat de la gracia de Sant Esperit et abrasat de l'amor de Deu si con es la candela del foe. E la candela so tres causas, la cera el pabils el fox. Tot eisement devem aver tres causas e nos medeismes. Zo es la charn e l'arma e deve[m] esser aluminat de la gracia de Sant Esperit e de l'amor de Deu. (003_LimA.12)

Des Weiteren finden sich bei den Allegoresen der LEUTE, die ihre KLEIDER auf dem WEG ausbreiten, auf die MÄRTYRER hin in 004_LimA.14 sowie in 012_LimB.02 eine Verknüpfung von Similaritäts- und Kontiguitätsrelation, die in Kapitel 7.2.1.6 näher besprochen wurde.

9.2.2.4 Kontrast
Eine Kontraststruktur spielt in 014_LimB.03 eine zentrale Rolle bei der Deutung der beiden NESTER (cf. Kapitel 9.2.2.2), doch ist diese unter eine Similaritätsrelation subordiniert.

9.2.2.5 Taxonomische Superordination
In LimA.16 werden die beiden neben JESUS am KREUZ HÄNGENDEN MÄNNER allegorisiert. Dabei handelt es sich jeweils um eine Allegorese, die auf taxonomischer Überordnung basiert, denn der GEKREUZIGTE auf der LINKEN SEITE verachtet GOTT und wird allgemein auf die GOTTESVERACHTER hin gedeutet. Ähnlich verhält es sich mit dem GEKREUZIGTEN SÜNDER auf der RECHTEN SEITE, der allgemein auf die REUIGEN SÜNDER hin gedeutet wird:

(97) l'altre signifia cels que se despero de Deu, si co fez Judas. (007_LimA.16)

(98) Lo laire de la destra part que fo salvs signifia cels que cofesso lor pecat [...]. (006_LimA.16)

9.2.2.6 Keine Plausibilisierung der Deutung
Auffällig ist, dass der Prediger in LimB.02 in drei Fällen keine Plausibilisierung der Deutung vornimmt. Da mit BETFAGE (008_LimB.02) ein Ortsname vorliegt, könnte es sich dabei um eine etymologische Deutung handeln, doch scheint der Prediger hier nicht auf die konventionelle etymologische Übersetzung zu rekurrieren, die BETFAGE als HAUS DER BACKEN[13] oder HAUS DES MUNDES deutet, sondern auf ein zentrales Konzept aus dem *DR-ALLEGORIA*, wenn er es auf die PREDIGER hin deutet. Dabei wird weder der Deutungsweg erläutert noch finden sich in den konzeptuellen Relationen Hinweise auf den Deutungsweg. Auch bei den Deutungen des ÖLBERGS (009_LimB.02) und der LEUTE, die ZWEIGE ausbreiten (013_LimB.02), ist nicht ersichtlich, wodurch die Verknüpfung bedingt ist:

(99) per montem Oliveti, [devem entendre] Ecclesiam (009_LimB.02)

(100) Per aquels [que] estendio los rams, entendem lo[s] sanhz paires. (013_LimB.02)

---

13 Cf. Hieronymus, *Liber de nominibus hebraicis* (PL 23, 876) sowie die Erläuterung dieser Etymologie in Kapitel 7.2.1.1.

9.2.2.7 Zusammenfassende Bewertung der Verknüpfungsrelationen

Die Verknüpfungsrelationen lassen sich in dem folgenden Diagramm abbilden:

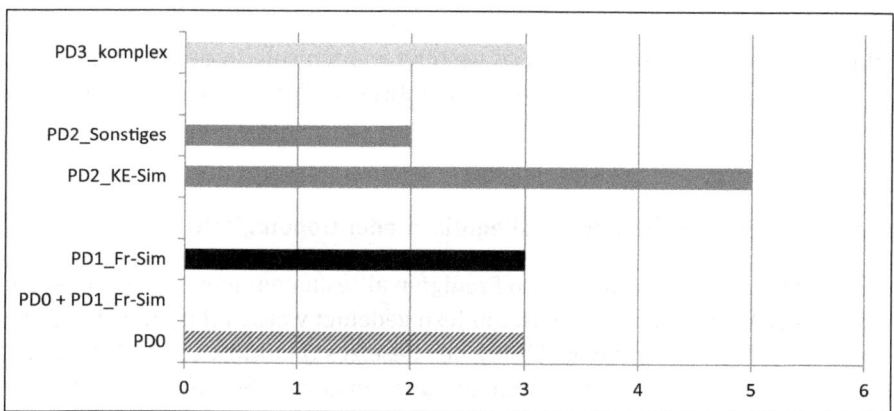

Abb. 26: Verteilung der 16 konzeptuellen Verknüpfungen in *Lim*.

Die Verteilung der verschiedenen Verknüpfungsarten erscheint relativ gleich-
mäßig. Am dominantesten ist Konzepteigenschafts-Similarität, die gemeinsam
mit den Fällen taxonomischer Superordination, mit denen sie auf mittlerer
Komplexitätsstufe zu verorten ist, 43,8 % der Verknüpfungen ausmacht. Auffällig erscheint – vor allem im Vergleich zu *Mau* – der geringe Prozentsatz an
reinen Frame-Similaritäts-Verknüpfungen (18,8 %) sowie der – auch im Vergleich mit den bisher untersuchten Predigtsammlungen – hohe Prozentsatz der
nicht plausibilisierten Deutungen (18,8 %), der genauso hoch ist wie der der
komplexen Deutungen. Zusammen genommen können diese Faktoren darauf
hinweisen, dass die Allegoresen der Predigtsammlungen nicht zu didaktischen
Zwecken auf ein einfaches Publikum zugeschnitten wurden. Insgesamt ist
auch in *Lim* Similarität die dominanteste Verknüpfungsrelation, doch ist sie in
31,3 % der Fälle, bei den nicht-plausibilisierten Deutungen und bei den taxono-
mischen Superordinationen überhaupt nicht zu erkennen. Folglich scheint die
Allegorese in *Mau* nicht so stark durch Similarität bestimmt zu sein wie beispielsweise in *Mau*. Diese Feststellung geht einher mit der Beobachtung, dass
Similarität in *Lim* in nur 44 % der Deutungen durch ein FM$_{Sim}$ zum Ausdruck
gebracht wird.

9.2.3 Unterstützung der Deutung durch Bibelzitate

In *Lim* werden zwar viele Bibelzitate angeführt, doch ist nur ein Fall zu konstatieren, in dem ein Bibelzitat zur Plausibilisierung der Allegorese herangezogen wird. Dabei handelt es sich um die Zitation von Joh 14,6 in LimB.02, mit deren Hilfe die Verknüpfung JESUS – WEG gestützt werden soll. In der deutlich knapper gehaltenen Predigt LimA.14 wird nicht direkt zitiert, sondern paraphrasiert, dass JESUS der WEG war.

9.2.4 Geistlicher Schriftsinn – allegorisch oder tropologisch?

Bei *Lim* fällt auf, dass in mehreren Predigten alttestamentliche Verse zum einen explizit als Ankündigung der Passion Jesu gedeutet werden (LimA.16, LimB.03, LimB.05), zum anderen die Erfüllung des Gesetzes (LimA.09, LimA.12) thematisiert wird, jedoch nicht im Zusammenhang geistlicher Schriftauslegung. Predigten, deren Allegorese eindeutig als allegorisch zu beschreiben ist, sind neben den bereits oben erwähnten Predigten LimB.12 und LimB.02. Auch LimA.14, die den gleichen Perikopentext wie LimB.02 anlässlich des Palmsonntags zur Grundlage hat, weist eine allegorische Auslegung auf, doch ist darauf zu verweisen, dass am Ende der Predigt eine moralische Aufforderung steht, die sich aber nicht direkt auf die Deutung bezieht. Die Allegoresen in LimA.09 und LimA.12 hingegen sind als tropologisch zu beschreiben.

Somit ist in *Lim* keine eindeutige Präferenz für eine allegorische bzw. eine tropologische Auslegung zu erkennen.

9.2.5 Fazit

Die *Sermons limousins* erwecken mit den bei der Allegorese verwendeten Verknüpfungsrelationen den Eindruck, dass sie sich nicht gezielt auf ein einfaches Zielpublikum ausgerichtet sind, da sie einige nicht-plausibilisierte Deutungen aufweisen und kaum Deutungen der untersten Komplexitätsstufe ($PD_{1\_Fr\text{-}Sim}$). Auch der vergleichsweise geringe Prozentsatz an Similaritätsmarkierungen kann als Hinweis dafür betrachtet werden, dass der Prediger nicht in erster Linie Allegoresen durch Similaritätsmarkierungen gut nachvollziehbar machen will. Des Weiteren führt die häufige Verwendung von Bibelzitaten dazu, dass der Argumentationsgang komplexer wird. In Hinblick auf die Verteilung der allegorischen und tropologischen Elemente lässt sich keine eindeutige Zielrichtung erkennen. Insgesamt entsteht der Eindruck, dass das Homiliar keinen hohen didaktischen Anspruch aufweist und auch eine übergreifende Strategie ist nicht zu erkennen.

9.3 Analyse der Allegorese in den *Homilies d'Organyà*

9.3.1 Die sprachliche Gestaltung der Einzeldeutungen

In *Org* findet sich – ähnlich wie in *Lim* – *entendre* ($FM_{allgemDeut}3$) als häufigstes Deutungsverb, das zweimal als einziges Deutungsverb auftritt, zweimal in Kombination mit *esser + zo* ($FM_{allgemDeut}2b$) und einmal in Verbindung mit *porta significanza de*, was als $FM_{allgemDeut}1c$ zu beschreiben ist:

Tab. 42: Beispiel für $FM_{allgemDeut}1c$ *(Org)*.

(101) Per la f<emna> qi clamave merce a N<ostre> S<einor>, devem entendre qe pos la Pasió e la Resurecció e la Ascensió de J<hesu> Grist, per la predicació dels Apòstols credeg tot lo poble qi ere pagà. [...] E en aizò podem conoxer qe Déus no od pecadors, per qe qar anc aqesta femna no la volg audir tro qe ag parlad ab los diciples, zo cové asaber qe qan ag parlad ab los preveres; e ele, per la penitència, sempre fo deliurada del poder del demoni. Aizò porta significanza de tot peccador qi està en peca<d> e en males obres, audir no l vol N<ostre> S<èineir> ; mas can él se part de pecad e de males obres e pren sa penitència fermament, sempre li és perdonad tot son pecad. (005_Org06)	$FM_{allgemDeut}3$ + $FM_{allgemDeut}1c$

Des Weiteren tritt zweimal *significar* auf ($FM_{allgemDeut}1a$) und zweimal *porta figura de*, was als $FM_{allgemDeut}5a$ zu beschreiben ist:

Tab. 43: Beispiel für $FM_{allgemDeut}5a$ *(Org)*.

(102) Aizeles gentz qi menazaven al ceg qe calàs, porta figura dels fols pensamentz de les cures d'aqest segle, qi.ns destorben en oracions e en bones obres. (002_Org03)	$FM_{allgemDeut}5a$

Lediglich in einem Fall (010_Org06) liegt kein Deutungsverb vor, sondern hier wird durch eine Similaritätsmarkierung deutlich, dass eine Verknüpfung zweier Konzepte vorliegt.

Similarität wird in sieben von zehn Einzeldeutungen durch Lexemwiederholungen ($FM_{Sim}1b.1$) und $FM_{Sim}1a.1$[14] zum Ausdruck gebracht. Keine Similari-

---

14 Dabei handelt es sich um die Verwendung von «enaixí com [...] tot exament» (005_Org06).

tätsmarker finden sich in zwei Einzeldeutungen, bei denen es sich vermutlich um etymologische Namensdeutungen handelt, sowie in einem weiteren Fall (002_Org03).

9.3.2 Untersuchung der konzeptuellen Verknüpfungen

9.3.2.1 Frame-Similarität
In den beiden analysierten Predigten der *Homilies d'Organyà* finden sich Allegoresen, die wesentlich auf der Darlegung der Similarität der Frame-Strukturen beruhen, wie in den folgenden beiden Tabellen dargestellt:

Tab. 44: Frame-Similarität in Org03.

analoge Struktur	Ebene der Darlegung der biblischen Erzählung	Allegoreseebene
A ruft JESUS/GOTT und bittet ihn um BEFREIUNG von B	A = BLINDER, B = BLINDHEIT	A = SÜNDER, B = SÜNDE
A versuchen B von einem HILFERUF abzuhalten	A = LEUTE, B = BLINDER	A = SÜNDEN, B = SÜNDER

Während in Org03 eine Übertragung der Strukturen des *TF-BIBLISCHE ERZÄHLUNG* auf den *TF-TROPOLOGISCHE DEUTUNG* vorgenommen wird, deutet der Prediger in Org06 sowohl allegorisch (Allegoreseebene$_1$) als auch tropologisch (Allegoreseebene$_2$):

Tab. 45: Frame-Similarität in Org06.

analoge Struktur	Ebene der Darlegung der biblischen Erzählung	Allegoreseebene$_1$ (allegorisch)	Allegoreseebene$_2$ (tropologisch)
A bittet JESUS/GOTT um BEFREIUNG für B von C	A = MUTTER, B = TOCHTER, C = DÄMON	A = KIRCHE, B = MENSCHEN, C = SÜNDE	A1 = FLEISCH, A2 = SEELE, B1 = SEELE, B2 = FLEISCH, C = GEFANGENSCHAFT des TEUFELS
JESUS/GOTT hört A erst zu, nachdem B ihn dazu drängen	A = MUTTER, B = JÜNGER	A = MENSCHEN, B = PRIESTER	

Abgesehen von der Einzelallegorese in 002_Org003 (LEUTE, die den BLINDEN anfahren) finden sich bei allen anderen Einzeldeutungen Similaritätssignale wie Lexemwiederholungen (FM$_{Sim}$1b.1), vergleichende Konjunktionen oder die Verwendung eines vergleichenden (äquativen) Modaladverbs (FM$_{Sim}$1a.1). Eine Besonderheit in Org06 besteht darin, dass die zwei Ausgangskonzepte FRAU und TOCHTER jeweils zwei konträre Deutungen erfahren: So wird die FRAU in einem ersten Schritt auf das FLEISCH (A1) und ihre TOCHTER auf die SEELE (A2) hin gedeutet. Im nächsten Schritt erfolgt eine umgekehrte Deutungszuschreibung der FRAU auf die SEELE (B1) und der TOCHTER auf das FLEISCH (B2) hin. Ausschlaggebend für diese beiden konträren Deutungen dürfte sein, dass sowohl zwischen der FRAU und ihrer TOCHTER als auch zwischen FLEISCH und SEELE eine Abhängigkeitsrelation besteht. Dem Prediger scheint es wichtig zu sein, alle ihm salient erscheinenden Deutungen aufzuzeigen, auch wenn das dazu führt, dass die Gesamtallegorese schwerer verständlich wird.

9.3.2.2 Konzepteigenschafts-Similarität

Bei der Deutung der MUTTER auf die KIRCHE hin erfolgt zusätzlich zur Frame-Similarität eine Plausibilisierung durch Konzepteigenschafts-Similarität. Der Prediger betont, dass die FRAU noch nicht zu JESUS gerufen hat, als sie noch in ihrer HEIMAT war, sondern erst als sie die HEIMAT verlassen hat. Die Kontraststruktur, die der Prediger so aufbaut, ist im Bibeltext selbst nicht enthalten und deshalb in einem Subframe zum *TF-BIBLISCHE ERZÄHLUNG* zu verorten: Früher rief die FRAU nicht zu GOTT, während sie jetzt JESUS um HILFE bittet.

Tab. 46: Konzepteigenschafts-Similarität in *Org.*

gemeinsame Eigenschaft	Konzept aus *TF-BIBLISCHE ERZÄHLUNG*	Konzept aus *TF-ALLEGORISCHE/ TROPOLOGISCHE DEUTUNG*	Zitat	Beispielnummer
'ehemals gottlos'	FRAU	KIRCHE	S<enniors>, per aqesta femna devem entendre Sancta Eclésia, qi ere morta entre la mala gent; et enaixi com aqesta femna, dementre qe fo en sa terra, *no clamava merce a Déu*, tot exament aqeles males gentz, dementre qe adoraven les ydoles e foren descreents, *no clamaren mercé a Déu.*	005_Org06

Diese Struktur wird auf die MENSCHEN in der KIRCHE übertragen, die früher nicht zu GOTT riefen, jetzt hingegen schon. Sprachlich wird die similaritätsbasierte Verknüpfung durch die Verwendung von FM_{Sim}1a.1 und FM_{Sim}1b.1 deutlich markiert.

9.3.2.3 Verknüpfung aufgrund etymologischer Deutung?
Die zwei Ortsnamen Tyrus und Sidon in Org06 legen auf den ersten Blick die Vermutung nahe, dass etymologische Namensdeutungen vorliegen.

(103) Aqesta qe om apela Tirus s‹i›g‹nifica› las tribulacions d'aqest segle [...]. (003_Org06)

(104) e l'altra qe o a‹pela› Sidon significa lo poble qi ans del aveniment de J‹hesu› Crist menava Diable a mort. (004_Org06)

Da Hieronymus in Bezug auf *Tyrus* eine ganz ähnliche Deutung vornimmt,[15] ist davon auszugehen, dass es sich dabei um eine gängige etymologische Namensdeutung handelt. Für Sidon hingegen finden sich weder bei Hieronymus noch in den *Etymologiae* des Isidor Hinweise darauf, dass es sich dabei um eine konventionelle etymologische Deutung handelt und die sprachliche Gestaltung von 004_Org06 weist auch nicht darauf hin.[16] Die Deutung scheint aber in Zusammenhang mit der Schilderung des drohenden Gerichts über Sidon in Ez 28,21–24 zu stehen. Über eine kontiguitätsbasierte Verknüpfung kann SIDON mit dem VOLK, das in dieser Stadt wohnte und im Rahmen der Zerstörung der Stadt umkam, verknüpft werden. Auch für den Adressaten, der sich nicht des in Ezechiel geschilderten Sachverhalts bewusst ist, dürfte eine kontiguitätsbasierte Verknüpfung in diesem Zusammenhang nachvollziehbar sein – ebenso wie bei der Deutung TYRUS' –, da in beiden Fällen auf den «dunklen» Bereich des TEUFELS und der TRÜBSAL verwiesen wird und es sich in beiden Fällen um STÄDTE handelt, in denen HEIDEN wohnen, die auch diesem Bereich zuzuordnen sind. Aus diesem Grund werden beide Deutungen in der Auswertung als $PD_{2\_Sonstiges}$ bewertet.

9.3.2.4 Zusammenfassende Bewertung der Verknüpfungsrelationen
Die konzeptuellen Verknüpfungen in *Org* lassen sich folgendermaßen darstellen:

---

15 «Tyrus quae Hebraice dicitur sor [...] et interpretatur tribulatio» (*Liber de nominibus hebraicis*, PL 23, 808).
16 In Bezug auf eine deutliche sprachliche Markierung etymologischer Deutungen beispielsweise durch die Verwendung von *interpretare* cf. Kapitel 10.3.5.1.

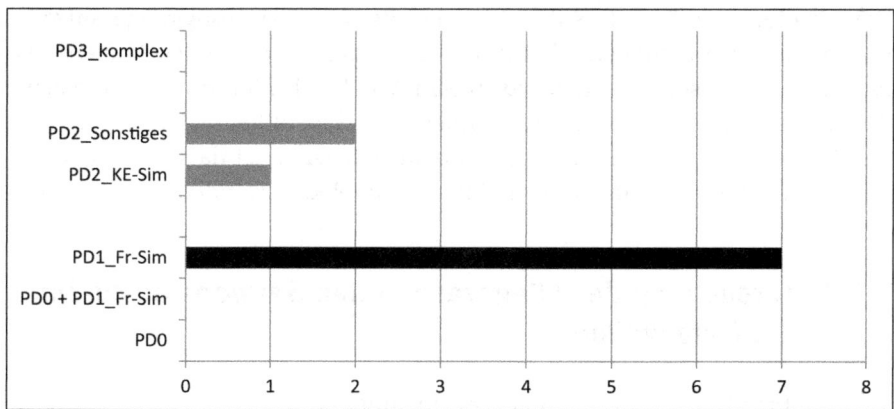

Abb. 27: Verteilung der zehn konzeptuellen Verknüpfungen in *Org.*

Die Frame-Similarität ($PD_{1\_Fr\text{-}Sim}$) dominiert klar in *Org.* Lediglich in einem Fall kann der Deutungsweg neben Frame-Similarität auch durch Konzepteigenschafts-Similarität ($PD_{2\_KE\text{-}Sim}$) plausibilisiert werden, was den Komplexitätsgrad der Deutung erhöht. Zu einer Erhöhung der Deutungs-Komplexität tragen des Weiteren die zweifachen spiegelbildlichen Deutungen der FRAU und ihrer TOCHTER in Org06 bei. Es entsteht der Eindruck, dass dem Prediger sehr daran gelegen ist, die Deutungswege zu plausibilisieren. Dazu zeigt er teilweise auch alternative Deutungswege auf, die salient erscheinen. Lediglich bei den beiden Ortsnamensdeutungen ist keine Similarität zu erkennen. Die Deutungen der Städte Tyrus und Sidon werden als kontiguitätsbasiert betrachtet ($PD_{2\_Sonstiges}$), auch wenn – vor allem für Tyrus – auch eine etymologische Deutung im Hintergrund stehen dürfte.

9.3.3 Geistlicher Schriftsinn – allegorisch oder tropologisch?

Während in Org03 sich nur eine tropologische Auslegung findet, enthält Org06 sowohl eine allegorische als auch eine tropologische Auslegung. In beiden Predigten finden sich am Ende moralische Aufforderungen, die die tropologische Deutung wieder aufgreifen.

9.3.4 Fazit

Die *Homilies d'Organyà* zeichnen sich zwar überwiegend durch $PD_{1\_Fr\text{-}Sim}$ und damit einen niedrigen Komplexitätsgrad aus, doch wird die Komplexität teilweise dadurch erhöht, dass der Prediger alternative Deutungswege aufzeigt. Die Salienz der Deutungen scheint für ihn – abgesehen von den Namensdeutungen – eine wesentliche Rolle zu spielen. Vor dem Hintergrund der Tatsache, dass keine komplexen Deutungen vorliegen und auch keine Schriftzitate verwendet werden, um die Deutungen zu plausibilisieren, ist davon auszugehen, dass der Prediger sich an ein eher einfaches Publikum wendet.

9.4 Untersuchung der Allegorese in den *Sermons de carême en dialecte wallon*

9.4.1 Sprachliche Gestaltung der Einzeldeutungen

In neun von zehn Einzeldeutungen wird das neutrale Deutungsverb *signiefier* (FM$_{allgemDeut}$1a) verwendet und in einem Fall *ce est* (FM$_{allgemDeut}$2b). Similaritätsmarker finden sich in sieben Einzeldeutungen in Form von Lexemwiederholungen (FM$_{Sim}$1b.1) und in einem dieser Fälle ist zusätzlich FM$_{Sim}$1a.1 zu erkennen. In drei Fällen (004_Wal05, 005_Wal06 und 010_Wal09) liegt kein FM$_{Sim}$ vor.

9.4.2 Untersuchung der konzeptuellen Verknüpfungen

9.4.2.1 Frame-Similarität
In zwei der vier analysierten wallonischen Fastenpredigten lassen sich auf Frame-Similarität basierende Deutungen feststellen, die in der folgenden Tabelle dargestellt sind:

Tab. 47: Frame-Similarität in *Wal.*

Predigt	analoge Struktur	Ebene der biblischen Erzählung	Allegoreseebene
Wal04	A bittet JESUS/GOTT um HEILUNG für B	A = FRAU, B = TOCHTER	A = KIRCHE, B = SEELE DES SÜNDERS
Wal06	A trägt B	A= KIND, B = BROTE (5), C = FISCHE	A = JUDEN, B = GESETZ, C = PSALMEN- und PROPHETENBÜCHER

Die Deutungen des BROTES (006_Wal06) und der FISCHE (007_Wal06) können zusätzlich auch durch Konzepteigenschafts-Similarität plausibilisiert werden.

9.4.2.2 Konzepteigenschafts-Similarität

Bei den in Tabelle 48 aufgelisteten drei Einzeldeutungen sind Zahlen mit in die Deutung involviert. Während bei den ZWÖLF KÖRBEN (009_Wal06) lediglich die Zahl ausschlaggebend ist für die Einzeldeutung, basiert die Deutung der FÜNF BROTE neben der Zahl 5, auf die in Form einer Lexemwiederholung (FM_{Sim}1b.1) verwiesen wird, auf der gemeinsamen Eigenschaft «fest». Letztere wird lediglich explizit bei einer näheren Erläuterung des Brotes, das aus Gerste besteht, erwähnt. Durch die Verwendung von *si* (FM_{Sim}1a.1) wird diese Eigenschaft jedoch auch auf die Allegoreseebene übertragen. Bei der Deutung der ZWEI FISCHE wird nicht explizit auf die Zahl 2 rekurriert, jedoch wird hier auf zwei unterschiedliche Elemente auf Allegoreseebene verwiesen. Zudem wird in diesem Fall auch explizit auf die gemeinsame Eigenschaft 'leicht' in Form einer Lexemwiederholung (FM_{Sim}1b.1) rekurriert.

Des Weiteren finden sich drei auf Konzepteigenschafts-Similarität basierende Deutungen, die nicht weiter nach gemeinsamen Kriterien sortiert sind (cf. Tabelle 49): Im Gegensatz zu 051_Mau34 wird die Deutung des KRANKEN, die auf der Gemeinsamkeit des TAUB- UND STUMMSEINS beruht, in *Wal* zu den Deutungen gezählt, die auf Konzepteigenschafts-Similarität beruhen, denn hier wird nicht darauf verwiesen, dass beide vom TEUFEL bewirkt werden, sondern der Fokus liegt auf ähnlichen Eigenschaften, die durch FM_{Sim}1b.3 zum Ausdruck gebracht werden. Ähnlich verhält es sich auch mit der Deutung der TOCHTER (004_Wal05), die vom TEUFEL befallen ist, was durch die Verwendung von FM_{Sim}1b.1 zum Ausdruck gebracht wird.

In Bezug auf die Deutung des GRASES ist hervorzuheben, dass in dieser Predigt deutlich gemacht wird, weshalb GRAS mit dem entsprechenden Allegorosekonzept verknüpft wird, wohingegen in 006_Tor06 die Deutung des GRASES nicht plausibilisiert wird. Sprachlich wird die Verknüpfung durch die Verwendung von FM_{Sim}1b.1 bzw. FM_{Sim}1b.3 plausibilisiert, wobei eine metaphorische Verwendungsweise auf tropologischer Ebene vorliegt.

Tab. 48: Konzepteigenschafts-Similarität in *Wal* (Zahlen).

gemeinsame Eigenschaft	Konzept aus *TF-BIBLISCHE ERZÄHLUNG*	Konzept aus *TF-ALLEGORISCHE/ TROPOLOGISCHE DEUTUNG*	Zitat	Beispielnummer
1) 'Zahl 5' 2) 'fest'	BROTE (5)	GESETZ	li *v.* p[ain] sign[efient] les *v.* liures Moyse u la lois eret escrite que li pueles des juies porteuet et si ne s'en soleuent mie, car il n'entendoient les misteres ne les commans qui estoient enclous en la uiez loi, qui nos sunt aouert et reueleit par la doctrine de Jhesu Crist. Ce que li pain furent d'orge n'est mie sens raison car uos saueis bien que li orges est de tel nature et si fer et enclos li grains en la pailhe qu'a paine sens grant trauailh l'en puet om fors traire. *Si* faite estoit la uiez lois qui si astoit et li spirituez et couers sens ens en la letre que nus nel pooit entendre se par la graze non et par la doctrine de Jhesu Crist.	006_Wal06
1) 'Zahl 2' 2) 'leicht'	FISCHE (2)	PSALMEN UND PROPHETENBÜCHER	Li dui poisson signef[ient] les psalmes et les liures des prophetes, car li poisson sunt *legier*, por user et si font aiwe al fort pain c'on ne le puet mangier. Ensi faitement le psalmes et li liure des prophetes sunt plus *legier* et si font a entendre les sacramens de s. glise.	007_Wal06
'Zahl 12'	KÖRBE (12)	APOSTEL (12)	E s'en enplirent *XII.* corbel. Li *XII* corbel signefient les *XII* apostles qui, apres ce que Nostre S[ire] ot esposee la uies loi, prechierent la s. ewangele a tot la monde.	009_Wal06

Tab. 49: Konzepteigenschafts-Similarität in *Wal* (allgemein).

gemeinsame Eigenschaft	Konzept aus TF-BIBLISCHE ERZÄHLUNG	Konzept aus TF-ALLEGORISCHE/ TROPOLOGISCHE DEUTUNG	Zitat	Beispiel- nummer
'taub, stumm'	KRANKER (BLIND, STUMM, VOM TEUFEL BESESSEN)	SEELE (SCHLECHT)	Cil hom qui ert *muz* et *auogles* et le dyable auoit el cors signefie les mesceans et les maluais homes qui ne uuelent les commandeme[n]s Damredeu par eas acomplir *ne* nes uuelent *escolter* des orelles de lor cuer, car il nes uuelent *mie entendre*, et qui molt sunt *mut* et *taisant* de la parole Deu a anunchier.	003_Wal05
'vom Teufel besessen'	TOCHTER	SEELE	Ilh at *le dy[able] uoirement el cors* qui les commandemens Damredeu oblie a acomplir. C'est cil qui son corace at atornet es terrienes ioies et es charnes desiers que Deus n'aime mie, de cui nos parlons en une altre ewangel de la filhe a la bone feme qui auoit l'ennemis el cors. Li arme qui en males ueures demore ce est la filhe qui *l'anemis at el cors.*	004_Wal05
'etwas zu stutzendes'	GRAS	BEGIERDE	Ensi, ce dist li ewangelistes, la u il s'asisent ot molt de foink; si s'en asisent bien par conte .v. mile. Li f[oink] u sus li pueles s'asist signefie la conuoitise de nostre char que nos deuons *escorchier* et *restraindre*, et ce doit faire qui qui unques se uuet soler des spirituez nourrissemens : il *doit* la flor del f[oink] *descolchier*, ce est il *doit* despitier la uolente de ses charnes desiers [...].	008_Wal06

9.4.2.3 Similarität + Kontiguität

Im Falle der SONNENFINSTERNIS-Deutung (010_Wal09) liegt keine reine Konzepteigenschafts-Similarität vor:

(105) Ce que li soles *obscurat* ce signefie que li gyu erent auogle et li defailhemens del sololh signefie lor dampnation qu'il aront por lor *auoglement*. (010_Wal09)

Ausgangspunkt für die Deutung ist die gemeinsame Eigenschaft 'dunkel' (FM_{Sim}1b.3), die die SONNENFINSTERNIS auszeichnet und die bei den JUDEN im metaphorischen Sinne vorliegt, da sie den MESSIAS nicht sehen. Zudem liegt aber ein weiterer kontiguitätsbasierter Deutungsschritt vor, denn der Prediger verknüpft die JUDEN mit VERDAMMNIS, die Folge dessen ist, dass sie den MESSIAS nicht erkennen.

9.4.2.4 Zusammenfassende Bewertung der Verknüpfungsrelationen

Die konzeptuellen Verknüpfungen in *Wal* lassen sich folgendermaßen darstellen:

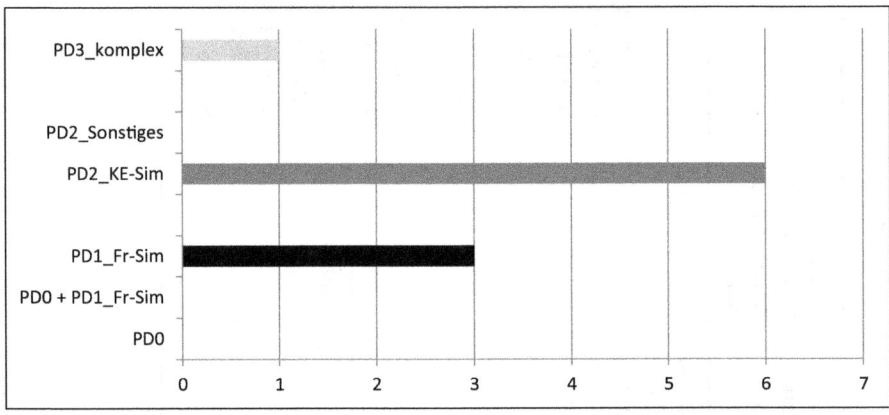

Abb. 28: Verteilung der zehn konzeptuellen Verknüpfungen in *Wal*.

In dieser Predigtsammlung liegt in 60 % der Deutungen Konzepteigenschafts-Similarität vor, teilweise neben Frame-Similarität. Des Weiteren ist in 30 % der Fälle Frame-Similarität zu konstatieren. Ein komplexer Deutungsfall liegt vor mit einer Kombination aus Similarität und Kontiguität. Insgesamt dominiert ein mittlerer Komplexitätsgrad.

9.4.3 Geistlicher Schriftsinn – allegorisch oder tropologisch?

In den analysierten Predigten zeigt sich keine klare Trennung zwischen allegorischer und tropologischer Deutung, denn einige Allegoresekonzepte sind im *DR-ALLEGORIA* und andere im *DR-TROPOLOGIA* zu verorten.

9.4.4 Fazit

In allen *Wal*-Predigten wird Similarität zum Ausdruck gebracht, die sich in 70 % auch sprachlich durch Verwendung eines FM_{Sim} manifestiert. Die konzeptuellen Verknüpfungen sind großenteils einer mittleren Komplexitätsstufe zuzuordnen. Auch wenn der Prediger im Rahmen seiner Predigt verschiedene Bibelzitate miteinander verknüpft, werden die Allegoresen nicht durch Bibelzitate gestützt, was den Komplexitätsgrad erhöhen würde. In Bezug auf die Zuordnung zur allegorischen oder tropologischen Schriftsinnebene ist keine eindeutige Klassifikation vorzunehmen, sondern allgemein geistliche Schriftauslegung zu konstatieren.

10 Analyse der Allegorese in den *Sermoni subalpini*

10.1 Horizontale und vertikale Verknüpfungen

Die *Sermoni subalpini* zeichnen sich dadurch aus, dass nicht nur einfache Verknüpfungen zwischen wörtlichem und geistlichem Schriftsinn bzw. direktem und indirektem Interpretationsmodus eines Bibeltextes (cf. Kapitel 5.3) vorgenommen werden. Mehrfach nimmt der Prediger innerhalb einer Predigt Verknüpfungen zwischen unterschiedlichen Bibelstellen vor, die entweder im direkten oder im indirekten Interpretationsmodus betrachtet werden können.[1] Predigten, bei denen nicht nur horizontal (vom direkten zum allegorisierenden Interpretationsmodus) allegorisiert wird, sondern auch vertikale Verknüpfungen zwischen unterschiedlichen Bibeltexten vorliegen, weisen einen höheren Komplexitätsgrad auf.[2] Zwar liegen auch in anderen Homiliaren wie beispielsweise *Lim* vertikale Verknüpfungen vor, doch werden die vertikalen Verknüpfungen nur in diesem Kapitel gesondert behandelt, da sie in *Sub* nicht nur die Allegorese stützen, sondern verschiedene vertikal miteinander verknüpfte Zitate allegorisiert und damit auf horizontaler Achse miteinander verbunden werden.

Sowohl horizontale als auch vertikale Verknüpfungen lassen sich daraufhin untersuchen, ob sie durch kognitiv plausible Assoziationsrelationen begründet sind. Während die horizontalen Verknüpfungen ausführlich in Kapitel 10.3 untersucht werden, werden die vertikalen in diesem Kapitel genauer betrachtet. Ein Fall, in dem die Verknüpfung auf Similarität basiert, liegt beispielsweise in Sub20 vor, wenn der Prediger den Bogen von Ps 19,6 (VUL Ps 18,6) zu Hld 2,8 schlägt, da beide Male ein Vorgang beschrieben wird, bei dem jemand springt. Einmal wird hierzu das Lexem *exultavit* und das andere Mal *saliens* bzw. *transiliens* verwendet.[3] Während für diese erste Verknüpfung Similarität auf Konzeptebene ausschlaggebend ist, ist für die zweite Verknüpfung mit einer anderen Bibelstelle die Similarität der Lexeme verantwortlich:

---

1 Cf. in diesem Zusammenhang auch das rabbinische Verfahren der «Gezera schawa», bei dem lexematische Überschneidungen zwischen unterschiedlichen Schriftstellen Analogieschlüsse von einer auf die andere Stelle zulassen können (cf. Avemarie 2013).

2 Da der Fokus in dieser Arbeit auf der Allegorese liegt, die als Verknüpfung zwischen einem Frame im direkten Interpretationsmodus und einem Frame im indirekten Interpretationsmodus beschrieben wird, die in Abbildung 16 und 29 nebeneinander dargestellt werden (horizontal), wurde für die Verknüpfung zwischen unterschiedlichen Bibeltexten im direkten Interpretationsmodus die Bezeichnung «vertikal» gewählt.

3 Das Hld-Zitat dient nicht einfach als Parallelverweis, der neben dem anfangs zitierten Bibelvers steht, sondern es wird allegorisiert.

https://doi.org/10.1515/9783110586411-010

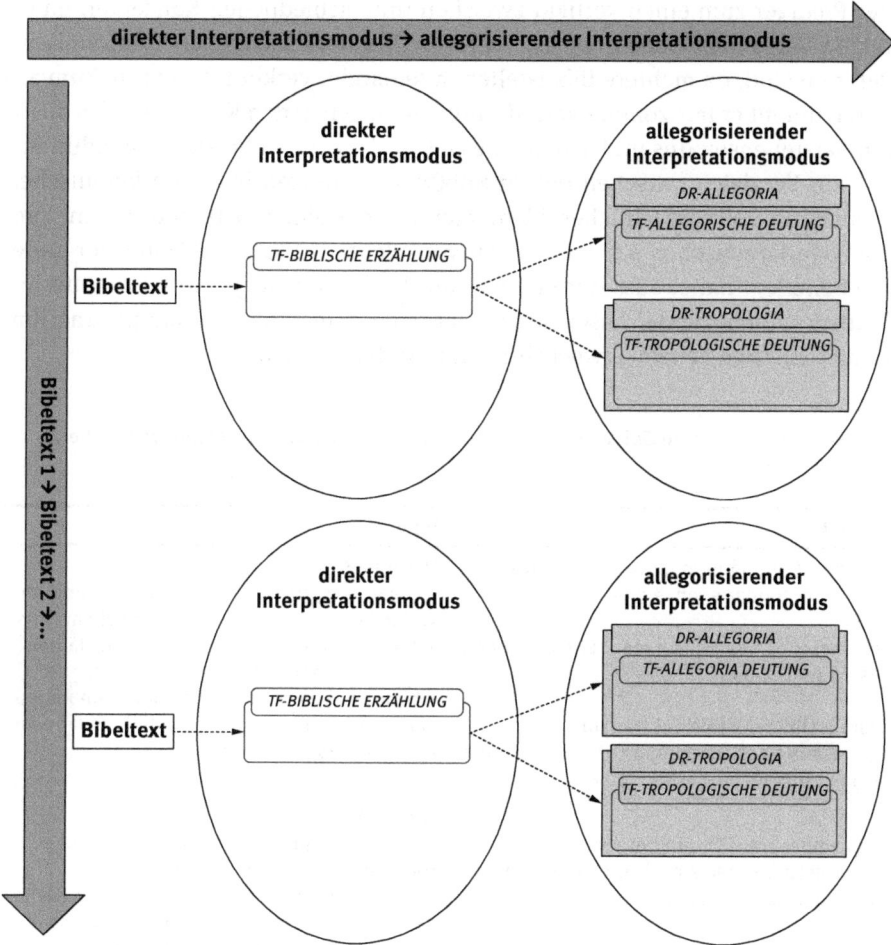

Abb. 29: Horizontale und vertikale Verknüpfungen.

So zitiert der Prediger an einer späteren Stelle im Text Ps 110,7 (VUL Ps 109,7): «De torrente in via bibit, propterea exaltavit caput.» Diese Verknüpfung dürfte durch die formale Similarität von *exultavit* und *exaltavit* motiviert sein.[4]

Des Weiteren kann die Verknüpfung aufgrund konzeptueller Identität erfolgen. Das ist der Fall in Sub08, wo zwei Hoheslied-Zitate miteinander verknüpft werden, die sich beide mit der *amica* befassen. In dieser Predigt liegen – wie auch in Sub14 – sehr komplexe Verknüpfungsvorgänge vor: So «springt»

---

4 Cf. bezüglich der phonetischen Similarität auch Kapitel 9.1.2.6.

der Prediger zum einen vertikal zwischen unterschiedlichen Konzepten im direkten Verstehensmodus hin und her, die in unterschiedlichen Textframes zu verorten sind, da mehrere Bibelstellen miteinander verknüpft werden. Zum anderen nimmt er horizontale Verknüpfungen zwischen den Konzepten des direkten Verstehensmodus und solchen des allegorisierenden Verstehensmodus vor.

Ein Vergleich zwischen den in Sub08 verwendeten hybriden lateinischen Zitaten mit volkssprachlichen Elementen auf der einen Seite und der entsprechenden lateinischen Vulgataversion von Weber/Gryson (2007) auf der anderen Seite legt nahe, dass der Prediger die Textstellen aufgrund bestimmter inhaltlich naheliegender Assoziationsrelationen miteinander verknüpft und ihm in diesem Zuge Lexemverwechslungen unterlaufen sind:

Tab. 50: Vergleich der in *Sub* zitierten Hld-Textstellen mit der Vulgataversion von Weber/Gryson (2007).

Sub08	Vulgata
Ibo michi ad montem mirre et ad colles Libani, et loquar sponse mee. (Z.3s.)	**Hld 4,6–8** 6 donec adspiret dies et inclinentur umbrae vadam ad montem murrae et ad collem turis
Tota speciosa es, amica mea, et macula non est in te. (Z.53s.)	7 tota pulchra es amica mea et macula non est in te 8 veni de Libano sponsa veni de Libano veni coronaberis de capite Amana de
Veni a Libano. Venies et transibis ad montem Seir et Hermon, a cubilibus leonum, a montibus leopardorum. (Z.56–58)	vertice Sanir et Hermon de cubilibus leonum de montibus pardorum
	Hld 2,11–13
Jam ymber transijt, abijt et recessit, flores apparuerunt in terra nostra, et vinee odorem dederunt. (Z.121–123)	11 iam enim hiemps transiit imber abiit et recessit 12 flores apparuerunt in terra tempus putationis advenit vox turturis audita est in terra nostra 13 ficus protulit grossos suos vineae florent dederunt odorem surge amica mea speciosa mea et veni

So verwendet der Prediger beispielsweise an der Stelle, an der er sinngemäß Hld 4,7 zitiert, das Lexem *speciosa*, wohingegen in der Vulgata-Version an der entsprechenden Stelle *pulchra* verwendet wird. *speciosa* findet sich auch im Vulgatatext als Attribut zu *amica*, jedoch erst an späterer Stelle, in Hld 2,13.[5] Aufgrund der Tatsache, dass der Prediger von Sub08 diesen Teil des Verses zwar nicht zitiert, jedoch die Versmitte, ist davon auszugehen, dass er das Attribut *speciosa* aufgrund der Ähnlichkeit der Textstellen auf syntagmatischer

---

5 Die entsprechenden Lexeme wurden in den Zitaten in Tabelle 47 grau hinterlegt.

Ebene sowie der Identität auf Konzeptebene – in beiden Fällen wird mit dem Lexem *amica* auf das Konzept BRAUT rekurriert – versehentlich in der Zitation von Hld 4,7 verwendet, obwohl es in der entsprechenden Textstelle im Vulgatatext *pulchra* heißt.

Insgesamt lassen sich die Verknüpfungsvorgänge zwischen den beiden Bibeltexten, die auf Konzeptebene zwei unterschiedlichen Textframes im direkten Interpretationsmodus entsprechen, und den jeweiligen Allegoresen, d. h. den Verknüpfungen mit Konzepten im *TF-ALLEGORISCHE DEUTUNG*, als «Zickzackbewegung» zwischen dem *TF-BIBLISCHE ERZÄHLUNG_HLD 4,6–8* im direkten Interpretationsmodus, dem *TF-ALLEGORISCHE DEUTUNG*[6] im allegorisierenden Interpretationsmodus und dem *TF-BIBLISCHE ERZÄHLUNG_HLD 2,11–13* im direkten Interpretationsmodus beschreiben. Graphisch lässt sich die «Zickzack»-Bewegung zwischen den unterschiedlichen Frames folgendermaßen darstellen:

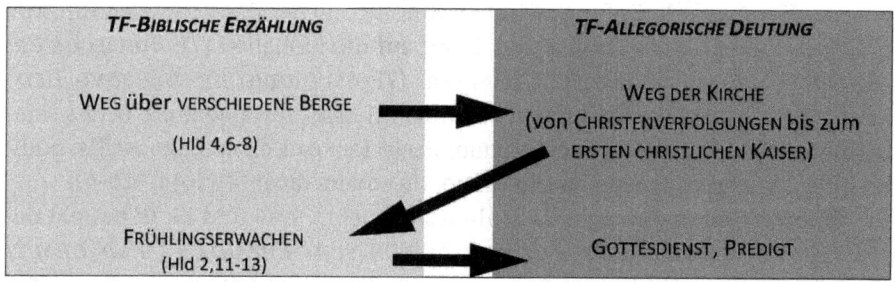

Abb. 30: «Zickzack»-Bewegung in Sub08.

Neben der oben bereits erwähnten konzeptuellen Identität, die ausschlaggebend zu sein scheint für die Verknüpfung der unterschiedlichen Hld-Passagen, sind die horizontalen Verknüpfungen im Rahmen der Allegorese dabei zu berücksichtigen. Die «Zickzackbewegung» ist folgendermaßen zu beschreiben: Ausgangspunkt ist die Deutung des WEGES von BRAUT und BRÄUTIGAM über verschiedene BERGE (*TF-BIBLISCHE ERZÄHLUNG_HLD 4,6–8*), der allegorisch als WEG der KIRCHE durch CHRISTENVERFOLGUNGEN bis zu KONSTANTIN, dem ersten christlichen Kaiser (*TF-ALLEGORISCHE DEUTUNG*), gedeutet wird. Die Bekehrung Konstantins fungiert als Scharnierstelle zum *TF-BIBLISCHE ERZÄHLUNG_HLD 2,11–13*, da sie mit dem in Hld 2,11–13 beschriebenen Frühlingserwachen in Verbindung gebracht wird:

---

6 Der Einfachheit halber wird hier nur von einem allgemeinen *TF-ALLEGORISCHE DEUTUNG* gesprochen, ohne nähere Spezifizierung in Bezug auf die jeweils allegorisierte Bibelstelle.

(106) E Roma era munt en espeses tenebre, quant Constantin se convertì. Adunc dis l'espos
a l'esposa: Jam Ymber transijt, abijt er recessit, flores apparuerunt in terra nostra, et
vinee odorem dederunt. (Sub08, Z.118–123)

Das in Hld 2,11–13 geschilderte Frühlingserwachen wird im weiteren Verlauf
der Predigt allegorisiert:

(107) Or iseran le bele flor, zo est lo servise de Deu e la predicaciun, dun la vigna, zo est
sancta Ecclesia, darà bona odor. (Sub08, Z.126–128)

Auch in Sub14 zeigen sich Verknüpfungen zwischen unterschiedlichen Bibeltexten. In diesem Fall finden die Verknüpfungen aber nicht nur zwischen zwei
Textstellen des gleichen biblischen Buches und deren Allegoresen statt, sondern der Prediger verknüpft hier das Evangelium (Lk 19) mit unterschiedlichen
Hoheslied-Textstellen sowie einem Jesaja-Vers und den entsprechenden Allegoresen. Der Präsentation des Evangelientextes geht bereits eine Aufforderung
voraus, die eine Verknüpfung zwischen Kirche und der Braut sowie Christus
und dem Bräutigam aufweist und damit auf das Hohelied (TF-Biblische Er-
zählung_Hld) und dessen Allegorese (TF-Allegorische Deutung_Hld_
Braut/Bräutigam) Bezug nimmt: «Audite, filj lucis, qui Deum pre oculis semper habetis et matrem vestram sanctam Ecclesiam catholicam agnoscitis, audite, quid Christus, sponsus matris vestre, de eadem dicat» (Sub14, Z.1–4).
   Eine Verbindung zwischen der Hohesliedmetaphorik und Lk 19 besteht darin, dass sowohl die Braut aus dem TF-Biblische Erzählung_Hld_Braut/
Bräutigam als auch der Tempel im TF-Biblische Erzählung_Lk 19 mit der
Kirche im TF-Allegorische Deutung verknüpft werden. Im TF-Allegorische Deutung sind analog zur Struktur im TF-Biblische Erzählung_Lk 19
mehrere Häretiker zu verorten, die die Kirchen verkaufen. Die Kirchen wiederum werden mit der Taube im TF-Biblische Erzählung_Hld 6,8 verbunden. Um zu verdeutlichen, dass die verschiedenen Kirchengemeinden alle zur
einen Kirche gehören und folglich Einheit vorliegt, springt der Prediger also
wieder zum direkten Interpretationsmodus, zitiert Hld 6,8 und verknüpft dieses Zitat sogleich mit einer Allegorese: «Si cum dit Salomun in Canticis: Una
est columba mea, zo est la Glesia» (068_Sub14, Z.15s.). Von der Taube im TF-
Biblische Erzählung_Hld 6,8 wiederum wird der Bogen geschlagen zu den
Häretikern im TF-Allegorische Deutung. In dem folgenden Zitat zeigt sich
deutlich, wie der Prediger in einem Satz mit den Bezügen auf drei unterschiedliche Frames «spielt»: «Aquesta columba sovent est vendua e adiataa a symo-
niacis hereticis, qui son li mal volpil qui vasten e meten a viltà l'esposa de
Christ» (Sub14, Z.16–19). Die Taube aus dem TF-Biblische Erzählung_
Hld 6,8 wird mit den Häretikern im TF-Allegorische Deutung verknüpft.
Von diesen schlägt der Prediger den Bogen zu den Füchsen im TF-Bibli-

SCHE ERZÄHLUNG_HLD 2,15 und auch wieder zum *TF-ALLEGORISCHE DEUTUNG*, da in dem Zitat mit «esposa» nicht alleine auf den Hld-Text referiert wird, sondern dieser gleich allegorisch gedeutet wird durch die adverbiale Bestimmung «de Christ».

Im Anschluss daran nimmt der Prediger eine weitere Verknüpfung vor zwischen der KIRCHE im *TF-ALLEGORISCHE DEUTUNG* und dem WEINBERG, der im *TF-BIBLISCHE ERZÄHLUNG_HLD 2,15* zu verorten ist. Die Verknüpfung KIRCHE – WEINBERG begründet er mit der Zitation von Jes 5,7: «si cum dit lo Propheta: Vinea Domini Sabaoth domus Israel est» (Sub14, Z.21s.). Der WEINBERG GOTTES im *TF-BIBLISCHE ERZÄHLUNG_JES 5,7* ist mit dem HAUS ISRAEL verknüpft, welches wiederum mit der KIRCHE im *TF-ALLEGORISCHE DEUTUNG* verbunden werden kann.

An dieser Auslegung zeigt sich deutlich, dass es dem Prediger nicht in erster Linie darum geht, seinem Adressaten eine möglichst schnelle, einfache geistliche Auslegung des vorgegebenen Bibeltextes zu präsentieren. Im Gegensatz zu einem unidirektionalen Allegoresevorgehen, bei dem lediglich Ausgangs- und Allegoresebedeutung miteinander verknüpft werden, liegt in Sub14 ein Kern vor mit einem Konzept, von dem aus Verknüpfungen in unterschiedliche Richtungen zu Konzepten vorgenommen werden, auf die in unterschiedlichen Bibeltexten rekurriert wird und die mit dem zentralen Konzept über eine kognitive Assoziationsrelation verbunden sind.

Auch Sub03 zeugt davon, dass Verknüpfungen zwischen unterschiedlichen Bibelstellen aufgrund kognitiv plausibler Assoziationsrelationen ein wichtiges Mittel im Rahmen der Argumentation des Predigers darstellen. In dieser Predigt wird die konzeptuelle Verknüpfung von SÜNDE und SCHLAF entfaltet, die sich in Röm 13,11s., der textuellen Grundlage für die Predigt, zeigt, wo es heißt: «Fratres, hora est iam nos de sompno surgere. Nunc enim propior est nostra salus quam cum credidimus. Nox precessit, dies autem appropinquavit».[7] Die von Paulus verwendete Metapher erläutert der Prediger durch Verweis auf unterschiedliche Bibelverse weiter: So thematisiert er die VERGÄNG-LICHKEIT der WELT und der SÜNDE mit Verweis auf 1 Joh 2,17, wo es heißt: «Et mundus transibit et concupiscentia eius». Des Weiteren verweist er mit der Zitation von Ps 76,6 (VUL Ps 75,6) auf den Zusammenhang zwischen SCHLAF und REICHTUM: «Dormierunt et nichil invenerunt omnes viri diviciarum».[8]

---

7 Da die in Sub03 zitierten Schriftstellen in der Vulgataversion von Weber/Gryson (2007) teilweise anders zitiert werden, beziehe ich mich hier nur auf die in Sub03 verwendeten Zitate. Jedoch werden eigentlich zusammengehörige Verse, die im Argumentationsgang auseinandergerissen werden, zusammen zitiert.

8 Das Schlafen in diesem Bibelvers wird traditionellerweise mit «Verharren in Begierden und irdischer Lust» in Verbindung gebracht (Babilas 1968, 294).

Der REICHTUM stellt die zentrale Schnittstelle zur David-Barsellai-Erzählung (2 Sam 17) dar, die als ganze allegorisiert wird und in der der REICHE MANN BARSELLAI als SÜNDER gedeutet wird.

In den Analysen der Kombinationen vertikaler und horizontaler Verknüpfungen in Sub08, Sub14 und Sub03 konnte deutlich gezeigt werden, dass der Prediger in diesen Predigten nicht unidirektional vorgeht, sondern die vertikalen Verknüpfungen zwischen unterschiedlichen Bibelstellen ein wichtiges Argumentationswerkzeug darstellen.

10.2 Die sprachliche Gestaltung der Einzeldeutungen

In den insgesamt 86 Einzeldeutungen in *Sub* sind 12 Fälle zu konstatieren, in denen das Deutungsverb *esser* lediglich in $FM_{allgemDeut}2a$ auftritt. In 26 Fällen erscheint lediglich einmal *zo + esser* ($FM_{allgemDeut}2b$), in vier Fällen tritt eine Kombination von $FM_{allgemDeut}2a$ und $FM_{allgemDeut}2b$ auf. $FM_{allgemDeut}1a$ liegt in 17 Einzeldeutungen mit *significar* vor. Des Weiteren sind zehn Einzeldeutungen mit einer Kombination aus $FM_{allgemDeut}2$ und $FM_{allgemDeut}1$ zu finden. Ein weiteres Deutungsverb, das mehrmals in dieser Predigtsammlung zum Einsatz kommt, ist *interpretatur*, das zweimal alleine im $FM_{etymDeut}1$ auftritt, einmal in Kombination mit $FM_{allgemDeut}2$ und einmal in Kombination mit $FM_{allgemDeut}1$ und $FM_{allgemDeut}2$. Zudem ist *entender* ($FM_{allgemDeut}3$) dreimal in *Sub* zu finden. Außerdem sind in Kombination mit $FM_{allgemDeut}1$ zwei weitere Formulierungen zu erwähnen, die für etymologische Übersetzungen verwendet werden. Dabei handelt es sich im einen Fall um *dicitur* ($FM_{etymDeut}3$) und im anderen Fall um *zo sona en nostra lengua* ($FM_{etymDeut}4$):

Tab. 51: Beispiele für $FM_{etymDeut}3$ und $FM_{etymDeut}4$ (*Sub*).

(108)	\<Or que significa\> zo que Iosue comandè que l'ost s'albergas sore lo flum? \<Zo significa que\>*** \<flum\>. En qual visa? Quar nos devem dire ob lo propheta David: Super flumina Babilonis illic sedimus et flevimus, dum recordaremur tui, Syon. Syon speculacio dicitur. Per amor de l'autra vita devem eser trist e devem plorer e gemer per zo que noi sem ysilai en aquesta dolenta vita. (050_Sub09)	$FM_{allgemDeut}1$ + $FM_{etymDeut}3$
(109)	Mas anz qu'el intras en Ierusalem, ven en Betphage. Betphage, zo sona en nostra lengua meisun de boca. Et signifia sancta Ecclesia, in qua cotidie corpus Christi manducatur, et fidelium ore ipse Deus assidue collaudatur. (083_Sub22)	$FM_{etymDeut}4$ + $FM_{allgemDeut}1$

Des Weiteren verwendet der Prediger in einem Fall eine Kombination aus $FM_{allgemDeut}$2b (*zo + esser*) mit *se met en figura de*, was im Folgenden als $FM_{allgemDeut}$5b bezeichnet wird:

Tab. 52: Beispiel für $FM_{allgemDeut}$5b (*Sub*).

(110) Or, seignor, esvardai d'aquesta <u>nostra mare Ecclesia</u>, la qual <mark>se</mark> <mark>met en figura de</mark> <u>vigna</u>, si cum dit lo Propheta: Vinea Domini Sabaoth domus Israel est. Et in Canticis: Capite nobis vulpes parvulas, que demoliuntur vineas, zo est: prendì nos las petite volp, qui catzun a mal nostre vigne, zo est: ne lor o consentì mia, mas la lor defendì, e lanzai lor las pere e catzai los de la vigna; car il las vasten e esterpen e catzen a mal. Vos qui devez varder la <u>vigna</u>, <mark>zo est</mark> sancta Ecclesia, decatzai los heretis. [...] Enquora regna en la chrestiantà aquesta heresia, qui confunt e destrui la Gleisa, qui est maisun e vigna de Deu; munt la peora e aflevolis. (070_Sub14)	$FM_{allgemDeut}$5b + $FM_{allgemDeut}$2b

Eine Besonderheit zeigt sich in Sub05: Hier wird die Sänfte Salomos in einem ersten Schritt allegorisch ausgelegt unter Verwendung der Deutungsverben *significar* ($FM_{allgemDeut}$1a) und *esser + zo* ($FM_{allgemDeut}$2b). In einem zweiten Schritt erfolgt zusätzlich eine tropologische Übertragung, die zwar auch mit *esser* arbeitet, jedoch eine Abweichung von dem typischen Muster «A zo est Z» darstellt, da hier *esser* nicht im Indikativ verwendet wird, sondern im jussiven Konjunktiv, wie in (111) zu erkennen ist:

Tab. 53: Beispiel für $FM_{allgemDeut}$2c (*Sub*).

(111) Car qui ne po eser leignam que no marz, per castità, <mark>sea</mark> argent per almosna, qui est clara davan De e esteig lo fo de luxuria. (Sub05, Z.92–95)	$FM_{allgemDeut}$2c

Dieses als $FM_{allgemDeut}$2c bezeichnete Muster findet sich außerdem in Bezug auf die Deutung des Silbers (010_Sub05), des Goldes (012_Sub05) und des Purpurs (014_Sub05). In allen vier Fällen ist jeweils das Sänftenmaterial als Ausgangskonzept zu betrachten, das mit dem angesprochenen Christ als Allegoresekonzept zu verbinden ist. Die figurativen Aufforderungen, Sänftenmaterial zu sein, werden immer mit einer durch «per» eingeleiteten Präpositionalphrase näher erläutert, welche auf Konzepte aus dem *DR-ALLEGORIA* rekurriert. So ist es in (111) die Keuschheit, mittels derer der Christ nicht schimmelndes Holz sein kann oder der Almosen, durch den er Silber sein kann.

Lediglich in drei Einzeldeutungen[9] tritt keines dieser als $FM_{allgemDeut}$ aufgelisteten Deutungsverben auf. In 003_Sub03 wird durch eine Apposition deutlich, dass zwei Elemente miteinander verknüpft werden, in 007_Sub20 durch
die vergleichende Konjunktion *autresì* (FM_{Sim}1a.1) und in 060_Sub13 erfolgt die
Deutung folgendermaßen:

(112) Sancta Ecclesia parla a le anime feel, e si lor dit: Neire soi, mas eo soi bela [...]. (060_
Sub13)

Während im Hohenliedtext die Braut diejenige ist, die sagt, dass sie schwarz,
aber schön sei, weist der Prediger im Rahmen der Allegorese das entsprechende Zitat der Kirche zu.

Des Weiteren ist zu erwähnen, dass das $FM_{geistlich-leiblich}$ in zwei Predigten
zu erkennen ist, in 084_Sub22 in Form der Antonyme *corp* und *arma* und in
020_Sub06 in Form von *conduit corporal* und *conduit esperital*.

In Bezug auf eine Similaritätsmarkierung der Einzeldeutungen ist zu konstatieren, dass eine solche in 41 Fällen (47,7 %) vorliegt. In acht Einzeldeutungen wird dazu die vergleichende Konjunktion *cum* (FM_{Sim}1a.1) verwendet. Diesbezüglich lassen sich folgende unterschiedliche Kombinationen feststellen: *eisì
cum ... eisament* (011_Sub05), *enaisì cum ... eisament* (081_Sub20), *aisì cum
... eisament* (020_Sub06, 084_Sub22), *si cum* (012_Sub05, 075_Sub17), *cum ...
aisì* (040_Sub09) und *aisì cum ... autresì* (075_Sub17). In einem Fall erfolgt die
Verknüpfung der beiden Ebenen durch das Adverb *autresì* (078_Sub20), das
auch dem FM_{Sim}1a.1 zuzuordnen ist. Des Weiteren greift der Prediger in drei
Fällen[10] auf die Konjunktion *quant* zurück (FM_{Sim}1a.2), die in zwei Fällen mit
adunc kombiniert wird, um die auf den beiden Ebenen beschriebenen Sachverhalte miteinander gleichzusetzen. Deutlich häufiger finden sich Lexemwiederholungen (FM_{Sim}1b.1), die in 34 Einzeldeutungen vorliegen. Des Weiteren ist in
zwei Einzeldeutungen FM_{Sim}1b.2 zu konstatieren.

10.3 Untersuchung der konzeptuellen Verknüpfungen

10.3.1 Frame-Similarität

In den *Sermoni subalpini* ist in zehn von insgesamt zwölf analysierten Predigten eine parallele Frame-Struktur im *TF-BIBLISCHE ERZÄHLUNG* und im *TF-AL-
LEGORISCHE DEUTUNG* erkennen. Diese lässt sich folgendermaßen darstellen:

---

9 Cf. 003_Sub03, 060_Sub13 und 078_Sub20.
10 Cf. 021_Sub08, 023_Sub08 sowie 031_Sub08.

Tab. 54: Frame-Similarität in *Sub*.

Predigt	Thema der biblischen Erzählung	Bibelstelle	analoge Struktur	Ebene der biblischen Erzählung	Allegoreseebene
Sub03	David und Barsellai	2 Sam 19	A schenkt B C; B lädt A nach/zu D ein, aber A lehnt Einladung ab	A = BARSELLAI, B = DAVID, C = MATERIELLE GESCHENKE, D = JERUSALEM	A = SÜNDER, B = CHRISTUS, C = HEUCHLERISCHES VERHALTEN, D = FRIEDENSVISION
Sub05	Sänfte Salomos	Hld 3,9s.	A lässt B erbauen	A = SALOMO, B = SÄNFTE	A = CHRISTUS, B = KIRCHE
Sub08	Weg von Braut und Bräutigam über Berge etc.	Hld 4,6–8, Hld 2,11–13, Hld 1,3	1) Der Weg von A verläuft über B, wo C und D sind 2) E beginnt 3) Der Weg führt zu F	A = BRAUT, B = BERGE, C = LEOPARDEN, D = LÖWEN, E = FRÜHLING, F = DUFTENDER WEINKELLER	A= KIRCHE, B = SCHWIERIGKEITEN, C = HÄRETIKER, D = CHRISTENVERFOLGENDE KAISER, E = GUTE ZEIT OHNE CHRISTENVERFOLGUNG, F = EWIGE RUHE, in der HEILIGE SICH BEFINDEN
Sub09	Einnahme Jerichos	Jos 2–4,6	A schickt B nach/zu C; D₁ nimmt C auf; E ist/ sind verschlossen; F tragen G; C wird erobert, aber D₂ wird verschont[11]	A = JOSUA, B = 2 KUNDSCHAFTER, C = JERICHO; D = HURE RAHAB, E = STADTTORE, F = PRIESTER, G = BUNDESLADE	A = CHRISTUS, B = DOPPELGEBOT DER LIEBE, C = WELT; D₁ = SYNAGOGE, D₂ = UMKEHRENDE SÜNDER, E = HEIDEN, F = CHRISTEN, G = GUTES GEWISSEN

---

11 Daran, dass die Hure Rahab einmal auf die Synagoge und das zweite Mal auf die umkehrenden Sünder hin gedeutet wird (043_Sub09, 044_Sub09), zeigt sich, dass die Deutung auch Brüche aufweist.

Tab. 54 (fortgesetzt)

Predigt	Thema der biblischen Erzählung	Bibelstelle	analoge Struktur	Ebene der biblischen Erzählung	Allegoreseebene
Sub12	Durch das Wort befestigte Himmel	Ps 33,6 (VUL Ps 32,6)	A werden durch B befestigt	A = HIMMEL, B = WORT[12]	A = APOSTEL, B = CHRISTUS
Sub13	Schwarz, aber schön	Hld 1,4s.	1) A kämpfen gegen B 2) C verwüsten D	A = GESCHWISTER, B = BRAUT, C = WÖLFE UND FÜCHSE, D = WEINBERG	A = HÄRETIKER UND JUDEN, B = KIRCHE, C = HÄRESIEN, D = B
Sub14	Händler im Tempel	Lk 19,45s.	1) A entehren B 2) C zerstören D	A = HÄNDLER, B = TEMPEL, C = FÜCHSE, D = WEINBERG	A = HÄRETIKER, B = KIRCHE, C = A, D = B
Sub16	Raub der Bundeslade	1 Sam 4–6	A reißen B an sich und geben B wieder zurück, C lenken B und lassen sich nicht vom Weg nach/zu D abbringen	A = PHILISTER, B = BUNDESLADE, C = KÜHE (2), D = BETHSAMIS	A = SCHLECHTE MÄCHTE, B = KIRCHE, C = BISCHÖFE UND PRIESTER, D = GOTT
Sub20	Weg der Sonne	Ps 19,6s. (VUL Ps 18,6s.)	1) A kommt von B herab 2) C ist zuerst vor D und danach dahinter	A = SONNE, B = HÖCHSTER HIMMEL, C = BRÄUTIGAM, D1 = BERGE, D2 = HÜGEL	A = GOTT, B = HIMMEL, C = A, D1 = PATRIARCHEN, D2 = PROPHETEN
Sub22	Einzug Jesu in Jerusalem	Mt 21,1–9	A wird vor JESUS/GOTT ausgebreitet	A = KLEIDER	A = LEBEN

12 Die Einzelallegorese des WORTES beruht nicht nur auf der hier dargestellten Frame-Similarität, sondern auch auf der in Joh 1,14 vorgenommenen Verknüpfung zwischen CHRISTUS und LOGOS, deren semantische Assoziationsrelation hier nicht näher untersucht wird, da hierzu geklärt werden müsste, ob sich der Prediger mit dem Terminus *verbum* wirklich auf das Konzept WORT bezieht oder er sich nicht eher auf den LOGOS, der die göttliche WEISHEIT umfasst (cf. Slenczka 2002, 496), bezieht. Zwar ist anzunehmen, dass für die Einzelallegorese des WORTES zusätzlich zur Frame-Similarität eine weitere kognitiv plausible Verknüpfung angenommen werden kann, doch wird diese nicht näher untersucht.

In allen Predigten außer in Sub06 und Sub17 finden sich analoge Konzeptrelationen. Diese nehmen unterschiedlichen Stellenwert innerhalb der Gesamtdeutung ein. So ist in Sub03 die Struktur der gesamten biblischen Erzählung der des geistlichen Sachverhaltes sehr ähnlich, was in diesem Fall damit zusammenhängt, dass die biblische Erzählung gezielt als *exemplum* herangezogen wird, welches einen ganz bestimmten geistlichen Sachverhalt veranschaulichen soll. Auch in Sub09 und Sub16 wird jeweils eine zusammenhängende biblische Erzählung allegorisch ausgelegt. Während bei Sub16 alle Einzeldeutungen in die Struktur eingebunden sind, die sowohl im *TF-BIBLISCHE ERZÄHLUNG* als auch im *TF-ALLEGORISCHE DEUTUNG* vorliegt, finden sich in Sub09 einige Einzeldeutungen, die nicht durch Frame-Similarität begründet sind und sogar Deutungsbrüche, wie am folgenden Beispiel sichtbar wird:

(113) Al seten iorn comandè Iosue ail prever que il portassen l'archa nostre Seignor entorn la cità set fiae et sonasen le tube munt fort, e tuta l'ost andas apres els. [...] L'arca significa la bona consciencia e lo bon coratge, si cum dit l'Apostol: Habemus bonam conscienciam ante Deum. [...] Le tube que li prever sonerent signifiquen que nos devem crier e ysalcer nostra voz per predicaciun e mostrer que nos portem l'arca, zo est la temor e l'amor de Deu en nostre coratge. (052_Sub09)

Die PRIESTER tragen die BUNDESLADE, was so gedeutet wird, dass die CHRISTEN GUTES GEWISSEN haben. Diese Allegorese der BUNDESLADE beruht auf Similarität der Frame-Strukturen ('F tragen G') – ebenso wie die zweite Deutung der BUNDESLADE, im Rahmen derer eine Verknüpfung mit GOTTESFURCHT und -LIEBE erfolgt. Der Prediger geht hier insofern inkohärent vor, als er zwei unterschiedliche Deutungen des gleichen Ausgangskonzeptes darlegt, die beide implizit durch die gleiche Frame-Similarität plausibilisiert werden.

In Sub12 wird lediglich ein Psalmenzitat allegorisiert, dessen zentrale Struktur ('A wird durch B befestigt') sowohl im *TF-BIBLISCHE ERZÄHLUNG* als auch im *TF-ALLEGORISCHE DEUTUNG* zu erkennen ist.

In den Predigten, in denen ein Hohesliedzitat den grundlegenden Bibeltext bildet (Sub05, Sub08, Sub13), wird durch die Deutung der Kommunikationssituation eine parallele Struktur geschaffen. So wird das Hld-Zitat in Sub05 dem HEILIGEN GEIST in den Mund gelegt, der – im übertragenen Sinne – über die STUFEN der KIRCHE spricht:

(114) In Canticis canticorum loquitur Spiritus sanctus de gradibus sancte Ecclesie, ita dicendo: Ferculum fecit sibi rex Salomon de lignis Libani, columnas eius fecit argenteas, reclinatorium aureum, ascensum purpureum, media caritate constravit propter filias Ierusalem. Fratres karissimi, saint Esperit parla en un liber que nos apelem Canticum canticorum, e si dit: Una fertra fei lo reis Salomon [...]. (Sub05, Z.1–10)

Diese Gleichsetzung führt dazu, dass die einzelnen SÄNFTENBESTANDTEILE als BESTANDTEILE der KIRCHE gedeutet werden. Diesbezüglich ist anzumerken, dass für die spezifische Deutung der einzelnen Elemente nicht die Similarität der Strukturen von *TF-BIBLISCHE ERZÄHLUNG* und *TF-ALLEGORISCHE DEUTUNG* bzw. *TF-TROPOLOGISCHE DEUTUNG* maßgeblich ist, sondern zum einen die Similarität zwischen bestimmten Konzepteigenschaften, die in einem Subframe zum *TF-BIBLISCHE ERZÄHLUNG* zu verorten sind, und Konzepten aus dem *DR-ALLEGORIA* bzw. dem *DR-TROPOLOGIA*, zum anderen etymologische Übersetzungen, die weitere Verknüpfungen mit sich ziehen.[13]

In Sub08 und Sub13 werden die konventionellen Deutungen BRÄUTIGAM – CHRISTUS und BRAUT – KIRCHE zugrunde gelegt:

(115) Christus loquitur in Canticis canticorum, ita dicendo: Ibo michi ad montem mirre et ad colles Libani, et loquar sponse mee. Christ parola a saincta Ecclesia en un liber que um apela Cantica, e si dis: E irai a la montaigna de la mirra e a le roque de Libano, e si parlarai a mia esposa. (Sub08, Z.1–8)

(116) Sancta Ecclesia loquitur in Canticis canticorum, ita dicendo: Nigra sum, set formosa, filie Ierusalem, sicut tabernacula Cedar, sicut pelles Salomonis. Nolite me considerare quod fusca sim, quia decoloravit me sol. Filij matris mee pugnaverunt contra me, <posuerunt me> custodem in vineis, vineam meam <non> custodivi. Sancta Ecclesia parla a le anime feel, e si lor dit: Neire soi, mas eo soi bela, filles de Ierusalem, zo est de paz, si cum l'albergaria de Cedar, zo sunt tenebre, e cum sun le peil de Salomun. (Sub13, Z.1–10)

In beiden Fällen wird eine Analogie zwischen dem jeweils im Hohenlied geschilderten Sachverhalt und der KIRCHE in Bezug auf ihren WEG (Sub08) bzw. ihr Verhältnis zu SÜNDE und HÄRETIKERN (Sub13) aufgezeigt. In Sub08 besteht eine Besonderheit darin, dass mehrere einzelne miteinander verknüpfte Bibelstellen (cf. Kapitel 10.1) allegorisch zusammenhängend gedeutet werden. Dennoch ist darauf zu verweisen, dass auch hier neben der Frame-Similarität einzelne Einzeldeutungen Deutungswege aufweisen, die in erster Linie auf Konzepteigenschafts-Similarität oder auch anderen Verknüpfungsrelationen beruhen.

In Sub14 wird nicht nur eine Struktur aus dem Bibeltext auf die allegorische Deutung übertragen, sondern eine weitere Bibelstelle, die eine ähnliche Struktur aufweist, wird zitiert: Während in Lk 19,45s. die HÄNDLER den TEMPEL entehren, zerstören auf Allegoreseebene die HÄRETIKER die KIRCHE, was wiederum mit Hld 2,15 verbunden wird, wo die Rede davon ist, dass die FÜCHSE den WEINBERG zerstören (Hld 2,15). So entsteht der Eindruck, dass der Prediger

---

13 Cf. Kapitel 10.3.5.2.

die allegorische Deutung dadurch, dass er eine weitere Bibelstelle mit der gleichen Struktur anführt, noch stärker plausibilisiert (cf. diesbezüglich auch die Erläuterungen in Kapitel 10.1).

Neben der in Tabelle 54 angeführten Analogie der Konzeptrelationen, die zwischen dem *TF-BIBLISCHE ERZÄHLUNG* und dem *TF-ALLEGORISCHE DEUTUNG* besteht, können die Deutungen aber auch zusätzlich durch eine andere Verknüpfungsrelation motiviert sein. So können DAVID und CHRISTUS zum einen aufgrund einer Analogie der Konzeptrelationen miteinander verknüpft sein, andererseits besteht aber auch eine Kontiguitätsrelation zwischen DAVID und JESUS, insofern als JESUS ein Nachkomme DAVIDS ist (cf. Mt 1,1; Lk 3,31).

Insgesamt beruht die Verknüpfung in 24 Fällen rein auf Frame-Similarität, in sieben Fällen liegt Frame-Similarität vor, die zusätzlich durch Konzepteigenschafts-Similarität plausibilisiert wird. Des Weiteren liegt bei zehn komplexen Verknüpfungsfällen und bei drei einfachen etymologischen Verknüpfungen zusätzlich Frame-Similarität vor. In Bezug auf die sprachliche Gestaltung der insgesamt 44 Frame-Similaritäts-Einzeldeutungen ist zu konstatieren, dass 27 FM_{Sim} aufweisen. In den übrigen 18 Fällen geht alleine aus der Struktur der Konzepte in den unterschiedlichen Frames hervor, dass Frame-Similarität vorliegt, auch wenn diese nicht durch ein explizites FM_{Sim} markiert wird.

10.3.2 Konzepteigenschafts-Similarität

Konzepteigenschafts-Similarität tritt in 27 Einzeldeutungen alleine auf, in sieben basiert die Einzeldeutung zusätzlich zu Frame-Similarität auf Konzepteigenschafts-Similarität. Im Folgenden werden die verschiedenen Einzeldeutungen, die auf einer einfachen Konzepteigenschafts-Similarität beruhen, thematisch sortiert behandelt.

In Tabelle 55 werden Verknüpfungen aufgelistet, bei denen Quell- und Allegoresekonzept die Eigenschaft 'leuchtend' aufweisen. Während die Konzepteigenschafts-Similarität in 011_Sub05 sowohl durch eine vergleichende Konjunktion (FM_{Sim}1a.1) als auch durch eine explizite Lexemwiederholung (FM_{Sim}1b.1) zum Ausdruck gebracht wird, wird in den anderen beiden Fällen die grundlegende Eigenschaft nur auf tropologischer Ebene explizit erwähnt. Die Verknüpfung mit der Ebene der Darlegung der biblischen Erzählung erfolgt jeweils durch eine vergleichende Konjunktion (FM_{Sim}1b.1).

Als eine weitere Gruppe von Deutungen, die auf einer ähnlichen Konzepteigenschaft basieren, können die in Tabelle 56 aufgelisteten Fälle betrachtet werden, in denen die Eigenschaft 'duftend' Basis für die Allegorese ist.

Tab. 55: Konzepteigenschafts-Similarität in *Sub* (Leuchten, Helligkeit).

gemeinsame Eigenschaft	Konzept aus *TF-BIBLISCHE ERZÄHLUNG*	Konzept aus *TF-ALLEGORISCHE/ TROPOLOGISCHE DEUTUNG*	Zitat	Beispielnummer
'leuchtend'	SILBERNE SÄULEN	PATRIARCHEN UND PROPHETEN	[...] columnes d'argent, zo son li patriarche e li prophete, qui prophetizerent e anuncierent l'avenement e l'encarnaciun de Christ. Aquisti forun verament columpne d'argent; car il forun <plus> clar e esmerai, *si cum* est l'argent del plum, e aisi forun il sevrai e esmerai sore tota l'autra gent.	009_Sub05
1. 'wertvoll' 2. 'leuchtend'	GOLDENE LEHNE	APOSTEL, BISCHÖFE, ERZBISCHÖFE	Or apres fis l'apoail d'or, e quest apoail significa li saint apostoil, sore li quail se reposa lo verai rei, zo fo Christ. Si cum el lor dist: Vos estis qui permansistis mecum in temptationibus meis, et cetera. Car *eisi cum* l'or est *plus precios* que nul autre metal, eisament foron li apostol *plus precios* d'autres homes, e quil qui los ensuiren, si cum sun li arcevesque e li evesque, qui lor via tenent e la mostrent ail autre. Aquisti tail sun *precios* e luisent, suvre li quail Deus se reposa.	011_Sub05
'leuchtend'	GOLD	PERSON, die PREDIGT und GUTES BEISPIEL ist	[...] sea or per predicaciun, et per bons exemples luisa, *si cum* fai l'or. Si cum dit en l'Evangeli: Luceat lux vestra coram hominibus, ut videant opera vestra bona et glorificent patrem vestrum, qui in celis est.	012_Sub05

Tab. 56: Konzepteigenschafts-Similarität in *Sub* (Duft).

gemeinsame Eigenschaft	Konzept aus TF-BIBLISCHE ERZÄHLUNG	Konzept aus TF-ALLEGORISCHE/TROPOLOGISCHE DEUTUNG	Zitat	Beispielnummer
'duftend'	BLUMEN (DUFTEND)	GEBET DER HEILIGEN	[...] le oratiun deil saint qui sunt flores odoriferi.	034_Sub08
'duftend'	WEINBERG	KIRCHE	Or iseran le bele flor, zo est lo servise de Deu e la predicaciun, dun la vigna, zo est sancta Ecclesia, darà *bona odor*. [...] Or nos poignem, seignor frare, e travaillem que nos siam *bon odor* davant lo nostre criator per bones ovres, per oresun, per ieune, per almosne, per castità, per pas, per humilità e per altres bone vertù, las quals fan bon odor davan Deu. Adunc serem de cels que dit l'Escritura: Curremus *in odore* unguentorum tuorum – zo sun li comandament de De –, qui est bons pigmenz, e qui est faitz de le oratiun deil saint qui sunt flores *odoriferi*. Sancta Ecclesia a flors de molte manere [...].	033_Sub08
'duftend'	LILIEN	BEKENNER, BISCHÖFE, PRIESTER, MÖNCHE	Apres forun li lili, qui sun blanc e olent, zo sun li saint confessor, li bon evesque, li bon prever, li bon moine, qui sun blanc, e lor vita est odorifera per las bones ovres e per le astinencie e per la paciencia e per las digne oraciun que il offren a De.	037_Sub08

In 034_Sub08 wird die Eigenschaft lediglich einmal erwähnt. Dabei handelt es sich um die metaphorische Verwendungsweise von *odoriferi*, was die BLUMEN auf Ebene der Darlegung des Bibeltextes näher beschreibt, auf tropologischer Ebene. Ähnlich verhält es sich auch mit 033_Sub08, wobei hier die entsprechenden Lexeme auf beiden Ebenen verwendet werden. Das FM ist als FM$_{Sim}$1b.2 zu klassifizieren, da auf tropologischer Ebene das Substantiv *odor* verwendet wird, wohingegen das Adjektiv *odoriferi* sich auf die in der biblischen Erzählung enthaltenen Blumen bezieht. Auch in 037_Sub08 plausibilisieren zwei Lexeme aus dem gleichen Wortfeld (FM$_{Sim}$1b.2) die Verknüpfung.

In den in Tabelle 57 aufgelisteten Deutungen zeigen sich Einzelallegoresen, die auf einer gemeinsamen Farbe als Eigenschaft beruhen. Bei der Einzeldeutung der ROSEN (036_Sub08) und des ROTEN TUCHS (056_Sub09) ist zu konstatieren, dass 'rot' sowohl in Bezug auf die PASSION CHRISTI als auch in Zusammenhang mit den MÄRTYRERN im konkreten Sinne verstanden werden kann, da beide Allegoresekonzepte mit BLUT verbunden sind und aus diesem Grund als 'rot' zu betrachten sind. Während die Verknüpfung in ersterem Fall explizit durch ein FM$_{Sim}$1b.1 plausibilisiert wird, erfolgt eine Verwendung der jeweiligen Lexeme, die die entsprechenden Konzepteigenschaften benennen, in letzterem Fall jeweils nur auf einer Ebene. Der Adressat bekommt also mit *vermeil*, aber auch mit *deffent*, Anhaltspunkte geliefert, muss aber selbst den Transfer zwischen der biblischen Erzählung und allegorischen Ebene vornehmen und erkennen, wo sich die Eigenschaften auf der jeweils anderen Ebene finden lassen.

In Hinblick auf die Deutung der PURPURNEN STUFEN (013_Sub05) fällt auf, dass eine relativ ausführliche Plausibilisierung erfolgt, die sich folgendermaßen beschreiben lässt: Das BLUT der PURPURSCHNECKE färbt den STOFF – so wie der Märtyrer durch das BLUT CHRISTI im metaphorischen Sinn «gefärbt» wird.[14] Zusätzlich wird die Deutung noch über eine weitere Konzepteigenschaft plausibilisiert, die Eigenschaft 'königlich', denn sowohl PURPURNER STOFF als auch die MÄRTYRER können als 'königlich' betrachtet werden.[15] Auch im *TF-TROPOLOGISCHE DEUTUNG* ist KÖNIGLICHKEIT enthalten, welche in Kontiguität zum MARTYRIUM steht, da durch das MARTYRIUM das HIMMLISCHE KÖNIGREICH erlangt wurde. Die beiden Konzepteigenschaften, auf denen die Deutung basiert, werden jeweils sowohl auf Ebene der Darlegung der biblischen Erzählung als auch auf allegorischer Ebene verwendet (FM$_{Sim}$1b.1). Des Weiteren scheint auch die Deutung der VEILCHEN auf die HEILIGEN JUNGFRAUEN hin auf der gemeinsamen Eigenschaft 'purpurn' zu basieren, doch wird hier aus dem Text

---

14 Cf. Meier-Staubach/Suntrup (2011, 604).

15 Meier-Staubach/Suntrup (2011, 603) verweisen diesbezüglich auf den Königspurpur.

Tab. 57: Konzepteigenschafts-Similarität in *Sub* (Farbe).

gemeinsame Eigenschaft	Konzept aus *TF-BIBLISCHE ERZÄHLUNG*	Konzept aus *TF-ALLEGORISCHE/ TROPOLOGISCHE DEUTUNG*	Zitat	Beispiel-nummer
1. 'blutgetränkt' 2. 'königlich'	PURPURNE STUFEN	HEILIGE MÄRTYRER	Or apres si dit que li escalil, per unt hom i muntava a reposar, erun de porpre cuvert, qui est vestiment *real*, e si se teig del *sanc* d'un peisun qui à num conquiliun, e si lo trova hom in mare oceano e el mar de Bretaigna. Or quest escalil significa los saint martyr, qui forun ocis e teint del *sanc* de peisun, zo est Christ, e roseient del *sanc* de la passiun. E quist son precios e *reail* vestiment sovre tuit autre; quar il an aquistà lo *reg* de cel per lo *sanc* del martyre, zo est victoria real.	013_Sub05
'rot'	ROSEN	MÄRTYRER	[...] le rose, qui sun *vermeille* e olent, zo sunt li martyr, qui forun *vermeil* de lur sanc que il laiseren espanteer per amor Iesu Christ.	036_Sub08
'purpurn'	VEILCHEN	HEILIGE JUNGFRAUEN	Apres sun le viole, qui an color de porpre, zo sun le sainte vergen, le bone vidue continentes, las quals pois qu'eles perden lor conpaignun non volen mais neun altre. Si cum fait la tortor, que ia pois qu'ela pert so conpaignun no bevrà d'aiva clara ni s'asetarà sore ram vert, autresì fa la bona femena que vol ester en castità.	038_Sub08
1. 'rot' 2. 'verteidigend'	ROTES TUCH	PASSION CHRISTI	[...] lo drap vermeil a lur fenestra, zo est la tema e l'amor de la sancta passiun nostre Seignor, qui los defent de las male rosors, zo sun li diable.	056_Sub09

Tab. 57 (fortgesetzt)

gemeinsame Eigenschaft	Konzept aus TF-*Biblische Erzählung*	Konzept aus TF-*Allegorische/ Tropologische Deutung*	Zitat	Beispiel-nummer
1. 'schön' 2. 'schwarz'	BRAUT	KIRCHE	Sancta Ecclesia parla a le anime feel, e si lor dit : *Neire* soi, mas eo soi *bela* […] Or dis sancta Ecclesia que eia est *neira*. E perquè? Per lo pecà del premer hom, zo est originale peccatum. Mas eo soi *bella* per lo baptisme que eu ai recevù. Or ne vos meravellai mia per zo que fui *neira*; car lo soleil me *nerzì*, zo ‹est› la persecuciun de la primitiva Ecclesia que ge sosteig. Or que entendem per l'albergaria de Cedar? Cedar significa tenebre.[16] Or dis que ela est *neira* si cum l'albergaria de Cedar. E perquê? Car sancta Ecclesia sosten e bon e mail, mas li mal la fan *neira*, zo est munt li son contrari per li pecai e per le felonie.	060_Sub13

---

16 In Bezug auf die etymologische Übersetzung KEDARS (062_Sub13) cf. Kapitel 10.3.9.

nicht ersichtlich, weshalb dem Allegoresekonzept diese Eigenschaft zugeschrieben wird. Auffällig ist, dass der Prediger das eigentliche Allegoresekonzept, die HEILIGEN JUNGFRAUEN, mit TURTELTAUBEN verknüpft. Die beiden Konzepte sind über eine offensichtliche Similaritätsrelation verknüpft, wie durch die Verwendung von *si cum* ($FM_{Sim}1a.1$) deutlich wird, denn sowohl JUNGFRAUEN als auch TURTELTAUBEN weisen die Eigenschaft 'keusch' auf. Die Tatsache, dass das Allegoresekonzept noch mit einem weiteren Konzept zur Exemplifizierung verknüpft wird, zeugt davon, dass der Prediger stark assoziiert und in diesem Fall naheliegende Assoziationen stärker gewichtet zu sein scheinen als eine einfache, unkomplizierte Deutung.

Bei der Deutung der BRAUT auf die KIRCHE hin (060_Sub13) aufgrund der Eigenschaft 'schwarz' fällt auf, dass der Prediger drei Erklärungen gibt: Die BRAUT wird so mit der ERBSÜNDE verknüpft, mit den CHRISTENVERFOLGUNGEN, die die Kirche anfangs erlebte und mit ihrer gemischten STRUKTUR, die neben guten auch schlechte Menschen umfasst. Des Weiteren erfolgt die Verknüpfung aufgrund der Eigenschaft 'schön', die sowohl der Kirche durch die Taufe als auch der Braut zugeschrieben werden kann. Beide Eigenschaften werden jeweils in Form von Lexemwiederholungen ($FM_{Sim}1b.1$) auf Ebene der Darlegung der biblischen Erzählung und Allegoreseebene zum Ausdruck gebracht.

Wie auch in *Mau*, *Tor* und *Wal* finden sich in *Sub* einige Deutungen, bei denen eine Zahl ausschlaggebend ist für den Verknüpfungsvorgang (cf. Tabelle 58). In allen Fällen, in denen die Deutung auf einer Konzepteigenschafts-Similarität mit einer Zahl als Grundlage basiert, liegt die Gemeinsamkeit ausschließlich in der Zahl und in keiner weiteren Eigenschaft – im Gegensatz zu einigen zahlenbasierten Fällen von Konzepteigenschafts-Similarität in *Mau*, *Tor* und *Wal*. Sprachlich werden diese in 041_Sub09 und 053_Sub09 durch Lexemwiederholungen ($FM_{Sim}1b.1$) zum Ausdruck gebracht, in 069_Sub14 und 072_Sub16 hingegen wird die Zahl jeweils nur auf Ebene der Darlegung der biblischen Erzählung explizit erwähnt.

Wie im Falle der Einzelallegoresen der GOLDENEN LEHNE (cf. Tabelle 55) und der LILIEN (cf. Tabelle 56) zeigen sich auch in den in Tabelle 59 aufgelisteten Fällen jeweils Plausibilisierungen, die aufgrund zweier unterschiedlicher Eigenschaften vorgenommen werden. Sprachlich wird die Verknüpfung in 015_Sub05 und in 046_Sub09 nicht durch ein FM_{Sim} markiert. Hier muss der Adressat jeweils ausgehend von den Eigenschaften, die im Rahmen der allegorischen Darlegung erwähnt werden, darauf schließen, dass diese auch auf Inhalte der allegorisierten Texte zutreffen. In 027_Sub08 hingegen findet sich ein expliziter Verweis auf Similarität durch die Verwendung des $FM_{Sim}1b.1$.

Eine Besonderheit ist bei der in Tabelle 60 zitierten Einzeldeutung von LÖWEN und LEOPARDEN zu konstatieren.

Tab. 58: Konzepteigenschafts-Similarität in *Sub* (Zahlen).

gemeinsame Eigenschaft	Konzept aus *TF-BIBLISCHE ERZÄHLUNG*	Konzept aus *TF-ALLEGORISCHE/ TROPOLOGISCHE DEUTUNG*	Zitat	Beispiel-nummer
'Zahl 2'	KUNDSCHAFTER (2)	DOPPELGEBOT DER LIEBE	Li *duj* homen signifiquen li *doi* comandament que Deus fis en la lei, zo est: Diliges Dominum Deum tuum ex toto corde tuo et ex omni mente tua et proximum tuum sicut te ipsum.	041_Sub09
'Zahl 12'	Je EIN MANN aus allen STÄMMEN (12)	APOSTEL (12)	Li *dotze* homes de cascuna lignaa signifiquen los *dotze* apostoil [...].	053_Sub09
'Zahl 1'	TAUBE (1)	KIRCHE (1)	Si cum dit Salomun in Canticis: Una est columba mea, zo est la Glesia.	069_Sub14
'Zahl 2'	KÜHE (2)	BISCHÖFE UND PRIESTER	Si priseren doe vaque qui avean veel [...] Aqueste doe vaque signifiquen li boin evesque e li boin prever, li quail an veels, id est bona opera et fidem catholicam. Or aquisti van dreitement per la via de Deu e no tornent ne a destre ni a senestre per neguna adversità ne per prosperità que lor aveigna, mas dien ab l'Apostol: Per arma iusticie a destris et a sinistris, per pacienciam superantes. Tuta lor esperanza si est en la celestial vita.	072_Sub16

Tab. 59: Konzepteigenschafts-Similarität in *Sub* (zwei Eigenschaften).

gemeinsame Eigenschaft	Konzept aus *TF-BIBLISCHE ERZÄHLUNG*	Konzept aus *TF-ALLEGORISCHE/ TROPOLOGISCHE DEUTUNG*	Zitat	Beispiel-nummer
1. 'bedeckt' 2. 'rau' 3. 'schön'	TEPPICHE	BEKENNER	Apres si est media caritas, zo son li tapit qui sun *covert* de pali per las filles de Ierusalem, zo est de pas. Or aquisti tapit signifiquen los sainz confessors, qui sun aspre per la bona vita e per les ieunes, e per la predicaciun son bels, e son *covert* de pali. E perquè? Per las filles de Ierusalem, zo sunt anime fidelium: continencium virginum et ceterorum bene viventium.	015_Sub05
1. 'listig' 2. 'fleckig'	LEOPARDEN	HÄRETIKER	Li leopart, qui son menor que li leun, zo forun li hereti, mas il sun plus engignos e son *grivelai* e *tacai* de menue taque, e aisì forun li hereti *tacai* e *grivelai* de molte perverse doctrine e de prave sentencie, de le quail il estrazavan e maniavan l'esposa de Christ, si cum fo Arrius e Sabellius, e si cum forun Simoniaci, qui acatavan et vendeian l'esposa de Christ, zo est sancta Ecclesia.	027_Sub08
1. 'eng' 2. 'hart'	FENSTER	GESETZ	La fenestra per un ela los gitè significa los comandamenz qui erun munt estreit e dur; quar la lei comandava, si l'om crevas l'oil a un autre, que hom li crevas lo so: Oculum pro oculo, dentem pro dente.	046_Sub09

Tab. 60: Konzepteigenschafts-Similarität in *Sub* (LÖWEN und LEOPARDEN).

gemein-same Eigenschaft	Konzept aus *TF-BIBLISCHE ERZÄHLUNG*	Konzept aus *TF-ALLEGORISCHE/TROPOLOGISCHE DEUTUNG*	Zitat	Beispiel-nummer
'schlimmer als x (LEOPARDEN/ HÄRETIKER)'	LÖWEN	KAISER (CHRISTEN-VERFOLGEND)	Or apres pasè per un munt qui mult era aspre e dur, zo fo la persecuciun e lo martyri qu'ela sofrì deil luè e deil mail emperaor, si cum fo Neirun e Domicianus e Galienus e Dioclecianus e Maximianus e Decius, lo malvaz Longobart, qui rostì saint Lorenz. Quist forun li leun. Li leopart, qui son menor que li leun, zo forun li hereti [...].	028_Sub08

So spielt bei der Deutung der LÖWEN die Relation, in der sie zu LEOPARDEN stehen, eine kotaxonomische Similaritätsrelation, eine zentrale Rolle: Beide sind RAUBTIERE und leben in der gleichen Gegend – wie im Bibeltext berichtet wird. Die LÖWEN gelten als schlimmer als die LEOPARDEN – ebenso wie die CHRISTENVERFOLGENDEN KAISER als schlimmer zu betrachten sind als die HÄRE-TIKER. Die Übertragung dieses Verhältnisses ('schlimmer als x') wird auch der Konzepteigenschafts-Similarität zugerechnet, da die genaue Relation zwischen Löwen und Leoparden nicht im *TF-BIBLISCHE ERZÄHLUNG* abgebildet wird, sondern nur mithilfe zusätzlichen Wissens, das ein einem Subframe zu verorten ist, nachvollziehbar ist. Auf sprachlicher Ebene ist zwar kein FM$_{Sim}$ zu konstatieren, doch die FM$_{allgemDeut}$, durch die die Lexeme auf den unterschiedlichen Ebene miteinander verknüpft werden, sorgen dafür, dass der Deutungsweg nachvollziehbar ist.

Des Weiteren finden sich die in Tabelle 61 aufgelisteten auf Konzepteigenschafts-Similarität basierenden Deutungen, die keiner der oben erwähnten Kategorien zuzuordnen sind. Auffällig ist, dass in neun von 14 in dieser Tabelle aufgelisteten Einzelallegoresen kein FM$_{Sim}$ vorliegt, durch das eine explizite Verknüpfung zwischen gleichen oder ähnlichen Eigenschaften auf unterschiedlichen Schriftsinnebenen erfolgt. Dem Adressaten werden in diesen Fällen eine oder mehrere Eigenschaften auf einer Ebene genannt, die ihm als Ausgangspunkt für das Nachvollziehen des Deutungsweges genügen müssen.

Tab. 61: Konzepteigenschafts-Similarität in *Sub* (allgemein).

gemeinsame Eigenschaft	Konzept aus *TF-BIBLISCHE ERZÄHLUNG*	Konzept aus *TF-ALLEGORISCHE/ TROPOLOGISCHE DEUTUNG*	Zitat	Beispiel-nummer
'reich'	BARSELLAI	MENSCHEN	Zo dis en l'estoria de libro Regum de David: quant so fil Absalon lo traì, e el lo catzà de Ierusalem, e el passè lo flum Iordan ab sa maisnaa, si li ven encontra un *ric* hom qui aveit num Berzellai Galaadites, ab somers cariai de conduit e de vin, si 'l saluè, e si li dis: [...]. Berzellai significa li *ric* homes qui van encontra nostre Seignor.	001_Sub03
'nicht modernd'	LIBANONHOLZ	KEUSCHER MENSCH	[...] eser leignam que no marz, per castità [...].	008_Sub05
'nahrhaft'	BROT	CHRISTUS	Or nos a besoig que nostre soveran par nos don sustentament al corp de *conduit* corporal; car besoig a que'l corp viva del fruit de la terra; car en terra deit torner. A l'arma, qui est dintre, si a besoig *conduit* esperital, zo est lo pan de que nostre Seignor dit en l'Evangeli: Ego sum panis vivus, qui de celo descendi, zo est quel pan de que l'arma vif e del qual ela a fam, zo est la parola de De. Car aisi cum lo corp no po viver senz *conduit* corporal, eisament l'arma no po aver vita eterna senza le parole e li comandement de De e lo corp de nostre Seignor, qui est sanctificà per la parola de nostre Seignor que lo prever dit desore.	020_Sub06
'schön'	BLUMEN	GOTTESDIENST, PREDIGT	Or iseran le bele flor, zo est lo servise de Deu e la predicaciun [...].	032_Sub08
'gut'	DUFT	1. CHRISTEN, DIE GUTE WERKE TUN	Or nos poignem, seignor frare, e travaillem que nos siam *bon odor* davant lo nostre criator per *bones* ovres, per oresun, per ieune, per almosne, per castità, per pas, per humilità e per altres bone vertù, las	035_Sub08

Tab. 61 (fortgesetzt)

gemeinsame Eigenschaft	Konzept aus TF-BIBLISCHE ERZÄHLUNG	Konzept aus TF-ALLEGORISCHE/ TROPOLOGISCHE DEUTUNG	Zitat	Beispiel-nummer
		2. WEISUNGEN GOTTES	quals fan bon odor davan Deu. Adunc serem de cels que dit l'Escritura: Curremus in odore unguentorum tuorum – zo sun li comandament de De –, qui est bons pigmenz, e qui est faitz de le oratiun deil saint qui sunt flores odoriferi.	
'duftend'	WEINKELLER	EWIGE RUHE	[...] in cellam vinariam, zo est el celer o lo bon vin ol. Zo est la requies sempiterna, o sun li saint e le sainte, e o seran tuit quil qui feran lo servise de De sine fine in secula seculorum.	039_Sub08
'weit'	FLUSSEBENE	WILLENSFREIHEIT	La planor del flum significa l'amplisia que l'om a en quest sevol de far ben e mal, si cum dis l'Escritura: Lata et spaciosa est via que ducit ad perdicionem, et multi gradiuntur per eam.	047_Sub09
'wechselhaft'	FLUSS	GLÜCK UND UNGLÜCK	Lo flum que il passent si significa que per prospera et adversa lor estuf ander e dir ob l' Apostol: Jn prosperis et in adversis per pacienciam ambulantes.	048_Sub09
'laut'	POSAUNENSPIEL	PREDIGT	Le tube que li prever sonerent signifiquen que nos devem crier e ysalcer nostra voz per predicaciun e mostrer que nos portem l'arca [...] E en aquestos set iorn forun li saint apostoli e li lor discipoll, zo son archiepiscopi, episcopi et presbyteri, qui tuto di sonent le tube per predicaciun; quar ades nos prediquen e castien e nos mostren la via de Deu, ades nos cornen e dien: Nolite diligere mundum et ea que in mundo sunt. Si quis diligit mundum, non est amor Dei in eo. Relinquite vanitatem, sequimini veritatem. Relinquite transitoria, sectamini eterna et semper mansura. [...] la tuba, zo est la parola de De [...].	055_Sub09

'angezogen'	SCHUHE	HEILIGE VÄTER	[...] et *calciamenta* habebitis in pedibus, zo est que vos devi eser *calzai* deil boin isemple deil saint pare.	075_Sub17
'wechselnd zwischen Ruhe und Bewegung'	FÜßE	LEBEN	Per li pe entendem aquesta vita qui cor e reposa; car li un creisun en vita e li autre en mort.	076_Sub17
'verteidigend'	STAB	GUTE WERKE, TUGENDEN	Tenentes baculos in manibus, et comedetis festinanter. E nos devem tenor li bastun en le main, zo sun le bone ovre e le bone vertù, cum le quail noi nos devem defendre de le male ovre, qui son mordent cumma can.	077_Sub17
'zunehmend'	FLUSS	MENSCHHEIT	Per torrentem entendem l'umanità; quar enaisì cum lo riatz *s'empla* de l'aiva, quant el pluf fort, e el *cor cum grant ravina, eisament* l'umana generaciun *corrè* des fin Adam tro a l'avenement de nostre Seignor.	081_Sub20
'zu einem Ziel führend'	WEG	LEBEN	Via hec, in qua vestimenta prosternenda sunt, est misera ista vita, in qua modo vivimus. Que merito dicitur via, quia ducit omnes homines, quosdam Ierusalem, quosdam autem Babilonem. Alij enim cum angelis in gloriam post mortem vadunt in excelsum, alij in penam cum diabolis in infernum.	085_Sub22
'fruchtbringend'	BÄUME	PATRIARCHEN, PROPHETEN, APOSTEL, MÄRTYRER, BEKENNER, JUNGFRAUEN, AUSERWÄHLTE GOTTES	Fructuose arbores fuerunt patriarche, prophete, apostoli, martyres, confessores, virgines et omnes electi Dei. De istis arboribus ramos tollimus, quando de eorum vita et conversatione exempla accipimus. E si noi zo fasem, ben porrem ander encontra Dominidè e intrarem cum luj in illam beatam civitatem Ierusalem celestem cum angelis et sanctis eius cantantes in excelsis: Osanna.	086_Sub22

Insgesamt zeigt sich deutlich, dass der Prediger in *Sub* bei den auf Konzepteigenschafts-Similarität basierenden Deutungen deutlich mehr Eigenleistung
von seinem Publikum verlangt als in den übrigen Predigten der Fall. Ein Punkt,
der sich in vielen Einzelallegoresen zeigt, jedoch in diesem Unterkapitel nicht
systematisch behandelt wurde, ist die häufige Verwendung figurativer Ausdrücke auf Ebene des geistlichen (allegorischen/tropologischen) Schriftsinns, wobei eine konkrete Eigenschaft, auf die im Rahmen der Darlegung der biblischen
Erzählung verwiesen wird, in figurativer Verwendungsweise bei der Darlegung
des geistlichen Schriftsinns aufgegriffen wird (cf. Kapitel 8.2.3, Tabelle 28).

10.3.3 Taxonomische Superordination

Die Verknüpfung der SIEBEN TAGE aus dem TF-BIBLISCHE ERZÄHLUNG mit der
ZEIT DER WELT beruht auf Kontiguität im Sinne einer Teil-Ganzes-Beziehung,
da die ZEIT DER WELT aus vielen WOCHEN besteht, die jeweils SIEBEN TAGE
umfassen:

(117) Set fiaa anderen entorn la cità. A la setena fiaa soneren le tube. Or que signifiquen
      queste set fiaa? Zo significa que tut lo temp des lo comenzament del munt tro a la fin
      se revolve e mena per set di. [...] Ven lo seten iorn, zo est la fin. (054_Sub09)

10.3.4 Komplexe Deutungswege (ohne etymologische Übersetzung)

10.3.4.1 Similarität + Kontiguität
Im Falle der Deutung LENDENUMGÜRTEN – ENTHALTSAMKEIT in Sub17 lässt sich
der Deutungsweg folgendermaßen beschreiben: Die LENDEN[17] gelten als Sitz
der männlichen *libido* und folglich kann eine Kontiguitätsrelation zwischen
LENDE und SEXUELLEM BEGEHREN angenommen werden.[18] Die Verknüpfung
zwischen den LENDEN, die umgürtet werden, und der ENTHALTSAMKEIT beruht
aber nicht nur auf der Kontiguitätsrelation zwischen LENDEN und SEXUELLEM
BEGEHREN, sondern auch auf der Similarität des (durch Kontiguität mit den
LENDEN verbundenen) UMGÜRTENS und der ABWEHR DER SEXUELLEN BEGIER-
DE, die darin besteht, dass in beiden Fällen etwas umgrenzt wird – im Falle der

---

17 Das lateinische Lexem *renes* kann sowohl NIEREN als auch LENDEN bedeuten. Die beiden
Konzepte stehen in Kontiguitätsrelation zueinander, denn die NIEREN befinden sich in der
LENDENGEGEND.
18 Cf. Isidor von Sevilla, *Etymologiae* 11,1 (PL 82, 409B): «Lumbi, ab libidinis lascivia dicti,
quia in viris causa corporeae voluptatis in ipsis est [...]».

LENDEN im konkreten Sinne, auf Allegoreseebene hingegen im metaphorischen Sinne.[19]

(118) <u>Renes</u> vestros <u>accingetis</u>, zo est <u>atenencia de luxuria</u> [...]. (074_Sub17)

Der Deutungsweg lässt sich also als Kombination aus Kontiguität und Similarität beschreiben. Auch bei der Einzeldeutung des PURPUR (014_Sub05) zeigt sich ein solcher Deutungsweg: Über eine Konzepteigenschafts-Similarität kann PURPUR mit BUSSE verknüpft werden (cf. die Erläuterungen zu 013_Sub05 in Kapitel 10.3.2). Diese wiederum steht in Kontiguitätsrelation zum MENSCHEN, der BUSSE tut:

(119) [...] sea porpor per penitencia; e per afflictiun de son cors en ieunes e 'n viatges deit crucifier sa carn cum vicijs et concupiscences. Car sine ferro martyres esse possumus. (014_Sub05)

Eine weitere Kombination aus Similarität und Kontiguität findet sich bei der Einzeldeutung des BERGES AMANA:

(120) Quar sancta Ecclesia fo coronaa e isalzaa de capite Amana. <u>Amana</u> si est un <u>munt</u> mult *alt* – zo dison cil qui o saven –, que tant est *alt* que del cercle de la luna est pres. E verament saint <u>Selvestre</u> fo quest *alt* <u>munt</u>, qui convertì questa *alta* poestà, zo fo Costantin. (030_Sub08)

Ausgangspunkt bei dieser Einzeldeutung ist die Konzepteigenschaft 'hoch', über die der Prediger den Berg AMANA mit dem HEILIGEN SILVESTER und dem KAISER KONSTANTIN verknüpft, welchen er jeweils auch die Eigenschaft 'hoch' zuschreibt. Die Relation zwischen SILVESTER und KONSTANTIN ist zudem als Kontiguitätsrelation zu beschreiben, da der HEILIGE den KAISER zum Christentum bekehrte.

10.3.4.2 Taxonomische Subordination + Kontiguität

Bei der Einzeldeutung des SILBERS, das auf PERSONEN, die ALMOSEN geben, hin gedeutet wird, ist eine Verknüpfung von taxonomischer Subordination und Kontiguität zu erkennen:

(121) [...] sea argent per almosna, qui est clara davan De [...]. (010_Sub05)

---

19 Eine ähnliche Deutung findet sich auch bei Gregor dem Großen: «Qui ergo pascha comedit, habere renes accinctos debet, ut [...] voluptates edomet, carnem a luxuria restringat». (*Homiliae in Evangelia* 22,9, PL 76, 1180).

Das SILBER als Materialbestandteil der SÄNFTE wird auf eine GOTTESFÜRCHTIGE PERSON hin gedeutet. Hierzu verknüpft der Prediger in einem ersten Schritt SILBER über eine taxonomische Subordination mit ALMOSEN, denn ALMOSEN können aus dem Metall SILBER bestehen. In einem zweiten Verknüpfungsschritt wird der ALMOSEN über eine Kontiguitätsrelation mit der Person, die ALMOSEN gibt, verknüpft. Bezüglich der Frames, in denen sich die Konzepte befinden, ist zu konstatieren, dass ein *KF-SILBER* als Subframe zum *TF-BIBLISCHE ERZÄHLUNG* anzunehmen ist. Der ALMOSEN ist sowohl in diesem Frame – subordiniert unter SILBER – als auch in dem damit überlappenden *TF-TROPOLOGISCHE DEUTUNG* zu verorten, in dem auch die Person, die ALMOSEN gibt, zu lokalisieren ist.

Eine sehr komplexe Deutung findet sich in Sub08 bei der Einzeldeutung des MYRRHENBERGES:

(122) Christ parola a saincta Ecclesia en un liber que um apela Cantica, e si dis: E irai a la montaigna de la mirra [...] Ke devem entendre per lo munt de mirra, qui est una especia munt amara, e si n'apareilla hom li corp deil homes morz, que il no possen marcer? Aquesta especia significa la mortificatiun de la carn. Aquesta montaigna fo nostra donna sancta Maria, qui era mortificaa deil vicies carnail. Adunc i ven nostre Seignor Iesu Christ, quant el pres en lei la nostra humanitè. E quant el recep passiun en la sancta croz, adunc fo la mirra amara, zo fo la passiun quant a la carn. (021_Sub08)

Über eine taxonomische Subordination wird eine Verknüpfung zwischen dem MYRRHENBERG und MYRRHE hergestellt. In einem *KF-MYRRHE*, der ein Subframe zum *TF-BIBLISCHE ERZÄHLUNG* darstellt, ist die Eigenschaft 'bitter' enthalten, die der MYRRHE zugeschrieben wird und die dazu führt, dass sie dazu benutzt wird, die TOTEN einzubalsamieren, damit sie nicht verwesen. Folglich besteht zwischen MYRRHE und der TÖTUNG DES LEIBES (*morticatiun de la carn*) eine Kontiguitätsrelation. Über eine taxonomische Subordination kann der Prediger schließlich eine Verknüpfung mit einer spezifischen TÖTUNG DES LEIBES herstellen, der MARIAS. Über eine kontiguitätsbasierte Verknüpfung führt der Deutungsweg von der TÖTUNG MARIAS zu MARIA. MARIA ist – wie auch die im Folgenden erwähnten Konzepte – im *TF-ALLEGORISCHE DEUTUNG* zu verorten. In Kontiguitätsrelation zu MARIA steht JESUS CHRISTUS, der in ihr MENSCH wurde und daraufhin die PASSION durchlebte. Die PASSION CHRISTI wird schließlich mittels des Adverbs *adunc* (FM$_{Sim}$1a) mit der BITTEREN MYRRHE verknüpft. Zusammenfassend ist also zu konstatieren, dass der Bogen vom MYRRHENBERG zur PASSION CHRISTI auf einem komplexen Deutungsweg beruht, der sich in sechs Deutungsschritten darstellen lässt: 1. Taxonomische Subordination (MYRRHEBERG – MYRRHE), 2. Kontiguität (MYRRHE – TÖTUNG DES LEIBES), 3. Taxonomische Subordination (TÖTUNG DES LEIBES – TÖTUNG EINES SPEZIFI-

SCHEN LEIBES) – 4. Kontiguität (TÖTUNG EINES SPEZIFISCHEN LEIBES – MARIA),
5. Kontiguität (MARIA – CHRISTUS), 6. Kontiguität (CHRISTUS – PASSION). Das
finale Konzept des Allegoreseprozesses, die PASSION CHRISTI, wird aber wiederum über eine Similaritätsrelation mit der BITTEREN MYRRHE verknüpft.
Grundlegend für die Verknüpfung ist eine Konzepteigenschafts-Similarität,
denn sowohl MYRRHE als auch die PASSION CHRISTI weisen die Eigenschaft
'bitter' auf – wenn auch letztere nur in metaphorischer Verwendungsweise.

10.3.4.3 Plausibilisierung des Allegoresekonzeptes durch ein alternatives Ausgangskonzept

Ein besonders komplexer Verknüpfungsvorgang zeigt sich in Sub13 in Zusammenhang mit der Einzeldeutung des WEINBERGES, der sowohl mit der SEELE
als auch mit dem TEMPEL verknüpft wird:

(123) [...] l'arma, qui est vigna de De e temple. Si cum dit saint Pol: Vos estis templum Dei et
Spiritus sancti sedes. Voi si casa de De e seti d'Espirit saint. Lo seti de Deu si est cascau-
na bona arma. Si cum dit Salomun: Anima iusti sedes Dei est. Anima peccatoris scabel-
lum pedum eius. En qual visa est anima iusti sedes Dei? Jl meesme Christ lo dit per lo
Propheta: Super humeros iusti requiescit spiritus meus. Zo est: Sore lo cor de bon hom
se reposa lo saint Esperit. (066_Sub13)

Die Verknüpfung zwischen WEINBERG und SEELE erfolgt aufgrund von Frame-
Similarität, denn in beiden Fällen liegt das Muster 'C verwüsten D' vor. Die
daran anknüpfende Verbindung zwischen SEELE und TEMPEL beruht auf der
von Paulus in 1 Kor 3,16 verwendeten Tempel-Metapher, im Rahmen derer er
die CHRISTEN als 'Tempel' bezeichnet, da Gott in ihnen wohnt. Als weitere Be-
gründungen für die Verknüpfung von SEELE und SITZ GOTTES führt der Prediger Jes 66,1 und Jes 11,2 an. Der Prediger von Sub13 verknüpft also die SEELE,
das eigentliche Allegoresekonzept über eine Similaritätsrelation mit einem weiteren Ausgangskonzept, auf welches in anderen *TF-BIBLISCHE ERZÄHLUNG* rekurriert wird, dem SITZ GOTTES. Zudem verwendet der Prediger eine Kontraststruktur, wenn er den SITZ GOTTES, der mit der SEELE des GERECHTEN CHRISTEN
verknüpft ist, mit dem SCHEMEL der FÜßE GOTTES verbindet, welcher wiederum
mit der SEELE des SÜNDERS verknüpft ist. Der Prediger schließt also an die
eigentliche Einzeldeutung weitere konzeptuelle Verknüpfungen an, die den
Eindruck entstehen lassen, dass es ihm nicht nur auf eine einfache Allegorese
ankommt, sondern, dass er Assoziationen aufzeigen möchte, die weitere Facet-
ten des Allegoresekonzeptes in den Fokus rücken.

10.3.4.4 Kombination aus vertikalen und horizontalen Similaritätsverknüpfungen

Die Deutung des HEERS auf die GLÄUBIGEN hin (049_Sub09) scheint in erster Linie dadurch begründet zu sein, dass die BRAUT in Hld 6,3 mit dem HEER verglichen wird. Da die BRAUT in der Regel auf die KIRCHE hin gedeutet wird (cf. Sub08), ist folgender Deutungsweg anzunehmen: Das HEER im *TF-BIBLISCHE ERZÄHLUNG_JOS 2–4,6* wird über eine similaritätsbasierte vertikale Verknüpfung mit dem HEER im *TF-BIBLISCHE ERZÄHLUNG_HLD 6,3* verknüpft. Dieses HEER steht wiederum in Similaritätsrelation zur BRAUT, welche in Similaritätsrelation zur KIRCHE, d. h. den GLÄUBIGEN, steht.[20]

(124) L'ost significa congregationem fidelium, si cum dit in Canticis canticorum: Terribilis ut castrorum acies ordinata. (049_Sub09)

Ein ähnlicher Fall findet sich auch bei der Einzeldeutung der PRIESTER:

(125) Or que significa zo que Iosue fei paser li prever ob l'arca nostre Seignor? Zo significa que chascun hom qui est bateià deit estre prever, si cum dit in Apocalipsi: Facti sumus regnum et sacerdotes Deo et patri. (051_Sub09)

Die PRIESTER im *TF-BIBLISCHE ERZÄHLUNG_JOS 2–4,6* werden über eine similaritätsbasierte vertikale Verknüpfung mit den PRIESTERN im *TF-BIBLISCHE ERZÄHLUNG_OFFB 1,6* verknüpft. Diese wiederum werden über eine Kontiguitätsrelation mit den CHRISTEN verbunden, welche als PRIESTER fungieren.

Auch bei der tropologischen Einzelallegorese der TÖCHTER JERUSALEMS (017_Sub05), die im Gegensatz zu den anderen beiden Deutungen der TÖCHTER JERUSALEMS (016_Sub05, 061_Sub13) nicht auf der etymologischen Übersetzung basiert (cf. Kapitel 10.3.5), ist eine Kombination aus vertikaler und horizontaler Verknüpfung zu erkennen:

(126) E qui no po eser porpor per affliger soa carn, sia media caritas, zo est abia en si bona voluntà et amorem Dei et proximi, si serà filia Ierusalem, abandon si meesme. E en qual guisa? Deveigna de religiun e metase sot autrui per amor De e sea sot regula et abbate. Si cum dit lo propheta David: Audi, filia, et vide et inclina aurem tuam et obliviscere populum tuum et domum patris tui. Perquè? Car lo rei coveitarà la tua beltà. (017_Sub05)

Der Prediger verknüpft die TOCHTER JERUSALEMS aus dem *TF-BIBLISCHE ERZÄHLUNG_HLD 3,9s.* über eine vertikale similaritätsbasierte Verknüpfung mit der TOCHTER aus dem *TF-BIBLISCHE ERZÄHLUNG_PS 44,11*. Diese kann wieder-

---

20 In den folgenden Zitaten wird das jeweilige Bibelzitat durch graue Hinterlegung markiert.

um über eine Kontiguitätsrelation mit der ABKEHR VOM HAUS DES VATERS und dem eigenen VOLK verbunden werden. Diese ABKEHR steht wiederum in Similaritätsrelation zur ABKEHR VOM WELTLICHEN LEBEN der ORDENSLEUTE (*TF-TROPOLOGISCHE DEUTUNG*).

10.3.5 Verknüpfung aufgrund etymologischer Übersetzung

10.3.5.1 Sprachliche Gestaltung der etymologischen Übersetzung
In sieben der analysierten Predigten ist mindestens eine konzeptuelle Verknüpfung durch die etymologische Übersetzung eines Personen-, Orts- oder Bergnamens motiviert. Insgesamt handelt es sich dabei um 16 Fälle. In neun dieser Fälle verwendet der Prediger das neutrale Deutungsverb *significar* (FM$_{allgemDeut}$1a), das auch bei den Allegoresen ohne etymologische Übersetzung häufig zum Einsatz kommt – wie in (127) der Fall:

(127) Hermon significa descendement. (026_Sub08)

Kommt lediglich FM$_{allgemDeut}$1a zum Einsatz, liegt kein expliziter Hinweis darauf vor, dass es sich um ein etymologische Übersetzung handelt. Die jeweilige Einzeldeutung könnte auch als typischer Allegoresefall mit der Verknüpfung zweier Konzepte aufgrund einer Similaritätsrelation aufgefasst werden. Das gilt auch für die Fälle, in denen das neutrale Deutungsverb *est* in Verbindung mit *zo* (FM$_{allgemDeut}$2a) verwendet wird. Exemplarisch zeigt sich dieses FM, das insgesamt viermal in Zusammenhang mit etymologischen Übersetzungen auftritt, in (128):

(128) Le peil de Salomun son li pecaor qui son en l'Eglesia e tornen a emendement per penitencia. Aquisti tail son peil de Salomun, zo est de Christ, qui est reis de pas. (063_Sub13)

Außerdem wird in einem Fall eine Apposition verwendet, die auch keinen Hinweis auf die etymologische Übersetzung liefert:

(129) Aquisti van encontra nostre Seignor e no volen intrer in Ierusalem, en la visiun de pas […]. (003_Sub03)

In den soeben beschriebenen 14 Einzeldeutungen mit etymologischen Übersetzungen ohne Hinweise auf den Übersetzungsvorgang kann lediglich aufgrund der Tatsache, dass hier Eigennamen gedeutet werden und sich die entsprechenden Übersetzungen in der Regel auch in anderen mittelalterlichen Schriften, insbesondere in Isidors *Etymologiae* oder im *Liber de nominibus hebraicis* des Hieronymus, finden lassen, der Schluss gezogen werden, dass es sich bei der jeweiligen Einzelallegorese um eine etymologische Namensdeutung handelt oder zumindest eine etymologische Deutung Teil der Gesamtdeutung ist, wenn es sich um einen komplexeren Deutungsweg handelt.

In einigen Fällen werden aber auch Deutungsverben verwendet, die darauf hinweisen, dass eine etymologische Namensdeutung vorliegt. So wird viermal mit *interpretatur* (FM$_{etymDeut}$1, cf. (130))[21] und einmal mit der Konstruktion *zo sona en nostra lengua* (FM$_{etymDeut}$3, cf. (131)) explizit auf den Übersetzungsvorgang Bezug genommen:

(130)   Or dit: de vertice Sampnir. Sampnir interpretatur densissime tenebre. E Roma era munt en espeses tenebre, quant Costantin se convertì. (031_Sub08)

(131)   Mas anz qu'el intras en Ierusalem, ven en Betphage. Betphage, zo sona en nostra lengua meisun de boca. Et significa sancta Ecclesia, in qua cotidie corpus Christi manducatur, et fidelium ore ipse Deus assidue collaudatur. (083_Sub22)

Zudem wird einmal *dicitur* verwendet:[22]

(132)   <Or que significa> zo que Iosue comandè que l'ost s'albergas sore lo flum? <Zo significa que>*** <flum>. En qual visa? Quar nos devem dire ob lo propheta David: Super flumina Babilonis illic sedimus et flevimus, dum recordaremur tui, Syon. Syon speculacio dicitur. Per amor de l'autra vita devem eser trist e devem plorer e gemer per zo que noi sem ysilai en aquesta dolenta vita. (050_Sub09)

Die Verwendung dieses Verbs findet sich in den analysierten Einzeldeutungen von *Sub* insgesamt nur einmal. Deshalb lässt sich keine Aussage darüber treffen, ob dieses Verb spezifisch für die Etymologie verwendet wird oder auch für andere Einzeldeutungen.[23]

---

21 Klinck (1969, 32) verweist darauf, dass seit den Kirchenvätern *interpretari* verwendet wird, um Übersetzungen hebräischer Namen ins Lateinische zu markieren.
22 Klinck (1969, 43) verweist darauf, dass *dicere* ein typisches verbum dicendi ist, das bei etymologischen Deutungen verwendet wird, in denen nicht auf das Ursprungswort verwiesen wird.
23 Neben den hier beschriebenen Etymologie-Fällen, die in Zusammenhang mit der Allegorese stehen, spielt Signifikantenähnlichkeit eine wesentliche Rolle bei der Deutung des *dolor natium* in Sub16. Da es sich hierbei lediglich um eine Erläuterung der Krankheit handelt und nicht um eine allegorische oder tropologische Deutung bzw. die Erläuterung auch keine Integration in die übrige allegorische Deutung nahelegt, wie das bei der Deutung der Berge Seir und Hermon in Sub08 der Fall ist, wurde diese Deutung nicht in die Analyse einbezogen. Da das Vorgehen aber ähnlich erscheint wie bei einigen analysierten etymologischen Deutungen sei hier darauf verwiesen. Die Deutung lautet folgendermaßen: «Or lor ven dolor natium, zo est a lor lignaa, qui hiseran de lor naie, zo est qui naiseran de lor». (Sub16, Z.25–27) Aufgrund

10.3.5.2 Die etymologische Übersetzung im Rahmen eines komplexen Deutungsweges

Die in diesem Unterkapitel behandelten Übersetzungen stehen in der Regel nicht isoliert da, sondern der Prediger integriert sie in die Gesamtdeutung. Das heißt zum einen, dass die Deutung auch durch eine kognitiv plausible semantische Assoziationsrelation motiviert sein kann. Das wird zum Beispiel deutlich an der Verknüpfung von JERUSALEM und FRIEDENSVISION in Sub03, die auch einfach aufgrund der Similarität der Frame-Strukturen vorgenommen werden könnte, da, ebenso wie BARSELLAI nicht nach JERUSALEM kommen will, auch die HEUCHLERISCHEN CHRISTEN nicht zur FRIEDENSVISION kommen wollen. Des Weiteren erscheint die etymologische Übersetzung in den meisten Fällen semantisch motiviert, wie sich anhand der folgenden Beispiele zeigen lässt. Zum *TF-BIBLISCHE ERZÄHLUNG* ist in diesen Fällen ein Subframe anzunehmen, der das zu übersetzende Ausgangskonzept näher beschreibt. Bei den Deutungen der Berge LIBANON, SEIR, HERMON, SAMPNIR und ZION in Sub08 kann das jeweilige Übersetzungskonzept als ein Charakteristikum betrachtet werden, das ihnen anhaftet und das folglich im jeweiligen Subframe zu verorten ist und damit in Kontiguitätsrelationen zu ihnen steht: So gilt der LIBANON als WEIß, der SEIR als RAU, der HERMON weist einen ABSTIEG auf, der SAMPNIR ist DUNKEL und vom ZION aus kann die Gegend ERSPÄHT WERDEN. Auch bei den ZELTEN KEDARS liegt eine kontiguitätsbasierte etymologische Übersetzung vor, da Kedar 'dunkel' ist. In Bezug auf den Personennamen *Salomo* kann neben der etymologischen Übersetzung 'friedfertig' eine Kontiguitätsrelation zwischen SALOMO und FRIEDE angenommen werden. *Salomo* wird in den *Etymologiae* des Isidor von Sevilla (7,6, PL 82, 279) beispielsweise als «pacificus» bezeichnet, da in seinem Reich Frieden herrschte. Eine ähnliche Deutung findet sich auch für die Stadt *Jerusalem*, deren Name mit 'Friedensvision' übersetzt wird. Die Verknüpfung JERUSALEM – FRIEDEN kann aus kognitiv semantischer Sicht als plausibel betrachtet werden, da es sich um die Stadt handelt, in der CHRISTUS als FRIEDENSBRINGER starb und wieder auferstand. Folglich kann auch eine Kontiguitätsrelation zwischen JERUSALEM und FRIEDEN angenommen werden. Auch bei der Deutung JERICHOS ist eine Kontiguitätsrelation zwischen der Stadt JERICHO und ihrer etymologischen Übersetzung 'Zerstörung', gegeben, denn JERICHO wird zerstört, wie in Sub09 berichtet wird. Lediglich für die beiden Ortsnamen *Bethsamis* und *Betfage* ist eine semantische Motiviertheit bei der hier vorliegenden Verwendung nicht zu erkennen.

---

einer formalen Similarität verknüpft der Prediger in Sub16 die Konzepte GESÄß (*nates*) und NACHKOMMEN (*natium*) miteinander.

Die Integration der etymologischen Übersetzung in die Gesamtdeutung führt neben der semantischen Motiviertheit in vielen Fällen dazu, dass die Übersetzung nicht die gesamte Einzeldeutung ausmacht, sondern häufig mindestens ein weiterer Verknüpfungsschritt vorliegt. Lediglich bei der Deutung des SEIRS, des HERMONS, JERUSALEMS in 003_Sub03 und KEDARS ist das nicht der Fall. Bei der Deutung KEDARS ist jedoch zu beachten, dass sie die similaritätsbasierte Einzeldeutung der BRAUT (060_Sub13) stützt (cf. Kapitel 10.3.2). Da die *tabernacula Cedar* bzw. die *albergaria de Cedar*, die Zelte Kedars, jedoch im Bibeltext erwähnt werden und sie eine eigene Deutung (*tenebre*) erfahren, werden KEDAR und BRAUT aber als separate Einzeldeutungen betrachtet.

Die Deutung JERUSALEMS in 082_Sub22 zeichnet sich dadurch aus, dass eine taxonomische Subordination unter das Übersetzungskonzept vorgenommen wird, das so näher spezifiziert wird:

Tab. 62: Etymologische Übersetzung + taxonomische Subordination (*Sub*).

Beispiel-nummer	Lexem$_A$	Ausgangs-konzept	Lexem$_0$	Über-setzungs-konzept	Lexem$_Z$	Allegorese-konzept
082_Sub22	Ierusalem	JERUSALEM	visio pacis	FRIEDENS-VISION	quod erit, quando videbimus eum facie ad faciem sicuti est, qui est vera pax, vera lux, verum gaudium	VISION GOTTES

In den in Tabelle 63 aufgelisteten Fällen basieren die Verknüpfungen zwischen Übersetzungskonzept und Allegoresekonzept auf Kontiguität. Während bei der Deutung JERICHOS und der Deutung SALOMOS in 005_Sub05 das Übersetzungskonzept eine Eigenschaft des Allegoresekonzeptes darstellt, ist das Übersetzungskonzept bei der Deutung SALOMOS in 063_Sub13 nicht im Allegoresekonzept enthalten, sondern hier wird das Allegoresekonzept durch das Übersetzungskonzept bewirkt: CHRISTUS bewirkt FRIEDEN.[24] Bei den beiden Deutungen SALOMOS kann auch eine Similaritätsrelation zwischen Quell- und Allegoresekonzept konstatiert werden, denn sie weisen die gleiche Eigenschaft auf bzw. bewirken das Gleiche.

---

24 Cf. diesbezüglich Eph 2,14: «ipse [scil. Christus] est enim pax nostra [...]».

Tab. 63: Etymologische Übersetzung + Kontiguität (*Sub*).

Beispiel-nummer	Lexem$_A$	Ausgangs-konzept	Lexem$_Ü$	Über-setzungs-konzept	Lexem$_Z$	Allegorese-konzept
042_Sub09	Iherico	JERICHO	defectum, zo est decreisement	ABTRÜNNIG-KEIT	quest munt	WELT
005_Sub05	Solomon	SALOMO	paisivol	FRIEDFERTIG	Nostre Seignor Christ	CHRISTUS
063_Sub13	Salomun	SALOMO	pas	FRIEDE	Christ	CHRISTUS

Tab. 64: Etymologische Übersetzung + Kontiguität + *fil(l)es*-Metapher (*Sub*).

Beispiel-nummer	Lexem$_A$	Ausgangs-konzept	Lexem$_Ü$	Über-setzungs-konzept	Lexem$_Z$	Allegorese-konzept
061_Sub13	filles de Ierusalem	JERUSALEM	filles [...] de pas	FRIEDE	cil qui an baptisme recevù	CHRISTEN
016_Sub05	files de Ierusalem	JERUSALEM	[files] de pas	FRIEDEN	anime fidelium	SEELEN DER CHRISTEN

Die beiden Deutungen der TÖCHTER JERUSALEMS (cf. Tabelle 64) unterscheiden sich dadurch von den in Tabelle 63 aufgelisteten Fällen, dass hier zusätzlich zu dem Lexem *Ierusalem*, das etymologisch übersetzt wird, noch ein metaphorisch verwendetes *filles* bzw. *files* hinzukommt. So ist in den beiden Fällen eine Verknüpfung zwischen TÖCHTERN und CHRISTEN anzunehmen, die auf einer metaphorischen Similaritätsrelation basiert. Das Allegoresekonzept steht – wie auch in den in Tabelle 63 aufgelisteten Einzeldeutungen – in Kontiguitätsrelation zum Übersetzungskonzept FRIEDE.

Auch bei den in Tabelle 63 aufgelisteten etymologischen Übersetzungen liegt eine metaphorische Verwendungsweise vor. Hier wird das Lexem$_Ü$ jeweils metaphorisch verwendet. Der Deutungsweg zwischen Übersetzungskonzept und Allegoresekonzept lässt sich also als similaritätsbasiert beschreiben. Während sich im Falle von 073_Sub16 lediglich eine similaritätsbasierte Verknüpfung an die etymologische Übersetzung anschließt, ist in 031_Sub08 und 007_Sub05 zusätzlich eine kontiguitätsbasierte Assoziation zu konstatieren, da das Allegoresekonzept eine Eigenschaft aufweist, die in Similaritätsrelation zum Übersetzungskonzept steht.

Tab. 65: Etymologische Übersetzung + metaphorische Similarität (+ Kontiguität) (*Sub*) – Verwendung einer Metapher.

Beispiel-nummer	Lexem$_A$	Ausgangs-konzept	Lexem$_Ü$	Über-setzungs-konzept	Lexem$_Z$	Allegorese-konzept
073_Sub16	Bethsamis	BETHSAMIS	lumen	LICHT	lus eternal	GOTT
031_Sub08	Sampnir	SAMPNIR	densissime tenebre	TIEFE DUNKELHEIT	Roma (era munt en espeses tenebre)	ROM
007_Sub05	Libanus	LIBANON	candidatio, blanchor	WEISS	tuit chrestian (son blanchì per baptisme)[25]	CHRISTEN

Des Weiteren basiert in einem Fall (cf. Tabelle 66) die Verknüpfung von Übersetzungskonzept und Allegoresekonzept auf einer Similaritätsrelation, die hier aber nicht zu einer metaphorischen Verwendungsweise von Lexem$_Z$ führt – im Gegensatz zu den in Tabelle 65 aufgelisteten Fällen. Die Similarität beruht darauf, dass sowohl beim Übersetzungskonzept als auch beim Allegoresekonzept die Aufmerksamkeit darauf gerichtet wird, ein bestimmtes Zielobjekt zu erfassen.

Bei der Einzeldeutung des LIBANON in 022_Sub08 (cf. Tabelle 67) wird das Übersetzungskonzept über eine Kontiguitätsrelation mit den WEISSEN GEWÄNDERN der ENGEL, die bei AUFERSTEHUNG und HIMMELFAHRT zugegen waren, verknüpft und über eine weitere Kontiguitätsrelation schließlich mit der AUFERSTEHUNGS- und HIMMELFAHRTSFREUDE:

(133) En apres si muntè en las roques de Libano. Libanus interpretatur candidus. Aquest munt, qui est apelà Libanus, significa blanzor. Zo fo lo iois de la resurrectiun e de l'ascensiun, o li angel aparegrun en blanza vestimenta [...]. (022_Sub08)

---

25 Meier-Staubach/Suntrup (2011, 309) bemerken, dass insbesondere in der Hohenliedauslegung der Libanon zum Zeichen für Tugenden oder gute Werke wird, was durch die lateinische Übersetzung *candor/candidatio* bedingt ist. Auch bei der Unverweslichkeit handelt es sich um eine solche Tugend, die in Zusammenhang mit der Deutung des Libanonholzes angesprochen wird (cf. 007_Sub05). Da es sich hierbei aber um keine etymologische Übersetzung handelt, wird diese Eigenschaft des Libanonholzes hier nicht näher behandelt. Cf. diesbezüglich auch Ps.-Rabanus, *Allegoriae* (PL 112, 928A): «*Filiae Jerusalem* dicuntur infirmiores in Ecclesia, dicente sponsa in Cantico: ‹Ferculum sibi fecit rex Salomon de lignis Libani›; quod Christus Ecclesiam sanctam constituit sibi de fortibus, excelsis, speciosis, odoriferis, imputribilibus, et ad candorem virtutum per omnia nitentibus».

Tab. 66: Etymologische Übersetzung + Similarität (*Sub*).

Beispielnummer	Lexem$_A$	Ausgangskonzept	Lexem$_Ü$	Übersetzungskonzept	Lexem$_Z$	Allegoresekonzept
050_Sub09	Syon	ZION	speculacio	ERSPÄHEN	Per amor de l'autra vita devem eser trist e devem plorer e gemer per zo que noi sem ysilai en aquesta dolenta vita.	STREBEN NACH EWIGEM LEBEN

Tab. 67: Etymologische Deutung + Kontiguität + Kontiguität (*Sub*).

Beispielnummer	Lexem$_A$	Ausgangskonzept	Lexem$_Ü$	Übersetzungskonzept	Lexem$_B$	Zwischenkonzept	Lexem$_Z$	Allegoresekonzept
022_Sub08	Libanus	LIBANON	blanzor	WEISS	blanza vestimenta	WEISSE GEWÄNDER der ENGEL	lo iois de la resurrectiun e de l'ascensiun	AUFERSTEHUNGSUND HIMMELFAHRTSFREUDE

Es ist aber darauf zu verweisen, dass ZION kein Konzept darstellt, auf das im auszulegenden Bibeltext rekurriert wird, sondern dass von dem auszulegenden Konzept FLUSSUFER eine Verknüpfung zu einem spezifischen FLUSSUFER, dem UFER BABYLONS hergestellt wird, welches in einem Frame, dem *TF-BIBLISCHE ERZÄHLUNG_Ps 137,1* zu verorten ist, in dem auch das Konzept ZION vorliegt, denn in Ps 137,1 (VUL Ps 136,1) heißt es «Super flumina Babylonis ibi sedimus et flevimus cum recordaremur Sion».

Im Falle der Deutung BETFAGES (cf. Tabelle 68) liegt eine Verknüpfung vom Übersetzungskonzept HAUS DES MUNDES mit dem Konzept MUND vor,[26] welches in Kontiguitätsrelation zu ESSEN steht. Über eine taxonomische Subordination wird eine Verknüpfung zwischen ESSEN und dem KIRCHLICHEN ABEND-

---

26 Cf. Kapitel 7, Anm. 22.

Tab. 68: Etymologische Übersetzung + Kontiguität + taxonomische Subordination + Kontiguität (*Sub*).

Bei-spiel-nummer	Lexem$_A$	Aus-gangs-konzept	Lexem$_Ü$	Überset-zungs-konzept	Lexem$_B$	Zwi-schen-konzept	Lexem$_Z$	Allego-rese-konzept
083_Sub22	Beth-phage	Beth-phage	meisun de boca	HAUS DES MUNDES	corpus Christi mandu-catur	ABEND-MAHL	sancta Ecclesia	KIRCHE

MAHL hergestellt, das eine besondere Art des ESSENS darstellt. Das ABENDMAHL steht wiederum in Kontiguitätsrelation zum Allegoresekonzept KIRCHE:

(134) [...] Betphage, zo sona en nostra lengua meisun de boca. Et significa sancta Ecclesia, in qua cotidie corpus Christi manducatur, et fidelium ore ipse Deus assidue collaudatur. (083_Sub22)

10.3.6 Unklare Fälle

Bei der Deutung der TEPPICHE, die mit DECKEN bedeckt sind, ist nicht ersichtlich, wodurch die Verknüpfung mit der FREUDE AM EWIGEN LEBEN motiviert ist:

(135) Car ne nos guerpirà l'amor del rei, mas nos coleerà en soi tapit covert de pali, zo est el deleit e en la vita perpetual. (018_Sub05)

Ähnlich verhält es sich mit der zweiten Einzeldeutung der von DECKEN bedeckten TEPPICHE:

(136) [...] tapit covert de pali, zo son bones ovres. (019_Sub05)

Bei diesen Deutungen entsteht der Eindruck, dass der Prediger Konzepte aus dem *DR-TROPOLOGIA* auswählt, ohne die Verknüpfung zu plausibilisieren.

10.3.7 Beeinflussung der Allegorese durch Bibelzitate

Wie bereits in Kapitel 10.1 angemerkt, zeichnen sich die *Sermoni subalpini* unter anderem dadurch aus, dass der Prediger vertikale Verknüpfungen mit anderen Bibeltexten vornimmt. An vielen Stellen stellt er solche Verknüpfungen her, ohne dass die zitierte Bibelstelle ausgelegt wird. Sie dienen häufig dem Ziel, eine horizontale Verknüpfung zwischen Quell- und Allegoresekonzept zu plausibilisieren. Eine Stützung der im Rahmen von Einzeldeutungen vorgenommenen konzeptuellen Verknüpfungen kann beispielsweise durch die Zitation biblischer Metaphern erfolgen, die dieselbe konzeptuelle Verknüpfung enthalten (cf. Tabelle 69).[27]

Bei der Einzeldeutung 059_Sub12 (cf. Tabelle 70) wird zwar nicht direkt die Bibelstelle zitiert, die die entsprechende konzeptuelle Verknüpfung enthält, doch legt der Vergleich mit Joh 1,14 nahe, dass der Prediger sich auf die in diesem Zitat vorgenommene konzeptuelle Verknüpfung beruft.

In den in den Tabellen 69 und 70 aufgelisteten Fällen hilft dem Prediger folglich seine Kenntnis anderer biblischer Texte. Dass diese Metaphern in ganz anderen semantischen Kontexten geäußert wurden, spielt keine Rolle.

In einigen Fällen (cf. Tabelle 71) verwendet der Prediger auch Schriftzitate, um damit eine Konzepteigenschaft, die im Rahmen einer auf Konzepteigenschafts-Similarität basierenden Allegorese relevant ist, zu illustrieren.

Häufig werden Zitate aber auch angeführt, ohne dass sie die Einzeldeutung unmittelbar beeinflussen. Dabei entsteht der Eindruck, dass dem Prediger das entsprechende Bibelzitat aufgrund einer bestimmten Assoziationsrelation in den Sinn kommt und er dieses auch anführt, wenn es keinem konkreten Argumentationszweck dient. Solche Fälle werden hier aber nicht weiter betrachtet.

---

27 Die zitierten Bibelstellen werden jeweils kursiv hervorgehoben.

Tab. 69: Bibelzitate mit Metapher als Deutungsgrundlage (*Sub*).

Konzeptuelle Verknüpfung	Bibelzitat in *Sub*-Einzeldeutung	zitierte Bibelstelle
BROT – CHRISTUS	A l'arma, qui est dintre, si a besoig conduit esperital, zo est lo pan de que nostre Seignor dit en l'Evangeli: *Ego sum panis vivus, qui de celo descendi*, zo est quel pan de que l'arma vif e del qual ela a fam, zo est la parola de De. (020_Sub06)	Joh 6,51
PRIESTER – GLÄUBIGE	Or que significa zo que Iosue fei paser li prever ob l'arca nostre Seignor? Zo significa que chascun hom qui est bateià deit estre prever, si cum dit in Apocalipsi: *Facti sumus regnum et sacerdotes Deo et patri.* (051_Sub09)	Offb 1,6
WEINBERG – KIRCHE	Or, seignor, esvardai d'aquesta nostra mare Ecclesia, la qual se met en figura de vigna, si cum dit lo Propheta: *Vinea Domini Sabaoth domus Israel est.* [...] (070_Sub14)	Jes 5,7
WEINBERG – TEMPEL, SITZ – SEELE	[...] l'arma, qui est vigna de De e temple. Si cum dit saint Pol: *Vos estis templum Dei et Spiritus sancti sedes. Voi si casa de De e seti d'Espirit saint.* Lo seti de Deu si est cascauna bona arma. Si cum dit Salomun: *Anima iusti sedes Dei est. Anima peccatoris scabellum pedum eius.* En qual visa est anima iusti sedes Dei? Jl meesme Christ lo dit per lo Propheta: *Super humeros iusti requiescit spiritus meus. Zo est: Sore lo cor de bon hom se reposa lo saint Esperit.* (066_Sub13)	1 Kor 3,16 [Prophetenzitat nicht gefunden]
DUFT – WEISUNGEN GOTTES	Or iseran le bele flor, zo est lo servise de Deu e la predicaciun, dun la vigna, zo est sancta Ecclesia, darà bona odor. Si cum dit saint Pol: *Christi bonus odor sumus Deo in omni loco.* Or nos poignem, seignor frare, e travaillem que nos siam bon odor davant lo nostre criator per bones ovres, per ieune, per almosne, per castità, per pas, per humilità e per altres bone vertù, las quals fan bon odor davan Deu. Adunc serem de cels que dit l'Escritura: Curremus in odore unguentorum tuorum – zo sun li comandament de De [...]. (035_Sub08)	2 Kor 2,15
HIMMEL – APOSTEL	Per la parola de Deu son li cel fermai, e de l'espirit qui eis de so bocha est tuta lor vertuz. Or que devem entendre per aquesta parola? Aquesta parola fo nostre Seignor Iesu Christ. Per li cel entendem los dotzes apostoil, si cum dit lo Psalme: *Celi enarrant gloriam Dei.* Li apostol forun fermai per la parola de Christ [...]. (058_Sub12)	Ps 19,2 (VUL Ps 18,2)

Tab. 70: Konzeptuelle Verknüpfung basiert auf nicht-zitiertem Bibelvers (*Sub*).

KONZEPTUELLE VERKNÜPFUNG	Bibelzitat in *Sub*-Einzeldeutung	zitierte Bibelstelle
WORT – CHRISTUS	Per la parola de Deu son li cel fermai, e de l'espirit qui eis de so bocha est tuta lor vertuz. Or que devem entendre per aquesta parola? Aquesta parola fo nostre Seignor Iesu Christ. (059_Sub12)	Et Verbum caro factum est, et habitavit in nobis : et vidimus gloriam ejus, gloriam quasi unigeniti a Patre plenum gratiæ et veritatis. (Joh 1,14)

Tab. 71: Hervorhebung relevanter Konzepteigenschaften durch ein Bibelzitat (*Sub*).

KONZEPTUELLE Verknüpfung	Bibelzitat in *Sub*-Einzeldeutung	zitierte Bibelstelle
GOLD – PERSON, die predigt und gutes BEISPIEL ist	[...] sea or per predicaciun, et per bons exemples luisa, si cum fai l'or. Si cum dit en l'Evangeli: *Luceat lux vestra coram hominibus, ut videant opera vestra bona et glorificent patrem vestrum, qui in celis est.* (012_Sub05) → LEUCHTEN als relevante Konzepteigenschaft	Mt 5,16
FENSTER – GESETZ	La fenestra per un ela los gitè significa los comandamenz qui erun munt estreit e dur; quar la lei comandava, si l'om crevas l'oil a un autre, que hom li crevas lo so: *Oculum pro oculo, dentem pro dente.* (046_Sub09) → HÄRTE als relevante Konzepteigenschaft	Ex 21,24
TAUBE – KIRCHE	Si cum dit Salomun in Canticis: *Una est columba mea,* zo est la Glesia. (069_Sub14) → ZAHL 1 als relevante Konzepteigenschaft	Hld 6,8
LEHNE – APOSTEL, (ERZ-)BISCHÖFE	Or après fis l'apoail d'or, e quest apoail significa li saint apostoil, sore li quail se reposà lo verai rei, zo fo Christ. Si cum el lor dist: *Vos estis qui permansistis mecum in temptationibus meis, et cetera.* Car eisi cum l'or est plus precios que nul autre metal, eisament foron li apostol plus precios d'autres homes, e quil qui los ensuiren, si cum sun li arcevesque e li evesque, qui lor via tenent e la mostrent ail autre. Aquisti tail sun precios e luisent, suvre li quail Deus se reposa. (011_Sub05) → UNTERSTÜTZUNG als relevante Konzepteigenschaft	Lk 22,28

Tab. 71 (fortgesetzt)

KONZEPTUELLE Verknüpfung	Bibelzitat in *Sub*-Einzeldeutung	zitierte Bibelstelle
FLUSS – GLÜCK und UNGLÜCK	Lo flum que il passent si significa que per prospera et adversa lor estuf ander e dir ob l'Apostol: *In prosperis et in adversis per pacienciam ambulantes.* (048_Sub09) → WECHSELHAFTIGKEIT als relevante Konzepteigenschaft	?
FLUSSEBENE – WILLENSFREIHEIT	La planor del flum significa l'amplisia que l'om a en quest sevol de far ben e mal, si cum dis l'Escritura: *Lata et spaciosa est via que ducit ad perdicionem, et multi gradiuntur per eam.* (047_Sub09) → WEITE als relevante Konzepteigenschaft	Mt 7,13
KUNDSCHAFTER (2) – DOPPELGEBOT DER LIEBE	Li duj homen signifiquen li doi comandament que Deus fis en la lei, zo est: *Diliges Dominum Deum tuum ex toto corde tuo et ex omni mente tua et proximum tuum sicut te ipsum.* (041_Sub09) → ZAHL 2 als relevante Konzepteigenschaft	Lk 10,27

10.3.8 Zusammenfassende Bewertung der Verknüpfungsrelationen

Die konzeptuellen Verknüpfungen in *Sub* lassen sich graphisch folgendermaßen darstellen:

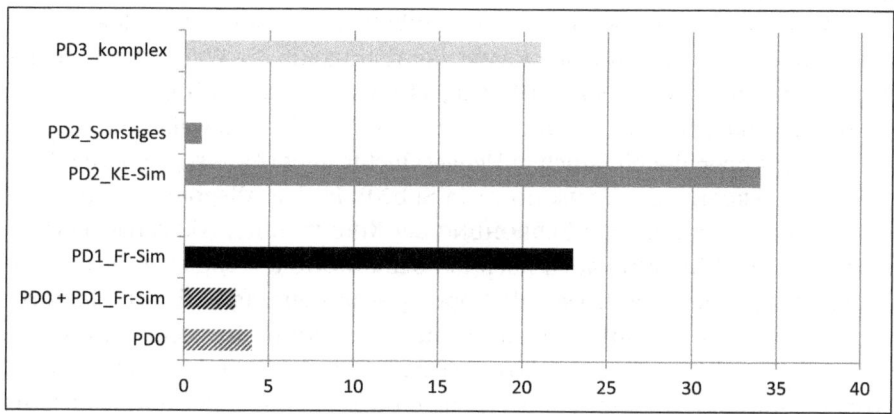

Abb. 31: Verteilung der 86 konzeptuellen Verknüpfungen in *Sub*.

In dieser Predigtsammlung ist $PD_{2\_KE\text{-}Sim}$ am stärksten ausgeprägt. $PD_{1\_Fr\text{-}Sim}$ fällt etwas geringer aus. Als auffällig hoch ist der Anteil an komplexen Deutungen mit 24,4 % zu beschreiben.

10.4 Wiederkehrende Deutungsmuster innerhalb der Predigtsammlung

Konventionelle Verknüpfungen bestimmter Konzepte oder Konzeptbereiche, wie sie in Kapitel 8.3 beschrieben wurden, zeigen sich in *Sub* in Bezug auf die Verknüpfung WEINBERG – KIRCHE (Sub08, Sub13, Sub14) und BRAUT – KIRCHE (Sub13, Sub08, Sub14).

10.5 Geistlicher Schriftsinn – allegorisch oder tropologisch?

Die analysierten Allegoresen in *Sub* sind sehr stark allegorisch ausgerichtet. Dem Prediger scheint es eher darum zu gehen, auf die allgemeine christliche Heilsgeschichte (*DR-ALLEGORIA*) einzugehen, als auf die konkrete Handlungsweise des einzelnen Christen (*DR-TROPOLOGIA*). Die KIRCHE als zentrales Konzept des *DR-ALLEGORIA*, ist Inhalt von Sub05, wo die SÄNFTE SALOMOS auf die KIRCHE hin gedeutet wird, sowie von Sub08, wo der Weg von BRAUT und BRÄUTIGAM zueinander als WEG der KIRCHE durch SCHWIERIGKEITEN (CHRISTENVERFOLGUNGEN, HÄRESIEN) hin zu GUTEN ZEITEN gedeutet wird. Auch die Allegorese der EROBERUNG JERICHOS in Sub09 ist in erster Linie allegorischer Art, denn es geht dabei um den KAMPF der KIRCHE um die WELT. Die Allegoresen der Psalmenzitate in Sub12 (Ps 33,6, VUL Ps 32,6) und Sub20 (Ps 19,6, VUL Ps 18,6s.) sind beide als allegorisch zu bewerten, da es jeweils um zentrale Personengruppen der christlichen Heilgeschichte geht (APOSTEL in Sub12; PATRIARCHEN, PROPHETEN, MENSCHHEIT in Sub20). In den Allegoresen von Sub13 und Sub14 wird jeweils die BEDROHUNG der KIRCHE durch HÄRESIEN thematisiert, doch wird in Sub13 auch noch die BEDROHUNG der HÄRESIE für die EINZELNE SEELE thematisiert, was als tropologische Deutung zu beschreiben ist. Die BUNDESLADE in Sub16 wird auch auf die KIRCHE hin gedeutet, die von BISCHÖFEN und PRIESTERN zu GOTT geführt wird. Sub22 enthält mit BUßE sowohl ein Konzept, das typischerweise dem *DR-TROPOLOGIA* zuzuordnen ist, als auch Konzepte wie KIRCHE, PATRIARCHEN und PROPHETEN, die im *DR-ALLEGORIA* zu verorten sind.

Die Allegorese der David-Barsellai-Erzählung hingegen erscheint sehr stark tropologisch ausgerichtet, denn darin geht es um HEUCHLERISCHES VERHALTEN von CHRISTEN, die nur dem Schein nach zu GOTT kommen wollen. Des Weiteren liegt in Sub05 in Anschluss an die überwiegend allegorische Deutung der SÄNFTE eine tropologische Deutung vor: Die einzelnen SÄNFTENBESTANDTEILE erfahren darin eine zusätzliche Deutung, die das konkrete VERHALTEN des einzelnen CHRISTEN in den Blick nimmt und aus diesem Grund als tropologisch zu beschreiben ist.[28]

10.6 Fazit

Die *Sermoni subalpini* zeichnen sich durch ein starkes Assoziieren aus, was sich zum einen daran zeigt, dass der Prediger sowohl vertikale Verknüpfungen zwischen unterschiedlichen Bibeltexten als auch horizontale Verknüpfungen, d. h. Allegoresen, vornimmt. Die Komplexität der mehrstufigen Deutungen erscheint umso größer, je mehr Deutungsschritte vorliegen. Die Tatsache, dass in einem Fall sogar sechs Deutungsschritte vorliegen (cf. Kapitel 10.3.4.2) zeugt

---

28 In Hinblick auf die auffällige sprachliche Gestaltung der tropologischen Einzeldeutungen cf. Kapitel 10.2.

von einer deutlich höheren Komplexität der Deutung in *Sub* als in den übrigen Predigtsammlungen. Vor allem etymologische Deutungen sind häufig Teil von komplexen Deutungswegen. Zusätzlich trägt auch die häufige Verwendung von Bibelzitaten zur Stützung der Allegorese und einer höheren Komplexität der Predigt bei. Auch wenn sich *Sub* in Bezug auf die Verteilung der konzeptuellen Relationen nicht wesentlich von *Tor* und *Lim* unterscheidet, die beide auch einen nicht-unbeträchtlichen Prozentsatz an komplexen Verknüpfungen aufweisen, erscheinen Anspruch und Komplexität in *Sub* doch deutlich höher als in den übrigen Predigtsammlungen des analysierten Corpus, da die komplexen Deutungen teilweise deutlich komplexer erscheinen und die Allegoresen nicht selten mit vertikalen Verknüpfungen verbunden sind. Dabei entsteht der Eindruck, dass der Prediger zwischen verschiedenen Bibelzitaten «hin- und herspringt». Der Fokus des Predigers liegt nicht darauf, dem Zuhörer möglichst schnell eine fertige Lösung zu präsentieren, sondern er will ihn an seinen komplexen Gedankengängen teilhaben lassen.

11 Gesamtauswertung der Allegorese in den romanischen Predigtsammlungen

Die Allegoresen von Bibeltexten, d. h. die Allegorisierungen eines oder mehrerer sprachlicher Zeichen, die in einem Bibeltext verwendet werden, sind einerseits als hochgradig konventionell zu beschreiben. So zeigt sich insbesondere bei *Mau*, dass ein Prediger wohl feste konventionelle Verknüpfungen im Kopf hatte, die dazu führen, dass die gleichen Konzepte oder Konzeptbereiche unabhängig vom Kotext innerhalb der biblischen Erzählung immer wieder miteinander verknüpft werden können. Aus kognitiv-semantischer Perspektive ist das mit konventionellen Frame-Verknüpfungen zu beschreiben, die auch als Conceptual Metaphors oder Conceptual Metonymies zu bezeichnen sind. Andererseits haben die Interpreten innerhalb des Regelwerks immer noch ausreichend Deutungsspielraum zur Verfügung, der dazu führt, dass die jeweiligen Allegoresen individuelle Charakteristika aufweisen. So kann ein Konzept$_A$ auf unterschiedliche Weise mit einem Konzept$_Z$ verknüpft werden. Im Fokus dieser Untersuchung steht die Art und Weise, wie der Prediger die Verknüpfung präsentiert, ob er sich darum bemüht, einem einfachen Publikum eine Allegorese verständlich darzulegen oder ob er sich an ein eher intellektuelles Publikum wendet, dem auch komplexere Verknüpfungen zugemutet werden können. So ist in diesem Kapitel ausgehend von den verschiedenen Charakteristika der Predigtsammlungen, die in den Kapiteln 8–10 herausgearbeitet wurden, ein Schema zu entwerfen, mit dessen Hilfe Korrelationen zwischen der Funktionsweise, Merkmalen der Predigten und Bildungsrad des Publikums sowie dem didaktischen Anspruch des Verfassers aufgezeigt werden können. Hierzu sind folgende Punkte zu berücksichtigen:
1) Strukturiertheit der Predigtsammlung
2) Komplexität des Predigtaufbaus
3) Beschaffenheit des auszulegenden Bibeltextes
4) Beschaffenheit der Allegorese
   a) Plausibilisierung der Deutung
   b) Komplexität

In Bezug auf 1) konnte gezeigt werden, dass *Mau* eine Sonderstellung einnimmt und sich durch einen besonders modellhaften Charakter auszeichnet, der sich deutlich in der Gesamtkomposition der Sammlung zeigt, welche ein ganzes Kirchenjahr abdeckt und 64 Predigten aufweist, die sich in Bezug auf ihren in der Regel einfachen Aufbau sehr stark ähneln. Ausgangspunkt ist in allen analysierten Predigten das Tagesevangelium, dessen – in den meisten

https://doi.org/10.1515/9783110586411-011

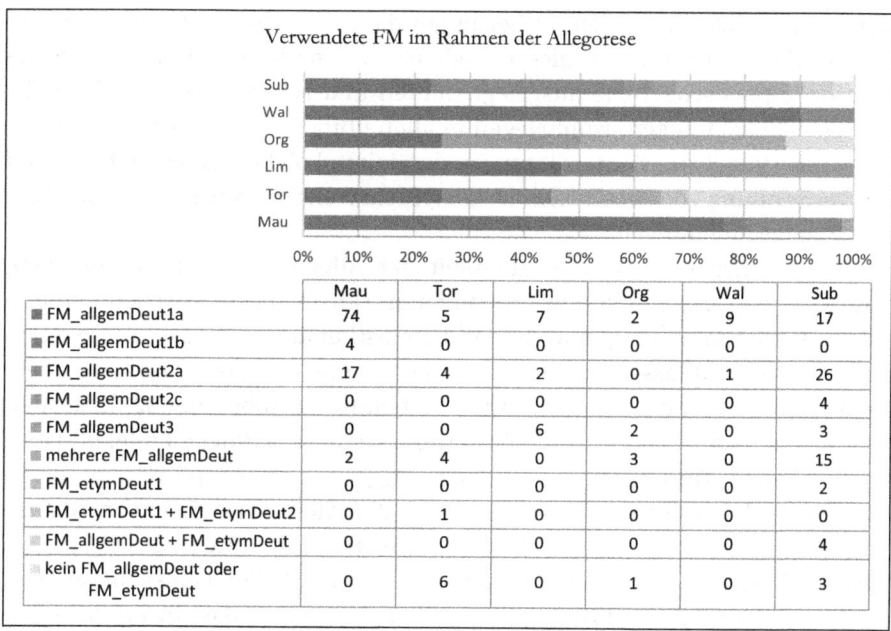

Verwendete FM im Rahmen der Allegorese

	Mau	Tor	Lim	Org	Wal	Sub
▪ FM_allgemDeut1a	74	5	7	2	9	17
▪ FM_allgemDeut1b	4	0	0	0	0	0
▪ FM_allgemDeut2a	17	4	2	0	1	26
▪ FM_allgemDeut2c	0	0	0	0	0	4
▪ FM_allgemDeut3	0	0	6	2	0	3
▪ mehrere FM_allgemDeut	2	4	0	3	0	15
▪ FM_etymDeut1	0	0	0	0	0	2
▪ FM_etymDeut1 + FM_etymDeut2	0	1	0	0	0	0
▪ FM_allgemDeut + FM_etymDeut	0	0	0	0	0	4
▪ kein FM_allgemDeut oder FM_etymDeut	0	6	0	1	0	3

Abb. 32: Verknüpfung von Lexem$_A$ und Lexem$_Z$ bzw. Lexem$_Ü$.

Fällen – tropologische Auslegung in der Regel zu einer abschließenden morali-schen Aufforderung überleitet. Diese Modellhaftigkeit des Homiliars lässt da-rauf schließen, dass der Verfasser bei der Komposition der Predigtsammlung sehr planvoll vorgeht, was mit einem hohen didaktischen Anspruch verknüpft ist. Keine der übrigen Predigtsammlungen weist eine so klare und einfache Struktur wie *Mau* auf, wie in den Kapiteln 8–10 gezeigt wurde. Von daher ist davon auszugehen, dass in keiner der übrigen Predigtsammlungen eine so starke didaktische Intention vorliegt wie bei *Mau*.

Auch in Bezug auf 2), die Komplexität des Predigtaufbaus, konnte gezeigt werden, dass *Mau* eine Sonderstellung zukommt, insofern als hier in der Regel nur ein Bibeltext behandelt wird, wohingegen alle übrigen Homiliare kaum Predigten aufweisen, in denen nicht intertextuelle Bezüge zu anderen Bibeltex-ten enthalten sind oder gar mehrere Bibeltexte allegorisiert werden. Das Vor-handensein solcher vertikaler und nicht nur horizontaler Verknüpfungen, wie sie im Rahmen der Allegorese erfolgen, erhöht den Komplexitätsgrad der Pre-digt deutlich.

3), die Beschaffenheit des Bibeltextes, ist insofern von Interesse, als Evan-gelienerzählungen als deutlich einfacher zu bewerten sind als poetische Texte wie Psalmen oder das Hohelied oder theoretische Abhandlungen, wie sie in den Paulusbriefen vorliegen. In Bezug auf die allegorisierten Bibeltexte sticht *Sub* insofern heraus, als in dieser Predigtsammlung in vielen Fällen alttestamentliche poetische Texte ausgelegt werden und seltener neutestamentliche Evangelienerzählungen, wohingegen in allen übrigen Predigtsammlungen die Allegorese von Evangelienerzählungen dominiert. Folglich ist *Sub* in Bezug auf die Verwendung von Bibeltexten als anspruchsvoller zu bewerten als die übrigen Predigtsammlungen.

Hinsichtlich 4), der Beschaffenheit der Allegorese, ist hervorzuheben, dass sich trotz der deutlich wahrnehmbaren Unterschiede zwischen den einzelnen Predigtsammlungen wichtige Übereinstimmungen zeigen. Diese manifestieren sich auf lexematischer Ebene insbesondere in Form von wiederkehrenden Formulierungsmustern, deren Verteilung in Abbildung 32 dargestellt ist. Letztendlich spielt es für die Bewertung keine wesentliche Rolle, ob Lexem$_A$ und Lexem$_Z$ durch FM$_{allgemDeut1}$ oder FM$_{allgemDeut2}$ verknüpft werden. Wichtiger ist die Erkenntnis, dass in allen Predigten die Verknüpfung von Lexem$_A$ und Lexem$_Z$ bzw. Lexem$_A$ und Lexem$_Ü$ in erster Linie durch ein FM$_{allgemDeut}$ bzw. ein FM$_{etymDeut}$ erfolgt und in nur sehr wenigen Fällen keines dieser Muster verwendet wird. Als auffällig ist aber hervorzuheben, dass in *Tor* viele Einzeldeutungen kein Deutungsverb enthalten, was dazu führt, dass die Deutungen weniger explizit erscheinen.

Wiederkehrende Formulierungsmuster zeigen sich nicht nur in Zusammenhang mit der Verknüpfung von Lexem$_A$ und Lexem$_Z$ bzw. Lexem$_Ü$, sondern auch bei der Plausibilisierung der jeweiligen Allegorese. In vielen Fällen erläutert der Prediger so, wie die Verknüpfung zustande kam. Diesbezüglich konnten die in Abbildung 33 dargestellten Formulierungsmuster herausgearbeitet werden, mit denen Similarität zum Ausdruck gebracht wird. Bei der Darstellung ist zu berücksichtigen, dass zum einen nicht in allen Einzeldeutungen Similarität zum Ausdruck gebracht wird, sondern nur in 59,8 % der Einzeldeutungen von *Mau*, in 76,2 % bei *Tor*, in 44 % bei *Lim*, in jeweils 70 % bei *Org* und *Wal* sowie in 47,7 % bei *Sub*. Des Weiteren können in einer Einzeldeutung auch mehrere FM$_{Sim}$ zum Einsatz kommen. In Abbildung 33 werden lediglich die absoluten Zahlen der verwendeten FM$_{Sim}$ dargestellt.

Diese Ergebnisse lassen folgern, dass Similarität – wie erwartet – das wesentliche Strukturmerkmal der Allegorese darstellt. Auch die Untersuchung der konzeptuellen Verknüpfungen kommt zu diesem Ergebnis.

So ergibt sich bezüglich der Similarität als Verknüpfungsrelation für die ausgewerteten Predigten folgendes Bild: Sie ist in *Mau* in 98,1 %, bei *Tor* in 76 %, bei *Lim* in 62 %, bei *Org* in 90 %, bei *Wal* in 90 % und bei *Sub* in 74 % der Einzeldeutungen entweder alleine, in Kombination mit einer etymologischen Deutung (PD$_O$), oder gemeinsam mit einer anderen Verknüpfungsrelation wie

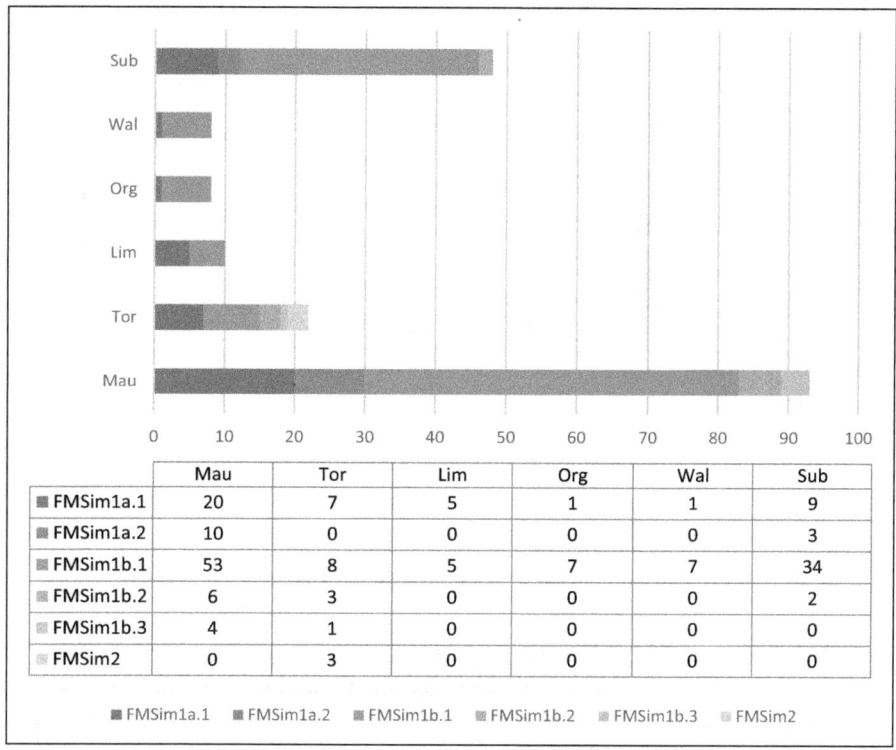

	Mau	Tor	Lim	Org	Wal	Sub
■ FMSim1a.1	20	7	5	1	1	9
■ FMSim1a.2	10	0	0	0	0	3
■ FMSim1b.1	53	8	5	7	7	34
■ FMSim1b.2	6	3	0	0	0	2
▨ FMSim1b.3	4	1	0	0	0	0
▨ FMSim2	0	3	0	0	0	0

■ FMSim1a.1   ■ FMSim1a.2   ■ FMSim1b.1   ■ FMSim1b.2   ▨ FMSim1b.3   ▨ FMSim2

Abb. 33: Verwendung von FM_{Sim} in absoluten Zahlen.

bspw. Kontiguität zu konstatieren (cf. Abbildung 34). Des Weiteren kann auch bei den komplexen Deutungsfällen ($PD_{3\_komplex}$) Similarität involviert sein, was bei dieser Berechnung nicht berücksichtigt wurde. Der Prozentsatz der konzeptuellen Verknüpfungen ist also für alle Predigtsammlungen höher als der der verwendeten FM_{Sim}, was damit zusammenhängt, dass teilweise auch ohne explizite sprachliche Similaritätsmarkierung für eine bestimmte Einzeldeutung davon auszugehen ist, dass die Verknüpfung als similaritätsbasiert betrachtet werden kann. Das kann zum einen der Fall sein, wenn in einer Predigt mehrere similaritätsbasierte konzeptuelle Verknüpfungen vorgenommen werden und nur für eine Verknüpfung eine explizite sprachliche Similaritätsmarkierung vorliegt, die aber gleichzeitig für andere Allegoresen derselben Predigt auch gilt (cf. 038_Mau27), zum anderen wenn der Prediger es nicht für notwendig erachtet, eine salient erscheinende Similaritätsstruktur explizit zu thematisieren (cf. 020_Mau12, 021_Mau12). Die Tatsache, dass Similarität als zentrales Strukturprinzip in allen Predigten vorliegt, stellt ein erwartbares Ergebnis dar,

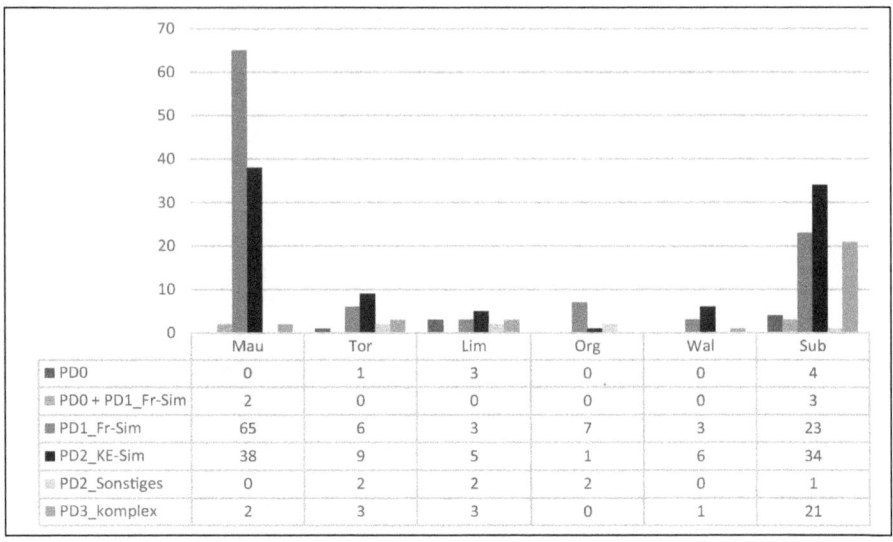

	Mau	Tor	Lim	Org	Wal	Sub
■ PD0	0	1	3	0	0	4
■ PD0 + PD1_Fr-Sim	2	0	0	0	0	3
■ PD1_Fr-Sim	65	6	3	7	3	23
■ PD2_KE-Sim	38	9	5	1	6	34
■ PD2_Sonstiges	0	2	2	2	0	1
■ PD3_komplex	2	3	3	0	1	21

Abb. 34: Konzeptuelle Verknüpfungen in allen analysierten Predigtsammlungen.

da es bei der christlichen Allegorese darum geht, eine Analogie zwischen einer biblischen Erzählung und christlichen Glaubensinhalten aufzuzeigen. Neben der Gemeinsamkeit der Allegoresen in Bezug auf die Similarität zeigen sich im Bereich der konzeptuellen Verknüpfungen aber wesentliche Unterschiede zwischen den einzelnen Predigtsammlungen, die vor allem mit der didaktischen Intention des Predigers und der Orientierung am Bildungsgrad des Publikums zusammenzuhängen scheinen. So ist in Bezug auf Similarität zwischen Frame- und Konzepteigenschafts-Similarität zu differenzieren. Insbesondere die Frame-Similarität ($PD_{1\_Fr\text{-}Sim}$), die einen niedrigen Komplexitätsgrad aufweist (cf. Kapitel 7.2.4) bietet sich für ein Publikum von eher geringem Bildungsgrad an, dem die Inhalte auf einfache, gut verständliche Weise vermittelt werden sollen. In Bezug auf die Konzepteigenschafts-Similarität ist zu konstatieren, dass dieser Similaritätstyp sich durch eine höhere Komplexität auszeichnet, da zum Verständnis nicht nur die Kenntnis der im Rahmen der Predigt dargelegten Textinhalte – wie im Falle der Frame-Similarität – vonnöten ist, sondern zusätzlich «Weltwissen». Auf solches Wissen rekurrieren auch andere einfache auf einer semantischen Assoziationsrelation wie Kontiguität oder taxonomischer Superordination basierende Verknüpfungen, die zahlenmäßig kaum ins Gewicht fallen, aber dennoch bei der Auswertung zu berücksichtigen sind. Diese Fälle sind – ebenso wie die Konzepteigenschafts-Similarität – auf mittlerer Komplexitätsstufe ($PD_{2\_Sonstiges}$) zu verorten. Zur Entschlüsselung solcher Deutungen ist auf kulturelles Wissen zu rekurrieren, das in enzyklopädischen Werken wie Bestiarien oder den *Etymologiae* des Isidor von Sevilla enthalten ist und das nicht nur die Kenntnis bestimmter Eigenschaften eines Gegenstands oder Lebewesens o. Ä. umfasst, sondern auch dessen Allegorisierung. Auch Deutungen des Typs PD_2 können aber einem einfachen Publikum verständlich vermittelt werden, wenn die nötigen Erklärungen gegeben werden oder davon ausgegangen werden kann, dass auch der einfache Adressat das nötige Weltwissen aufweist, um die aufgezeigte Similarität zwischen Quell- und Allegoresekonzept nachvollziehen zu können. Liegen komplexe Verknüpfungsvorgänge ($PD_{3\_komplex}$) vor, ist davon auszugehen, dass die entsprechende Predigt sich an eine Adressatenschaft richtet, die in der Lage ist, diese nachzuvollziehen, oder dass die entsprechende Predigt nicht didaktisch aufbereitet wurde. Bei den Fällen von PD_0, d. h. den nicht-plausibilisierten Deutungen, kann es sich zum einen um einfache etymologische Übersetzungen handeln, zum anderen aber auch um andere Verknüpfungen, die nicht plausibilisiert sind, was damit zusammenhängen kann, dass der Prediger sich auf eine konventionelle, ursprünglich semantisch motivierte Verknüpfung bezieht, deren Ursprung ihm nicht mehr klar ist. Auch bei solchen Deutungen liegt keine didaktische Aufbereitung vor.

Bevor nun die Ergebnisse der Analysen der konzeptuellen Verknüpfungen im untersuchten Corpus in Zusammenhang mit den vier soeben dargestellten Komplexitätsstufen gebracht werden, ist darauf zu verweisen, dass die Ergebnisse von *Mau* mit 107 und *Sub* mit 86 analysierten Einzeldeutungen wesentlich aussagekräftiger erscheinen als die der übrigen vier Homiliare mit deutlich weniger Einzeldeutungen (*Tor*: 21, *Lim*: 16, *Org*: 10, *Wal*: 10). Aus diesem Grund liegt der Fokus bei der Auswertung der unterschiedlichen Typen konzeptueller Verknüpfungen bzw. der Plausibilisierung der Deutung (PD) auf *Mau* und *Sub*.

Auffällig ist, dass *Mau* besonders auf der unteren Komplexitätsstufe $PD_{1\_Fr\text{-}Sim}$ sehr stark vertreten ist, aber auch auf der mittleren (PD_2) einen vergleichsweise hohen Prozentsatz aufweist, wohingegen PD_0 und $PD_{3\_komplex}$ bei *Mau* kaum auftreten. Diese Verteilung erklärt sich mit dem besonderen didaktischen Anspruch des Maurice de Sully, der sich sehr darum bemüht einem einfachen Publikum die Deutungen verständlich zu machen.

Sub hingegen ist auf der obersten Komplexitätsstufe deutlich stärker vertreten, was bei dieser Predigtsammlung sicherlich damit zu begründen ist, dass der Prediger sich an eine gebildetere Adressatenschaft richtet, die unterfordert wäre, würde sie in erster Linie einfache Allegoresen der untersten Komplexitätsstufe ($PD_{1\_Fr\text{-}Sim}$) präsentiert bekommen. Am dominantesten ist bei *Sub* die mittlere Komplexitätsstufe (PD_2) ausgeprägt, doch auch die niedrigste Komplexitätsstufe ($PD_{1\_Fr\text{-}Sim}$) liegt vor. Des Weiteren enthält *Sub* sieben Deutungen, bei denen der Verknüpfungsweg nicht plausibilisiert wird (PD_0), von denen vier aber etymologische Übersetzungen darstellen, die teilweise auch in eine Analogie der Frame-Strukturen (PD_{1_Fr-Sim}) eingebettet sind.

Als herausstechende Merkmale sind bei *Mau* folglich die Dominanz des PD_{1_Fr-Sim} sowie die Tatsache, dass der Prozentsatz der komplexen Deutungen verschwindend gering ist, zu konstatieren. Bei *Sub* hingegen ist hervorzuheben, dass ein beträchtlicher Teil der Deutungen als komplex zu bewerten ist. Setzt man diese Merkmale in Korrelation zu den Punkten 1)–3), so ergibt sich folgendes Bild: Unter 1) wurde herausgearbeitet, dass *Mau* besonders modellhaft erscheint, was in Zusammenhang mit dem didaktischen Interesse steht, verständliche Predigten für das einfache Volk zu verfassen. Des Weiteren zeigte sich unter 2), dass *Mau* sich durch einen einfachen Predigtaufbau ohne intertextuelle Bezüge von den übrigen Predigtsammlungen abhebt, was darauf hindeutet, dass die Predigten sich an ein einfaches Publikum wenden. Auch 3), die zugrunde gelegten Bibeltexte in *Mau* weisen einen eher einfachen Charakter auf. Diese Einfachheit wird auch durch die Tendenzen der konzeptuellen Verknüpfungen betont. Es ist nicht davon auszugehen, dass Prediger selbst keine anspruchsvolleren Predigten verfassen könnte, denn zum einen war er Bischof von Paris, was auf ein hohes Bildungsniveau schließen lässt, zum anderen ist gerade die einfache Strukturiertheit des Homiliars als Ergebnis eines sehr planvollen Vorgehens zu beschreiben, das nicht als Resultat von Unfähigkeit zu betrachten ist, sondern aus bewusster didaktischer Absicht geschieht.

Für *Sub* wurde in Bezug auf 1)–3) herausgearbeitet, dass das Homiliar sich weder durch einen besonders ausgeprägten Modellcharakter noch durch Einfachheit auszeichnet, sondern aufgrund des Vorliegens vieler vertikaler Verknüpfungen zwischen unterschiedlichen Bibeltexten und der Textauswahl mit einer besonderen Gewichtung poetischer alttestamentlicher Texte als komplex zu bewerten ist, was auf ein intellektuelleres Zielpublikum schließen lässt. Die auffällig vielen vertikalen Verknüpfungen, die teilweise wiederum mit horizontalen Verknüpfungen in Form von Allegoresen verknüpft sind, lassen darauf schließen, dass der Prediger sich eher von spontanen Assoziationen leiten lässt, als dass er einen zielgerichteten Plan verfolgt. Dafür spricht auch die Tatsache, dass der Prediger immer wieder Bibelverse zitiert, die ihm aufgrund einer kognitiven Assoziationsrelation passend erscheinen, die aber keine eigentliche Funktion im Rahmen der argumentativen Entwicklung der Predigt übernehmen. Die Dominanz des assoziativen Vorgehens führt dazu, dass auch bei den Allegoresen die Frame-Similarität nicht so ausgeprägt ist, da es dem Prediger nicht so in erster Linie darum geht, ähnliche Strukturen darzulegen, sondern er vielmehr punktuell von einem Konzept zum anderen «springt». Aus diesem Grund erstaunt es nicht, dass 24,4 % der konzeptuellen Verknüpfungen als komplex zu bewerten sind und der Anteil der Verknüpfungen mittlerer

Komplexitätsstufe besonders hoch ist. So ist das weniger planvolle und stärker assoziative Vorgehen in *Sub* auch mit einem höheren Komplexitätsgrad der Allegoresen verknüpft.

Als Fazit aus dem Vergleich allgemeiner Charakteristika sowie der Komplexität der Allegoresen in *Mau* und *Sub* kann Folgendes festgehalten werden: Die einfache Gestaltung der Predigten in Bezug auf die Textauswahl und den Komplexitätsgrad der Allegoresen korreliert mit dem didaktischen Anspruch des Predigers, der einem einfachen Zielpublikum die Inhalte verständlich und auf das eigene Leben anwendbar darlegen will. Dazu bedarf es eines sehr planvollen Vorgehens, insofern als die Allegorese dem Adressaten in erster Linie über parallele Strukturen plausibilisiert werden soll. Auch wenn die Nachvollziehbarkeit solcher Allegoresen für den Adressaten sehr hoch ist, da ihm ähnliche Strukturen in zwei unterschiedlichen Frames präsentiert werden, ist zu berücksichtigen, dass diese Strukturen vom Prediger erst herausgearbeitet werden müssen: Er überträgt eine von ihm fokussierte Struktur aus dem *TF-BIBLISCHE ERZÄHLUNG* auf den *TF-ALLEGORISCHE DEUTUNG* bzw. den *TF-TROPOLOGISCHE DEUTUNG*. Hierzu muss er aber erst im *DR-ALLEGORIA* bzw. im *DR-TROPOLOGIA* nach Strukturen suchen, die vergleichbar mit denen im *TF-BIBLISCHE ERZÄHLUNG* sind. Bei einem gebildeteren Zielpublikum hingegen ist es nicht nötig, den Adressaten plausibel zu machen, dass eine einfache Frame-Similarität vorliegt, sondern einer solchen Adressatenschaft können auch assoziationsgeleitete Sprünge zwischen unterschiedlichen Konzepten eher zugemutet werden.

Im Folgenden sind die konzeptuellen Verknüpfungen der übrigen vier Predigtsammlungen in Hinblick auf das soeben entworfene Schema mit den Polen Einfachheit vs. Komplexität, die mit planvollem Vorgehen vs. Spontaneität korrelieren, zu bewerten. Für *Org* kann konstatiert werden, dass keine komplexen Deutungswege vorliegen, sondern nur Allegoresen, die dem unteren und dem mittleren Komplexitätsgrad zuzuordnen sind. Bei *Wal* verhält es sich ähnlich, doch ist hier auch eine komplexe Einzeldeutung zu konstatieren. Dieses Homiliar zeichnet sich in Bezug auf 2) durch eine deutlich höhere Komplexität aus als *Mau*, da die Predigten nicht das Tagesevangelium als Ausgangspunkt haben, sondern ein Pauluszitat, von dem der Prediger zu dem zu allegorisierenden Evangelientext überleitet (cf. Kapitel 6.3.3.5). Folglich liegen auch bei *Wal* vertikale Verknüpfungen vor, die die inhaltliche Komplexität der Predigt erhöhen. Für *Org* konnte zwar ein relativ einfaches Aufbauschema konstatiert werden (cf. Kapitel 6.3.3.4), doch zeigt sich bei der Betrachtung der Allegoresen, dass der Prediger nicht so planvoll und didaktisch durchdacht vorgeht wie Maurice de Sully, etwa wenn Mutter und Tochter in *Org* mehrfach gedeutet werden. Für *Org* und *Wal* ist folglich zu konstatieren, dass die Dominanz der

Allegoresen einfachen und mittleren Komplexitätsgrades sowie auch die sonstigen Charakteristika der Homiliare darauf schließen lassen, dass die Predigten sich an ein eher einfaches Publikum richten. Im Gegensatz zu *Mau* legen die Verfasser jedoch nicht so großen Wert auf die didaktische Aufbereitung der Predigten.

Lim und *Tor* hingegen weisen neben dem unteren und dem mittleren auch den oberen Komplexitätsgrad auf sowie Fälle, in denen die Deutung nicht plausibilisiert wird, was insbesondere bei *Lim* ins Auge sticht. In Bezug auf *Lim* ist zu konstatieren, dass die Argumentationsgänge insgesamt einfach erscheinen, der Prediger aber im Gegensatz zu *Mau* sich nicht darum bemüht, klar strukturierte einfache Predigten zu präsentieren, sondern die Verwendung vertikaler Verknüpfungen zu anderen Bibelstellen führt zu einer höheren Komplexität. Insgesamt entsteht bei *Lim* der Eindruck, dass der Prediger – wie es zu seiner Zeit üblich war – verschiedene Bibelstellen zitiert und insbesondere auch auf den Physiologus im Rahmen der Allegorese rekurriert, er jedoch den Fokus nicht darauf legt, die Allegoresen seinem Publikum verständlich zu machen. Im Gegensatz dazu sind die Deutungen in *Tor* als gut nachvollziehbar zu bewerten. Vor diesem Hintergrund ist bei *Tor* – ähnlich wie bei *Sub* – von einem gebildeteren Zielpublikum auszugehen, dem Inhalte in angemessener Form präsentiert werden, wohingegen bei *Lim* von einem eher einfachen Zielpublikum auszugehen ist, dem Inhalte in nicht-angemessener Form dargeboten werden.

Zusammenfassend ist zu konstatieren, dass *Mau* mit der starken Strukturiert- und Einfachheit eine Sonderrolle einnimmt. Dabei wird deutlich, dass planvolles Vorgehen in Zusammenhang mit vorherrschend einfachen Allegoresemustern mit einem hohen didaktischen Anspruch korreliert. Je einfacher das Zielpublikum ist, desto wichtiger erscheint eine didaktische Aufbereitung der Predigt, damit diese verstanden wird und der Prediger sein kommunikatives Ziel erreicht. Bei einem intellektuelleren Zielpublikum hingegen ist davon auszugehen, dass die Predigt auch verstanden wird, wenn komplexere Verknüpfungen vorliegen, die teilweise (wie bei *Tor*) weniger explizit markiert sind. Eine so starke didaktische Aufbereitung wie in *Mau* zeigt sich in keiner der übrigen Predigtsammlungen, auch nicht in *Org* und *Wal*, deren konzeptuelle Verknüpfungen als eher einfach zu beschreiben sind. *Lim* erscheint insofern auffällig, als diese Predigtsammlung sehr knappe Predigten aufweist, die jeweils einen einfachen Argumentationsgang aufweisen, der didaktisch nicht aufbereitet ist und teilweise – wie auch einige der Allegoresen – nicht gut nachvollziehbar ist. Vor diesem Hintergrund ist davon auszugehen, dass der Verfasser von *Lim* nicht besonders durchdacht vorgeht. Die Predigten richten sich sicherlich nicht an ein gebildetes Publikum, doch sie gehen durch ihre mangelnde Plausibilität auch auf ein einfacheres Publikum nicht gut ein. *Sub* und *Tor* hingegen scheinen sich an ein intellektuelleres Publikum zu wenden, für das keine starke didaktische Reduktion vonnöten ist. Mit diesen Ergebnissen wurden die in Kapitel 7.4 formulierten Hypothesen, die auf Basis des Querschnittvergleichs der Palmsonntagspredigten aufgestellt wurden, verifiziert.

12 Synthese

Die Analyse der Allegorese, die exemplarisch anhand romanischer Predigten aus dem 12. und 13. Jahrhundert betrachtet wurde, vereint verschiedene theoretische Perspektiven, deren Zusammenspiel zu Erkenntnissen führt, die ohne den Blick über die Fächergrenze hinaus nicht oder nicht in dieser Präzision gemacht würden. Im Folgenden werden wesentliche Erkenntnisse, die sich aus der Verknüpfung der verschiedenen Perspektiven ergaben, zusammengefasst.

12.1 Semiotische Beschreibung der Allegorese

Die Diskussion unterschiedlicher semiotischer Modellierungen von Augustin bis zu aktuellen Beschreibungen, die auf dyadischen oder triadischen Zeichenmodellen allgemeiner oder rein sprachlicher Art basieren, führte zu der Erkenntnis, dass die Allegorese sich – wie auch allgemein (Text-)Interpretationsprozesse – als gestufte Semiose beschreiben lässt, in deren Rahmen der Zeicheninhalt des ersten Zeichens zum Zeichenträger des zweiten Zeichens wird, wobei für das Zeichen auf der zweiten Semioseebene kein sprachlicher, sondern ein allgemeiner Zeichenbegriff zugrunde zu legen ist (cf. Kapitel 3.3.3). Die Allegorese als spezifisches Verfahren der Textinterpretation zeichnet sich insbesondere dadurch aus, dass das Zeichen auf zweiter Semiosestufe als ikonisches nicht-sprachliches Zeichen zu beschreiben ist, wohingegen das Zeichen auf erster Semisoeebene ein symbolisches sprachlicher Art ist. Des Weiteren ist das Zeichen auf zweiter Semioseebene dadurch bestimmt, dass es semantisch im Bereich der christlichen Heilsgeschichte, Ethik oder Dogmatik zu verorten ist. Diese semiotische Modellierung der Allegorese ermöglicht – wie Koch/Landmesser (2015) zeigen – eine Abgrenzung von der Allegorie als rhetorischem Tropus, der als einstufige Semiose zu beschreiben ist.

12.2 Allegorese vs. Metapher

Die semiotische Differenzierung zwischen Tropen wie beispielsweise der Allegorie oder der Metapher und der Allegorese oder auch der «Sprache der Dinge» führt zu einer präzisen Abgrenzung, die in der mittelalterlichen Theorie häufig nicht gegeben war (cf. Kapitel 4). So lässt sich die Allegorese mit Koch/Landmesser (2015) als zweistufige Semiose beschreiben mit zwei unterschiedlichen Bedeutungen, einer wörtlichen und einer geistlichen, die das Produkt der Ambiguierung durch die Allegorese sind. Im Gegensatz dazu sind Tropen wie die

https://doi.org/10.1515/9783110586411-012

Metapher oder die von Quintilian als *metaphora continuata* bezeichnete Allegorie als einstufige Semiosen zu beschreiben, bei denen insofern Ambiguität zu konstatieren ist, als auf Konzeptebene nicht nur ein Konzept vorliegt, auf das rekurriert wird, sondern das Interagieren mindestens zweier Konzepte konstatiert werden kann (cf. Kapitel 4.4). Neben dieser Differenz auf semiotischer Ebene besteht eine wesentliche Gemeinsamkeit darin, dass sowohl bei der Allegorese als auch beim Tropus *allegoria* die unterschiedlichen Konzepte, auf die rekurriert wird, in Similaritätsrelation zueinander stehen. Bei der Analyse der Allegorese wurde deutlich, dass konventionelle Konzeptbereichsverknüpfungen eine wesentliche Rolle spielen, wie sie bei Conceptual Metaphors oder auch Metonymies vorliegen.[1] Somit zeigen sich in diesem hermeneutischen Verfahren ähnliche Mechanismen, wie sie auch in der Alltagssprache vorliegen. Auf diese Weise wird deutlich, dass der Allegorese und einem Tropus wie der Metapher die gleichen konzeptuellen Verknüpfungen zugrunde liegen können, doch sind auf sprachlicher Ebene, d. h. auf Ebene der Zeichenträger, deutliche Unterschiede festzustellen, da im Fall der Metapher ein Wort verwendet wird, das auf unterschiedliche Konzepte rekurrieren kann, wohingegen bei der Allegorese zwei Wörter in der Regel durch ein Deutungsverb miteinander verknüpft sind.

12.3 Veränderte Zielsetzung der mittelalterlichen Allegorese im Vergleich zu ihrer theoretischen Grundlegung

Vergleicht man die Allegoresepraxis, die sich in den analysierten romanischen Predigten des 12./13. Jahrhunderts zeigt, mit der Grundlegung der geistlichen Schriftauslegung bei Philo, Origenes oder auch Augustin, so zeigt sich eine deutliche Weiterentwicklung. Ausgangspunkt für die geistliche Schriftauslegung waren problematische Schriftstellen, in denen etwa gegen zentrale Glaubensgrundsätze verstoßen wird. Aufgrund der Tatsache, dass sie in «heiligen» Schriften enthalten waren, durften sie aber nicht getilgt oder ignoriert werden und erforderten folglich eine alternative Lesart neben dem «Literalsinn». Die Ausweitung dieses Verfahrens auf Schriftstellen, die nicht als problematisch zu beschreiben sind, wie sie im analysierten Corpus vorzufinden ist, zeigt eine

---

1 Bei genauerer Betrachtung der konzeptuellen Verknüpfungen zeigt sich, dass diese in einigen Fällen auch durch Kontiguität begründet sein können und folglich auch als Conceptual Metonymies zu beschreiben sind. Häufig wird aber die Similarität stärker als die Kontiguität betont, was dazu führt, dass die Phänomene als similaritätsbasiert dargestellt werden (cf. Kapitel 8.2.5).

veränderte Zielsetzung der Allegorese, die nun in erster Linie dem Ziel dient, die biblischen Inhalte für die Rezipienten, d. h. die Predigtzuhörer, relevant zu machen. Dies geschieht dadurch, dass die Inhalte der biblischen Erzählungen durch eine tropologische Deutung auf die praktische christliche Lebensführung hin gedeutet werden oder dass sie im Rahmen einer allegorischen Deutung über zentrale Aspekte der christlichen Heilsgeschichte unterrichten. In diesem Zuge kann es durchaus geschehen, dass im Rahmen der Allegorese Deutungsrahmen an den Text herangetragen werden, dabei aber zentrale Textinhalte nicht berücksichtigt werden.

12.4 Die Betrachtung der Diskurstradition «Predigt»

Die Untersuchung der genauen Funktionsweise der semiotisch zweigestuften Allegorese wurde an einem Textcorpus durchgeführt, das der Diskurstradition «Predigt» im 12./13. Jahrhundert zuzuordnen ist. Dabei handelt es sich um die ersten Predigtsammlungen, die in den romanischen Volkssprachen niedergeschrieben wurden und die aus diesem Grund bezüglich der Frage nach der Verschriftlichung der romanischen Volkssprachen von Interesse sind. In dieser Arbeit werden die Predigten folglich aus einer neuen Perspektive betrachtet. Dabei kommt der Bestimmung der Kommunikationsbedingungen sowie der pragmatischen Dimension in Zusammenhang mit der Frage nach der kommunikativen Absicht, d. h. der Illokution, eine entscheidende Rolle zu. Als wesentliches Resultat der Analyse der Allegorese als einem diskurstraditionellen Verfahren kann festgehalten werden, dass die konkrete Durchführung der Allegorese deutliche Hinweise auf die didaktische Intention des Predigers zulässt (cf. Kapitel 11).

12.5 Der Mehrwert einer kognitiv-semantischen Analyse der Allegorese

Eine Analyse der Allegorese aus kognitiv-semantischer Perspektive bietet sich an, da das Verfahren so sehr präzise beschrieben werden kann. Auslegungsprozesse, wie sie bei der Allegorese stattfinden, lassen sich mithilfe des in Kapitel 5.3 beschriebenen Modells, welches unterschiedliche Interpretationsmodi, Deutungsrahmen und Textframes umfasst, beschreiben. Die Hypothese, dass Similarität das zentrale Strukturprinzip der Allegorese ist, da Konzepte aus zwei unterschiedlichen Frames miteinander verknüpft werden, wurde auch anhand der Auswertungen bestätigt. Assoziationsrelationen wie Kontiguität und Kontrast sowie taxonomische Super- bzw. Subordination sind zwar vereinzelt zu erkennen, doch koexistieren sie in der Regel mit einer dominanten similaritätsbasierten Frame-Verknüpfung. In Hinblick auf die Gestaltung der Similarität zeigt sich, dass je nachdem, ob auf Strukturen verwiesen wird, die im ausgelegten Bibeltext enthalten sind und die damit explizit sind, oder ob auf enzyklopädisches Wissen rekurriert wird, welches nicht explizit in dem auszulegenden Text behandelt wird, was die Aktivierung eines weiteren Frames und damit einen höheren Verarbeitungsaufwand erfordert, unterschiedliche Komplexitätstypen anzunehmen sind (cf. Kapitel 7.2.4; 11). Eine Beurteilung der Predigtsammlungen anhand des vorherrschenden Komplexitätsgrades erscheint wesentlich für die Interpretation des inhaltlichen und didaktischen Anspruchs des Predigers. Hierfür liefert das kognitiv-semantische Instrumentarium die Grundlage. Damit zeigt sich, dass eine Ausdehnung kognitiv-semantischer Methodik von sprachsystembezogenen Untersuchungen auf andere Disziplinen, die mit Texten arbeiten wie beispielsweise die Textlinguistik, die exegetischen Fächer der Theologie oder die Literaturwissenschaft,[2] sehr fruchtbar ist. Insbesondere für die Reflexion hermeneutischer Verfahren erweist sich der kognitiv-semantische Ansatz als sehr hilfreich.

12.6 Die Konventionalität der «Sprache der Dinge»

Übereinstimmungen zwischen Allegoresen der unterschiedlichen Homiliare oder auch innerhalb des gleichen Homiliars sind damit zu erklären, dass es sich bei den Verknüpfungen nicht um ad hoc-Bildungen handelt, sondern um Verknüpfungen, die fest im System der «Sprache der Dinge» (Brinkmann 1980, 25) verankert sind (cf. Kapitel 4). Insbesondere Deutungen, die die Kirchenväter vorgenommen haben, werden stark rezipiert, was zu einer hohen Konventionalität der Deutungen führt (cf. Kapitel 7.2.2). Dennoch zeigen gerade auch die Unterschiede, die bezüglich der Allegorese zwischen den unterschiedlichen Predigtsammlungen bestehen, deutlich, dass auch innerhalb dieses Systems mit seinen Regeln Spielräume bestehen. Während die menschliche Sprache, die aus *voces* besteht, sich aus nicht-motivierten symbolischen Zeichen zusammensetzt, die konventionell so gebraucht werden, sind die Zeichen der «Sprache der Dinge» motiviert, denn es handelt es sich um Ikone, die aber auch konventionalisiert sein können (cf. Kapitel 4.3).

---

2 Eine Anwendung kognitiv-semantischer Methodik auf literaturwissenschaftliche Fragestellungen findet sich bei Sinding (2002).

12.7 Fazit

Zusammenfassend ist also zu konstatieren, dass die diskurstraditionelle Analyse der romanischsprachigen Predigten des 12./13. Jahrhunderts mit einem kognitiv-semantischen Zugang zum einen Impulse für eine kognitiv-semantische Analyse von Textinterpretationsprozessen im Allgemeinen liefern kann, zum anderen, dass sie wesentliche neue Erkenntnisse in Hinblick auf die mittelalterliche Allegorese liefert.

Grundlegend erscheint die Beschreibung des hermeneutischen Auslegungsverfahrens als eines zweistufigen semiotischen Prozesses, dessen Mechanismen sich mithilfe des Instrumentariums der Kognitiven Semantik beschreiben lassen. So sind die im Rahmen der Allegorese stattfindenden Verknüpfungsvorgänge als Verknüpfungen zwischen Konzepten zu beschreiben, die auf unterschiedlichen semiotischen Ebenen zu verorten sind. Festgelegt sind diese insofern, als die Frames, aus denen die Konzepte stammen, schon im Vorfeld feststehen und die Similarität die dominante Verknüpfungsart ist. Der Deutungsspielraum, der sich trotz der engen Vorgaben und der hohen Konventionalität der «Sprache der Dinge» im Rahmen der Predigtanalyse zeigt, äußert sich vor allem darin, dass unterschiedliche Similaritätstypen vorliegen und dass Similarität auch mit anderen Verknüpfungsarten kombiniert sein kann. Die unterschiedlichen Verknüpfungstypen, die so herausgearbeitet wurden, weisen unterschiedliche Komplexitätsgrade auf, die sich in verschiedenen Arten der Deutungsplausibilisierung niederschlagen. So kann differenziert werden zwischen Fällen, in denen Lexeme im Rahmen einer Deutung verknüpft werden, ohne dass die Deutung näher begründet wird und solchen, in denen Hinweise auf den Deutungsweg vorliegen. Eine fehlende Deutungsbegründung kann zum einen dadurch motiviert sein, dass der Prediger davon ausgeht, dass der jeweilige Adressat in der Lage ist, die Verknüpfung auch ohne Darlegung des Deutungsweges nachzuvollziehen. Andererseits kann sie aber auch auf eine fehlende didaktische Aufbereitung durch den Prediger hindeuten. Bei den expliziten Markierungen des Deutungsweges kann zwischen unterschiedlichen Komplexitätsstufen unterschieden werden. So ist, wenn auf bekannte Frames rekurriert wird, ein niedrigerer Verarbeitungsaufwand und damit auch ein niedrigerer Komplexitätsgrad anzunehmen, als wenn im Rahmen der Deutung Frames aktiviert werden, die andere Inhalte umfassen, als diejenigen, welche im zugrunde gelegten Bibeltext enthalten sind. Aus diesem Grund sind für die beiden dominanten Similaritätstypen, die in dieser Arbeit unterschieden werden, unterschiedliche Komplexitätsgrade anzunehmen: Für die Frame-Similarität ist von einem niedrigeren Komplexitätsgrad auszugehen als für die Konzepteigenschafts-Similarität. Über die vorherrschende Komplexität der Deutung, die am höchsten ist, wenn verschiedene konzeptuelle Verknüpfungen miteinander kombiniert werden, sind Rückschlüsse auf den didaktischen Anspruch des jeweiligen Predigers zu ziehen. Besonders deutlich zeigen sich diesbezüglich Unterschiede bei den beiden großen Homiliaren, von denen die meisten Allegoresen analysiert wurden, den *Sermons* des Maurice de Sully und den *Sermoni subalpini*. So herrscht bei ersteren ein niedrigerer Komplexitätsgrad vor, der auf eine planvolle didaktische Aufbereitung schließen lässt, welche sich insbesondere auch in der Gesamtgestaltung des Homiliars mit starkem Modellcharakter zeigt. Bei letzteren hingegen ist von einem intellektuell anspruchsvolleren Publikum auszugehen, für das keine so starke didaktische Reduktion vorgenommen werden muss, was sich insbesondere in komplexeren Deutungen niederschlägt. Somit erlaubt die kognitiv semantische Analyse nicht nur eine präzise Beschreibung des Textinterpretationsprozesses, der bei der Allegorese stattfindet, sondern zudem Folgerungen auf den kognitiven Verarbeitungsaufwand und damit auch auf den didaktischen Anspruch des jeweiligen Produzenten.

13 Anhang

Die typographischen Hervorhebungen in den Anhängen haben folgende Funktionen:
- einfach unterstrichen: Markierung der Lexeme (Lexem$_A$, Lexem$_Z$, Lexem$_U$), die im Rahmen der Allegorese miteinander verknüpft werden
- grau hinterlegt: Deutungsverben (cf. FM$_{allgemDeut}$), die Lexem$_A$ und Lexem$_Z$ bzw. Lexem$_U$ miteinander verknüpfen
- wellenförmig unterstrichen: Lexeme des FM$_{geistlich-leiblich}$
- doppelt unterstrichen: FM$_{Sim}$1a
- kursiviert: FM$_{Sim}$1b
- mit Punkt-Strich unterstrichen: Zitateinleitung

Anhang 1: Konzeptuelle Verknüpfungen in den Palmsonntagspredigten

ESELIN und FÜLLEN

Beda23   Asina et pullus ejus, quibus sedens Hierosolymam venit, utriusque populi, Judaei videlicet et gentilis, simplicia corda designant, quibus ille praesidens quaeque a noxia libertate suo frenans imperio ad visionem supernae pacis perducit. Hierosolyma etenim visio pacis interpretatur. (121D)

SE19   Da waſ inne div efelinne vnde ir fvle. Div efelinne, div da gebvnden ſtv̌nt, bezaichent die ivden, die da verdrvcket waren mit der alten, herten e vnde gebvnden mit den failen der hŏbethaftigen fvnde. Daz ivnge efelli, da niemen vf geſezzen waſ, bezaichent die haiden, die verlazliche lebeten an ê. Do taten die ivnger, alſ in gebot der hailant; ſi loſten die efelinne vnde ir kint vnde brahten ſi vnſerm herren vnde leiten darvf ir gewant vnde hiezen in dar vf ſitzen, vnde fv̌r, alſ hivte iſt, ze Ieruſalem. Die efelinne vnde ir kint loſten die boten; daz bezaichent, daz ſi bekerten die haiden vnde brahten ſi ze gote mit rehtem glŏben. (47, 3–13)

LimB.02 per la asina entendem los Juzeus; pel poli, los pagas [...]. (Z.18s.)

Tor10   Aquil dui dicípol que Nostre S[énner] tramés per desliar la sauma el polin, fo sains Peire e sainz Felip, & un d'aquelz, zo fo sainz Peire, desliet la sauma, zo es lo pòbols dels juzeus que era liats ab un greu liam de peccat, & aduis-lo a Nostre S[ennor] Jhesu Crist. Car de seguentre la ressurrecció de Nostre S[ennor] sa(n)ins Peire convertí del pòbol dels juzeus en un dia «tria milia» & en altre dia V «milia». E d'aital guisa nostre s[énner] saints Peires desliet la sauma, zo es lo pòbols dels juzeus, et aduis-los nostre s[énner] sainz Phelips, sos compains; prediquet en Samaria gran compaina de pagans, & aizò fo lo polins que desliet sains Phelips. E d'aital guiza, sennor, li dui apòstol preziqueron aquestas doas ge[n]z a la fe & a la crezensa de Nostre S[ennor], car aitant con foron liat, Deus en els habitar ne sezer non volc. (106)

TÖCHTER ZIONS

Beda23   Filia Sion Ecclesia est fidelium, pertinens ad supernam Ierusalem, quae est mater omnium nostrum, cuius portio tunc non minima erat in populo Israel regem

https://doi.org/10.1515/9783110586411-013

habens mansuetum: quia non terrena immitibus, sed mansuetis coelestia regna dare consuevit dicens: Discite a me, quia mitis sum et humilis corde, et invenietis requiem animabus vestris (Matth. XI). De quibus Psalmista: Mansueti, inquit, possidebunt terram, et delectabuntur in multitudine pacis (Psalm. XXXVI). Rex vero mansuetus mansuetis, id est humilibus corde, terram pacis tribuit, quos in terra belli et tribulationum quondam rex impius, id est diabolus, superbiae vulnere stravit. Sedens, inquit (Isai. LXVI), super asinam et pullum filium subiugalis, quia requiescit in corde humilium et quietorum et trementium verba eius, sive eorum qui in synagoga iugum legis trahere noverunt: seu illorum qui gentili diu libertate effrenes, eiusdem synagogae instantia ad fidei et veritatis sunt gratiam conversi. (122D–123A)

LimB.02   Odie est adimpleta prophecia Zacarie que dis: «Dicite filie Sion: exe rex tuus venit sedens super asinam.» Oi es aemplida la prophecia Zacaria, per cui Nostre Segner manded allas fillas de Sion, zo es als fidels de sancta Gleisa, que el venria cavalgan en Jherusalem sobre la asina el polli [...]. (Z.23–27)

JERUSALEM

Beda23   Hierosolyma etenim visio pacis interpretatur. (121D)

SE19   Ierufalem ift geantfriftet ain gefune def fridef. [...]Da bi gab er vnf bilde, fwer varn wil ze der himilfchent Ierufalem, da der oberfte fride ift vnde daz engelfce gefune, der fol haben alrerft gehorfam, wan div ift meifte aller tvgende. (47, Z.21–25)

Sub22   Adunc s'aproismè en Ierusalem, que visio pacis interpretatur. [...] Jerusalem namque visio pacis interpretatur, quod erit, quando videbimus eum facie ad faciem sicuti est, qui est vera pax, vera lux, verum gaudium. (Z.12–70)

BETHANIEN

SE19   Bethania interpretatur domuf obedientie, 'ain hvf der gehorfam'. Da bi gab er vnf bilde, fwer varn wil ze der himilfchen Ierufalem, da der oberfte fride ift vnde daz engelfce gefune, der fol haben alrerft gehorfam, wan div ift meifte aller tvgende. (47, Z. 22–25)

BETFAGE

SE19   Da nach fuln wir varn ze Bethfage, interpretatur domuf bvcce. Daz kvt 'ain hvf def mvndef', wan wellen wir komen ze dem gefune gotef, fwie gehorfam wir fin, daz hilfet vnf niht, wir enwellen alrerft ze bihte komen, fwaz wir ie begiengen mit dem herzen, mit der zvngen, mit vbeln werken. Dande fvlt ir fenfte vnde devmvte fin, alf iv der heilige Krift bilde hat gegeben. (47, Z. 26–31)

LimB.02   Per Betfage devem entendre los predicadors [...]. (Z.17)

Sub22   Mas anz qu'el intras en Ierusalem, ven en Betphage. Betphage, zo sona en nostra lengua meisun de boca. Et significa sancta Ecclesia, in qua cotidie corpus Christi manducatur, et fidelium ore ipse Deus assidue collaudatur. En aquesta Glesia intrè Dominideus, enanz qu'el vengues en Ierusalem. Car en la Gleisa es el predicaz e annunciaz e cil qui fan sa volontà e son comandament avran sa pas e so amor e la soa gratia. (Z.13–21)

ÖLBERG

Beda23 Mons namque Oliveti celsitudinem Dominicae dilectionis, qua nos misericorditer illustrare ac salvare dignatus est, insinuat; non solum qui olei natura lucis ministra est, et laborum dolorumque solamen, verum etiam quia cunctis quibus immiscetur, solet excellere liquoribus. (121D–122A)

LimB.02 per montem Oliveti [devem entendre], Ecclesiam (Z.17s.)

KLEIDER auf dem ESEL

Beda23 Adducentes autem asinam et pullum discipuli, imposuerunt super eos vestimenta sua, et Dominum desuper sedere fecerunt. (0123B) Vestimenta discipulorum opera sunt iustitiae, Psalmista teste, qui ait: Sacerdotes tui induantur justitiam [Al., justitia]. (Psalm. CXXXI) Asinos quos nudos inveniunt discipuli, suis sternunt vestimentis, et ita desuper Dominum imponunt, cum praedicatores sancti quoslibet a sanctitatis habitu vacuos inveniunt, hosque virtutum suarum exemplis ad suscipiendam fidem et dilectionem sui conditoris imbuunt. Non enim nudam Dominus asinam, non nudum voluit ascendere pullum, quia sive Judaeus sive gentilis, nisi sanctorum fuerit dictis ornatus et actis, non potest Dominum habere rectorem, sed regnat potius peccatum in mortali eius corpore ad obediendum concupiscentiis ejus. (123AB)

MENSCHEN, die KLEIDER ablegen

Beda23 Plurima haec turba innumerabilem martyrum designat exercitum, qui corpora sua, animarum videlicet tegumenta, pro Domino dabant, quo sequentibus electis planiorem recte vivendi callem facerent: ne qui videlicet dubitarent ibi pedem bonae actionis ponere in pace, ubi non paucos viderent in bello praecessisse martyrii. (123BC)

LimA.14 Aicel que jetavo las vestimentas e la via signifio los san[z] martirs que presero martiri per amor de Deu, quar el era via [...]. (Z.16s.)

LimB.02 per aquels que estendio lor vestimens per la via devem entendre los sanz martirs, que pervengro a martiri per Nostre Seinor que mostret la via, sicut ipse dixit: «Ego sum via». (Z.19–21)

Tor10 Il estenderon lur vestimens en la via; e domens que em en aquesta fragil vida, estendam nostres vestimenz, zo [es], mortifiquem & aflaqueziam nostres vizis e las nostras ànimas en vigílias, en dejunis & en altras bonas obras. (106)

Sub22 Proiciamus, fratres karissimi, vestimenta nostra in via, non quidem vestimenta corporis, set vestimenta anime, ut nudi nudum sequamur crucifixum. Car lo nostre Seignor Iesu Christ cascaun ior ven vers noi. Or li andem encontra, et prosternamus vestimenta nostra in via. (Z.32–37)

Proiciat vestimenta sua in via. Vestimentum anime est corpus nostrum. Car aisì cum lo corp est vestì de lin e de lano, eisament l'arma est vestia de la carn. Or devem giter lo corp en la via encontra nostre Seignor, que nos possam dire cum saint Pol l'apostol: Castigo corpus meum et in servitutem redigo. Adunc gitem nos lo corp en mei la via, quant el vol manger e beivre e far folie e nos ieiunem e avem abstinencia e sofrem fam e sei per amor Deu e de nostra arma, ut dicatur de nobis: Ecce electi Dei carnem domant, spiritum roborant, demonibus imperant. (Z.45–58)

WEG

Sub22   Via hec, in qua vestimenta prosternenda sunt, est misera ista vita, in qua modo vivimus. Que merito dicitur via, quia ducit omnes homines, quosdam Ierusalem, quosdam autem Babilonem. Alij enim cum angelis in gloriam post mortem vadunt in excelsum, alij in penam cum diabolis in infernum. Set qui voluerit ad gloriam pergere, faciat, sicut diximus, ut pueri Hebreorum fecerunt. (Z.37–45)

ÄSTE

Beda23   Alii autem caedebant ramos de arboribus, et sternebant in via. Rami arborum dicta sunt Patrum praecedentium exempla. (123C)

Tor10   Il trencavon los rams dels arbres e gitavon-los en la via. E nos devem de nos trencar les vizis e las malezas e las iniquitaz; [...] e li am d'aquestz arbres son li ben fait el ben dit, los cals nos devem faire & ensegre. (106)

MENSCHEN, die PALMZWEIGE abreißen

Beda23   Rami arborum dicta sunt Patrum praecedentium exempla. Et quisquis in exemplum recte credendi sive operandi quid prophetae, quid apostoli, quidve caeteri sancti dixerunt seu fecerunt, pandit: ramos profecto de arboribus caedit, quibus iter asini Dominum portantis complanet, quia sententias de sanctorum libris excerpit, per quas simplicium Christi corda ne in via veritatis errent, aedificet. (123C)

[...]

Ramos de arboribus caedat, et sibi sternat in via, id est, sanctorum scripta sedulus ad memoriam revocet, quibus stantes ne cadant roborant, lapsos ne diutius iaceant hortantur, resurgentes ut virtutibus exerceantur instruunt, exercitatos virtutibus praemia in coelis ut sperent, erigunt: sicque [Al., hisque] gressus suae actionis, ne in lapidem offensionis et petram scandali offendant, praemuniat, ac sic etiam ipse cum caeteris fidelibus redemptoris sui vestigia sequatur, passionisque ac resurrectionis eius mysteria digna mentis puritate veneretur [...]. (125B)

SE19   Svmeliche zarten die efte ab den bomen. Die bezaichent die vnf gvte lere vor tragent. (47, Z. 14)

LimA.14   aisi con el medeis diz: [...] «Cil que jetavo los rams dels arbres signifio las prophetas que donero los bos esemples. (Z.18–20)

LimB.02   Per aquels [que] estendio los rams, entendem lo[s] sanhz paires. (Z.22s.)

Tor10   Il trencavon los rams dels arbres e gitavon-los en la via; E nos devem de nos trencar les vizis e las malezas e las iniquitaz [...]. (106)

Sub22   Cedamus autem ramos de arboribus. Fructuose arbores fuerunt patriarche, prophete, apostoli, martyres, confessores, virgines et omnes electi Dei. De istis arboribus ramos tollimus, quando de eorum vita et conversatione exempla accipimus. E si noi zo faisem, ben porrem ander encontra Dominidè e intrarem cum luj in illam beatam civitatem Ierusalem celestem cum angelis et sanctis eius cantantes in excelsis: Osanna. Benedictus qui venit in nomine Domini. (Z.58–67)

MENSCHEN vor und hinter JESUS

SE19   Die da vor giengen vnde die da nah fvren rvften kriechiſk: Oſanna in excelſiſ. Daz
kvt: 'Wol dv, herre, in den himelen, gnade vnſ, behalt vnſ.' Die da vor Kriſte
giengen bezaichent die an in glvobten vor ſiner gebvrte. Di da nah im giengen,
daz ſint alle, die nach Kriſteſ marter bekert ſint vnde nah Kriſteſ lere lebent. (47,
Z.15–20)

BLÜTEN

Tor10   Il portavon las flors que prometon los temporals fruz; e nos devem aver e[n] nos
las vertuz que nos donon la vida perpetual. (106)

OLIVEN

Tor10   Il portavon las olivas en lur mans; e nos aiam la misericòrdia e caritat & altras
bonas obras. Car així con oli va sobre totas altres lugors ab las quals es pausats,
així caritat e misericòrdia son sobre totas altras vertuz. Qui aquestas doas [non]
a, deguna non a. (106)

PALME

SE19   Der palme bezaichent die ſigenvnft, der olbvom die erbarmede vber die armen,
vber witwen vnde vber weiſen. Da mit ſvlt ir daz garnen, daz ir dem tievel
angeſiget, vnde ſvlt hivte komen engegen vnſerm herren mit dvrnæhtiger bekerde,
mit waren riwen vnde flizzet ivch nv diſe tage mit kirchgengen, mit wachenne, mit
almvſen, mit andern gvten werchen, daz wir lvterliche komen ze der fronen
vrſtende, da wir erſten ſvln mit ſele vnde mit libe ze den ewigen gnaden.
(48, Z.2–9)

Tor10   Il portavon las palmas ab las cals coronava hom aquels que vencion; e nos fazam
victòria sobre nostres enemics «qui volunt nos perdere & hereditatem nostram
auferre». & aicil que portavon totas aquestas causas materialment entreron en
aquest «Jherusalem terre». (106s.)

Anhang 2: Einzeldeutungen *Mau*

Beispielnr.	Konzept_A	Konzept_Z	Zitat
001_Mau01	BESCHNEIDUNG	BESEITIGUNG VON SÜNDE	Molt nos est grans senefiance la soie circuncisions; quar solonc la costume de la loi li fu *trencie* e *ostee* la pelete de sa nature. A essample de lui devons nos oster e *trencier* tote maniere de pechier, si com est ordure de luxurie, malvaistiés de covoitise, prester a usure, vendre a terme, larecins, roberie, glotonie, ivrece, fausetés, trecerie, mencongne, haine: e tote maniere de pechié devons nos *trencier* e *oster* de nos, ne mie tant solement dehors nos membres, mais dedens nos corages; e se nos le faisons ensi, si seromes circuncis esperitelment, si com nos senefie la circuncisions Nostre Segnor, par coi il fu circuncis corporelment; e si serons renovelé en cest Ans Renuef par le salveté de nos cors e de nos ames, par coi Deus renovele ses fils e ses filles qu'il a porveüs a la salveté de sa glorie (Z.15–27)
002_Mau02	GOLD	GLAUBE (GUT)	EXPOSITIO: Segnor, or oiés ço que senefie li ors e li encens e li myrres, e si *offrons* spiritelment a Nostre Segnor iço qu'il *offirent* corporelment (Z.43–45) Li ors, qui resprent e qui *reluist* encontre le rai del soleil : senefie la bone creance, qui *reluist* e resprent el corage del bon crestien. Li ors *enlumine* l'air par sa resplendor, e la bone creance *enlumine* le cuer del buen homme. Or *offrons* donques a Deu or: creons que li Peres e li Fils e li Sains Espirs soi[en]t uns Deus poisans e pardurables; qui ceste creance a en Diu, si offre buen or (Z.45–51)
003_Mau02	WEIHRAUCH	GEBETE (GUT)	*Cf.Zitat Z.1f. in Beispielnr. 002_Mau02* Li encens senefie buene proiere; quar si comme la fumee de l'encens, quant il est mis el feu de l'encensier, *monte* amont vers le ciel e vers Deu, ausi *monte* a Deu la bone proiere del cuer al crestien, quant ele est faite por l'amor Deu nomeement. En tele maniere poons nos dire que li encens[iers] senefie le cuer de l'ome e li feus l'amor de Deu (Z.51–56)
004_Mau02	MYRRHE	WERKE (GUT)	*Cf.Zitat Z.1f. in Beispielnr. 002_Mau02* Li myrres, qui est espesce amere, e par s'*amertume* deffent les cors des vers, qui de

lui sont enoint, qu'il nel puiscent malmetre, senefie la buene uevre, qui est *amere* a la malvaistié de nostre car. Li myrres senefie geuner por Deu, veillier, aler em pelerinage, revisiter les povres e les malades e faire tos les biens que l'on puet faire por Deu. Ices coses si sont *ameres* a la malvaise car; mais ausi com li myrres *deffent* les cors qui en sont enoint [des vers], qu'il ne[s] pueent *maumetre*, ausi nos *deffendent* ices coses de visce e de pechié e de l'amoneste al diable, qu'il ne nos puise *malmetre* (Z.56–66)

005_Mau03 WASSER	CHRIST (SCHLECHT)	L'aigue senefie les malvais crestiens; quar si comme l'aigue est *froide*, e *refroidist* tos ceus qui le boivent, ausi li malvais crestien sont *refroidi* de l'amor Deu, e *refroidiscent* tos ceus entor cui il abitent par le malvaistié qu'il ont en lor cors, si com est fornications, avolteres, prester a usure, e si comme cil qui par despit claiment lor proisme fol u musart quar par ices coses desert hom e feme le feu d'infer, si comme li boce Deu dist; e tos ceus senefie l'aigue qui par male uevre u par male volenté sont *refroidi* de l'amor de Deu (Z.30–38)
006_Mau03 WEIN	CHRIST (GUT)	Li vins qui naturelment est caus, e *escauffe* tos ceus qui le boivent, senefie les buens crestiens, qui sont *escaufé* de l'amor de Deu, e tos cels *escauffent* qui les vuelent croire. (Z.38–41)
007_Mau04 LEPRAKRANKER	SÜNDER	Li liepreus senefie les peceors (Z.12s.)
008_Mau04 LEPRA	SÜNDE (GROß)	[Li liepreus senefie les peceors,] e la liepre les peciés. La roigne senefie les menues peciés pardonables, si com est[re] trop nices, e ire qui tost est trespassee, trop rire, trop joer; la liepre senefie les grans peciés dampnables, si com est fornications, avolteres, usure, roberie, larecins, glotonie, ivrece, e tos ices peciés par quoi hom est dampnés e seürs de perdre l'amor de Deu e de ses amis. Par roingne n'est pas hom ne feme degetés de la compaignie des gens, ne par les menus pechiés dont nus ne se puet garder n'est nus *desevrés* pardurablement *de* Deu ne de Sain[t]e Eglise; por liepre est hom *desevrés de* la compaignie des gens, e par peciés dampnables est hom *desevrés de* la compaignie de Deu e de sainte Eglise, quar cil qui muert en peciÉ dampnable est *desevrés de* la compaignie de Deu e de ses angeles (Z.12–25)

(fortgesetzt)

Beispielnr.	Konzept_A	Konzept_Z	Zitat
009_Mau06	WEINBERGBESITZER	GOTT	Li prodom senefie Nostre Segnor Deu (Z.30)
010_Mau06	WEINBERG	GOTTESDIENST	la vigne senefie le servise Deu (Z.31)
011_Mau06	ARBEITER (IM WEINBERG)	DIENER GOTTES	li ovrier seignefient toz ceals qui le servise Deu funt (Z.31s.)
012_Mau06	STUNDEN (UNTERSCHIEDLICHE)	ZEITEN DER WELT (UNTERSCHIEDLICHE)	les diverses hores senefient les divers tans de cest siecle (Z.32s.)
013_Mau06	MORGEN	15–40	<Li matins senefie l'aage de .xv. ans u de .xl., quar ausi comme li jor sont plus *caut* entor miedi, ensement l'umaine nature est de gregnor *calor* environ cest eage> (Z.66–69)
014_Mau06	ABEND	ALTER	Li vespres senefie la vieillece, c'est la fins de la vie. Damedeus Nostre Sire met ovriers en sa vigne vers le vespre, quant il les pluisorrs en lor vieillece torne de pecié a son servise; e ausi comme cil qui *entrerent daarrainement* en la vingne al prodome orent un denier, autresi averont cil qui el servise Deu *enterront* en lor viellece le *denier*, c'est la vie pardurable (Z.69–74)
015_Mau08	BLINDER	HEIDEN, JUDEN, FALSCHE CHRISTEN	Li nonveans senefie les paiens, les juis, les faus crestiens <quar ausi com li nonveans a *perdue la veue del cors*, ausi ont li paien, li jui, li faus crestien *perdue la veue des corages*; e ausi com li nonveans *foloie*, tele ore est, *hors de la voie qui le doit mener a son ostel*, ausi *foloient* li paien, li jui, li fauls crestien *hors de la voie qui les doit mener a la vie pardurable*. Li paien e li jui *foloient par* lor mescreance, e li faus crestien, ja soit ço qu'il aient bone creance, il *foloient par* malvaise vie qu'il demainent; les paiens e les juis a diables avuglés par mescreance, les malvais crestiens a il avuglés par pecié e par lecerie, par glotonie, par covoitise, par usure, par vendre a terme, par larecin, par roberie, par fornication, par avoltere, par les autres peciés de dampnation : par coi il les encombre. Itel crestien sont avuglé, quar diables les fait deliter es peciés del cors : par quoi il les a essorbés, e par coi il sont torné del bien al mal, del servise Deu el servise au diable (Z.25–40)

016_Mau10 FRAU	KIRCHE	[La feme senefie] sainte Eglise [...]. (Z.38s.) Or si comme la femme *proia* por sa fille, que Nostre Sire le *delivrast del* diable qui corporelment le travailloit : ausi sainte Eglise *prie* de jor e de nuit par la bouce des provoires e par la bouce des sains eslis, que Diex Nostre Sire *delivre* les peceors crestiens e les peceresses crestienes del diable qui est en els e regne par pecié. E Deus Nostre Sire, qui oï la proiere a la bone femme paiene e qui delivra sa fille del diable, il ot la proiere de sainte Eglise, e delivre les peceors e les peceresses sovent *de* lor peciés ; quar totes iceles ores que Deus apele le cuer al malvais home e a le malvaise femme : a bien, e il s'en repentent de lor pecié e vienent a voire confession, si jete Deus le diable d'els e lor done santé. E Deus, qui *oï* la parole a la bone femme paiene e sa fille delivra del diable, il *oie* la proiere de sainte Eglise e delivre les anmes peceresses de pecié par coi li diables les a souprises, e si nos doinst gracie de tels uevres faire e maintenir : par coi nos puisons le suen regne maintenir e deservir (Z.44–59)
017_Mau10 TOCHTER	SEELE DES SÜNDIGEN CHRISTEN	La fille en cui li diable estoit : senefie l'anme al peceor crestien, u a la peceresse crestiene, cui li diables a asise, e en cui il regne par pechié, e cui il demaine si com il vuelt, par fornication, u par avultere, u par covoitise, u par glotonie, u par ivrece, u par haine mortel, u par usure, u par vendre a terme, u par autre pecié dampnable (Z.39–44) *Cf. Beispielnr. 017_Mau10*
018_Mau11 STUMMER	CHRIST (SCHLECHT)	si dist li evangiles que li *diables* estoit mus, por ço qu'li avoit l'ome *amuï* en cui il estoit ‹e com Nostre Sire en ot geté le diable, si parla li *mus*, e si s'esmerveilla li puples. [...] Cist hom de cui Nostre Sire jeta le *diable* : senefie les malvais crestiens cui *diab[l]es* porsiet, e en cui il regne par pecié de glotonie, u d'ivrece, u de fornication, u d'autere, u d'usure, u de vendre a terme, u par autre pecié dampnable. En tels homes regne li diables sovent e si les *amuïst*, quar il ne lor soufre pas qu'il viegne[nt] a voire confession, ne qu'il dient lor pecié en cele maniere qu'il lor soit a porfit e qu'il en soient acordé a Damedeu. ‹Il nes a pas *amuïs* ne tolue la parole de mentir, ne de mal dire, ne de conseillier autrui de [mal] faire, u de parler d'ordure, u de lecerie, u de jurer Nostre Segnor e ses sains e ses saintes, de dire ço qu'il ne devroient de ço nes a il pas *amués*! Mes il les *amue* de bien dire e d'els faire confés vraiement, d'aorer Damedeu, de crier merci.› (Z.7–23)

(fortgesetzt)

Beispielnr.	Konzept$_A$	Konzept$_Z$	Zitat
019_Mau12	HUNGER/DURST	STREBEN NACH GOTT ODER IRDISCHEN DINGEN	‹se nos aviens faim, ço est, se nos estiens covoiteus, de lui parfitement *amer*, de lui conoistre, de lui servir, de conquerre *la soie glorie*, il nos porverroit e en ço e en autre coses, si com il set que mestiers nos est des coses terrienes.› Mais il sont asés gens en terre qui d'autre cose *ont faim* que de Deu bien *amer* e d'avoir *la soie glorie*. Cil *ont faim* d'autre cose qui aiment e covoitent a avoir terriene ricece plus que Deu; cil ont male faim qui aiment or e argent, vingnes, terres, maisons, u aucune ricece terriene contre Deu; cil a male faim, par iceste covoitise tent il al feu d'infer; ensement qui aime pecié de luxurie, de fornication u d'altere, de glotonie u d'ivrece u d'autre pecié dampnable, cil est malement affamés. Mais cil a bone faim qui est desireus d'iceles coses que Deus aime: cil sera soelés e vivra en la vie pardurable; quar ço dist Nostre Sire, que cil sont beneoit qui ont faim e soif de justise e de droiture, quar il seront soelé. Par ma foi! voirement seront il soelé, quar Deus les paist en terre de la dolçor de sa grasie, e en ciel les paistra de la joie de sa glorie. ‹Segnor, aions faim e soif, ne mie des coses terrienes contre Deu, ne des delis de pecié; mais aions faim e soif de celes coses que Deus aime, e de lui meisme avoir› (Z.45–64)
020_Mau12	GERSTENBROTE	LEHRE DES GESETZES	Li .v. pain d'orge, dont Nostre Sire soela les .v. mile homes, senefient : la doctrine de la soie sainte loi (Z.65)
021_Mau12	FISCHE	LEHRE DER PSALMEN UND PROPHETEN	li doi piscon senefient : la doctrine qui est es psalmes e qui est es livres des prophetes (Z.66s.)
022_Mau14	KAIN	CHRIST (SCHLECHT)	‹Cains e Abels si furent *frere*, e si *firent andui sacrefise a Deu* de son gaaingnage, Cains qui estoit gaegniere de ses garbes, Abel qui estoit paistre de ses aignels; si dist la Sainte Escriture que *Deus regarda vers Abel* e envers son don, e vers Cain ne *vers son don ne regarda mie.* Frere furent, ambedui offrirent a Nostre Segnor; de l'un fu receue s'offrande e de l'autre refusee. Ausi est des malvais crestiens e des buens e de lor uevres (Z.44–51)

Cains senefie le malvais crestien, Abel le buen. Li malvais crestien e li buen sont *frere*, por ço qu'il sont baptisié el non Deu, e por ço qu'il sont en une creance. Il font sacrefise a Deu quant il font buenes uevres, quant il vont a sainte Eglise, quant il font aumosnes, quant il revestent les nus, quant il herbergent les povres, quant il vont en pelerinages, quant il font autres bones uevres. Mais *Damesdeus regarde vers* le buen crestien e vers *ses bones uevres*; e por ço que li buens crestiens li plaist, si li plaisent *ses bones uevres*. Vers les uevres al malvais crestien *ne regarde pas Deus*, por ço qu'il ne ses uevres ne li plaisent; jusqu'il se face tel, par le repentance de son corage e par voire confession, que il soit bien de Damedeu : ne li plaira ja cose qu'il puise faire. Quar que li puet valoir, se il done la soie cose a Damedeu, e soi au diable? Ço n'est mie droite partisons, quar miels vaut li hom que cose qu'il puise avoir.> Que li puet donques valoir, se il done son avoir a Deu, e lui qui plus vaut done al diable? Quel porfit li puet estre se il vait en pelerinage : se il s'eslonge de sa vile, se il ne s'eslonge de son pecié e de son visce? Que li vaut se il herberge povres en son ostel, se il por l'amor del pecié qu'il a en soi Damedeu meisme debote de son corage? Que li vaut a vestir les nus, se il de l'amor Deu e de son proisme se despueille? <Nos ne vos disons pas por ço que nos vos loom del bien faire a retraire, mais por ço que nos volons ensegnier que quant vos ferés bones uevres, que vos soiés si bien de Damedeu : qu'il regart vers vos bones uevres, que il reçoive ço que vos li offrés, e qu'il oie ço que vos dites, e qu'il face ço que vos li requerés, que vos soiés tel com fu Abel, vers le cui don Deus regarda, e la cui offrande li plot.> (Z.51–78)

023_Mau14 ABEL	CHRIST (GUT)	Cf. Beispielnr. 022_Mau14
024_Mau23 FRAU	GOTT	Li prodom e la prodefeme senefient Damedeu meisme (Z.24s.) Ensement poons nos dire que la prodefemme *aluma* se lanterne, quant la sapience Deu apparut en terre, e en nostre char, e *enlumina* le monde, e retorna homme a la compaignie des angeles dont il estoit eslongiés (Z.34–37)
025_Mau23 HIRTE	GOTT	Cf. Beispielnr. 024_Mau23

(fortgesetzt)

Beispielnr.	Konzept_A	Konzept_Z	Zitat
026_Mau23	SCHAFE	VERNUNFTWESEN (ENGEL UND MENSCHEN)	Si lor respondi Nostrë Sire : 'Qui est' fist il 'de vos tos, s'il avoit .c. oeilles, e il en perdoit la centisme, qu'il ne *laisast* les nonantenuef, e n'alast *querre* le centisme qu'il avroit perdue? E quant il l'avroit trovee, si le *metroit a son col*, e la *porteroit* as autres a grant joie ; e quant il vendroit en sa maison, si apeleroit ses amis e ses voisins, e si lor diroit qu'il en euscent joie avuecques lui, por ço qu'il avoit trouvee s'oëille'.[...] les oëilles e les nouces senefient les raisnables creatures, les angeles e les hommes; e les nonantenuef oëilles e les nuef nouches senefient les nuef ordenes des angeles qui sont el ciel. La centisme oëille e la disime [nouce] fu perdue quant hom pecha e deguerpi la compaignie des angeles. Mais li prodom *laisa* les nonantenuef oëilles, quant Damesdeus *laisa* les ix ordenes des angeles el ciel, e vint *querre* en terre l'umain lignage, e le *mist sor ses espaulles*, e le *porta*, quant il en la crois fu qu'il ot a ses *espaulles* por nos espeneïr de nos peciés, e nos fist dignes de la compaignie as angeles (Z.10–34)
027_Mau23	MÜNZEN	VERNUNFTWESEN (ENGEL UND MENSCHEN)	*Cf. Beispielnr. 026_Mau23*
028_Mau23	NACHBARN	ENGEL	Li voisin e les voisines qui *firent la joie* de la nosche e de l'oëille trovee, ço sont li angele e les vertus del ciel qui s'*esjoïrent* de la salvation de l'umaine lingnie (Z.38–40)
029_Mau25	EINLADENDER	GOTT	Li prodom senefie Deu Nostre Segnor, de cui vient tote pruece, tote valors e tote bontés (Z.26s.)
030_Mau25	GASTMAHL	RUHM (EWIG)	Li mangiers por cui li homme furent somons, senefie [le gloire pardurable] (Z.27–29)
031_Mau25	EINGELADENE	GLÄUBIGE	Li home qui furent semuns seignefient] tos cels qui ont la creance e la reconissance Nostre Segnor, a cui il a promis la glorie del ciel s'il le vuelent deservir (Z.29–31)

032_Mau25	KNECHTE, DIE EINLADEN	KLERIKER	Li serjans qui apela cels qui estoient somons al bel mangier, senefie lo clergié de sainte Eglise, les arcevesques, les evesques, les provoires, e trestos cels qui la crestienté ensaignent e amonestent de laisier le mal e de faire le bien (Z.31–35)
033_Mau25	EINGELADENE, DIE ABLEHNEN	CHRISTEN (SCHLECHT)	Li homme qui s'eslongierent, e qui ne volrent aler au bel mangier u il estoient somons : senefient les malvais crestiens qui por l'amor des terrienes coses, e par la vanité de cest siecle, e par le delit de lor car laisent Deu a amer, e deguerpiscent la voie par coi il deüscent aler a la glorie pardurable (Z.35–39)
034_Mau25	ARME, SCHWACHE ETC.	MENSCHEN, DIE DIE WELT NICHT LIEBEN	Li povre, li foible, li avule, li clop, qui furent al mangier senefient les mendis, les caitis, les contrais, e les nonpoïsans solonc cest siecle, e tos ceus qui cest siecle n'aiment, ne ne prisent, ne cure n'en ont, si com fu sains Benois, e maint autre prodome par le monde (Z.39–43)
035_Mau25	LEUTE AN DEN HECKEN ...	MENSCHEN, DIE VON SICH AUS GUTES TUN WOLLEN	Cil cui li sires fist puis querre : dont il dist: 'Exi in vias et sepes, et quoscumque inveneris : compelle intrare: alés' fist il 'par totes ces voies e par ces sois, e tos ceus cui vos troverois destraigniés tant qu'il viegnent çaiens, tant que ma maisons soit tote plaine', cist senefient cels qui par el[s] meismes, ne par bones paroles que il oent d'autrui, ne vuelent laisier le mal e faire le bien (Z.43–49)
036_Mau27	WASSER	WELT	[L'eve senefie cest siecle] quar ausi com li aigue est *escolorable*, ausi est cis siecles *muables e trespassables*; li eve ondoie e *ne puet estre en pais*, e cis siecles est tos jors en tribol (Z.25–28)
037_Mau27	FISCHER	PREDIGER	Mes sire sains Pieres e li autre pesceor senefient les buens mestres e les buens preeceor[s] de sainte Eglise; [...] <Ore nos besegneroit donques que Nostre Sire Deus nos aidast, e ensegnast, si com il fist mon segnor saint Piere, en quel liu e *quant* nos devions geter la rois, ço est *quant* e as quels nos devomes dire sa parole (Z.28–37)
038_Mau27	FISCHERNETZ	PREDIGT	les rois senefient les saintes predications que l'on dit (Z.29s.)

(fortgesetzt)

Beispielnr.	Konzept$_A$	Konzept$_Z$	Zitat
039_Mau27	FISCHE	SÜNDER	li piscon senefient les peceors e les pecerresses; quar *totes les ores que* nos vos disons la parole Deu, por vos ensaignier comment vos devés croire e amer e servir Damedeu : getons nos nos rois (Z.30–33).
040_Mau27	NACHT	SÜNDER	quar par la nuit sont senefié li malvais hommes e les malvaises femes cui diables a deseverés de la clarté de Deu e tornés en tenebres e en oscurté (Z.48–50)
041_Mau27	TAG	CHRISTEN	Par le jor sont senefié cil cui Dex Nostre Sire a porveü a sa lumiere e a sa glorie; e de jors getons nos nos rois par le commandement de Nostre Segnor> (Z.50–52)
042_Mau27	FISCHE (GUT)	CHRIST (GUT)	Lores prenons nos les lus, les bars e les autres buens poisons: ce sont cil qui par nos sont bon homme en sainte Eglise, e qui maintes beles uevres font; si lor traions l'amer dedens les cuers, quant nos lor tolons la male volenté qu'il ont eue ça en arriere en els meismes; e les escherdes en ostons, quant nos les ostons de males uevres dont il ont esté cargié ça en arriere; e les *metons rostir au feu,* quant nos par nos beles paroles les *escaufons* de Deu amer e de lui servir (Z.56–64)
043_Mau27	AAL	SÜNDER	L'anguile, qui se fice el tai, e qui ne vient mie volentiers en la clarté : escape tele ore est de nos rois: l'anguile senefie le malvais homme, qui tos s'est mis es coses terrienes, e en amor de luxurie, e es delis de la car, e qui envis, e a grant force, e a grant travail deguerpist son pécie : ausi comme l'angule qui a envis est prise e escorcie. Hom qui de tele maniere est ne puet mie estre legierement atornés a bien; quar quant il ot parler de Deu : si s'en fuit ses cuers e esloigne de la parole Deu e se traist a l'amor del pechié en coi il a longement geü, autresi comme l'anguile quant ele sent la rois si s'en fuit, si se repont el tai, qu'ele ne soit prise (Z.64–74)
044_Mau29	BROTE	HEILIGE SCHRIFT DES EVANGELIUMS	Li set pain senefient la sainte Escripture de l'Evangile, qui par la gracie del Saint Espirt est livree as mestres de sainte Eglise (Z.31–33)

045_Mau29	FISCHE	APOSTEL, MÄRTYRER, BEKENNER U. A.	Li poiscon senefient la vie des apostres, e des sains martyrs, e des confés e des autres buens amis Nostre Segnor, qui jadis *furent en* l'amertume e el barat de cest siecle, si comme li piscon *sont en* la mer. Mas Nostre Sire les en a trais par sa gracie, si les a mis en sa glorie. E Nostre Sire paist nos ames de totes les Escriptures, des evangiles que l'on nos reconte, e de totes les bones uevres que li apostele firent : e li buen ami Nostre Segnor, endementres qu'il *furent en* cest siecle (Z.33–40)
046_Mau31	GUTSBESITZER	GOTT	Li prodom senefie Deu Nostre Segnor (Z.39s.)
047_Mau31	VERWALTER	CHRISTEN	li maire senefie les crestiens (Z.40) quar ausi com li maires *doit garder* la vile son segnor e totes les coses qui i apertienent, ausi *doit garder* li crestiens soi meisme e tos les biens que Dex a mis en lui. Il doit *garder* s'ame e son cors e ses membres, ses paroles, ses uevres, qu'eles soient buenes, e garder e maintenir e muteplier les doit a ues Deu; e se il ço fait, dont garde il le bien la vile son segnor, lores est il buens maires (Z.41–47)
048_Mau31	GUT	GÜTER IM CHRISTEN	la vile senefie les biens que Deus a mis es cresciens (Z.40s.)
049_Mau32	JERUSALEM	SEELE (SÜNDIG)	Jerusalem senefie en ceste evangile l'ame qui est en pechié, e parmi tot ço demaine son tens a grant joie, ne se porvoit pas des paines qu'ele dessert (Z.26–28)
050_Mau32	FEINDE	TEUFEL	quar aprés le Passion Nostre Segnor vinrent li Romain, e asistrent le cité de Jerusalem, e affamerent issi la gent qu'une fame manja son enfant : por disete de pain, e *destruisent* les murs, e asisent la cité e le temple, e une partie de la gent afamerent si qu'il en morurent par le siege, qui dura .iiii. ans, e l'autre partie ocisent quant il prisent la cité, e le tierce partie *enmenerent en caitivison*, dont li lignages est encore esparpeilliés par tote crestienté. (Z.16–23) e si anemi, ço sont li diable qui vendront au jor de sa mort, e le *destruiront*, se ele ne se garde e s'ele ne s'amende. Quar ço lisons nos en l'autorité de le sainte Escripture, que quant li malvais home muerent, que li diable vienent por les ames d'els, e qu'il les getent de lor cors, e les *mainent en caitivisons* en la dampnation d'infer (Z.28–33)

(fortgesetzt)

Beispielnr.	Konzept_A	Konzept_Z	Zitat
051_Mau34	TAUBER	SÜNDER	Ce dist li evangiles d'ui que Nostre Sire Deus vint une fois a la mer d'une contree qui estoit apelee Galilee; e quant il fu iluekes, si li amena on un home qui estoit *sors* e *mus* [...] Quar molt a ore es saintes eglises esperitelment *sors* e *mus*: cil sont sort en cors e en ames, qui as commandemens Damedeu ne vuelent obeïr; e cil sont trop müel qui a voire confession ne vuelent venir: cil ont les oreilles estoupees e les bouces closes. Quar quant on lor commande de la part Deu qu'il se facent confés e deguerpiscent lor peciés e qu'il demainent bone vie, si ne vuelent obeïr as commandemens Damedeu. Cil ont les oreilles serrees, qui sont es pechiés, es fornications, es avolteres, es usures, es escumeniemens, es haines mortels, es glotonies, es ivreces, e es autres peciés de dampnation par coi il sont desevré de Deu; e quant il vienent a lor confession, si ne vuelent deguerpir lor peciés ne regehir; se il les regehiscent, nes vuelent il deguerpir, quar li diables les a si *amuïs*, que tels i a qui dient lor pechiés, mais il nen ont cure del laisier. Cil sont *mu*, cil ont *lor bouces closes*: il ne sont mie *mu* de jurer ne de mentir ne de dire leceries ne lor ordures, mais de bien dire e d'els faire confés, de ço sont il *mu*. De tele gent parla li prophetes quant il dist: Sepulcrum patens est guttur eorum, lor gorge est autresi comme sepulcres overs. Vos savés que sepulcres, ço est la fosse u l'on met le cors; ele est en quinze jors molt orde, e qui l'overroit, molt en istroit grans puors, que cil qui seroient entor en poroient morir s'il ne s'en destornoient. Autresi est de la gorge al malvais homme, quar ele est orde dedens soi, e cuncie tos cels qui l'oent parler, se il s'i delitent en l'ordure qu'il oent; quar si com tesmongne l'Escripture, male parole malmet bones mors, ço est la bone vie de l'ome (Z.6–46)
052_Mau35	MANN, DER VON JERICHO NACH JERUSALEM GEHT	MENSCHHEIT	Li hom qui descendi de Jerusalem en Jerico : senefie l'umain lingnage ‹qui par le pechié Adam chaï de la gloire e de la clarté Nostre Segnor, e s'alia el definement de cest siecle e de ceste vie (Z.37–40)
053_Mau35	JERUSALEM	FRIEDENSVISION	Jerusalem senefie en Escripture vision de pais (Z.40s.)

054_Mau35	JERICHO		Jerico senefie le definement de cest siecle.> (Z.41)
055_Mau35	ABSTIEG	ENDE DER WELT	Li descendemens, ço est li avalers, e senefie le consentement au diable, par quoi hom s'abaisse de la glorie qu'il avoit en paradis, a la dolor de ceste vie (Z.41–44)
056_Mau35	PRIESTER UND DIAKONE	ZUSTIMMUNG ZUM TEUFEL	Li prestres, li diaquenes, qui *trespasserent* le navré e ne li firent nul bien: senefient les patriarces e les prophetes, qui *passerent* vraiement par la voie de ceste vie, e ne porent onques geter home del peciè de dampnation: en coi il estoit mis (Z.53–56)
057_Mau35	SAMARITER	PATRIARCHEN UND PROPHETEN	Samaritanus, qui est en nostre langage *garderes*, ço est Nostre Sire Deus qui *garde* cels qu'il aime (Z.56–58)
058_Mau35	STUTE	WÄCHTER > GOTT	quar par la jument est senefie li cars Nostre Segnor <quar si comme la jumens vaut mains e est *mains digne* e plus basse que cil qui le cevauce, ausi fu en Nostre Segnor li cars *mains digne* que la deités qui est en lui e sor lui>. Il cura les plaies au navré, quant il par le baptemsme osta peciè d'ome (Z.60–65)
059_Mau35	ÖL	FLEISCH/ LEIBLICHER TEIL CHRISTI	Il mist uille en ses plaies par la dolçor de ses confors, e vin par l'asprece de ses manaces <quar li uille est soués e li vins aspres: por ço senefie li uilles confors e li vins l'asprece des manaces; e li confort e les manaces valent as plaies de nos peciés saner> (Z.65–69)
060_Mau35	WEIN	TROST	*Cf. Beispielnr. 059_Mau35*
061_Mau35	STALL	HERBHEIT DER BEDROHUNG	L'estable senefie sainte Eglise; quar ausi comme les bestes *laisent* lor fiens es estables, ausi *laisent* li peceor lor pechiés, qui sont ordes coses, en sainte Eglise, par le confession qu'il font as provoires (Z.69–72)
062_Mau35	STALLKNECHT	KIRCHE	<Li marescaus qui *gardoit* l'estable, c'est li prestres qui *garde* sainte Eglise, e qui tient la paroce> (Z.72–74)
063_Mau35	DENARE	PRIESTER	Li *dui* denier que li prodom dona a l'establier : est le science que li prestres doit avoir de Deu, de *deus* lois a conseillier son puple (Z.74–76)
		DOPPELGEBOT DER LIEBE	

(fortgesetzt)

Beispielnr.	Konzept_A	Konzept_Z	Zitat
064_Mau36	LEPRA	SÜNDE (GROß)	<Si comme roingne senefie les menus peciés> aisi senefie liepre les grans, les peciés criminels, les peciés de dampnation . <Li menu pecié sont de trop boivre, de trop mangier, de trop rire, trop parler, tele ore est; li gregnor de dampnation sont, si com est fornicacions, avoltere, usure, roberie, larecins, glotonie, ivrece, fausetés, trecerie, homecide, clamer son proisme fol u musart u esgarder fame por li covoitier por malvaise uevre. Por roingne *n'est nus desevrés de la compaignie des gens, mais por liepre si est; ne por les menus pechiés n'est nus desevrés de Deu, mais por les grans si est.*> (Z.22–31)
065_Mau38	WITWE	KIRCHE	<La veve feme senefie sainte Eglise (Z.17)
066_Mau38	TOTER	CHRIST (SÜNDIG)	Ses fils qui estoit mors senefioit les malvais crestiens qui sont en pechié [...] li pecieres ço est li mors (Z.17–19)
067_Mau38	TOD	SÜNDE	quar li pechiés ço est la mors [...] si comme la mort *ocit* le cors, ausi *ocit* li peciés l'ame> (Z.19s.)
068_Mau38	BAHRE	LEBENSWANDEL (SCHLECHT)	La biere u li mors *gisoit* senefie le malvaise acostumance en coi li peciere *gist.* (Z.20s.)
069_Mau38	TOTENTRÄGER	TEUFEL	E quant il vint vers la porte de la cité, si *portoient* un mort *en terre* [...] Li porteor sont li diable qui le malvais home, qui est mors par son pechié, *mainent* par grant bruit *en terre* (Z.5–23)
070_Mau38	FRIEDHOF	HÖLLE	Li cimentires u il l'en mainent <est molt lais e molt hisdeus e molt ors e molt eribles, quar> ço est infers. En infer sont enterré e enseveli : li malvais, crestien e les malvaises crestienes (Z.23–27)
071_Mau38	MÄDCHEN	SÜNDER (DUNKEL, VON GOTT ENTFERNT, VERSCHLOSSEN)	La mescine senefie ceus qui sont par male volenté reposte enoscurci dedens lor corages e deservé de Deu, e ne se vuelent ne ne pueent mostrer par parole quel il soient dehors, e quel il soient par male volenté; quar ausi est de la male volenté qui est *dedens* l'ome comme de la mescine qui estoit morte *dedens* la maison son pere (Z.63–68)

072_Mau38	JÜNGLING	SÜNDER (OFFENSICHTLICH)	Li bacelers, qui fu resuscités dedens la porte de la cité, senefie cels qui male volenté ont dehors e uevrent apertement (Z.68–70)
073_Mau38	LAZARUS	SÜNDER (LANGJÄHRIG)	Sains Lazeres, qui avoit quatre jors geü el sepulcre, senefie cels qui *longement* ont esté en pechié, e qui sont autresi en pecié comme s'il puïscent, por ço que tos siecles s'espoente de lor malvaise vie qu'il ont *longement* demenee (Z.70–73)
074_Mau39	WASSERSÜCHTIGER	MENSCH VOLLER BEGIERDE	Hom ydropikes, si est *plains de* malvaises humors e de *malvaise* aigues, si li put l'alaine. Que senefie donques plus droiturelment li ydropikes que l'ome covoiteus, qui est *plains d'*autrui biens qu'il a gaegniés desloialment, e com il a plus, tant covoit il plus? E tels hom a l'alaine puant, quar il a *malvaise* odor de *malvaise* renomee a tos cels que le conoiscent, e tuit s'esloingnent de lui. Ore poons dire que totes les hores que Deus tolt al covoiteus le pecié de covoitise, totes ices hores garist il le idropike de s'enfermeté (Z.14–22)
075_Mau41	LÄHMUNG	SÜNDE	Ceste enfermetés dont cist hom fu sanés, si est itele que cil qui l'a ne se puet aidier des membres en coi ele est, e s'il l'a par tot le cors, si ne se puet de nul de ses *membres* aidier. Que *senefie* plus convenablement ceste enfermetés que *pechié*, par coi diables malmet les *membres* e tot le cors de l'ome, e il tolt qu'il ne puet bien faire ne deu servir ? (Z.9–14)
076_Mau41	KRANKENTRÄGER	PRIESTER (GUT)	<Cil qui *aporterent* le malade devant Nostre Segnor *senefient* les buens provoires, qui *aportent* e dient sovent la parole Deu en sainte Eglise, e prient por les peceors que Deus les salve, qu'il l'aiment e servent.> Quar li malvais hom cui diables a encombré de pecié de dampnation n'a pas pooir qu'il puisce a Deu retorner par soi, se li besoigne que li provoire de sainte Eglise li aident (Z.15–20)
077_Mau41	TRAGE	KÖRPER DES SÜNDERS	Li lis en coi il *gisoit* e u les gens le portoient, *senefie* les cors des peceors, en cui l'ame *gist* en pecié de dampnation (Z.21s.)
078_Mau42	KÖNIG	GOTT	Li rois qui fist les noces a son fil, ço est Deus li Peres (Z.26s.)
079_Mau42	SOHN	CHRISTUS	li fils, ço est li Salveres, Nostre Sire Deus Jesus Cris (Z.27s.)
080_Mau42	BRAUT	KIRCHE	l'espose, ço est sainte Eglise (Z.28)

(fortgesetzt)

Beispielnr.	Konzept$_A$	Konzept$_Z$	Zitat
081_Mau42	HOCHZEIT	GLAUBE UND LIEBE	Les noces sont la fois e la creance e l'amors, par coi sainte Eglise est ajostee a Nostre Segnor (Z.28–30)
082_Mau42	HOCHZEITS-VORBEREITUNG	VORBEREITUNG DER RETTUNG, PREDIGT	<li *apareillemens* des noces fu li *apareillemens* de nostre Redemption, e la predications de nostre creance, par coi sainte Eglise croit en Nostre Segnor (Z.30–32)
083_Mau42	FLEISCH (GESCHLACHTET)	MARTYRIUM	Li *occisions* des tors e des oisels senefie le *martirement* des martyrs, qui furent por le creance par coi il creoient en Deu martyrié.> (Z.32–34)
084_Mau42	EINGELADENE	VOLK ISRAEL	Cil qui furent apelé as noces furent cil de la viés loi, li puples Israel (Z.34s.)
085_Mau42	ERSTE BOTEN	AARON UND MOSE	Deus nos aparole en l'evangile d'ui par une samblance, si dist que tot autresi est de l'atornement del regne des ciels, comme d'un roi qui fist noces a son fil, e *envoia* ses serjans apeler ceus qu'il avoit somons as noces; [mais il ne i voloient venir. [...] Li premier message que Deus lor *envoia* furent Moyses e Aaron, qui lor ensaignierent la viés loi premiers e quant il devoient Deu croire e servir; mais il ne firent mie si com il lor commanderent (Z.3–38)
086_Mau42	ZWEITE BOTEN	PROPHETEN	Li secunt message que nostre Sire lor envoia furent prophete, qui lor preecierent l'avenement Nostre Segnor, e sa Passion, e comment sainte Eglise devoit estre ajostee a Nostre Segnor par la creance qu'ele a ore (Z.38–42)
087_Mau42	HOCHZEITSKLEIDUNG	GUTE WERKE, LIEBE	La vie e les uevres sont senefiies par la vesteure nuptial: cil est belement vestus qui bele vie demaine, qui buenes uevres fait en la creance; e cil est laidement vestus qui ne fait se mal non. La vesteure nuptiaus est carités: qui carité a, si a bone vesteure devant Deu e plaist a Deu, e qui carité n'a si a malvaise vesteure devant Deu e ne plaira ja a Deu (Z.68–74)
088_Mau43	KÖNIG	PRIESTER (GUT)	Cist rois *senefie* le buen provoire, la u il est, qui *governe* le gent de sa parroce esperituelment solonc les ames, si com cis rois *governa* les gens de sa cité corporelment solonc le cors. [...] Mais si com li rois *pria* Nostre Segnor de son malade, e Nostre Sire

l'en oï e *osta* l'enfermeté de lui : ausi *prie* li bue[n]s prestres por son parrocien peceor, qu'il aime, e qu'il doit amer, si com li peres son fil; e Deus par la proiere del provoire *oste* le pechié de lui, par coi il tent a la mort pardurable (Z.15–27)

089_Mau43	SOHN (KRANK)	SÜNDER	Li fils qui fu malades, e dont li rois *proia* a Nostre Segnor, senefie l'ome peceor, por cui li prestres *prie* Nostre Segnor de jors e de nuis (Z.18–20)
090_Mau43	KRANKHEIT	SÜNDE	L'enfermetés senefie pecie, si com luxure, covoitise, ivrece, haine, e les autres peciés par coi hom puet morir de la mort pardurable (Z.20–22)
091_Mau44	KNECHTE	CHRISTEN (WIR SELBST)	Li *serjans* cui li rois mist a raison senefie nos meismes, qui devons estre *serjant* Nostre Segnor, e a cui nos rendrons raison, a la fin, de nos ames e de nos uevres e de nos paroles e de nos pensees (Z.32–35)
092_Mau44	SCHULD	SÜNDE	La dete senefie pecié, quar lors s'endete cascuns envers Deu : quant il mesfait e il peche. La grans dete de .x. mars d'argent senefie les grans peciés, si com est fornications, avolteres, homecides, husure; la petite dete senefie les menus peciés, si com est vilaine parole e dure quant l'on la dit a son proïsme (Z.35–39)
093_Mau46	BLUTFLUSS	SÜNDE (INSBESONDERE UNZUCHT)	si vint une feme qui avoit esté malade del flun de son sanc .xii. ans, si avoit creance en son cuer, que s'ele poïst la vesteure Nostre Segnor atochier solement : qu'ele *garroit*. [...] ‹Segnor, molt i a ore de cels par le monde qui sont enferm e malade de ceste maniere d'enferté, ço est de la luxure del cors, par coi il tendent al feu pardurable e a la mort, se Deus merci n'en a, e se il nes *garist* entre ci e la fin. Molt fait li diables grant gast de gent par luxure; quar qui poroit aconter tos ceus qu'il a mis en avoltere : ne cels qu'ils a mis en fornication, qui tuit, se il sont pris en ceste maniere de vie, sont perdu pardurablement? Cil qui sont es fornications ne cuident pas ne ne vuelent otroier qu'il soient perdu por tele maniere de pecié; quar il dient desque li hom n'a feme, ne la feme segnor, n'est pas peciés dampnables se il gisent ensamble. Mais por nient fust donques trovés mariages en sainte Eglise se il fust issi comme il dient; quar por coi se tenroit donques uns a une feme desqu'il poroit gesir a totes celes qui n'ont mie segnors? Issi se confortent li peçor qui vont as femes menestreus e as veves e as camberieres e as filles as prodomes, as puceles e a totes celes qui les vuelent consentir a faire lor folies; issi se confortent entr'eus, quar il dient n'es[t] pas peciés dont hom soit dampnés, quant hom

(fortgesetzt)

Beispielnr.	Konzept$_A$	Konzept$_Z$	Zitat
			qui n'a feme va avuec femme qui n'a son segnor. Mais se il ne se gardent il le savront malement quant vendra a la fin; quar si com dist la sainte Escripture, cil qui ço font e qui muerent en tel pecié : ço est en fornication, qu'il n'avront ja le gueredon Deu; e por nient en canteroit on messe, ne por nient feroit autres biens por celui qui en tel pechié morroit.> (Z.8–41)
094_Mau60	MEER	WELT	La mers senefie cest siecle, por ço qu'il a une samblance de la mer: <li mondes put por les peciés, por les legeries c'on i fait, e enfle si com la mers por l'orgueil qui est en lui, e si est salés por ses amertumes> e ne puet estre en pais plus que la mers por les tribols qu'il demaine (Z.12–16)
095_Mau60	FISCHER	PREDIGER	Li pesceor senefient les preecors Deu (Z.16)
096_Mau60	FISCHE	MENSCHEN (GUT)	Li poison senefient les buens homes qui en Deu croient e qui le servent e qui l'aiment (Z.17s.)
097_Mau60	ABSCHAUM	MENSCHEN (SCHLECHT)	La malvaise vermine senefient les malvais homes <les useriers, e tos les autres de malvaise vie; quar ja soit ço qu'il soient en la creance avuec les buens homes, si sont il malvaise vermine por le male vie qu'il demainent> (Z.18–21)
098_Mau60	UFER	ENDE DER ZEIT	La rive senefie la fin del siecle; e ausi com li pesceor sient quant il vienent a la rive, e eslisent les bons piscons des malvais, e metent les buens en lor vaisels e la vermine jetent hors, ausi sera de la fin del siecle; quar lores venront li angele Damedeu <e li apostele e li haut mestre de sainte Eglise, si com est sains Pieres e sains Pols, e tuit li autre ami Damedeu>, si deseverront les buens des mals; e li buen seront mis en la glorie Deu e li malvais geté en infer (Z.24–32)
099_Mau61	SAATKORN	SOHN GOTTES	Li gra[i]ns de forment caï en la terre, quant Deus prist car en la Virgene Marie. Mais ausi com ne vaut nient se li grains ciet en la terre se il [ne] muert, quar ne vient pas a fruit, sic nichil profuisset nasci nisi redimi promeruisset: ausi, ce dist, ne vausist nient qu'il prist car, e qu'il nasqui de la Virgene Marie, s'il ne morust por nos. E fist donques fruit la soie mort? Oïl, molt grant <oïés quel. Totes les ames qui sont entrees e enterront en sa glore :

i sont entrees e enterront par la mort Nostre Segnor e par sa Passion, quar totes sont raientes des paines pardurables. Tels est li fruis de cest grain, e icis fruis e icis gra[i]ns, ço est li Fils Deu quant il morut en la crois (Z.15–26)

100_Mau63	GUTSBESITZER	GOTT	Li hom qui *ala* el lontain païs en pelerinage, ço est <u>Deus Nostre Sire</u> qui corporelment *ala* de terre el ciel (Z.40s.)
101_Mau63	KNECHTE	CHRISTEN	Li serjant, ço sont li crestien <qui sont par tot le monde, e nos e li autre, e cil qui ont esté devant nos, e cil qui sont a venir, e cil qui ore sont> (Z.41–44)
102_Mau63	VERMÖGEN	WISSEN ETC., WAS GOTT IN DIE MENSCHEN GELEGT HAT	Lors revint li tiers qui ot receü le marc de la main son segnor <si estut devant lui, e si tint le marc en se main> si dist: 'Sire', fist il, <'tu me baillas .i. marc, si me commandas que jel *mutepliasce*, que quant tu revendroies te rendisce le marc [e le gaign]> si me porpensai que tu estoies covoiteus e prens volentiers la u tu n'as rien mis, si me cremoie que jo mescavasce ton avoir; vois le ci, prent la toie cose'. (Z.24–30)
			Li avoirs est li sens e li savoirs que Deus a mis en nos, que nos devons *mutepliier*, en nos meïsmes par bone vie demener, e en tos ceus qui nos oent e qui nos voient par bone essample mostrer e par els bien ensegnier <e quant nos faisons bien e nos donons as autres bone essample e lor ensegnons le bien a faire, lores est *mutepliiés* li biens Nostre Segnor en nos, e par nos es autres (Z.44–50)
103_Mau64	BRÄUTIGAM	GOTT	Li espous, ço est <u>Nostre Sire Deus</u>, Jesus Christus, Salvator Mundi (Z.30s.)
104_Mau64	BRAUT	KIRCHE	l'espouse, ço est sainte <u>Eglise</u> (Z.31)
105_Mau64	JUNGFRAUEN	CHRISTEN	Les puceles <u>sont</u> li <u>crestien</u> (Z.31s.)
106_Mau64	LAMPEN	WERKE (GUT)	Les lampes, qui sont *cleres*, senefient les bones uevres <qui sont beles e *cleres*; *clere* cose a en lampe, e bele cose e *clere* a en bone uevre.> (Z.36–38)
107_Mau64	ÖL	LIEBE	Li olies senefie carité: <si com la lampe *ne puet* luire sans olie, ausi *ne peut* bone uevre estre aceptable a Deu, quant ele est faite *sans* carité ço est <u>l'amor de Deu e de son proisme</u>, quar carités, si est Deu amer sor totes coses e son proisme si com lui meïsme.> (Z.38–42)

Anhang 3: Einzeldeutungen *Tor*

Beispielnr.	Konzept$_A$	Konzept$_Z$	Zitat
001_Tor01	BETLEHEM	HAUS DES BROTES/ HAUS CHRISTI	E Nostre S[énner] nasc en aquest dia d'aquesta gloriosa verge en Betleem. E ben covenc que Deu nasquès en Betleem, «quia Betleem domus panis interpretatur»; car Betleem, maisón de pa es apelada, per aiçò car aquí nasc Nostre S[énner], le quals es apelats celestial pan, sí con diz en l'Avangeli. «Ego sum panis vivus qui de celo descendit». Eu son pan vius que dexendei del cel. Pans es apelats Nostre S[énner] per aisò car el paix totas creaturas. El paix los Christians, los judeus, los sarrazins e toz los aucels e las bèstias. Vius és apelats per això car tots temps fo e tots temps er e totes creatures vivon per el. Aquest Séner fo nats en Betleem en aquest jorn per nos e fo envolopats en paucs draps, e fo pauprament pausats en las manjadoiras de doas bèstias (93)
002_Tor03	TURTELTAUBEN (2)	DOPPELGEBOT DER LIEBE	Lo parel dels coloms devets saber què significa. Los coloms, zo diz, van de *dos* en *dos* & ensems coon & ensems noiron lur colombons & ensems jazon. Et aizò que il son dos demostra que nos devem aver *dobla* caritat en nos, zo es dilecció de Deu e de{s} son proisme, zo es que nos devem Deu amar sobre tota creatura e nostre proisme atressí co nos meteuses, zo es que tot quant nos non volem que altre no nos faza, nos non li fazam. Lo colom, zo diz, non a fel ni mal talent ni non porta longament ira a son compainó: *significa* que nos non devem aver mal talén encontra nostre proisme e perdonar-li devem aixf co nos volem que Deus perdón a nos, així com dizem en la oración del pater noster: «Dimite nobis debita nostra sicut & nos dimittimus debitoribus nostris». Séner Deus, zo diz, perdona-nos nostres peccats aixf co nos perdonam ad aquels que peccad an de nos. E qui no perdona ad altre, Deus no perdonarà a lui, «sicut dicitur in Evvangelio: Si non dimiseritis hominibus nec Pater vester dimittet vobis peccata vestra. [...]». (96)
003_Tor03	TURTELTAUBEN (2)	BUßE	«[...] Columba habet pro cantum luctum», zo diz, que cant la columba s'*alegra* e cuja cantar, sí plora. Atressí, zo diz, o devem nos far, que quan nos nos devem *alegrar* en Deu e per la sua amor ad aver, sí devem plorar nostres peccats & èsser ver confès & aver

sempre remembransa de la mort, & així com diz lo bon paire a sson fil: «Fili, semper in omnibus memorare novissima tua». Las tortres que Nostra Dona sancta Maria ufrí a Nostre S[ennor] significa[n] la nostra penitència, car la tortre a aital usaje que cant *sos conpains* es morts, ja mais non se pausarà en erba verd ni en arbre verd, mais en terra secca & en arbre sec; atressí o deu far om peccaire que fa laironici o adulteri o perjuri o sacrilegi & altres peccats senblans d'aquest, & aquel a perdud *son conpainó*. Cal conpainó [es] Nostre S[énner] Deus, que es lo méler *compainó* que anc fos ni ja mais sia. Car el fo així bons *compains* que el si laiset aucire e claificar en la crots per salvar son *compainó*, zo es om. [Et om,] zo sapiats, que fa aisò que Deus deveda el perd la sua arma que es lo méler *compains* que el aja après Deu; e qui perd Deu e la sua ànima, tot a perdud. Ara, sennor, qui tot aisò a perdud, com si {o} pod alegrar en est segle? Així com fa la tortre en terra secca si deu pausar, zo es que deu far penitència «in cinere & cilicio», & es mels que en aquest segle faza sa penitència que en l'altre, quar la penitència de l'altre segle es molt aspra. Ni jamais el segle non deu aver gaug ni [èsser] alegre tro tota sa penitència aja faita & aja recobrada la compaina de Nostre S[ennor] que [a] perduda per son peccat. Car qui en aquest segle non recobra Deu e la sua ànima, jamés en l'altre nol recobra (96)

004_Tor06	GERSTENBROTE (5)	GESETZ
		Li V pan del ordi significon los comandaments de la lei dels juzeus, car així com lo pans del ordi es *aspres* a manjar, així li comandament de la lei vela eron *aspre*, car la leis comandava que quals que hom aja ren forgag a l'altre, fos grans, fos paucs, ja mercé non agués, mais aital con el li avia fait, aital li fezés hom, fos plagats, fos batuz, o mal diz, o morz. Aizò mandava la leis; non avia nula misericòrdia (102)
005_Tor06	FISCHE (2)	DOPPELGEBOT DER LIEBE
		Li *dui* peixon significon lo[s] comandaments de caritat, e que tug li comandament sion complit, aizò es: «diligere Deum ex toto corde; {deum} proximum tanquam se ipsum; in his *duobus* mandatis tota lex pendet, & prophete». Aizò que hom non vol a si non volgues {fast} ad altre; aquestz mandamenz & aquestas amors de[u]rion èsser en toz los christians del mon. Car aixì col bon peixon e li gran son dolz, e per *riqueza* los aporta hom a *ric* omen a la taula, eixament aquist comandament son plus *ric* dels autres. E qui aquists dos comandamentz ben ten e garda, el ademple [la lei] dels juzeus e dels christians (102)

(fortgesetzt)

Beispielnr.	Konzept$_A$	Konzept$_Z$	Zitat
006_Tor06	GRAS	SÜNDEN	Le fens sobre que segron e manjeron significa los nostres peccaz. Nos, que volem estar a la taula de Jhesus Christi & al seu regne, devem-nos fort torcar ad el ab bonas obras & ab veras peniténcias (102)
007_Tor06	JÜNGER (12)	LEHRE DER APOSTEL (12)	Li *XII* cophin que foron omplit del relevat de Nostre S[ennor] significon la doctrina dels *XII* apòstols que nos devem retèner & èsser replet. D'aquest releu que remàs de la taula de Nostre S[ennor] vivon encara li bon ome qui tenon los comandamens de Nostre S[ennor] e dels apòstols (102)
008_Tor08	PARADIES	ERHOLUNG	Sennor, Nostre S[énner] fez parazís a salut & a profit de christians; paradís, zo es repaus; parazís, zo es orts de toz los deleits e de totas las riquezas, & aquí es tota dolzors e tota benenansa, tals que boca d'omen non pot dire ni ols vezer ni cors pensar. Parazís, zo es repaus als fizels de Crist (103)
009_Tor08	QUELLEN (4)	EVANGELISTEN (4), KARDINALTUGENDEN (4)	Devez saber que III [sic] fontainas a en parazís, e devez saber con aun nom. La una a nom Gión e l'altra Sión e l'altra Tigris e l'altra Eufrates. Aquestes IIII fons significon las IIII evangelistas e las IIII vertuz principals que uns quics om deu aver en sí, zo es «prudencia, fortitudo, temperancia & justicia» (104)
010_Tor10	JÜNGER	PETRUS UND PHILIPPUS	Aquil dui dicípol que Nostre S[énner] tramés per desliar la sauma el polin, fo sains Peire e sainz Felip (106)
011_Tor10	ESELIN	JUDEN	Aquil dui dicípol que Nostre S[énner] tramés per desliar la sauma el polin, fo sains Peire e sainz Felip, & un d'aquelz, zo fo sainz Peire, *desliet* la sauma, zo es lo pòbols dels juzeus que era liats ab un greu *liam* de peccat, & aduís-lo a Nostre S[ennor] Jhesu Crist. Car de seguentre la ressurrección de Nostre S[ennor] sa{n}ins Peire convertí del pòbol dels juzeus en un dia «tria milia», & en altre dia V «milia». E d'aital guisa nostre s[énner] saints Peires desliet la sauma, zo es lo pòbols dels juzeus, & aduís-los nostre s[énner] sainz Phelips, sos compains; prediquet en Samaria gran compaina de pagans, & aizò fo

ID			Text
012_Tor10	FÜLLEN	HEIDEN	lo polins que desliet sains Phelips. E d'aital guiza, sennor, li dui apòstol preziqueron aquestas doas ge[n]z a la fe & a la crezensa de Nostre S[ennor], car aitant con foron *liat*, Deus en els habitar ni sezer non volc (106) Aquil dui dicípol que Nostre S[ênner] tramés per desliar la sauma el polin, fo sains Peire e sainz Felip [...]. E d'aital guisa nostre s[ênner] saints Peires desliet la sauma, zo es lo pòbols dels juzeus, & aduis-los nostre s[ênner] sainz Phelips, sos compains; prediquet en Samaria gran compaina de pagans, & aizò fo lo polins que *desliet* sains Phelips. E d'aital guiza, sennor, li dui apòstol preziqueron aquestas doas ge[n]z a la fe & a la crezensa de Nostre S[ennor], car aitant con foron *liat*, Deus en els habitar ni sezer non volc (106)
013_Tor10	ESELIN UND FÜLLEN	SEELEN	Aquil dui dicípol que Nostre S[ênner] tramés per *desliar* la sauma el polin, fo sains Peire e sainz Felip [...]. E nos, sennor, ja sia aizò que nos siam peccador, comandament avem que nos *desliem* las ànimas, las quals le diàbols, nostre enemics mortals, ten liadas [e] devem-las de[s]liar ab orations & ab sanctas prezications, per zo que Nostre S[ênner] venga en elas (106)
014_Tor10	KLEIDER	SÜNDE	Il *estenderon* lur *vestimens* en la via; e domens que em en aquesta fragil vida, *estendam* nostres *vestimenz*, zo [es], mortifiquem & aflaqueziam nostres vizis e las nostras ànimas en vigílias, en dejunis & en altras bonas obras (S.106)
015_Tor10	ZWEIGE	SÜNDE	Il *trencavon* los rams dels arbres e gitavon-los en la via. E nos devem de nos *trencar* les vizis e las malezas e las iniquitaz (106)
016_Tor10	BLUMEN	TUGENDEN	Il portavon las flors que prometon los temporals fruz; e nos ajam la misericòrdia e caritat & altras bonas vertuz que nos donon la vida perpetual (106)
017_ Tor10	OLIVEN	LIEBE, DEMUT	Il portavon las olivas en lur mans; e nos ajam la misericòrdia e caritat & altras bonas obras. Car aíxí con oli va *sobre* totas altres lugors ab las quals es pausats, aíxí caritat e misericòrdia son *sobre* totas altras vertuz. Qui aquestas doas [non] a, deguna non a (106)
018_ Tor10	PALMEN	SIEG ÜBER FEINDE	Il portavon las palmas ab las cals coronava hom aquels que vencíon. E nos fazam victòria sobre nostres enemics «qui volunt nos perdere & hereditatem nostram auferre» (106s.)

(fortgesetzt)

Beispielnr.	Konzept$_A$	Konzept$_Z$	Zitat
019_ Tor12	FEUERZUNGEN	LIEBE GOTTES	Car en aquest dia d'oi aparec le Sains Esperits en semblansa de foc als apòstols, e lur donet aquel don que Deus lur avia promès. Car zo lur promès Deus, cant en poget el cel, que lur enviaria lo Saint Esperit que los cofortaria e que lur ensenaria totas causas e tots lenguatges. Oi en aquest dia, sennor, can li dicipol eron esems en Jherusalem en un loc, desobre un quic aparec una lengua de foc. E devez saber zo que significa quel Saint Esperitz venc en semblansa de lengua. Zo demostra que il devion èsser enflamat de prezicar la lei de Nostre S[ennor]. Zo que lur venc en semblanza [de foc] demostra que il devion èsser escomprés de la amor de Deu. Adoncs le Sans Esperiz lur ensenet toz los lengages e los fez savis de prezicar e lur donet tan gran forza que d'aquí enant non temseron neguna mort ni neguna pena ni negú torment ni negú poder d'omen (108)
020_ Tor19	ZWEIG	MARIA	«[...] Egredietur virga de radice Jesse & flos de radice eius ascendent». De la razit de Jessé, zo diz, naiserà una verga, en la cal verga venrà una flors, & en aquela flor repausarà-se l'Espirits de Nostre S[ennor]. «& docto[r]: Virga Dei genetrix virgo est, flos filius eius». La verga, zo diz, que nasc sobre la verga, que nasc de la gloirosa sancta Maria, zo fo Nostre S[ennor]. [...] Zo fo la verga d'Aarón, que senes razits folet e florí, e portet fruch: «Jhesum Christum filium Dei. & qui manducaverit ex hoc fructu vivet in eternum». Qui manjarà d'aquel fruit viurà ab Deu & ja mais no morrà (116)
021_ Tor19	FELD	MARIA	«[...] Virga Dei genetrix virgo est, flos filius eius». La verga, zo diz, que nasc sobre la verga, que nasc de la gloirosa sancta Maria, zo fo Nostre S[ennor] «& in Canticis Canticorum : Ego flos campi et lilium convallium». Aizò fo, zo diz, la flors del camp. «Campus proprie terra inarata dicitur». Camp apela om terra que non es arada, en qué aixon belas flors. Així con le camps que non es araz ni obraz e porta belas flors, eixament Nostra Dona sancta Maria, que portet Nostre S[ennor] «& non fuit corrupta a peccato». Non perdet sa verginitat ni non fo tocada d'ome «Quia ipsa fuit rubus inconbustus, ab incendio vicii conservatus» (116)

Anhang 4: Einzeldeutungen *Lim*

Beispielnr.	Konzept$_A$	Element$_Z$	Zitat
001_LimA.09	BESCHNEIDUNG	TAUFE	E nos, senor, devem saber que aquella circumcisios corporalment signifia lo nostre babtisme esperital ; et en aissi co enn aquella circumcisio era lo *nomz pausaz* de l'efant et la *superfluentat de* la charn *trenchada*, tot [eisement] el nostre baptisme es lo nostre *nomz pauzaz*, e la *superflue[n]tat delz* vidis devo esser de nos desebrat ; quar lo preire enterva l'efant e demanda li d'aital guisa : «Abrenuncias Sathane et omnibus operibus ejus et omnibus pompis ejus? Negas tu diable, zo diz lo preire, e totas sas obras e toz sos senz?» Eii pairi que so fianzas respondo per l'efant, e diz : «Abrenuncio», zo es: «el devet» (123, Z.22–32)
002_LimA.12	TURTELTAUBEN-PAAR_3	MENSCHEN (KEUSCH)	Per aquel[z] auzelz que foro offert ab N. S., devem entendre aizelz omes et aicelas femenas que teno castitat e ploro lor pechaz (125, Z.13–15)
003_LimA.12	LICHT	KERZE > FLEISCH, SEELE, LIEBE UND GNADE GOTTES	Si nos volem aver part en aizela luz que N.S. J. Ch. aporte[t] e donet a tot lo segle, quant vene primierament al temple, a nos coven que aisi siam *alumenat* de la gracia de Sant Esperit et abrasat de l'amor de Deu si con es la candela del foc. E la candela so *tres causas*, la cera el pabils el fox. Tot eisement devem aver *tres causas* e nos medeismes. Zo es la charn e l'arma e deve[m] esser *aluminat* de la gracia de Sant Esperit e de l'amor de Deu (126, Z.24–31)
004_LimA.14	LEUTE, DIE KLEIDER AUSBREITEN	MÄRTYRER	Aicel que jetavo las vestimentas e la via signifio los san[z] martirs que presero martiri per amor de Deu, quar el era via (127, Z.16s.).
005_LimA.14	LEUTE, DIE ZWEIGE AUSBREITEN	PROPHETEN	aisi con el medeis diz : [...] Cil que jetavo los rams dels arbres signifio las prophetas que donero los bos esemples (127, Z.18–20)

(fortgesetzt)

Beispielnr.	Konzept$_A$	Element$_Z$	Zitat
006_LimA.16	GEKREUZIGTER AUF DER RECHTEN SEITE	SÜNDER (REUIG)	Lo laire de la destra part que fo salvs significa cels que cofesso lor pecat (129, Z.26s.)
007_LimA.16	GEKREUZIGTER AUF DER LINKEN SEITE	GOTTESVERACHTER	l'altre significa cels que se despero de Deu, si co fez Judas (129, Z.27s.)
008_LimB.02	BETFAGE	PREDIGER	Per Betfage devem entendre los predicadors (133, Z.17)
009_LimB.02	ÖLBERG	KIRCHE	per montem Oliveti, [devem entendre] Ecclesiam (133, Z.17s.)
010_LimB.02	ESELIN	JUDEN	per la asina entendem los Juzeus (133, Z.18)
011_LimB.02	FÜLLEN	HEIDEN	pel poli, [devem entendre] los pagas (133, Z.18s.)
012_LimB.02	LEUTE, DIE KLEIDER AUSBREITEN	MÄRTYRER	per aquels que estendio lor vestimens per la via devem entendre los sanz martirs, que pervengro a martiri per Nostre Seinor que mostret la via, sicut ipse dixit : «Ego sum via.» (133, Z.18–21)
013_LimB.02	LEUTE, DIE ZWEIGE AUSBREITEN	VÄTER (HEILIG)	Per aquels [que] estendio los rams, entendem lo[s] sanhz paires (133, Z.22s.)
014_LimB.03	PELIKAN	CHRISTUS	Adonc fo ademplida la profecia de David que dis: «Similis factus sum pellicano solitudinis, factus sum sicut niticorax in domicilio.» Zo ditz Nostre Seiner con el era semblant del pellica. Pellicanus es us auzelz que para so niu de totas bonas erbas que troba, el niticorax es auselz altre que para so neu de totas las pejors erbas que pot trobar e fa so niu sotz l'altre, e cum so espelli[t] li ausel del pellica, va queren conduh que lor do, e cant torna troba morz sos auzel[z] de la pudor del altre niu, e plora se e leva la ala

senestra e get[a] ne tres lagremas de sanc de so senestre laz e met en als aucels el bec e fa lor reviure. Lo nius del pellica resembla paradis e l'altre nius effern. L'ausels signifia Nostre Senor. Lo sanx signifia la sua passio, per la cal los seus amix trais d'efern (134, Z.24–37)

015_LimB.05	SONNE	CHRISTUS

Abacucs propheta, molz dias abanz que Deus fos naz, divinet de la asensio Nostre Senor, e dis quel solelz era levatz el cel e la luna estava e son orde. Si con es aquesta dia, fo levatz lo solelz el cel, zo es quel filz de Deu, ad aital dia, poget à son paire (135s., Z.2–6)

016_LimB.12	PARADIES	KIRCHE

Escrih es que en paradis fez Deus una font que adaga tot paradis, e d'aquesta font eisso .iiii. riu : Gion, Eison, Trigs, Eufrates ; e laz la font avia .i. arbre que apelava om arbre de vida. Aquesta paraula es semblansa al sanh christianesme et a la sancta Gleija, qual[r] paradis es us *ortz* en que *plantet* Nostre Seiner toz *los bos arbres que fruh porto* de mais qu'en tot est mon non a. La boneza e la beleza de la frucha non a compte de diser. Mal arbre no i plantet anc Nostre Seiner e i fez inuiase molz qu'en araiguet del angels pecaire, zo es diables, prumeir om que per so peccat fo getaz de paradis. Atretals *orz* es sancta Gleija e ssemblant de paradis, on a Deus *plantaz*, cum bos ortolas, *totz los arbres que bo fruh porto* : las patriarchas de cui linagi es nasc[uz] Nostre Seiner, las prophetas que devinero lo seu enquarnament e Maria Verge el nostre redement, elz apostols elz altres dicipols que prediquero pel mon, los martirs elz confessors e totz omes e totas femenas que so de bo captenement. De mal ... (141, Z.3–19)

Anhang 5: Einzeldeutungen *Org*

Beispielnr.	Element$_A$	Element$_Z$	Zitat
001_Org03	BLINDER_2	SÜNDER	Aqest ceg ere just a prob de Jericò e él acaptave.s tot zo don vevie ; e qan ozi qe N<ostre> S<éiner> J<hesu> Crist, pasave per aqela terra, él comenzà a *cridar* en aqesta guisa : Jhesu, fili David, miserere mei: Sèiner, fil de David, *mercé* ajes a mi ! E aqeles compances de les gens qi anaven davant N<ostre> S<einor> manazaven ad aqel ceg e dezien-li qe calàs ; e com êls més li manazaven, él màs cridave : J<hes>u, fili David, m<isere> m<ei>. [...] S<enniors>, sapiatz qe aizò porta aital figura de tot pecador qi és en tenebres de mort e en ceg<er>a de pecad e d'avoleza e de no fe. E per aizô, S<enniors>, devem *clamar mercé* de dia e de nuit a N<ostre> S<einor> qe él nos traga de tenebres de mort e de no fe e*ns do alumenament de la sua vertud (204)
002_Org03	LEUTE, DIE DEN BLINDEN ANFAHREN	ANFECHTUNGEN	Aizeles gentz qi menazaven al ceg qe calàs, porta figura dels fols pensamentz de les cures d'aqest segle, qi.ns destorben en oracions e en bones obres (204)
003_Org06	TYRUS	PROBLEME DIESER ZEIT	Aqesta qe om apela Tirus s<i>>s<gnifica> las tribulacions d'aqest segle (208)
004_Org06	SIDON	VOLK, DAS DER TEUFEL VOR DEM KOMMEN CHRISTI INS VERDERBEN FÜHRT	e l'altra qe o a<pela> Sidon *significa* lo poble qi ans del aveniment de J<hesu> Crist menava Diable a mort (208)
005_Org06	FRAU_2	KIRCHE	S<enniors>, per aqesta femna devem entendre Sancta Eclésia, qi ere morta entre la mala gent ; et enaixí com aqesta femna, dementre qe fo en sa terra, *no clamava merce a Déu*, tot exament aqeles males gentz, dementre qe adoraven les ydoles e foren descreents, *no clamaren mercé a Déu*. [...] S<enniors>, per aqesta f<emna> devem entendre [les] gentz qi eren meins credentz ; e enaixí com aqesta f<emna> *pregava per sa fila*, tot exament Sancta Eglésia no cese de *pregar per* son poble qe vinga a salvament, zo és a la fe de

Crist. [...] Per la f<emna> qi clamave merce a N<ostre> S<einor>, devem entendre qe pos la Pasió e la Resurecció e la Ascensió de J<hesu> Crist, per la predicació dels Apòstols credeg tot lo poble qi ere pagà. [...] E en aizò podem conoxer qe Déus no od pecadors, per qe qar anc aqesta femna no la volg audir tro qe ag parlad ab los diciples, zo cové asaber qe qan ag parlad ab los preveres ; e ele, per la penitència, sempre fo deliurada del poder del demoni. Aizò porta significanza de tot peccador qi està en pecc<d> e en males obres, audir no'l vol N<ostre> S<éiner> ; mas can êl se part de pecad e de males obres e pren sa penitència fermament, sempre li és perdonad tot son pecad (208s.)

006_Org06	Frau_4	Fleisch

Mas ja veng una femna qi era en aqela terra, e avia una fila qi avia mal de demonis, e ela audí dir qe N<ostre> S<éiner> ere en aqela terra, e exí de sa tera e anà cercar lo Seinor per zo qe garís sa fila. E ja veng la femna en aqela tera e trobà lo Seinor trastot poderós, e *clamà-li mercé* [...] E encara devem entendre per la [mare] la nostra carn e per la fila nostra ànima : e per zo, si la fe és malauta, zo és la nostra ànima, qi és el nostre cors, per nul pecad qe lo cors aja feit, la mare, zo és la nostra carn, deu *clamar mercé* a Déu per dejuni e per almoines e per oracions e per tot bé feit, per qe deliure la fila de poder de Diable qi la té (208)

007_Org06	Frau_5	Seele

E encara, S<enniors>, per la femna devem entendre la nostra ànima e per la fila la nostra carn : aizò devem saber qe si la fila, zo és la nostra carn, fa nuil pecad, sempra à mal de demòni la ànima, e là donc la mare *deu pragar* ; zo qové asaber qe és la anima qi *deu pragar* per dejunar e per almoina e per oracions qe Déus la deliure d'aqel pecad en qe és (208)

008_Org06	Tochter_2	Seele

Mas ja veng una femna qi era en aqela terra, e avia una fila qi avia mal de demonis, e ela audí dir qe N<ostre> S<éiner> ere en aqela terra, e exí de sa tera e anà cercar lo Seinor per zo qe garís sa fila. E ja veng la femna en aqela tera e trobà lo Seinor trastot poderós, e *clamà-li mercé* [...] E encara devem entendre per la [mare] la nostra carn e per la fila nostra ànima : e per zo, si la fe és malauta, zo és la nostra ànima, qi és el nostre cors, per nul pecad qe lo cors aja feit, la mare, zo és la nostra carn, deu *clamar mercé* a Déu per dejuni e per almoines e'per oracions e per tot bé feit, per qe deliure la fila de poder de Diable qi la té (208)

(fortgesetzt)

Beispielnr.	Element$_A$	Element$_Z$	Zitat
009_Org06_	TOCHTER_3	FLEISCH	E encara, S<enniors>, per la femna devem entendre la nostra ànima e per la fila la nostra carn : aizô devem saber qe si la fila, zo és la nostra carn, fa nuil pecad, sempra à mal de demôni la ànima, e là donc la mare *deu pragar* ; zo qové asaber qe és la ànima qi *deu pragar* per dejunar e per almoina e per oracions qe Déus la deliure d'aqel pecad en qe és (208)
010_Org06_	JÜNGER	PRIESTER	qar anc aqesta femna no la volg audir tro qe *ag parlad ab los* diciples, zo cové asaber qe qan *ag parlad ab los* preveres (209)

Anhang 6: Einzeldeutungen *Wal*

Beispielnr.	Konzept$_A$	Konzept$_Z$	Zitat
001_Wal04	FRAU	KIRCHE	Jhesu Criz essit fors, si s'en alat es parties de Tyr et de Sjdone et une feme de cele contree eissit fors, si commenchiat a huchier apres lui [...] car ele creoit bien que cil cui ele *priiue* pooit bien par sa soule parole et par son soul commant rendre sante a sa filhe [...] Ceste feme dont ie uos di ele signefie s. eglise [...] Ele *prie* et huce a Deu Nostre S[eignor] que ce qu'ele ne nos puet faire par sa doctrine ne par son chastiement (que) li pius Deus par la grase del s. esperir le puist deliurer et metre a droite uoie (31s.)
002_Wal04	TOCHTER	SEELE DES SÜNDERS	Aiez merci de moi, sire, fiz de Dauid, m[a] f[ilhe] at el c[ors] l[e] dy[able] qui gri[ement] le *t[ormente]*. [...] la filhe por cui ele prieuet a Deu mercit signefie les armes de pech[eors] homes cui li dy[ables] *tormente* par les temptat[ions] de charnes desirs, par les tempt[ations] de cest siecle qui si les fait amer les choses que li siecles aime qu'il ne s'en puet partir ne par priere ne par manance ne par prechement que s. eglise, qui lor mere est, les puist faire (31s.)
003_Wal05_	KRANKER (BLIND, STUMM, VOM TEUFEL BESESSEN)	SEELE (SCHLECHT)	Cil hom qui ert *muz* et auogles et le dyable auoit el cors signefie les mesceans et les maluais homes qui ne uuelent les commandeme[n]s Damredeu par eas acomplir ne nes uuelent escolter des orelles de lor cuer, car il nes uuelent mie entendre, et qui molt sunt *mut* et taisant de la parole Deu a anunchier (35s.)
004_Wal05	TOCHTER	SEELE (SÜNDIG)	Ilh at le dy[ab]le uoirement el cors qui les commandemens Damredeu oblie a acomplir. C'est cil qui son corace at atornet es terrienes ioies et es charnes desiers que Deus n'aime mie, de cui nos parlons en une altre ewangel de la filhe a la bone feme qui auoit l'ennemis el cors. Li arme qui en males ueures demore ce est la filhe qui l'anemis at el cors (36)
005_Wal06	KIND	JUDEN	Li enfes qui les v. p[ains] porteuet signefie le puele des juies (37)

(fortgesetzt)

Beispielnr.	Konzept_A	Konzept_Z	Zitat
006_Wal06	BROTE (5)	GESETZ	Li *v.* p[ain] sign[efient] les *v.* liures Moyse u la lois eret escrite que li pueles des juies porteuet et si ne s'en soleuent mie, car il n'entendoient les misteres ne les commans qui estoient enclous en la uiez loi, qui nos sunt aouert et reueleit par la doctrine de Jhesu Crist. Ce que li pain furent d'orge n'est mie sens raison car uos saueis bien que li orges est de tel nature et si fer et enclos li grains en la pailhe qu'a paine sens grant trauailh l'en puet om fors traire. Si faite estoit la uiez lois qui si astoit et li sprituez et couers sens ens en la letre que nus nel pooit entendre se par la graze non et par la doctrine de Jhesu Crist (37s.)
007_Wal06	FISCHE (2)	PSALMEN UND PROPHETENBÜCHER	Li dui poisson sign[efient] les psalmes et les liures des prophetes, car li poisson sunt *legier*, por user et si font aiwe al fort pain c'on ne le puet mangier. Ensi faitement le psalmes et li liure des prophetes sunt plus *legier* et si font a entendre les sacramens de s. glise (38)
008_Wal06	GRAS	BEGIERDE	Ensi, ce dist li ewangelistes, la u il s'asisent ot molt de foink; si s'en asisent bien par conte .v. mile. Li f[oink] u sus li pueles s'asist signefie la conuoitise de nostre char que nos deuons escorchier et restraindre, et ce doit faire qui qui unques se uuet soler des sprituez nourrissemens : il *doit* la flor del f[oink] descolchier, ce est il *doit* despitier la uolente de ses charnes desiers (38)
009_Wal06	KÖRBE (12)	APOSTEL (12)	Et s'en enplirent .XII. corbel. Li *XII* apostles qui, apres ce que Nostre S[ire] ot esposee la uies loi, prechierent la s. ewangele a tot la monde (38)
010_Wal09	SONNENFINSTERNIS	VERDAMMNIS AUFGRUND VON «BLINDHEIT»	que li soles obscurat ce signefie que li gyu erent auogle et li defailhemens del sololh signefie lor dampnation qu'il aront por lor auoglement (47)

Anhang 7: Einzeldeutungen *Sub*

Beispielnr.	Konzept$_A$	Konzept$_Z$	Zitat
001_Sub03	BARSELLAI	MENSCHEN (REICH) > SÜNDER	Zo dis en l'estoria de libro Regum de David : quant so fil Absalon lo traì, e el lo catzà de Ierusalem, e el passè lo flum Iordan ab sa maisnaa, si li *ven encontra* un *ric hom* qui aveit num Berzellai Galaadites, ab somers cariai de conduit e de vin, si 'l saluè, e si li dis: Sire reis, faites prendre quest present que ge vos fatz venir; que os vos a. Lo reis l'en enmarciè e fei lo prendre. Apres si li demandè: Quot sunt dies annorum vite tue? E cel li dist que ben avea nonanta anz qu'el era naz. E lo rei David li dist: Veni mecum, ut requiescas in *Ierusalem*. E cel li responde: Sire reis, la vostra marcì vos di ben, mais ne pois abandoner ma terra e me honor per aler ob vos; car veil soi, e no me deleita cant de ioglar ne viola ne rota. Cum el of zo dit, si *conduist lo rei ultra lo flum, e pois s'en tornè en sa terra* (Z.44–63)
			Or que significa aquest Berzellai qui *ven encontra* David? David significa nostre Seignor. Berzellai significa li *ric homes* qui *van encontra* nostre Seignor. En qual guisa i *van*? E ia aven que il abren li oil per enfermetà o per alcuna adversità, e fan semblant de pentirse e fan almosne. Zo sun li present que il presenten a De, e el lo recef ad tempus. Mas non o fan per bona fe; car no volent abandoner lo pecà o il sun usai, e no volen oir la voz que nostre Seignor dit: Venite ad me omnes qui laboratis e honerati estis, et ego vos reficiam. E que fan aquist tail? *Condusen lo rei ultra lo flum* Iordan, *e pois s'en tornen a lur ca*. Quals est aquest conduitz? Quant il fan en feintament lo ben que il fan, no per amor De, mas per aver los del sevol, si cum fan li ypocrite qui fan semblant de religiun e en lo cor son rei e malvais. Aquisti *van encontra* nostre Seignor e no volen intrer in *Ierusalem*, en la visiun de pas; car il no sun de bona voluntà, e per zo non i poun intrer. Un d'aquelos fo Herodes, lo fel e 'l malvais, qui vols ocir nostre Seignor, e pois s'en feignia qu' el lo voles aorer (Z.64–91)
002_Sub03	DAVID	CHRISTUS	*Cf. Beispielnr. 001_Sub03*
003_Sub03	JERUSALEM	FRIEDENSVISION	*Cf. Beispielnr. 001_Sub03*

(fortgesetzt)

Beispielnr.	Konzept$_A$	Konzept$_Z$	Zitat
004_Sub03	GESCHENKE	HEUCHLERISCHES VERHALTEN	*Cf. Beispielnr. 001_Sub03*
005_Sub05	SALOMO	FRIEDFERTIG, FRIEDE > CHRISTUS	Una fertra *fei lo reis* Salomon *del leignam d'*un munt qui est sore Tripol del Essaim, qui a num *Libanus*. [...] Salomon significa paisivol. Zo est nostre Seignor Christ, qui est verasa pas, qui mis pas entre Deu e home. Si cum dit l'Escritura: Ipse est pax nostra, qui fecit utraque unum. Aquest reis si *fis* una *fertra del leignam de Libano* (Z.9–26)
006_Sub05	SÄNFTE	KIRCHE	Aquesta fertra si est sancta Ecclesia, qui a columnes d'argent, zo son li patriarche e li prophete (Z.34–36)
007_Sub05	LIBANONHOLZ	WEIß > TAUFE, SÜNDLOSIGKEIT	Aquest reis si fis una fertra del leignam de Libano. Libanus interpretatur candidatio, zo est *blanchor*. E perquè de Libano? Per zo que tuit chrestian son *blanchi* per baptisme e devent estre inputribiles, si cum est lo leignam d'aquel munt, qui no *marcerà* ià, ne nos ne devem *marcer* eil pecai. Or lo corp d'aquesta fertra si est fait del leignam d'aquest munt de Libano, zo est *blanchor* (Z.25–34)
008_Sub05	LIBANONHOLZ	PERSON (KEUSCH)	qui ne po eser leignam que no marz, per castità (Z.92s.)
009_Sub05	SÄULEN (SILBER)	PATRIARCHEN, PROPHETEN	columnes d'argent, zo son li patriarche e li prophete, qui prophetizerent e anuncierent l'avenement e l'encarnaciun de Christ. Aquisti forun verament columpne d'argent; car il forun (plus) clar e esmerai, si cum est l'argent del plum, e aisì forun il sevrai e esmerai sore tota l'autra gent (Z.35–42)
010_Sub05	SILBER	PERSON, DIE ALMOSEN GIBT	sea argent per almosna, qui est clara davan De (Z.93s.)
011_Sub05	LEHNE (GOLD)	APOSTEL	Or apres fis l'apoail d'or, e quest apoail significa li saint apostoil, sore li quail se reposà lo verai rei, zo fo Christ. Si cum el lor dist: Vos estis qui permansistis mecum in temptationibus meis, et cetera. Car eisi cum l'or est *plus precios* que nul autre metal,

eisament foron li apostol *plus precios* d'autres homes, e quil qui los ensuiren, si cum sun li arcevesque e li evesque, qui lor via tenent e la mostrent ail autre. Aquisti tail sun *precios* e luisent, suvre li quail Deus se reposa (Z.42–52)

012_Sub05	GOLD	PERSON, DIE PREDIGT UND EIN GUTES BEISPIEL IST	sea or per predicaciun, et per bons exemples luisa, si cum fai l'or. Si cum dit en l'Evangeli: Luceat lux vestra coram hominibus, ut videant opera vestra bona et glorificent patrem vestrum, qui in celis est (Z.98–102)
013_Sub05	STUFEN (PURPUR)	MÄRTYRER	Or apres si dit que li escalil, per unt hom i muntava a reposar, erun de porpre cuvert, qui est *vestiment real*, e si se teig *del sanc d'un peisun* qui a num conquiliun, e si lo trova hom in mare oceano e el mar de Bretaigna. Or quest escalil significa los saint martyr, qui forun ocis e teint *del sanc de peisun*, zo est Christ, e roseient *del sanc* de la passiun. E quist son precios e *reall vestiment* sovre tuit autre; quar il an aquistà lo reg de cel per lo *sanc* del martyre, zo est victoria *real* (Z.53–64)
014_Sub05	PURPUR	BUßE	sea porpor per penitencia ; e per afflictiun de son cors en ieunes e 'n viatges deit crucifier sa carn cum vicijs et concupiscencijs. Car sine ferro martyres esse possumus (Z.103–107)
015_Sub05	TEPPICHE	BEKENNER	Apres si est media caritas, zo son li tapit qui *sun covert de pali* per las files de Ierusalem, zo est de pas. Or aquisti tapit signifiquen los sainz confessors, qui son aspre per la bona vita e per les ieunes, e per la predicaciun son bels, e *son covert de pali*. E perquè? Per las filles de Ierusalem, zo sunt anime fidelium: continencium virginum et ceterorum bene viventium. Aquestes filles sem noi, qui no poem eser fil, si cum furent li saint qui forun za enderer, qui sofriren granz penes e grant martyri per amor nostre Seignor. Zo son cil que nostre Seignor Iesu Christ amoni, quant el ven recevre passiun: Filie Ierusalem, nolite flere super me, set super vos ipsas flete et super filios vestros, id est opera vestra. Or siam filles; car ne nos guerpirà l'amor del rei, mas nos coleerà en soi tapit covert de pali, zo est el deleit e en la vita perpetual (Z.64–81)
016_Sub05	TÖCHTER JERUSALEMS	TÖCHTER DES FRIEDENS > SEELEN DER GLÄUBIGEN	*Cf. Beispielnr. 015_Sub05*

(fortgesetzt)

Beispielnr.	Konzept_A	Konzept_Z	Zitat
017_Sub05	TÖCHTER JERUSALEMS	ORDENSLEUTE	E qui no po eser porpor per affliger soa carn, sia media caritas, zo est abia en si bona voluntà et amorem Dei et proximi, si serà filia Ierusalem, abandon si meesme. E en qual guisa? Deveigna de religiun e metase sot autrui per amor De e sea sot regula et abbate. Si cum dit lo propheta David: Audi, filia, et vide et inclina aurem tuam et obliviscere populum tuum et domum patris tui. Perquè? Car lo rei coveitarà la tua beltà (Z.107–117)
018_Sub05	DECKEN	FREUDE AM EWIGEN LEBEN	car ne nos guerpirà l'amor del rei, mas nos coleerà en soi tapit covert de pali, zo est el deleit e en la vita perpetual (Z.79–81)
019_Sub05	DECKEN	GUTE WERKE	tapit covert de pali, zo son bones ovres (Z.88s.)
020_Sub06	BROT	CHRISTUS	Panem nostrum cotidianum da nobis hodie. Aquel pan te demandem dun la nostra vita carnal se susten en quest terren sevol. Hodie ponitur pro presenti vita. Enquar te demandem lo pan qui est vita interioris hominis. Homo duplex est: exterior et interior. L'om de fore, zo est quel que hom ve carnalment, zo est lo corp, e l'autre que est dentre, que hom no po veher deil oil corporail, zo est l'arma. E enperò l'arma e lo corp emsemble est apelà hom, si cum est l'anel e la pera qui est apelà anel ensemble. Or nos a besoig que nostre soveran par nos don sustentament al corp de *conduit corporal*; car besoig a que'l corp viva del fruit de la terra; car en terra deit torner. A l'arma, qui est dintre, si a besoig *conduit esperital*, zo est lo pan de que nostre Seignor dit en l'Evangeli: Ego sum panis vivus, qui de celo descendi, zo est quel pan de que l'arma vif e del qual ela a fam, zo est la parola de De. Car aisì cum lo corp *no po viver senz conduit corporal*, eisament l'arma *no po aver vita eterna senza* le parole e li comandement de De e lo *corp* de nostre Seignor, qui est sanctificà per la parola de nostre Seignor que lo prever dit desore (Z.40–68)
021_Sub08	MYRRHENBERG	(MYRRHE > MORTIFIKATION DES FLEISCHES >) MARIA	*Christ* parola a saincta Ecclesia en un liber que um apela Cantica, e si dis: E *irai a la montaigna de la mirra* [...] Ke devem entendre per lo munt de mirra, qui est una especia munt amara, e si n'apareilla hom li corp deil homes morz, que il no possen marcer? Aquesta especia significa la *mortificatiun de la carn*. Aquesta montaigna fo nostra donna sancta

Maria, qui era *mortificaa* deil vicies *carnail*. Adunc *i ven* nostre Seignor Iesu *Christ*, quant el pres en lei la nostra humanité. E quant el recep passiun en la sancta croz, adunc fo la mirra amara, zo fo la passiun quant a la carn (Z.4–20)

022_Sub08	LIBANON	WEIß > FREUDE ÜBER AUFERSTEHUNG UND HIMMELFAHRT, GLAUBE UND TAUFE	En apres si muntè en las roques de Libano. Libanus interpretatur candidus. Aquest munt, qui est apelà Libanus, significa blanzor. Zo fo lo iois de la resurrectiun e de l'ascensiun, o li angel aparegrun en blanza vestimenta, si cum dit saint Luca evangelista, ki dit in Actibus Apostolorum que, quant nostre Seignor montò en cel, si veneren doi ioven homen vesti de drap blanc, e si diserun a cels qui l'esgardavan: Viri Galilei, quid statis aspicientes in celum? Hic Iesus, qui assumptus est a vobis in celum, sic veniet, quemadmodum vidistis eum euntem in celum. Vos barun, qui esgardez contre lo cel, sapiai que aquest Iesus, qui de vos <est> tolet, aisì cum vos l'en veez aler, eisament deit venir a la fin del sevol. Aqueste foren le aute montaigne, qui sunt plene de blanchor, zo est iois e aleretza que oren las celestiail vertù. Quant il viren la Deità coverta de nostra humanità, zo fo la carn, qui est fragel chosa, quant il la viren desor els monter, munt se meraveilleren, e si diserun: Quis est iste rex glorie? Li altre responderun: Dominus virtutum, ipse est rex glorie. Lo seignor de las celestiail vertuz, quel est reis de gloria. El est venuz de la batailla, e per zo est reis de gloria, e sore nos est altament levaz. [...] Verament adunc ven sancta Ecclesia a blanchor, quant ela en soi membre recevè blanchor per baptisme e per la creenza de la sancta Trinità. Car enanz era ela neira per pecà (Z.20–69)
023_Sub08	BERGE	ENGEL	Christ parola a saincta Ecclesia en un liber que um apela Cantica, e si dis: E irai a la montaigna de la mirra e a le roque de Libano, e si *parlarai a mia esposa*. [...] Or quant nostre Seignor fo muntà *sore* les alte montaigne, zo est *sore* totz los angels, adunc *parlè a soa cara esposa*, zo est sancta Ecclesia (Z.4–53)
024_Sub08	BRAUT	KIRCHE	*Cf. Beispielnr. 023_Sub08*
025_Sub08	SEIR	RAUHEIT	Seyr significa yspidus, zo est espinos e aspre (Z.62)
026_Sub08	HERMON	ABSTIEG	Hermon significa descendement (Z.62s.)

(fortgesetzt)

Beispielnr.	Konzept_A	Konzept_Z	Zitat
027_Sub08	LEOPARDEN	HÄRETIKER	Or apres pasè per un munt qui mult era aspre e dur, zo fo la persecuciun e lo martyri qu'ela sofrì deil luè deil mail emperaor, si cum fo Neirun e Domicianus e Galienus e Dioclecianus e Maximianus e Decius, lo malvaz Longobart, qui rostì saint Lorenz. Quist forun li leun. Li leopart, qui son menor que li leun, zo forun li hereti, mas il sun plus engignos e son *grivelai* e *tacai de* menue taque, e aisì forun li hereti *tacai e grivelai de* molte perverse doctrine e *de* prave sentencie, de le quail il estrazavan e maniavan l'esposa de Christ, si cum fo Arrius e Sabellius, e si cum forun Simoniaci, qui acatavan et vendeian l'esposa de Christ, zo est sancta Ecclesia (Z.69–86)
			Premerement forun li mal rei qui ociean e martytizavan los feels de nostre Seignor per zo que il laisasen la soa fe e la soa creenza e que il aurassen las ydolas, qui non oden ne veen ne no senten. E quist forun li leun. Apres forun li hereti, e enquor n'est asez. Or pasò sancta Ecclesia totes aquestes male persecutiuns e ven al temp de pas. E perquè sofrì tut zo? Per eser coronaa de cels qui lo mal e la persecuciun li avran faita [...] un fort e fer leun, zo fo Costantin (Z.86–104)
028_Sub08	LÖWEN	KAISER, DIE CHRISTEN VERFOLGEN	*Cf. Beispielnr. 027_Sub08*
029_Sub08	FRÜHLINGS-BEGINN	BEKEHRUNG KONSTANTINS	Per zo que tu sofris e pasas totes aquestes males persecuciuns, coronaberis de capite Amana, de vertice Sampnir et Hermon. Or sancta Ecclesia ot trespasà lo fort yvern, ven al bel temp, zo fo saint Selvestre qui convertì un fort e fer leun, zo fo Costantin, qui era emperaor, qui of plen de leprosia e'l corp e l'armar. Or per lo seig de la croz, que saint Selvestre li fis, e per l'aiva del baptisme de leun deven agnel e tornè la chrestientà en pas e al servise Deu (Z.97–109)

030_Sub08	AMANA	SILVESTER	Quar sancta Ecclesia fo coronaa e isalzaa de capite Amana. Amana si est un munt mult *alt* zo dison cil qui o saven , que tant est *alt* que del cercle de la luna est pres. E verament saint Selvestre fo quest alt munt, qui convertì questa *alta* poestà, zo fo Costantin (Z.110–116)
031_Sub08	SAMPNIR	ROM ZUR ZEIT KONSTANTINS	Or dit: de vertice Sampnir. Sampnir interpretatur densissime *tenebre*. E Roma era munt en espeses *tenebre*, quant Costantin se convertì (Z.116–120)
032_Sub08	BLUMEN	GOTTESDIENST, PREDIGT	Or iseran le bele flor, zo est lo servise de Deu e la predicaciun (Z.126s.)
033_Sub08	WEINBERG	KIRCHE	Or iseran le bele flor, zo est lo servise de Deu e la predicaciun, dun la vigna, zo est sancta Ecclesia, darà bona *odor*. [...] Or nos poignem, seignor frare, e travaillem que nos siam bon *odor* davant lo nostre criator per bones ovres, per oresun, per ieune, per almosne, per castità, per pas, per humilità e per altres bone vertù, las quals fan bon odor davan Deu. Adunc serem de cels que dit l'Escritura: Curremus in *odore* unguentorum tuorum zo sun li comandament de De , qui est bons pigmenz, e qui est faitz de le oratiun deil saint qui sunt flores *odoriferi*. Sancta Ecclesia a flors de molte manere (Z.126–140)
034_Sub08	BLUMEN (DUFTEND)	GEBET DER HEILIGEN	le oratiun deil saint qui sunt flores odoriferi (Z.138s.)
035_Sub08	DUFT	1. CHRISTEN, DIE GUTE WERKE TUN, 2. WEISUNGEN GOTTES	Or iseran le bele flor, zo est lo servise de Deu e la predicaciun, dun la vigna, zo est sancta Ecclesia, darà bona odor. Or nos poignem, seignor frare, e travaillem que nos siam *bon odor* davant lo nostre criator per bones ovres, per oresun, per ieune, per almosne, per castità, per pas, per humilità e per altres bone vertù, las quals fan *bon odor* davan Deu. Adunc serem de cels que dit l'Escritura: Curremus in odore unguentorum tuorum zo sun li comandament de De , qui est bons pigmenz, e qui est faitz de le oratiun deil saint qui sunt flores *odoriferi* (Z.126–139)

(035_Sub08, Spalte rechts, Anfang:) Or iseran le bele flor, zo est lo servise de Deu e la predicaciun, dun la vigna, zo est sancta Ecclesia, darà bona odor. Si cum dit saint Pol: Christi *bonus odor* sumus Deo in omni loco.

(fortgesetzt)

Beispielnr.	Konzept$_A$	Konzept$_Z$	Zitat
036_Sub08	ROSEN	MÄRTYRER	le rose, qui sun *vermeille* e olent, zo sunt li martyr, qui forun *vermeil* de lur sanc que il laiseren espanteer per amor Iesu Christ (Z.141–144)
037_Sub08	LILIEN	BEKENNER, BISCHÖFE, PRIESTER, MÖNCHE	Apres forun li lilj, qui sun *blanc* e *olent*, zo sun li saint confessor, li bon evesque, li bon prever, li bon moine, qui sun *blanc*, e lor vita est *odorifera* per las bones ovres e per le astinencie e per la paciencia e per las digne oraciun que il offren a De (Z.144–150)
038_Sub08	VEILCHEN	JUNGFRAUEN (HEILIG), WITWEN (ENTHALTSAM)	Apres sun le viole, qui an color de porpre, zo sun le sainte vergen, le bone vidue continentes, las quals pois qu'eles perden lor conpaignun no volen mais neun altre. Si cum fait la tortor, que ia pois qu'ela pert so conpaignun no bevrà d'aiva clara ni s'asetarà sore ram vert, autresi fa la bona femena que vol ester en castità (Z.150–159)
039_Sub08	WEINKELLER	RUHE (EWIG)	in cellam vinariam, zo est el celer o lo bon vin ol. Zo est la requies sempiterna, o sun li saint e le sainte, e o seran tuit quil qui feran lo servise de De sine fine in secula seculorum (Z.163–167)
040_Sub09	JOSUA	CHRISTUS/GOTT	Josue, qui tramis li doi homes per espier e per veer lo convenent de la terra e de la cité, significa nostre Seignor. [...] disen que *il se rende a* Iosue, zo est *a* De [...] e ne se volen *rendre a* Iosue, zo est *a* Deu. [...] los mesatges *de* Iosue, zo est *de* nostre Seignor. [...] Cum fis Iosue, qui mis la bona femena en soa lignaa a servir sa tente, aisi nos meta lo rei de cel el so regne in eterna vita (Z.93–299)
041_Sub09	KUNDSCHAFTER	DOPPELGEBOT DER LIEBE	Li *duj* homen signifiquen li *doi* comandament que Deus fis en la lei, zo est: Diliges Dominum Deum tuum ex toto corde tuo et ex omni mente tua et proximum tuum sicut te ipsum (Z.96–99)
042_Sub09	JERICHO	VERFALL > WELT	Aquesta cità que avea num Iherico significa quest munt. Jerico significa defectum, zo est descreisement. [...] Jericho significa aquest munt, qui tut temp dechai e afrevolis [...] en la mala cità, zo est en la voluntà de la carn e el pecà (Z.99–295)

043_Sub09	HURE RAHAB	SYNAGOGE	E quest Iosue si tramis *doi* homes de l'ost que il anesen espier la cità de Iericho, qui era munt rica e de grant renomenaa. Or cil aneren e paserun flum Iordan, mas si veneren tart a la cità. Cil qui gaitaven la cità los virent intrer, si cloden le porte, e si l'aneren dir al rei. Cil intreren en la casa d'una putan, qui avea num Raab, e si los *albergè*, e si lor lavè li pe, e si de a manger, e pois los escondè en una archa, o avea estope [...] La meretrix significa sinagogam, zo est l'egleisa deil luè, de la qual pres Christ humanità. Aquestos *dos* comandamenz *recevè* synagoga el so alberc per li prophete e li boin homes qui forun en la veilla lei (Z.11–106)
044_Sub09	HURE RAHAB	UMKEHRENDE SÜNDER	La bona femena, qui avea li mesatge albergai e garì, si mist a la fenestra *un drap vermeil* per enseigna, si cum ela lor avea dit, si fo *defendua*, ela e tota soa lignaa, que non of mal. [...] Or que significa la meretrix qui mis lo drap vermeil a la fenestra per si e per soi parent garir? Zo sun quil qui recevun los mesatges, zo est la parola de Deu a cui se sun rendù, e si metun *lo drap vermeil* a lur fenestra, zo est la tema e l'amor de la sancta passiun nostre Seignor, qui los *defent* de las male rosors, zo sun li diable. Or quil son garì; quar il receverun los mesatges de Iosue, zo est de nostre Seignor (Z.85–293)
045_Sub09	STADTTORE	HEIDEN	Le porte de la cità signifiquen li paian, qui aorun las ydoles, qui sunt sorde e mute; quar il eren munt contraire a la lei que li luè teneient. Si cum la lei conta deil Machabè, qui sofriren molte contrarie deil paian per la lei que il no volgrun abandoner (Z.106–112)
046_Sub09	FENSTER	GESETZ	La fenestra per un ela los gitè significa los comandamenz qui erun munt estreit e dur; quar la lei comandava, si l'om crevas l'oil a un autre, que hom li crevas lo so: Oculum pro oculo, dentem pro dente (Z.112–117)
047_Sub09	FLUSSEBENE	WILLENSFREIHEIT	La planor del flum significa l'amplisia que l'om a en quest sevol de far ben e mal, si cum dis l'Escritura: Lata et spaciosa est via que ducit ad perdicionem, et multi gradiuntur per eam (Z.117–120)
048_Sub09	FLUSS	GLÜCK UND UNGLÜCK	Lo flum que il passent si significa que per prospera et adversa lor estuf ander e dir ob l'Apostol: In prosperis et in adversis per pacienciam ambulantes (Z.120–123)

(fortgesetzt)

Beispielnr.	Konzept$_A$	Konzept$_Z$	Zitat
049_Sub09	HEER	BRAUT > KIRCHE	L'ost significa congregationem fidelium, si cum dit in Canticis canticorum: Terribilis ut castrorum acies ordinata (Z.123–125)
050_Sub09	FLUSSUFER	FLUSSUFER BABYLONS, ZION, AUSKUNDSCHAFTEN > EWIGES LEBEN	<Or que significa> zo que losue comandè que l'ost s'albergas sore lo flum? <Zo significa que>*** <flum>. En qual visa? Quar nos devem dire ob lo propheta David: Super flumina Babilonis illic sedimus et flevimus, dum recordaremur tui, Syon. Syon speculacio dicitur. Per amor de l'autra vita devem eser trist e devem plorer e gemer per zo que noi sem ysilai en aquesta dolenta vita (Z.126–132)
051_Sub09	PRIESTER	GLÄUBIGE	Or que significa zo que losue fei paser li prever ob l'arca nostre Seignor? Zo significa que chascun hom qui est bateià deit estre prever, si cum dit in Apocalipsi: Facti sumus regnum et sacerdotes Deo et patri (Z.133–136)
052_Sub09	BUNDESLADE	GUTES GEWISSEN, GOTTESFURCHT UND LIEBE	Al seten iorn comandè losue ail prever que il portassen l'archa nostre Seignor entorn la cità set fiae et sonasen le tube munt fort, e tuta l'ost andas apres els. [...] L'arca significa la bona consciencia e lo bon coratge, si cum dit l'Apostol: Habemus bonam conscienciam ante Deum. [...]le tube que li prever sonerent signifiquen que nos devem crier e ysalcer nostra voz per predicaciun e mostrer que nos portem l'arca, zo est la temor e l'amor de Deu en nostre coratge (Z.77–142)
053_Sub09	MÄNNER AUS STÄMMEN (12)	APOSTEL (12)	Li dotze homes de cascuna lignaa signifiquen los dotze apostoil (Z.150–152)
054_Sub09	TAGE DER STADTUM-RUNDUNGEN	ZEIT DER WELT	Set fiaa anderen entorn la cità. A la setena fiaa soneren le tube. Or que signifiquen queste set fiaa? Zo significa que tut lo temp des lo comenzament del munt tro a la fin se revolve e mena per set di. [...] Ven lo seten iorn, zo est la fin (Z.251–280)
055_Sub09	POSAUNENSPIEL	PREDIGT	e li prever sonasen le tube [...] Le tube que li prever sonerent signifiquen que nos devem crier e ysalcer nostra voz per predicaciun e mostrer que nos portem l'arca [...] E en aquestos set iorn forun li saint apostoli e li lor discipoil, zo son archiepiscopi, episcopi et presbyteri, qui tuto di sonent le tube per predicaciun; quar ades nos prediquen e castien e nos mostren la via de

Nr.	Bild	Deutung	Text
			Deu, ades nos cornen e dien: Nolite diligere mundum et ea que in mundo sunt. Si quis diligit mundum, non est amor Dei in eo. Relinquite vanitatem, sequimini veritatem. Relinquite transitoria, sectamini eterna et semper mansura. [...] la tuba, zo est la parola de De (Z.66–279)
056_Sub09	TUCH (ROT)	GOTTESFURCHT UND LIEBE	La bona femena, qui avea li mesatge albergai e garî, si mist a la fenestra un drap vermeil per enseigna, si cum ela lor avea dit, si fo *defendua*, ela e tota soa lignaa, que non of mal. [...] lo drap vermeil a lur fenestra, zo est la tema e l'amor de la sancta passiun nostre Seignor, qui los *defent* de las male rosors, zo sun li diable (Z.85–291)
057_Sub09	EROBERUNG JERICHOS	HÖLLE	Est presa la cità, e son pres cil qui eren dintre, si son livrè a martire, e si sun mes *en* la mala preisun dun il iamais non iseran, zo est *en* enfern (Z.280–284)
058_Sub12	HIMMEL	APOSTEL	Per la parola de Deu son li cel fermai, e de l'espirit qui eis de so bocha est tuta lor vertuz. Or que devem entendre per aquesta parola? Aquesta parola fo nostre Seignor Iesu Christ. Per li cel entendem los dotzes apostoil, si cum dit lo Psalme: Celi enarrant gloriam Dei. Li apostol forun fermai per la parola de Christ, quant el lor dis, enanz qu'el receves passiun: Amen, dico vobis, quecumque ligaveritis super terram, ligata erunt et in celo, et que solveritis, erunt soluta et in celo. El lor parlò de futuro, de zo qui era a venir. Or lor promis que il avran celestial bailia, mais ne l'avean fermament (Z.6–17)
059_Sub12	WORT	CHRISTUS	*Cf. Beispielnr. 058_Sub12*
060_Sub13	BRAUT (SCHWARZ + SCHÖN)	KIRCHE	Sancta Ecclesia parla a le anime feel, e si lor dit : *Neire soi, mas eo soi bela* [...] Or Sancta Ecclesia parla a le anime feel, e si lor dit: Neire soi, mas eo soi bela [...] Or dis sancta Ecclesia que ela est *neira*. E perquè? Per lo pecà del premer hom, zo est originale peccatum. Mas eo soi bella per lo baptisme qu eu ai recevù. Or ne vos meravellai mia per zo que fui *neira*; car lo soleil me nerzì, zo <est> la persecuciun de la primitiva Ecclesia que ge sosteig. Or que entendem per l'albergaria de Cedar? Cedar significa tenebre.[3] Or dis que ela est *neira* si cum l'albergaria de Cedar. E perquè? Car sancta Ecclesia sosten e bon e mail, mas li mal la fan neira, zo est munt li son contrari per li pecai e per le felonie. (Z.7–32)

---

3 In Bezug auf die etymologische Übersetzung KEDARS (062_Sub13) cf. Kapitel 10.3.5.

(fortgesetzt)

Beispielnr.	Konzept$_A$	Konzept$_Z$	Zitat
061_Sub13	TÖCHTER JERUSALEMS	TÖCHTER DES FRIEDENS > TÖCHTER CHRISTI	Perquê dis or sancta Ecclesia questa parola a le filles de Ierusalem, zo est de pas? Car tuit cil qui an baptisme recevú deven eser fil de pas; car Iesu Christ, en cui num il son bateai, el est veraisa pas. Si cum dit l'Apostol: Ipse est pax nostra, qui fecit utraque unum. Pas mes entre Deu e home. En qual vjsa? Per la encarnaciun, qu'el recevé de la sancta vergen, e per la passiun. Si cum dit saint Pol: Reconciliati sumus Deo per mortem filij eius, zo fo Crist (Z.12–21)
062_Sub13	KEDAR (ZELTE KEDARS)	KIRCHE	Or que entendem per l'albergaria de Cedar? Cedar significa tenebre. Or dis que ela est *neira* si cum l'albergaria de Cedar. E perquê? Car sancta Ecclesia sosten e bon e mail, mas li mal la fan *neira*, zo est munt li son contrari per li pecai e per la felonie (Z.27–32)
063_Sub13	HAUT SALOMOS	HAUT CHRISTI > SÜNDER (REUIG)	Le peil de Salomun son li pecaor qui son en l'Eglesia e tornen a emendement per penitencia. Aquisti tail son peil de Salomun, zo est de Christ, qui est reis de pas (Z.33–36)
064_Sub13	KINDER/ GESCHWISTER	GETAUFTE (SCHLECHT) > JUDEN, HÄRETIKER	Or que significa zo que el dis: Filij matris mee *pugnaverunt contra* me? Qui son aquist fil qui se conbaten contra lor mar? Zo son li mal bateai qui per male ovre conbaten sancta Ecclesia. Si cum foren li luè tot premerement, or son li heretici qui cotidie *pugnant contra* suam sororem (Z.36–42)
065_Sub13	WEINBERG	KIRCHE	posuerunt me custodem in vineis. Quail forun aqueste vigne? Zo son le ecclesie qui son per lo munt, que forun restorae per la premera Eglese. Or dis apres que eu no *gardei mia vigna.* Perquê ne la gardai? Car li mal pastor, qui ne sun pastor, mas son mercennarij, li quail no paisun lo folc de nostre Seignor per garir ne per salver la fee, mas per aver lucrum terrenum e per esser prelai e per aver seignoria sore los autres, aquisti tail *no garden la vigna* que il an a garder, zo est sancta Ecclesia (Z.42–53)
066_Sub13	WEINBERG	TEMPEL, SITZ > SEELE	l'arma, qui est vigna de De e temple. Si cum dit saint Pol: Vos estis templum Dei et Spiritus sancti sedes. Voi si casa de De e seti d'Espirit saint. Lo seti de Deu si est cascauna bona arma. Si cum dit Salomun: Anima iusti sedes Dei est. Anima peccatoris scabellum pedum

eius. En qual visa est anima iusti sedes Dei? Jl meesme Christ lo dit per lo Propheta: Super humeros iusti requiescit spiritus meus. Zo est: Sore lo cor de bon hom se reposa lo saint Esperit (Z.58–67)

ID	Begriff	Deutung	Text
067_Sub13	WÖLFE, FÜCHSE	HÄRESIE	*vastà* per lo volp e per li luf, zo son le heretie cogitaciun e li hereti pensement e le male coveitisie, qui *vasten* l'arma (Z.56–58)
068_Sub14	HÄNDLER	FUCHS > HÄRETIKER	symoniacis hereticis, qui son li mal volpil qui vasten e meten a viltà l'esposa de Christ (Z.17–19)
069_Sub14	TAUBE	KIRCHE	Si cum dit Salomun in Canticis: Una est columba mea, zo est la Glesia (Z.15s.)
070_Sub14	WEINBERG	KIRCHE	Or, seignor, *esvardai* d'aquesta nostra mare Ecclesia, la qual se met en figura de vigna, si cum dit lo Propheta: Vinea Domini Sabaoth domus Israel est. Et in Canticis: Capite nobis vulpes parvulas, que demoliuntur vineas, zo est: prendi nos las petite volp, qui catzun a mal nostre vigne, zo est: ne lor o consenti mia, mas la lor defendi, e lanzai lor las pere e catzai los de la vigna; car il las vasten e esterpen e catzen a mal. Vos qui devez *varder* la vigna, zo est sancta Ecclesia, decatzai los heretis. [...] Enquora regna en la chrestiantà aquesta heresia, qui confunt e destrui la Gleisa, qui est maisun e vigna de Deu; munt la peora e aflevolis (Z.19–68)
071_Sub16	BUNDESLADE	KIRCHE	Or que significa aquesta archa qui *est presa* d'aquesta mala gent? Zo significa que la chrestientà deit *estre presa* e destruita per le male poestai qui prenen sore lor le fasende de sancta Ecclesia que ne lor apertenen. [...] Or ia avenrà que il se pentiran e laiseran andar l'archa, zo est le faisende de sancta Ecclesia (Z.21–29)
072_Sub16	KÜHE	BISCHÖFE UND PRIESTER	Si priseren doe vaque qui *avean veel* [...] Aqueste doe vaque signifiquen li boin evesque e li boin prever, li quail *an veels*, id est bona opera et fidem catholicam. Or aquisti van dreitement per la via de Deu e no tornent ne a destre ni a senestre per neguna adversità ne per prosperità que lor aveigna, mas dien ab l'Apostol: Per arma iusticie a destris et a sinistris, per pacienciam superantes. Tuta lor esperanza si est en la celestial vita (Z.17–37)

(fortgesetzt)

Beispielnr.	Konzept_A	Konzept_Z	Zitat
073_Sub16	BETHSAMES	LICHT > GOTT	Bethsamis significa lumen. Or aquisti van Bethsamis, zo est a la lus eternal, per aquesta lumenera carnal. [...] Bethsamis, zo est el verais lum. [...] el verais lum, zo est in vita eterna, o est lo verais lum, zo est Deus. Si cum dit in Apocalipsi saint Iohan: Et civitas illa non egebit lumine solis neque lune. Set Dominus Deus illuminabit eam, et lucerna eius est agnus, zo est Christ, cuius regnum et imperium permanet in secula seculorum (Z.38–102)
074_Sub17	LENDEN (GEGÜRTET)	ENTHALTSAMKEIT	Renes vestros accingetis, zo est atenencia de luxuria (Z.18s.)
075_Sub17	SCHUHE	VÄTER (HEILIG)	et *calciamenta* habebitis in pedibus, zo est que vos devì eser *calzai* deil boin isemple deil saint pare (Z.19–21)
076_Sub17	FÜẞE	LEBEN	Per li pe entendem aquesta vita qui cor e reposa; car li un creisun en vita e li autre en mort (Z.30–32)
077_Sub17	STAB	WERKE (GUT), TUGENDEN	Tenentes baculos in manibus, et comedetis festinanter. E nos devem tenir li bastun en le main, zo sun le bone ovre e le bone vertù, cum le quail noi nos devem defendre de le male ovre, qui son mordent cumma can (Z.48–53)
078_Sub20	SPRINGENDER	CHRISTUS	El *s'esbaldi* si cum fai lo gigant en corrant per la via. Car lo gigant si a grant forqueura e a longue gambe e si *fai gran* pas. Autresi fis nostre Seignor Iesu Christ. El *fis grant* salt en la via; quar el *sailli* de l'altisia celestial el ventre de la vergen, e del ventre de la vergen *sailli* el presepi, zo est en la mangeoira, del presepi *sailli* al baptisme, del baptisme *sailli* en la quarantena, de la quarantena *sailli* en la cros, de la croz *sailli* en enfern, de l'enfern *sailli* en cel (Z.3–13)
079_Sub20	BERGE	PATRIARCHEN	Eque vos questui qui ven *saillant* li munt e tressaillant le roque. Verament el *sailli* li munt, zo forun li cel. Or que devem entendre per aquesti mont? Zo forun li patriarche Abraham, Ysaac e Iacob, Moysen e Aaron, e li autre qui foron davan la lei. En qual visa los *sailli* ? (Z.19–24)

080_Sub20	FELSEN	PROPHETEN	Apres tressailli le roque. Zo forun li saint prohete, qui diserun e prophetizeren de l'encarnatiun e de la passiun e de la resurrectiun e de l'ascensiun (Z.25–28)
081_Sub20	FLUSS	MENSCHHEIT	En altra part dis lo Psalme de Christ: De torrente in via bibit, propterea exaltavit caput. Per torrentem entendem l'umanità; quar enaisì cum lo riatz s'empla de l'aiva, quant el pluf fort, e el cor cum grant ravina, eisament l'umana generaciun corré des fin Adam tro a l'avenement de nostre Seignor. (Z.30–37)
082_Sub22	JERUSALEM	FRIEDENSVISION	Anz que Deus venis en carn, si era discordia antre lui e li homes per lo pecà que fis Adam. A la perfin, Dominidè si of pietà de soa creatura e volc li rendre sa pas. Adunc s'aproismè en Ierusalem, que visio pacis interpretatur. [...] Jerusalem namque visio pacis interpretatur, quod erit, quando videbimus eum facie ad faciem sicuti est, qui est vera pax, vera lux, verum gaudium. (Z.8–70)
083_Sub22	BETFAGE > HAUS DES MUNDES	KIRCHE	Mas anz qu'el intras en Ierusalem, ven en Betphage. Betphage, zo sona en nostra lengua meisun de boca. Et significa sancta Ecclesia, in qua cotidie corpus Christi manducatur, et fidelium ore ipse Deus assidue collaudatur (Z.13–17)
084_Sub22	KLEIDER (DES LEIBES)	KLEIDER (DER SEELE) > KÖRPER > BUßE	Proiciamus, fratres karissimi, vestimenta nostra in via, non quidem vestimenta corporis, set vestimenta anime, ut nudi nudum sequamur crucifixum. Car lo nostre Seignor Iesu Christ cascaun ior ven vers nói. Or li andem encontra, et prosternamus vestimenta nostra in via. [...] Vestimentum anime est corpus nostrum. Car aisi cum lo corp est vesti de lin e de lano, eisament l'arma est vestia de la carn. Or devem giter lo corp en la via encontra nostre Seignor, que nos possam dire cum saint Pol l'apostol: Castigo corpus meum et in servitutem redigo. Adunc gitem nos lo corp en mei la via, quant el vol manger e beivre e far folie e nos ieiunem e avem abstinencia e sofrem fam e sei per amor Deu e de nostra arma, ut dicatur de nobis: Ecce electi Dei carnem domant, spiritum roborant, demonibus imperant (Z.32–58)
085_Sub22	WEG	LEBEN	Via hec, in qua vestimenta prosternenda sunt, est misera ista vita, in qua modo vivimus. Que merito dicitur via, quia ducit omnes homines, quosdam Ierusalem, quosdam autem Babilonem. Alij enim cum angelis in gloriam post mortem vadunt in excelsum, alij in penam cum diabolis in infernum (Z.37–43).

(fortgesetzt)

Beispielnr.	Konzept$_A$	Konzept$_Z$	Zitat
086_Sub22	BÄUME	PATRIARCHEN, PROPHETEN, APOSTEL, MÄRTYRER, BEKENNER, JUNGFRAUEN, AUSERWÄHLTE GOTTES	Fructuose arbores fuerunt patriarche, prophete, apostoli, martyres, confessores, virgines et omnes electi Dei. De istis arboribus ramos tollimus, quando de eorum vita et conversatione exempla accipimus. E si noi zo faisem, ben porrem ander encontra Dominidè e intrarem cum luj in illam beatam civitatem Ierusalem celestem cum angelis et sanctis eius cantantes in excelsis: Osanna (Z.59–67).

Literaturverzeichnis

Abaelard, *Dialectica*, ed. Rijk, Lambert Marie de, Assen, van Gorcum, ²1970.

Achenbach, Reinhard, Art. *Tora: I. Altes Testament*, in: Betz, Hans Dieter et al. (edd.), *Religion in Geschichte und Gegenwart 4*, vol. 8, Tübingen, Mohr Siebeck, 2005, 476–477.

Adamzik, Kirsten, *Sprache: Wege zum Verstehen*, Tübingen/Basel, Francke, ³2010.

Alkier, Stefan, *Wunder und Wirklichkeit in den Briefen des Apostels Paulus: Ein Beitrag zu einem Wunderverständnis jenseits von Entmythologisierung und Rehistorisierung*, Tübingen, Mohr Siebeck, 2001.

Aristoteles, *De memoria et reminiscentia*, in: Bloch, David (ed.), *On memory and recollection. Text, translation, interpretation, and reception in Western scholasticism*, Leiden/Boston, Brill, 2007.

Aschenberg, Heidi, *Diskurstraditionen – Orientierungen und Fragestellungen*, in: Aschenberg, Heidi/Wilhelm, Raymund (edd.), *Romanische Sprachgeschichte und Diskurstraditionen. Akten der gleichnamigen Sektion des 27. Deutschen Romanistentags*, Tübingen, Narr, 2003, 1–18.

Aschenberg, Heidi/Wilhelm, Raymund (edd.), *Romanische Sprachgeschichte und Diskurstraditionen. Akten der gleichnamigen Sektion des 27. Deutschen Romanistentags*, Tübingen, Narr, 2003.

Auerbach, Erich (ed.), *Gesammelte Aufsätze zur romanischen Philologie*, Bern/München, Francke, 1967.

Augustinus, *Principia dialecticae (= De dialectica)*, in: Augustinus, *Opera omnia*, vol. 1, ed. Migne, Jacques-Paul, Paris, 1841 (= PL 32).

Augustinus, *Contra Faustum*, in: Augustinus, *Opera omnia*, vol. 8, ed. Migne, Jacques-Paul, Paris, 1865 (= PL 42).

Augustinus, *De trinitate*, in: Augustinus, *Opera omnia*, vol. 8, ed. Migne, Jacques-Paul, Paris, 1865 (= PL 42).

Augustinus, *De Doctrina christiana*, ed. Green, Roger P., Oxford, Clarendon, 1995.

Austin, John L., *How to do things with words*, Cambridge (Mass.), Harvard University Press, 1962.

Avemarie, Friedrich, *Neues Testament und frührabbinisches Judentum: Gesammelte Aufsätze*, edd. Frey, Jörg/Standhartinger, Angela, Tübingen, Mohr Siebeck, 2013.

Babilas, Wolfgang, *Untersuchungen zu den Sermoni Subalpini: Mit einem Exkurs über die Zehn-Engelchor-Lehre*, München, Max Hueber, 1968.

Bain, Alexander, *Mental Science. A Compendium of Psychology and the History of Philosophy*, New York et al., American Book Company, 1868.

Barthes, Roland, *Mythologies*, Paris, Editions du Seuil, 1957.

Barthes, Roland, *Elemente der Semiologie*, übers. von Moldenhauer, Eva, Frankfurt a. M., Syndikat, 1979.

Bauer, Matthias, et al., *Dimensionen der Ambiguität*, Zeitschrift für Literaturwissenschaft und Linguistik 158 (2010), 7–75 [https://doi.org/10.1007/BF03379835, letzter Zugriff: 23. 03. 2018].

Beaugrande, Robert-Alain de/Dressler, Wolfgang U., *Einführung in die Textlinguistik*, Tübingen, Niemeyer, 1981.

Beda, *De schematibus et tropis*, in: Beda, *Opera omnia*, vol. 1, ed. Migne, Jacques-Paul, Paris, 1862 (= PL 90).

https://doi.org/10.1515/9783110586411-014

Beda, *Homiliae genuinae*, in: Beda, *Opera omnia*, vol. 5, ed. Migne, Jacques-Paul, Paris, 1862 (= PL 94).

Biblia Sacra Vulgata, edd. Weber, Robert/Gryson, Roger, Stuttgart, Deutsche Bibelgesellschaft, [5]2007.

Black, Max, *Die Metapher*, in: Haverkamp, Anselm (ed.), *Theorie der Metapher*, Darmstadt, Wissenschaftliche Buchgesellschaft, 1983, 55–79.

Blaise, Albert, Art. *frater*, in: Blaise, Albert (ed.), *Lexicon Latinitatis Medii Aevi praesertim ad res ecclesiasticas investigandas pertinens: Dictionnaire latin-français des auteurs du Moyen-Age*, Turnhout, Brepols, 1975, 401.

Blank, Andreas, *Literarisierung von Mündlichkeit: Louis-Ferdinand Céline und Raymond Queneau*, Tübingen, Narr, 1991.

Blank, Andreas, *Prinzipien des lexikalischen Bedeutungswandels am Beispiel der romanischen Sprachen*, Tübingen, Niemeyer, 1997.

Blank, Andreas, *Einführung in die lexikalische Semantik für Romanisten*, Tübingen, Niemeyer, 2001.

Blank, Walter, Art. *Allegorie*, in: Weimar, Klaus (ed.), *Reallexikon der deutschen Literaturwissenschaft*, vol. 1, Berlin/New York, [3]1997, 40–48.

Borghi Cedrini, Luciana, *Appunti per la lettura di un bestiario medievale: Il bestiario valdese*, Torino, Giappichelli, 1976.

Borsche, Tilman, *Was etwas ist: Fragen nach der Wahrheit der Bedeutung bei Platon, Augustin, Nikolaus von Kues und Nietzsche*, München, Fink, 1990.

Bossuat, Robert, rez. *Robson, Charles A. (ed.), Maurice of Sully and the Medieval Vernacular Homily. With the Text of Maurice's French Homilies from a Sens Cathedral Chapter Ms. Oxford: Blackwell, 1952*, Bibliothèque de l'École des Chartes. Revue d'érudition 111 (1953), 297–300.

Brinker, Klaus, *Linguistische Textanalyse: Eine Einführung in Grundbegriffe und Methoden*, Berlin, E. Schmidt, [7]2010.

Brinkmann, Henning, *Mittelalterliche Hermeneutik*, Tübingen, Niemeyer, 1980.

Bruyne, Edgar de, *Études d'esthétique médiévale*, vol 1: *De Boèce à Jean Scot Érigène*, Genf, Slatkine Reprints, 1975.

Bußmann, Hadumod, *Lexikon der Sprachwissenschaft*, Stuttgart, Kröner, [4]2008.

Cassian, Johannes, *Conlationes XXIIII*, ed. Petschenig, Michael, Wien, Tempsky, 1886 (CSEL 13).

Chabaneau, Camille, *Dialectes anciens: Sermons et préceptes religieux en langue d'oc du XIIe siècle*, Revue des langues romanes 18 (1880), 105–146.

Charland, Thomas M., *Artes praedicandi: Contribution à l'histoire de la rhétorique au moyen âge*, Paris, Vrin, 1936.

Chenu, Marie-Dominique, *La théologie au douzième siècle*, Paris, Vrin, 1957.

Concilia aevi Carolini [742–817], vol. 1,1, ed. Werminghoff, Albert, Hannover, Hahn, 1906 (= MGH, Leges/Concilia 2,1).

Coseriu, Eugenio, *Bedeutung und Bezeichnung im Lichte der strukturellen Semantik*, in: Hartmann, Peter/Vernay, Henri (edd.), *Sprachwissenschaft und Übersetzen: Symposion an der Universität Heidelberg, 24.2.–26.2. 1969*, vol. 3, München, Hueber, 1970, 104–121.

Coseriu, Eugenio, *Thesen zum Thema «Sprache und Dichtung»*, in: Stempel, Wolf-Dieter (ed.), *Beiträge zur Textlinguistik*, vol. 1, München, Fink, 1971, 183–188.

Coseriu, Eugenio, *Textlinguistik: Eine Einführung*, ed. Jörn, Albrecht, Tübingen, Narr, 1980.

Coseriu, Eugenio, *Einführung in die allgemeine Sprachwissenschaft*, Tübingen, Francke, ²1992.

Coseriu, Eugenio, *Die sprachliche Kompetenz*, in: Staib, Bruno/Dietrich, Wolf (edd.), *Linguistica romanica et indiana: Festschrift für Wolf Dietrich zum 60. Geburtstag*, Tübingen, Narr, 2000, 83–97.

Coseriu, Eugenio, *Textlinguistik: Eine Einführung*, ed. Jörn, Albrecht, Tübingen, Narr, ⁴2007.

Cruel, Rudolph, *Geschichte der deutschen Predigt im Mittelalter*, Darmstadt, Wissenschaftliche Buchgesellschaft, 1966 (Nachdruck Detmold, 1879).

Czerwon, Ariane, *Predigt gegen Ketzer: Studien zu den lateinischen Sermones Bertholds von Regensburg*, Tübingen, Mohr Siebeck, 2011.

Danesi, Marcel, *La lingua dei «sermoni subalpini»*, Torino, Centro Studi Piemontesi, 1976.

Danesi, Marcel, *Thinking is seeing: Visual metaphors and the nature of abstract thought*, Semiotica 80 (1990), 221–237.

Deely, John N., *Medieval philosophy redefined: The development of cenoscopic science AD 354 to 1644 (from the birth of Augustine to the death of Poinsot)*, Scranton, University of Scranton Press, 2010.

Delcorno, Carlo, *Medieval Preaching in Italy (1200–1500)*, in: Kienzle, Beverly M. (ed.), *The sermon*, Turnhout, Brepols, 2000, 449–560.

Delègue, Yves (ed.), *Les Machines du sens: Fragments d'une sémiologie médiévale: Textes de Hugues de Saint-Victor, Thomas d'Aquin et Nicolas de Lyre*, Paris, Editions des Cendres, 1987.

Deshusses, Jean, *Le sacramentaire grégorien: Ses principales formes d'après les plus anciens manuscrits*, Fribourg, Éditions universitaires Fribourg Suisse, 1992.

Du Cange, Charles du Fresne, Art. *fratres*, in: Du Cange, Charles du Fresne (ed.), *Glossarium ad scriptores mediae et infimae Latinitatis*, vol. 2,1, Frankfurt a. M., 1710, 586–590.

Dundes, Alan, *Seeing is believing*, in: Dundes, Alan (ed.), *Interpreting folklore*, Bloomington, Indiana University Press, 1980, 86–92.

Eco, Umberto, *Zeichen: Einführung in einen Begriff und seine Geschichte*, Frankfurt a. M., Suhrkamp, 1973.

Eco, Umberto, *Semiotik und Philosophie der Sprache*, übers. von Trabant-Rommel, Christiane/Trabant, Jürgen, München, Fink, 1985.

Eco, Umberto, *Lector in fabula: Die Mitarbeit der Interpretation in erzählenden Texten*, übers. von Held, Heinz-Georg, München, Hanser, 1987.

Evans, Gillian, *Hugh of St Victor: On history and the meaning of things*, Studia monastica 25 (1983), 223–234.

Ferguson, Charles A., *Diglossia*, Word 15 (1959), 325–340 [https://doi.org/10.1080/00437956.1959.11659702, letzter Zugriff: 23.03. 2018].

Fillmore, Charles, *Frames and the Semantics of Understanding*, Quaderni di semantica 6 (1985), 222–254.

Fishman, Joshua A., *Bilingualism with and without diglossia: Diglossia with and without bilingualism*, Journal of Social Issues 23:2 (1967), 29–38 [https://doi.org/10.1111/j.1540–4560.1967.tb00573.x, letzter Zugriff: 23.03. 2018].

Foerster, Wendelin, *Galloitalische Predigten aus Cod. misc. lat. Taurinensis D. VI. 10. 12ten Jahrhunderts*, Romanische Studien 4 (1879), 1–92.

Franck, Norbert, *Handbuch wissenschaftliches Arbeiten: Was man für ein erfolgreiches Studium wissen und können muss*, Paderborn, Ferdinand Schöningh, ³2017.

Freytag, Hartmut, *Die Theorie der allegorischen Schriftdeutung und die Allegorie in deutschen Texten, besonders des 11. u. 12. Jahrhunderts*, Bern/München, Francke, 1982.

Freytag, Wiebke, Art. *Allegorie, Allegorese*, in: Ueding, Gert (ed.), *Historisches Wörterbuch der Rhetorik*, vol. 9, Tübingen, Niemeyer, 2009, 330–392.

Fürst, Alfons, *Von Origenes und Hieronymus zu Augustinus: Studien zur antiken Theologiegeschichte*, Berlin/Boston, de Gruyter, 2011.

Gansel, Christina/Jürgens, Frank, *Textlinguistik und Textgrammatik: Eine Einführung*, Wiesbaden, Westdeutscher Verlag, ²2007.

Gehringer, Alexander, *Werben mit Doppelsinn: Ambiguierung als Sprachspiel in Anzeigen und Werbespots*, Hamburg, disserta Verlag, 2013.

Gemeinhardt, Peter, *Zwischen Exegese und religiöser Praxis: Heilige Texte von der Spätantike bis zum Klassischen Islam*, Tübingen, Mohr Siebeck, 2016.

Gerber, Christine, *Paulus und seine «Kinder»: Studien zur Beziehungsmetaphorik der paulinischen Briefe*, Berlin/New York, de Gruyter, 2005.

Gleßgen, Martin-Dietrich, *Diskurstraditionen zwischen pragmatischen Vorgaben und sprachlichen Varietäten: Methodische Überlegungen zur historischen Korpuslinguistik*, in: Schrott, Angela/Völker, Harald (edd.), *Historische Pragmatik und historische Varietätenlinguistik in den romanischen Sprachen*, Göttingen, Universitätsverlag Göttingen, 2005, 207–228.

Glossa ordinaria, vol. 1, ed. Migne, Jacques-Paul, Paris, 1852 (= PL 113).

Goffman, Erving, *Rahmen-Analyse: Ein Versuch über die Organisation von Alltagserfahrungen*, übers. von Vetter, Hermann, Frankfurt a. M., Suhrkamp, 1980.

Goschler, Juliana, *Metaphern für das Gehirn: Eine kognitiv-linguistische Untersuchung*, Berlin, Frank & Timme, 2008.

Gregor der Große, *Homiliae in Evangelia*, in: Gregor der Große, *Opera omnia*, vol. 2, ed. Migne, Jacques-Paul, Paris, 1857 (= PL 76).

Grubmüller, Klaus, *Etymologie als Schlüssel zur Welt? Bemerkungen zur Sprachtheorie des Mittelalters*, in: Fromm, Hans/Harms, Wolfgang/Ruberg, Uwe (edd.), *Verbum et Signum*, München, Fink, 1975, 209–230.

Hartmann, Peter, *Texte als linguistisches Objekt*, in: Stempel, Wolf-Dieter (ed.), *Beiträge zur Textlinguistik*, München, Fink, 1971, 9–29.

Hasebrink, Burkhard, *Das Predigtverfahren Meister Eckharts: Beobachtungen zur thematischen und pragmatischen Kohärenz der Predigt Q12*, in: Mertens, Volker (ed.), *Die deutsche Predigt im Mittelalter*, Tübingen, Niemeyer, 1992, 150–168.

Hauréau, Barthélemy, *Sermonnaires*, in: *Histoire littéraire de la France: Quatorzième Siècle*, Paris, Firmin Didot, 1873, 387–468.

Hellgardt, Ernst, *Probleme uneigentlicher Sprache in Rhetorik und Allegorese*, in: Haug, Walter (ed.), *Formen und Funktionen der Allegorie*, Stuttgart, Metzler, 1979, 25–37.

Hieronymus, *Liber de nominibus hebraicis*, in: Hieronymus, *Opera omnia*, vol. 2/3, ed. Migne, Jacques-Paul, Paris, 1845 (= PL 23).

Hieronymus, *Commentaria in Isaiam prophetam*, in: Hieronymus, *Opera omnia*, vol. 4, ed. Migne, Jacques-Paul, Paris, 1865 (= PL 24).

Hirsch, Eric D., *Validity in interpretation*, New Haven (Conn.), Yale University Press, 1967.

Hjelmslev, Louis, *Prolegomena zu einer Sprachtheorie*, München, Hueber, 1974.

Holtus, Günter, Art. *Plan- und Kunstsprachen auf romanischer Basis. IV: Franko-Italienisch. Teil 1*, in: Holtus, Günter/Metzeltin, Michael/Schmitt, Christian (edd.), *Lexikon der Romanistischen Linguistik*, vol. VII: *Kontakt, Migration und Kunstsprachen. Kontrastivität, Klassifikation und Typologie*, Tübingen, Niemeyer, 1998, 705–730.

Honorius Augustodunensis, *Expositiones in cantica canticorum*, in: Honorius Augustodonensis, *Opera omnia*, ed. Migne, Jacques-Paul, Paris, 1854 (= PL 172).

Honorius Augustodonensis, *Speculum ecclesiae. Eine frühmittelhochdeutsche Predigtsammlung (Cgm. 39)*, ed. Mellbourn, Gert, Lund, Gleerup et al., 1944.

(Ps.-)Hrabanus Maurus, *Allegoriae in sacram Scripturam*, in: Hrabanus Maurus, *Opera omnia*, vol. 6, ed. Migne, Jacques-Paul, Paris, 1852 (= PL 112).

Hugo von St. Viktor, *De scripturis et scriptoribus sacris*, in: Hugo von St. Viktor, *Opera omnia*, vol. 1, ed. Migne, Jacques-Paul, Paris, 1854 (= PL 175).

Hugo von St. Viktor, *De arca Noe morali*, in: Hugo von St. Viktor, *Opera omnia*, vol. 2, ed. Migne, Jacques-Paul, Paris, 1854 (= PL 176)

Hugo von St. Viktor, *Eruditio didascalia (= Didascalion de studio legendi)*, in: Hugo von St. Viktor, *Opera omnia*, vol. 2, ed. Migne, Jacques-Paul, Paris, 1854 (= PL 176).

Hugo von Sankt Viktor, *Didascalion de studio legendi: Studienbuch (lateinisch-deutsch)*, übers. von Offergeld, Thilo, Freiburg et al., Herder, 1997.

Isidor von Sevilla, *Etymologiae*, in: Isidor von Sevilla, *Opera omnia*, vol. 3/4, ed. Migne, Jacques-Paul, Paris, 1850 (= PL 82).

Isidor von Sevilla, *De ecclesiasticis officiis*, in: Isidor von Sevilla, *Opera omnia*, vol. 5, ed. Migne, Jacques-Paul, Paris, 1862 (= PL 83).

Isidor von Sevilla, *Quaestiones in Vetus Testamentum*, in: Isidor von Sevilla, *Opera omnia*, vol. 5, ed. Migne, Jacques-Paul, Paris, 1862 (= PL 83).

Jannidis, Fotis et al., *Der Bedeutungsbegriff in der Literaturwissenschaft: Eine historische und systematische Skizze*, in: Jannidis, Fotis, et al. (edd.), *Regeln der Bedeutung: Zur Theorie der Bedeutung literarischer Texte*, Berlin/New York, de Gruyter, 2003, 3–30.

Johannes Scotus Eriugena, *Expositiones super hierarchiam caelestem*, in: Johannes Scotus Eriugena, *Opera quae supersunt omnia*, ed. Floß, Heinrich Joseph, Paris, Migne, 1853 (= PL 122).

Kienzle, Beverly M., *Introduction*, in: Kienzle, Beverly M. (ed.), *The sermon*, Turnhout, Brepols, 2000, 143–174.

Kleinhans, Martha, *«Lucidere vault tant a dire comme donnant lumiere»: Untersuchung und Edition der Prosaversionen 2, 4 und 5 des Elucidarium*, Tübingen, Niemeyer, 1993.

Klinck, Roswitha, *Die lateinische Etymologie des Mittelalters*, München, Fink, 1969.

Knape, Joachim/Becker, Nils/Böhme, Katie, Art. *Strategie*, in: Ueding, Gert (ed.), *Historisches Wörterbuch der Rhetorik*, vol. 9, Tübingen, Niemeyer, 2009, 152–172.

Knape, Joachim/Winkler, Susanne, *Strategisches Ambiguieren, Verstehenswechsel und rhetorische Textleistung. Am Beispiel von Shakespeares Antony-Rede*, in: Winkler, Susanne (ed.), *Ambiguity: Language and communication*, Berlin/Boston, de Gruyter, 2015, 111–154.

Koch, Peter, *Distanz im Dictamen: Zur Schriftlichkeit und Pragmatik mittelalterlicher Brief- und Redemodelle in Italien*, Freiburg, Habilitationsschrift, 1987.

Koch, Peter, *Pour une typologie conceptionnelle et médiale des plus anciens documents/ monuments des langues romanes*, in: Selig, Maria/Frank, Barbara/Hartmann, Jörg (edd.), *Le Passage à l'écrit des langues romanes*, Tübingen, Narr, 1993, 39–81.

Koch, Peter, *Gedanken zur Metapher – und zu ihrer Alltäglichkeit*, in: Sabban, Annette/ Schmitt, Christian (edd.), *Sprachlicher Alltag: Linguistik – Rhetorik – Literaturwissenschaft. Festschrift für Wolf-Dieter Stempel, 7. Juli 1994*, Tübingen, Niemeyer, 1994, 201–225.

Koch, Peter, *Der Beitrag der Prototypentheorie zur Historischen Semantik: Eine kritische Bestandaufnahme*, Romanistisches Jahrbuch 46 (1995), 27–46 [https://doi.org/10.1515/ roja-1995-0104, letzter Zugriff: 23.03.2018].

Koch, Peter, *Diskurstraditionen: Zu ihrem sprachtheoretischen Status und ihrer Dynamik*, in: Frank, Barbara/Haye, Thomas/Tophinke, Doris (edd.), *Gattungen mittelalterlicher Schriftlichkeit*, Tübingen, Narr, 1997, 43–79.

Koch, Peter, *Frame and Contiguity: On the Cognitive Bases of Metonymy and Certain Types of Word Formation*, in: Panther, Klaus-Uwe/Radden, Günter (edd.), *Metonymy in language and thought*, Amsterdam, Benjamins, 1999, 139–167.

Koch, Peter, *Metonymy: Unity in diversity*, Journal of Historical Pragmatics 2 (2001), 201–244 [http://dx.doi.org/10.1075/jhp.2.2.03koc, letzter Zugriff: 23.03.2018].

Koch, Peter, *Metonymy between pragmatics, reference and diachrony*, metaphorik.de 07 (2004), 6–54. [http://www.metaphorik.de/sites/www.metaphorik.de/files/journal-pdf/07_2004_koch.pdf, letzter Zugriff: 23.03.2018].

Koch, Peter, *Kognitive Linguistik ante litteram*, in: Jacob, Daniel, et al. (edd.), *Sprache, Bewusstsein, Stil: Theoretische und historische Perspektiven*, Tübingen, Narr, 2005, 3–29.

Koch, Peter/Landmesser, Christof, *Ambiguität und Schriftauslegung: Beobachtungen zu Augustins Schrift De utilitate credendi*, in: Winkler, Susanne (ed.), *Ambiguity: Language and communication*, Berlin/Boston, de Gruyter, 2015, 217–268.

Koch, Peter/Oesterreicher, Wulf, *Sprache der Nähe – Sprache der Distanz: Mündlichkeit und Schriftlichkeit im Spannungsfeld von Sprachtheorie und Sprachgeschichte*, Romanistisches Jahrbuch 36 (1985), 15–43.

Koch, Peter/Oesterreicher, Wulf, *Gesprochene Sprache in der Romania*, Tübingen, Niemeyer, 1990.

Koch, Peter/Oesterreicher, Wulf, *Gesprochene Sprache in der Romania: Französisch, Italienisch, Spanisch*, Berlin/New York, de Gruyter, ²2011.

Koch, Peter/Winter-Froemel, Esme, Art. *Synekdoche*, in: Ueding, Gert (ed.), *Historisches Wörterbuch der Rhetorik*, vol. 9, Tübingen, Niemeyer, 2009, 356–366.

Kohler, Nikolai M./Sigmund, Mirjam, *Ambiguation as Rhetorical Strategy in Sermo 38 by Maurice de Sully*, in: Bauer, Matthias/Zirker, Angelika (edd.), *Strategies of Ambiguity*, im Druck.

Köller, Wilhelm, *Narrative Formen der Sprachreflexion: Interpretationen zu Geschichten über Sprache von der Antike bis zur Gegenwart*, Berlin/New York, de Gruyter, 2006.

Köller, Wilhelm, *Das Buch als Zeichen*, in: Gardt, Andreas, et al. (edd.), *Buchkultur und Wissensvermittlung in Mittelalter und Früher Neuzeit*, Berlin/Boston, de Gruyter, 2011, 69–86.

Körtner, Ulrich H. J., *Schrift und Geist: Über Legitimität und Grenzen allegorischer Schriftauslegung*, Neue Zeitschrift für Systematische Theologie und Religionsphilosophie 36 (1994), 1–17 [https://doi.org/10.1515/nzst.1994.36.1.1, letzter Zugriff: 23.03.2018].

Kövecses, Zoltán, *Metaphor and emotion: Language, culture, and body in human feeling*, Cambridge et al., Cambridge University Press; Paris, Editions de la Maison des Sciences de l'homme, 2000.

Kövecses, Zoltán, *Where metaphors come from: Reconsidering context in metaphor*, New York, Oxford University Press, 2015.

Lakoff, George, *Women, Fire and Dangerous Things: What Categories Reveal about the Mind*, Chicago/London, University of Chicago Press, 1987.

Lakoff, George/Johnson, Mark, *Metaphors we live by*, Chicago, University of Chicago Press, 1980.

Lakoff, George/Turner, Mark, *More than cool reason: A field guide to poetic metaphor*, Chicago, University of Chicago Press, 1989.

Lausberg, Heinrich, *Elemente der literarischen Rhetorik: Eine Einführung für Studierende der klassischen, romanischen, englischen und deutschen Philologie*, München, Hueber, ³1967.

Lecoy de la Marche, Albert, *La chaire française au Moyen Âge: Spécialement au XIIIe siècle d'après les manuscrits contemporains*, Paris, Didier, 1868.

Lecoy de la Marche, Albert, *La chaire française au Moyen Âge: Spécialement au XIIIe siècle d'après les manuscrits contemporains*, Paris, Renouard, ²1886.

Lima, Paula L. C., *About primary metaphors*, Documentação de Estudos em Lingüística Teórica e Aplicada 22 (2006), 109–122 [http://dx.doi.org/10.1590/S0102-44502006000300009, letzter Zugriff: 23. 03. 2018].

Linde, Gesche, *Zeichen und Gewissheit: Semiotische Entfaltung eines protestantisch-theologischen Begriffs*, Tübingen, Mohr Siebeck, 2013.

Liszka, James J., *A general introduction to the semiotic of Charles Sanders Peirce*, Bloomington, Indiana University Press, 1996.

López Serena, Araceli, *La doble determinación del nivel histórico en el saber expresivo: Hacia una nueva delimitación del concepto de tradición discursiva*, Romanistisches Jahrbuch 62 (2011), 59–97 [https://doi.org/10.1515/roma.62.3, letzter Zugriff: 23. 03. 2018].

López Serena, Araceli, *Lo universal y lo histórico en el saber expresivo: variación situacional vs. variación discursiva*, Analecta Malacitana 86 (2012), 261–281.

Lubac, Henri de, *Exégèse médiévale: Les quatre sens de l'écriture*, vol. 1 = 1.1, Paris, Aubier, 1959.

Lubac, Henri de, *Exégèse médiévale: Les quatre sens de l'écriture*, vol. 2 = 1.2, Paris, Aubier, 1959.

Lubac, Henri de, *Exégèse médiévale: Les quatre sens de l'écriture*, vol. 3 = 2.1, Paris, Aubier, 1961.

Lubac, Henri de, *Exégèse médiévale: Les quatre sens de l'écriture*, vol. 4 = 2.2, Paris, Aubier, 1964.

Lubac, Henri de, *Geist aus der Geschichte: Das Schriftverständnis des Origenes*, Einsiedeln, Johannes Verlag, 1968.

Lüders, Christian, *Rahmenanalyse und der Umgang mit Wissen: Ein Versuch, das Konzept der Rahmenanalyse E. Goffmans für die sozialwissenschaftliche Textanalyse nutzbar zu machen*, in: Schröer, Norbert (ed.), *Interpretative Sozialforschung: Auf dem Wege zu einer hermeneutischen Wissenssoziologie*, Opladen, Westdeutscher Verlag, 1994, 107–125.

Mandl, Heinz/Huber, Günter L., *Kognitive Komplexität: Bedeutung – Weiterentwicklung – Anwendung*, Göttingen et al., Hogrefe, 1978.

Markus, Robert A., *St. Augustine on Signs*, Phronesis 2 (1957), 60–83.

Mayer, Cornelius P., *Die Zeichen in der geistigen Entwicklung und in der Theologie Augustins: II. Teil: Die antimanichäische Epoche*, Würzburg, Augustinus-Verlag, 1974.

Meier, Christel, *Gemma spiritalis: Methode und Gebrauch der Edelsteinallegorese vom frühen Christentum bis ins 18. Jahrhundert*, vol. 1, München, Fink, 1977.

Meier-Oeser, Stephan, *Die Spur des Zeichens: Das Zeichen und seine Funktion in der Philosophie des Mittelalters und der frühen Neuzeit*, Berlin/New York, de Gruyter, 1997 (= 1997a).

Meier-Oeser, Stephan, *Zeichenkonzeption in der Philosophie des lateinischen Mittelalters*, in: Posner, Roland/Robering, Klaus/Sebeok, Thomas A. (edd.), *Semiotik: Ein Handbuch zu den zeichentheoretischen Grundlagen von Natur und Kultur*, vol. 13.1, Berlin/ New York, de Gruyter, 1997, 984–1022 (= 1997b).

Meier-Staubach, Christel/Suntrup, Rudolf, *Lexikon der Farbenbedeutungen im Mittelalter*, Köln et al., Böhlau, 2011.

Meyer, Heinz, *Die Zahlenallegorese im Mittelalter: Methode und Gebrauch*, München, Fink, 1975.

Meyer, Heinz, *Die Problematik und Leistung der Allegoriedefinitionen Bedas Venerabilis*, Frühmittelalterliche Studien 35 (2010), 183–200 [https://doi.org/10.1515/ 9783110242331.183, letzter Zugriff: 23. 03. 2018].

Meyer, Heinz/Suntrup, Rudolf, *Lexikon der mittelalterlichen Zahlenbedeutungen*, München, Fink, 1987.

Meyer, Paul, *Sermons limousins*, Jahrbuch für romanische und englische Literatur 7 (1866), 74–84.

Migliorini, Bruno, *Storia della lingua italiana*, vol. 1, Firenze, Sansoni, 1988.

Minsky, Marvin, *A Framework for Representing Knowledge*, in: Winston, Patrick H. (ed.), *The psychology of computer vision*, New York, McGraw-Hill, 1975, 211–277.

Molho, Maurice, *Les Homélies d'Organyà*, Bulletin Hispanique 63 (1961), 186–210.

Moran i Ocerinjauregui, Josep, *Les homilies de Tortosa*, Montserrat, Curial Edicions Catalanes, 1990.

Morgen, Michèle, Art. *Liebe Gottes und Liebe zu Gott: II. Neues Testament*, in: Betz, Hans Dieter et al. (edd.), *Religion in Geschichte und Gegenwart 4*, vol. 5, Tübingen, Mohr Siebeck, 2002, 351–353.

Mortet, Victor, *Maurice de Sully, évêque de Paris (1160–1196), étude sur l'administration épiscopale pendant la seconde moitié du XIIe siècle*, Mémoires de la Société de l'Histoire de Paris 16 (1889), 103–318.

Münch, Christian, *Am Ende wird sortiert (Vom Fischnetz): Mt 13,47–50 (EvThom 8)*, in: Zimmermann, Ruben/Dormeyer, Detlev (edd.), *Kompendium der Gleichnisse Jesu*, Gütersloh, Gütersloher Verlagshaus, 2007, 429–434.

Nasalski, Ignacy, *Die politische Metapher im Arabischen: Untersuchungen zu Semiotik und Symbolik der politischen Sprache am Beispiel Ägyptens*, Wiesbaden, Harrassowitz Verlag, 2004.

Nöth, Winfried, *Semiotic aspects of metaphor*, in: Paprotté, Wolf/Dirven, René (edd.), *The Ubiquity of metaphor: Metaphor in language and thought*, Amsterdam/Philadelphia, Benjamins, 1985, 1–16.

Nöth, Winfried, *Handbook of semiotics*, Bloomington, Indiana University Press, 1990.

Oesterreicher, Wulf, *Zur Fundierung von Diskurstraditionen*, in: Frank, Barbara/Haye, Thomas/Tophinke, Doris (edd.), *Gattungen mittelalterlicher Schriftlichkeit*, Tübingen, Narr, 1997, 19–41.

Oesterreicher, Wulf, *«Verschriftung» und «Verschriftlichung» im Kontext medialer und konzeptioneller Schriftlichkeit*, in: Schäfer, Ursula (ed.), *Schriftlichkeit im frühen Mittelalter*, Tübingen, Narr, 1998, 267–292.

Offergeld, Thilo, *Einleitung*, in: Hugo von St. Viktor/Offergeld, Thilo (edd.), *Didascalicon de studio legendi: Studienbuch [lateinisch-deutsch]*, Freiburg, Herder, 1997, 7–102.

Ohly, Friedrich, *Vom geistigen Sinn des Wortes im Mittelalter*, in: Ohly, Friedrich (ed.), *Schriften zur mittelalterlichen Bedeutungsforschung*, Darmstadt, Wissenschaftliche Buchgesellschaft, 1977, 1–31.

Origenes, *Werke*, vol. 6: *Homilien zum Hexateuch in Rufins Übersetzung, 1. Die Homilien zu Genesis, Exodus und Leviticus*, ed. Baehrens, Wilhelm A., Leipzig, Hinrichs, 1920.

Origenes, *Origenes' vier Bücher von den Prinzipien*, ed. Görgemanns, Herwig/Karpp, Heinrich, Darmstadt, Wissenschaftliche Buchgesellschaft, 1976.

Otto, Eckart, Art. *Hohes Lied: V. Rezeptionsgeschichtlich*, in: Betz, Hans Dieter et al. (edd.), *Religion in Geschichte und Gegenwart 4*, vol. 3, Tübingen, Mohr Siebeck 2000, 1840.

Otto von Freising, *Gesta Friderici I. imperatoris*, ed. Waitz, Georg, Hannover/Leipzig, Hahn, 1912.

Panther, Klaus-Uwe/Thornburg, Linda L., *Introduction: On the nature of conceptual metonymy*, in: Panther, Klaus-Uwe/Thornburg, Linda L. (edd.), *Metonymy and pragmatic inferencing*, Amsterdam/Philadelphia, Benjamins, 2003, 1–20.

Paris, Paulin M., *Les manuscrits françois de la bibliothèque du roi: Leur histoire et celle des textes allemands, anglois, hollandois, italiens, espagnols de la même collection*, vol. 2, Paris, Techener, 1838.

Pasquet, Emmanuel, *Sermons de carême en dialecte wallon: Texte inédit du XIIIe siècle*, Bruxelles, Académie Royale, 1887.

Peirce, Charles S., *Collected Papers of Charles Sanders Peirce*, vol. 1–6, edd. Hartshorne, Charles/Weiss, Paul, Cambridge (Mass.), Harvard University Press, 1931–1935.

Peirce, Charles S., *Collected Papers of Charles Sanders Peirce*, vol. 7–8, ed. Burks, Arthur W., Cambridge (Mass.), Harvard University Press, 1958.

Peirce, Charles S., *Phänomen und Logik der Zeichen*, ed. Pape, Helmut, Frankfurt a. M., Suhrkamp, 1983.

Pépin, Jean, *Dante et la tradition de l'allégorie*, Montréal, Institut d'études médiévales, 1971.

Pépin, Jean, *La tradition de l'allégorie: de Philon d'Alexandrie à Dante*, Paris, Études Augustiniennes, 1987.

Petöfi, János S., *Von der Satzgrammatik zur semiotischen Textologie*, Zeitschrift für Phonetik, Sprachwissenschaft und Kommunikationsforschung 40 (1987), 3–18 [https://doi.org/10.1524/stuf.1987.40.14.3, letzter Zugriff: 23. 03. 2018].

Petrus von Blois, *Sermones*, in: Petrus von Blois, *Opera omnia*, ed. Migne, Jacques-Paul, Paris, 1855 (= PL 207).

Philo von Alexandria, *Les Œuvres de Philon d'Alexandrie, 29. De vita contemplativa*, ed. Daumas, François/Miquel, Pierre, Paris, Éditions du Cerf, 1963.

Pollmann, Karla, *Doctrina Christiana: Untersuchungen zu den Anfängen der christlichen Hermeneutik unter besonderer Berücksichtigung von Augustinus, De doctrina christiana*. Freiburg, Universität-Verlag Freiburg, 1996.

Prohl, Inken, Art. *Liebe: I. Religionsgeschichtlich*, in: Betz, Hans Dieter et al. (edd.), *Religion in Geschichte und Gegenwart 4*, vol. 5, Tübingen, Mohr Siebeck, 2002, 335–336.

Quintilian, *Institutionis oratoriae libri duodecim*, vol. 2, libri VII-XII, ed. Winterbottom, Michael, Oxford, Clarendon, 1970.

Racine, Jean-François, *Pour en finir avec le sens littéral de l'Écriture*, Église et Théologie 30 (1999), 199–214.

Raible, Wolfgang, *Von der Allgegenwart des Gegensinns (und einiger anderer Relationen): Strategien zur Einordnung semantischer Information*, Zeitschrift für romanische Philologie 97 (1981), 1–40 [https://doi.org/10.1515/zrph.1981.97.1–2.1, letzter Zugriff: 23. 03. 2018].

Raible, Wolfgang, *Zur Einleitung*, in: Stimm, Helmut/Raible, Wolfgang (edd.), *Zur Semantik des Französischen: Beiträge zum Regensburger Romanistentag 1981*, Wiesbaden, Franz Steiner Verlag, 1983, 1–24.

Rasch, Thorsten, *Verstehen abstrakter Sachverhalte: Semantische Gestalten in der Konstruktion mentaler Modelle*, Berlin, Wissenschaftlicher Verlag Berlin, 2006.

Reventlow, Henning, *Epochen der Bibelauslegung: Vom Alten Testament bis Origenes*, vol. 1, München, Beck, 1990.

Robson, Charles A. (ed.), *Maurice of Sully and the Medieval Vernacular Homily: With the Text of Maurice's French Homilies from a Sens Cathedral Chapter ms.*, Oxford, Blackwell, 1952.

Röhser, Günter, *Metaphorik und Personifikation der Sünde: Antike Sündenvorstellungen und paulinische Hamartia*, Tübingen, Mohr, 1987.

Rosch, Eleanor, *Basic objects in natural categories*, Berkeley (Calif.), University of California Press, 1975.

Ruef, Hans, *Augustin über Semiotik und Sprache: Sprachtheoretische Analysen zu Augustins Schrift «De Dialectica» mit einer deutschen Übersetzung*, Bern, Wyss, 1981.

Sabatini, Francesco, *Dalla «scripta latina rustica» alle «scriptae romanze»*, Studi Medievali 9 (1968), 320–358.

Saussure, Ferdinand de, *Cours de linguistique générale*. Publié par Charles Bally et Albert Sechehaye, avec la collaboration de Albert Riedlinger. Édition critique préparée par Tullio de Mauro, Paris, Payot, 1972.

Schiewer, Hans-Jochen, *German sermons in the Middle Ages*, in: Kienzle, Beverly M. (ed.), *The sermon*, Turnhout, Brepols, 2000, 861–961.

Schiewer, Regina D., *Die deutsche Predigt um 1200: Ein Handbuch*, Berlin/New York, de Gruyter, 2008.

Schlieben-Lange, Brigitte, *Traditionen des Sprechens*, Stuttgart et al., Kohlhammer, 1983.

Schmidtke, Dietrich, *Geistliche Tierinterpretation in der deutschsprachigen Literatur des Mittelalters (1100–1500): Teil I: Text*. Berlin, Freie Universität Berlin, Dissertation, 1968.

Schneyer, Johannes B., *Geschichte der katholischen Predigt*, Freiburg, Seelsorge Verlag, 1969.

Schneyer, Johannes B. (ed.), *Repertorium der lateinischen Sermones des Mittelalters: Für die Zeit von 1150–1350*, Münster, Aschendorff, 1978.

Schönberger, Otto (ed.), *Physiologus: Griechisch/deutsch*, Stuttgart, Reclam, 2001.

Searle, John R., *Speech acts*, Cambridge, Cambridge University Press, 1969.

Sinding, Michael, *Assembling Spaces: The Conceptual Structure of Allegory*, Style 36 (2002), 503–523.

Slenczka, Notger, Art. *Logos: II. Fundamentaltheologisch*, in: Betz, Hans Dieter et al. (edd.), *Religion in Geschichte und Gegenwart 4*, vol. 5, Tübingen, Mohr Siebeck, 2002, 494–498.

Smalley, Beryl, *The Study of the Bible in the Middle Ages*, Notre Dame (Indiana), University of Notre Dame Press, ²1964.

Sperber, Dan/Wilson, Deirdre, *Relevance: Communication and cognition*, Oxford, Blackwell, 1986.

Spieralska, Beata, *Les sermons ad populum de Maurice de Sully et leur adaption française*, Przegląd Tomistyczny 13:1 (2007), 9–112.

Stengel, Edmund, *Mittheilungen aus französischen Handschriften der Turiner Universitätsbibliothek*, Marburg, Pfeil, 1873.

Stolt, Birgit, *Revisionen und Rückrevisionen des Luther-NT aus rhetorisch-stilistischer Sicht*, in: Sandig, Barbara (ed.), *Stilistisch-rhetorische Diskursanalyse*, Tübingen, Narr, 1988, 13–40.

Stuhlmacher, Peter, *Vom Verstehen des Neuen Testaments: Eine Hermeneutik*, Göttingen, Vandenhoeck und Ruprecht, 1986.

Theissen, Gerd, *Judentum und Christentum bei Paulus: Sozialgeschichtliche Überlegungen zu einem beginnenden Schisma*, in: Hengel, Martin/Heckel, Ulrich (edd.), *Paulus und das antike Judentum: Tübingen-Durham-Symposium im Gedenken an den 50. Todestag Adolf Schlatters (19. Mai 1938)*, Tübingen, Mohr, 1991, 331–359.

Thomas, Antoine (1897): *Homélies provençales. Tirées d'un manuscrit de Tortosa*, Annales du midi 9 (1897), 369–418.

Thomas von Aquin, *Summa theologica*, in: Thomas von Aquin: *Opera omnia*, ed. Leo XIII, vol. 4, Roma, 1888.

Thurmair, Maria, *Vergleiche und Vergleichen: Eine Studie zu Form und Funktion der Vergleichsstrukturen im Deutschen*, Tübingen, Niemeyer, 2001.

Ticciati, Susannah, *The Human being as a Sign in Augustine's De doctrina christiana*, Neue Zeitschrift für Systematische Theologie und Religionsphilosophie 55 (2013), 20–32 [https://doi.org/10.1515/nzsth-2013–0002, letzter Zugriff: 23. 03. 2018].

Trabant, Jürgen, *Zeichen des Menschen: Elemente der Semiotik*, Frankfurt a. M., Fischer, 1989.

Tressel, Yvonne, *Sermoni subalpini: Studi lessicali con un'introduzione alle particolarità grafiche, fonetiche, morfologiche e geolinguistiche*, Darmstadt, Wissenschaftliche Buchgesellschaft, 2004.

Trim, Richard, *Metaphor and the historical evolution of conceptual mapping*, Basingstoke, Palgrave Macmillan, 2011.

Ullmann, Stephen, *Semantics: An introduction to the science of meaning*, Oxford, Blackwell, 1962.

van Oort, Johannes, *Jerusalem and Babylon: A study into Augustine's City of God and the sources of his doctrine of the two cities*, Leiden/New York, Brill, 1991.

Waltereit, Richard, *Metonymie und Grammatik: Kontiguitätsphänomene in der französischen Satzsemantik*, Tübingen, Niemeyer, 1998.

Weinrich, Harald, *Sprache in Texten*, Stuttgart, Klett, 1976.

Wertheimer, Max, *Über Gestalttheorie: Vortrag gehalten in der Kant-Gesellschaft Berlin am 17. Dezember 1924*, Erlangen, Verlag der philosophischen Akademie, 1925.

Wetzel, René/Flückiger, Fabrice, *Einleitung: Die Predigt im Mittelalter zwischen Mündlichkeit, Bildlichkeit und Schriftlichkeit*, in: Wetzel, René/Flückiger, Fabrice (edd.), *Die Predigt im Mittelalter zwischen Mündlichkeit, Bildlichkeit und Schriftlichkeit – La prédication au Moyen Age entre oralité, visualité et écriture*, Zürich, Chronos, 2010, 13–23.

Winkler, Susanne (ed.), *Ambiguity: Language and communication*, Berlin/Boston, de Gruyter, 2015.

Winter-Froemel, Esme, *Ambiguität im Sprachgebrauch und im Sprachwandel: Parameter der Analyse diskurs- und systembezogener Fakten*, Zeitschrift für französische Sprache und Literatur 123 (2013), 130–170.

Winter-Froemel, Esme, et al. (edd.), *Diskurstraditionelles und Einzelsprachliches im Sprachwandel/Tradicionalidad discursiva e idiomaticidad en los procesos de cambio lingüístico*, Tübingen, Narr Francke Attempto, 2015.

Wolf, Heinz J., *La langue des «Sermoni Subalpini»*, in: Clivio, Gianrenzo P./Pich, Censin (edd.), *VI Rëscontr antërnassional dë studi an sla lenga e la literatura piemontèisa: Alba, 6–7 magg 1989*, Alba, Famija albèisa, 1990, 237–354.

Wunderli, Peter, *Die ältesten romanischen Texte unter dem Gesichtswinkel von Protokoll und Vorlesen*, Vox Romanica 24 (1965), 44–63.

Wunderli, Peter, rez. *Babilas, Wolfgang: Untersuchungen zu den Sermoni Subalpini. Mit einem Exkurs über die Zehn-Engelchorlehre*, Zeitschrift für romanische Philologie 87 (1971), 419–426.

Wunderli, Peter, rez. *Danesi, Marcel: La lingua dei «Sermoni subalpini»*, Torino, 1976, Vox Romanica 38 (1979), 303–305.

Zimmermann, Ruben, *Geschlechtermetaphorik und Gottesverhältnis: Traditionsgeschichte und Theologie eines Bildfelds in Urchristentum und antiker Umwelt*, Tübingen, Mohr Siebeck, 2001.

Zimmermann, Ruben, *Das Leben aus dem Tod (Vom sterbenden Weizenkorn): Joh 12,24*, in: Zimmermann, Ruben/Dormeyer, Detlev (edd.), *Kompendium der Gleichnisse Jesu*, Gütersloh, Gütersloher Verlagshaus, 2007, 804–816.

Zimmermann, Ruben, *Krankheit und Sünde im Neuen Testament am Beispiel von Mk 2,1–12*, in: Thomas, Günter/Karle, Isolde (edd.), *Krankheitsdeutung in der postsäkularen Gesellschaft: Theologische Ansätze im interdisziplinären Gespräch*, Stuttgart, Kohlhammer, 2009, 227–246.

Zimmermann, Ruben/Dormeyer, Detlev (edd.), *Kompendium der Gleichnisse Jesu*, Gütersloh, Gütersloher Verlagshaus, 2007.

Zink, Michel, *La prédication en langue romane avant 1300*, Paris, Champion, 1982.

Register

https://doi.org/10.1515/9783110586411-015